# 美国法概论

## （第四版）

Law of the United States

〔美〕彼得·海（Peter Hay） 著

许庆坤 译

著作权合同登记号　图字:01-2016-9102
图书在版编目(CIP)数据

美国法概论:第四版/(美)彼得·海(Peter Hay)著;许庆坤译.—北京:北京大学出版社,2020.10
(世界法学精要)
ISBN 978-7-301-30616-1

Ⅰ.①美… Ⅱ.①彼…②许… Ⅲ.①法律—概论—美国 Ⅳ.①D971.2

中国版本图书馆CIP数据核字(2020)第165056号

Law of the United States 4th edition
By Peter Hay
ⓒ Verlag C. H. Beck oHG，München (2016)

| | |
|---|---|
| 书　　　名 | 美国法概论（第四版）<br>MEIGUOFA GAILUN（DI-SI BAN） |
| 著作责任者 | 〔美〕彼得·海(Peter Hay) 著　许庆坤　译 |
| 责任编辑 | 王　晶 |
| 标准书号 | ISBN 978-7-301-30616-1 |
| 出版发行 | 北京大学出版社 |
| 地　　　址 | 北京市海淀区成府路205号　100871 |
| 网　　　址 | http://www.pup.cn |
| 电子信箱 | law@pup.pku.edu.cn |
| 新浪微博 | @北京大学出版社　　@北大出版社法律图书 |
| 电　　　话 | 邮购部 010-62752015　发行部 010-62750672　编辑部 010-62752027 |
| 印　刷　者 | 北京鑫海金澳胶印有限公司 |
| 经　销　者 | 新华书店<br>787毫米×980毫米　16开本　26.75印张　504千字<br>2020年10月第1版　2020年10月第1次印刷 |
| 定　　　价 | 76.00元 |

未经许可，不得以任何方式复制或抄袭本书之部分或全部内容。
版权所有，侵权必究
举报电话：010-62752024　电子信箱：fd@pup.pku.edu.cn
图书如有印装质量问题，请与出版部联系，电话：010-62756370

# 目　录

译　序 　001
2020 年中文版序言 　003
英文第四版序言 　005
缩略词表 　007

**第一章　历史概况、法律渊源、美国法的本质和法律方法** 　001
　一、历史概况 　002
　二、美国法的法律渊源 　008

**第二章　公法** 　017
　一、宪法 　018
　二、基本权利 　032
　三、移民法问题 　036
　四、行政法 　041

**第三章　司法制度：法院和民事诉讼法** 　049
　一、简介 　050
　二、法院的组织和事物管辖权 　052
　三、对人管辖权和对物管辖权 　059
　四、民事诉讼程序 　070
　五、替代性争端解决方式 　099

第四章　冲突法（国际私法）　　　　　　　　　　　103
　　一、引言　　　　　　　　　　　　　　　　　104
　　二、法律渊源　　　　　　　　　　　　　　　105
　　三、历史演进和当前关于法律选择的争论　　　108
　　四、一般原则（普遍问题）　　　　　　　　　113
　　五、具体领域的法律选择　　　　　　　　　　117

第五章　私法　　　　　　　　　　　　　　　　　129
　　一、合同法　　　　　　　　　　　　　　　　130
　　二、恢复原状和不当得利　　　　　　　　　　157
　　三、侵权法　　　　　　　　　　　　　　　　159
　　四、财产法　　　　　　　　　　　　　　　　188
　　五、家庭法　　　　　　　　　　　　　　　　207
　　六、继承法和信托　　　　　　　　　　　　　231

第六章　商法和经济管理法　　　　　　　　　　　245
　　一、商事组织法和资本市场法　　　　　　　　246
　　二、破产法　　　　　　　　　　　　　　　　265
　　三、竞争法　　　　　　　　　　　　　　　　271
　　四、劳动法和福利法　　　　　　　　　　　　288

第七章　刑法和刑事诉讼法　　　　　　　　　　　301
　　一、刑法　　　　　　　　　　　　　　　　　302
　　二、刑事诉讼法　　　　　　　　　　　　　　320

附录一　判例法示例和评论　　　　　　　　　　　347

附录二　合众国宪法　　　　　　　　　　　　　　357

附录三　美国的法学教育与法律职业　　　　　　　371

附录四　联邦上诉法院和地区法院地图　　　　　　383

附录五　判例总表　　　　　　　　　　　　　　　385

索　　引　　　　　　　　　　　　　　　　　　　387

译后记　　　　　　　　　　　　　　　　　　　　407

# 译　　序

　　理解美国法在当下具有特别重要的意义。美国和中国分别作为世界上最大的发达国家和发展中国家,当前两国之间的贸易战有逐步升级之势,这不仅对于两国,而且对于全球经济发展和贸易格局均产生了重大影响。值得注意的是,美国最近采取的诸多贸易限制和制裁措施均非基于国际法,而是基于国内法。系统而全面地掌握美国法,有助于我们理解美国看似"出格"的行为背后的国内法依据。知彼知己,我们才能采取主动而灵活的措施,推动中美关系步入良性发展的轨道,真正能够以建设性方式解决分歧。就微观层面,中美两国关系历经数十年的发展,政治、经济、文化交往频繁,各种纠纷和热点事件不断出现。由于美国法的独特性,我们如果不了解其基本制度,即便对于这类新闻,也难以看出其中的门道。

　　但是,真正理解美国法并非易事。美国法属于英美法系,而我国从清末变法开始的法治之路,主要继受了大陆法传统。英美法系与大陆法系无论在理念、制度,还是在司法实践层面,均呈现出众多差异,某些制度甚至截然相反。即便在英美法系内部,美国法其实与英国法各有特色,美国自内战(1861—1865年)之后便走上了与英国法不同的道路。在美国法内部,联邦法与州法是两套独立的体系,各州法律斑斓纷呈。尤其在私法领域,除了少数联邦法和统一法,各州享有自主的立法权。上述多层面的差异导致,如果我们从中国法的视角理解美国法,生搬硬套一些概念和制度,则容易产生种种误解。

　　彼得·海教授所著的这部《美国法概论》,有助于中国读者克服理解上的障碍。彼得·海教授出生于德国,求学于美国密歇根大学法学院和德国哥廷根大学、海德堡大学的法学院;在美国先后任职于美国伊利诺伊大学法学院和埃默里大学法学院,与此同时还在德国、匈牙利等欧洲多国的法学院兼职或讲学。长期穿行于法系不同的欧美多国,他对两大法系的差异了然于胸。相对于纯粹的美国法学者,他更熟稔从大陆法读者的视角解读美国法。这部《美国法概论》充分体现了他的知识优势和研究特色,在框架结构上颇似大陆法学者的著述,而在论证细节上又深入到具体判例。因此,该书自1975年面世数十年以来,一直颇受读者欢迎,并以德文版、西班牙文版和英文版出版。该书的中文版已有3版,1983年版和1997年版由北京大学沈宗灵教授翻译,而2010年版则由许庆坤教授翻译。

我与许庆坤教授作为国际私法同行,已经相识多年。他曾于2005年至2006年到美国埃默里大学法学院访学,与彼得·海教授结识,并一直保持友谊至今。许教授长期关注和研究美国冲突法,其博士论文研究了美国冲突法理论的法理基础,在学界颇有影响。后来,他又受邀到德国马克斯-普朗克比较私法与国际私法研究所从事研究,对大陆法也有比较深入的观察。读者在本书中有关两大法系制度比较的部分,可以体会到译者的这种比较法研究功力。更难能可贵的是,许教授对待翻译一事特别认真,行文严谨。他在翻译上一版时,曾借阅了武汉大学和山东大学的所有有关美国法的著作,边研究边翻译;在翻译本版时,逐字逐句对以前的译文做了推敲,使行文更加清晰流畅。

　　除了行文风格的细微变化,读者会惊喜地发现本书在内容上有很大幅度的更新。例如在公法方面,有关"茶党"、竞选经费、移民法的部分;在私法方面,有关"展延成立合同"和同性婚姻的部分。相对于其他各章,第七章"刑法和刑事诉讼法"变动最大。近年来,美国刑事政策的重心有所调整,呈现出由侧重保护人权转向侧重社会安全的发展态势。这一章的修订部分体现了这一转向。此外,附录三"法学教育和法律职业",不仅信息彻底更新,而且相当多的段落与上一版已经不同。尤其值得中文读者高兴的是,彼得·海教授在此书翻译成中文的过程中与许教授保持了密切沟通,提供了一些英文版中没有的新内容,比如有关2016年特朗普总统选举和2018年10月联邦最高法院大法官布雷特·卡瓦诺任命的论述。

　　我国英美法教育其实可追溯至1915年东吴大学开办的"中华比较法律学院"。该院以英美法教育为特色,尤其注重对美国法的学习,许多毕业生成为联合国国际法院的法官、知名学者和律师,证明了这种教育是成功的。我国当前的法学教育过分注重概念、法条和理论的灌输,与司法实践脱节明显。学习英美法的长处,尤其是美国的判例教学法,对弥补当前法学教育的不足应有一定的帮助。上海政法学院这些年一直在朝这个方向努力,并开设了英美法课程。相信本书的出版会推动学界对美国法的深入了解,并特别嘉惠于上海政法学院的英美法教育。

　　是为序。

刘晓红<br>
上海政法学院校长<br>
2018年10月24日于佘山北麓

# 2020年中文版序言

中国、美国和欧盟是当今世界三大主要经济体。尽管每个经济体也依赖其他国家提供必要商品，例如从中东进口石油，从俄罗斯进口天然气，但这些经济体之间的密切联系显然超越与其他国家的经济关系。不过，三大经济体也相互竞争。由此产生的分歧通常能顺利解决，但有时分歧愈演愈烈，导致严重对抗和彼此伤害。2017年和2018年是冲突加剧的两年，美国力图降低对世界经济的依赖。但是，从长远来看，和解包容是必由之路，承认和践行多边主义乃世界通途。

任何程度的经济相互依存均要求，商人和投资者应基本了解交易伙伴的历史、文化和交往方式。具体到实践层面，了解的内容应包含彼此的法律制度和文化。这一点对中国的商人和投资者尤其重要，因为美国的国家结构和法律体系与欧洲的差异显著，与亚洲贸易伙伴的也有重大不同。

美国肇始于1788年13个独立的州的联合，如今已扩展到50个州，以及哥伦比亚特区（美国首都华盛顿市）和许多独立的海外领地，例如维京群岛。然而，作为半独立的州组成的联合体，美国仍旧特色鲜明，每个州均有其法律体系。尽管合众国（联邦）拥有超越州法的立法权，但联邦立法权范围有限。因此，私法的大部分领域依然为州法。对于具体的法律问题，各州的国际私法规则决定适用哪个州（或外国）的法律。

本书旨在帮助外国法律人士和任何感兴趣的读者，纵览美国主要法律领域的结构和内容。在法律领域的选择上，我力图侧重于对经济交往意义非凡的民商法。有关国家结构和法院体系的详细论述，旨在描绘规则运行和具体适用的法律环境。附录一展示了判例法制度的内在机理，附录三提供了美国法学教育和法律职业的最新信息。与经济交往并非直接相关的是第七章的刑法和刑事诉讼法。将其纳入其中，一方面是因为众多读者一直对其兴趣浓厚，另一方面是因其与英国和欧陆的模式差异显著，有助于读者加深理解美国法律文化的独特性。

在美国各州，私法在很大程度上可谓判例法：州最高法院的判决约束所有下级法院（"先例"理念），即便在有关州成文法的解释上，也是如此。这种先例制度同样适用于联邦法院系统。

对于外国法律人士，联邦制度下的50多种法律制度，可能令人生畏。但在一定程度上而言，美国法并没有乍看的那样费解，原因是美国各州，除了一些例外，拥有共同的语言、法律传统和文化，各州之间的差异通常并不显著。不过，一旦遇到纠纷，一定要关注相关特定州的法律，毕竟除了联邦宪法和联邦诉讼法，不存在单一的"美国"法。

关于州法院和联邦法院对外国被告人的管辖权，在过去的 8 到 10 年间，联邦最高法院的判例根据联邦宪法对其范围的解释，已经发生了重大变化。长期以来，触角广泛的美国"长臂管辖权"，曾饱受他国批评，如今已受到显著制约，外国商人和投资者可能对此兴趣浓厚。第三章探讨了这些管辖权的变化，以及联邦民事诉讼法的进一步发展，例如法院如何查明外国法并作出适当的解释。变化颇多的这一章也增加了在美国承认外国判决的新发展。

与本书的第三版相比，新版对有关实体法的所有章节，尤其是合同法、商法、产品责任法和竞争法的内容，已经全部做了更新，大多变化显著。第五章中的"家庭法"部分修改之处众多，第七章"刑法和刑事诉讼法"中相当一部分内容已经改写。修订和更新的内容包含了 2017 年制定法和判例法的新发展，有些内容甚至更新至 2018 年秋季。附录三"美国的法学教育和法律职业"也已彻底更新。

我的前研究助理，埃默里（Emory）大学法律博士丹尼尔·J. 莱文（Daniel J. Levin），曾协助我完成本书上一版的英文版、德文版以及中文版的修订，在此次新版修订中再次提供了宝贵的研究支持，对其特致谢意。在准备和修订英文版的过程中，马娜娜·哈奇泽（Manana Khachidze）博士在资料收集方面助力甚多，我在此也深表谢忱。

最后，我再次特别感谢我的同行和挚友许庆坤教授，他承担了本书中文翻译的艰巨而耗时的重任。许教授与我初次相逢于我所在的埃默里大学，2005 年至 2006 年他在此做了一年的访问学者。其间，我们频繁会面，经常一周数次，探讨和交流关于国际私法的见解。此后，我们一直保持联系，并在德国汉堡和柏林相处过一段时光，当时他正在知名的汉堡马克斯-普朗克研究所受邀访学。基于他对美国法和法律术语的精湛理解，他在翻译本书过程中得以提出许多值得解释的重要问题，或者需要澄清之处。此等建议助益极大，我据此修正了一些表述，并作了进一步的补充。对他为本书完善所作出的卓越贡献，我深表谢意，并将一如既往地珍视我们之间的友谊和密切交往。

彼得·海<br>
2018 年秋于美国亚特兰大市

# 英文第四版序言

本书主要为美国之外的读者,包括学生和执业律师,提供美国法的概貌,为其将来的深造、工作和研究奠定基石。考虑到读者未来深入学习之需,本书不惜笔墨地大量援引了成文法、判例法和法学文献,并力图做到资料最新,一如以往各版。这一版部分资料更新至2015年冬天或2016年。

本书的框架结构与旧版无异,尤其是边码方面。新增加的段落边码以大写字母表示,而新添的脚注则以小写字母编号。但是,与旧版相比,本书大量扩充了第三章、第四章和第五章部分小节的内容,第七章相当一部分内容已经重写。附录三"美国的法学教育和法律职业"几乎是推倒重来。尽管用心良苦,有些行文,甚至许多领域,对部分读者而言可能依然过分简略。对此需要说明的是,我力图在不同领域的选择和处理上多方兼顾,但我本人主要研究领域为私法,这一学术背景无疑影响显著。

在本人所有"美国法"的著述中,包括本书以往各版序言中,我一直告诫读者,在此再次提醒:不存在所谓的"美国法"。其实,公法的许多领域和私法的几乎所有领域,均为50个州、哥伦比亚特区以及(附属于美国的)各领地的各自法律。尽管共同的语言、法律传统和文化,已经基本上将各地的法律连成一体,但是这一现状切不可混淆如下事实:解决任何涉及"美国"法的问题,通常其实都是适用联邦法,或个别州或领地的法律。具体适用哪个法律?答案通常需要用冲突法规则来找到。这意味着,国际私法(大陆法系国家的术语)规则决定适用哪个国家的法律,而州际私法规则决定适用哪个州的法律。因此,若要适用"美国"法,切记指明是哪一法律,表述应更加具体。

法律博士丹尼尔·J.莱文为本书以及之前德文版的写作提供了大量的重要协助。我也有幸得到了马娜娜·哈奇泽的宝贵支持和帮助,在准备和修订本书中,她做了非常重要的编辑工作。最真挚的谢意献给他们二位。[1]

彼得·海

2016年1月

---

〔1〕 与上一版一样,本书将由许庆坤教授翻译为中文,由北京大学出版社出版。德文第6版已于2015年夏天面世。

# 缩 略 词 表

A., A. 2d　　　　　　Atlantic regional case law reporter
　　　　　　　　　　《大西洋地区判例集》
A. C. A.　　　　　　　Arkansas Code Annotated
　　　　　　　　　　《阿肯色州成文法大全注解》
A. L. R.　　　　　　　American Law Reporter (collection of case law with annotations)
　　　　　　　　　　《美国判例集》(收录了带注解的判例法)
A. R. S.　　　　　　　Arizona Revised Statutes
　　　　　　　　　　《亚利桑那州最新成文法》
ABA　　　　　　　　American Bar Association
　　　　　　　　　　美国律师协会
ADR　　　　　　　　Alternative Dispute Resolution
　　　　　　　　　　替代性争端解决方式
aff'd　　　　　　　　Affirmed (judgment)
　　　　　　　　　　维持(原判)
Ala.　　　　　　　　Alabama; also case law collection of the highest court of Alabama
　　　　　　　　　　亚拉巴马州；也指《亚拉巴马州最高法院判例集》
ALI　　　　　　　　American Law Institute
　　　　　　　　　　美国法学会
Am Jur　　　　　　　American Jurisprudence (topical summaries of case law; annotations)
　　　　　　　　　　《美国法释义全书》(判例法精选；注解)
Am.　　　　　　　　American
　　　　　　　　　　美国
Am. J. Comp. L.　　　American Journal of Comparative Law
　　　　　　　　　　《美国比较法期刊》
Am. J. Int'l L.　　　　American Journal of International Law
　　　　　　　　　　《美国国际法期刊》
Ann.　　　　　　　　Annotated
　　　　　　　　　　注解的
App. Div.　　　　　　Appellate Division
　　　　　　　　　　上诉分院

| | | |
|---|---|---|
| Ariz. | | Arizona; also case law collection of the highest court of Arizona 亚利桑那州；也指《亚利桑那州最高法院判例集》 |
| Ark. | | Arkansas; also case law collection of the highest court of Arkansas 阿肯色州；也指《阿肯色州最高法院判例集》 |
| Art. | | Article 条 |
| B. C. | | Boston College 波士顿学院 |
| B. U. | | Boston University 波士顿大学 |
| Bankr. | | Bankruptcy 破产 |
| C. F. R. | | Code of Federal Regulations 《联邦行政法规大全》 |
| Cal. | | California; also case law collection of the highest court of California 加利福尼亚州；也指《加利福尼亚州最高法院判例集》 |
| Cal. Fam. Code | | California Family Code 《加利福尼亚州家庭法典》 |
| Cal. Rep. | | California case law reporter 《加利福尼亚州判例集》 |
| cert. denied | | Certiorari denied 调卷令申请被拒绝 |
| Ch. | | Chapter 章 |
| Cir. | | Circuit 巡回 |
| CISG | | Convention on Contracts for the International Sale of Goods 《国际货物买卖合同公约》 |
| Civ. Pro. | | Civil Procedure 民事诉讼 |
| Cl. | | Clause 项 |
| Co. | | Company 商事组织/企业/公司 |
| Colo. | | Colorado; also case law collection of the highest court of Colorado 科罗拉多州；也指《科罗拉多州最高法院判例集》 |

| | | |
|---|---|---|
| Colum. | Columbia University | |
| | 哥伦比亚大学 | |
| Conn. | Connecticut; also case law collection of the highest court of Connecticut | |
| | 康涅狄格州；也指《康涅狄格州最高法院判例集》 | |
| Consol. | Consolidated | |
| | 合并/统一 | |
| Const. | The United States Constitution | |
| | 《合众国宪法》 | |
| Corp. | Corporation | |
| | 公司 | |
| Ct. | Court | |
| | 法院 | |
| Ct. Cl. | Court of Claims | |
| | 国家赔偿法院 | |
| D. C. | District of Columbia | |
| | 哥伦比亚特区 | |
| Del. | Delaware; also case law collection of the highest court of Delaware | |
| | 特拉华州；也指《特拉华州最高法院判例集》 | |
| Dep't | Department | |
| | 行政部门 | |
| dissenting | Dissenting (opinion) | |
| | 异议 | |
| E. D. | Eastern District | |
| | 东部地区 | |
| e. g. | For example | |
| | 例如 | |
| Ed. | Edition | |
| | 版 | |
| ed., eds. | Editor(s) | |
| | 编者 | |
| Eng. Rep. | English Reports | |
| | 《英国判例集》 | |
| et al. | And others; often used to indicate that a given text has been drafted by several individuals | |
| | 等等；通常用于表示一份特定文稿由多人撰写 | |

| | | |
|---|---|---|
| et seq. | And following | |
| | 以及下列等 | |
| F., F. 2d, F. 3d | Federal Reporter (collection of federal appellate decisions) | |
| | 《联邦上诉法院判例集》（联邦上诉法院判例的汇编） | |
| F. R. App. P. | Federal Rules of Appellate Procedure | |
| | 《联邦上诉程序规则》 | |
| F. R. C. P. | Federal Rules of Civil Procedure | |
| | 《联邦民事诉讼规则》 | |
| F. R. Crim. Pro. | Federal Rules of Criminal Procedure | |
| | 《联邦刑事诉讼规则》 | |
| F. R. D. | Federal Rules Decisions | |
| | 《联邦法院程序规则判例集》 | |
| F. R. Ev. | Federal Rules of Evidence | |
| | 《联邦证据规则》 | |
| F. Supp, F. Supp. 2d, F. Supp. 3d | Federal Supplement; collection of lower federal court decisions | |
| | 《联邦法院判例集补编》（联邦地区法院和国际贸易法院判例的汇编） | |
| FBI | Federal Bureau of Investigation | |
| | 联邦调查局 | |
| FCC | Federal Communications Commission | |
| | 联邦通讯委员会 | |
| FDIC | Federal Deposit Insurance Company | |
| | 联邦存款保险公司 | |
| Fla. | Florida; also case law collection of the highest court of Florida | |
| | 佛罗里达州；也指《佛罗里达州最高法院判例集》 | |
| FR | Federal Register | |
| | 《联邦政府公报》 | |
| FTC | Federal Trade Commission | |
| | 联邦贸易委员会 | |
| FTCA | Federal Tort Claims Act | |
| | 《联邦侵权赔偿法》 | |
| Ga. | Georgia; also case law collection of the highest court of Georgia | |
| | 佐治亚州；也指《佐治亚州最高法院判例集》 | |
| H. R. | House of Representatives, often as a reference to a legislative bill originating in the United States House of Representatives | |
| | 众议院；通常指美国众议院提起的立法草案 | |

| | | |
|---|---|---|
| Harv. | Harvard University | |
| | 哈佛大学 | |
| ICJ | International Court of Justice | |
| | 国际法院 | |
| i. e. | That is | |
| | 即 | |
| I. L. M. | International Legal Materials | |
| | 《国际法资料》 | |
| I. R. C. | Internal Revenue Code | |
| | 《国内税收联邦成文法大全》 | |
| Id. | See the above citation | |
| | 参见上引注 | |
| ILCS | Illinois Compiled Statutes | |
| | 《伊利诺伊州成文法汇编》 | |
| Ill. | Illinois; also case law collection of the highest court of Illinois | |
| | 伊利诺伊州；也指《伊利诺伊州最高法院判例集》 | |
| Inc. | Incorporated | |
| | 组成公司的 | |
| Ind. | Indiana; also case law collection of the highest court of Indiana | |
| | 印第安纳州；也指《印第安纳州最高法院判例集》 | |
| Infra | As stated or cited below | |
| | 如下文或下引文 | |
| INS | Immigration and Naturalization Services | |
| | 移民归化局 | |
| Int'l L. | International Law; often part of a law journal title | |
| | 国际法；通常作为法律期刊名称的一部分 | |
| Kan. | Kansas; also case law collection of the highest court of Kansas | |
| | 堪萨斯州；也指《堪萨斯州最高法院判例集》 | |
| K. B. | King's Bench; also collection of King's Bench decisions (England) | |
| | 王座法院；也指《王座法院判例集》（英国） | |
| L. Rev. | Law Review; prefixed with state or university | |
| | 法律评论；前面带有州名或大学名称 | |
| L. Ed., L. Ed. 2d, L. Ed. 3d | Lawyers' Edition; Supreme Court reporter | |
| | 《联邦最高法院判例集（律师版）》 | |
| L. J. | Law Journal; prefixed with state or university name | |
| | 法律期刊；前面带有州名或大学名称 | |

| | |
|---|---|
| La. R. S. | Louisiana Revised Statutes<br>《路易斯安那州最新成文法》 |
| LEXIS | Electronic databank，Lexis-Nexis<br>律商联讯电子数据库 |
| LLC | Limited Liability Company<br>有限责任公司 |
| LLP | Limited Liability Partnership<br>有限责任合伙 |
| Ltd. | Limited<br>有限的 |
| Mass. | Massachusetts；also case law collection of the highest court of Massachusetts<br>马萨诸塞州；也指《马萨诸塞州最高法院判例集》 |
| Md. | Maryland；also case law collection of the highest court of Maryland<br>马里兰州；也指《马里兰州最高法院判例集》 |
| Mich. | Michigan；also case law collection of the highest court of Michigan<br>密歇根州；也指《密歇根州最高法院判例集》 |
| Minn. | Minnesota；also case law collection of the highest court of Minnesota<br>明尼苏达州；也指《明尼苏达州最高法院判例集》 |
| Misc. | Miscellaneous<br>杂项的 |
| Mont. | Montana；also case law collection of the highest court of Montana<br>蒙大拿州；也指《蒙大拿州最高法院判例集》 |
| MPC | Model Penal Code<br>《模范刑法典》 |
| n. | Reference to a footnote within a cited text<br>指引文中的脚注 |
| N. C. | North Carolina；also case law collection of the highest court of North Carolina<br>北卡罗来纳州；也指《北卡罗来纳州最高法院判例集》 |
| N. D. | North Dakota；also case law collection of the highest court of North Dakota<br>北达科他州；也指《北达科他州最高法院判例集》 |
| N. E.，N. E. 2d，N. E. 3d | North Eastern regional case law reporter<br>《东北地区判例集》 |
| N. H. | New Hampshire；also case law collection of the highest court of New Hampshire<br>新罕布什尔州；也指《新罕布什尔州最高法院判例集》 |
| N. J. | New Jersey；also case law collection of the highest court of New Jersey<br>新泽西州；也指《新泽西州最高法院判例集》 |

| | | |
|---|---|---|
| N. J. Eq. | | New Jersey equity court reporter |
| | | 《新泽西州衡平法院判例集》 |
| N. M. | | New Mexico；also case law collection of the highest court of New Mexico |
| | | 新墨西哥州；也指《新墨西哥州最高法院判例集》 |
| N. W.，N. W. 2d | | North Western regional case law reporter |
| | | 《西北地区判例集》 |
| N. Y.，N. Y. 2d | | New York；also case law collection of the highest court of New York |
| | | 纽约州；也指《纽约州最高法院判例集》 |
| N. Y. S.，N. Y. S. 2d | | New York supplement；case law reporter of lower court decisions |
| | | 《纽约州判例集补编》；下级法院的判例集 |
| Neb. | | Nebraska；also case law collection of the highest court of Nebraska |
| | | 内布拉斯加州；也指《内布拉斯加州最高法院判例集》 |
| Nev. | | Nevada；also case law collection of the highest court of Nevada |
| | | 内华达州；也指《内华达州最高法院判例集》 |
| NLRB | | National Labor Relations Board |
| | | 国家劳资关系委员会 |
| No. | | Reference to a marginal (paragraph) number |
| | | 指正文的边码（段落序号） |
| O. C. G. A. | | Official Code of Georgia Annotated |
| | | 《佐治亚州成文法大全官方注解》 |
| O. R. S. | | Oregon Revised Statutes |
| | | 《俄勒冈州最新成文法》 |
| Okla. | | Oklahoma；also case law collection of the highest court of Oklahoma |
| | | 俄克拉荷马州；也指《俄克拉荷马州最高法院判例集》 |
| Ore. | | Oregon；also case law collection of the highest court of Oregon |
| | | 俄勒冈州；也指《俄勒冈州最高法院判例集》 |
| Pa. | | Pennsylvania；also case law collection of the highest court of Pennsylvania |
| | | 宾夕法尼亚州；也指《宾夕法尼亚州最高法院判例集》 |
| Pac.，P.，P. 2d | | Pacific regional case law reporter |
| | | 《太平洋地区判例集》 |
| Para. | | Paragraph |
| | | 段 |
| Pepp. | | Pepperdine University |
| | | 佩珀代因大学 |
| Pub. L. | | Public Law；reference to Congressional legislative bills |
| | | 涉众成文法；指国会立法草案 |

| | |
|---|---|
| R. I. | Rhode Island; also case law collection of the highest court of Rhode Island<br>罗得岛州；也指《罗得岛州最高法院判例集》 |
| R. M. B. C. A. | Revised Model Business Corporation Act<br>《商业公司示范法修订本》 |
| R. U. P. A. | Revised Uniform Partnership Act<br>《统一合伙企业法修订本》 |
| S. | Senate, often as a reference to a legislative bill originating in the United States Senate<br>参议院；通常指美国参议员提起的立法草案 |
| S. C. | South Carolina; also case law collection of the highest court of South Carolina<br>南卡罗来纳州；也指《南卡罗来纳州最高法院判例集》 |
| S. C. R. | Supreme Court Reports（Canada）<br>《最高法院判例集》（加拿大） |
| S. Ct. | Supreme Court; also collection of Supreme Court decisions<br>联邦最高法院；也指《联邦最高法院判例集》 |
| S. D. | Southern District; judicial district of a federal district court within a given territory<br>南部地区；特定地域的联邦地区法院的司法区 |
| S. E., S. E. 2d | South Eastern regional case law reporter<br>《东南地区判例集》 |
| S. W., S. W. 2d | South Western regional case law reporter<br>《西南地区判例集》 |
| SEC | Securities and Exchange Commission<br>证券交易委员会 |
| SMU | Southern Methodist University<br>南卫理公会大学 |
| So., So. 2d | Southern regional case law reporter<br>《南部地区判例集》 |
| Stat. | Statute<br>成文法 |
| Supp. | Supplement<br>增补 |
| Supra | As stated or cited above<br>如上文或上引文 |
| Tenn. | Tennessee; also case law collection of the highest court of Tennessee<br>田纳西州；也指《田纳西州最高法院判例集》 |

| | | |
|---|---|---|
| Tex. | Texas; also case law collection of the highest court of Texas | |
| | 得克萨斯州;也指《得克萨斯州最高法院判例集》 | |
| U. C. L. A. | University of California, Los Angeles | |
| | 加州大学洛杉矶分校 | |
| U. Ill. | University of Illinois | |
| | 伊利诺伊大学 | |
| U. L. A. | Uniform Laws Annotated | |
| | 统一法注解 | |
| U. P. A. | Uniform Partnership Act | |
| | 《统一合伙企业法》 | |
| U. Pa. L. Rev. | University of Pennsylvania Law Review | |
| | 《宾夕法尼亚大学法律评论》 | |
| U. S. | United States; also collection of Supreme Court decisions | |
| | 美国;也指《联邦最高法院判例集》 | |
| U. S. C. | United States Code | |
| | 《联邦成文法大全》 | |
| U. S. C. A. | United States Code Annotated | |
| | 《联邦成文法大全注解》 | |
| UCC | Uniform Commercial Code | |
| | 《统一商法典》 | |
| UCCJA | Uniform Child Custody Jurisdiction Act | |
| | 《统一子女监护管辖权法》 | |
| UCCJEA | Uniform Child Custody Jurisdiction and Enforcement Act | |
| | 《统一子女监护管辖权和判决执行法》 | |
| UIFSA | Uniform Interstate Family Support Act | |
| | 《统一州际家庭扶养判决执行法》 | |
| ULPA | Uniform Limited Partnership Act | |
| | 《统一有限合伙企业法》 | |
| UN | United Nations | |
| | 联合国 | |
| UNIDROIT | International Institute for the Unification of Private Law | |
| | 国际统一私法协会 | |
| UPC | Uniform Probate Code | |
| | 《统一遗嘱认证法》 | |
| v. | Versus | |
| | 诉/对 | |

| | |
|---|---|
| V. S. A. | Vermont Statutes Annotated |
| | 《佛蒙特州成文法注解》 |
| Va. | Virginia; also case law collection of the highest court of—Virginia |
| | 弗吉尼亚州;也指《弗吉尼亚州最高法院判例集》 |
| Vand. | Vanderbilt University |
| | 范德比尔特大学 |
| Vill. | Villanova University |
| | 维拉诺瓦大学 |
| Vol. | Volume |
| | 卷 |
| Vt. | Vermont; also case law collection of the highest court of Vermont |
| | 佛蒙特州;也指《佛蒙特州最高法院判例集》 |
| W. D. | Western District; judicial district of a federal district court within a given territory |
| | 西部地区;特定地域的联邦地区法院的司法区 |
| WL | Electronic data bank, Westlaw |
| | Westlaw数据库 |
| W. L. R. | Weekly Law Reports (United Kingdom) |
| | 《判例周报》(英国) |
| Wash. | Washington; also case law collection of the highest court of Washington |
| | 华盛顿州;也指《华盛顿州最高法院判例集》 |
| Wis. | Wisconsin; also case law collection of the highest court of Wisconsin |
| | 威斯康星州;也指《威斯康星州最高法院判例集》 |
| Wyo. | Wyoming; also case law collection of the highest court of Wyoming |
| | 怀俄明州;也指《怀俄明州最高法院判例集》 |

# 第一章　历史概况、法律渊源、美国法的本质和法律方法

一、历史概况
二、美国法的法律渊源

**参考书目**：*Burnham*，Introduction to the Law and Legal System of the United States，5th ed. 2011；*Farnsworth*，An Introduction to the Legal System of the United States，4th ed. 2010；*Fletcher and Sheppard*，American Law in a Global Context（2005）；*Ginsburg*，Legal Methods：Cases and Materials，3d ed. 2008；*Holdsworth*，A History of English Law（1983 ed.）.

# 一、历史概况

## （一）美国法溯源

1　　美国法传承了**普通法**。时代变迁，现代工业社会和后工业社会的需求，一直在塑造着美国法，以至今日它已成为一种独具特色的法律制度；尽管如此，美国法的根源依然毫无疑问在英国法。美国的法律方法论、法律用语和许多法律概念起源于英国，美国法如今依然与英国法制史存在千丝万缕的联系。

2　　在1066年的"诺曼征服"（Norman Conquest）之后，英国国王通过召集**国王法庭**（curia regis）的法官们行使司法权。该法庭巡游各地和发案现场，履行其司法职责。这也是美国殖民地时期法官们的做法。当时，法官们骑马"巡回各地"；"巡回区"（circuit）如今仍旧被用作一个专业术语，指称地域上的司法辖区或地域。例如，联邦上诉法院以其下辖的巡回地区的编号而广为人知，各州的许多下级和上诉法院同样在其名称中含有"巡回"一词。

3　　在英国，新型司法机构在国王法庭之后相继设立。坐落在威斯敏斯特的**皇家法院**（Royal Courts）成立后取代了古老的地方郡法院。历史上曾有三个皇家法院：财税法院（Court of Exchequer）、民事法院（Court of Common Pleas）*和王座法院（Court of

---

\* 其他译法有"皇家民事法庭""民诉法庭"和"普通民事诉讼法院"等。它受理所有的不动产诉讼和私人之间的其他诉讼，是中世纪最繁忙的普通法法院。民事法院的管辖权后来受到其他皇家法院的侵蚀，该院于1873年成为高等法院的一个分支。参见 B. Garner (ed.)，Black's Law Dictionary，St. Paul：Thomson Reuters，11th ed.，2019，p.452；薛波主编：《元照英美法词典》，北京大学出版社2013年缩印版，第340页。——译者注

King's Bench)。[1] 其不断推出的判例丰富和发展了普通法,地方惯例则逐步退出历史舞台。

**令状制度**(writ system)界定并限制了皇家法院司法权的行使。令状由御前大臣(chancellor)以国王的名义签发,命令启动特定的诉讼程序。种类繁多的具体诉讼程序后来被合称为"诉讼程式"(forms of action)。每一项诉讼请求均需吻合一种既定的诉讼程式,这样才能签发适合的令状并启动适合的诉讼程序。没有令状,就无法启动针对具体请求的诉讼。为增加新令状,司法想象力和创造力被发挥得淋漓尽致。到1227年,已有56种令状。1258年的《牛津约法》(Provisions of Oxford)*禁止创设新令状,试图阻止令状的新生;但1285年的《威斯敏斯特法之二》(Statute of Westminster II)授权御前大臣在类似案件中签发新令状。"间接侵害之诉"(trespass upon the case)的新令状弹性十足,奠定了当代法律中诸多侵权请求和合同请求的基石。然而,令状制度与其诉讼程式一起构成的是一种封闭体系,因而对于个案而言,当事人可能无法获得救济。

教会法院曾与皇家法院并肩而立。教会法院适用教会法,处理违反宗教法的行为,比如通奸或乱伦。自从亨利二世手握王权,教会法院的地位便江河日下;不过,在家庭法和继承法领域,其影响力一直绵延至19世纪,而且现代私法中依然可见宗教法前身的踪迹。即便在美国这样一个政教严格分离的国家,当事人也可以在世俗结婚仪式和宗教结婚仪式中二者择一;宗教仪式具有与世俗仪式同样的(民事的、世俗的)有效性和约束力,牧师因而行使了国家职能。

令状制度固有的严格形式要求,尤其是缺乏赔偿判决之外的救济措施,使得例外救济必不可少。授予例外救济属于国王的特权。国王——后来是作为"国王良心守护者"的御前大臣——出于个案公平的考虑授予例外救济:**衡平法**(equity)应运而生。

衡平法院行使管辖权相当慎重,在成立之初尤其如此。毕竟,衡平法院的判例与普通法法院的判例存在竞争关系;确切而言,是前者矫正后者。因此,皇家法院的法官对其吹毛求疵便可想而知。他们指陈衡平判例缺乏可预见的裁判标准;即便有所谓的标准,那也随"衡平法官**之足"的长短而变幻不定。[2] 不过,衡平判例日积月累,其标准和规则渐次成型。为个

---

[1] See *Taswell-Langmead*, English Constitutional History 115 et seq. (11th rev. ed. by *Plucknett* 1960). See also *Pollock/Maitland*, The History of English Law, Vol. I, 527 et seq. (2d ed., reissued 1968).

* 有人译为《牛津条例》。参见薛波主编:《元照英美法词典》,北京大学出版社2013年缩印版,第1113页。该宪法文件是大贵族与亨利三世达成的约定,其目的是限制王权。因而译者将其译为"约法"。——译者注

** 此处英文依然是"chancellor",前文译作"御前大臣",此处根据语境译为"衡平法官"。"御前大臣"即文秘署署长,原来负责签发各种令状、保存文书和加盖国玺等;后来负责矫正普通法的不公正之处,文秘署演变为衡平法院,而"御前大臣"成为"衡平法官"。参见 B. *Garner* (ed.), Black's Law Dictionary, St. Paul: Thomson Reuters, 11th ed., 2019, p.289;薛波主编:《元照英美法词典》,北京大学出版社2013年缩印版,第212页。——译者注

[2] *Seldon*, Tabletalk 52 (1821).

案公平由御前大臣设立的衡平法院主要处理特定的专门案件,授予特别类型的救济,主要是实际履行。出于公平而对个案救济,这套机制逐渐演变成一种独立的司法体系,有其自己的管辖权、判例法和救济方式。

8　　普通法和衡平法曾分属不同的法律体系。"普通法"表示普通法(皇家)法院的判例法。"衡平法"在普通法救济不足时提供**特别救济**。例如,对于销售特定物(比如一处房地产或一份画作)的违约行为,普通法法院判处的金钱赔偿可能不足以弥补所有损失;此时衡平法院提供的实际履行这种特别救济,对当事人的损失而言才恰如其分。

9　　英国这种普通法诉讼和衡平诉讼的区分,曾为殖民地时期的美国所遵循,但并非所有的州后来都保留了衡平诉讼的专门法院。联邦国会在建国初就决定,联邦法院对于普通法事项和衡平法事项均享有管辖权;英国在 1873 年的《司法组织法》(Judicature Act)中采用诉讼(suit)一词*统合二者。在英国立法之前的 1848 年,美国纽约州就已先行一步,将两种诉讼合并成**单一民事诉讼**。[3] 在联邦法院,直至 1938 年颁布《联邦民事诉讼规则》(Federal Rules of Civil Procedure),单一民事诉讼的理念方告确立。如今,该法第 2 条规定:"只有一种诉讼,称作'民事诉讼'。"

10　　伴随不同诉讼程式的废除,1848 年纽约州《菲尔德法典》(Field Code)引入了**"事实诉答"**(fact pleading)制度,以替代普通法令状制度的繁文缛节。该法典第 142 条第 2 款仅要求:起诉状应"清晰简明地陈述构成诉因之事实",并且陈述时"勿作不必要的重复"。如今《联邦民事诉讼规则》第 8 条第 1 款的规定与之类似:起诉状只需简要陈述请求事项和救济措施。[4]

11　　尽管普通法和衡平法已经合并,但是二者的区分依然重要。兹举一例:对于争议金额超过 20 美元的"普通法诉讼",《联邦宪法》**第七修正案保障当事人在联邦法院获得陪审团审判的权利。而在衡平诉讼中,当事人则不享有这种权利保障。[5] 为了判定个案中当事

---

\* 在早期,"suit"仅指衡平法法院的诉讼,包括判决的执行;而"action"仅指普通法法院的诉讼,不包括判决的执行。在《司法组织法》中,"suit"扩展到涵盖两种诉讼。参见 B. Garner (ed.), Black's Law Dictionary, St. Paul: Thomson Reuters, 11th ed., 2019, pp. 37, 1735;薛波主编:《元照英美法词典》,北京大学出版社 2013 年缩印版,第 20、1308 页。——译者注

[3] See Field Code of Civil Procedure §69.

[4] See generally, Subrin, How Equity Conquered Common Law: The Federal Rules of Civil Procedure in Historical Perspective, 135 U. Pa. L. Rev. 909 (1987).

\*\* 原文为 Federal Constitution,直译为《联邦宪法》。其更准确的表述应为 The United States Constitution,直译为《合众国宪法》。作者在绝大多数地方使用了前者,个别地方用了第二种名称,但两者所指相同。翻译根据原文表述不同,有适当变化。——译者注

[5] 对陪审团审判在宪法整体架构中扮演的重要角色的探讨,参见 Carrington, The Civil Jury and American Democracy, 13 Duke J. Comp. & Int'l L. 79 (2003)。

人是否享有陪审团审判的权利,有必要追溯特定请求或问题的历史源头。这将几乎不可避免地涉及追问争议问题的适当救济方式。这时人们会想起,损害赔偿是"普通法上的"通常救济方式;与之相比,实际履行是一种衡平救济。强制令是另一种衡平救济。[6] 请求损害赔偿的诉讼属于第七修正案的保障范围,而请求实际履行或强制令救济则不然。[6a]

众多诉讼请求和救济方式在早期的普通法上无从寻觅,其源头在衡平法;不仅如此,衡平法如今其实已渗入整个法律体系。例如,像"善意"(good faith)[7]和对"显失公平"(unconscionability)[8]的救济之类衡平法概念如今已构成合同实体法的一部分,由衡平法判例发展而来的"格言"为解释和适用成文法提供了背景信息。"格言"的一个有趣实例,引自《蒙大拿州法典》,现重印于页下脚注中。[9]

---

[6] 普通法制度的这一特色可以解释为何《联合国国际货物买卖合同公约》(下文第 232 段和第 285 段)第 28 条将获得实际履行救济的条件设定为取决于国内法。

[6a] 联邦法院衡平法管辖权的参照标准是 1789 年英国衡平法院的管辖权。*Grupo Mexicano de Desarollo v. Alliance Bond Fund, Inc.*, 527 U.S. 308, 318, 119 S. Ct. 1961, 1968, 144. L. Ed. 2d 319, 331 (1999). 结果,联邦法院无权下令在判决前冻结被告的财产,原因在于这是一种 1789 年英国判例法所没有的救济方式。持异议的法官恰当地对此种做法提出质疑,这是静态地看待衡平法管辖权。这一判决同样引发了下述问题:联邦法院是否可以为帮助仲裁而提供临时救济措施。对此的简短评论(英文),参见 H. Buxbaum, IPRax 2000, 39。See also *Wagoner*, Interim Relief in International Arbitration, Disp. Res. J. (Oct. 1996); *Wauk*, Preliminary Injunctions in Arbitral Disputes: The Case for Limited Court Jurisdiction, 44 U. C. L. A. L. Rev. 2061 (1997).

[7] See UCC § 1-203 (在"正式评论"中有相互参照的说明). See generally, *Summers*, The General Duty of Good Faith—Its Recognition and Conceptualization, 67 Cornell L. Rev. 810 (1982).

[8] See UCC § 2-302; *Leff*, Unconscionability and the Code—The Emperor's New Clause, 115 U. Pa. L. Rev. 485 (1967).

[9] 2014 年《蒙大拿州法典(注解版)》:
第 1-3-101 条 格言的目的
本章第 2 节罗列的判例法格言并非用以限定本法典中的任何其他条文,而是辅助其合理适用。
第 1-3-201 条 过时的理由,过时的规则
当一条规则的理由不复存在时,该规则本身亦寿终正寝。
第 1-3-202 条 同样的理由,同样的规则
理由相同,规则亦同。
第 1-3-203 条 变换目的
任何人不得为损害他人而变换目的。
第 1-3-204 条 放弃法律上的利益
任何人得放弃法律仅为其自身设定的利益,但私人协议不得触犯为公共目的所制定的法律。
第 1-3-205 条 对权利的限制
任何人行使其自己的权利不得侵犯他人的权利。
第 1-3-206 条 同意
同意某一行为者不因其蒙冤。
第 1-3-207 条 默认
默认错误就不得对其加以反驳。

## （二）美国对英国法的继受

13　　即使到了独立战争之后,英国法在美国的影响力依然巨大。尽管在一些州,独立战争之后英国作出的判决不再具有法律效力,但在大多数州,英国法仍然举足轻重。在 19 世

---

第 1-3-208 条　自己违法——不得获益
　　　　　　　任何人不得从其自身的违法行为中获益。
第 1-3-209 条　以欺诈手段非法占有他人财产
　　　　　　　任何人,因受欺诈而丧失对财产的实际占有,在法律上依然被视为占有该财产。
第 1-3-210 条　代理行为
　　　　　　　能阻止而未阻止他人以自己名义行为之人,将被视作授权他人行为。
第 1-3-211 条　他人行为
　　　　　　　任何人不应受他人行为的伤害。
第 1-3-212 条　利益——责任
　　　　　　　获益者应担责。
第 1-3-213 条　财产转让包括财产上的必需物件
　　　　　　　转让财产者被推定同时转让财产使用中必需之物件。
第 1-3-214 条　不法行为——救济
　　　　　　　有侵害便有救济。
第 1-3-215 条　对错相当
　　　　　　　在合法或非法方面,当事人之间不相上下时,法律并不介入其中。
第 1-3-216 条　最早获得的权利优先
　　　　　　　其他情况下同样的权利,最早获得的优先。
第 1-3-217 条　不可抗力
　　　　　　　任何人都不对不可抗力承担责任。
第 1-3-218 条　对权利保持警觉
　　　　　　　法律帮助对自己的权利保持警觉者而非息于行使权利者。
第 1-3-219 条　形式与实质
　　　　　　　法律注重实质胜过形式。
第 1-3-220 条　本应已经完成的行为
　　　　　　　本应已经完成的行为,将被视作有利于接受履行者,而不利于履行义务人。
第 1-3-221 条　显然不存在
　　　　　　　看来不存在之物将被视为它本不存在。
第 1-3-222 条　不可能之事
　　　　　　　法律从不要求不可能之事。
第 1-3-223 条　无用之举
　　　　　　　法律既不作无用的规定亦不要求从事无用之举。
第 1-3-224 条　琐事
　　　　　　　法律不管琐事。
第 1-3-225 条　特别对一般
　　　　　　　特别规则限定一般规则。

纪,由于詹姆斯·肯特(James Kent)[10]和约瑟夫·斯托雷(Joseph Story)[11]的著述,英国法的影响一度复兴。布莱克斯通的《英国法释义》于1771年在美国首次面世,也便利了人们利用英国法。

与此同时,其他法律传统也影响了美国法。例如路易斯安那州,1812年加入美国,长期追随法国法传统,并根据法国模式编纂法律;该州现行《民法典》将冲突法(国际私法)规则法典化,这种立法在美国首次出现,迄今独一无二。[12] 在美国西部的一些州,尤其在婚姻财产权利方面,明显可见西班牙—法国法的影响。[13] 不过,尽管存在上述少数例外,但法律方法、法律用语以及私法的核心概念和原则,其源头仍然不可否认在英国。[14]

在美国内战(1861—1865)前后,美国法与英国法开始分道扬镳。美国立法机关开始修正、补充和进一步发展起初源自判例法的法律规则,美国法院对于继受的英国普通法作出"美式解释"。时至今日,罕有美国法院引用英国判决。美国学者从美国法律体系内部寻求当代问题的解决之道,也许在适当的时候,从比较法的视野考虑英国法的进展情况。成熟的法律制度追求自我发展之路。不过,英国法和美国法是同一"法系"(legal family)的成员[15],它们彼此间关系的密切或许要胜过欧陆、南美和部分亚洲国家所属"民法法系"成员之间的关系。

简要谈谈相关**术语**:"判例法"(case law)包含所有判决中(法官所造)的法,如今已扩展至普通法先例和衡平法先例。"普通法"(common law)最初仅指普通法法院的判例法;如今常被用作所有"判例法"的同义语,用以描述与成文法相对的法官所造之法,这种用法多少有失精准和令人困惑。换言之,判例法必指判决中的法,而普通法则要结合语境,或指受理普通法争议的法院所造判例法,或指一般意义上的判例(非成文)法。最后,作为一种法系,"普通法"常被用以表示与诸如欧陆"民法法系"相区别的英美法系。[16]

14

15

16

---

[10] Kent, Commentaries on American Law (4 vols. 1826—1830).

[11] Story, Commentaries on Equity Jurisprudence (1836).

[12] Book IV, Louisiana Civil Code, enacted by La. Act No. 923 of 1991, effective Jan. 1, 1992. 路易斯安那州的立法和之后的俄勒冈州冲突法成文法(下文第241段脚注[16])是美国仅有的冲突法(国际私法规则)立法。

[13] 参见下文第499段。

[14] 许多州的成文法明确规定接受英国普通法。这类实例包括 Code of Alabama §1-3-1 (2004); Arizona R. S. §1-201 (2004); 5 Illinois CS 50/1 (2004); Maryland Code §10-501 (2004); 1 Pa. C. S. §1503 (2004)。

[15] Schlesinger/Mattei/Ruskola/Giddi, Comparative Law 447 et seq. (7th ed. 2009); Zweigert/Kötz, Einführung in die Rechtsvergleichung 233 et seq. (3d ed. 1996).

[16] 对此的简要概述,参见 Hay, Civil Law, in: Smelser/Baltes (eds.), International Encyclopedia of the Behavioral and Social Sciences 1865 et seq. (2001)。

## 二、美国法的法律渊源

### （一）联邦成文法和州成文法

17　　最初，美国法的主要成分是判例法。然而从19世纪末开始，成文法日益重要。成文的经济法和社会法，例如1890年的《谢尔曼反托拉斯法》和20世纪早期的工人赔偿立法，取代了这些领域的普通法。专门行政机构，比如州际商业委员会和后来的联邦贸易委员会，承担起昔日法院的规制功能。于是，当代的美国法律制度既非完全为判例法制度，亦非完全由成文法或立法构成。相反，美国法呈现为一种混合法，恰如欧陆法律制度，由于判例法日渐重要，同样具有比过去更显著的混合法特征。然而，尽管美国法律制度深受成文法的影响，但这无法掩盖如下事实：就基本结构而言，其根植于判例法。成文法和判例法的关系将在后文专门探讨。

18　　联邦和州各有其成文法。《联邦宪法》[17]界定了联邦的立法权[18]，同时明确把其余所有立法权保留给各州[19]，并在第6条"至上条款"（Supremacy Clause）中规定联邦法优于州法。"至上条款"所界定的**联邦法**包括联邦宪法（加之联邦法院对其作出权威解释的判例法，参见下文第37段）、联邦成文法（包括联邦行政机构按照国会立法发布的行政法规）和联邦条约。[20] 有些国际协定美国虽然是缔约国，但这类协定并未采用条约的形式签订。这些协定就是所谓的"行政协定"（executive agreements），由总统自行签署。[21] 相对于"至

---

[17] 作为"附录2"重印于书后。
[18] 参见下文第48段。
[19] 《联邦宪法》第十修正案。
[20] 联邦条约在参议院以2/3多数批准（"建议和准许"）后，经总统签署生效。条约只要含有"自执行"条款，就不需要任何特定的实施条约的立法（"转化"），如在许多其他国家，可以像国内法一样具有约束力并立即实施。由于条约具有与联邦成文法同样的效力和效果，但条约只需参议院批准，而成文法必须经国会参众两院通过，因此美国法律传统上将缔结条约的权力限定在真正具有"国际性"的事项上。这一传统寻求确保总统和参议院联手并不会减损众议院的立法权。
[21] 关于条约和其他国际协定，包括行政协定，参见 Hay, Supranational Organizations and United States Constitutional Law, 6 Virginia J. Int'l L. 195, 197—209 (1966), reprinted in Hay, Federalism and Supranational Organizations 206—220 (1966).

上条款"下的条约,行政协定具有何种效力,这一问题尚未在判例法上得到权威的澄清。[22] 除了这一依然不明朗的领域之外,对于同条约不一致的次级联邦法的效力,已经存在一般规则,即时间在后的成文法或条约取代不相一致的之前成文法或条约(后法废止前法,*lex posterior derogat priori*)。此处的关键点是:在国内实施方面,相对于之后相冲突的联邦成文法,条约并不享有至上地位。[23] **州法**(各州的法律)中相应地也有州的宪法、成文法及其各地区(县)和城市颁行的条例和法令。各州的成文法和判例法绝非完全一致。在许多方面,尤其在私法领域,各州法律可能相当类似,特别在拥有普通法传统的各州之间更是如此。不过,重要的是要记住:各州的法律体系相互独立。许多州内散落着印第安人部落("原住民印第安人",Native Americans)保留区,其有权规制和裁决私法问题("部落主权豁免权",tribal sovereign immunity),包括在保留区内发生的侵权和涉及部落成员的家庭法事项。[23a]

为弥合各州法律之间的差异,**统一法**(uniform laws)涌现于众多法律领域。美国统一州法委员会推荐采用这种统一法,它有时与民间组织——美国法学会(American Law Institute)联手合作共襄此举。该委员会起草统一法,但统一法生效需要参与统一化的州的立法机关采用和颁行。不同统一法的成功程度参差不齐。仅有少数的统一法为大多数州所采纳。最为成功的统一法是《统一商法典》(Uniform Commercial Code, UCC)和《统一子女监护管辖权和判决执行法》;前者于 1953 年为宾夕法尼亚州率先采纳,除了部分章节没有为路易斯安那州所接受,如今该法典已在各州生效,并每隔几年就有修订本出台。但是,采用一部统一法并不能确保相关的两州和多州之间法律的实际统一。一方面,一部统一法需由各州作为成文法通过后采用,而各州立法机关可能会对其修改和修订,从而偏离推荐的文本。另一方面,具体一个州的统一法文本将由该州法院加以解释和适用,而各州的司法实践可能随着时间推移而产生差异。在联邦层面,并不存在一个能够协调各州司法实践分歧的最高司法机关。这一客观现状使得经常修订统一法成为必要。针对《统一商法典》,

---

[22] *Id.* at 207—209; Restatement (Third) of Foreign Relations Law of the United States § 325 (1987).

[23] 美国的国际义务依然不受影响,这就可能导致令人遗憾的结局:不相一致的国内立法使美国违反了国际义务。最近令人非常不安的一个实例是"何塞·麦德林案"(José Medellín)。麦德林在得克萨斯州被判处死刑,但他事先没有机会与其本国领事馆取得联系,而此种机会是美国和墨西哥之间的一个条约和《维也纳领事公约》所赋予的。联合国国际法院要求重新审判,乔治·W. 布什(George W. Bush)总统签发了一份声明以确保遵守国际法院的要求,但得克萨斯州予以拒绝。联邦最高法院判定:存在争议的条约和国际法院的判决在美国都不具有自动执行性,总统的声明也不能改变其性质。Medellin v. Texas, 552 U. S. 491, 128 S. Ct. 1346 (2008). 麦德林在2008年被执行死刑。在2009年初,国际法院判定:对麦德林执行死刑违反了美国的国际义务。另见下文第737段脚注[202]。

[23a] "密歇根州诉贝米尔印第安人保留区案"判例[*Michigan v. Bay Mills Indian Community*, 134 S. Ct. 2024, 188 L. Ed. 2d 1071 (2014)]确认了保留区的这一豁免权。另见下文第 63 段。

有个"常设编委会"(Permanent Editorial Board)负责跟踪参加各州的法律进展,并适时提出修订建议。

### (二) 作为判例法的美国法

19　美国法律制度如同其源头英国法,主要是一种判例法制度。这一论断不仅适用于主要由判例法调整的领域,而且适用于成文法领域,理由是成文法同样要由法院作出有约束力的、权威的解释——成文法因而受制于有约束力的司法解释。[24]

20　判例法制度的一个基本原则是上级法院的先前判决确立的法津**先例**(precedents)约束其下级法院,这就是**遵循先例**(*stare decisis*)原则。这一原则要求:对于州法而言,下级州法院受制于其上级法院——最终为州最高法院的判例;对于联邦法问题,下级州法院受制于相应(区域)的联邦法院——最终为联邦最高法院判例的约束。[25] 对于联邦法问题,下级联邦法院受上级联邦法院判例的约束;但在事关州法问题时,联邦法院应遵循相应州最高法院的判例法,前提是该判例法既未违反联邦法,也未被联邦法所取代。

21　无论对于州法问题还是对于联邦法问题,享有管辖权的相应最高法院均有权背离其之前确立的先例。该院可以**推翻**(overrule)先例,修改法律,据此创立新法。这种法律修改不仅影响到法院在审的案件,而且影响到将来受理的案件。但它不具有任何溯及力,根据之前的先例对案件的裁判依然是最终判决(既决事项,*res judicata*)。[26] 下级法院故意[27]背离已确立的先例,这种情况相当罕见。不应继续遵循先例(比如因其不合时宜),通常只有当下级法院预计上诉法院对此将会与其不谋而合时,才会抛弃先例,并作出一份背离先例

---

〔24〕 司法界对法律演进的推动,更多的内容参见 Strauss, Courts or Tribunals? Federal Courts and the Common Law, 53 Ala. L. Rev. 891 (2002)。

〔25〕 一个存在争议的问题是:未公开的法院判决是否构成"先例"。这一问题之所以重要,是因为几乎80%的联邦上诉法院的判决未公开,而大多数法院规则规定此类判决不得引为先例。结果,新判决其实只是基于一小部分法官手头的司法事务。最近,有个法院判定本院的不得引用未公开判决的规则违宪。它判定:未公开的判决构成先例。*Anatasoff v. United States*, 223 F. 3d 898 (8th Cir. 2000), vacated as moot, 235 F. 3d 1054 (8th Cir. 2000) (en banc). 对此的广泛探讨,参见 Price, Precedent and Judicial Power After the Founding, 42 Boston College L. Rev. 81 (2000)。

〔26〕 既决事项原理(另见后文第 201 段及其以下段落)强调:享有管辖权的最高法院最终裁决的当事人之间的事项,当事人不得将其再次作为争点向该院或任何其他法院提出。See Hay, On Merger and Preclusion (Res Judicata) in U. S. Foreign Judgments Recognition—Unresolved Doctrinal Problems, in: Schütze et al. (eds.), Festschrift für Reinhold Geimer 325 (2002).

〔27〕 但是,在美国,由于诉讼行为主要掌握在当事人手中(参见下文第 100 段),因此法院有可能忽略可适用的先例。这意味着,提请法院注意可适用的判例法是当事人的责任。

的判决。[28] 这是例外情况。更为常见的是，下级法院会遵循先例，然后在案件上诉后，交给上诉法院改判。

考虑到先例的至关重要性，关键问题是先前判决中的哪部分约束法院对当前案件的判决。为回答该问题，重要的是区分判决中的**法律原则**（holding）（判决理由，*ratio decidendi*）[29]与判决中可能包含的**附带意见**（obiter dicta）。在判决意见中，法官泛泛而论的法律原则或法律观点并非实际裁决的组成部分，它们属于附带意见部分。由于这类意见打开了一个洞悉法官思路的视窗，因此它们或许有助于预测判例法的未来发展方向。但是，它们并非有约束力的先例。严格而论，**先例**只能是基于法院审理的特定事实而且对判决必不可少的那部分法律准则。此种对先例的关注，此种"发现判例之法"的方式，揭示了普通法律师为何全神贯注于具体案件的事实，并将普通法方法与大陆法系律师采用的方法显著区别开来。

很少案件与先前案件恰好雷同——与其"完全一致"（on all fours）。这使得律师和法官有必要比较案件的事实情况，使得一方当事人有必要声称，于己有利的先例源自事实具有可比性的案件，而对方当事人会力求证明该案件不具有事实可比性。换言之，另一方当事人会寻求**区分**（distinguish）先前案件，从而设法避免其作为先例适用。于是，法律辩论常常演变为对案件事实可比性的分析。显而易见，此种方法为法律变革和发展提供了可能性。因此，通常没有必要通过推翻先例，明确背离早期的或许不合时宜的判决。相反，上诉法院也许能够将面前的案件事实与先前案件的事实区分开，以避免适用不受欢迎的先例，并随时间推移削弱其重要性，甚至使其毫无意义。同样，有义务运用合适先例的下级法院，如上文所述几无可能故意无视先例，却可能通过"区分先例"避免其适用。此种区分和区别对待先前案件指引方向的方法实际上可能有助于法律的发展。

立法和司法的互动，推动着美国法不断演进，并伴随变换的社会之需而灵活调适。推出判例法，或许此后再适时调整，由此法院推动法律的成长。立法创立新规则，适时修正旧

---

[28] See *Bradford*, Following Dead Precedent, 59 Fordham L. Rev. 39 (1990) [该文列举了下级法院无视上级法院先例的判决，例如 *Barnette v. West Va. Board of Ed.*, 47 F. Supp. 351 (S. D. W. Va. 1942), aff'd, 319 U. S. 634 (1943) and *Harris v. Younger*, 281 F. Supp. 507 (C. D. Cal 1968), rev'd 401 U. S. 37 (1971)]; see generally *Caminker*, Precedent and Prediction, 73 Tex. L. Rev. (1994) (解释在特定情况下下级法院判决为何背离先例)。

[29] 法院判决由三部分构成：由法官或陪审团判定的案件事实；适用于事实的法律规则；依据事实和法律作出的裁判。第三部分——裁判——针对该案判定或处理的事实和请求，约束具体案件的当事人。适用于该案的准则——法律原则，具有更广泛的法律效力，对下级法院产生约束力。关于先例的原理，参见 *Walker/Ward*, Walker & Walker's English Legal System 78 (11th ed. 2011); *Berman et al.*, The Nature and Functions of Law 513 (6th ed. 2004)。

规则,由此取代或修改判例法。兹举一例:立法机关采用的《统一商法典》第二编(参见后文第 315 段及以下段落),编纂了普通法中有关货物买卖的实质部分。不过,该成文法的解释权在法院。法院针对具体成文法规则进行解释,由此形成判例法,并作为先例约束下级法院对后续案件的判决。[30] 因此,其实并非是成文法文本(对此仁者见仁、智者见智),而是**司法解释**,即**司法"注解"**(gloss),成为下一案件的准据法。随后,若立法机关发现判例法发展方向有误,则其总能制定新法予以矫正。有鉴于此,在运用美国法时,关键是要铭记:找到了最新的看似可用的成文法,这并非研究的终点。你必须接着研究法院在个案中如何解释和运用该规则。只有司法解释和对规则的适用才具有终极效力。

### (三)查找可适用的判例

#### 1. 普通法领域

25　　设想一下:有个应判决的案件没有可适用的成文法,那么下一步应怎么办,如何找到合适的判例法先例?[31]

26　　美国联邦法院和各州最高法院的大多数判决[32],甚至各州下级法院的许多判决,均公开出版。联邦法院的判决收录在三种判例集之中:《联邦最高法院判例集》(U. S.)(收录联邦最高法院的判例)[33],《联邦法院判例集》(F.)或《联邦法院判例集(第 2 辑)》(F. 2d)或《联邦法院判例集(第 3 辑)》(F. 3d)(收录联邦上诉法院的判例),《联邦法院判例集补编》(F. Supp.)或《联邦法院判例集补编(第 2 辑)》(F. Supp. 2d)(收录联邦初审法院的判例)。

27　　各州均有自己的判例法汇编。此外,州上诉法院的判决同时公布在所谓的"地区判例集"(Regional Reporters)中。[34] 为了找到一个先例,你可以首先使用法律百科全书[35],比

---

〔30〕 过去的一句普通法格言,或许不像如今表述得直白,是说改变普通法的成文法会被限制性地解释。

〔31〕 See Baran/Mersky/Dunn, Fundamentals of Legal Research, and Legal Research Illustrated (both 9th ed. 2009).

〔32〕 由于判决总量庞大,因此有些判决并未出版。各法院自行决定哪些判决出版,哪些不出版。因而正文中的论断适用于各法院眼中特别重要的那些判决。即便未出版的判决也构成先例并约束下级法院,对该观点的有力论证,参见前注〔25〕中普赖斯(Price)的论文。

〔33〕 联邦最高法院的判决同时公布在《联邦最高法院判例集(律师版)》(L. Ed)和《联邦最高法院判例汇编》(S. Ct.)。下文接着探讨的法律引用格式包含了每一判决的各种并行的引用方式。

〔34〕 对州法院判决的引用通常指明两种来源。例如,引用一份判决可这样表述:17 N. Y. 2d 27, 215 N. E. 2d 159 (1966)。它表示:该判决可见于《纽约州最高法院判例集(第 2 辑)》第 17 卷第 27 页,同时见于《东北区判例集(第 2 辑)》第 215 卷第 159 页,该判决作出的年份是 1966 年。关于电子资源,参见后文第 34 段及以下段落。

〔35〕 更早的资源诸如"判例摘要"(digests),一种按照主题排列的主要判决汇编,每卷包含大约十年期间的判例摘要。另一种资源是所谓的"法律词语释义"(Words and Phrases);当难以将一个具体法律难题或问题置于特定的法律领域时,或者需要查找定义或解释时,它有助于找到判决的出处。

如《法律大全续编》(*Corpus Juris Secundum*)，一套多卷本的文献，它按字母顺序罗列了所有的法律主题，含有按州排列的判例法。借助于电脑的法律研究已将诸多传统方法取而代之，各种数据库有助于快速而可靠地检索到所需信息(参见后文第 4 部分的探讨)。一旦查到先例，接下来的重要任务就是检索其后续演变过程，目的是查实该先例是否依然有效，或者厘清该先例如何为后续判决所修改。《谢泼德法律引用索引》(Shepard's Citators)便于此种检索，它也被收录到法律数据库中。该索引同样按照州(或者按照联邦判例集)排列，列明了每个已决判例所在相应判例集中的卷数和页码，然后提供被随后案件引用的信息，其中涉及的是主要判决，在许多情况下它指明后续案件涉及该判例时是遵循它、区分它，还是仅仅提到它。

有个实例可作为例证。纽约州"麦克弗森诉别克汽车公司案"[*MacPherson v. Buick Motor Co.*, 217 N. Y. 382, 111 N. E. 1050 (1916)]的判决[36]，涉及汽车生产商对最终消费者的责任，该消费者曾从一家特许经销店购买了该品牌汽车(不是直接从生产商购买)。假设律师不知道这一判决，那么他或她如何找到该判决，以及自 1916 年起其是否继续有效的信息？《法律大全续编》这本百科全书有纽约州涉及一般过失的判决的参考信息，并特别在其第 100 目、第 100(2)目和第 100(3)目中提及生产商的责任。一个脚注(脚注〔58〕)指引"机动车"卷，该卷同样在其第 165(1)目中的脚注〔43.5〕中将"麦克弗森案"的判决列为纽约州关于该问题的首要判决。[36a]然后，《谢泼德法律引用索引》使研究者可以更新检索结果，并确认该判决依然为有效的先例。与此同时，该索引可以帮助确定"麦克弗森案"是否在此期间可能已被扩大适用，比如将产品责任同时扩大到汽车零配件的生产商。在上述实例中，研究结果会显示："戈德堡诉柯尔斯曼仪表公司案"[*Goldberg v. Kollsman Instrument Corp.*, 12 N. Y. 2d 432, 191 N. E. 2d 81 (1963)]的判决当时并未扩大"麦克弗森案"的适用范围。现在以"戈德堡案"的判决作为研究基础，研究者会发现：随后"哈尔芬诉杰德建筑公司案"[*Halfern v. Jad Construction Co.*, 15 N. Y. 2d 823, 205 N. E. 2d 863 (1965)]的判决依然将该问题悬而未决，直到"克拉克诉本迪克斯公司案"[*Clark v. Bendix Corp.*, 42 App. Div. 727, 345 N. Y. S. 2d 662 (1973)]的判决——它仅是一份中级上诉法院的判决！——才最终将产品责任扩展到零配件生产商。

### 2. 成文法领域

如同对于普通法判决，《谢泼德法律引用索引》有助于检索解释和适用特定成文法条文

---

〔36〕 在附录 1 中，该判决照录和探讨。

〔36a〕 用数据库 LEXIS 或 Westlaw 检索(后文第 34 段)当然也会指向"麦克弗森案"的判决；两个数据库已将《谢泼德法律引用索引》电脑化，加之自动检索引用功能，借助这两项功能用户很容易查到后续的相关判例。

的判决。各州和联邦的成文法按章(或卷)和节的序号排列,相应的判决按照时间顺序排列。[37] 以此种方式查到的判例本身可继续被检索,以查证其是否继续有效,或者是否后来被其他判例修正。

30  新判决自公布一两天之内,数据库就能将其收录其中。因此,一旦掌握了如何利用这种电子资源,你就能轻松查到可适用的判例、新成文法以及对其解释的判例,而且它们本身已被"谢泼德化"。

3. 次级渊源

31  另外两种重要渊源可用于判例法分析:各种**"法律重述"**(Restatements)和**"美国判例集注解"**(American Law Reports Annotated,A. L. R.,第一辑,第二辑或第三辑等)。后一种汇编收集了所有法律领域最重要的判例,并比较了各州的判例法,通常带有批判性和分析性的评论。此种汇编有助于了解相关法律问题的概貌,并从各州的视角把握法律的发展趋势。

32  美国法学会发布的各种**"法律重述"**,对判例法的成长非常重要,往往也影响巨大。[38] 大部分法律领域都已有"法律重述",通常已修订到第 2 版或第 3 版。"法律重述"整合判例法,在形式和表述上类似一部大陆法系国家的法典。借助这种途径,研究者可快速概览具体领域的现行法。当然,"法律重述"并非由官方发布,并非"法律"。但是,其中的佳作对判例法的分析真实可靠、令人信服,以至于律师和法官经常引用这类重述而非其所基于的判例法。不过,利用甚至依赖"法律重述"不可取代同时单独分析判例法本身;原因在于,在某些情况下,"法律重述"可能并非表述现行法,或者从另一视角观察,"法律重述"本质上更具有前瞻性,其实预测了法律的未来发展方向。前者的实例是《合同法重述(第一版)》第 288 条,规定对合同目的落空的救济措施,而该条款其实几无判例支持。相映成趣的是,1972 年《冲突法重述(第二版)》[Restatement (Second) of Conflict of Laws]同样未体现其出台时的

---

[37] 联邦成文法公布在《联邦成文法汇编》(Statutes,简写为 Stat.)上,引注的前面是卷数,后面是页码。联邦成文法还公布在《联邦成文法大全》(United States Code,U. S. C.)和《联邦成文法大全(注解版)》(United States Code Annotated,U. S. C. A.)。后者如名称所示,含有关于立法背景和判例法(但经常不包括最新的判决)的注解。最新的判决见于《联邦国会和政府法律讯息》(U. S. Code Congressional and Administrative News)[由韦斯特出版公司(West Publishing Co.)发行],当然也见于数据库中。行政法规、法令和总统公告见于《联邦行政法规汇编》(Code of Federal Regulations,C. F. R.)。各州成文法见于"成文法修订本""成文法大全"和"成文法(或成文法大全)注解版",有时从立法到出版中间经历更长的间隔期。各州所谓的"会期法汇编"(Session Laws),在州立法收录进正式州法汇编之前,为人们提供了查找州法的途径。关于借助电脑的法律研究,参见下文第 34 段及以下段落。

[38] 美国法学会(A. L. I.)是一个民间团体,由高校法学教师、法官和律师组成,成立于 1923 年,致力于美国法的改进和协调。如今,美国法学会的主要活动是精心编纂各种"法律重述"。

现行法,但其在倡导变革方面影响巨大,在随后多年里,深刻影响了冲突法的发展。[39]

法学专著、法律评论和法律期刊(尤其是"法律评论"[40])论文,评论分析法律(尤其是判例法)的发展,并成为新思想交流的平台。法院在判决中会引用知名学者的著述,尤其在遇到法律政策的问题时更是倚重学理。但是,相对于诸如欧洲之类的地区,美国法学著述对判例法发展的影响可能较弱。[41] "法律期刊索引"(Index to Legal Periodicals)辅以"外国法律期刊索引"(Index to Foreign Legal Periodicals)有助于查找到美国法律杂志、美国法律期刊和论文集,以及纪念文集(*Festschriften*)。[42]

### 4. 借助电脑的法律检索

对于借助电脑的法律检索,**LEXIS** 和 **Westlaw** 是最知名的搜索引擎。大多数法律图书馆和许多律师事务所订阅了这类服务。除了通过电脑直接进入数据库,还可通过互联网使用此类搜索引擎,无论何时何地均可获取法院判决和法学著述。[43] 纸质版的判例和学术作品的面世显然颇费时日,而法院判决的文本通常在公布后几小时内就可在数据库中查

---

[39] 参见下文第 242 段。《冲突法重述(第二版)》规定了许多法律选择问题适用与争点和当事人有最重要联系地的法律。这种法律选择连结点与《冲突法重述(第一版)》采用的地域导向的连结点——比如指向侵权损害地——形成了鲜明对比。《冲突法重述(第二版)》的规定基于 20 世纪 60 年代纽约州判例法的新发展。在创建重要联系标准的过程中,它采用了同时代许多冲突法理论中包含的诸多原则。或许由于兼收并蓄了解决法律选择问题的不同方法,该重述赢得了广泛的支持,并对冲突法的发展产生了重大影响。参见后文第四章。美国法学会于 2015 年宣布开始编纂《冲突法重述(第三版)》。

[40] 几乎每所法学院(系)都发行一种学生编辑的法律期刊,编辑是来自高年级的学生,学术表现优异。这种期刊即"法律评论"(*Law Reviews*),通常加上大学的名称以示区别,例如"哈佛法律评论"。其实,近年来,"法律评论"数量剧增,许多院系发行的期刊不止一种,而是两种或者更多。在此情况下,其他的期刊往往关注具体的法律领域,比如"埃默里大学破产法发展期刊"(*Emory University's Bankruptcy Developments Journal*)。美国的"法律评论"是学术思想和实务信息的富矿,知名学者、法官和执业律师纷纷向其投稿。期刊的学生编辑会对最新的判例法予以批判性分析。See *Zimmermann*, Law Reviews:A Foray Through a Strange World, 47 Emory L. J. 659 (1998). 外国法学家常以诧异的眼光看待这些学生编辑的专业期刊(同时诧异于责任编辑的编辑能力,这些编辑们指示或试图指示作者按照建议修改文章,修改建议既涉及实质内容,也涉及注释格式)。某编辑以"独特眼光"对稿件所作的评价常常有所助益,但有时并非如此,原因是"某编辑"是个新手。但是,向新手解释文章内容有时确实会使表述更清晰。一个虚拟的美国法学院学生的生活,包括其在法律期刊编辑部的工作;对此的一种幽默描述,参见 *Gordon*, How Not to Succeed in Law School, 100 Yale L. J. 1679 (1991). 另有一些专业的法律期刊,由专业的组织发行,涉及专门研究领域,诸如保险法、专利和著作权法、家庭法,等等。外国读者可能特别关注《美国比较法期刊》(*American Journal of Comparative Law*)。

[41] 这一归纳有许多例外。广为人知的一个实例是布兰代斯(Brandeis)(后来成为联邦最高法院的大法官)和沃伦(Warren)1890 年发表在《哈佛法律评论》的论文:《隐私权》(在该期刊的起始页为第 193 页);该文奠定了当今的隐私权侵权请求的基石。另见下文第 405 段。

[42] 关于美国法的本质和渊源,另见 *Farnsworth*, An Introduction to the Legal System of the United States (4th ed. 2010).

[43] Http://www.lexis.com and http://www.westlaw.com.

到。例如 Westlaw,联邦最高法院的判决在宣布后1小时之内,就被全文收录其中。鉴于借助电脑检索法律的重要性,法学院的学生在校学习时会得到数据库使用方法的大量培训。[44]

35　　这些数据库收录了联邦法院和各州法院的判例法、成文法以及众多法律期刊。同时,其中外国法(例如英国法、法国法和英联邦的法律以及欧盟法)的内容日渐丰富。通过系统化的检索可以查到具体的判例、成文法或者期刊论文;不论使用哪种数据库,检索方式遵循的路径非常相似。

36　　例示如下:搜索引擎提供了多种不同的检索方式。用户既可以采用模糊检索,也可以检索一个具体的文件,后者确保特定引用文献的准确性。检索结果可以保存或打印。检索可限于具体法律领域的特定子数据库("州成文法"),既可以是一个子库,也可以是几个或许多子库。用这种方式查到的每个结果都带有其他选项和供进一步检索的次级选项。检索也可以基于特定的关键词、作者姓名、在某一期限内发行的出版物,等等。查找一份法院判决书可以基于案件引用格式、当事人名字或者案卷编号。一旦查到具体判决,可以通过查明其被引用的情况来确定其是否继续有效("谢泼德化"[45])。不同的符号表明某一法院判决之前和随后的演进脉络。

---

[44] 美国法学院的学生免费使用 LEXIS 和 Westlaw。法学院可以按照给教育行业的优惠费率订阅此类服务,然后提供给学生和教师使用。律师事务所和其他人使用此类服务要付费。对于付费使用,用户在每次检索时输入需验明的密码;定期账单按照每次检索的时间长短计算,而且同时显示时间和账号,借此用户可将花费转嫁到其服务的客户身上。高效的检索不仅节约时间,而且降低开支,原因是非教育界的用户不仅支付订阅费,而且按照使用时间付费。较小的律师事务所可以选择只订阅特定的数据库,并为其使用支付一笔固定费用。

[45] 该用语源自《谢泼德法律引用索引》,参见前文第30段。

# 第二章 公 法

一、宪法
二、基本权利
三、移民法问题
四、行政法

**参考书目**：*Currie*, The Constitution of the United States, 2d ed. 2000; *Farnsworth*, An Introduction to the Legal System of the United States, 4h ed. 2010; *Hay/Rotunda*, The United States Federal System, 1982; *McCloskey/Levinson*, The American Supreme Court, 5th ed. 2010; *Nowak/Rotunda*, Constitutional Law, 8th ed. 2009.

# 一、宪法

## （一）基本原则

37　　美利坚合众国实行总统民主制，国家结构形式为联邦。美国历来宣称或主张的核心宪法原则包括：主权属于各州人民、恪守"法治"（rule of law）、**《权利法案》**（Bill of Rights）保障的权利具有普遍效力[1]、联邦制（各州与联邦的关系）以及权力分立。实践中，权力分立昔日指司法权与其他国家权力分立，而如今，即便这种分立也逐渐有些界限模糊（参见下文）。与之相比，立法权与行政权往往相互交织、彼此共存，此谓"制衡"（checks and balances）制度。各州的权力来自人民；人民有权选举立法机构，在有些州还有权投票决定具体的立法案。联邦宪法是最高的法律准则，联邦最高法院有权通过判例法对其适用、解释以及进一步发展。《联邦宪法》本身以及联邦最高法院对其适用后形成的判例法，两者构成的联邦宪法对美国法的重要性无处不在。任何法院审理任何案件时均可援引宪法规定，由是观之，上述论断不言自明。在联邦宪法问题上，联邦最高法院是终审法院，但是罕见联邦最高法院对此拥有排他管辖权，不许其他法院初审联邦宪法问题（参见下文第57B段）。

38　　《联邦宪法》（照录于"附录2"）于1788年获得批准，如今已成为世界上历史最悠久的现

---

[1] 在英国宪法史上，《权利法案》是指由奥林奇家族的威廉三世（William III of Orange）和玛丽二世于1689年颁布并于同年由议会批准的基本宪法文件。该法共13条；除了其他规定，它禁止未经议会批准而国王擅自采取行动征税、颁布和废止成文法，以及在和平时期保持军队。它同时规定了非专业法官参与审判，授予请愿权并确保在议会上自由演说和辩论的权利。在美国宪法中，《权利法案》这一术语是指《联邦宪法》的前十条修正案（于1791年生效）。另见下文第65段及以下段落。

行宪法。其表述非常简洁,但兼具一定的概括性,使其足以灵活适应社会之需。在区区7条正文和27条修正案中,《联邦宪法》规定了美国联邦架构中的主要成分,界定了联邦与各州之间的关系,确保了美国公民和美国主权下的其他人的基本权利。简而言之,其结构可概述如下[2]:

《联邦宪法》正文之前是"序言"。其开篇起始于"我们人民……",强调了民主原则,随后便是组建联邦的宗旨和目标。正文的结构安排体现了权力分立原则。第1条规制立法机构,第2条规制行政机构,而第3条规定了联邦的司法权。这三条合在一起界定了联邦机构的组成。第4条和第6条处理联邦架构的其他重要方面:第4条调整各州之间的双边和多边关系,并规定了设立新州的可行路径;第6条规定了联邦法相对于州法的至高无上。第5条规定了修宪的程序。[3] 个人基本权利是《联邦宪法》前十条修正案的主题,这十条修正案构成了上文提到的所谓《权利法案》。

美国《联邦宪法》自获得通过起,迄今已经历220余年风雨,其间少有形式上的变化。《联邦宪法》于1788年夏天生效,构成《权利法案》的前十条修正案于1791年生效。此后,仅另有17条修正案出台。其中,最重要的是第十三修正案、第十四修正案和第十五修正案。这三条修正案废除了奴隶制(第十三修正案),并为新确立的自由权提供了具体的基本民权和人权保障。第十四修正案在现代特别重要,被用以普遍禁止诸多歧视行为。此外,第十四修正案的规定还一直被用以拓展《权利法案》的保障范围,旨在限制各州的权力,但是严格而言,《权利法案》本应仅约束联邦机构。

### (二) 联邦机构

在宪政架构上,美国由联邦国家机构*和50个州组成,各州拥有其自身的国家机构。其实除了各州,美国还有联邦首都——华盛顿市——所在的哥伦比亚特区(其拥有自身的国家机构,在一些方面也受联邦机构管辖)、不属于州的数个地区(例如波多黎各共和国[4])以及数个独立的海外领地和地区,如维京群岛和关岛。联邦和各州拥有各自的立法

---

[2] 更详细的内容,参见"参考书目"中柯里(Currie)的著作第102页。

[3] 第7条规定了宪法制定时的批准与生效问题,与宪法的当代宗旨无关。

* 英文为"Federal Government",通常译为"联邦政府"。但此处的"government"应指行使政治权力的机构的总称、所有的管理机构,而不单指行使行政权的"政府"。因此,此处将其译为"联邦国家机构"。参见 B. Garner (ed.), Black's Law Dictionary, St. Paul: Thomson Reuters, 11th ed., 2019, p. 839; William Burnham:《英美法导论》,林利芝译,附录五"Structure of the Federal Government",中国政法大学出版社2003年版,第331页。——译者注

[4] 1998年的全民投票结果是维持波多黎各共和国的现状。

权,有些相互排斥,而有些则彼此竞合。如果立法权竞合,则联邦立法权优先于各州的立法权("至上原则",supremacy)。尽管联邦和各州在国内事务上享有相互独立的宪法地位,但只联邦有权处理国际事务。只有合众国,作为一个整体的联邦,才是国际法的主体。[5]

42　　行使联邦权力的国家机构有:作为立法机构的国会两院(参议院和众议院)、作为行政机构的美国总统以及向其汇报工作的各部委、作为司法机构的联邦最高法院及其下级联邦法院。三种国家机构运行中相互牵制("制衡"),因此任一国家机构行使权力时均不得损害其他国家机构的权力。

### 1. 立法机构:国会

43　　国会是联邦机构中的立法机构,由参议院和众议院两院组成(第1条第1款)。两院的组成以及各自议员的选举适用不同的规则。[6]

44　　众议院的议员每两年选举一次。尽管美国公民年满18岁即享有选举权[7],但是具备当选资格则要求年满25岁,成为美国公民不少于7年,并在美国拥有住所。连选连任的权利不受限制。参议院议员的任期为6年。其任期相互交错,这样每2年(重新)选举1/3的议员。参议员的当选资格要求年满30岁,成为美国公民不少于9年,并在所代表的特定州拥有住所。[8]同样,寻求再次当选的权利不受限制。

45　　最初,众议院有65名议员。伴随美国人口的增长,议员人数多次调整,直至1929年国会立法将议员人数固定在435名。议员代表其所在州的选区。议员席位根据各州人口多寡在各州分配,而人口数据来自依宪所作的人口普查结果。[9]州法决定议员选区具体如何划分。但是,各州立法机构必须遵循由联邦最高法院通过判例法确立的宪法原则:保证每人的投票权相等("一人一票")。[10]不过,众议院的选举并不适用比例代表原则。一方面,每个选区只有唯一的候选人胜选;另一方面,大多数州遵循"胜者通吃"(winner-takes-all)原则:每个投票人投1票,赢得最多选票的候选人获胜,所有其他选票被忽略不计。这

---

[5] 尽管各州没有处理对外关系的权限,但是其中的几个州的确与外国签订了行政协定,比如关于扶养判决的承认与执行。See Hay/Borchers/Symeonides, Conflict of Laws §15.37 (5th ed. 2010) ("Conflicts"以下部分)。

[6] 两院议员共同遵守如下规定:禁止在立法议员任期内担任其他任何公职。此禁令源自分权原则。

[7] 各州自己规定有关住所的要求。

[8] 在参议员席位出现空缺时,第十七修正案第2款授权州政府针对未满任期指定一人作为临时议员。

[9] See *Glavin v. Clinton*, 19 F. Supp. 2d 543 (E.D. Va. 1998).

[10] 重新划分州内的选区对于执政党一直是个诱惑,其手法是在适当的时机将特定的州划分和再细分成不同的选区,以确保对其有利的最多候选人当选。这种做法被称为"不公正划分选区"(gerrymandering),"一人一票"原则被设计用于对抗此种做法,但并未总能奏效。例如,在得克萨斯州,面对民主党人的激烈反对,共和党人多数派成功重划选区,并在2004年成功驱除了许多民主党对手,在国会和州内赢得了更多权力。

种多数表决制的实践造就了两大政党——民主党与共和党——的优势地位。[10a] 美国总统的选举方式(参见下文第 52 段)强化了这一现象;美国实质上采用两党制。

各州分别选出 2 名参议员组成参议院,共 100 名参议员。与众议院的组成不同,无论地域大小和人口多寡,各州在参议院均有平等的代表性和影响力。这种妥协方案有利于小州,是当初为各州同意宪法设计所付出的代价。每个参议员相对较长的任期,新参议员的交错选举,二者均旨在使参议院运行稳定,确保比众议院具有更强的连续性,而众议院至少理论上实行短期任职[11]。立法程序可以大致分为三个阶段:提出立法建议(法案,bills),国会两院通过,然后由总统批准。任何人均有权提出立法建议,但是只有国会议员才能提出法案(成文法立法建议)。[12] 先由提出此法案的议院之委员会审查;若有必要,则举行由专家和利益团体的代表参加的听证会。随后,议案若获得相应议院的表决通过,则再被送交另一议院历经类似的程序。如果另一议院希望对议案进行重大修改,则可以设立一个协商委员会。对于协商委员会的妥协方案,两院随后必须批准。与许多欧洲国家的议会相比,美国国会中政党纪律通常作用甚微。结果,跨党派投票并非罕见,个别众议员或参议员可能不同意其所在政党支持的措施,除非为了其所代表的州和选民的利益而达成特别的妥协。如果两大政党在国会中势均力敌,或者一党控制了参议院,而另一党控制了众议院,则达成妥协就成了打破僵局的唯一出路;此类僵局不乏实例,曾导致政府部门因缺乏国会拨款而关门大吉或面临停摆。

美国宪法没有规定政党问题,其他成文法也未赋予其特殊政治地位。与欧洲国家的政党不同,美国的政党没有严密的组织结构(比如正式的党员资格),甚至没有明确的思想路线和纲领。两大主要政党是民主党和共和党,两者的政治路线均无法被真正冠为"右"或者"左"。尽管民主党传统上更倾向于自由主义和保护劳工权益,但是,相对于美国东北部的号称较为保守的同党人士,南方民主党人更趋于保守,这在许多社会议题上表现尤其明显。

---

[10a] 在 2010 年,联邦最高法院推翻了以前的判例法,解除了对公司和工会向政党竞选活动捐款的限制。这一判决有可能对未来的选举产生意义深远的影响。参见后文 46B 段(原注为 n.26a,经与作者求证和商议,这是笔误,故改为第 46B 段——译者注)。关于其对政党的影响,另见下文第 46B 段。

[11] 但是,在实践中,许多众议员的任期格外长。如果他们来自一党占支配地位的州,并且在该州代表一个"可靠的"选区,那么对于一些众议员而言,在众议院的任职的确可以接近终身职业;此外,由于委员会成员资格和委员会主席资格部分依赖资历,因此随着时间的推移,在众议院的任职使得一些众议员具有了非凡的能量。但是,过去的十年已经见证了共和党的主导地位使权力集中在该党,以至对该党忠诚可以使一位资深议员提升为主席,而更资深的同行却与此无缘。

[12] 有关联邦预算(拨款)的事项属于众议院独有的提案权。与之相比,参议院专享参与任命联邦官员的权力,包括行政官员和法官,并独享参与缔结国际条约的权力。美国总统批准条约要求获得参议院 2/3 多数的同意。

最近，所谓的"茶党"（Tea Party）已经登上政治舞台。这是一个具有鲜明右倾色彩的保守团体，大部分成员为来自南部的共和党人，也有些成员是民主党人。不过，美国目前还没有严格意义上的第三党，而且将来也不可能出现这样的政党。其中的原因在于，美国的选举未实行比例代表制，第三党要想成为独立的政治势力，必须在许多州赢得多数选票，这在当前的政党体制下希望渺茫。"茶党"的大本营主要是共和党的右翼势力。

46B　　竞选活动的经费主要来自私人捐赠。为了控制利益团体对某些候选人或某一政党的过分赞助，2002年的一部立法要求捐赠更加透明，并禁止企业和工会捐款，以免其影响或扭曲选举过程。[12a] 该法的合宪性曾受到挑战，但联邦最高法院支持了其中的大部分规定。[12b] 但是，该院在2010年改变了其先前的立场，判定企业和工会也属于法律上的"人"，有权援引《联邦宪法》第一修正案所保障的表达自由权，而限制企业和工会对竞选活动捐赠则侵犯了他们的这一权利。[12c] 企业和工会不受限制地对竞选活动捐赠，如今可成为影响国会选举的重要因素，对众议员而言尤其如此，他们每两年必须经受选举或重选。[12d]

46C　　一部法案在国会获得通过后，生效尚需得到美国总统的批准。总统签字后，该法案就成为法律。如果总统10日内不签署，并且这个时段国会正在会期，则推定法案获得了总统批准。[13] 如果总统否决了该法案，则两院必须重新审议。只有两院都以2/3多数推翻总统的否决，该法案才会成为法律。几乎在立法的各个方面（加入国际条约除外），两院和总统都共同参与；这一事实表明：只有各方具有达成妥协的显著意愿，法案通常才会顺利获得通过。

47　　修宪（第5条）是一种特殊形式的立法活动。原则上，任何宪法条款均可修改或修正。

---

[12a] *Bipartisan Campaign Reform Act of 2002*, Pub. L. 107—155 (2002).

[12b] *McConnell v. FEC*, 540 U.S. 93 (2003).

[12c] *Citizens United v. FEC*, 130 S. Ct. 876 (2010). 该判决以法官投票5∶4的多数作出；大法官史蒂文斯（Stevens）发表了反对意见，大法官布雷耶（Breyer）、金斯伯格（Ginsburg）和索托马约尔（Sotomayor）附和了该意见。

[12d] 参见前文第44至45段。

[13] 该规则的道理在于：如果总统反对，则国会仍有机会推翻其否决。因此如果他不反对，则推定其表示同意。相反，国会在闭会期间则无法推翻总统否决，因此如果在此期间总统不签字，则视其不作为等同于否决。这被称作"口袋否决权"（pocket veto）。好比总统将法案放进其口袋里，然后置之脑后。立法机构休会同样提供了总统采取行动的契机，其decisions事后再由参议院批准或撤销。尽管这是一种保持国家机构正常运作的方式，但这一途径也可用作实现党派的政治利益。一个实例是：在参议院两次拒绝批准任命决定后，乔治·W. 布什（George W. Bush）仍将皮克林（Pickering）任命为第五巡回区上诉法院的法官。对此的简要评论，参见 Hay, Gedanken zum zukünftigen U.S. Supreme Court, RIW 2005, p. 6 et seq. (2005)。

但是，在实践中，修宪有严格的条件要求。通常[14]，一条修正案需要国会两院 2/3 多数票通过，并获得 3/4 州的批准。在《联邦宪法》225 年的历史中，修宪只发生过 17 次。[15] 修宪议案经常无法获得法定数量的州的同意，男女权利平等的修宪议案就属于这种情况（1982 年）。[16] 自 21 世纪初以来，修宪议案提出过 13 次，其中一次试图赋予国会代表哥伦比亚特区的权力，另一次力图确立国会议员的任期限制，但所有这些议案无一成功获得通过。

《联邦宪法》第 1 条第 8 款界定了国会的立法权。国会有权建立和维持军队，宣战（第 11 项），掌管货币流通的一般事宜，规制外国人的归化（授予公民身份，参见下文第 77 段）以及与外国、联邦内的其他州和印第安人部落之间的贸易（第 3 项）。国会有权建立邮政系统、制定专利法和著作权法、颁行破产法以及适用于联邦机构所在地——哥伦比亚特区的成文法。它有权征税（第 1 项）和为联邦开支而借款（第 2 项）。此外，尤为重要的是，国会有权通过为行使其他权力所"必需和适当"（necessary and proper）的一切法律（第 18 项）。相对于《邦联条例》（Articles of Confederation）的规定，《联邦宪法》赋予国会的权力并未显著扩大，其实仅增加了征税权和规范州际贸易的权力。然而，正如下文所示，对宪法的司法解释和由此形成的判例法极大地扩充了联邦的权力。

48

未在国会权力清单上的事项依然属于各州的权力范围，《联邦宪法》第十修正案对此作了明确规定。通过如此限制联邦的立法权，制宪会议[17]当时力图保障各州的自治权和存续性，至少保持半自治的状态。由于国会立法权受到上述限制，两个一般性宪法条款——**"州际商业条款"**（Interstate Commerce Clause）和**"必要和适当条款"**（Necessary and Proper Clause）——对扩张联邦权力特别重要。在现代社会，几乎人们生活的各个方面都有跨越州界的因素，并与经济或商业活动多少具有关联，因此，在广义上这些事项都能说成与州际商业存在关系，并因此为联邦立法干预和采取行动提供了正当理由。因而，国会通过第一部废除种族歧视的法律不是基于《联邦宪法》中的"平等保护条款"，而是基于"州际商业条款"。该法涉及黑人公民在州际运输的公共汽车上，是否有权与白人公民享用同类的座

49

---

[14] 在替代方案中，如果出现下述情况就可以不经国会批准而修改宪法：2/3 的州议会呼吁召开特别宪法会议，在此会议上作出的修宪议案随后获得 3/4 州议会的批准。在 1788 年《联邦宪法》获得通过时，这可能还是一种现实的修宪程序，但如今美国由 50 个州组成，这已经不再是一种可行方案。

[15] 前十条修正案（《权利法案》）于 1791 年一起获得批准和生效。第 11 条至第 27 条修正案于 1798 年至 1992 年间生效。自 1933 年后，仅有 6 条宪法修正案获得通过。

[16] 长期以来，保障男女平等在很大程度上依赖对第十四修正案的解释。然而，许多人依然认为，由国会通过一条专门的宪法修正案保障男女平等，不仅必要，而且具有重要的象征意义。See Berry, Why ERA Failed (1986); Butler, Two Paths to Equality (2002); Mansbridge, Why We Lost the ERA (1986).

[17] 这次会议是全国的代表聚会商讨如何设计美国《联邦宪法》。

位。[18]"必要和适当条款"同样是联邦立法权的一个来源。一个典型例证是:对于犯罪问题,宪法没有明确授予联邦立法权,但是国会有权建立和维持军队(第1条第8款第12和第13项),于是规范军方管理军人的活动并惩戒不端行为,就是"必要和适当的",并因而符合《联邦宪法》的第1条第18款。照此解释,制定《军法典》(Code of Military Justice)就在国会的立法权限之内。[19]

### 2. 行政机构:总统和联邦政府

50　　总统行使联邦行政权。在美国,这一职位兼具国家元首和政府首脑的双重职能。[20]美国总统也是三军最高统帅和联邦最高行政长官。总统的政治、行政和管理行为均不受立法机构的任何控制,由此确保总统的独立性。[21] 宪法没有规定可迫使总统辞职的"不信任"投票。立法机构唯一的控制途径是,通过弹劾程序使总统下台(参见下文第53段)。作为**国家元首**,总统在国际上代表美国,例如缔结国际条约[22],委派大使[23],承认新独立的国家。在国内,总统作为国家元首签署和颁布联邦成文法,并行使赦免权。[24] 作为**政府首脑**,总统独自承担领导联邦政府的责任。《联邦宪法》没有涉及政府的各个部门("行政部门"),它们由国会立法设立。尽管各部的首脑(部长)由总统经参议院批准后任命,但总统有权随时将其免职。[25] 内阁的组成人员包括:总统、副总统、各部部长、总统的其他私人顾问以及其他"内阁级"官员。内阁并非一个有权决议的集体机构,而是总统的咨询机构。

50A　　作为最高统帅,总统掌控和指挥军队。其实,总统是通过国防部与部队不同军种的司令们("参谋长联席会议",Joint Chiefs of Staff)共同行使其军事指挥权,国防部的负责人是

---

[18]　1964年《民权法》(公共设施),2004年《联邦成文法大全》第42篇第2000a条及以下条文。
[19]　18 U.S.C. §801 et seq (2003)。
[20]　这种体制可称作"总统民主制",总统之下没有作为政府首脑的总理。因此,相对于另一有名的当代总统民主制国家——法国——的总统职位,美国总统的集权程度更加显著。
[21]　总统可因叛国罪、贿赂罪或者其他重罪和轻罪而遭弹劾和定罪,从而被罢免(《联邦宪法》第2条第4款)。尼克松(Nixon)总统主动辞职,结果他未被弹劾;安德鲁·约翰逊(Andrew Johnson)总统和威廉·J.克林顿(William Jefferson Clinton)总统虽曾被弹劾,但后来宣告所有指控不成立。时至今日,尚未有任何一位总统被成功罢免。
[22]　总统批准国际条约的前提是获得参议院2/3多数票的赞同(《联邦宪法》第2条第2款第2项)。《联邦宪法》第6条第2款规定国际条约,同《联邦宪法》和联邦成文法一样,相对于州法至高无上。
[23]　《联邦宪法》第2条第2款第2项,另见《联邦宪法》第2条第3款。
[24]　根据《联邦宪法》第2条第2款第1项,总统有权特赦违犯联邦法的罪犯。See Buchanan, The Nature of a Pardon Under the United States Constitution, 39 Ohio St. L. J. 36 (1978)。由于总统对于特赦享有广泛的自由裁量权,因此针对总统特赦的法律诉讼鲜有成功的可能。一个例证就是法院认可福特(Ford)总统对前总统尼克松的赦免:参见 Murphy v. Ford, 390 F. Supp. 1372 (W.D. Mich. 1975)。
[25]　《联邦宪法》甚至没有涉及如下重要部门的地位和职权:处理外交事务的部门(国务院)或处理国防事务的部门(国防部又以"五角大楼"广为人知)。

国防部长。虽然《联邦宪法》规定了只有国会有权"宣战"[26]，但是总统有权决定具体作战方案。有时，总统未经国会事先批准就采取了军事行动，例如美国未经国会宣战就在1950年加入了朝鲜战争。近年来，总统作为军队最高统帅是否受国会约束，成为一个重要的问题。一个实例是：在2001年恐怖袭击后以及在伊拉克战争和阿富汗战争期间，乔治·W.布什总统将某些被拘禁者认定为"非法的敌方战斗人员"，这些人由于该认定而不能享有《日内瓦第三公约》给予的"战俘"待遇。[27] 作为一种程序问题，联邦最高法院在2008年判定：拘禁在关塔那摩湾战俘营的人员有权将其被拘禁的合法性问题提交联邦法院审查。[28]

在指挥庞大的联邦行政系统时，总统有一个专门机构辅佐其工作，该机构受其个人领导。这个专门机构就是"总统行政署"，拥有数千名员工。其中，最重要的部门有白宫办公厅（由白宫办公厅主任领导下的总统私人助理和顾问组成）、行政管理和预算办公室、国家安全委员会和经济顾问委员会。 51

政党大会[29]提名总统和副总统职位的候选人。政党大会由在各州初选中专门选出的代表和一些所谓的"超级代表"（政党官员、州长以及该党的国会议员）组成。[29a] 政党全国代表大会推举候选人之后，总统和副总统的选举另行投票。总统选举是间接选举。尽管选票上印有总统候选人的姓名，但总统选举其实是在决定选举人（electors），选举人的数量等 52

---

〔26〕 附录《合众国宪法》第1条第8款第11项。

〔27〕 参见《关于"授权使用武力"的国会决议》（AUMF）（115 Stat. 224 (2006)），美国总统根据该决议签发了一份命令：《在反恐战争中对特定非美国公民的拘禁、待遇和审理》。依据该命令，美国将被拘禁者视为"非法的敌方战斗人员"，而不是战俘。

〔28〕 *Boumediene v. Bush*，553 U.S. 723，128 S. Ct. 2229，171 L. Ed. 2d 41 (2008). 在该判决之前，只有军事法庭［"战斗人员身份审查法庭"（Combatant Status Review Tribunals）］审查被拘禁的合法性问题。具体细节，参见后文第737段。

〔29〕 《联邦宪法》没有规定，或者说甚至没有提到政党问题。过去历来没有一部法律专门处理政党问题。但是，最近的立法力图遏制滥用政党势力的做法，尤其是有关筹集竞选资金的那些操作手法。于是，2002年通过的立法对竞选捐款作了适度限制，推动有关捐赠的公共信息更加公开透明，并禁止企业和工会利用资金追求或达到影响联邦选举结果的目的。它同时限制在选举前后的60日内做有关选举的专题广告。关于该立法的全文，参见 Bipartisan Campaign Reform Act of 2002，Pub. L. 107—155，116 Stat. 81 (2002). 该法的合宪性曾受到挑战，但联邦最高法院支持这部法律中主要的、实质性的规定。See *McConnell v. Fed. Election Comm'n*，540 U.S. 93，124 S. Ct. 619，157 L. Ed. 2d 491 (2003). 在2010年，联邦最高法院判定：企业属于法律上的"人"，因而享有言论自由权，从而对其竞选捐款而设定的任何限制违反宪法，该院据此推翻了以前的判例，包括"麦康奈尔案"。该判决以法官投票5：4的比例作出；大法官史蒂文斯非常激烈地反对该判决，大法官布雷耶、金斯伯格和索托马约尔附和反对意见。*Citizens United v. Fed. Election Comm'n*，558 U.S. 310，130 S. Ct. 876，175 L. Ed. 2d 753 (2010). 企业和工会不受限制的捐赠有可能对参议员的选举产生重要影响，所有的参议员每两年就要面临再次选举。参见前文第44—45段。

〔29a〕 想要在本党获得总统候选人提名的参选人，要在各州的初选中展开竞选活动，以赢得各州代表承诺在政党大会上支持其候选人资格。因此，共有2次竞选活动：政党大会代表进行的党内初选（决定政党提名的总统候选人），以及在11月份展开的在2名或多名政党提名候选人中选举总统的大选。

同于国会中各州参议员和众议员的名额。在选举团(Electoral College)投票时,选举人通常将其选票投给本州胜选人:在选举人所在的州赢得简单多数票者。这种制度有可能造成两种投票结果不同:未获得全国选民投票多数者被选举团选举为总统。在美国历史上,这种情况发生过5次:约翰·Q. 亚当斯(John Quincy Adams)(1824年)、拉瑟福德·B. 海斯(Rutherford B. Hayes)(1876年)、本杰明·哈里森(Benjamin Harrison)(1888年)、乔治·W. 布什(George W. Bush)(2000年)和唐纳德·J. 特朗普(Donald J. Trump)(2016年)。[29b] 最为扭曲的结果发生在2016年唐纳德·J. 特朗普参加的总统竞选。其对手,前国务卿希拉里·克林顿(Hillary Clinton)赢得的全国选票多出了280万张,超过特朗普选票的2.1%,但最终在选举团的投票中以227∶304的比例败北。[29c] 即便在全国选民的投票结果与选举团的投票结果一致的情况下,选举团制度也可能使选举结果失真,例如在1960年,肯尼迪(Kennedy)总统获得选民投票的49.7%,而尼克松获得选民投票的49.5%;肯尼迪以303张选举团选票当选,与之对应的是尼克松获得219张选举人票,第三党候选人伯德(Byrd)获得15张选举人票。推行直接选举制的努力至今尚未成功。选举团制度代表了美国联邦制:总统是由**各州**(several states)的人民选举,而不是由全国人民一起选举,由此保留联邦各州的个性和地位;由于这一原因,该制度将难以改变。在选举团中现行的"赢者通吃"制度产生了另外两种结果:一方面,它维持了两党制度,原因是一个新党不大可能获得足够数量的州的多数票;另一方面,为了让自己获得多数票,两大主要政党都必须敏锐地关注作为少数派的新党倡导的议题,并将新党关心的问题和主张适当纳入其自身的竞选方案[所谓的竞选"纲领"(platforms)]中。

年满18岁的每位美国公民都有权投票选举总统。[30] 总统的参选资格是:"自然出生

---

〔29b〕 在全国投票中,布什总统落后其竞选对手艾伯特·戈尔(Albert Gore)50万张选票,但却在选举团中超过戈尔4票(271票对267票)。这次选举围绕计票程序争议不断,官司最终打到联邦最高法院。See *Bush v. Gore*, 531 U.S. 98, 121 S. Ct. 525, 148 L. Ed. 2d 388 (2000). 关于2000年选举的不同观点,参见 *Dershowitz*, Supreme Injustice (2001) and *Posner*, Breaking the Deadlock (2001). 2000年的选举结果和问题差一点在2004年重演,只不过结果相反。布什总统轻松赢得了全国的投票,但在俄亥俄州只以微弱多数取胜(据报道只多出118,599张选票)。该州的选举投票可以改变结果:如果结果颠倒,布什取得的全国公众投票的优势将无关紧要。关于选举团投票程序的精彩描述,参见 *Rasnic*, Unraveling the Mystery of the US Presidential Election Process, DAJV Newsletter [Journal of the German-American Lawyers Association] 4/09, p. 187 (Dec. 2009).

〔29c〕 Official 2016 Presidential General Election Results, Federal Election Commission (2017).

〔30〕 这是《联邦宪法》第二十六修正案中的规定,该修正案在1971年获得通过。在该修正案以前,投票权由标准参差不齐的州法调整。

在"美国的公民,在美国居住满14年,而且已满35岁。[31] 一届总统的任期是4年。最初宪法对再次当选没有规定,因而使富兰克林·D. 罗斯福(Franklin D. Roosevelt)当选了四届总统。于1951年通过的《联邦宪法》第二十二修正案限定再次当选后的任期为一届。[32] 总统不受国会的指挥或控制。国会将总统免职的唯一途径是弹劾。弹劾就是一种控告,即针对相当严重罪行的指控。[33] 联邦最高法院从未有机会判定什么行为确切地构成了"重罪和轻罪"(high Crimes and Misdemeanors)。控告书——弹劾法案——需要众议院多数票赞成才能获得通过,随后参议院将作为法庭审理弹劾法案中的指控。总统弹劾案的审理,由联邦最高法院的首席大法官主持。必须达到2/3的多数票,参议院才能判定被弹劾的总统有罪,并随后将其免职。总统被免职并不必然导致其丧失担任其他任何公职的资格,包括参加选举再次当选总统,但时至今日,尚未有总统被免职。[34]

遇有总统被免职或其辞职,比如总统去世或者已经丧失了履职能力(无能力)由副总统继任总统。[35] 在副总统无法继任或停止任职后,他将依次由下述人员接替:众议院议长、国务卿、其他内阁阁员。每位继任者必须满足总统任职的宪法要求。[36]  54

除了总统行政署和各式各样的联邦政府各部,还有许多**独立行政机构**(independent agencies)履行行政职能。其中,最重要的是各种管理委员会,比如州际商务委员会、联邦贸易委员会、美国证券交易委员会和联邦通讯委员会(参见下文第84段)。例如,联邦贸易委员会对实施竞争法享有重要的监督权和管理权,并与其他管理委员会一样,有权颁行具有约束力的行政规章和决定。由于这些委员会既不向联邦政府的各部(行政部门)汇报工作,也不受其监管,因此其并非通常意义上的行政机构。它们独立运作,适用为其制定的成文  55

---

[31]《联邦宪法》第2条第1款第5项。宪法规定的"自然出生"这一术语排除了归化的美国公民。美国公民出生时其美国父母在国外,他们要在美国生活多少年才具备参选资格,对此一直争议不断。最可能正确的答案是:美国公民只要符合其他两项要求,就具备参选资格。约翰·麦凯恩(John McCain)是2008年共和党总统候选人,他出生于巴拿马运河区的美军基地,该地不被视为美国的一部分。但是,根据联邦成文法,出生于巴拿马运河区的人被承认是自然出生在美国的公民。

[32] 在前任总统不满的任期内完成任职,若限期不超过2年,则该任期不被计算在内。

[33] 第2条第4款:"总统、副总统和合众国所有文官,因叛国罪、贿赂罪或者其他重罪和轻罪而遭弹劾并定罪者,应被免职。"

[34] 参议院的确弹劾过两位总统,但是这些弹劾并未导致其被免职。1868年,参议院罢免约翰逊总统仅以一票之差而失败。1999年,弹劾克林顿总统未获得参议院2/3多数的支持。在众议院对弹劾法案进行投票之前,尼克松总统于1974年主动辞职。2019年9月,参议院启动了针对特朗普总统的弹劾案调查程序。

[35] 在1974年,适用该规则使得福特总统成为美国历史上唯一的一位未经选举的美国总统。在副总统阿格纽(Agnew)辞职后,尼克松总统于1973年将杰拉尔德·福特(Gerald Ford)任命为副总统。在尼克松总统随后于1974年辞职后,福特继任为总统。See Gilbert, Mortal Presidency 236 (1992).

[36] 前国务卿亨利·基辛格(Henry Kissinger)和马德琳·奥尔布赖特(Madeleine Albright)都是在外国出生,后归化为美国公民,因此,两人均不能继任总统。

法以及一般宪法原则和行政法。这些委员会的成员(委员)——在地位上类似于联邦法院的法官——由总统经参议院同意后任命,有固定的任期。

56　　相当数量的独立机构同时属于行政机构的一部分,其中部分机构承担特定的经济职能。这类机构诸如联邦存款保险公司[37]、进出口银行[38]和联邦储备银行系统[39]。其他独立机构享有规划制定权或其他管理权,比如田纳西河流域管理局[40]。同样,总统任命这类机构的官员。

### 3. 司法机构:联邦最高法院和下级联邦法院

57　　《联邦宪法》第3条规定了联邦最高法院的设立,并授权国会设立其他(下级)联邦法院。[41] 联邦最高法院的法官[41a]与其他联邦法院的法官一样,由总统提名经参议院多数议员[41b]的"建议和准许"后任命。由于联邦法官终身任职,作用非凡,因此参议院对法官任命的核准经常成为颇具争议性的政治问题。被提名的法官人选(通常多年在上诉法院任职或担任政府高官)必须经历高强度的盘问,盘问涉及自身情况、对公共问题的见解、社会

---

[37] 2014年《联邦成文法大全》第12篇第1811条及以下条文。联邦存款保险公司(FDIC)创立于1933年,作为一个(非营利的)联邦保险企业,它对合格的联邦银行和州银行中的(尤其是储户中的私人)存款提供保险,目前每个账户的保险金额最高为10万美元。比如银行无力履行其义务时,对于此类银行提出的偿还请求,该公司代替银行承担责任;该公司还可以为处于困境中的银行提供信贷支持,从而防止其自己承担最终责任。

[38] 2014年《联邦成文法大全》第12篇第635条:该独立机构为国际交易的融资提供便利,比如针对政治和经济风险为动产提供保险,也可以提供资金支持同经济实力弱小的外国企业进行交易。进出口银行(ExImBank)不得与私人银行开展竞争。

[39] 2014年《联邦成文法大全》第12篇第221条及以下条文:这是美国负责调控货币政策的全国银行系统,它由联邦储备委员会和12个区域性中央银行组成。联邦(中央)储备银行为其会员银行保存准备金,对美国和外国商业银行提供贷款,通过调整贴现率影响公共货币政策,并调控货币供应。See Malloy, Principles of Bank Regulation § 1.11 (3d ed. 2011).

[40] 这是一家独立的美国政府公司机构,由国会于1933年创立,负责田纳西河流域的综合发展。其设立标志着美国首次为特定地区的资源开发而组建一个机构。

[41] 在制宪会议的讨论中,一些代表倡议宪法应对联邦法院系统作出全面规定,以增强联邦权力。但是其他代表不赞同在联邦最高法院之下设立任何联邦法院。现行的宪法文本体现了这种观点对立,可视为一种妥协方案,即未对联邦最高法院以外的任何联邦法院作出明确规定。后来,国会的确行使了宪法赋予的权力,设立了联邦最高法院之下的两级联邦法院:作为初审法院的联邦地区法院和作为中级上诉法院的联邦上诉法院。参见后文第106段及以下段落。

[41a] 除了首席大法官,《联邦宪法》并未明确规定联邦最高法院法官的数量。该数量由成文法确立,并在联邦最高法院的发展中多次变化,少时至华盛顿总统时的6人,多时至林肯总统时的10人。当今的9人数量(1位首席大法官和8位大法官)是由1869年《司法法》(16 Stat. 44)确立,当然这一数量还可再次发生变化。

[41b] 符合要求的多数曾经是三分之二。过去如此规定意味着,在面对存在争议的法官提名时,由于参议院中的多数党通常占有的席位不足三分之二,因此不同党派的参议员之间必须相互合作。但三分之二多数规则于2016年经激烈辩论后的投票决定,修改成了简单多数规则,当时在参议院占据主导地位的共和党意在以此阻挠奥巴马总统的大法官提名。简单多数规则,当然可使参议院中的多数党不顾少数党的反对和关切而通过法官提名,但也因此使最高法院法官任命的党派色彩更加浓厚。参见下文脚注[41c]后的正文部分。

和政治立场倾向,参议院的这一核准听证会往往耗时漫长。尼克松总统提名的两位法官人选曾被参议院驳回。2015 年,奥巴马总统提名哥伦比亚特区上诉法院首席法官麦瑞克·加兰德(Merrick Garland)担任最高法院大法官,以填补斯卡利亚大法官去世留下的空缺,但多数参议员竟然拒绝审议这一提名。多数参议员的拒绝之举是出于政治考虑:将大法官空缺保留至下一届总统大选之后。2016 年总统选举后,参议院以多数票通过了特朗普总统提名的另一名大法官人选。2018 年,特朗普总统再次提名了一位大法官人选,这次提名导致了席卷全国的政治争论,原因是此次提名若被通过,将打破联邦最高法院中保守派和自由派之间的理想平衡。但此次提名的大法官人选布雷特·卡瓦诺(Brett Kavanaugh),在激烈的公众抗议声中最终于 2018 年 10 月获得任命;50:48 的投票表决结果,是自 1881 年以来参议院对大法官人选表决票数相差最少的一次。联邦最高法院向来被视为社会热点问题法律层面的最终裁判者,但随着其大法官任命的党派政治化[41c],其在公众中的独立形象能否保持有待观察。

多年间由不同总统提名和任命的最高法院法官们,其社会和政治倾向的分歧在该院诸多判决中呈现在世人面前;尤其是近年来,以 5:4 的多数票作出的判决屡见不鲜。有时会遇到,该院不需要多数票表明立场,判决便以 4 票赞同、1 票附议、4 票反对的结果作出。显而易见,缺乏多数票赞同的这种 4:1:4 判决,对于下级法院的指引功能而言,不足以构成立场鲜明的"先例"。[42]

联邦最高法院是否有权审查立法的合宪性,或者行政行为的合宪性? 对于该问题,《联邦宪法》未置一词,它未明确授予联邦最高法院宣判其违宪并因而无效的权力。换言之,《联邦宪法》并未指定联邦最高法院作为宪法法院。《联邦宪法》第 3 条第 1 款将"合众国的司法权"赋予联邦最高法院,第 3 条第 2 款列举了诸多具体权限[42a],但监督宪法实施不在其中。但是,联邦最高法院通过判例法生成了此类管辖权。审查各州的立法是否符合《联邦宪法》,这种管辖权由 1789 年《司法法》授予了联邦最高法院。在众所周知的"马伯里诉麦迪逊案"(*Marbury v. Madison*)的判决中[43],联邦最高法院将其违宪审查权扩大到包括

---

[41c] 参见上注[41b]。

[42] See *Linda Greenhouse*, Op-Ed., Polar Vision, N. Y. Times (May 28, 2014), https://nyti.ms/1oLnQeA (last visited Oct. 9, 2018). See also *Stevens*, Five Chiefs: A Supreme Court Memoir (2011); infra n. 60a.

[42a] 第 3 条第 2 款第 1 项:"司法权所及之范围如下:基于本宪法、合众国法律和依合众国权力已缔结或将来缔结之条约,所产生的全部法律和衡平案件;涉及大使、其他高级外交使节和领事的所有案件;所有海商法案件和有关海事管辖权的案件;合众国作为一方当事人的争议;两州或多州之间的争议;一个州与他州公民之间的争议;不同州的公民之间的争议;同州的公民,对不同的州所授予的土地主张请求,由此所产生的争议;一州或其公民与外国或其公民或臣民之间的争议。"

[43] *Marbury v. Madison*, 5 U. S. 137, 1 Cranch 137, 2 L. Ed. 60 (1803).

联邦立法。这一奠基性的重要判决表达了联邦宪法的哲学和传统,体现了三权分立原则。

57C　　这一宪法哲学和传统同样要求:总统的行为应接受司法审查和监督。但是,直至 1952 年,联邦最高法院才确认可以对总统的行为予以司法审查,并宣告了杜鲁门(Truman)总统颁行紧急措施令是对立法权的违宪行使。[44] 在 1974 年,联邦最高法院在有关尼克松总统的录音磁带问题上,首次对总统的行政行为正式主张其司法审查权。"合众国诉尼克松案"(*United States v. Nixon*)的判决[44a],进一步发展了肇始于"马伯里诉麦迪逊案"的惯例:对立法和行政行为的合宪性全面进行司法审查。

### (三) 联邦中的各州

58　　联邦各州的机构设置折射的是联邦国家机构的框架。因而,各州的国家机构由三部分组成,而州长是州及其行政机构的首脑。与美国总统类似,州长的选举独立于州议会的选举。但是,与美国总统的间接选举相反,州长的选举为直接选举。投票资格或参选资格属于州法调整的范围,各州可能特色不一。行政部门的结构,包括设有独立管理委员会(比如商务委员会、消费者保护机构和类似机构),也与联邦政府的结构类似。州立法机构也是如此,大多数州的议会采用两院制。[45] 州法院系统(司法机构)基本上也是由三级法院组成:作为最终上诉机构的州最高法院、作为中级上诉法院的上诉法院和初审法院系统。[46] 尤其在初审法院层面,各州之间可能存在差异。例如,有些州设有专业的低级法院,处理小于特定金额的专门事项或争议(小额索赔法院),当事人不服判决时可以从该低级法院上诉至通常的初审法院。

59　　**地方治理**的方式,各州差异显著,因此下文只能粗线条勾勒。州议会通常规定如何设立下级地方机构,比如从大到小依次为:县、市和其他具有法人地位的地区,如村镇。但是一些州的地方机构设置并不遵循这一次序,例如在加利福尼亚州,特定级别的市享有宪法地位。在地方机构内部,不同层级的机构之间实行权力分立和共享:负责更大地区的政府机构,比如县,享有治安、卫生和其他管理权力,而市和村镇享有治安、教育、公路交通、卫生以及其他职权。在县、市机构之外,可能还有其他治理机构与其并肩而立,这类机构通常由

---

　　[44] *Youngstown Sheet and Tube Co. v. Sawyer*, 343 U.S. 579, 72 S. Ct. 863, 96 L. Ed 1153 (1952).
　　[44a] *United States v. Nixon*, 418 U.S. 683, 94 S. Ct. 3090, 41 L. Ed. 2d 1039 (1974).
　　[45] 这一论断的例外:内布拉斯加州、维京群岛和关岛领地只有唯一的立法院。
　　[46] 关于此类法院及其构成(有些情况下是非专业的法官,其他情况下是当选的职业法官),参见后文第 117A 段。

州法设立,其管辖权可能与县市的管辖权相互交织。例如学区(school districts)[47]、公园区(对公园、湖泊和森林行使管辖权)和污水处理区(sewage districts),每个区都有其自己的治理机构。此类治理机构通常由选举产生的官员领导。依然悬而未决的问题是:"一人一票"的宪法原则是否适用于这些官员的选举。[48]

各级地方机构(县、市以及类似机构)享有征税权。这种税有时是以特别税额外征收,与诸如州所得税之类的其他税并行不悖。不过,地方特别税通常附加在财产税上,地方机构将其作为县或市不动产税的一部分加以征收。居民缴纳的所有州税、地方税和外国税,以及间接税(例如含在汽油或其他燃料价格中的税,以及加在购物价格中的销售税),都可用作抵扣联邦所得税。[49]

在最近几十年间,县和市的财政格外紧张,很大程度上是由于富裕的中产阶级日益从城市地区迁往更加偏远的郊区,处于市的管辖之外。市因而面临着税源减少的局面,而同时由于治安和市政设施的修缮,政府开支在上升。因此,如今地方机构的预算由多种收入构成:地方税款、联邦的"税款分享"(revenue sharing)*以及其他联邦资助,比如根据《住房和社区发展法》(Housing and Community Development Act)[50]而获得的资金。

### (四) 美国的准州

哥伦比亚特区(联邦首府华盛顿市所在地)、独立的海外领地(比如波多黎各共和国和维京群岛)以及独立的属地(比如关岛),美国对这些地区采用特别的治理和施政的结构与方式。[51] 联邦立法权和司法权畅行于此类地区,而除此之外,它们基本上自我管理。当地的公民通常拥有美国公民身份,但是,由于他们不属于任何特定"联邦之州"的公民,因此他

---

[47] 公立学校和所有的教育问题适用州法(强制入学、入学年龄和颁发教师证)。但是,州的学校制度的许多方面由当地决定:学校由当地通过不动产税提供资金,并通过其各自的学区管理。学区管委会由当选的人士组成,受教育总监的领导;教育总监是由选举产生的教育委员会任命的全职雇员。教育委员会同时管理教师的聘用和报酬。作为地方机构,学区享有征税权。

[48] See *Cipriano v. Houma*,395 U.S. 701,89 S. Ct. 1897,23 L. Ed. 2d 647 (1969);*Gordon v. Lance*,403 U.S. 1,91 S. Ct. 1889,29 L. Ed. 2d 273 (1971);*Board of Estimate v. Morris*,489 U.S. 688,109 S. Ct. 1433,103 L. Ed. 2d 707 (1989).

[49] Internal Revenue Code § 164.

\* 此处指联邦政府将其税收的一部分拨付给州政府和地方政府使用,通常不限定款项用途。"税款分享项目"(revenue-sharing programs)于1972年尼克松执政时期启动,大规模地进行了14年。1986年以后该项目虽然仍旧存在,但拨款数量逐步下降,尤其是2001年美国经济衰退后,用于该项目的款项更少。——译者注

[50] 42 U.S.C.A. § 5301 et seq. (2014).

[51] 除了正文中列举的那些地区,下述地区也在美国主权范围之内:美属萨摩亚、豪兰、贝克和贾维斯群岛,约翰斯顿群岛,金曼礁,中途岛,纳弗沙岛,帕迈拉岛和威克岛。

们不得在国会选举中投票,国会中也没有他们的代表。

在宪法层面,**印第安人部落保留区**(Indian tribal reservations)属于联邦管辖区域,由内政部印第安人事务局管理;这些地区由联邦政府指定给美国印第安人部落使用,印第安人部落通常在此定居,并设立部落政府,许多保留区是以往依据联邦政府与印第安人部落缔结的条约设立的。在联邦司法机构和保留区所在州的法院之间划分刑事和民事案件的司法管辖权,引发了诸多复杂问题。[52]

## 二、基本权利

**参考书目**:*Barron*, Constitutional Law in a Nutshell, 8th ed. 2013; *Nowak/Rotunda*, Constitutional Law, 8th ed. 2009; *Rotunda/Nowak*, Treatise on Constitutional Law: Substance and Procedure, 5th ed. 2013; *Tribe*, American Constitutional Law, 3rd ed. 2000.

美国宪法一方面采用人民主权原则和多数决原则,另一方面纳入基本人权原则,旨在保护少数派和个人的权利;两者之间其实存在某种本质上的格格不入和因此产生的紧张关系,需要微妙地予以平衡。一个民主社会要想永久存续,就必须坚持某些人权不可剥夺,不受多数决的束缚或变更,这是美国《联邦宪法》的一项基本原则。因此,作为对国家(管理)权力行使的一项重要限制措施,保障基本权利——"宪法权利和自由"[53],填补了(横向和纵向的)权力分立宪法原则的不足。

---

[52] See 25 U.S.C. §§ 1302 et seq, 1321 et seq (2014); *McClanahan v. Arizona State Tax Com.*, 411 U.S. 164, 93 S. Ct. 1257, 36 L. Ed. 2d 129 (1973); *Okla. Tax Comm'n v. Chickasaw Nation*, 515 U.S. 450, 115 S. Ct. 2214, 132 L. Ed. 2d 400 (1995); Hay/Borchers/Symeonides, Conflicts § 11.17. See also *United States v. Lara*, 541 U.S. 193, 124 S. Ct. 1628, 158 L. Ed. 2d 420 (2004).

[53] See *Amar*, The Bill of Rights: Creation and Reconstruction (2000); *Hickok* (ed.), The Bill of Rights: Original Meaning and Current Understanding (1991); *Levy*, Origins of the Bill of Rights (2001); *Monk*, The Bill of Rights: A User's Guide (4th ed. 2004).

## （一）《权利法案》的起源和演进

美国《联邦宪法》庄严载入的基本权利源头多处，前身众多。例如，1215 年的英国《大宪章》(*Magna Carta*)规定，除非法院依据"王国之法"作出司法判决，任何人不受逮捕和拘禁。[54] 这一规定可谓美国法中（程序性的）正当程序保障的前身。18 世纪的自然法哲学奠定了基本权利的思想基石。1776 年的《独立宣言》，以及当时宣告独立的各州发布的基本权利宣言，均为《联邦宪法》之《权利法案》变迁中的直接源头，体现了自然法理论的影响，揭示了国家与法律的本质和功能。

政治上的考量同等重要，当时各州对强大的中央政府心怀恐惧。殖民地人民身经英国王权统治的不公正待遇，的确饱受压迫，因而忧心一个强大的联邦机构（行政或立法机构）会过度侵犯市民社会的私人领地。因此，当新联邦宪法于 1787 年提交各州批准时，各州要求立即增补一系列的基本权利保障。如今，这些权利不仅构成了美国宪法最重要的基石之一，而且也渗入到美国政治与市民的生活和文化。

基本宪法权利可以从不同的方面加以归类。人们既可以根据其来源和内容对其审视，也可以根据对公权力设定限制的对象来思考。1787 年最初的《联邦宪法》部分条款规定了一些基本权利，其中有禁止具有追溯力的刑法（第 1 条第 9 款）、投票权（第 1 条第 2—4 款）以及保障各州全体公民的平等待遇（第 4 条第 2 款）。但是，大部分基本权利出现在前十条宪法修正案；这些修正案自 1791 年生效，一起被称作《权利法案》。"内战修正案"(Civil War Amendments)即宪法修正案第 13 条至第 15 条，在内战（1861—1865）之后的 1865 年至 1870 年之间获得批准，包含了非常重要的其他民权，其重要性恰如第十九修正案、第二十四修正案和第二十六修正案。此外还有联邦最高法院逐步阐明的基本权利，它们是联邦最高法院基于正当程序条款（第五修正案和第十四修正案）和第十四修正案中的平等保护条款通过判例法确立的权利。[55]

基本权利保障也可以根据其包含的限制所约束的对象加以归类和分析。有些基本权利限制联邦权力的行使，其直接针对的是各个联邦机构，另有一些基本权利限制州的管理

---

[54] 《大宪章》第 39 条："非经司法判决或依据王国之法……任何自由人不受逮捕或拘禁。"
[55] 联邦立法也经常是基本权利的来源。在此语境下，基本权利保障的规定不是执行宪法规范，而是扩大联邦立法权限。因而，处理州际旅客运输问题的联邦法中反歧视的规定，不是基于《联邦宪法》中第五或第十四修正案的一般条款，而是基于国会调整州际商业的立法权限。See *Heart of Atlanta Motel*, *Inc. v. United States*, 379 U.S. 241, 85 S.Ct. 348, 13 L.Ed.2d 258 (1964).

权,第三类基本权利对联邦机构和州机构都加以约束。最初,《权利法案》属于第一类。[56]各州在其独自的州宪法中对基本权利作了规定,因而认为没有必要遵从联邦的模式。伴随北方在内战(1861—1865)中的胜利,这种状况发生了改变。对联邦宪法中基本权利目录的进一步修正旨在确保黑人的平等待遇和平等权利。这就是第十三、第十四和第十五修正案的起源,它们主要旨在针对各州施加限制,在某些方面是排他地适用于各州,禁止它们干涉个人自由。[57]

随着时间推移,限制对象不同的基本权利之间的最初差别,已经在很大程度上为联邦最高法院的判例法所消除。[58]通过依赖和适用文本上类似的第五和第十四修正案中的一般条款,联邦最高法院得出的结论是联邦机构和各州遵循的规则类似。这两条修正案规定:"非经正当法律程序",不得"[剥夺]任何人的生命、自由或财产"。[59]这些相似的条款成为一条核心原则,与最初针对联邦内各主权单元的基本权利相互并入。例如,第一修正案保障言论自由,而且根据其文本,只限制联邦权力的行使。但是,联邦最高法院认定:言论自由是任何民主国家如此基本的构成要素,因此对其限制象征着自由的堕落;结果该院判决:第一修正案通过适用(并入)第十四修正案,同样约束州的立法权。[60]

---

[56] 因此,例如第一修正案以如下表述开始:"国会不得制定关于下述事项的法律:确立国教或禁止宗教活动自由……"

[57] 因此,例如第十四修正案第 1 款第 2 项的开头为:"任何州均不得制定或执行剥夺合众国公民的特权或豁免权的任何法律……"第十五修正案第 1 款规定:"合众国公民的投票权,不得因种族、肤色或以前曾被奴役而被合众国或任何一州拒绝或剥夺。"

[58] 参见"邓肯诉路易斯安那州案"[*Duncan v. Louisiana*, 391 U.S. 145, 88 S.Ct. 1444, 20 L. Ed. 2d 491 (1968)],该案判决广泛探讨了关于《权利法案》能否并入第十四修正案的辩论和分歧。

[59] 值得特别强调的是,这些规定不仅将保护及于公民,而且及于所有"人",包括外国人。*Graham v. Richardson*, 403 U.S. 365, 371, 91 S.Ct. 1848, 29 L. Ed. 2d 534 (1971)。

[60] *De Jonge v. Oregon*, 299 U.S. 353, 57 S.Ct. 255, 81 L. Ed. 278 (1937)。长期以来,人们围绕第二修正案争议不休:"携带武器的权利"是一种集体权利(例如该修正案也提到的诸如"民兵组织"之类群体的权利),还是每个人(个人)可以拥有诸如手枪之类的武器?第二种解释代表了主流观点,同时诸如美国步枪协会这类利益团体所极力主张。尽管附带限制条件并担心公共安全问题,但联邦最高法院总体上支持这种解释。在"哥伦比亚特区诉赫勒案"[*District of Columbia v. Heller*, 554 U.S. 570, 128 S.Ct. 2783, 171 L. Ed. 2d 637 (2008)]中,该院判定:有权在公务中携带左轮手枪的警察,同样有权在公务之外携带它。哥伦比亚特区一部法律因规定与之相反而违宪。该院强调其判决并未涉及如下法律:禁止诸如攻击性武器这样的特定类型的武器,或者禁止在诸如学校之类的特别敏感区域携带武器。联邦最高法院在"麦克唐纳诉芝加哥市案"[*McDonald v. City of Chicago*, 561 U.S. 742, 130 S.Ct. 3020, 177 L. Ed. 2d 894 (2010)]判决中遵循了"赫勒案"先例,判定:禁止私人拥有武器的州立法违宪。

## （二）具体的基本权利[60a]

除了正当程序条款本身外，第一修正案中包含的基本权利——言论自由[60b]、出版自由和集会自由，如果不是最为重要，那也是特别重要。宗教自由同样是第一修正案中的一部分。它禁止确立国教，同时禁止国家干预教会和宗教团体的内部事务。此外，财产通过两种途径受到保护。第五修正案先在其正当程序条款中泛泛地规定财产保护，然后其最后一句话另外处理征收问题。根据联邦最高法院的判例法，私人财产只可因为公共目的而被征用；而且即便征用，也仍然需要支付公正的赔偿。

许多宪法条文涉及司法程序，尤其是刑事诉讼程序。第四修正案禁止不合理的搜查和扣押，包括武断的逮捕。[61] 与逮捕的法律问题密切关联的是第1条第9款第2项中的**人身保护令条款**（habeas corpus clause），它允许所有被捕者，包括入狱犯人，基于其遭受逮捕（或拘禁）有违联邦宪法或成文法，有权向当地适合的联邦法院寻求救济。[62] 第六修正案涉及刑事审判本身，要求审判应迅速并且公开。被指控人有权亲自与控方的证人对质。他为其辩护而指定的证人应当被传唤亲自出庭。被指控人有获得律师帮助的权利；如果他没有自己聘请律师，则其有权获得一位为其指定的公费辩护人（public defender）为其辩护。[62a] 被指控人享有获得陪审团审判的权利（关于陪审团制度，参见下文第198段及以下段落）。就此而论，同样重要的是第五修正案第三句，它保障的是免于自证其罪的权利；如果被指控人选择不作证，则法院不得从这一事实中得出对其不利的推论。最后，第五修正案还有免于"双重危险"的保障——禁止重新起诉同一犯罪。[63]

70

71

---

〔60a〕 另见联邦最高法院前大法官史蒂文斯的评论：*John Paul Stevens*, Six Amendments: How and Why We Should Change the Constitution (2014).

〔60b〕 政治竞选运动是一种"言论表达"，因而对包括公司在内的竞选捐款施加限制，是限制言论自由的违宪行为。参见前文脚注〔12c〕。

〔61〕 在"阿特沃特诉拉戈维斯塔市案"[*Atwater v. City of Lago Vista*, 532 U. S. 318, 121 S. Ct. 1526, 149 L. Ed. 2d. 549 (2001)]中，联邦最高法院判定：对于轻微刑事犯罪，只要存在合理根据，警察无逮捕令逮捕的权力就不受宪法第四修正案的限制。对于轻罪，警察无逮捕令逮捕的权力不局限在普通法上的破坏治安。

〔62〕 此种救济曾被用于启动对关塔那摩湾人员被拘禁合法性的司法审查。参见前文第50A段脚注〔28〕以及下文第735段和第737段。

〔62a〕 由于公费辩护人制度的缺陷，许多贫穷的被告人没有获得公费辩护人为其辩护，而获得公费辩护人的被告人经常得到的是不胜任、不合格的辩护人为其服务。See *Mello*, Deathwork: Defending the Condemned (2002); *Moorehead* (ed.), After Universalism: Reengineering Access to Justice (2003); *Southern Center for Human Rights*, If You Cannot Afford a Lawyer... (2003). See http://www.schr.org/reports/index.htm. 关于不断更新的信息，参见网站 http://www.nlada.org.

〔63〕 这一原则比欧洲刑法中的"一事不再理"原则的适用范围更广。"一事不再理"禁止多次惩罚，而美国的禁止性规定扩及于再次起诉（控告）。

72　　刑事实体法的规定与《联邦宪法》中的程序性规定密切相关。第八修正案禁止残忍而异常的刑罚、过高的罚金和其他金钱处罚。外国观察家经常感到难以理解或接受的是：第八修正案怎么不适用于禁止死刑，有些州判处死刑的频繁令人瞠目。[64]《联邦宪法》第 1 条第 9 款禁止通过针对个案的立法且未经司法程序而施加处罚（个案处罚法案，bills of attainder）*。同样是这一款，它禁止具有追溯力的刑事立法。

73　　与正当程序条款类似，第十四修正案中的平等保护条款同样为众多判例法之源，呵护公民的基本权利。一个实例是禁止在公共设施内的种族歧视。[65]《权利法案》（限制联邦的权力）中没有类似平等保护条款的规定。但是，恰如《权利法案》中的权利保障已经被并入、"被理解为加进第十四修正案中的正当程序条款"（约束各州），许多从平等保护条款推演出的权利也已经被并入第五修正案中的正当程序条款（约束联邦机构）。[66]

## 三、移民法问题

**参考书目**：Weissbrodt, Immigration Law and Procedure in a Nutshell, 5th ed. 2005; Carrion, USA Immigration Guide, 6th ed. 2008; Aleinikoff, Immigration and Citizenship: Process and Policy, 6th ed. 2008.

73A　　直至 1880 年代晚期，移民法主要归属州法。但是，自从 19 世纪中叶，联邦最高法院开始转变态度，逐步将宪法规定解释为，联邦有权管理移民问题。[66a] 1952 年，国会通过了《移

---

[64] 详细的探讨，参见下文第 701—703 段。

\* 另一种译法为"剥夺公民权法案"。参见纪念美国宪法颁布 200 周年委员会编：《美国公民与宪法》，劳娃、许旭译，清华大学出版社 2006 年版，第 299 页。《布莱克法律辞典》将其解释为："针对特定的个人或团体，未经审判而规定如何处罚的专门立法。"参见 B. Garner (ed.), Black's Law Dictionary, St. Paul: Thomson Reuters, 11th ed., 2019, p. 203.——译者注

[65] See Watson v. Memphis, 373 U.S. 526, 83 S. Ct. 1314, 10 L. Ed. 2d 529 (1963).

[66] 其他确保平等待遇的条款有：第 1 条第 9 款第 8 项（禁止授予贵族爵位）；第十三修正案（废除奴隶制和禁止强迫劳役）；以及第十五和第十九修正案（禁止在选举中基于种族、肤色或性别的歧视）。

[66a] 一方面，联邦立法权来自许多宪法条款，例如：商业条款（第 1 条第 8 款第 3 项）、移民条款（第 1 条第 9 款）、战争权条款（第 1 条第 8 款第 11 项）、归化条款（第 1 条第 9 款和第十四修正案第 1 条）；另一方面，联邦立法权也来自联邦的"默示权力"（前文第 49 段）。See also Chae Chang Ping v. United States（"排华案"），130 U.S. 581 (1889); Fong Yue Ting v. United States, 149 U.S. 698 (1893).

民和国籍法》(INA),这是调整移民、公民身份和国家安全的主要立法。[66b]

(一) 入境和居留

一般而言[67],未持有永久居留许可证("绿卡")的外国人进入美国需要签证。他们应当从驻在其本国的美国使馆或领事馆获得签证。关于移民的外国人和非移民的外国人的法定要求存在差异。非移民外国人包括:外国政府官员、雇员、国际组织的官员、游客、学生、交流学者、所谓的"条约国商人和投资人"(treaty traders and investors)(适用其本国与美国签订的条约)、过境旅客、季节工(seasonal workers)和海员。传统上,非移民签证发放快捷,但2001年的恐怖袭击之后,外国人获得此类签证变得更加困难。[68] 通常,获得签证要求证明申请人的经济能力足以负担居留期间的费用和返程旅费。尽管此类签证时间有限,但其经常可以延期。拥有签证并不保证实际准许入境。在入境时,由美国公民与移民局(USCIS)的官员检查签证并可能审查确认符合签证的前提条件后,该官员方给予许可。[69] 如果一位旅客被拒绝入境,则他有权获得法律提供的保护,包括法律救济。[70]

2001年9月发生的恐怖袭击,引发了对外国人入境和居留的行政管理和司法审查的诸多重大变化。国会通过了《国土安全法》(Homeland Security Act),撤销了以前的移民归化局(INS),将其职能移交给国土安全部(DHS)。[70a] 如今,国土安全部负责移民执法,管理移民和归化的具体操作。法院判决时经常仅参考行政机关对移民案的评定[70b],并

74

74A

---

[66b] Immigration and Nationality Act, 8 U. S. C. §§ 1101—1537 (2014).该法后续的修改加入或并入了1990年《移民法》、1996年《反恐与有效死刑法》(AEDPA,增加了将非法移民驱逐出境的理由,减少了法官行使自由裁量权的情形)、1996年《非法移民改革和移民责任法》(IIRIRA,加速驱逐非法移民出境的程序)、1996年《个人责任和工作机会协调法》("福利法",该法降低了一些资助项目,例如给非居民发放的食品券)、2011年《美国爱国者法》("USA PATRIOT Act",下文第75段)。

[67] 希望进入美国短期停留(不包括工作)的特定国家的公民可以适用例外规则。8 U. S. C. §1187 (2014).这种例外规则适用于欧盟(希腊除外)以及其他国家的公民。

[68] 卷入2001年恐怖袭击的许多人利用学生签证合法进入了美国,导致人们质疑美国现有的移民监督和执法机制是否需要改革。为弥补已察觉的移民管制缺陷,国会通过了《加强边界安全和签证改革法》(Enhanced Border Security and Visa Reform Act)[Pub. L. No. 107—173, 116 Stat. 543 (2002)],该法旨在改进对寻求进入美国的外国公民的管控。

[69] 作为加强边境安全控制举措的一部分,除了27个国家外,来自所有其他国家的外国人通过机场或海港进入美国,都必须接受指纹扫描和拍照方能入境。See Exec. Order No. 13323, 69 Fed. Reg. 482 (Jan. 5, 2004).

[70] See *Brownell v. We Shung*, 352 U. S. 180, 77 S. Ct. 252, 1 L. Ed. 2d 225 (1956).

[70a] 116 Stat. 2135.其他涉及移民的联邦机构有司法部、劳工部、卫生和公共服务部、社会保障局。

[70b] See *Kleindienst v. Mandel*, 408 U. S. 753, 92 S. Ct. 2576, 33 L. Ed. 2d 683 (1972);*Denmore v. Kim*, 538 U. S. 510, 123 S. Ct. 1708, 155 L. Ed. 2d 724 (2003).

且仅在涉及重大宪法问题,需要启动人身保护令程序时,法院才会审查行政机关的决定。[70c]

75　　签证和"绿卡"的种类繁多。发放移民签证基于配额制度,并因而可能需要长短不一的等待期。[71] 等待时间的长短,取决于申请人被归入的人才种类所对应配额的多少。在配额之内,优先考虑特定类型的人士,比如具备特殊技能者。[72] 某些人不具备获得签证的资格,例如:精神病人、有犯罪记录者、特定组织和/或党派的当前或过去成员、被认定有经济风险者或危险人员。[73] 获得"绿卡"的等待期从5年到22年不等,但美国公民的家庭成员享受优先待遇。为回应2001年的恐怖袭击而制定的《美国爱国者法》(U.S.A. Patriot Act)[74],进一步规定,"恐怖分子"的配偶和子女一般不许入境,对待他们类似于对待"与恐怖组织有牵连"的那些人。"有牵连"这一措辞的模糊性,对因该规定而被拒入境者有可能产生重大影响。

75A　　一旦获准入境,移民就有权全面参与美国的经济和社会生活[75],而不需顾虑早期条约规定的对特定商业活动的限制,也不需考虑早期条约对各州限制下述活动的准许:银行业、公共运输、信托管理以及开矿活动和资源勘探。[76] 没有移民身份的外国人要想在美国工作,应取得工作许可证。

76　　所有外国人每年都要向美国公民和移民局登记,递交一份表格,写明其当前住址、国籍国、出生日期,以及其他背景信息。除此以外,没有其他管控措施[77],例如向当地警察局登

---

[70c] See *McNary v. Haitian Refugee Ctr., Inc.*, 498 U.S. 479, 111 S. Ct. 888, 112 L. Ed. 2d 1005 (1991).

[71] 配额制度不适用于某些特定人士,比如美国公民的家庭成员。

[72] 在2012年,获准进入美国的移民共1,031,631人。获得优先办理的家庭成员类型有:子女(273,429人)、配偶(124,230人)和父母(81,121人)。See the Yearbook of Immigration Statistics of the U.S., Department of Justice: *https://www.dhs.gov/immigration-statistics/yearbook*.

[73] 8 U.S.C. §1182 (a)(1)—(4).

[74] Uniting and Strengthening America by Providing Appropriate Tools Required to Intercept and Obstruct Terrorism Act of 2001 (USA PATRIOT Act), Pub. L. No. 107-56, 115 Stat. 272 (2001).

[75] 然而,联邦政府已经禁止外国公民从事联邦文职工作,这对移民的工作机会具有影响。例如《航空和运输安全法》(Aviation and Transportation Security Act)(Pub. L. No. 107—71, 115 Stat. 597 (2001))将机场安全置于联邦控制之下,与之相随的结果是要求所有机场安全人员必须是美国公民。

[76] 一个实例是《1954年美德友好通商航海条约》第7条。美国联邦最高法院判定:州法中的限制性规定,否定了移民(居留的外国人)参加律师资格考试(防止他们成为律师界的成员或执业律师)或成为公证人(被准许认证文件和签字的人,不需要是律师,这与许多其他国家的法律制度不同)的权利,构成违宪。*In re Griffiths*, 413 U.S. 717, 93 S. Ct. 2851, 37 L. Ed. 2d 910 (1973); *Bernal v. Fainter*, 467 U.S. 216, 104 S. Ct. 2312, 81 L. Ed. 2d 175 (1984).

[77] 但是,司法部已表示,其有意落实下列要求:外国公民在搬家后的10日内应报告其地址变更,否则将被驱逐出境。See 67 Fed. Reg. 48, 818 (July 26, 2002).

记,或者需要申请当地居住许可证。[77a] 在美国工作的外国人出境需要获得许可[此类所谓的"离境许可证"(sailing permits)便于审查外国人是否遵守和满足了所得税法的规定]。离开美国后希望返回的移民需要获得重返许可证,为此他应当出示之前的离境许可证。

(二) 归化

根据《联邦宪法》第十四修正案,一切出生在美国[78]或归化于美国的人均为美国公民。居住满5年的移民有权申请美国公民身份(归化)。[79] 诸如配偶之类的特定人群等待的期限可以更短。[79a] 美国公民和移民局负责审查这类申请,申请人应与两名证人一起亲自前往,接受是否符合法定条件(最低的语言熟练程度、对美国历史和国家机构的基本了解、无犯罪记录)的审查。审查通过后,该局便将申请表及其建议递交当地相应的联邦地区法院,法院随后举行公开仪式,授予公民资格。

(三) 公民身份的丧失

美国公民身份可因下列情形而丧失:在美国领事或大使官员面前明确放弃,或者放弃意图加上特定自愿的行为,比如在国外接受和担任公共(政府)职务、在外国武装部队中自愿服役、自愿接受外国公民身份而有意放弃美国公民身份。近年来,美国法已经逐步接受大多数情况下的双重国籍。尽管严格来说,接受美国公民身份,移民就应放弃原有的公民身份以及对原身份所属国的效忠,但是在美国实践中,这种放弃很少强制执行。因此,一位归化的移民是否拥有双重公民身份,取决于其来自的国家是接受双重公民身份的理念,还是将接受美国公民身份视为放弃原有公民身份。此外,对于个人放弃美国公民身份,他应

---

[77a] 一些州已经通过法律,要求该州的有关机构使用移民身份电子认证系统。联邦最高法院在一份判决中支持了亚利桑那州的一部立法,该法授权官员:若有理由怀疑遭受逮捕或短期拘禁者非法居留美国,则可核查其移民身份。Arizona v. United States, 132 S. Ct. 2492 (2012).

[78] 这一规定不适用于出生在美国但不接受美国主权的那些人,比如外国外交官的子女。根据成文法,美国父母的子女出生在国外同样是美国公民。有关对该成文法的一种特别宽泛的解释,参见 Scales v. Immigration and Naturalization Service, 232 F. 3d 1159 (9th Cir. 2000)(上诉人,一位与美国公民结婚的外国妇女在婚姻期间所生的子女,尽管同美国男子没有血缘关系,但由于其住所地国法规定,非婚生子女或类似成为家庭成员的子女同自然出生的子女享有同等的权利和地位,因此被法院判定是美国公民)。

[79] 8 U. S. C. §1427 (2014).5年居住期中间可以短期离境。

[79a] 在"谢拉伯诉奎拉case"[Scialaba v. Cuellar de Osorio et al., 134 S. Ct. 2191 (2014)]中,联邦最高法院判定:若父母耽误了归化时机,而同时未成年子女已经成年,则已成年的子女不再适用更短的等待期。这一判决会严重冲击保持家庭完整性的政策。See also Merrimon v. Unum Life Ins, Co., 758 F. 3d 46, 54 (1st Cir. 2014).

明确表达此意图;这种意图不得被假定或推定。[80]

（四）驱逐出境

下述原因可使外国人被驱离(removed)[以前称"驱逐出"(deported)]美国:最初的签证发放或准许入境存在问题(比如当事人为获得有利的优先配额而提供虚假信息),入境后的积极作为或消极不作为(比如未遵守每年报告的要求、违反居留的条件或从事了犯罪活动)。[81] 证实上述情况后,美国公民和移民局将签发一份驱离令,对此当事人可要求举行行政听证;若对听证结果不服,当事人可申请上诉,则移民上诉委员会(Board of Immigration Appeals)将对听证结果予以复查。[82] 对于推翻行政裁决,联邦总检察长(Attorney General)(司法部部长,如同其他国家法律中为人所知的这一职位)享有几乎"不受约束的"自由裁量权。[83]

---

[80] See Pub. L. No. 99-653, §18, 100 Stat. 3658 (1986); *Afroyim v. Rusk*, 387 U.S. 253, 87 S. Ct. 1660, 18 L. Ed. 2d 757 (1967). See also *Spiro*, Dual Nationality and the Meaning of Citizenship, 46 Emory L. J. 1411 (1997). 不是由于当事人申请,而是由于相关国家法律规定的不同导致双重公民身份,这种一般规则不能调整的另类情形。此类情形出现于:外国法不管其本国公民的子女出生于何地而授予其公民身份,美国法则因其出生于美国而使其成为美国公民。

[81] 根据《移民和国籍法》,"积极作为"构成驱离理由的情形有:婚姻欺诈、违反美国间谍罪法、从事"有伤风化"的犯罪或者具有加重情节的重罪。在程序上,驱离的程序要求:外国人应收到诉讼的适当通知,他有权选择律师代理,有机会提供有利自身的证据,并质证对其不利的证据,驱离的判决基于充分而合理的证据。See *Weissbrodt*, Immigration Law and Procedure in a Nutshell §8 (5th ed. 2005). 在等待遣送听证会期间,外国公民,包括永久居留的外国人,可能被拘押并不得保释:实质性正当程序并未要求国家机构采用负担最轻的程序以实现其移民政策。See *Demore v. Hyung Joon Kim*, 538 U.S. 510, 741, 123 S. Ct. 1708, 155 L. Ed. 2d 724 (2003).

[82] 在最终的出境令签发后,外国人只可被关押一段时间,时间长短视其被驱离美国的合理需要。免于拘禁的自由在正当程序条款保障的自由中"处于核心地位",因此无限期的羁押为宪法所不容。See *Zadvydas v. Davis*, 533 U.S. 678, 690, 121. S. Ct. 2491, 150 L. Ed. 2d 653 (2001). 尽管宪法保障惠及所有入境美国的外国人,无论其合法入境还是非法入境,但是,该保护不得为力图入境美国的外国人所援引,原因是其尚未入境。*Benitez v. Wallis*, 337 F.3d 1289 (11th Cir. 2003).

[83] 总检察长有权决定是否起诉,或针对特定的犯罪行为或疏忽是否驱逐外国人。例如,他有权免除下述要求:拥有永久居留许可证者返回美国后应提交特定的文件,或者返回美国的居民应满足某些体检要求;他有权宽恕下述情况:被判有罪、卖淫、结核病或美国公民的亲属欺骗性入境(注意排在首位的驱逐依据);他有权普遍免除文件方面的要求(在这类某些情况中他需要与国务卿合作);同时在其他有特殊情形证明合理的情况下,他有权给予救助,但在某些情况下他应随时向国会提交详细的报告。See Gordon/Mailman/Yale-Loehr, Immigration Law and Procedure, §3.05[6] vol. 1 (2004). 在"移民归化局诉多尔蒂案"(*INS v. Doherty*)(502 U.S. 314, 112 S. Ct. 719, 116 L. Ed. 2d 823 (1992))中,联邦最高法院判定:总检察长在重新启动驱逐出境程序上享有广泛的自由裁量权。在"移民归化局诉杨岳绍案"[*INS v. Yueh-Shaio Yang*](519 U.S. 26, 117 S. Ct. 350, 136 L. Ed. 2d 288 (1996))中,该院将总检察长暂缓驱逐出境的决定描述为"一种恩典",是依照总检察长"不受约束的自由裁量权"给予的。See also *Saleheen v. Holder*, 616 F.3d 957, 961 (8th Cir. 2010); *In re Sesay*, 25 I. & N. Dec. 431 (BIA), 2011 BIA LEXIS 4, 2011 WL 929292 (Dep't of Justice Mar. 17, 2011). 当移民按照联邦成文法或国际公约——比如《禁止酷刑和其他残忍、不人道或有辱人格的待遇或处罚公约》——寻求停止执行驱逐出境令时,政府享有较小幅度的自由裁量权。See *Cheema v. INS*, 350 F.3d 1035 (9th Cir. 2003), and withdrawn, *Cheema v. Ashcroft*, 372 F.3d 1147 (June 24, 2004), and amended by 383 F.3d 848 (Sep. 8, 2004), rev'd in part, *Kaur v. Holder*, 561 F.3d 957 (9th Cir. 2009). But see *Bellout v. Ashcroft*, 363 F.3d 975 (9th Cir. 2004).

## 四、行政法

**参考书目**：*Aman/Mayton*, Administrative Law, 3d ed. 2014；*Cann*, Administrative Law, 4th ed. 2005；*Gellhorn/Levin*, Administrative Law and Process in a Nutshell, 5th ed. 2006；*Jacobini*, An Introduction to Comparative Administrative Law, 1990；*Pierce/Shapiro/Verkuil*, Administrative Law and Process, 5th ed. 2008；*Strauss*, Administrative Justice in the United States, 2d ed. 2002；*Reese*, Administrative Law：Principles and Practice, 2d ed. 2003；*Schwartz*, Administrative Law（Treatise）, 3d ed. 1991；*Taggart*, The Province of Administrative Law, 1997.

### （一）简介

#### 1. 行政法的界定

美国行政法（administrative law）与大陆法系国家行政法的思路不同。除了宪法，美国法中不存在大陆法系国家对私法和公法的区分。因此，美国行政法的适用范围相对狭小。简而言之，它可被视作特别的程序法。该领域涉讼的主要问题或可归纳为：行政机构的行政权正当性、权力行使的方式、对行政裁决予以司法审查的范围。正如在本书其他部分所述，美国没有专门的行政法司法机制，普通法院负责对行政行为的司法审查。

#### 2. 行政法的起源和当代法律渊源

作为一个法律部门，美国法中的"行政法"起步较晚。在美国早期，并没有大量的行政机构。行政机构管理铁路运输，以及19世纪后半叶的快速工业化催生的行政监管需要，可被视作"行政法"作为独立法律部门的开端。[84] 早期的行政法问题涉及两方面：国会是否有权将即便很少的立法权委托给行政机构，或者在此之外，并非法院的行政机构能否作出

---

[84] 更详尽的细节，参见 *Schwartz*, Administrative Law § 1.13。

有约束力的裁决。[85] 这类早期的宪法关切,在当今已几无意义,但它确实影响了行政程序法的演进,以及对行政行为进行司法审查的方式。[86]

82　　奠定行政法基本制度架构的第一部联邦法——相当于法国的纲要法(*loi cadre*)和德国的框架法(*Rahmengesetz*)——是1946年《行政程序法》(Administrative Procedure Act)。[87] 该法简明扼要,基于正当程序原则规定了行政程序的最低标准。另有各种专门的成文法,通常仅针对和调整某一具体行政机构。最后还有两种重要的法律渊源:判例法(其重要性与其他法律领域无异)以及行政机构发布的"规章"(rules)。下文是对联邦行政法的简要勾勒。各州的行政法细节上与之不同,但遵循同样的基本规则。[88]

### (二) 行政机构

#### 1. 部级机构和独立行政机构

83　　**行政机构**各自履行具体领域的行政职能,其内部架构有所差异。一种可行的行政机构两分法是:"部"(行政部门)属行政机构和"部"外的行政机构,后者即所谓的"独立行政机构"。不论哪一种,行政机构应由国会立法创设,依法界定其独立或附属的地位、行政行为的准确边界,以及经费来源(财政预算)。部属行政机构受各自部长(署长)的督导,而部长由总统在征得参议院同意后任命。独立行政机构由委员会或理事会管理,其委员或理事同样由总统在征得参议院同意后委任,但此类机构独立于各"部",因而拥有政策制定和行政行为的更多自由。若想要行政活动与政治保持一定的距离,则设立独立行政机构就是恰当的选择。

84　　**独立行政机构**通常被赋予监管权,即通过规章(rule)或法规(regulation)干预和监管经

---

[85] *Marshall Field & Co. v. Clark*, 143 U. S. 649, 12 S. Ct. 495, 36 L. Ed. 294 (1892); *Panama Refining Co. v. Ryan*, 293 U. S. 388, 55 S. Ct. 241, 79 L. Ed. 446 (1935); *A. L. A. Schechter Poultry Corp. v. United States*, 295 U. S. 495, 55 S. Ct. 837, 79 L. Ed. 1570 (1935). 后两份裁决是相当保守的联邦最高法院针对国会的大量经济复兴和重建措施作出的反应,而此类措施是国会为响应1930年代经济危机期间罗斯福总统的倡议而采取的。

[86] 更多的细节,参见 Breyer et al., Administrative Law and Regulatory Policy 13 *et seq.* (7th ed. 2011). 关于美国行政法的历史和演进的概述,参见 *Stewart*, Administrative Law in the Twenty-First Century, 78 N. Y. U. L. Rev. 437 (2003).

[87] 5 U. S. C. §551 et seq. (2014). 当代的评论,参见 *Rubin*, It's Time to Make the Administrative Procedure Act Administrative, 89 Cornell L. Rev. 95 (2003); *Colburn*, Democratic Experimentalism: A Separation of Powers for Our Time, 37 Suffolk U. L. Rev. 287 (2004).

[88] 联邦与州之间立法权的一般划分,参见上文第48段及以下段落。州行政法和联邦行政法的相似性在很大程度上源自下述事实:州的行政法和行政程序法同联邦程序法一样,要遵循同样的正当程序要求。参见上文第69段。

济生活的某些领域,并因此得名"监管机构"。这类机构积极地直接涉入私人事务,其独特的监管风格,使其成为美国行政法领域一道独特的风景。州际商务委员会堪称最佳范例,作为最早成立的独立行政机构,其职责之一就是监控与核定州际运输的费率。同样至关重要的独立行政机构还有联邦贸易委员会(关注不正当竞争和消费者保护问题)、联邦通讯委员会(管理电话和其他通讯方式)以及证券交易委员会(监管证券交易和股票市场)。[89] 当新的经济和社会问题出现时,独立行政机构的数量便随之上升,1970年设立的环境保护局就是例证。

2. 行政机构和权力分立

多少立法权和裁判(司法)权可授予行政机构?围绕该问题,早期各方争议不休,至今依然存在一些争论。对该问题的追问继而回到了有关分权的讨论起点,多半已由联邦最高法院解决。其实,美国宪法并未采纳一种严苛死板和一成不变的分权理念。

国家机构不同部分的关系并非彼此"分立",而是相互关联,这种相互依存关系之上存在诸多限制和规定。这就是"制衡"制度[90],其实质在于,若一种国家机构完全屈从于另一国家机构,则此种状况将违背宪法。

为使授予行政机构立法权合乎宪法,国会应当明确规定行政机构的权限范围,并使该机构的裁决接受司法审查。[91] 对于司法权的授予,《合众国宪法》第1条第8款第9项授权国会设立具有特别管辖权的法院。但是,具有同等宪法地位的正当程序条款,提供了限制该权力行使的依据。可授予行政机构哪些司法权?这一问题尚未有准确的答案。[92] 例如,私人的法律权利和关系源自行政机构赋予的公共权利,该行政机构有权对其作出最后裁决;判例法只是模糊地规定:行政裁决在其接受独立司法审查的范围内,才具有拘束力。[93]

近年来,联邦机构开始逐步退出一些以前由国家运营的项目和公用事业[94],与之相伴

---

[89] 更详细的内容,参见 *Hill*, Encyclopedia of Federal Agencies and Commissions (2004); *Richardson*, Administrative Law and Procedure (1995)。

[90] *Youngstown Sheet & Tube Co. v. Sawyer*, 343 U.S. 579, 72 S.Ct. 863, 96 L. Ed. 1153 (1952).

[91] *Amalgamated Meat Cutters & Butcher Workmen v. Connally*, 337 F. Supp. 737 (D.D.C. 1971).

[92] See *Schwartz*, Administrative Law § 2.19.

[93] *Crowell v. Benson*, 285 U.S. 22, 52 S.Ct. 285, 76 L. Ed. 598 (1932).

[94] 值得指出的是,完全私有的实体代表国家执行国家方案,若私人有权控制第三方获得国家所有的利益和资源时,则这种私有化可能面临宪法难题。See *Metzger*, Privatization as Delegation, 103 Colum. L. Rev. 1367 (2003)[需要注意的是,区分下述两种情况具有重要意义:国家只是购买私人服务(具有宪法上的合理性),私人实体代表国家行使国家权力或作出其他行为(宪法依据不足)]。See also *Freeman*, Extending Public Law Norms Through Privatization, 116 Harv. L. Rev. 1285 (2003).

的是相应行政管理权的范围、职能和职责的扩张。人们期待行政机构通过颁布法规和规章,贯彻和实现国家的经济和社会政策目标,因此其角色日益积极主动。由此产生的问题是:尽管行政机构全面行使行政权、立法权和裁决权,但它们并不直接对选民负责。如此一来,"行政国家"(administrative state)的扩张就面临宪政中的分权难题,并要求设计出程序保障措施,以确保行政机构运行的持续合法性。针对这一难题,除了正式的控制方式——确保行政机构对总统、国会和联邦法院负责,非正式的控制机制——比如私人合同(private contracts)——被逐步用作调整公私关系的准则,成为现代行政国家的亮丽风景。[95] 上述变化的结果是出现了一种错综复杂的行政机制,其中"私人"行为和"公共"行为的界限变得模糊,私人实体在宪法权力的许可下参与分享了传统的政府职能。[96]

### (三) 行政程序

#### 1. 行政行为的方式

89　　创设行政机构的立法决定这个机构的事项管辖权。机构不同,立法不同,因此不同机构的"事项管辖权"无法一概而论;不过,典型的做法是将其分为两类:**"规章制定"**(rulemaking)和**"裁决"**(adjudication)。[97] 此外,行政机构的行政行为也有多种非正式的方式。它们给予补贴、提供资讯和调解纠纷。"规章"是行政法规范,效力及于未来的行为;不仅是抽象的行为规范,而且能适用于个案。"规章制定"可以采用正式或非正式的程序,采用哪种程序取决于受多大影响的当事人有机会参与立法。[98]

90　　"调查程序"(investigation procedure)之后,行政机构就可作出一份对个案有约束力的决定("裁决")。裁决应符合宪法上的要求和限制。鉴于此种原因,明确区分"规章制定"和"裁决"(后者受到更多限制)格外重要。[99] 问题在于,在个案中行政机构能否自由选择如

---

[95] 对此全面的探讨,参见 Freeman, *The Private Role in Public Governance*, 75 N. Y. U. L. Rev. 543 (2000).

[96] 例如,1973年《濒危物种法》前瞻性地规定了行政机构、开发商、环保主义者以及其他利益团体对项目规划和开发的参与,以减轻项目开发对濒危物种的危害。作为联邦行政机构,美国鱼类和野生动植物局重视与私人之间的协商过程,并且对私人提出的方案是否理由充分作出最终决定。See 16 U. S. C. §1531 et seq. (2005).

[97] 5 U.S.C. §551 (4) et seq. (2003).

[98] See Schwartz, *Administrative Law* §4.

[99] See *Londoner v. Denver*, 210 U.S. 373, 385, 28 S. Ct. 708, 52 L. Ed. 1103 (1908) and *Bi-Metallic Investment Co. v. Colorado*, 239 U.S. 441, 445, 36 S. Ct. 141, 60 L. Ed. 372 (1915), approved by the Supreme Court in *United States v. Florida E. Coast Ry.*, 410 U.S. 224, 244—245, 93 S. Ct. 810, 35 L. Ed. 2d 223 (1973).

何作出行政行为,或者是否必须采用一种特定的方式。《行政程序法》对此未置一词。只要创设行政机构的特定立法对此并未明确限定,行政机构就有权自由选择采用任一行为方式,[100] 条件是其作出裁定的过程中,为将来最终受该行政行为影响的人,提供参与和表达意见的适当途径。[101] 例如,联邦最高法院判定:分配许可证可以采取"规章制定"的方式。[102]

2. 程序保障和听证程序

除了少数例外,每个行政机构均应确保公众有渠道获取其规章、意见、命令、记录和程序。[103] 行政机构在制定规章之前,应公告其计划。公告通常发布在《联邦政府公报》(Federal Register)上。随后,行政机构将安排"听证"(hearings)[104],为利害关系人提供一个评议的机会。与针对个案的裁决不同,规章制定中行政机构不必一定安排当事人口头作证,而是可代之以当事人提交书面意见。此种程序的缺陷在于公告和听证耗时漫长。此外,一部规章应在其生效日的 30 天以前公布。[105] 规章编入《联邦行政法规大全》(Code of Federal Regulations, C. F. R.)。[106]

行政机构在作出裁决前同样需要事先通知。除了适用于规章制定的程序权利,当事人的正当程序权利也应得到尊重,[107] 比如确保个别通知到受裁决影响之人,通知的内容包括裁决中援引的基础事实和法律依据。[108] 此外,对参加人提出的意见,行政机构应当明确予

---

[100] *SEC v. Chenery*, 332 U. S. 194, 203, 67 S. Ct. 1575, 91 L. Ed. 1995 (1947).
[101] *National Labor Relations Board v. Wyman-Gordon Co.*, 394 U. S. 759, 89 S. Ct. 1426, 22 L. Ed. 2d 709 (1969); *First Bancorporation v. Board of Governors of Federal Reserve System*, 728 F. 2d 434 (10th Cir. 1984).
[102] *United States v. Storer Broadcasting Co.*, 351 U. S. 192, 76 S. Ct. 763, 100 L. Ed. 1081 (1956); *Federal Power Commission v. Texaco, Inc.*, 377 U. S. 33, 84 S. Ct. 1105, 12 L. Ed. 2d 112 (1964). See also *American Airlines, Inc. v. Civil Aeronautics Board*, 123 U. S. App. D. C. 310, 359 F. 2d 624 (1966), cert. denied, 385 U. S. 843, 87 S. Ct. 73, 17 L. Ed. 2d 75 (1966); *Associated Gas Distributors v. FERC*, 263 U. S. App. D. C. 1, 824 F. 2d 981 (1987).
[103] See the Freedom of Information Act, 5 U. S. C. §552 (2014).
[104] 更详尽的细节,参见 *Schwartz*, Administrative Law §5。
[105] 5 U. S. C. §553 (d) (2014).
[106] 关于规章制定的正式程序与非正式程序的区别,参见 *Schwartz*, Administrative Law §4.12。
[107] See *Londoner v. Denver*, 210 U. S. 373, 28 S. Ct. 708, 52 L. Ed. 1103 (1908); *Withrow v. Larkin*, 421 U. S. 35, 95 S. Ct. 1456, 43 L. Ed. 2d 712 (1975); *Minnesota State Board for Community Colleges v. Knight*, 465 U. S. 271, 104 S. Ct. 1958, 79 L. Ed. 2d 299 (1984).
[108] See *Mullane v. Central Hanover Bank & Trust Co.*, 339 U. S. 306, 70 S. Ct. 652, 94 L. Ed. 865 (1950). 这是针对一起民事争议所作的判决;在该判决中,联邦最高法院宣告:只有当"给予当事人更充分的告知不具有合理的可能性或可行性",比如送达给个人不可能或不可行,才允许适用公告送达的一般规则。

以反馈；对于参加人提出的法律援助请求，行政机构应当满足。当事人获得的程序权利和享有的各种保障因个案而不同。为作出公正的评判，联邦最高法院同样考虑行政机构的需要和利益。因此，法院的关注点不仅是私人视角下行政行为对私权的侵扰，而且同样关注行政工作的宗旨和便利。[109]

93　　　一位或几位**行政法官**(administrative law judges)主持行政裁决；他们是政府人员，但独立裁决，不受他人指示。[110] 他们掌控听审流程，特别是传唤证人和证据提交方式。[111] 在听审结束后，行政法官向行政机构的首长提交一份裁决建议。首长虽然并非一定接受该裁决，但通常不提出异议。多种途径确保行政法官的独立性，例如他们不受制于所在行政机构的任何指示，没有法定理由不受处罚或免职。此外，他们随机轮流被选派去裁决案件。[112] 裁决的内容应详述依据的事实、充分的法律分析和正当理由，以经得起随后可能出现的司法审查。[113]

### 3. 司法救济

94　　　除了极少数例外，若利害关系人不在 60 日内请求司法审查，则行政裁决将依法生效。创设行政机构的立法通常明确规定当事人寻求司法审查的具体方式，以及有权进行司法审查的法院。[114] 如上所述，美国没有专门的行政法院体系。行政裁决即便到了执行阶段，其合法性也可能被司法审查。[115] 因此，原则上所有的行政行为都应接受司法审查。[116] 这一规定的例外情形只有国会有权决定[117]，前提是例外情形不会侵犯宪法保障的公民权利。[118] 注意，在上述语境下，只有行政机构的行为接受司法审查。[119]这意味着，若国会未明

---

[109] *Mathews v. Eldridge*, 424 U. S. 319, 335, 96 S. Ct. 893, 47 L. Ed. 2d 18（1976）；*Schwartz*, Administrative Law § 5.24.

[110] 5 U. S. C. §§ 3105, 5372, 7521（2014）. 行政法官姓名后经常标示简称"ALJ"，而不是正式官衔的全称。

[111] 5 U. S. C. § 556（c）（2014）.

[112] 5 U. S. C. §§ 1305, 3105, 3344, 5372, 7521（2014）.

[113] 5 U. S. C. 557（c）（2005）；see *Citizens to Preserve Overton Park, Inc. v. Volpe*, 401 U. S. 402, 91 S. Ct. 814, 28 L. Ed. 2d 136（1971）, cert. denied 421 U. S. 991, 95 S. Ct. 1997, 44 L. Ed. 2d 481（1975）.

[114] 5 U. S. C. § 703（2014）.《行政程序法》没有涉及联邦法院的管辖权。司法审查因而成为特别立法（即创设行政机构的成文法）或一般法的调整事项。诸如《联邦成文法大全》第 28 篇第 1331 条之类的联邦成文法，将联邦问题案件的一般管辖权赋予了联邦地区法院，参见下文第 111 段及以下段落。

[115] 例如参见 *United States. v. Nova Scotia Food Products Corp.*, 568 F. 2d 240（2d Cir. 1977）.

[116] 5 U. S. C. §§ 703, 704（2014）.

[117]《联邦宪法》第 3 条第 2 款第 2 项.

[118] See *Bowen v. Michigan Academy of Family Physicians*, 476 U. S. 667, 106 S. Ct. 2133, 90 L. Ed. 2d 623（1986）（涉及在一宗关于歧视行为的案件中禁止司法审查）.

[119] 5 U. S. C. § 702（2014）.

确禁止,则行政机构可将被赋予的权力进一步授权给私人,被授权的私人因此可以逃避行政机构受到的司法监督。

如同联邦法院受理的任何争讼,行政争议的原告应当具备起诉资格(*locus standi*)。最近,联邦最高法院对"起诉资格"作了扩大解释。即便只是受到引发争议的行政行为的间接影响,当事人也可符合起诉的资格要求。[120] 此外,争议问题应当已经"成熟"(ripe),这是源自宪法的一个常见程序性前提要件(另见下文第 114 段)。这一要求意指行政行为的内容应当清楚,同时应当发展到一定程度,即个人可以决定何种利益受其影响。判例法迄今一直采用对申请人友好的司法解释。在"雅培制药公司诉加德纳案"(*Abbott Laboratories v. Gardner*)[121]中,联邦最高法院判定:尽管联邦药监局(Federal Drug Administration)公布的规章尚未适用于任何具体情况,但"成熟"方面的起诉要求已经得到满足。不过该案有个特殊情况,即超过 90%的制药公司加入了此次司法审查的申请。

95

法院对行政机构事实认定的审查可以采取多种方式。[122] 如果成文法或者判例法有明确的规定,则法院有权重新审查(*de novo review*)案件[123]。若不然,则法院就可以全盘接受行政机构的事实认定。在实践中,法院常走中间路线。审查中最重要的方面也许是查实两点:是否存在实质性证据(substantial evidence)\*以及是否滥用了自由裁量权。[124] 对于采用"正式程序"的行政行为,行政裁决应当立足于"实质性证据"。[125] 在以非正式程序裁决的任何其他情况下,行政机构不得滥用其自由裁量权。自由裁量的行政决定,只要未违背法律,就不会被判定专横任性或权力滥用。[126] 但无论如何,"严谨缜密地裁决"才符合人们的

96

---

[120] See *Friends of the Earth, Inc. v. Laidlaw Envtl. Svcs.*, 528 U. S. 167, 120 S. Ct. 693, 145 L. Ed. 2d 610 (2000); *Summers v. Earth Island Inst.*, 555 U. S. 488, 493 (2009); *Conservation Law Fund, Inc. v. Plourde Sand and Gravel Co.*, No. 13-cv-214-SM, 2014 U. S. Dist. LEXIS 156953, \*10, 2014 WL 5781457 (D. N. H. Nov. 6, 2014).

[121] *Abbott Laboratories v. Gardner*, 387 U. S. 136, 149, 87 S. Ct. 1507, 18 L. Ed. 2d 681 (1967). But see *Am. Civil Liberties Union v. FCC*, 262 U. S. App. D. C. 244, 823 F. 2d 1554 (1987), cert. denied 485 U. S. 959, 108 S. Ct. 1220, 99 L. Ed. 2d 421 (1988).

[122] 5 U. S. C. §706 Abs. 2 (A), (E), (F) (2014).

[123] 5 U. S. C. §706 Abs. 2 (F) (2014). 此种规定很少见诸成文法,而其实出自宪法对行政机构和法院的权力划分。See *United States v. Raddatz*, 447 U. S. 667, 100 S. Ct. 2406, 65 L. Ed. 2d 424 (1980); *Crowell v. Benson*, 285 U. S. 22, 52 S. Ct. 285, 76 L. Ed. 598 (1932).

\* 实质性证据原则要求:只要行政机构的裁决得到证据的合理支持,则法院应维持其裁决结果。参见 B. Garner (ed.), Black's Law Dictionary, St. Paul: Thomson Reuters, 11th ed., 2019, p.1729。——译者注

[124] 5 U. S. C. §706 Abs. 2 (A) and (E) (2014).

[125] See also *Consol. Edison Co. v. Nat'l Labor Relations Bd.*, 305 U. S. 197, 229, 59 S. Ct. 206, 83 L. Ed. 126 (1938).

[126] 5 U. S. C. §706 Abs. 2 (A) (2014).

预期。[127] 当然，如果创设行政机构的立法详述了立法宗旨和目标，那么行政机构对法律的解释和适用要全面接受司法审查；在其他情况下，司法审查还是限于审查是否滥用自由裁量权。[128] 近年来，法院对行政机构自由裁量权的遵从["切夫龙"式的遵从（*Chevron deference*），该称谓来自联邦最高法院对"切夫龙案"的判决]已经受到一些限制。若国会未将一般的规章制定权赋予一个行政机构，该行政机构的行为缺乏此类权力依据，则法院遵从行政行为就不具有正当性。[128a] 在实践中，法院通常尊重行政机构的丰富经验，并接受其解释和立场。[129] 但是，如果法院抛弃"切夫龙"式的遵从，那么行政机构行使自由裁量权的理由应当达到"令人信服"的水准。[129a]

---

[127] *Greater Boston Television Corp. v. F.C.C*, 444 F. 2d 841, 851 (D.C. Cir. 1970).

[128] *Chevron U.S.A., Inc. v. Nat'l Res. Def. Council*, 467 U.S. 837, 842, 104 S. Ct. 2778, 81 L. Ed. 2d 694 (1984).

[128a] *United States v. Mead Corp.*, 533 U.S. 218, 226—227, 121 S. Ct. 2164, 2170, 150 L. Ed. 2d 292, 303 (2001).

[129] See *O'Keefe v. Smith, Hinchman, Grylls, Assoc.*, 380 U.S. 359, 85 S. Ct. 1012, 13 L. Ed. 2d 895 (1965).

[129a] See *Gonzales v. Oregon*, 546 U.S. 243, 126 S. Ct. 904, 163 L. Ed. 2d 748 (2006); *Catskill Mountains Chapter of Trout Unlimited v. U.S.E.P.A.*, 8 F. Supp 3d 500, 518 (S.D.N.Y. 2014), appeal docketed, No. 14-1991 (2d Cir. June 12, 2014).

# 第三章 司法制度:法院和民事诉讼法

一、简介
二、法院的组织和事物管辖权
三、对人管辖权和对物管辖权
四、民事诉讼程序
五、替代性争端解决方式

**参考书目**：*Baumbach/Lauterbach/Albers/Hartmann*，Zivilprozessordnung，72nd ed. 2014；*W. Lüke*，Zivilprozessrecht，10th ed. 2011；*Lüke*，Zivilprozessrecht I (2013)；*Freer/Purdue*，Civil Procedure，6th ed. 2012；*Hay*，US-amerikanisches Recht，6th ed. 2015；*Hay*，Zivilprozessrecht，in：*Assmann/Bungert*（eds.），1 Handbuch des U.S.-amerikanischen Handels-，Gesellschafts- und Wirtschaftsrechts 535—638，2001；*Hay/Weintraub/Borchers*，Conflict of Laws，14th ed. 2013；*Hay/Borchers/Symeonides*，Conflict of Laws，5th ed. 2010；*Wright/Kane*，Law of Federal Courts，7th ed. 2011；*Zöller*，Zivilprozessordnung，30th ed. 2014.

# 一、简介

## （一）民事诉讼和民事诉讼程序

97　　本章旨在帮助读者概览美国的法院系统和民事诉讼法的基础知识。同样，本章将把重点放在联邦法。

98　　此处的"民事诉讼"一词，在美国法中，要比在其他诸如深受德国法影响的制度下，外延更加宽广，适用的纠纷类型更加多样。除了少数例外情况[1]，美国没有针对不同种类的案件分别单独设立法院；就所适用的程序规则而言，大体上只有两种司法程序——民事诉讼和刑事诉讼。抛开程序而言，公法事项、劳动纠纷、家庭和遗嘱认证案件、合同和侵权案件（大陆法上的"债务"求偿）以及刑事案件均属于同一法院的管辖范围；美国的法官是通才。

---

[1] 在联邦法院系统中，重要的例外是联邦国家赔偿法院(Court of Claims)、美国国际贸易法院和联邦巡回区上诉法院(Court of Appeals for the Federal Circuit)。另见下文第110A段。在各州，经常设有特别初级法院（例如小额索赔法院和家事法院）。但是，对这些另类审判机构所作判决的上诉属于普通法院的管辖范围。

在许多情况下,司法程序启动之前当事人先要面对行政执法行为和争议解决程序[2],但是审查行政行为依然属于法院的职权范围。因此,民事诉讼法最终调整除刑事诉讼(参见下文第 714 段及以下段落)之外的所有司法活动,以及可上诉到联邦巡回上诉法院的案件。尽管在力图解决和平息法律纠纷方面与民事诉讼关系密切,但是替代性争端解决("ADR")机制通常不适用民事诉讼法。由于替代性争端解决方式日益重要,因此本章最后单独对此简要探讨。 99

司法程序包括审前阶段和审判本身。其中,审前阶段相当重要:其实起诉到法院的案件中只有约 10% 真正进入到审判阶段。[3] 民事诉讼的进程和活动主要掌控在当事人及其律师手中,其程序本质用判例法制度的表述就是对抗制。[4] 是当事人而不是法官负责发现案情,提交证据,传唤、调查和交叉询问证人。在陪审团裁决案件事实(参见下文第 198 段)的诉讼中,法官的角色是公断人。他确保当事人遵守宛如游戏的程序规则。除此之外,法官主要扮演的是一个消极角色。由于诉讼活动大量掌控在当事人手中,因此不难理解程序问题可显著影响实体问题的结果。美国律师故而不会偏执一端——只考虑和关心案件的实体法律问题,而不同时密切关注案件的诉讼策略以及可资利用的程序路径。 100

(二)法律渊源

联邦民事诉讼法出自《联邦宪法》《司法法典》(Judicial Code,一部联邦成文法)、《联邦(民事)诉讼规则》以及判例法。州法有其自身的成文法和判例法渊源,理所当然要服从联邦法中的强制性规则。 101

《联邦宪法》规定了联邦法院的事物管辖权(subject matter jurisdiction),要求在全国范围内承认和执行对案件享有管辖权的联邦或州法院作出的判决(充分信任与尊重条款),规定了当事人利用陪审团的权利。它同时禁止在实体法或程序法问题上的不平等或歧视性待遇(平等保护条款、特权和豁免条款),也通过法院适用和解释正当程序条款逐步保障程 102

---

[2] 比如,联邦独立行政(监管)机构(参见上文第 84 段及以下段落)就属于这种情况。它们以行政机构和一审法院的双重角色作出行政判决,当事人对于这些(关于联邦事项的)判决可要求联邦上诉法院予以司法审查。

[3] See *Clermont/Eisenberg*, Litigation Realities, 88 Cornell L. Rev. 119 (2002); *Moskowitz*, Rediscovering Discovery, 54 Rutgers L. Rev. 595 (2002); *Trubek et al.*, The Costs of Ordinary Litigation, 31 UCLA L. Rev. 72 (1983).

[4] 对于刑事诉讼同样如此,公诉人扮演的角色是被告人及其律师的完全"对方"。与大陆法系不同的是,公诉人的职责是**控告**,而不是作为案情的客观发现者,也不负责根据案情建议免予起诉、监禁的替代方案、宽大处罚或者缓刑。

序公正。

103　　对于联邦法院受理的案件(基于联邦法院的"联邦问题"或"异籍"管辖权受理的案件，参见下文第 110 段及以下段落)，诉讼活动适用的规则包含在《司法法典》《联邦民事诉讼规则》《联邦上诉程序规则》以及为少数特定事项颁布的特别规则。《联邦证据规则》与上述法律配合适用。

104　　上述联邦法律之外的民事诉讼规则是州法。除了联邦宪法和成文法另有规定，州法院对于受理的案件，即便诉讼请求是基于联邦实体法(属于联邦和州享有竞合管辖权的情况)，也适用本州的程序法。

105　　**各州的民事诉讼法**通常编撰成文。此类成文法一般具体规定法院的管辖权，以及司法文书提交的形式要求和文书[起诉状(complaint)、答辩状(answer)和答复状(reply)*]的内容、诉讼期间(time limitations)、诉讼费用及其他类似事项。许多州已经制定了基于《联邦证据规则》的证据规则。

## 二、法院的组织和事物管辖权

### (一) 联邦法院

#### 1. 法院的组织结构

106　　联邦法院是自成一体、独立自足的法院系统："自成一体"意指它们并不作为州级法院的上诉法院或最高法院，但联邦最高法院在联邦问题上除外。一审法院(初审法院)是**地区法院**(District Court)。每个州至少拥有一个地区法院。较大的州再分区，每个区拥有自己的联邦地区法院(例如"纽约州南区联邦地区法院")。通常，每个地区法院有多位法官，但具体案件往往由一位法官单独听审。[5] "破产案件"[6]首先由"破产法官"或"破产管理人"

---

　　\* 有学者译作"反驳状"。参见汤维建:《美国民事司法制度与民事诉讼程序》，中国法制出版社 2001 年版，第 321 页。——译者注

　　[5] 有例外情形，比如若诉讼挑战的是众议院代表选区名额分配的合宪性或者任何州级立法机关代表名额分配的合宪性，则案件不能由一位法官听审。See 28 U.S.C. § 2284 (2003).

　　[6] 联邦法院对破产案件享有专属管辖权。See Const. Art. I § 8, para. 4.

(referee in bankrupcy)*听审。他们属于低级裁判者,要接受其所属地区法院的监管和复审,原因是当事人享有获得"第三条法官"(Article III judge)[7]裁判的宪法权利。同样,联邦地区法院的法官有权任命"治安法官"(magistrate judges),并给他们委派任务。[7a]在民事诉讼领域,这类任务通常有关审前程序事项,尤其是证据开示问题。[7b]除非当事人事先同意治安法官行使法院的司法权,否则治安法官的所有诉讼活动和裁决都要接受有任命权之地区法院的法官的监管。

联邦上诉法院复审联邦地区法院的判决。美国联邦共有12个分区的上诉法院。这些分区称作"巡回区"(circuit)并以序号标识(比如,"第二巡回区上诉法院"[8]),每个分区的范围涵盖数州。翻印在本书附录4中的地图显示了将美国划分成的上诉"巡回区"。第十三("联邦巡回区")上诉法院发轫于对昔日的关税及专利上诉法院、关税上诉法院分庭的合并。如今该法院也受理来自联邦国家赔偿法院、美国国际贸易法院以及其他一些专门审判机构的上诉案件。** 107

联邦上诉法院通过3名法官组成的合议庭(panels)听审和判决案件;在特殊情况下[9],法院的所有成员将集体听审(或重审)一个案件——法官全体(en banc)出庭。与其他一些国家制度下的中级上诉法院相比,美国上诉法院的复审范围更加狭窄。美国的联邦上诉法院和各州上诉法院只是复审下级法院对法律问题的裁判,不复审下级法院或陪审团对事实问题的裁判。 108

联邦最高法院是联邦司法系统内最高级别的法院。它由9名法官组成,法官经参议院同意后由美国总统任命,终身任职。最高法院的法官不以合议庭方式或独任方式(in 109

---

　\* 1978年的《破产改革法》已经废除了破产管理员,而代之以破产法官。参见 B. Garner (ed.), Black's Law Dictionary, St. Paul: Thomson Reuters, 11th ed., 2019, p.1533。——译者注

　[7] "宪法第三条法官"是依据《联邦宪法》第三条获得任命的法官,终身任职。国会根据宪法第一条有权设立其他法院并设定法官职位。它已经通过设定破产法官行使了这种职权。但是,由于这些法官并不享有"第三条法官"的宪法保障和独立地位,因此当事人应始终享有将案件诉诸第三条法官的机会。See Northern Pipeline Co. v. Marathon Pipe Line Co., 458 U.S. 50 (1982)。除此之外,依据《联邦宪法》第二条规定的总统战争权,其他法院也得以设立。对于这类法院的判决,当事人同样有权诉诸"第三条法官"。对于这类行政性法院(Executive courts)的详细探讨,请参见 Bederman, Article I Courts, 44 Mercer L. Rev. 825 (1993)。

　[7a] 《联邦成文法大全》第28卷第631条及以下条文规定了治安法官的法定职权,治安法官的初次任期为8年。另见下文第715段、第717段及以下段落。

　[7b] 参见下文第184段及以下段落。

　[8] 以惯用的简略表述,美国的律师会说:"在最近的一份判决中,第二巡回区判定……"

　\*\* 本段后两句由译者根据原文作者更正后的英文译出。——译者注

　[9] 28 U.S.C. § 46 (c) (2003).

chambers)听审案件,在任何案件的审判中始终是法官全体出庭。[10]

### 2. 事物管辖权

110　　联邦法院只对少数事物(比如海事问题和破产程序)享有专属管辖权。对于"联邦问题案件"和"异籍"(diversity of citizenship)的案件[11],联邦法院和州法院享有竞合管辖权(concurrent jurisdiction)。

110A　　涉外情报监控法院(FISC)是享有特别的专属管辖权的法院之一。其审查程序不对公众开放[11a];公众不得旁听且无从查阅法院的审查决定。但是,联邦政府官员可申请获得特定的信息,而且这种申请通常获得了法院准许。[11b] 从涉外情报监控法院上诉的案件由另一专门法院——涉外情报监控复审法院(FISCR)——听审。

111　　大部分情况下,州法院和联邦法院对于"联邦问题案件"和"异籍的案件"享有竞合管辖权。"**联邦问题案件**"仅指依联邦法提出请求的案件。联邦法院对于所有其他民事案件行使"**异籍管辖权**"(diversity jurisdiction)要符合如下要求:当事人具有不同的("相异的")州(国)籍(来自美国不同的州[11c]或外国);争议金额超过 75,000 美元[12];争议不属于州法院的专属管辖权[13]。

112　　有关"补充管辖权"(supplemental jurisdiction)的规则扩大了联邦法院的事物管辖权。补充管辖权意味着,允许将基于州法的请求,加入援引联邦法院之联邦问题管辖权的请求

---

[10]　关于联邦最高法院法官在全体出庭审判中观点的对立,另见前文第 57A 段。

[11]　自然人的州籍取决于其住所所在的州。公司在其成立地和主营业地所在的州拥有"住所"以及相应的州籍。See 28 U.S.C. §1332(c)(1)(2014).关于公司主营业地决定因素的探讨,参见"奥尔森公司诉威诺纳市案"判例(*J. A. Olson Co. v. City of Winona*, 818 F. 2d. 401 (5th Cir. 1987)).最近的判例,参见"赫茨诉弗兰德案"(*Hertz v. Friend*, 559 U.S. 2010)(持"神经中枢"标准)。

[11a]　联邦最高法院的首席大法官从联邦上诉法院的法官中选定涉外情报监控法院的法官。这些法官要赶往哥伦比亚特区听审涉外情报监控申请;尽管法院可准许政府的异见者作为"法庭之友"提交陈词,但只有政府可作为申请人。See *In re Sealed Case*, 310 F. 3d 717 (Foreign Int. Surv. Ct. Rev. 2002);这是涉外情报监控复审法院成立以来审查的第一案。

[11b]　See History of the Federal Judiciary, Foreign Intelligence Surveillance Court, Federal Judicial Center, htpp://www.fjc.gov/history/home.nsf/page/courts_special_fisc.html. 从 2001 年到 2012 年,涉外情报监控法院核准了 20909 项监控和搜查的请求,仅驳回了 10 项请求。从 2007 年 2012 年,它还核准了另外 532 项商业情报监控申请。因此诸如威瑞森通信公司(Verizon)不得不提供美国境内所有电话通信的大数据。See Shiffman and Cooke, *The judges who preside over America's secret court*, htpp://www.reuters.com/article/2013/06/21us-usa-security-fisa-judges-idUSBRE95K06H20130621.

[11c]　关于自然人和法人的州籍,参见前注[11]。

[12]　28 U.S.C. §1332.

[13]　比如离婚、扶养和子女监护问题。参见下文第 120 段。See also *Ankenbrandt v. Richards*, 504 U.S. 689 (1992).

中(参见下文第 161 段*)。

113　在联邦问题案件中,联邦法院适用联邦法(成文法或判例法)。但是,如果案件涉及州法问题,则联邦法院不得适用或为此创制联邦法(**伊利原则**,*Erie*-doctrine)。[14] 因此,在异籍案件中,联邦法院通常适用"所在"(sits)的州的法律,包括该州的国际私法("冲突法")规则。这意味着联邦法院必须适用所在州的成文法及其法律解释,以及其他的该州最高法院判例法。这种做法暗含着一种政策目标(但这不是伊利原则存在的唯一理由,参见下文第 235 段及以下段落),即在同一州行使竞合管辖权处理类似问题时,应确保联邦法院和州法院之间的判决一致性。

114　唯有对于表现为"**案件或争议**"(case or controversy)的诉讼请求,联邦法院才可行使管辖权,这是《合众国宪法》第 3 条的限定。案件必须涉及一项真实的而不是假想的纠纷。[15] 此外,联邦问题案件中的诉讼请求应已"适合"裁判[16],而且原告自身(个人)遭受了影响。要具有"起诉资格"(standing),原告必须达到上述要求[17];联邦法院对于抽象诉讼请求没有管辖权[18]。

115　**政治问题原则**(political question-doctrine)是对联邦法院行使管辖权的另一种限制,权力分立的宪法传统要求法院自身不得卷入政治问题。然而,界定"政治问题"并非轻而易举,而且此种界定伴随时光流逝和情势变化而不断调整。因此,开除一名立法委员以前被视作立法机关的内部事务,但如今不再如此。[19] 同样,司法权如今已经扩展到监管如何划分立法机关代表选区,以确保符合"一人一票"原则。[20] 将这种公文和信息归为"机密"或"秘密"这种行政机关的内部决定,司法审查也不再受政治问题原则的阻碍。[21] 但是,对

---

\* 原文误写为"第 159 段",经原著作者同意后改正。——译者注

〔14〕 See *Erie Railroad Co. v. Tompkins*, 304 U.S. 64, 58 S.Ct. 817, 82 L.Ed. 1188(1938). 对于该原则的全面探讨,还可参见 *Hay/Borchers/Symeonides* Conflicts § 3.49.

〔15〕 参见弗兰克福特(Frankfurter)法官在"联合反法西斯难民委员会诉麦格拉思案"判例(*Joint Anti-Fascist Refugee Committee v. McGrath*, 341 U.S. 123, 149(1951))中的附议。

〔16〕 See *Poe v. Ullman*, 367 U.S. 497(1961) and *Epperson v. Arkansas*, 393 U.S. 97(1968).

〔17〕 下述情况下原告的起诉就符合要求:原告能证明存在争议的成文法或管理行为影响到他自身,并且其诉讼请求在宪法或成文法的保护范围之内。

〔18〕 不过,联邦法院有权发布"宣告性判决"(declaratory judgments),该判决表述法院对一个法律问题的意见,或者宣告当事人的权利而不含强制执行的要求。这并不与正文中的表述相互冲突,因为法院面对的问题并非"抽象",而是一个需要解决的真正问题。See 28 U.S.C § § 2201, 2202(2003). See also *Wright/Kane*, Law of Federal Courts § 100(7th ed. 2011).

〔19〕 *Powell v. McCormack*, 395 U.S. 486(1969).

〔20〕 *Mahan v. Howell*, 410 U.S. 315(1973); *Salyer Land Co. v. Tulare Water District*, 410 U.S. 719(1973).

〔21〕 *United States v. Nixon*, 418 U.S. 683(1974).

2000年11月佛罗里达州总统大选的选举程序进行司法审查,联邦最高法院同样不认为这一原则构成障碍,这让许多人感到震惊。[22]

116 在联邦法院的诉讼中,即便诉讼请求基于州法而提出(异籍管辖),只要联邦诉讼法与州法存在冲突而且前者表明可以适用,那么它就优先于州法而适用。[23] 在缺乏联邦规则时,或者不需要前后一致地处理一个问题时[24],联邦法院可以适用州的程序法。[24a]

## (二) 州法院

### 1. 组织结构

117 通常,州法也是规定设立三级法院(初审法院、中级上诉法院和最高法院)。但是,许多州还规定了普通初审法院之下的特别低级法院,比如交通法院(traffic court)、处理低于特定金额(比如2,500美元)争议的小额索赔法院和家事法院。设立这类法院旨在减轻普通法院的案件负荷,但它们的诉讼活动不适用正式的诉讼规则。由于它们属于低级的特别法院,因此其判决要接受普通初审法院的复审,后者将对案件重新(de novo)作出判决。

117A 如同立法机关的议员和行政机关的官员,法官由人民选举产生,这一传统在美国由来已久。只有23个州和哥伦比亚特区采用了法官任命制:由独立委员会挑选和推荐法官人选。在过去15年间,尚无一州从选举制转变到任命制。当选法官在任期结束时通常只是面临留任的"确认"流程,而非发起重新选举的活动。尽管如此,许多人依然认为这种制度安排与司法独立的理念不相协调,法官的独立性在一定程度上受到选民对其认可度的影响。联邦最高法院退休法官奥康纳(O'Connor)如今领衔了一项民间赞助的方案,以推动采用法官任命的模式。[25]

118 州法院的名称各州有所不同。就像联邦法院系统,初审法院通常称作"地区法院"(但也有称作巡回区法院,比如在伊利诺伊州、密歇根州和其他州),中级法院是"上诉法院"

---

[22] 对围绕该案所产生争议的探讨,参见 Chemerinsky, Bush v. Gore Was Not Justiciable, 76 Notre Dame L. Rev. 1093 (2001). 另见前文第2章脚注[29b]。

[23] See *Hanna v. Plumer*, 380 U.S. 460 (1965) and *Walker v. Armco Steel Corp.*, 446 U.S. 740 (1980). See further Hay/Borchers/Symeonides, Conflicts § 3.38 et seq. and Hay/Weintraub/Borchers, Conflict of Laws, Ch. 9 (1).

[24] See *Walker*, supra n23; *Johnson v. Hugo's Skateway*, 974 F.2d 1408 (4th Cir. 1992, en banc); *Gasperini v. Center for Humanities, Inc.*, 518 U.S. 415 (1996).

[24a] See *Gasperini*, supra n24.

[25] See *Institute for the Advancement of the American Legal System*, The O'Connor Judicial Selection Plan (2014).

(Court of Appeals)或"上诉审法院(指定一个地区)"[Appellate Court(for a designated area)],最高级别的法院是最高法院(Supreme Court)。[26]

2. 事物管辖权

除了联邦法院享有专属管辖权的有限情形(上文第 110 段),州法院对所有的诉讼请求享有事物管辖权。这意味着依联邦法(包括联邦宪法)提出的诉讼请求既可以起诉到州法院,也可以起诉到联邦法院(在两种情况下都假定法院享有对人管辖权)。但是,在裁判基于联邦法的诉讼请求时,州法院应当遵循联邦司法先例。[27]

州法院对于家庭法和继承问题拥有专属管辖权。[28] 此外,不动产所在地的州法院对于有关不动产所有权的诉讼请求享有专属管辖权。[29]

(三) 小结

对于依据联邦法提出的诉讼请求,联邦法院有权受理("联邦问题管辖权");除了联邦法院享有专属管辖权的少数情况,州法院同样有权管辖("一般事物管辖权")。对于涉及州法的案件,若符合下列两个条件则联邦法院与州法院享有竞合管辖权:(1) 争议事项不属于州法院的专属管辖范围,(2) 符合"异籍管辖"的必备条件。

(四) 法院变更:州法院向联邦法院的案件移送、联邦法院之间的案件移送和不方便法院原则(Forum Non Conveniens)[30]

只要州法院和联邦法院具有竞合管辖权并且案件在州法院待决,那么任何一方当事

---

〔26〕 需要注意的是,一些州法院的名称并不符合这一一般模式。在马萨诸塞州,最高法院是"最高司法院"(Supreme Judicial Court);在新泽西州,初审法院称作"高级法院"(Superior Courts);在纽约州,最高法院称作"上诉法院"(Court of Appeals),而初审法院被称为"最高法院"(Supreme Court)。得克萨斯州是另一种例外:在上诉法院层面,该州拥有两套独立的法院系统——"刑事上诉法院"(Court of Criminal Appeals)和"最高法院"(Supreme Court)(针对民事案件)。

〔27〕 联邦最高法院对存在争议的特定联邦规范在判决中作出解释,州法院当然受该判决的约束。在不存在最高法院的先例时,何者构成可适用的联邦先例,或者州法院是否就可以自由地尝试自己作出解释,这一点比较模糊。一般而言,州法院将遵循特定巡回区联邦上诉法院作出的先例。

〔28〕 近年来,联邦法已经在监护和扶养法部分领域优先适用,比如参见《防止父母劫持子女联邦法》(Federal Kidnapping Prevention Act)(28 U. S. C. § 1738A)和《对他州子女抚养费之命令充分信任与尊重法》(Full Faith and Credit for Child Support Orders Act)(28 U. S. C. § 1738B)。

〔29〕 See Hay/Borchers/Symeonides, Conflicts §19.2; Baker v. General Motors Corp., 552 U. S. 222 (1998). See also Hay/Hoeflich (eds.), Property Law and Legal Education 109 et seq. (1988).

〔30〕 参见下文第 142 段及以下段落对不方便法院原则的深入探讨。

人——尽管通常是被告——都有权选择将案件从州法院**移送**至联邦法院。考虑到陪审团的组成(联邦法院陪审员挑选的地域范围更广泛)或者为了获得联邦民事诉讼法提供的有利条件,案件移送(removal)可能值得一试。[31] 只要符合下列情况,当事人就可请求案件移送:诉讼请求原本就可向联邦法院提出,即在有关州法的诉讼中,符合完全异籍(complete diversity)[32]和所要求的争议金额两个条件。不过,这些前提条件同时意味着通过追加一个不符合异籍要求的被告,原告就能够防止案件移送。[33]

123   在联邦法院之间,当事人任何一方同样可以请求将案件从一个联邦法院移送至另一个联邦法院。[34] 在多地导致损害的侵权又称"群体性侵权"(mass torts)(比如受害人来自许多州的空难案件、产品责任案件以及类似案件),其后果是导致多州的诉讼;对于此类侵权,联邦法提供了一种处理方案,它比分别诉讼更加便捷和经济。这种方案就是"多地诉讼的合并"(consolidation of multidistrict litigation)。[35] 不过,此种设计仍然不够理想,因为合并的只是审前(pretrial)程序。尽管被指定(由"多个地区诉讼小组"指定)的联邦法院有权准许处分性的审前动议,推动案件的整体进程,但在其他方面,每个案件仍要发回相应的移送

---

〔31〕 例如:《联邦成文法大全》第 28 篇之第 1367 条(28 U. S. C. §1367)规定了补充管辖权(参见下文第 161 段);《联邦民事诉讼规则》第 4 条第 11 款第 1 项第 2 句[F. R. C. P. 4 (k) (1) (B)]扩大了联邦法院针对第三方被告人的对人管辖权,采用的方式是允许向法院所在州之外送达文书,但距离须在法院大楼外 100 英里范围之内["膨胀规则"(bulge rule)]。

〔32〕 "斯特劳布利兹诉柯蒂斯案"[*Strawbridge v. Curtiss*, 7 U. S. 267, 2 L. Ed. 435 (1806)]:"争议一方的任何当事人与争议另一方的任何当事人属于同一州的公民,此时就不存在异籍管辖权。"但是要注意:虽然案件当事人双方中出现了来自同一外国的公民,但是只要诉讼中的美国当事人符合完全异籍的要求,该情况就不会妨碍异籍管辖的成立。See *Tango Music*, *LLC v. Deadquick Music*, *Inc.*, 348 F. 3d 244 (7th Cir. 2003)。

〔33〕 "环球大众汽车公司诉伍德森案"[*World-Wide Volkswagen Corp. v. Woodson*, 444 U. S. 286, 100 S. Ct. 559, 62 L. Ed. 2d 490 (1980)]的案情提供了一个绝佳范例。在该案中,原告在俄克拉荷马州一个县的州法院提起诉讼,该县以陪审团的高额裁决而著名。被告包括导致此次侵权之诉的德国汽车生产商、德国独资的美国进口商、地区分销商和销售汽车给原告的零售商。考虑到德国生产商强大的资金实力,原告仅起诉生产商就足以兑现可能作出的对其有利的陪审团裁决。既然如此,那么原告为何还要追加地区分销商和零售商为被告?答案在于,它们和原告具有同一州籍,有了它们作为案件当事人,就不存在完全异籍的情况。相反,若其非当事人,被告就可将该案从州法院(在该州它面临数额可能更高的赔偿责任限制)移送到原告偏向更弱的联邦法院。对该判决的评论,另见 Adams, World-Wide Volkswagen v. Woodson—The Rest of the Story, 72 Neb. L. Rev. 1122 (1993)。

〔34〕 28 U. S. C. §1404 (2014).关于联邦最高法院对该法的解释,参见 *Hoffman v. Blaski*, 363 U. S. 335 (1960)。

〔35〕 28 U. S. C. §1407 (2017).(这是根据原著作者回信中的信息所作的更新——译者注)

（原诉）法院审理。[36] 不同的原诉法院可能采用不同的冲突法（国际私法）方法，其实践结果是不同的实体法规则可能适用于不同原诉法院审理的案件中，而案件是为审前程序的便利而合并处理过的。这样一来，"便利"就降低为仅在裁断共同事实问题上的便利。

为了容许将案件起诉到一个更便利的法院，州法院——与任何其他法院（州法院、联邦法院或外国法院）相比而不方便——和联邦法院（与州法院和外国法院相比而不方便）[37] 还可以自行拒绝行使其原本享有的管辖权（因为"不方便法院原则"而驳回起诉或中止诉讼），比如出现下述情况：存在另一个法院，大多数证人在该法院地，并且证据更容易在该地获取。[38]

## 三、对人管辖权和对物管辖权

### （一）概述

事物管辖权（上文所述）主要解决州法院和联邦法院之间的管辖权划分的问题，而下文探讨的是法院作出对当事人有拘束力之判决的权限（假定其拥有事物管辖权）。这就是法院的"裁判管辖权"（jurisdiction to adjudicate）。[39] 不过，在讨论该问题之前，有必要先问：当事人是否达成了一项（合法有效的）选择法院地条款（forum-selection-clause），或者不存在此类条款时，是否自愿服从一个法院的管辖权。如果对这两个问题的回答都是否定的，那么民事诉讼法将给出答案，以确定法院是否对争议事项拥有一般管辖权或特别管辖权

---

[36] See generally *In re Donald J. Trump Sec. Litig.*, 7 F.3d 357, 367 (3d Cir. 1993)（被移送法院有权根据被告的处分性动议，驳回原告的请求）and *Lexecon, Inc. v. Milberg Weiss Bershad Hynes & Lerach*, 523 U.S. 26 (1998)（根据第1407条负责审前程序的联邦地区法院不得将案件移送给本院审理）。对于集团诉讼，参见下文第179段及以下段落。

[37] 就联邦法院之间而言，上文所言联邦法院之间的案件移送已经替代了普通法上的不方便法院原则：*American Dredging Co. v. Miller*, 510 U.S. 443 (1994)。参见下文第145段及以下段落。

[38] 参见下文第142段。See also Hay, *Zivilprozeßrecht*, nos. 102 et seq., in: Assmann/Bungert (eds.), 1 *Handbuch des US-amerikanischen Handels-, Gesellschafts- und Wirtschaftsrechts* 535—638 (2001).

[39] See *Restatement (Third) Foreign Relations Law of the United States* §421 (1987).

(general or specific jurisdiction)。由于联邦宪法的约束,联邦法和州法在这点上大部分完全相同;个别不同点将在下文特别论及。

### (二) 选择法院地(选择法院)条款

126　　当事人可以事先在合同中约定,对于因特定的合同或法律关系产生的诉讼请求由具体某个法院享有管辖权;若无此约定,该法院原本无管辖权。[39a] 但是,当事人不得选择一个不具有事物管辖权的法院(比如将有关所有权争议的管辖权赋予非财产所在地的法院)。有了选择法院条款,适用不方便法院原则(前文第 124 段,下文第 142 段)[39b] 和在联邦法院之间移送案件(下文第 145 段)的概率会降低。不过,由于不方便法院原则和有关案件移送的规定既涉及当事人的便利,又涉及法院的便利,因此,当事人可以对前者作出约定,但不得损害公共利益。[40]

127　　选择法院条款是否排除了所有其他无专属管辖权的法院,还是仅增加了一个具有竞合管辖权的法院,而留待原告自由选择在任一其他法院起诉,这是个法律解释问题。欧洲法明确规定了被选择法院的专属管辖权。[41] 美国判例法对此的态度不是那么明朗,但是实

---

[39a] 就像合同中的仲裁条款,选择法院条款是一份独立的合同(自身构成合同)。其合法有效性与其适用于的合同实体条款的合法有效性相互独立,分别接受审查,因此前者不受后者有效与否的影响(选择法院条款独立性原则)。*Nat'l Indus. Group (Holding) v. Carlyle Inv. Management L.L.C.*, 67 A. 3d 373 (Del. 2013). 美国已经签署但尚未批准 2005 年《海牙选择法院公约》。对该公约的详尽评析,参见 *Rolf Wagner*, Das Haager Übereinkommen vom 30.6.2005 über Gerichtsstandsvereinbarungen, 73 RabelsZ 100 (2009)。

[39b] 将选择法院条款和不方便法院原则混用于一个判决中:*Santos v. Costa Cruise Lines, Inc.*, 91 F. Supp. 3d 372 (E.D.N.Y. 2015)(法院判定选择法院条款合法有效,因此基于不方便法院原则驳回原告在纽约的起诉)。在很早的一个判例[*Carnival Cruise Lines, Inc. v. Superior Court*, 234 Cal. App. 3d 1019 (1991)]中,法院曾判定一份旅游合同中的选择法院条款无效,理由是乘客在拿到合同前没见到该条款。审理"桑托斯案"(*Santos*)的法院同样审视了这一问题:选择法院条款是否充分"引起了当事人的注意"。关于"展延成立合同"(rolling contracts)的新概念,参见下文第 314A 段。

[40] *Blanco v. Blanco Industrial de Venezuela, S.A.*, 997 F. 2d 974, 980 (2d Cir. 1993). *Atlantic Marine Construction Co., Inc. v. District Court*, 134 S. Ct. 568 (2013). 对后一判例的评论,参见 *Matthew J. Sorensen*, Note, Enforcement of Forum Selection Clauses in Federal Court After *Atlantic Marine*, 82 Fordham L. Rev. 2521 (2014), and *Robin Efron*, *Atlantic Marine* and the Future of Forum Non Conveniens, 66 Hastings L. J. 693 (2015)。

[41] 第 44/2001 号(欧共体)理事会条例第 23 条第 1 款([2001] Official Journal of the European Communities L 012)。为了保护被保险人、消费者和雇员的利益,该条例第 13、17 和 21 条分别限制在保险合同、消费合同和雇佣合同中进行协议管辖。第 22 条(规定了一些专属管辖的情形)进一步限制了第 23 条的适用范围。See *Hay*, Forum-Selection and Choice-of-Law Clauses in American Conflicts Law, in S. Hutter et al. (eds.), Gedächtnisschrift für Michael Gruson 195 (2009); *Hay, Borchers, Symeonides*, Conflict of Laws § 11.2 et seq. (5th ed. 2010). See also *Gita Sports Ltd. v. SG Sensortechnik GmbH & Co. KG*, 560 F. Supp. 2d 432 (W.D.N.C. 2008)。

践方面的理由(比如究竟是什么原因促使当事人选择法院的问题,其答案通常是对确定性的期望)支持被选择法院管辖的专属性。[42]

### (三) 默示同意

除非一开始就提出管辖权异议的抗辩,否则参加诉讼本身就表明了被告默示同意法院的管辖权。如果被告首次的答辩状或动议中不包含针对管辖权的抗辩,则该抗辩理由就一去不返(被放弃)(参见《联邦民事诉讼规则》第12条第8款第1项)。原告提交起诉状可以被认为构成"一般出庭"(general appearance)[43],这就为被告的反诉(cross-action)*提供了管辖依据。

128

### (四) 财产所在地管辖权

只有财产所在地的法院对财产权争议享有管辖权(专属管辖权)——对物管辖权(in rem jurisdiction)。早期的法律曾允许根据被告的财产所在地而对其行使对人管辖权[准对物管辖权(quasi in rem jurisdiction),基于财产的对人管辖权]。与德国法的规定不同[44],在美国这种依财产所在地行使的管辖权限于财产的价值。不过,这种准对物管辖权在1977

129

---

〔42〕 Hay/Borchers/Symeonides, Conflicts § 11.2 et seq. 少数的州不允许当事人排除["减损"(derogate)]本地法院的管辖权,将选择法院的尝试视作不被允许的对其管辖权的"剥夺"(ouster)。See *Davenport Machine & Foundry Co. v. Adolph Coors Co.*, 314 N.W.2d 432 (Iowa 1982); *Cerami-Kote Inc. v. Energywave Corp.*, 116 Idaho 56, 773 P.2d 1143 (1989); *State ex rel. Polaris Indus., Inc. v. District Court*, 215 Mont. 110, 695 P.2d 471 (1985). 此外,在格式合同中未告知对方即放进选择法院条款,或者选择法院条款未经当事人双方真正的谈判,判例法可以通过宣告此类条款无效而实现对消费者的保护。See *Carnival Cruise Lines, Inc. v. Superior Court*, 234 Cal. App. 3d 1019 (1991) and *Mechanics Laundry & Supply, Inc. v. Wilder Oil Co.*, 596 N.E.2d 248 (Ind. App. 1992). 当合同中所涉及的对价为5,000美元或更少时,有成文法宣告将此种合同的未来争议交付仲裁的协议无效,参见 Mont. Code Ann. § 27-5-114 (2004). 但存在与之相反的判例,参见下文第183A段。

〔43〕 *Adam v. Saenger*, 303 U.S. 59 (1938). ["一般出庭"指为多种目的出庭,事后不得对法院判决的效力提出异议;它与"特别出庭"(specific appearance)相对,后者指被告出庭的唯一的目的是对法院的管辖权提出异议。联邦法院已经废除了特别出庭。参见 B. Garner (ed.), Black's Law Dictionary, St. Paul: Thomson Reuters, 11th ed., 2019, p.122. ——译者注]

\* cross-action 是指被告针对原告提出的基于原告起诉之同一争议事项的诉讼,有时等同于"交叉请求"(cross-claim)。参见 B. Garner (ed.), Black's Law Dictionary, St. Paul: Thomson Reuters, 11th ed., 2019, pp.38, 474. ——译者注

〔44〕 See *Volkommer* in *Zöller*, § 23 No. 6 et seq. with further references.

年被认定违宪[45]:为了对被告行使一种与所有权无关的对人管辖权,被告或诉讼请求应与法院地存在某种联系。与诉讼请求无关的财产所在地不构成管辖的充分理由,在此情况下法院若行使管辖权就违反了联邦宪法中的"正当程序条款"(参见随后的下文)。

### (五) 对人管辖权

#### 1. 一般管辖权

130　　理解美国管辖制度的起点是严格的普通法**属地管辖**(territoriality)原则。起初,只有被告本人身在法院地时,法院才能行使针对他或她的诉讼请求的管辖权。传票和起诉状必须在法院所在的州内送达给被告本人。时至今日,在州内送达诉讼文书作为一种主权行为,其自身一如既往地构成该州法院管辖的根据。照此思路得出的结论是:被告是否在该州居住或者是否他只是在送达时偶然出现并随后离开该州,均不妨碍法院行使管辖权。[46] 这种管辖权的行使也被非常贴切地称为"过境送达"(transient service)管辖或"过境管辖"(transient jurisdiction)。这种管辖的要义是:无须被告或诉讼请求与法院地之间存在其他联系。[47]

---

〔45〕 *Shaffer v. Heitner*,433 U. S. 186 (1977)。另见随后的"卢斯诉萨乌楚克案"[*Rush v. Savchuk*,444 U. S. 320 (1980)]的判决。美国联邦1999年《反域名抢注消费者保护法》[15 U. S. C. A. §1125(d)]引入了一种新型的对物诉讼。"抢注"(Cybersquatting)描述的是注册一个潜在侵犯他人商标的互联网域名。作为对被告援用对人管辖权的替代方式,商标所有人如今可以"在域名注册员、域名注册处或其他域名机构……所在的司法辖区……提起一种对物民事诉讼"。See *Denso Corp. v. Domain Name denso.com*,No. 14-cv-01050LB,2014 U. S. Dist. LEXIS 174651,2014 WL 7208488 (N. D. Cal. Dec. 17, 2014)。对此的评论和进一步的探讨,参见 *Nguyen*,A Troubling New Extraterritorial Reach of United States Law,81 N. C. L. Rev. 483 (2003);*Sadasivan*,Jurisprudence Under the in rem Provision of the Anticybersquatting Consumer Protection Act,18 Berkeley Tech. L. J. 237 (2003)。

〔46〕 参见《冲突法重述(第二版)》第28条:"一个人出现在某州境内,无论是长期居住还是临时停留,该州均有权对其行使司法管辖权。"See also *Grace v. MacArthur*,170 F. Supp. 442 (E. D. Ark. 1959)(当飞经该司法辖区上空时在飞机上送达)。

〔47〕 过境管辖在学界广受批评。但是,联邦最高法院在"伯恩海姆案"[*Burnham v. Superior Court*,495 U. S. 604 (1990)]判例中继续确认其有效性;对其批评性的评论,参见 *Hay*,Transient Jurisdiction, Especially Over International Defendants: Critical Comments on *Burnham v. Superior Court of California*,1990 U. Ill. L. Rev 593。过境管辖同样存在于英国法和爱尔兰法,但针对作为欧盟居民的被告行使此种管辖权已经为第44/2001号(欧共体)理事会条例[2001] Official Journal of the European Communities L 012第3条所禁止。欧盟第1215/2012号《布鲁塞尔条例Ⅰ》(重订版)[Brussels Ia (Recast) Regulation (EU) 1215/2012]已于2015年1月10日生效,相关规定依然未变:第76条第1款第1项以及第5条第2款和第6条第2款。有关的评论,参见 *Hay*,Notes on the European Union's Brussels'Ⅰ " Recast" Regulation,[1-2013] EuLF 1, 2 n. 11, para. 1。

其他管辖依据都是这种以属地管辖为中心的司法管辖权的延伸和修正。由于联邦宪法对正当程序的保障,因此它们均要求法院地和被告之间存在某种联系。无论诉讼请求与法院地之间是否存在联系,只要被告的住所在法院地,或者其在该地从事了具有某些经济价值的活动,则上述要求始终能得到满足。 131

普通法上的**住所**(domicile)不只是居所(residence),其界定之严格也甚于"惯常居所"(habitual residence)——一个海牙公约和现代欧洲法中所采用的术语。一个自然人无论何时只能有一个住所。自然人一出生首先取得"原始住所",该住所随后可能为"继受住所"(来自他人,比如父母或监护人)或自然人自由选择的"选择住所"所取代。选择住所要求在到达新住所后自然人放弃以前的住所,并且期望无限期地住在那里;换言之,他现在没想在未来特定的时间离开该地[具有居留意图,放弃原住所的意图(*animus manendi,animus non revertendi*)]。[48] 住所代表一个人的生活中心。与正当程序的宪法保障并不矛盾,住所作为生活中心的客观事实就证明了下述结论的合理性:一个人应当在其住所对所有的诉讼请求负责,即住所地法院享有"一般管辖权"。[49] 对于法人而言,"住所"的对应词是其成立地。公司成立地州的法院拥有一般管辖权。在联邦诉讼程序法中,与自然人类似,法人另外还"居住"在其**主营业地**(principal place of business)。[50] 这一规定用以限制联邦法院异籍管辖权的适用范围(参见上文第 111 段);它防止在一个州成立而主营业地在法院所在州的一家公司针对另一家公司援用联邦法院的异籍管辖权,后者实质上也是法院所在州的公司,它自身同样不得援用此种联邦管辖权。在这一点上,注意欧洲的"本座理论"与美国的"成立地"方法存在交叉。[51] 132

一家公司应当在其"持续而正常的营业"之处对全部诉讼请求负责(存在"一般管辖权")。[52] 自从 1952 年"珀金斯案"判决后,常规的营业活动便被认为满足要求,因而可能使 133

---

[48] 客观因素和主观意思标准相结合的方法不仅可能使住所的确定难以操作,而且可能导致不同的法院得出截然相反的结论。一个众所周知的例子是"多伦斯案"(Dorrance)的诉讼,该案涉及死者死亡时住所的确定问题。Compare *In re Estate of Dorrance*,163 A. 303,311(1932),*cert. denied*,287 U. S. 660 with *In re Dorrance's Estate*,170 A. 601(N. J. Prerog. Ct. 1934),aff'd 176 A. 902(Mem)(N. J. Sup. Ct. 1935),aff'd,184 A. 743(Mem)(N. J. 1936),*cert. denied*,298 U. S. 678(1936).

[49] *Milliken v. Meyer*,311 U. S. 457(1940).

[50] 28 U. S. C. §1332(c)(1)(2003).

[51] 第 44/2001 号(欧共体)理事会条例([2001] Official Journal of the European Communities L 012)第 60 条第 1 款仍罗列了"法定本座""管理中心"或"主营业地"作为确定法人"住所"的标准。但是,对于英国和爱尔兰而言,"法定本座"是指注册的事务所;在不存在注册的事务所时,是指成立地(第 60 条第 2 款)。作为欧洲法院诸多案件判决的结果,本座理论的可行性令人质疑,质疑的高潮发生在如下案件中:Case C-167/01,*Kamer van Koophandel v. Inspire Art Ltd.*,2003 E. C. R. I-10155(2003).

[52] *Perkins v. Benguet Consolidated Mining Co.*,342 U. S. 437(1952).

国内企业或外国企业在美国任何一地被诉。[52a] 联邦最高法院在2011年"固特异轮胎公司案"[52b]中缩小了一般管辖权的范围,看似排除了偶然的营业活动,而要求企业的经营活动应达到视法院地"为家"的地步,2014年"戴姆勒股份公司案"[52c]的判决重申了这一标准。仍旧不明朗的是,何种"持续而正常的营业"才使一个企业被认定为视一州"为家",使该州有权行使一般管辖权。不过毫无疑问的是,这一标准并不要求企业的主营业地在法院地;另一方面,企业在法院地从事简单的商业活动或联系(例如设有仓库或储存设施)很可能不足以达到要求——在法院地持续从事经营活动看来必不可少。在现代商业形式层出不穷的背景下,相关的难题也不断涌现。维持一个可以互动的网站,是否就足以构成一般管辖权所要求的持续而正常的营业,或者是否至少可以主张与诉讼请求有关的管辖权(这也是随后的下文探讨的内容)?[53]

### 2. 特别管辖权

134　　一般管辖权的焦点在于被告与法院所在州之间的整体联系;若这种联系足够密切,恰如上文所述,则法院即便对与当地毫无联系的诉讼请求行使管辖权,也不违反正当程序要求。但是,当法院地与被告之间缺乏密切联系时,法院与诉讼请求之间的联系就成了法院行使管辖权的先决条件。此为"**特别管辖权**"的情况。

135　　法院主张特别管辖权应有成文法上的依据,且不得逾越正当程序保障的宪法约束。[53a] 最早的判例法曾寻求通过同意的拟制将特别管辖权纳入被告出现的概念(presence concept)。如此一来,一位非本地居民的汽车司机就被假定:他使用本州的高速公路的行为表明其已同意在本州的诉讼,并且对州内的交通事故诉讼,"指定"了本州官员作为其接受送达的代理人。[53b]

---

[52a] See, e.g., *Helicopteros Nacionales de Columbia, S. A. v. Hall*, 466 U.S. 408, 414 (1984); *Metropolitan Life Ins. Co. v. Robertson-Ceco Corp.*, 84 F.3d 560 (2d Cir. 1996), cert. denied 519 U.S. 1006 (1996). See also *Chaiken v. VV Publ'g Corp.*, 119 F.3d 1018 (2d Cir. 1997), cert. denied 522 U.S. 1149 (1998); *LSI Industries Inc. v. Hubbell Lighting, Inc.*, 232 F.3d 1669 (Fed. Cir. 2000).

[52b] *Goodyear Dunlop Tires Operations, S. A. v. Brown*, 131 S.Ct. 2846, 180 L.Ed.2d 796 (2011).

[52c] *Daimler A.G. v. Bauman*, 134 S.Ct. 746 (2014).

[53] 对诸多不同的互联网活动(从"开展营业活动"到消极维持一个提供信息的网站)加以区分的判决,参见 *Heathmount A. E. Corp. v. Technodome. com*, 106 F. Supp. 2d (E. Da. 2000); *Millennium Enterprises, Inc. v. Millennium Music, LP*, 33 F. Supp. 2d 907, 915—16 (D. Ore. 1999)。在前注[52b]中的"固特异轮胎公司案"判决后,维持网站本身在大部分案件中不支持一般管辖权。因此,法院应另觅他途,寻求找到足以主张特别管辖权的相关情形。See *CollegeSource, Inc. v. Academyone, Inc.*, 653 F.3d 1066 (9th Cir. 2011)(与300名用户互动的网站不构成一般管辖权的依据)。

[53a] 参见后注[55]。

[53b] See *Hess v. Pawloski*, 274 U.S. 352 (1927); *Olberding v. Illinois C. R. Co.*, 346 U.S. 338 (1953).

在一份具有里程碑意义的判决["国际鞋业公司案"(*International Shoe*)[54]]中,联邦最高法院针对基于诉讼请求的特别管辖权要求:被告要"与法院所在州具有最低限度的联系,以便管辖权的行使不至于触犯传统的程序公平和实质正义的理念"。该判决促使许多州通过了所谓的"**长臂管辖权法**"(long-arm statutes),这些成文法中含有符合"最低限度联系"(minimum contacts)标准的相关情形的清单。更现代的"长臂管辖权法"不再含有详尽的清单,而是泛泛规定"正当程序限度内的管辖权"。[55] 足以符合特别管辖权之最低限度联系的范例有:侵权发生在法院所在的州、合同签订于法院所在的州(尤其确切的情况是合同履行地在法院所在的州)或者保险公司承保的风险处于法院所在的州境内。

136

"环球大众汽车公司诉伍德森案"(*World-Wide Volkswagen Corp. v. Woodson*)[56]这个经典判例提出了一个问题:仅有行为后果发生在法院所在地,这样是否符合最低限度联系的要求?联邦最高法院拒绝将管辖权拓展得过于广泛,而是限定:被告能够合理预计到他会在法院所在州"被诉至法院"(受制于法院的管辖权),只有当被告的行为符合这一要求,该行为之后果(损害结果)才能作为法院主张管辖权的依据。据此,诉讼的可预见性(**不是损害结果的可预见性**)就成了最低限度联系标准的一个因素。不过,该判决依然遗留下一个问题:如果生产商知道或应当知道其产品可能销往产品损害结果发生地所在的州,那么有意的州际或国际产品营销行为,是否会将其置于该州法院的管辖权之下? 在"朝日案"(*Asahi*)判决中的相对多数意见和异议探讨了采用这种"**商业流通管辖权**"(stream-of-commerce jurisdiction)的可能性,但由于缺乏多数法官的支持而法院未能最终认定这种管辖权。[57] 下级法院的一些判决采用了商业流通管辖权[58];但是最近联邦最高法院对"麦金太尔机械公司案"(*J. McIntyre*)[58a] 的判决使该管辖权的有效性蒙上了疑云,尽管该判决再次由于缺乏绝对多数法官的支持而仍未给出最终定论。

137

在"麦金太尔机械公司案"中,从英国进口的一台机器在美国新泽西州导致了人身伤害。尽管被告在美国设立了代理处,并在另一州的商品交易会上展示过其产品,但其与新

137A

---

[54] *International Shoe v. State of Washington*, 326 U.S. 310 (1945).

[55] 参见 2014—2015 年《加利福尼亚民事诉讼法典》第 410.10 条:"只要不与本州宪法或美国宪法相冲突,本州法院可以基于任何依据行使管辖权。"

[56] *World-Wide Volkswagen Corp. v. Woodson*, 444 U.S. 286 (1980). 参见前注[33]。

[57] *Asahi Metal Industry Co. Ltd. v. Superior Court of California*, 480 U.S. 102 (1987). 对于商业流通管辖权的问题,4∶4 的投票结果将法官们分成了势均力敌的两派。

[58] Hay/Borchers/Symeonides, *Conflicts* § 10.15; Hay/Weintraub/Borchers, *Conflicts*, Ch. 3 (2)(B). See, for instance, *Stanton v. St. Jude Med., Inc.*, 340 F.3d 690 (8th Cir. 2003); *Nuovo Pignone v. Storman M/V*, 310 F.3d 374 (5th Cir. 2002).

[58a] *J. McIntyre Machinery, Ltd. v. Nicastro*, 131 S.Ct. 2780, 180 L.Ed. 2d 765 (2011).

泽西州毫无关联,而且也未将机器销往该州。联邦最高法院的 4 名法官反对新泽西州主张商业流通管辖权,这一立场(而非理由)也获得了另一名法官的赞同。另外 4 名法官则基于新泽西州是损害结果发生地而支持该州行使管辖权。[58b] 此外,尽管被告未在新泽西州直接从事经营活动,但其经营目标是整个"美国"市场。随后,许多下级法院的判决力图确认损害发生地法院的管辖权,依据是被告曾企图在法院所在的州从事经营活动,例如为法院当地的企业生产商品,或者明知产品将在法院所在的州销售或使用而以任一方式从事经营活动。[59]

138    对"特别管辖权"的界定还有另外一个问题:与诉讼请求有关(与诉讼请求"存在关联")的联系是否构成所谓的联系——为了判定是否存在"最低限度联系"所应考虑和权衡的那种联系?或者,诉讼请求必须"产生于"那种联系?尽管有人力主对"存在关联"的宽泛解读[59a],但是,更严格的解读较为可取;否则,"一般管辖权"和"特别管辖权"的区别将微乎其微。

3. 联邦法院管辖权的特别问题

139    在行使异籍管辖权时(即诉讼请求建立在州法或外国法之上时),联邦法院在宪法限度内依据所在州的规则对被告主张管辖权。相反,在联邦问题案件中,当被告的行为不足以符合州法对管辖权的要求,但与美国整体上存在充分的联系,这时,同样在宪法限度内,联邦法院也可以行使管辖权。[60]

4. 反对域外管辖权或普遍管辖权的推定

139A    外国人在美国境外从事"违反国际法或美国缔结的条约"的侵权行为,《外国人侵权请

---

[58b] 金斯伯格(Ginsburg)大法官在异议中(上注第 2803 至 2804 页)特别指出:英国生产商在同样的情况下依据欧盟《布鲁塞尔条例 I》会受到另一欧盟成员国的管辖,为何其在美国得到更多的保护?

[59] *Soria v. Chrysler Canada, Inc.*, 354 Ill. Dec. 542, 958 N. E. 2d 285 (Ill. App. 2011) appeal denied, 963 N. E. 2d 251 (2012); *Licci v. Lebanese Canadian Bank, S. A. L.*, 984 N. E. 2d 893 (2012); *Hart v. Bed Bath & Beyond*, 48 F. Supp. 3d 837, 842—43 (D. Md. 2014); *Tomelleri v. Medi Mobile, Inc.*, No. 2:14-CV-02113-JAR, 2015 U. S. Dist. LEXIS 55943, *28-29 n. 69, 2015WL 1957801, *8 n. 69 (D. Kansas 2015), *appeal docketed*, No. 15-3230 (10th Cir. Oct. 1, 2015). See also *Ainsworth v. Moffett Eng'g Ltd.*, 716 F. 3d 174 (5th Cir. 2013), cert. denied, 134 S. Ct. 644 (2013). 不将"麦金太尔机械公司案"判决作为具有拘束力的先例:*Bristol-Myers Squibb Co. v. Superior Court*, 175 Cal. Rptr. 3d 1158 (Cal. 2014); *Butler v. JLA Indus. Equip. Inc.*, 845 N. W. 2d 834 (Minn. App. 2014).

[59a] See *Helicopteros Nacionales de Columbia, S. A. v. Hall*, 466 U. S. 408, 414 (1984) (Brennan, J., dissenting). 另见前注[52a]。

[60] *Chew v. Dietrich*, 143 F. 3d 24, 28, n. 4 (2d Cir. 1998). See also *Pinker v. Roche Holdings, Ltd.*, 292 F. 3d 361 (3d Cir. 2002).

求法》(ATCA)[60a]起初曾准许联邦法院管辖针对这类外国人的案件。不过,在"金博尔诉荷兰皇家石油公司案"(*Kiobel v. Royal Dutch Petroleum Co.*)判决中[60b],联邦最高法院的法官一致判定:若侵权发生在国外,则美国法院通常不得行使管辖权。多数法官认为,《外国人侵权请求法》中缺乏明确的表述,无以突破传统上反对美国法域外适用的推定。该判决的附议意见则聚焦于被告与美国之间并无充分的联系。[61]

### (六) 审判地

对于联邦问题案件和异籍案件,联邦法院采用同样的标准确定适当的审判地(起诉地)。[61a] 若所有的被告居住在同一州,则任一被告的居所地均可为审判地。[62] 否则,行为发生地或引发争议的财产所在地为审判地。如果审判地依然无法确定,则原告可在被告"能被发现"的任何地方提起诉讼(上文所探讨的属地方法的一种遗迹)。对外国人原告可"在任何司法辖区"提起诉讼。 140

州法中包含了多种确定审判地的规则,其核心在于被告与起诉地之间的联系、诉讼请求的本质以及诉讼便利问题。 141

### (七) 拒绝行使管辖权

#### 1. 不方便法院原则

**不方便法院**原则允许法院在一个具体案件中拒绝行使其本来享有的管辖权,从而将案件中止审理或驳回起诉以支持另一个法院的管辖权。法院通过这种方式可以限制或矫正长臂管辖权法中的宽泛管辖范围,以免被告承受不合理的负担。[63] 被告(在此称请求人)必须表明:存在一个对争议具有管辖权的替代法院(或同意服从该法院的管辖),在当前法 142

---

[60a] 28 U.S.C. § 1350 (2014).

[60b] 133 S. Ct. 1659 (2013). 另见"艾姆巴格朗案"[*F. Hoffman-La Roche v. Empagram S. A.*, 542 U.S. 155 (2004)]判决,下文第 646 段在竞争法域外效力的背景下探讨了该判决。

[61] 另见 *Sikhs for Justice v. Nath*, 596 Fed. Appx. 7 (2d Cir. 2014); *Korber v. Bundesrepublik Deutschland*, 739 F.3d 1009, 1012 (7th Cir. 2014) ("第1350条不得用于质疑外国在其境内的国家行为")。最后这一引文让人不禁联想到在竞争法背景下提出的"国家行为"理论,参见下文第 649 段。

[61a] 28 U.S.C. § 1391 (2014).

[62] See similarly Art. 6, Council Regulation (EC) No. 44/2001, [2001] Official Journal of the European Communities L 012.

[63] See *Hay*, supra n. 38, at Nos. 102 et seq. 关于加拿大最高法院的一个有趣观点,参见 *Amchem Products Inc. v. British Columbia (Workers' Compensation Board)*, 1 S.C.R. 897 (1993)。该原则在其他地区也获得了认可。例如魁北克省已经将这类原则编撰成文。See Civil Code art. 3135 (Quebec).

院诉讼将负担沉重、极不方便,而在替代法院诉讼将更加便利(例如证人出庭、获取证据或类似方面的便利)。[64] 在这方面需要重点指出的是:判例法区分美国原告提起的诉讼和外国原告提起的诉讼。[64a] 据说,相对于一位美国人挑选法院地,外国原告(即远离家乡前来美国起诉的原告)对美国法院的选择更少得到尊重。自然而然,美国法院对外国原告可能更容易依据不方便法院原则驳回起诉,然后指示他回本国诉讼。[65]

143　　联邦最高法院在1947年就认可了不方便法院原则。[66] 同时,该原则在大多数州也成为民事诉讼法的有机组成部分。在不同联邦法院之间的管辖关系上,不方便法院原则在实践中已被"联邦法院之间的案件移送"所取代(见下文)。但是,若被告请求驳回起诉而将案件交由外国法院或州法院管辖,则所有的联邦法院依然可以适用该原则。

144　　若一个案件因不方便法院原则而被驳回,则它将在替代法院重新开始审理。这时适用的是替代法院地的程序法和冲突法。第二个法院可能适用与第一个法院不同的法律规则和程序,这一事实本身不足以成为否定不方便法院原则动议的理由。[66a] 但是,驳回起诉的(第一个)法院可以对申请人施加一些条件,例如要求他服从第二个法院的管辖权并放弃特定的抗辩理由,比如诉讼时效法。

144A　　许多拉丁美洲和南美洲国家立法规定,当事人一旦援用外国法院的管辖权,则其本国法院就不再享有管辖权;这些国家通过如此立法,寻求阻止美国法院以不方便法院原则为由驳回这些国家的国民在美国的起诉。这些"拦截法"(blocking statutes)旨在表明,不存在

---

[64] 基于不方便法院原则的考虑因素驳回诉讼请求是初审法院的自由裁量权。因此,这种裁定只会因"滥用自由裁量权"而被上级法院复审(和撤销)。"芬内尔案"[*Fennell v. Illinois Cent. R. Co*, 987 N.E. 2d 355, 969 Ill. Dec. 728 (2012)]就属于这种情况:原告在距离其密西西比住所520英里的一家伊利诺伊州法院起诉,而在距离其住所25英里的地方就有一家具有管辖权的法院。上诉法院认为,初审法院拒绝基于不方便法院原则驳回起诉,这是在滥用自由裁量权。

[64a] See *Piper Aircraft Co. v. Reyno*, 454 U.S. 235 (1981); *In re Union Carbide Corp. Gas Plant Disaster at Bhopal*, 809 F. 2d 195 (2d Cir. 1987); *Iragorri v. United Technologies Corp.*, 274 F. 3d 65 (2d Cir. 2001); *Pollux Holding, Ltd. v. Chase Manhattan Bank*, 329 F. 3d 64 (2d Cir. 2003).

[65] 美国有关不方便法院原则的判决既强调"私人"(当事人)因素,也强调"公共"因素(例如案件积压情况、法院地的利益等)。关于该原则的一次饶有趣味的适用,参见 *Guidi v. Inter-Continental Hotels Corp.*, 224 F. 3d 142 (2d Cir. 2000)。与之相比,英国的判决更强调维护当事人的利益。在"卢比诉凯普公司案"[*Lubbe v. Cape*, PLC, [2000] 1 W. L. R. 1545 (H. L.)]中,上议院拒绝为支持南非法院的管辖权而驳回由几乎4,000位南非原告提起的合并诉讼。当时案情表明:在南非不可能得到法律援助;而且,无论如何原告不可能基于胜诉取酬约定在那里起诉。两个因素都与获得正义有关:获得司法救济途径的减少(例如剥夺原告在胜诉取酬约定基础上起诉的方式)将原告挡在正义大门之外。类似的担心已在别处提出,比如包括基于不方便法院原则驳回起诉是否可能触及违反人权。

[66] *Gulf Oil Corp. v. Gilbert*, 330 U.S. 501 (1947).

[66a] 第二个法院可能适用更不利于原告的实体法,这种可能性同样不构成充分理由,让法院拒绝被告基于不方便法院原则所提出的驳回起诉动议。See *Anyango v. Rolls-Royce Corp.*, 971 N.E. 2d 654 (Ind. 2012).

美国法院借以驳回起诉的外国法院管辖权。[67] 美国法院对此反应不一：在许多法院，"拦截法"取得了意想的效果；另一些法院则视其为无物，依旧驳回有关外国人的起诉。[67a]

2. 联邦法院之间的案件移送

"为了正义以及当事人和证人之便利"[67b]，一个联邦法院可将其待审案件移送到另一个联邦法院，后者是当初案件本应起诉到的法院。在实践中，准许向另一个联邦法院移送案件的理由与基于不方便法院原则驳回起诉的理由相同。但是，二者的本质区别在于：案件移送并非等同于驳回起诉；第二个法院因此并不重新审理案件。相反，第二个法院（"受移送的法院"，transferee）就像它是第一个法院（"移送法院"，transferor）那样裁决案件。在受移送的法院适用的冲突法规则就是移送法院本应适用的规则。因此，案件移送不会带来法律适用的变化，而只是影响到法庭的所在。

任何一方当事人均可寻求联邦法院之间的案件移送。这为原告挑选法院打开了方便之门[68]：他先在一个距离遥远且法律适用对其有利的法院起诉，然后请求将案件移送至一个更便利的法院，这样就将对其有利的法律"随身携带"至受移送的法院。[69]

145

146

---

[67] *Johnson v. Multidata Sys. Int'l Corp.*, 523 F. 3d 602, 606 (5th Cir. 2008) (Panama); *Heiser*, Forum Non Conveniens and Retaliatory Legislation, 56 U. Kan. L. Rev. 609 (2008); *Hay*, Favoring Local Interests, in Kronke & Thorn, Grenzen überwinden—Prinzipien wahren, FS von Hoffmann 634, 639—42 (2011).

[67a] See *Del Istmo Assur. Corp. v. Platon et al.*, No. 11-61599-CIV, 2011 U. S. Dist. LEXIS 129906, 2011 WL 5508641 (S.D. Fla. Nov. 9, 2011); *In re West Caribbean Airways*, No. 06-22748- CIV, 2012 U. S. Dist. LEXIS 74149, *33, 2012 WL 1884684, *8 (S.D. Fla. May 16, 2012), aff'd, 584 F. 3d 1152 (11th Cir. 2013), cert. denied 134 S. Ct. 792 (2013), with extensive comment by *Sold*. Inappropriate Forum or Inappropriate Law? A Choice of Law Solution to the Jurisdictional Standoff with Latin America, 60 Emory L. J. 1437 (2011).

[67b] 28 U.S.C. §1404 (a) (2014).

[68] 外国的原告在美国起诉时也经常挑选法院。他们谋求利用美国诉讼程序法的有利条件，比如审前证据开示的众多手段以及更高的陪审团损害赔偿裁决。此类挑选法院的对抗手段是基于不方便法院原则驳回起诉。参见前注[65]。See also *De Perez v. AT&T Co.*, 139 F. 3d 1368 (11th Cir. 1998), rev'd *AT&T Corp. v. Sigala*, 274 Ga. 137, 549 S. E. 2d 373 (2001).

[69] 一个实例是"费伦斯诉约翰迪尔公司案"[*Ferens v. John Deere Co.*, 494 U. S. 516 (1990)]：一个宾夕法尼亚州的原告，在其家乡州被州外的被告生产的机器所伤，他在密西西比州起诉被告，这是仅有的一个诉讼时效尚未过期的州。包括那时的密西西比在内的许多美国的州，将诉讼时效识别为程序问题，并进而适用法院地法而不是整个诉讼适用的实体法。一个密西西比州的州法院（并且在伊利原则支配下因而还是转到位于密西西比州的联邦法院）可能针对所称侵权的实体部分会适用宾夕法尼亚州的法律，但是对于诉讼时效会适用密西西比州的法律。在密西西比州起诉之后，原告接着将案件移送至其家乡宾夕法尼亚州，此时位于宾夕法尼亚州的联邦法院一定会采用密西西比州法院所用的同样方式裁决该案。后者注定会适用期限更长的密西西比诉讼时效法，结果宾夕法尼亚州的受移送的法院不得不同样如此裁判。但是参见"TMI 案"[*In re TMI*, 89 F. 3d 1106 (3d Cir. Pa. 1996), cert. denied 519 U. S. 1077, 117 S. Ct. 739, 136 L. Ed. 2d 678 (1997)]：在该案中，一个位于密西西比的联邦法院在解释一部联邦成文法时得出结论说，援引侵权结果发生地的侵权法包括该法中的诉讼时效之规定。

### 3. 平行诉讼（未决诉讼）

147  美国民事诉讼法没有防止平行诉讼（parallel litigation）的专门规定，而欧洲法中的此种规定却广为人知，比如当事人以异地未决诉讼（lis alibi pendens）为由请求法院中止本地的诉讼。在美国，只有法院的终局判决才可依充分信任与尊重条款获得联邦内其他州的承认，从而阻止在其他地方的再次诉讼。因此，完全有可能当事人在不同的州就同一诉讼请求发起多个诉讼。在司法实践中，联邦法院试图通过所谓的"起诉在先规则"（first filed rule）对此施加限制。该规则要求第二个法院中止诉讼，直至先受理案件的法院对争议作出裁决。一些法院对此要求当事人表明：在第一个法院的诉讼确实真正成立（"有效的在先起诉"），而非仅是一种策略性的"先行出击"（first strike）。显而易见，第二个法院作出判定时享有自由裁量权。由于这个缘故，"起诉在先规则"的效果差强人意。[70]

148  **禁诉令**（anti-suit injunction）是避免双重诉讼的另一种可行手段。通过寻求此种法庭命令，原告力图保持其先诉法院管辖权的排他性。禁诉令禁止被告在另一个法院寻求司法救济。但是，该命令影响的只是诉讼当事人，其他地方的法院当然不受该命令的束缚。[71]

## 四、民事诉讼程序

149  下面的评论主要从联邦民事诉讼法的角度探讨民事诉讼的方式和过程。这些规则大部分见于《联邦民事诉讼规则》（F. R. C. P.）。州的民事诉讼法只是被附带提及。但是，州法并非无足轻重，因为当在州法院开展诉讼活动时适用的是州法；对于私法上的诉讼请求

---

[70] 例如，纽约州的法院规则规定：相同当事人在另一个州的另一起诉讼待审，"本院不需以此为由驳回起诉，但是可以因正义所需而发布此种命令。"See N. Y. C. P. L. R. 3211(a)(4)(2004). See also *Kerotest Mfg. Co. v. C-O-Two Fire Equipment Co.*, 342 U. S. 180 (1952).

[71] 一个经典判例是"詹姆斯诉主干线西部铁路公司案"的判决[*James v. Grand Trunk Western Railroad Co.*, 152 N. E. 2d 858 (1958)]。See also *Baker v. General Motors Corp.*, 522 U. S. 222 (1998); *New York v. Exxon Corp.*, 932 F. 2d 1020 (2d Cir. 1991). 在"美国化学品公司诉不列颠哥伦比亚省（工人赔偿委员会）案"（*Amchem Products Inc. v. British Columbia (Workers' Compensation Bd.)*, [1993] 1 S. C. R. 897）中，一家加拿大的法院判定：得克萨斯州是方便的诉讼法院地；加拿大最高法院基于这一结论撤销了针对得克萨斯州诉讼的禁诉令。

而言,联邦法在州法院的诉讼中没有优先效力。

(一) 民事诉讼和诉讼步骤

1. 简介

(1) 界定诉讼请求,可获得的救济,惩罚性损害赔偿

美国民事诉讼规则禁止"诉因分割",这意味着不允许存在像德国法中部分诉讼(*Teilklage*)那样的不完整诉讼。判决一旦作出,同一诉讼请求不得再次提出(成为另一个单独的诉讼),甚至也不得部分再次提出(寻求当初诉请之外的救济);在此意义上,有利原告的判决**合并**(merge)了潜在的诉讼请求。该争议事项在判决后就成为**既决事项**(*res judicata*)。

150

首先,上述论断并不出乎意料。其缘由在于对"诉讼请求"以及相应争议事项的界定:首次诉讼的判决一旦作出,争议事项即成为既决事项。与之相比,在诸如德国法之类的制度中,诉讼请求的定义相当狭隘:它由原告寻求的救济以及为之提供的事实组成。法院判决对于未提出的请求以及诉讼救济所基于的事实就没有既判力,因而原告依然有可能为了另外的救济就同一基础事实再次起诉。但是,在美国法上不存在这种情况。"诉讼请求"就是来自基础事实的整体诉讼请求,而不管它们是否在一个特定诉讼中被提出。因此,既判力及于到法院起诉时提出的或本应提出的所有诉讼请求。既判力可及于当事人之间的具体法律关系,并因此比其他国家制度中的判决效力广泛很多。如上所述,当事人之间的诉讼请求被融入判决之中,其结果是原告不得再次起诉,而同时胜诉的被告可以把先前判决作为抗辩理由(bar)反驳原告方的再次请求。[72]

151

实际履行作为一种救济方式在英美法上属于例外。就像禁令,实际履行这种救济方式起源于衡平判例的矫正功能(有关普通法法院的严格制度,参见上文第 4 段及以下段落):两者都属于"特殊救济"(extraordinary remedies)。一般来说,美国法院仅判决金钱赔偿,可涵盖诸多名目不同的相应损失。一方面,金钱赔偿显然包括补偿性赔偿(compensatory damages),这笔钱既涵盖对有形损失的赔偿,也包括对无形损失[例如身体疼痛和精神痛苦(pain and suffering)]的赔偿。在美国,对无形损失的赔偿通常比在其他国家的制度慷慨得多。这种现象可能部分归因于下述制度安排(如上所述以及下文再论):在美国,每一方诉讼当事人自行承担其律师费。一份高额的无形损失赔偿裁决可合理地体现陪审团的意见,

152

---

[72] 参见下文第 201 段及以下段落。

即原告的诉讼开支应获得赔偿。[72a]

153　　另一方面,一份陪审团的赔偿裁决可以包含一笔惩罚性赔偿金。直至最近[73],惩罚性赔偿的理念一直不为大陆法系国家所认知,并受到大陆法系法院的抵制,由此导致这些法院拒绝承认和执行美国的惩罚性赔偿判决(或判决的部分内容)。在美国法中,这种赔偿名目在"满足受害人的要求"之外,的确意在惩罚侵权诉讼中的作恶者,以普遍地调控社会行为[74],同时它也作为一种渠道,将原告的律师费转嫁给被告。[74a] 如同公法日益创设私法救济,比如针对违反环保管理的行为[75],"公益诉讼人"(private attorney general)*观念日渐重要;并且与之相伴,对此种"公益诉讼人"给予酬金将变得更加常见。与此同时,惩罚性赔偿意味着工商业者的一种额外负担。由于这个原因,越来越多的州对惩罚性赔偿金额设定上限,规定一定比例的惩罚性赔偿金进入公共财政,或者明确要求在一个特定争议事项中,

---

[72a] *Hay*, On Merger and Preclusion (Res Judicata) in U. S. Foreign Judgments Recognition—Unresolved Doctrinal Problems, in: *Schütze et al.* (eds.), Festschrift für Reinhold Geimer 325 (2002). 律师费和诉讼费取决于争议金额,通过部分诉讼"试水"来决定全部诉讼经济上是否划算;在这种诉讼制度下,部分诉讼实用且必要。但在美国,由于**美国规则**(参见下文第 154 段及以下段落)带来的经济负担经常为胜诉取酬约定所缓解,因此上述考虑因素并不适用。对于"诉讼请求"界定的更全面探讨,参见下文第 203 段及以下段落。

[73] See *Hay*, Entschädigung und andere Zwecke, in: *G. Hochloch*, *R. Frank*, *P. Schlechtriem* (eds.), Festschrift für Hans Stoll 521 et seq. (2001).

[74] See *Colby*, Punitive Damages as Punishment for Individual, Private Wrongs, 87 Minn. L. Rev. 583 (2003); *Sebok*, Why Misunderstanding the History of Punitive Damages Matters Today, 78 Chi.-Kent L. Rev. 163 (2003); *Viscusi*, The Blockbuster Punitive Damages Awards, 53 Emory L. J. 1405 (2004). 另见下文第 421 段脚注〔280〕。对于美国法与外国法中的惩罚性赔偿的比较分析,参见 *Behr*, Punitive Damages in American and German Law—Tendencies Towards Approximation of Apparently Irreconcilable Concepts, 78 Chi.-Kent L. Rev. 105 (2003); *Gotanda*, Punitive Damages: A Comparative Analysis, 42 Colum. J. Transnat'l L. 391 (2004); *Mesulam*, Collective Rewards and Limited Punishment: Solving the Punitive Damages Dilemma with Class, 104 Colum. L. Rev. 1114 (2004); *Redish/Mathews*, Why Punitive Damages Are Unconstitutional, 53 Emory L. J. 1 (2004).

[74a] 德国最高法院会承认美国判决中惩罚性赔偿中转嫁给被告的费用,条件是该部分能够识别出来;该院的这一表述说明其意识到惩罚性赔偿的费用转嫁功能。参见其 1992 年 6 月 4 日的判决,BGHZ 118, 328。从实际效果考虑,德国最高法院的这一表态对美国判决债权人并无助益,原因是惩罚性赔偿通常是个总数,并不分列具体名目。

[75] See *Hay*, "Environmental Protection and Civil Liability in the United States," in: *C. v. Bar* (ed.), Internationales Umwelthaftungsrecht I 29—168 (1995) (in: 48 Osnabrücker Rechtswissenschaftliche Abhandlungen); *May*, Trends in Environmental Citizen Suits at 30, 10 Wid. L. Symp. J. 1 (2003); *Zinn*, Cooperations, Capture, and Citizen Suits, 21 Stan. Envtl. L. J. 81 (2002).

\* 也有人译为"私人总检察长"。参见蔡巍:《美国个人提起公益诉讼的程序和制度保障》,载《当代法学》2007 年第 4 期,第 132、138 页。"公益诉讼人"作为个人(private party)为社会大众(general public)利益起诉,有权收回律师费(attorney's fees)。参见 *B. Garner* (ed.), Black's Law Dictionary, St. Paul: Thomson Reuters, 11th ed., 2019, p.1448。——译者注

只有第一个原告可以获得惩罚性赔偿。[76]

(2)诉讼费和律师费:"美国规则"

所谓的传统"美国规则"(American Rule),是指每一方诉讼当事人自行承担其诉讼开支。法院收费相对低廉,在联邦初审法院起诉可能只需起诉费350美元。[77] 律师收费绝非如此简单明了。除非是一些公益诉讼,法律没有规定律师的收费项目或限额。通常,律师根据服务时间长短收费。每小时的收费金额取决于处理该案的律师是入行不久的律师(受雇律师),还是经验更丰富的律师事务所合伙人,或者甚至是高级合伙人。高级合伙律师的每小时收费完全可能超过500美元。[78] 最新的立法,以及律师事务所的实践(律师事务所提供无偿服务),已经推动传统的"美国规则"逐渐变化:例如立法规定败诉方承担律师费[78a],或者由法院自由裁量诉讼中的开销和费用。发生这类变化的典型领域是有关环保诉讼的请求或者在股东派生诉讼中股东提出的诉讼请求。[78b]

154

通过订立一份**胜诉取酬约定**(contingent fee arrangement)*,原告可以限定其律师费支付责任。根据这一约定,律师不再按小时收费,而是取得原告胜诉后最终获赔金额的一部分,通常以判决金额的一定比例来表示。律师甚至可以垫付诉讼费,同样这要通过设定胜诉取酬的比例来安排。在实践中,胜诉取酬约定使得原告力求挽回各种开支,而陪审团可能对此积极回应,因此对于无形损失赔偿金和惩罚性赔偿金均作出相对慷慨(依外国的标准是极度慷慨)的裁决。即便赔偿裁决慷慨,但胜诉酬金将占总赔偿金的25%、30%,甚至更

155

---

[76] 对于各州立法的全面罗列,参见 *Punitive Damages Reform*,*American Tort Reform Association*,http://www.atra.org/issues/punitive-damages-reform(2015年12月29日最后访问)。

[77] See 28 U.S.C. § 1914 (a) (2014).

[78] 最近的一个极端实例是一起有关触犯反托拉斯法的集团诉讼。在该案中,律师代理了1200万名原告的诉讼请求,和解金额达到57亿美元。法院判决了5.448亿美元的律师费,以及2,700万美元的预付款和诉讼费用:*In re Payment Card Interchange Fee and Merchant Discount Antitrust Litigation*,986 F. Supp. 2d 207(E.D.N.Y. 2013)(批准了当事人建议的和解方案)and 991 F. Supp. 2d 437(E.D.N.Y. 2014)(律师费),appeal docketed,No. 14-241 (2d Cir. Jan. 22, 2014)。

[78a] 2010年《言论自由法》(参见下文第220B段)规定:若一方当事人成功抗辩了有关诽谤赔偿的外国判决,依据的理由是该判决违反了美国对言论自由的保障,则另一方当事人应承担对方的律师费。

[78b] 在环保诉讼请求方面对"美国规则"的背离,对此的探讨,参见 *Babich*,The Violator-Pays Rule for Environmental Citizen Suits, 10 Wid. L. Symp. J. 219 (2003);*Florio*,Attorneys' Fees in Environmental Citizen Suits: Should Prevailing Defendants Recover?, 27 B. C. Envtl. Aff. L. Rev. 707 (2000);在股东派生诉讼中"美国规则"的变化,参见 *Mills v. Electric Auto-Lite Co.*,396 U. S. 375, 90 S. Ct. 616, 24 L. Ed. 2d 593 (1970);*Mykkeltvedt*,Eliminating Artificial Barriers to Attorney-Fee Awards, 36 Ga. L. Rev. 1149 (2002)。有一份判决将律师费作为《维也纳(联合国)国际货物买卖合同公约》第74、78条规定的赔偿金的一部分,对此的讨论,参见 *Schlechtriem*,Anwaltskosten als Teil des ersatzfähigen Schadens, IPRax 2002, 226f.

* 另一种译法为"胜诉酬金(制)"。参见〔美〕苏本等:《民事诉讼法——原理、实务与运作环境》,傅郁林等译,中国政法大学出版社2004年版,第908页。——译者注

高的比例,一旦减去这一部分,原告所得赔偿金将更加接近其实际遭受的有形和无形损失。

## 2. 启动诉讼

156　　根据《联邦民事诉讼规则》第 3 条,民事诉讼开始于递交起诉状。该法第 4 条第 13 款要求:原告应在起诉后 120 日之内将起诉状和传票送达被告。[79] 向被告送达的时间决定了该院在事物管辖权之外是否享有针对被告的对人管辖权。起诉状只需写明相关案情和请求法律救济的简要描述和信息、当事人的名称和地址;如果案件是起诉到联邦法院,则起诉状还应详细说明存在异籍管辖权(当事人在不同的州或国家的住所,以及争议金额超过 75,000 美元)。除此以外,在联邦法院的司法实践中,传统上一直未要求详尽陈述有关的诉讼请求和案情。[80] 然而在竞争法领域,联邦最高法院在一份颇有争议的 2007 年判决中要求起诉状达到更高的标准:起诉状应含有足够的细节以"使……诉讼请求从原来的'可以想见'(conceivable)提高到'合乎情理'(plausible)"。[80a]

157　　送达起到两方面的作用,两者都来自联邦宪法中正当程序条款的要求。正当程序要求:法院应有管辖权,被告应获得起诉通知(notice)。对于旨在通知被告而送达,联邦最高法院要求送达的方式[80b] 最好适于确保实际(actual)通知到被告。这意味着:如果不可能实际通知到被告,则可通过邮件或公告送达;正当程序所要求的通知被告,具有一定的弹性。

### 3. 诉讼的扩展:追加诉讼请求或当事人

(1) 引言

158　　根据《联邦民事诉讼规则》,当事人——尤其是原告——有众多机会去设计诉讼推进的方式以及相应判决的后果,甚至在诉讼过程中也不乏这种机会。因此,原告有必要不仅考虑如何确定诉讼请求(前文已简要说明),而且斟酌对方可能提出的反诉(counterclaim)\* 和交叉请求\*\*,以便将诉讼变化的风险降到最低。下文将探讨如何通过起诉方式和地点的选

---

〔79〕若诉讼请求依据的是州法(而非联邦法),则其应满足该州民事诉讼法中的额外要求,比如要确保在联邦法院的起诉没有带来特别的好处,比如诉讼时效的延长。例如参见 *Ragan v. Merchants Transfer Warehouse Co.*, 337 U.S. 530 (1949); *Walker v. Armco Steel Corp.*, 446 U.S. 740 (1980)。

〔80〕See *Swierkiewicz v. Sorema N. A.*, 534 U.S. 506, 515 (2002); *Leatherman v. Tarrant County Narcotics Intelligence and Coordination Unit*, 507 U.S. 163, 168 (1993)。

〔80a〕*Bell Atl. Corp. v. Twombly*, 550 U.S. 544, 570 (2007); *Ashcroft v. Iqbal*, 556 U.S. 662 (2009)。

〔80b〕《联邦民事诉讼规则》第 4 条第 5 款和第 8 款规定了向自然人和法人有效送达的方式。

\* 在主诉提出后针对另一方主张的救济请求,尤其是被告为反对或抵消原告之请求而提出的请求。参见 B. Garner (ed.), Black's Law Dictionary, St. Paul: Thomson Reuters, 11th ed., 2019, p.441。——译者注

\*\* 此处原文为"countersuit",但《布莱克法律辞典》在"counterclaim"的词条下指出:"counterclaim"也称为"countersuit"。经与原著作者商议后,"countersuit"更改为"crossclaim"。——译者注

择，应对和预定判决后果的可选方案。首要的问题是解决诉讼的可行性：联邦法院允许这种诉讼的变化吗？接着需要考虑：扩展诉讼的争议事项或者追加当事人，是否与相关法院的管辖权相吻合？法院必须有管辖权，这可被视作一种制约因素，否则《联邦民事诉讼规则》规定的诉讼请求和当事人追加的可选方案将过分丰富。

(2) 诉讼请求的合并(Claim Joinder)

对于追加诉讼请求，《联邦民事诉讼规则》[81]几乎毫无限制。在一次诉讼中，当事人可提出众多诉讼请求，这些请求无须事关同一争议。这一规则除了适用于本诉，也适用于反诉，以及针对同一方当事人或莫名卷入诉讼的第三人主张的诉讼请求。如果一方的反请求或反诉获得法院准许，则另一方当事人又可对当前案件再加请求。对追加请求和扩展诉讼的唯一外在限制，就是法院具有现时或持续的对人管辖权。 159

受理各项诉讼请求的法院，应对各被告都享有对人管辖权，对争议享有事物管辖权，并且审判地合法。如果针对原请求的管辖权属于特别管辖权（参见上文第 134 段及以下段落），那么法院对反请求或反诉也只享有特别管辖权；针对原请求的特别管辖权不会赋予法院对反诉的一般管辖权。同一诉讼中出现多种诉讼请求，这种可能性主要见于法院具有一般管辖权的情形（参见上文第 130 段及以下段落）。 160

联邦法院对于联邦问题案件和异籍案件均具有管辖权（前文第 110 段）。如果联邦法院对于某项诉讼请求不享有管辖权，则其只能根据《联邦成文法大全》第 28 篇第 1367 条第 1 款规定的补充管辖权（supplemental jurisdiction）受理私法上的请求。[82] 此种管辖权有助于在普通受案范围之外扩大联邦法院的管辖权限；为此，基于州法并属于私法的诉讼请求，应与属于联邦问题的诉讼请求——联邦法院对此有初审管辖权——之间联系密切。如果两种诉讼请求基于共同的主要事实，则此种联系就成立。[83] 如果联邦法院起初基于异籍管辖权受理案件，则不会出现此种问题。这时为判定联邦法院对新的诉讼请求是否有权管辖，全部现有诉讼请求都要依《联邦成文法大全》第 28 篇第 1332 条接受审查。如果追加的诉讼请求符合异籍管辖的条件，则不需要考虑补充管辖权。 161

审判地的确定，考虑的是在州内多个法院中，哪个具体法院适合裁判案件，不必采用确定对人管辖权的同样标准。确定哪家法院作为审判地，依据的是审判高效与否以及某个法 162

---

〔81〕 F.R.C.P. 18 (a).

〔82〕 2014 年《联邦成文法大全》第 28 篇第 1367 条第 1 款："除非本条第 2 款和第 3 款另有规定或联邦成文法另有明确规定，在联邦地区法院享有初审管辖权的任何诉讼中，联邦地区法院针对任何其他诉讼请求都享有补充管辖权，只要该诉讼请求同初审管辖案件中的请求关系如此密切，以至于它们构成了《合众国宪法》第 3 条所指同一案件或争议的一部分。此种补充管辖权涵盖涉及其他当事人合并或参加之情形的诉讼请求。"

〔83〕 "……具有主要事实的共同核心要素。"United Mine Workers v. Gibbs，383 U.S. 715 (1966).

院是否适合审理某个案件。

(3) 反诉

163　　每个为对抗对方当事人的诉请而提出的请求,美国民事诉讼法均视之为反诉。[84] 反诉有两种不同的类型:强制性反诉和任意性反诉。**强制性反诉**(compulsory counterclaims)与原请求源自同一交易或事件,它们是有关同一争议事项且彼此对立的请求。这类反诉**必须**在本诉中提出;否则,由于美国法上的既判力原则,这类请求以后不得再次提出。[85]

164　　要想排除一方当事人提出的强制性反诉——无论是已提出的还是本应提出的(但当时未提出),法院应在双方当事人每次出庭时均具有对人管辖权。因此,被告在本诉中每次出庭时,反诉排除规则均适用于根据强制性反诉规定他或她应提出的此类反诉。

165　　判断法院对反诉是否具有事物管辖权必不可少。除了异籍案件和联邦问题案件,根据《联邦成文法大全》第 28 篇第 1367 条第 1 款,联邦司法管辖权还可源自相关请求的事实之间所具有的特别密切关系。[86] 当然,该规定只适用于强制性反诉;因而对于任意性反诉(permissive counterclaims),联邦法院对于争议事项必须拥有初审管辖权。只要原诉是在适当的法院提出,就能够满足对审判地的要求。

(4) 当事人合并

166　　当事人合并(party joinder)同样有强制性(必要的)合并与任意性(仅可考虑的)合并之分。在**强制性合并**的情况下(规则 19*),各关系方均应以原告或被告的身份参加诉讼;否则,其缺席将使案件无法最终判结。这意味着:只要对争议事项的判决将影响到某人的权益,为使裁决最终有效,就必须使其成为当事人一方。此外,关系方可主张的权利源自同一组事实,这时就存在任意性合并的情况(规则 20)。

167　　晚近的成文法规则[87]和判例法[88]更加方便送达当事人。然而,向州外送达依然困难重重。因此,当事人合并经常由于承办法院缺乏对人管辖权而受阻。[89] 此外,每一项诉讼请求均应属于受理法院(此处指联邦法院)的事物管辖权范围。在异籍案件中,不存在上文所述与联邦问题管辖权有关的那种补充管辖权。确切而言,《联邦成文法大全》第 28 篇第

---

[84] "……针对任一对方。"Rule 13 (a).
[85] 参见前注[73]中彼得·海的论文。
[86] 参见前注[83]。
* 这是《联邦民事诉讼规则》第 19 条的简称。下文出现的"规则×"同样表示"第×条"。
[87] 参见前注[31]。
[88] 参见前文第 156 段。
[89] 《联邦民事诉讼规则》含有对**程序性**机制的慷慨授权,当事人借此可以主张多个诉讼请求并追加多个当事人;尽管如此,这些规定无法改变联邦宪法中对人管辖权的要求。

1367条第2款要求完全异籍[90],因此对异籍的要求(参见上文第111段)同样适用于所有诉讼第三人。因而,联邦法院只有享有了联邦问题初审管辖权,才可能具有补充管辖权。此外,对于每位追加的当事人,法院的审判地均应适当。

(5) 交叉请求

交叉请求(crossclaims)是指一位当事人针对同一方的另一位当事人提出的请求。提出这类请求的前提是:它们与诉讼中本诉的请求具有争议事项方面的联系,且该联系符合"吉布斯"(Gibbs)案判例法的规定。[91] 但是,与强制性反诉不同,当事人没有义务在当前诉讼中提出交叉请求。因此,本诉中判决的既判力并不适用于这类请求。[92]

168

对于交叉请求,确定对人管辖权和审判地通常不会遇到难题,但确定事物管辖权可能遭遇麻烦。如同异籍案件中的补充管辖权,交叉请求同样要遵循完全异籍的要求。当事人根据《联邦民事诉讼规则》第19条或第20条加入诉讼,原告针对这些当事人提出交叉请求,应符合《联邦成文法大全》第28篇第1367条第2款所规定的异籍要求。如果是被告方当事人相互提出请求,则其不需要符合异籍管辖权的要求。[93]

169

(6) 追诉第三方

《联邦民事诉讼规则》第14条规定了**追诉第三方**(impleader)*,允许被告(包括被反诉的原告)追加第三方,对其被告有权请求补偿或赔偿,第三方便成为当前诉讼中的第三方被告。追诉的前提条件是追诉方对第三方享有独立的请求权。[94] 第三方被告享有作为被告的所有诉讼权利。[95] 法院应对第三方具有对人管辖权,同时应遵循100英里膨胀规则(参见前注[31])。

170

---

[90] *Strawbridge v. Curtiss*, 7 U.S. 267 (1806).

[91] 参见前注[83]。

[92] 这一论断依据的是《联邦民事诉讼规则》。与之相反,有些州(比如堪萨斯州和佐治亚州)的民事诉讼法要求,当事人必须在当前诉讼中提出交叉请求,法院对此类请求不再另案审理。

[93] 此种区分遭到了严厉批评。See Arthur/Freer, Grasping at Burnt Straws: The Disaster of the Supplemental Jurisdiction Statute, 40 Emory L. J. 963 (1991); Freer, The Cauldron Boils: Supplemental Jurisdiction, Amount in Controversy, and Diversity of Citizenship Class Actions, 53 Emory L. J. 55 (2004).

\* 其他译法有:"追加第三人""第三人被引入诉讼""第三人参加诉讼"和"第三人"。以上译法分别参汤维建:《美国民事司法制度与民事诉讼程序》,中国法制出版社2001年版,第374页;白绿铉:《美国民事诉讼法》,经济日报出版社1998年版,第68页;薛波主编:《元照英美法词典》,北京大学出版社2013年缩印版,第666页;〔美〕苏本等:《民事诉讼法——原理、实务与运作环境》,傅郁林等译,中国政法大学出版社2004年版,第916页。——译者注

[94] 关于德国的类似规定,参见§72 ZPO(《德国民事诉讼法典》);参见 Baumbach/Hartmann, §72 ZPO Rn. 4; W. Lüke, Zivilprozessrecht 410—411.

[95] 参见《联邦民事诉讼规则》第14条。这意味着第三方有权针对追诉方提出请求,但他同时受制于后者提出的进一步请求。

171　　　法院根据《联邦成文法大全》第 28 篇第 1367 条第 1 款补充管辖权之规定而行使事物管辖权，此时追诉第三方同样受到该条第 2 款规定的限制。该法同一篇中第 1332 条第 1 款对异籍的要求适用于原告提出的请求，但不适用于被告针对第三方提出的请求，也不适用于第三方针对原告或被告提出的请求。[96] 通常推定审判地没有问题。

　　　（7）第三人参加诉讼（intervention）*

172　　　与许多其他国家的法律制度类似，《联邦民事诉讼规则》（规则 24）规定了第三人"依权利"**参加诉讼**（intervention of right）和"依许可参加诉讼"（permissive intervention）**。在两种情况下，第三人（intervenor）成为案件当事人一方。

173　　　"依权利参加诉讼"要求第三人与诉讼结果利益攸关；若其不参加诉讼，则因而作出的判决可能损害其利益。本诉中的判决可能对第三人造成客观的不利影响，这种情况就符合利害关系的要求。这意味着：第三人参加诉讼的要求相对较低，法律权益受到威胁就足矣。[97] 此外，第三人的利益不得已被诉讼中一个指定的当事人充分代表。有助于确定"充分代表"（adequate representation）的固定标准并不存在。最后，第三人应当在确定的期限内参加诉讼。

174　　　依许可参加诉讼属于法院的自由裁量范围，法院将考虑第三人——申请人的利益、诉讼没有第三人参加时本诉当事人的利益，以及可能导致的诉讼拖延。此外，第三人的请求应与本诉具有共同的法律事实问题。

175　　　同样，第三人参加诉讼不会遇到对人管辖权和审判地方面的难题。对于联邦法院的事物管辖权，《联邦成文法大全》第 28 篇第 1367 条针对联邦问题案件规定的补充管辖权适用于第三人参加诉讼。如果联邦法院管辖权基于原告与被告之间的异籍，则在原告一方的第三人对于被告，以及原告针对第三人，应当也存在异籍情况；但是对于被告针对第三人提出

---

[96] 对《联邦成文法大全》第 28 篇第 1367 条的历史渊源的探讨，参见 Freer, supra n. 93；Moore, The Supplemental Jurisdiction Statute: An Important but Controversial Supplement to Federal Jurisdiction, 41 Emory L. J. 31（1992）；Pfander, The Simmering Debate Over Supplemental Jurisdiction, 2002 U. Ill. L. Rev. 1209（2002）；Wolf, Comment on the Supplemental-Jurisdiction Statute, 74 Ind. L. J. 223（1998）。

＊ 其他译法有："介入诉讼""加入诉讼"和"诉讼参加"。以上译法分别参〔美〕苏本等：《民事诉讼法——原理、实务与运作环境》，傅郁林等译，中国政法大学出版社 2004 年版，第 169 页；薛波主编：《元照英美法词典》，北京大学出版社 2013 年缩印版，第 724 页；白绿铉：《美国民事诉讼法》，经济日报出版社 1998 年版，第 70 页。——译者注

＊＊ 这两种参加诉讼的其他译法有："作为权利的诉讼参加"和"任意的诉讼参加""权利参加"和"许可参加"。以上译法分别参汤维建：《美国民事司法制度与民事诉讼程序》，中国法制出版社 2001 年版，第 377 页；白绿铉：《美国民事诉讼法》，经济日报出版社 1998 年版，第 68 页。——译者注

[97] Atlantis Development Corp. v. United States, 379 F. 2d 818（5th Cir. 1967）；Bethune Plaza Inc. v. Lumpkin, 863 F. 2d 525（7th Cir. 1988）。

的请求,以及对于在被告一方的第三人提出的请求,不要求存在异籍的情况。

(8) 互争财产权诉讼

**互争财产权诉讼**(interpleader)*让债务人实现自我保护,以免有关同一争议事项的多个当事人向其提出诉讼请求。联邦民事诉讼法区分真正的互争财产权诉讼(true interpleader)与本质上的互争财产权诉讼(proceeding in the nature of interpleader)。在第一种情况下,主要的考虑因素是防止针对同一个被告的多个诉讼。在第二种诉讼中,原告主张自己的权利,该权利与诉讼标的具有联系。[98] 债务人针对所有可能的权利主张人提起诉讼,同时将其应归还的财产寄存至法院。法院然后决定互争财产权诉讼的适当性,禁止平行诉讼,随后判定谁有权拥有寄存的财产。在真正的互争财产权诉讼中,债务人在法院裁判时并不出庭,他已经承认了这笔债务。争议只是发生在权利主张人之间。

176

互争财产权诉讼适用的规则既出现在《联邦民事诉讼规则》中["依法院规则的互争财产权诉讼"(rule interpleader)**,规则 22],也出现在《司法法》中["依国会立法的互争财产权诉讼"(statutory interpleader),《联邦成文法大全》第 28 篇第 1335、1397、2361 条]。对于依法院规则的互争财产权诉讼,若诉讼请求依据的是州法,则必须存在完全异籍,并且争议金额超过 75,000 美元。相反,依国会立法的互争财产权诉讼只要求权利主张人之间存在"最低限度的异籍"。这意味着只需一位权利主张人具有不同于其他权利主张人的州籍,并且争议金额必须至少达到 500 美元。[99] 由于规则 22 指引适用《联邦成文法大全》第 28 篇第

177

---

\* 全称应为"互争第三方持有财产之权属诉讼"。它是一种确定第三人持有财产之归属的诉讼。第三人通常(但不一定)是无利害关系人,他无法确定谁应该获得财产所有权,于是将财产存放到法院(有的州法规定第三人可以继续持有直至法院作出判决),并通知利害关系人到法院主张权利。参见 B. Garner (ed.), Black's Law Dictionary, St. Paul: Thomson Reuters, 11th ed., 2019, p.978. 其他译法有:"互争权利诉讼""确定竞合权利诉讼""互证权利诉讼"和"相互诉讼"。以上译法分别参见白绿铉:《美国民事诉讼法》,经济日报出版社 1998 年版,第 69 页;薛波主编:《元照英美法词典》,北京大学出版社 2013 年缩印版,第 721 页;汤维建:《美国民事司法制度与民事诉讼程序》,中国法制出版社 2001 年版,第 379 页;[美]苏本等:《民事诉讼法——原理、实务与运作环境》,傅郁林等译,中国政法大学出版社 2004 年版,第 917 页。在此种诉讼中,第三人为原告,利害关系人为被告,又称权利主张人(claimant)。在有些州,原告被称作"互争财产权诉讼中的原告"(plaintiff-in-interpleader),权利主张人被称作"互争财产权诉讼中的权利主张人"(claimant-in-interpleader)。——译者注

[98] 有个案例是保险公司否认自己的责任:参见 State Farm Fire & Casualty Co. v. Tashire, 386 U. S. 523 (1967).

\*\* 《联邦民事诉讼规则》是美国国会授权联邦最高法院制定的规则。参见《美国联邦民事诉讼规则·美国联邦证据规则》,白绿铉、卞建林译,中国法制出版社 1999 年版,第 3 页,"导论"部分。因此,在本译著中称"rule"为法院规则,以与国会制定的成文法《司法法》相区别。这两种互争财产权诉讼的另一种译法为"规则上的互证权利诉讼"和"制定法上的互证权利诉讼"。参见汤维建:《美国民事司法制度与民事诉讼程序》,中国法制出版社 2001 年版,第 383 页。

[99] 28 U.S.C. § 1335 (2014).

1335 条,因而只有当所有权利主张人来自同一州时,才适用依法院规则的互争财产权诉讼所要求的更高争议金额。

178　　　州法院受理互争财产权案件必须对所有权利主张人具有对人管辖权。[100] 这个前提条件可能难以或不可能实现。因此,《联邦互争财产权诉讼法》(Federal Interpleader Act)允许在联邦互争财产权诉讼中根据在全国范围内的诉讼书状送达主张对人管辖权。[101] 权利主张人中的一位在法院所在地区拥有其惯常居所,这时审判地就是适当的(存在属地管辖权)。

(9) 集团诉讼

179　　　近年来,曾在纳粹德国被强迫和被奴役劳动的受害人主要利用"集团诉讼"(class action)提出索赔;与此同时,这种诉讼方式受到了社会的广泛关注。[102] 在美国,集团诉讼长期以来一直是群体性诉讼(group suits)的一种重要方式,权利主张人的请求出自类似或相同的事实(比如针对产品责任的索赔或源自大规模灾难事件——例如飞机失事——的索赔)。无论是作为原告方还是被告方,集团诉讼的当事人都是通过代表人参加诉讼。诉讼集团的成员索赔权类似,或者索赔权来自类似事实,或者被同样索赔。

180　　　集团诉讼主要有两种类型。在适用规则 23 第 2 款第 1、2 项的诉讼中,当事人无权将自己排除在外("退出",opt out)。但是,在适用第 2 款第 3 项的集团诉讼中,当事人可以选择退出。若是最终满足所有索赔的赔偿金不足,则赔偿金的公平(按比例)分配就要求所有人参加,这时采用第 2 款第 1 项的程序就恰如其分。与之相反,第 2 款第 3 项旨在以一次诉讼处理完类似索赔来提高诉讼效率。但是,有些索赔人喜欢在单独的诉讼中提出其请

---

[100]　*N. Y. Life Ins. Co. v. Dunlevy*,241 U. S. 518 (1916).

[101]　28 U. S. C. § 2361 (2014).

[102]　See *Hensler et al.*,Class Action Dilemmas:Pursuing Public Goals for Private Gain (2000)(对当前有关集团诉讼的各种观点作了一次全面的整理)。曾在纳粹德国被强迫劳动的受害人利用集团诉讼提出请求,对此的探讨,参见 *Bazyler*, The Holocaust Restitution Movement in Comparative Perspective, 20 Berkeley J. Int'l L. 11 (2002); *Brown*, Litigating the Holocaust:A Consistent Theory in Tort for the Private Enforcement of Human Rights Violations, 27 Pepp. L. Rev. 553 (2000). See also *Greiner*, Die "Class action" im amerikanischen Recht und deutscher "Ordre public" (1997). 直至 2005 年,只要存在针对被告的对人管辖权,集团诉讼通常同样可以在州法院进行。各州采用不同的责任标准;有些法院以作出非常慷慨的陪审团裁定而著名,有些裁定甚至可以说"过分"慷慨;与此同时,许多州的法院在选择法律时以法院地法为导向。考虑到上述多种弊端,有一种见解认为:州法院受理集团诉讼案件导致了大量的挑选法院现象。作为回应,联邦国会 2005 年的立法废除了州法院对于重大案件的集团诉讼管辖权。Class Action Fairness Act of 2005,28 U. S. C. § 1453,1711—15 (2014). 因此,下文的探讨涉及的是联邦法院司法实践中的集团诉讼。

求,规则 23 第 2 款第 3 项为其提供了退出机会。[103]

在集团诉讼中,只有集团的代表人真正参加诉讼活动。根据规则 23 第 1 款,代表人之中必须至少有一人为集团成员。但是,除非对于享有并实际行使了退出权者,判决结果约束集团的所有成员。集团成员受到最后判决的约束,不仅指其在积极意义上享有判决结果(如果他们是胜诉的索赔者),而且指其在消极意义上承受判决后果(如果他们是败诉的被告)。判决的**既判力**意味着在集团诉讼中提出的请求和抗辩不得成为随后诉讼活动的争辩内容。有退出权但未行使此权利的集团成员同样受诉讼判决的约束。然而,正当程序要求为他们采取特别的保护措施。[104] 因此,集团诉讼必须由法院明确批准,而且原告必须表明诉讼符合规则 23 第 1 款规定的前提条件,尤其是集团具有可识别性。若诉讼结束后,既判力约束对象明确,则集团的成员范围清晰,满足了集团具有可识别性的标准。规则 23 规定了如下前提条件:(1)集团如此庞大以致当事人合并行不通[105],(2)集团的特点是具有共同的法律和事实问题[106],(3)代表人的请求在集团成员的请求中具有典型性,以及(4)代表人将以公平和适当的方式维护集团的利益。

---

[103] 规则 23 第 2 款:"……保持集团诉讼的条件是:符合第 1 款的规定,而且
(1)分别提起诉讼将导致如下风险:① 前后不一或变化不定的裁决……或者② 针对个别成员的裁决将实际上影响到其他成员的利益……或者严重削弱其保护自身利益的能力;或者
(2)基于普遍适用于整个集团的理由,诉讼集团的对方当事人已经采取行动或拒绝采取行动,因此适宜将集团作为一个整体提供终局性的……救济措施;或者
(3)法院发现:共同的事实和法律问题比……仅仅影响单个成员的问题……更重要,而且对于公平而有效地裁决争议而言,集团诉讼相对于其他可资利用的方法更胜一筹。"
[104] 外国的索赔人作为集团成员参加集团诉讼,由此产生了正当程序问题和对人管辖权问题;对此的探讨,参见 Bassett, U.S. Class Actions Go Global: Transnational Class Actions and Personal Jurisdiction, 72 Fordham L. Rev. 41 (2003)。
[105] 对于需要多少人才满足这一要求,法院做法不一。比较下面两个判例:*Philadelphia Elec. Co. v. Anaconda American Brass*, 43 F. R. D. 452 (E. D. Pa. 1968) with *Utah v. American Pipe & Constr. Co.*, 49 F. R. D. 17 (C. D. Cal. 1969)。另外参见 *New Castle v. Yonkers Contracting Co.*, 131 F. R. D. 38, 40 (D. N. J. 1990)(确认了一个有 36 个成员的集团)。
[106] 这并非要求问题完全相同。如果全部请求具有独特的共同要素,这样就足以满足要求。但是,在下列情况下,具有共同法律问题的要求可能严重限制对集团诉讼的利用:比如在产品责任案件中,原告来自许多不同的国家并且在其所在地遭受伤害或损失。适用不同外国法的可能性也许就妨碍满足"共同法律问题"的要求。提议由许多外国原告组成一个集团还可能由于"难以管理"而得不到确认。参见后面的脚注[109]中引用的判决。在得不到确认时,原告们可能寻求对人数更少的小集团(例如所有法国的原告)的确认,或者可能需要分别起诉。但是,即便小集团或单个的原告提起的诉讼,也会遭遇被告根据不方便法院原则提出的驳回起诉动议。当大部分事实,尤其是损害结果发生于外国时,此种动议很可能成功。参见前文第 142 段从脚注[64]到脚注[65]之间的部分。另见下文第 398 段脚注[222]。在"沃尔玛百货公司诉杜克斯案"[*Wal-Mart Stores, Inc. v. Dukes*, 131 S. Ct. 2541 (2011)]中,联邦最高法院不允许集团诉讼的理由是,可能组成集团的原告达 150 万人,无法想象会存在所要求的"共同的法律和事实问题"。另见 *Comcast Corp. v. Behrend*, 133 S. Ct. 1426, 1433 (2013);*Halliburton Co. v. Erica P. John Fund, Inc.*, 134 S. Ct. 2398, 2430 (2014)(附议)。

182　　如上所述，规则 23 第 2 款第 3 项的程序允许当事人选择退出。为使当事人可退出，集团的代表人必须通知[107]当前诉讼中的所有成员，方式为通过信件自费通知[108]。可能的开支幅度继而使一些或者许多集团诉讼的努力不切实际。在依据规则 23 第 2 款第 1 项和第 2 款第 2 项进行的诉讼中，由于不存在退出权，因此没有规定类似的通知要求。规则 23 第 4 款第 2 项允许法院自由裁量发布有关通知的命令。

183　　集团诉讼不乏批评者。尽管集团诉讼通过一次诉讼合并众多诉讼而提高了效率，但也导致了本可不出现的诉讼：由于单个的诉讼请求金额过小，因此不借助于集团诉讼，个人永远不会起诉。在此意义上，集团诉讼助长了诉讼活动，律师在其中通过胜诉取酬约定成为主要的受益者。[109] 一些最新判例已经限制在联邦法院提起集团诉讼，比如当集团诉讼的构成不够同质时，原本援用规则 23 第 2 款第 3 项判定的事实问题则可以其他方式来解决，比如采用禁反言原则。[110]

183A　　三份不乏争议的联邦最高法院判例，均允许合同中约定将来的争议通过单独的 (individual) 仲裁方式解决，从而排除了法院诉讼渠道。楷体字"单独的"这一措辞也排除了集团诉讼适用于这类案件的可能性。这种具有拘束力的仲裁条款在消费者合同(例如信用卡协议)中日渐增多。加利福尼亚州曾立法强令集团诉讼可适用于消费者合同中，联邦最高法院的第一份判例宣告其无效。[110a] 在第二份判例中，联邦最高法院坚守第一份判例的立场，但情形限定在单独仲裁的开支会超过作为集体诉讼的原告成员可获得的赔偿。[110b] 第三份判例则扩大了第一份判例的适用范围。[110c] 三份判例的理由均为《联邦仲裁法》(Federal Arbitration Act) 的排他效力[110d]，该法责令执行仲裁协议，除非协议根据合同普通法上的通常抗辩理由(例如欺诈和显失公平)被宣告无效。

183B　　由于《集团诉讼公平法》(Class Action Fairness Ac) 的规定，以前原本可在州法院提起

---

[107] 规则 23 第 3 款第 2 项："在根据第 2 款第 3 项进行的任何集团诉讼中，法院应当采用根据情况最可行的方式负责通知集团的成员，包括对于通过合理努力能确认的所有成员，代表人个人所做的通知。"

[108] *Eisen v. Carlisle & Jaquelin*, 417 U. S. 156 (1974).

[109] 对各种不同观点的综述，参见 Wright, Law of Federal Courts §72 and *Freer/Perdue*, Civil Procedure 727—30. See also *Scott*, Don't Forget Me! The Client in a Class Action Lawsuit, 15 Geo. L. Legal Ethics 561 (2002). 关于一种比较的视角，参见 *Rowe Jr.*, Shift Happens: Pressure on Foreign Attorney-Fee Paradigms from Class Actions, 13 Duke J. Comp. & Int'l L. 125 (2003)。一个实际的案例，参见前注[78]。

[110] *In re Rhone-Poulenc Rorer, Inc.*, 51 F. 3d 1293 (7th Cir. 1995); *Georgine v. Amchem Products, Inc.*, 83 F. 3d 610 (3d Cir. 1996).

[110a] *AT&T Mobility LLC v. Concepcion*, 563 U. S. 333 (2011).

[110b] *Am. Express Co. v. Italian Colors Rest.*, 133 S. Ct. 2304, 186 L. Ed. 2d 417 (2013).

[110c] *DIRECTV v. Imburgia*, 136 S. Ct. 463, 193 L. Ed. 2d 365 (2015).

[110d] 9 U. S. C. §9 (2015).

的诉讼如今必须在联邦法院提起。为实施这一规定,该法修正了"异籍"的标准:只要集团诉讼中仅一名原告具有与被告或被告方一名成员不同的州籍,就可满足异籍的要求(最少异籍要求)。[110e] 立法上的这一修正会带来更大规模的"集团",以及在适用不同州的冲突法时,适用不同州实体法的可能性。在此情况下,法院可能认为,案件并未呈现"共同的法律和事实问题",并因此拒绝准许集团诉讼。[110f]

4. 证据开示

(1) 概述

诉讼中的一方当事人有权设法获取对方当事人或第三人占有的证据材料,为此他所采用的多种方法被称为"证据开示"(discovery)*。证据开示具体包括发现和评估文件、要求回答书面问题("书面质问",interrogatories)、庭外获取当事人和证人的证言("录取证言",depositions)以及实地检查现场和所争执的对象。

184

在美国的民事诉讼中,是当事人有义务向法官或陪审团提出和证明案件事实,而法院并不**依职权**查明事实。为了遵从这一要求,当事人需要获取案件所需证据材料的各种手段。审前阶段结束后,审判将持续不断地进行,因而当事人的取证手段应当广泛并且可以自由地从法院获取。由于不存在分阶段庭审以及相应庭审中止的间隔期,因此庭审一旦启动,之后再收集和获取证据材料,如果不是不可能,那也是困难重重。

185

此外,大量可用的证据开示手段同样可使一方当事人能向另一方施加压力,迫使其为了缩短诉讼流程和减少相应的开支而进入和解协商程序;尤其是双方当事人都获知了所有相关事实后,更有可能达成和解协议。不过,证据开示也应受到约束。[111] 被要求证据开示的对方当事人,可合理要求开示请求人对特定信息的保密,尤其要保护商业和交易秘密以及有关客户的信息(参见下文)。

186

(2) 管辖权

管辖权的一般规则同样适用于证据开示。例如,《联邦成文法大全》第 28 篇第 1782 条

187

---

[110e] 119 Stat. 4, 28 U.S.C. § 1332(d):"集团中原告方任何成员是来自任何被告所在州之外的公民"。但州法院依然享有对部分案件的管辖权,对此的例证可参见 LaPlant v. Northwestern Mut. Life. Ins. Co., 701 F. 3d 1137 (7th Cir. 2012)。

[110f] 参见前注[106]。

* 其他译法有"发现程序""披露"。白绿铉:《美国民事诉讼法》,经济日报出版社 1998 年版,第 76 页;薛波主编:《元照英美法词典》,北京大学出版社 2013 年缩印版,第 419 页。——译者注

[111] 对证据开示规则的历史、范围和宗旨的探讨,参见 Frost, The Sound and the Fury or the Sound of Silence, 37 Ga. L. Rev. 1039 (2003); Stempel, Politics and Sociology of Federal Civil Rulemaking: Errors of Scope, 62 Ala. L. Rev. 529 (2002)。

规定的管辖权基于开示证据占有人的所在地。适用最低限度联系原则(参见上文第 134 段及以下段落)可使法院享有对法人的非常广泛的证据开示管辖权,对此的限制唯有正当程序条款所提供的保护。不方便法院原则的各种考虑因素并不限制对证据开示的管辖权。其理由在于:这些考虑因素旨在使一个原本具有管辖权的法院,为使另一个更便利的法院审理该案,而主动放弃管辖权;与之相反,证据开示旨在帮助当事人在一个具有且继续保持管辖权的法院开展诉讼活动。

188    由于证据开示的程序适用受案法院所在州的法律(**法院地法**),因此证据开示的考虑因素可导致挑选法院。结果完全有可能出现下述情况:涉外诉讼的当事人谋求在美国法院进行证据开示,而这种程序他们不可能在本国获得。[112] 如果联邦各州的证据开示规则之间存在差异,或者州法与联邦法之间存在差异,包括有关抗辩的规定[比如保护令(protective orders)],那么挑选法院同样可能出现在美国境内。

(3) 证据开示的动议

189    双方当事人有义务提供信息和彼此合作,这一规定是《联邦证据开示规则》1993 年修正案的主要特征,旨在限制过度证据开示。因此,在诉讼活动伊始,只要证据"与诉答状(pleadings)中所称的特定争议事实相关",当事人就被要求开示其拥有的所有此类证据。[113] 由于诉答状当初可能表述得非常宽泛,因此经常不易看出何为"争执事实"(disputed facts)。同时,考虑到"相关"的概念相当含混不清,几乎难以期待该规定能起到限制证据开示的作用。因此,所寻求的信息和文件"看上去……经合理推算能促成所允许的证据开示",这样就足以达到规则 26 第 2 款第 1 项的要求。值得特别注意的是,此处的用语并**没有**要求所寻求的材料自身构成证据,而只是要求该材料能"促成所允许的证据开示"。可通过证据开示寻求不是真正证据的材料,这可谓美国证据开示制度广受诟病的原因,称美国的制度允

---

[112] See *Metallgesellschaft v. Hodapp*, 121 F.3d 77 (2d Cir. 1997); *In re Application Pursuant to 28 U.S.C. § 1782*, 146 F.3d 188 (3d Cir. 1998).《联邦成文法大全》第 28 篇第 1782 条第 1 款为推动涉外诉讼的开展而对证据开示作了规定,联邦最高法院在"英特尔公司诉超威半导体有限公司案"[*Intel v. Advanced Micro Devices, Inc.*, 542 U.S. 241, 124 S.Ct. 2466, 159 L. Ed. 2d 355 (2004)]中,对此予以全面评论。该法院认为:"利害关系人"(成文法上的用语)要求证据开示不需要涉外诉讼已经审审;证据若在外国获取则依外国法开示也不构成一种前提条件。但是,美国的法院在行使其自由裁量权时应当留意:外国裁判机构是否会"接受"所开示的证据,证据开示的要求是否可能是规避外国证据开示限制的一种尝试,该要求是否构成一种"不合理的侵扰或负担"。另见 *Consorcio Ecuatoriano de Telecomunicaciones, S. A. v. JAS Forwarding (USA), Inc.*, 747 F. 3d 1262 (11th Cir. 2014)(证据开示获得准许);*In re Petition of Certain Funds*, No. 14 Civ. 1801 (NRB), 2014 U. S. Dist. LEXIS 95578, 2014 WL 3404955 (S.D. N.Y. 2014)(法院基于自由裁量权拒绝了当事人的证据开示请求)。

[113] F.R.C.P. 26 (a).

许"撒网式取证"(fishing expeditions)*。根据《联邦民事诉讼规则》第 26 条第 3 款,对方当事人的利益可以通过"保护令"获得保障。是否签发该命令,法院享有自由裁量权。保护令的前提条件和法院的自由裁量权,意味着这种保护或多或少受到限制。此外,寻求保护消费者和媒体利益这些相反的考虑因素,相应影响到法院自由裁量权的行使。证据开示的整个领域以及左右其运作的相互冲突的利益,是当前广泛争论的话题。[114]

(4) 电子信息的证据开示(电子证据开示)

在现代商业交往中,信息、数据和合同草案之类的资料正日益采用电子方式在当事人之间传递,或者附送给第三人("抄送")。电子信息可能体量惊人:在一个案例中,这种信息含有 1950 多万份文件。[114a] 获取、保存和保护这种信息因而显得格外重要,甚至经常是诉讼成功的主要或唯一决定因素。有关的基本规则源自"朱波雷克案"的系列判决[114b],可简述如下:"一旦诉讼启动……保存证据的义务随之产生,或者若当事人'合理预料到诉讼可能发生'……则其理智的做法是'以保存义务开始之时的状态……保管好所有相关文件'。"[114c] 这意味着,删除数据和信息的任何通常做法随之必须停止,这些材料应列入"诉讼保全"的清单中。如果资料没有保存、已被删除,或者无法找到,那么法院将对该当事人

189A

---

\* 直译为"远征捕鱼",在民事诉讼法中用其引申含义:"通过宽泛的证据开示要求或漫无边际的问题,从另一方当事人处诱导出信息,以图发现相关证据材料;尤其是那种超出民事诉讼规则所允许的证据开示范围的尝试。"B. Garner (ed.),Black's Law Dictionary,St. Paul:Thomson Reuters,11th ed.,2019, pp. 780—781。其他译法有"摸索证明"和"钓大鱼"。分别参见周成泓:《论民事诉讼中的摸索证明》,载《法律科学》2008 年第 4 期,第 142—143 页;常怡主编:《比较民事诉讼法》,中国政法大学出版社 2002 年版,第 524 页。——译者注

[114] See Baran,"Good Cause" Wins the Battle, But Will Protective Orders Survive the Product Liability War? 53 Mercer L. Rev. 1675 (2002);Miller,Confidentiality, Protective Orders, and Public Access to the Courts, 105 Harv. L. Rev. 427 (1991). See also Wright,Law of Federal Courts § 83.

[114a] In re Biomet M2a Magnum Hip Implant Products Liab. Litigation, No. 3:12-MD-2391, 2013 U. S. Dist. LEXIS 84440, 2013 WL 1729682 (N. D. Ind., 2013).

[114b] Zubulake v. UBS Warburg, 229 F. R. D. 422 (S. D. N. Y. 2004). 对"朱波雷克案"五份判决的审视,参见 Victor Li,Looking Back on Zubulake, 10 Years Later, ABA Journal (Sept. 1, 2014, 10:30 AM), http://www.abajournal.com/magazine/article/looking.back.on.zubulake_10_years_later.

[114c] Hawley v. Mphasis Corp.,302 F. R. D. 37, 46 (S. D. N. Y. 2014), quoting Pension Comm. Of the Univ. of Montreat Pension Plan v. Banc of Am. Secs.,685 F. Supp. 2d 456, 466, abrogated on other grounds by Chin v. Port Auth. Of N. Y. & N. J.,685 F. 3d 135 (2d Cir. 2012), and Zubulake v. UBS Warburg LLC (Zubulake IV),220 F. R. D. 212, 218 (S. D. N. Y. 2003), respectively. with citation to the earlier decision in Zubulake (supra N. 115b):220 F. R. D. 212, 218 (S. D. N. Y. 2002). 依然不明确的是,何时以及在何种情况下,当事人需要"合理预料到"诉讼可能发生和开始负有保管文件的义务,或者若违反这一义务,将承受不利后果。参见下面的脚注[114d]。

做"不利的推定",而推定该资料有利于证据开示请求人,同时将这一情况告知陪审团。[114d] 鉴于电子数据可能数量庞大,因此从中检索相关信息如今也采用了电子方式。基于相关检索标准,运算法则(预测编码法)随之面世,借此审查和筛选所有数据。在本段伊始提到的案例中,这种方法将需要审查的资料减少到数据总量的20%。[115]

### (5) 拦截法

189B　美国的证据开示规则严重冲击了众多国家的法律制度。因此,对于为回应和满足外国证据开示命令而提供和传送文件,许多国家立法予以禁止。[115a] 联邦最高法院在更早的一份判决[115b]中提出了两个问题:(1)在该案中,美国和法国均已批准的《关于从国外调取民事或商事证据海牙公约》构成从法国取证的唯一依据吗?(2)法国制定有拦截法,为此需要中止证据开示程序吗?对于这两个问题,联邦最高法院均给出否定的答案:对双方当事人享有管辖权的美国法院有权发布证据开示的命令。由于这并非美国法的域外适用,因此法国的拦截法不适合用于该案,美国法院可以将其置之不理。在一份最近由下级法院所作的判决中,该院提出,是否适用海牙公约可适当替代美国证据开示命令的发布。该院认为,对于其中一名被告答案并不明确,但是对于其他被告,这无疑是可行的。[115c]

## 5. 临时救济

### (1) 概述

190　美国民事诉讼法规定了许多临时救济措施。一方面,此类措施有助于保全财产,一旦请求方在本诉中胜诉,可以将这笔财产用于满足该方的请求;另一方面,此类措施有助于保持现状,而一旦改变现状,有可能造成无法挽回的损失。联邦地区法院有权签发初步强制

---

[114d] 参见前注[114b]中的"朱波雷克案"。保存信息的义务在信息持有人一方,对方当事人无义务审查或监督其履行情况:*Small v. Univ. Med. Ctr. of S. Nev.*, No. 2:13-cv-00298-APG-PAL, 2014 U. S. Dist. LEXIS 114406, *116, n. 114, 2014 WL 4079507, *29, n. 114 (D. Nev. Aug. 18, 2014),援引了前注[114b]中的"朱波雷克案"第五判决。

[115] See *Biomet*, supra n. 114a. 一方当事人采用的预测编码法本身是否要证据开示,这是一个值得深入探讨的有趣问题。See *Sean Grammel*, Protective Search Terms as Opinion Work Product: Applying the Work Product Doctrine to Electronic Discovery, 116 U. Penn. L. Rev. 2063 (2013) (建议答案为"否")。

[115a] See English Protection of Trading Interests Act, the Canadian Foreign Extraterritorial Measures Act, the Australian Foreign Proceedings (Excess of Jurisdiction) Act, as well as the French statute cited in the *Société Nationale* decision, infra n. 115b. See *Vivian Curran*, United States Discovery and Foreign Blocking Statutes, 76 La. L. Rev. 1141 (2015—2016)。

[115b] *Société Nationale Industrielle Aerospatiale v. United States District Court for the Southern District of Iowa* 482 U. S. 522 (1987).

[115c] *Tiffany (NJ) LLC v. Forbse*, No. 11 Civ. 4976(NRB), 2012 U. S. Dist. LEXIS 72148, 2012 WL 1918866 (S. D. N. Y. May 23, 2012).

令和临时限制令[116]；为了便于执行随后可能作出的判决而采取临时措施，联邦法院依据的是法院所在地的州法。[116a]

(2) 初步强制令

当出现造成无法挽回之损失的威胁时，或者当金钱赔偿不足以弥补请求人的损失时，法院可以签发一份初步强制令（preliminary injunctions）*，以保护和保全（冻结）财产及其之上的财产权。初步强制令可以采用"禁止性强制令"（prohibitory injunction）或"责成性强制令"（mandatory injunction）的形式。由于强制令起源于衡平法，因此申请人应当表明其普通法上的救济不足以弥补损失。[117] 对于签发强制令，联邦诉讼法[118]要求通知对方当事人，并且在对方提出质疑时，法院应给予对方一次实际参加听审的机会。[119] 申请人应当说明支持其动议的理由。法院自由裁量决定是否准许请求强制令的动议，而且权衡强制令前提条件的标准和实践各州之间绝非一致。尤其是关于什么情况下出现即将发生的无法挽回之损失，各种观点众说纷纭。[119a]

(3) 临时限制令

与初步强制令相反，签发临时限制令（temporary restraining orders）**不需要听取对方

---

[116] F. R. C. P. 65 (a)，(b)。

[116a] 参见《联邦民事诉讼规则》第64条第1款："……为了执行可能作出的判决而对人或财产加以扣押，法院依据所在州的法律，可采取各种救济措施。但是，联邦成文法可在其约束范围内适用。"

* "injunction"是指"责令行为或禁止行为的一种法院命令"，"mandatory injunction"就是要求作出一种积极性为的"injunction"，而"prohibitory injunction"就是禁止或限制一种行为的"injunction"。参见 B. Garner (ed.)，Black's Law Dictionary, St. Paul：Thomson Reuters, 11th ed.，2019, pp. 937—938。因此，将"injunction"翻译为"禁令"只译出了该词一方面的含义，而将其翻译为"强制令"更符合本意。相应地，"preliminary injunctions"应翻译为"初步强制令"。这种强制令又称"临时强制令"（temporary injunction），与"最终强制令"（final injunction）或"永久强制令"（permanent injunction）相对。——译者注

[117] 关于作为"特别救济"的衡平法救济，参见前文第8段。See Dobbs，Law of Remedies，§ 6.1 (5)(2d ed. 1993)；EBSCO Industries，Inc. v. Lilly，840 F. 2d 333 (6th Cir. 1988)，cert. denied 488 U. S. 825 (1988)。

[118] F. R. C. P. 65 (a)(1)。

[119] 由于这一规定，法院不得在被告缺席时发布诸如英国的安东·皮勒令（Anton Piller Order）或冻结禁令（freezing injunction）[以前为玛瑞瓦禁令（Mareva injunction）]之类的命令。See Hay，Weintraub，Borchers Conflict of Laws 142—143 (14. ed. 2013). 另见下文第192、193段。

[119a] 对于什么情况下出现"无法挽回之损失"的各种观点的探讨，参见 Moore，Manual：Federal Practice and Procedure § 10A. 22 (2003)（例如该文解释道：经济损失或丢掉工作通常不足以达到这个标准，然而无法计量的损失，比如信誉损失，往往合乎标准）。

** "temporary restraining orders"是法院要求保持现状的一种命令，又称作"依单方请求的强制令"（ex parte injunction）。参见 B. Garner (ed.)，Black's Law Dictionary, St. Paul：Thomson Reuters, 11th ed.，2019, pp. 937，1767。这种命令既有可能禁止当事人作为，也有可能责成当事人完成一定的作为，因此将其翻译为"临时禁止令"或"临时制止令"均有失全面。——译者注

当事人的意见或者对方当事人的参与（根据单方面的请求作出）[120]，但是当时的情况必须是特别紧急。此外，对方当事人只有在收到法院通知之后才受该命令的约束。该命令首次有效期为 10 日，但是可以延期一次。在此期间，对方当事人在初步强制令签发之前将获得听审。

(4) 财产扣押

193　　判决前财产扣押（prejudgment attachment）旨在扣押（冻结）财产以备执行将来可能作出的判决，这种普通法上的救济措施为美国民事诉讼法所保留。[121] 不同于其他衡平法救济措施，判决前财产扣押的依据唯有成文法，成文法之外的扣押均被视为违法和无效。[122] 提出扣押的动议时不需要通知对方当事人，但法院随后应尽快给其一次获得听审的机会。财产所在地的法院享有财产扣押的管辖权。不过，该管辖权限于此等财产扣押；法院不得将其扩大到**基础**请求，除非基础请求满足了通常的管辖权要求，即该请求或当事人与法院地存在一定的联系。[123] 寻求财产扣押的当事人应当表明其请求具有成文法上的依据[124]，以及其在本诉中胜诉的可能性。大多数州要求提出扣押动议的一方当事人应为对方当事人的利益交存一笔保证金，以防最后显示财产扣押并无必要。

6. 即时判决

194　　基于原告的动议，法官可径行作出即时判决（summary judgment）*，无须陪审团的参与。[125] 规则 56 对这类判决的要求是：当事人之间不存在事实争议，而且陪审团即便参与，也不可能对案情作出不同的裁定。不过，当事人有获得陪审团审判的权利，这一宪法保障构成了对此类司法裁判（即时判决）的外在限制。据此，原告和被告均可要求陪审团审判，从而排除即时判决。"即时判决"这种制度不仅适用于讼争整体，而且可适用于其特定的问题或方面（部分）。

---

　　[120]　F. R. C. P. 65 (b).
　　[121]　F. R. C. P. 64.
　　[122]　*Cecrle v. W. H. Jeffries, a p'ship*, 229 N. E. 2d 477 (Ct. C. P. Montgomery Cty. 1967).
　　[123]　*Shaffer v. Heitner*, 433 U. S. 186 (1977).
　　[124]　在下列情况下财产扣押可能格外合适：对方当事人没有在具体某个州保持住所，因而不可能向其本人送达，或者存在将财产转移出所在州的危险。例如参见 *Teferi v. Dupont Plaza Associates*, 551 A. 2d 477 (Md. Ct. Spec. App. 1989). See also F. R. C. P. 64；*Moore*, Manual; Federal Practice and Procedure § 10.04 (2003).
　　＊　另外两种译法为"即决判决"和"简易判决"。分别参见〔美〕苏本等：《民事诉讼法——原理、实务与运作环境》，傅郁林等译，中国政法大学出版社 2004 年版，第 930 页；〔美〕理查德·D. 弗里尔：《美国民事诉讼法（下）》，张利民、孙国平、赵艳敏译，商务印书馆 2013 年版，第 1064 页；白绿铉：《美国民事诉讼法》，经济日报出版社 1998 年版，第 61 页。——译者注
　　[125]　See F. R. C. P. 56. See also *Wright*, Law of Federal Courts § 99.

7. 庭审

(1) 庭审过程

案件**庭审之前**的阶段旨在收集证据材料并界定争点(issues)和请求。其后是言词辩论程序——庭审本身。庭审有一名法官独任审理,同时在一方当事人提出请求时,由陪审团裁判事实。法官的主要职责是确保各方遵守诉讼规则,审判活动主要取决于当事人,这种诉讼制度就是"对抗制"(adversary system)。法官有权提出程序性建议,但他本身并无责任必须如此,这与一些大陆法系国家法官的职责形成鲜明对比。[126]

195

言词辩论程序(庭审)起始于双方当事人代理律师的**开审陈词**(opening statement)。这时律师介绍争讼要点,概述打算提交的证据。随后便是原告方的全面陈述,包括其诉讼请求和相应的支持证据。根据《联邦证据规则》,"事实证人"(fact witnesses)[127]、专家证人(expert witnesses)[128]和书证(documentary evidence)[129]都可以作为"证明依据"来介绍。书证包括审前证据开示期间获取的文书以及同样在审前提取的录取证言的摘录。为了抗衡被告方要求当场驳回原告请求的动议,原告提交的证据必须确立一种初步成立的案情(prima facie case)。[130]

196

原告方陈述之后,被告方陈述案情,原告有权回应。然后,证人和专家作证,首先由要求其出庭的律师"直接询问"(direct examination),接着对方律师可对其"交叉询问"(cross examination)。对证人的所有询问均应符合严格的限制性规则,避免陪审团受到诸如下列证据的影响:可能是间接的陈述或材料("传闻证据",hearsay evidence),证人一方的看法或猜测;换言之,不实的证据。证人提供不法证词或一方律师诱导其提供这种证词,这时对方律师有权提出**反对**。法官对此作为法律问题进行裁定,当事人有权对法律问题的裁定提出上诉。庭审结束于当事人的律师对陪审团所作的最后陈述,或者在没有要求陪审团审判时,则为对法官所作的最后陈述。

197

(2) 陪审团审判

决定陪审团的组成,这是陪审团审判的第一步。在应召前来履行陪审义务的候选人中[131],

198

---

[126] 比如参见 ZPO(《德国民事诉讼法典》)第 139 条。
[127] Fed. R. Evid. 601 et seq.
[128] Fed. R. Evid. 701 et seq.
[129] Fed. R. Evid. 1001 et seq.
[130] See F. R. C. P. 41(b), 50(a). See also Freer/Perdue, Civil Procedure 482 et seq.
[131] 法院从投票人登记表或纳税人名册中随机选出履行陪审义务的候选人。应召在法院指定日期前报到的人数比预期需要的陪审员数量会高出很多(因为正文中所述原因,马上谈到)。陪审义务是一种公民义务:雇主应当给予雇员履行陪审义务的自由时间(但就法律规定而言,雇主不需要对这段时间支付报酬),被要求履行陪审义务者必须响应这种召唤,否则将因为拒绝服从而面临罚款。州或当地的政府机构以小时来计算应补偿给陪审员(或候补陪审员)的费用,但补偿标准远低于工作的最低小时工资。

当事人的律师有权任意排除特定数量的人选("无因排除",peremptory challenges)[132],同时有权基于明确的理由而剔除任何其他候选人("有因排除",challenge for cause)*。[133] 此外,被告在庭审的举证阶段结束时,有权提出动议,要求法官为其登录一种"指示裁决"(directed verdict)。[134] 在证据确实毫无异议的情况下,法官有权发出指示,令陪审团呈交一份特定内容的裁决,该裁决约束全体当事人;这样一来,陪审团裁断的职能就被剥夺了。

199　　在任何其他情况下,当事人最后陈词之后就是法院(法官)对陪审团作"指示"(instructions)。[135] 陪审团裁决事实问题,这类问题既包括争议事项,也包括判决的赔偿数额。与之相对,法官决定纯粹的法律问题。传统上曾要求,陪审团的决定必须全体一致作出。[136] 除非法官根据当事人一方的动议要求陪审团作出一种"特别裁定"(special verdict),陪审团裁定("一般裁定",general verdict)时不需说明理由。如果法官接受了陪审团的裁定,并将其作为判决的基础,则当事人不得对该判决提起上诉——关于事实问题和赔偿额[137]的初审判决具有终局效力。

### 8. 适用和证明外国法

200　　在普通法的传统上,法院地的法律是"法律"(law);与之相对,外国法**仅为"事实"(fact)。外国法既然为事实,则援引外国法的当事人应向法院提出外国法适用的请求并予以证明。起初,州法院在实践中曾同样如此对待姊妹州的法律。但如今,许多州出台了成

---

[132] 当事人排除陪审员候选人的能力受到宪法的约束。联邦最高法院判定:仅以种族为理由的排除可以推定违反了平等保护条款,第三方被告有权为被拒绝的陪审员主张这种做法违宪。*Powers v. Ohio*, 499 U. S. 400 (1991); see also *Batson v. Kentucky*, 476 U. S. 79 (1986).该法院还曾经判定仅依性别排除陪审员同样是歧视性的和违宪的。*J. E. B. v. Alabama*, 511 U. S. 127 (1994).

\* 这两种排除类型也有人译作"无因回避"和"有因回避"或"附理由的回避"。参见〔美〕苏本等:《民事诉讼法——原理、实务与运作环境》,傅郁林等译,中国政法大学出版社 2004 年版,第 391 页;白绿铉:《美国民事诉讼法》,经济日报出版社 1998 年版,第 124 页。——译者注

[133] 28 U. S. C. §1870 (2014).

[134] F. R. C. P. 50(a).

[135] 法官对陪审团的指示体现并经常包含当事人律师提出的指示建议。法院(法官)最终给出的指示是有关"法律"的指示,当事人有权就其提出上诉。

[136] See *Wright*, Law of Federal Courts §94.根据成文法,如今陪审团可以法定多数作出裁定。

[137] 在特别情况下,法官有权要求校正陪审团裁定。关于"增加赔偿金命令"(additur)和"减少赔偿金命令"(remittitur),参见下文第 418 段及以下段落。

\*\* 此处"外国法"的原文为"foreign law",在美国既可指美国之外其他国家的法律,也可指法院所在的州之外其他姊妹州的法律。对于后者,"foreign law"的准确翻译应为"外州法"。若两种含义均包含在内,则其应译为"域外法"。笔者在译文中根据其含义的不同,适当变换了称谓。

文法,规定法官**依职权**[根据"司法认知"(judicial notice)]查明其他姊妹州的法律。[138]《统一州际和国际民事诉讼法》(Uniform Interstate and International Procedure Act)为许多(但绝非所有的)州所采用,它规定的一条规则,其内容大致可见于针对联邦司法的《联邦民事诉讼规则》第44.1条。[139] 想要援引域外法的一方当事人应当明确无误地表明意图,并告知对方。法院(法官)将在当事人协助下查明域外法。当事人通常援引专家意见支持自己的主张,但法院也可自行查明。决定域外法内容属于法院的裁定,因而当事人有权对其提出上诉。

无论是当事人没有援引域外法,还是请求方没有履行其举证责任(对于州法而言)[140],或者无法查明域外法,由此导致无法适用域外法,则普通法推定域外法与本地法相同。如果这种推定无法适用,比如因为某外国法属于完全不同的法律文化,则负有举证责任的当事人将败诉。在此情况下,法院地法可替代适用。至少对于当事人均未主张适用外国法,或者在其他情况下法院地法作为替代或备用的法律,此类做法无可厚非。[141]

200A

### 9. 判决的效力

在州际层面,一份判决排除了之后对于同一诉讼请求及其基于的事实的诉讼。判决针对诉讼请求的效力被称作"请求排除"(claim preclusion)[142];其对争点的效力被称作"争点排除"(issue preclusion)[143]。

201

---

[138] 在一些州,这种有关司法认知的规定同样扩及于外国法。See generally *Hay/Borchers/Symeonides*, Conflicts § 12.17.

[139] "**查明域外法**:一方当事人要想提出有关域外法的争点,就应通过诉答状或其他合理的书面形式通知对方当事人。在查明域外法时,法院有权考虑运用包括证言在内的任何相关资料或渠道,无论其是否由当事人提交,还是其是否合乎《联邦证据规则》。法院对域外法的查明结论应被视作法律问题的一种裁定。"(于1966年增订;于1975、1987和2007年修订。)

[140] 在联邦司法实践中,法院在当事人协助下查明外国法(见上注)。因此,不存在当事人的这种举证责任。显然,由于当事人一方负有协助法院的义务,因此若协助行为未合乎要求,则可能出现对其不利的后果。

[141] 任何一方当事人未援引域外法,这时法院可推定当事人默示选择了法院地法。See also *Hay/Hampe*, Nichtermittelbarkeit ausländischen Rechts und Forum Non Conveniens, RIW 1998, 760. 对此详尽的探讨以及对相关联邦和州的成文法、判例法的概述,参见 *Hay*, The Use and Determination of Foreign Law in Civil Litigation in the United States, 62 Am. J. Comp. L. 213 (2014). See *also Restatement (Second) of Conflict of Laws* § 136, comment (h) (1971); *Hay/Borchers/Symeonides*, Conflicts § 12.19.

[142] "既判力"这一术语以前主要适用于请求排除;如今,它用于描述判决总的排除效力。*Hay*, Zivilprozessrecht, Rn.? 270.

[143] "争点排除"以前被称为"判决上的禁反言"(estoppel in judgment)或"间接禁反言"(collateral estoppel)。这些术语在使用中含义并不统一。See generally *Hay*, On Merger and Preclusion (Res Judicata) in U. S. Foreign Judgments Recognition—Unresolved Doctrinal Problems, in: *Schütze et al.* (eds.), Festschrift für Reinhold Geimer 325 (2002).

(1) 请求排除

诉讼请求一旦经法院终局裁判,当事人就不得再次提起。更确切地讲,该请求可谓已被"并入"判决之中,新的诉讼便因缺乏当事人的请求而无以启动。否定一个请求的判决构成了一道防止重新提起诉讼请求的"关卡"。根据联邦宪法中的充分信任与尊重条款,无论是州法院还是联邦法院,其在一个州所作判决的效力应在全国范围内获得承认。

请求排除效力假定,当前的请求与之前判决所裁判和融入的请求相同。[144] 为了确定这一点,显然有必要界定什么是诉讼上的"请求"。对此并不存在统一的界定标准。有时在一个州内部[145],法院便采用了前后有别且并非相互协调的标准。[146] 最狭隘的界定关注原告所称被侵害的具体权利:"实体法权利标准"(primary rights test)。根据这一标准,源自同一事故的人身损害赔偿请求与财产损害赔偿请求将被归入不同的类型,并因而可以作为连续(不同)诉讼的标的。与之相反,"单一非法行为标准"(single wrongful act test)包含了源自同一事故(事件)的所有请求,原告因而只能在一次诉讼而非连续诉讼中提出全部请求。另外一种对"请求"的界定关注"证据的同一性"(sameness of the evidence)。这个标准没有解答的问题是:针对请求救济的不同类型,证据应当在何种程度上相同;对于不同的赔偿名目,判断标准显然有别。

《联邦民事诉讼规则》规定了诉讼和请求的合并问题。与之相呼应,1982年《判决重述(第二版)》第24条关注于请求的共同事实内核。[147] 在美国,对诉讼请求的界定无论如何宽泛或狭隘,均会排除部分诉讼;在诸如德国法下可能出现的部分诉讼,旨在于启动全部诉讼之前,为当事人请求的最终胜诉而"试水"。在一定程度上,这种部分诉讼之所以可能出现,并且有其合理性,是因为法院收费和律师费缴纳的方式;相对而言,美国的胜诉取酬约定安排使得无所不包并且一次性的诉讼不仅成为可能,而且当事人在经济上能够负担得起。

由于大多数法院对"请求"给以宽泛的界定,因此对于产生于一系列事件的所有请求,

---

[144] 先前的裁判基于管辖或程序上的理由而驳回起诉,若其并未涉及请求本身,则其并不妨碍后面的起诉。对当事人的请求作出裁断的先前判决,其约束力推定先前的法院对其受理的案件具有对人管辖权和事物管辖权。

[145] 例如参见弗吉尼亚州的判决:*Carter v. Hinkle*, 52 S. E. 2d 135 (Va. 1949)(采用实体法权利标准);*Flora, Flora & Montague, Inc. v. Saunders*, 367 S. E. 2d 493 (Va. 1988)(采用证据同一性标准);*Brown v. Haley*, 355 S. E. 2d 563 (Va. 1987)(采用同一交易标准)。

[146] 参见上注。宾夕法尼亚州最高法院并不曾打算对诉讼请求作出明确的界定,"……妙理在于,本不存在这种明确的界定。" *Kuisis v. Baldwin-Lima-Hamilton Corp.*, 319 A. 2d 914, 918 (1974).

[147] "导致诉讼的交易之全部或部分,或者一系列的关联交易,与此相关的……所有救济权利。" *Restatement (Second) of Judgments* § 24.

当事人应当一并提出(合并或打包),否则之后再无机会。尤其与大陆法系国家的实践形成鲜明对比的是,在美国的首次诉讼中无法精确计算具体数额的损失,或者甚至当时尚未显露迹象的损失,比如源自当初伤害事件的或者在伤害事件很久之后才诊断出的身体和/或其他健康问题,对于这类损失当事人同样不能在以后的诉讼中请求赔偿。因此,当事人提出的请求会涵盖有关当前伤害和潜在伤害的一切方面,以及与之相关的所有花费、有形和无形的损失。这就可以解释,与欧洲大陆的原告所提出的请求相比,为何美国的原告所提出的损害赔偿请求看似过高。

驳回诉讼请求不仅影响诉讼的直接当事人,而且波及与其存在特别关系的那些人,他们["相对人"(persons in privity)]因而应受诉讼结果的约束。此类关系的例子包括:集团诉讼的代表人和集团诉讼的成员;对于影响到特定财产的判决,该财产的继受所有人;以及对于涉及特定遗产的判决,遗产信托的受托人、遗嘱执行人或遗产管理人。 206

(2)争点排除

在一定条件下,法院针对当前诉讼中的事实争点所作的裁决,还可以对将来其他的诉讼产生约束力。这意味着将来诉讼的当事人,即使不是首次诉讼中的当事人,也可以援引这个裁决。受理第二个诉讼案件的法院对被告行使管辖权,就像该被告在第一个法院出庭一样,第一个法院所作的裁决继续对他具有约束力。如果第一个法院的判决对于特定的事实作出了具体裁决,而第二个法院作出判决基于首次诉讼中起诉过的事实,则第一个法院的判决就具有争点排除的效力,原因是禁止对已决争点事实再次诉讼理由正当。[148] 207

谁受到争点排除效力的影响?适用于请求排除的标准同样适用于争点排除:正当程序条款设定了其外部限制。一人虽非最初诉讼的当事人,但他可援引对其有利的最初判决中的事实裁决,这并未违反正当程序条款。因此,联邦最高法院已经赞成采用"非原诉当事人对被告主张争点排除"(non-mutual offensive collateral estoppel)。例如,在前一诉讼中被告被认定存在过失,其后另外诉讼的原告援引这一认定。若是原告的行为并无有违公平,之所以不参加第一次的诉讼是由于程序障碍,则争点排除可为法院接受。[149] 208

(3)排除时的冲突法问题

假定第二个法院(被请求承认其他法院的判决效力)位于另一个州,那么该院适用哪个州的法律作为界定请求的准据法,同时适用哪个州有关排除的法律?联邦宪法中的充分信 209

---

[148] *Lummus Co. v. Commonwealth Oil Refining Co.*, 297 F. 2d 80 (2d Cir. 1961).

[149] See *Parklane Hoisery Co. v. Shore*, 439 U. S. 322, 99 S. Ct. 645, 58 L. Ed. 552 (1979). See also *Restatement (Second) of Judgments* §28.

任与尊重原则要求,第二个法院出于判决承认之目的应采用第一个法院的标准。[150] 不过,有些法院逾越了这一宪法要求,而根据**法院地法**赋予了外州判决以排除效力。[151] 此外还有一个问题:听审异籍案件[152]的联邦法院是可以采用其自己的请求界定标准,还是应当适用其所在州的法律规定("伊利原则",*Erie*-doctrine)。主流观点将该问题定性为程序问题[152a],因此把它归入联邦法院的决策权范围;最近一份联邦最高法院的判决支持了这种看法。[153]

### 10. 复审和上诉

联邦宪法并未赋予当事人上诉权,但几乎所有的州都的确提供了至少一次的上诉机会。这方面的例外是诸如弗吉尼亚州和西弗吉尼亚州的规定:向上一级高等法院上诉先要经过初审法院的许可。[154] 大陆法系区分初级上诉和终级上诉[比如"上告"(revision)*];初

---

[150] 参见《联邦成文法大全》第 28 篇第 1738 条第 3 项:"此类……司法行为……应得到同样的充分信任与尊重……正如此类司法行为发生于本州根据法律或惯例所获得的信任与尊重……"

[151] See *Hart v. Am. Airlines*, 304 N. Y. S. 2d 810 (N. Y. Sup. Ct. 1969). 关于批评性的评论,参见 *Hay/Borchers/Symeonides*, Conflicts § 24. 2。See also *Erichson*, Interjurisdictional Preclusion, 95 Mich. L. Rev. 945 (1998).

[152] 在联邦问题案件中,这种问题不会出现,因为联邦法院首先适用的是联邦法而不是州法。

[152a] See *Friedenthal/Kane/Miller*, Civil Procedure, 697; *Wright*, Law of Federal Courts, 737; *Degnan*, Federalized Res Judicata, 85 Yale L. J. 741 (1976); but see: *Burbank*, Interjurisdictional Preclusion, Full Faith and Credit and Federal Common Law: A General Approach, 71 Cornell L. Rev. 733 (1986).

[153] 在"塞姆泰克国际公司诉洛克希德·马丁公司案"[*Semtek Int'l Inc. v. Lockheed Martin Corp.*, 531 U. S. 497, 121 S. Ct. 1021, 149 L. Ed. 2d 32 (2001)]中,联邦最高法院对于适用联邦民事诉讼法还是州民事诉讼法作了新颖但艰难的区分。在"宾夕法尼亚州谢迪格罗夫美容社诉好事达保险公司案"[*Shady Grove Orthopedic Associates*, *P. A. v. Allstate Insurance Co.*, 130 S. Ct. 1431 (2010)]中,联邦最高法院将《联邦民事诉讼规则》的规则 23 定性为程序法;因此,是该规则,而非纽约州禁止针对惩罚性赔偿或法定赔偿提起集团诉讼的法律规定,在这次联邦诉讼得到适用。See the annotations by *Freer* and *Arthur*, The Irrepressible Influence of *Byrd*, 44 Creighton L. Rev. 61 (2010), and *Hay*, *Weintraub*, *Borchers*, Conflict of Laws (14th ed. 2013), 674, 684. 对此的全面探讨,参见 *Friedenthal/Kane/Miller*, Civil Procedure 697; *Wright*, Law of Federal Courts 737—738; *Degnan*, Federalized Res Judicata, 85 Yale L. J. 741 (1976); *Burbank*, Interjurisdictional Preclusion, Full Faith and Credit and Federal Common Law: A General Approach, 71 Cornell L. Rev. 733 (1986). 由于"谢迪格罗夫美容社案"判例中不存在多数意见,因此下级法院的判决前后不一。Compare, e. g., *Makaeff et al. v. Trump University, LLC*, 736 F. 3d 1180 (9th Cir. 2013) and *Scola v. Publix Supermarkets, Inc.*, 557 Fed. Appx. 458 (6th Cir. 2014)(两份判决均适用了规则 23),with *Davenport et al. v. Charter Communications, LLC*, 35 F. Supp. 3d 1040 (D. Mo. 2014), appeal pending [适用规则 23 将违背联邦的《授权法》(Rules Enabling Act)]。其他的探讨,参见 *In re Target Corporation Customer Data Breach Litigation*, 2014 WL 7192478 (D. Minn. 2014)。

[154] See Rules of Virginia Courts, Va. R. Ann., R. 2A:1 (2003); W. Va. R. Civ. Pro. 81(a) (2003).

\* 德国的上诉制度有"控诉"(Berufung)和"上告"之分。前者指向中级上诉法院(州高级法院)上诉,后者指向联邦法院上诉。参见徐卉:《外国法证明问题研究》,载《诉讼法论丛》(第 3 卷),法律出版社 1999 年版,第 576 页。——译者注

级上诉允许法院对案件全面重审,而终级上诉法院只审理法律问题。美国法中不存在这种区分,上诉法院仅审理法律问题。[155]

211 当事人只能对初审最终判决(final judgments)提出上诉(例如在联邦法院依据《联邦成文法大全》第28篇第1291条上诉)。对于一些中间命令(interlocutory orders),《联邦成文法大全》第28篇第1292条规定了个别例外。《联邦上诉程序规则》(Federal Rules of Appellate Procedure)调整联邦法院的复审过程。该法还规定了上诉期限——从判决登录之日起30日,当事人若上诉必须在此期间提出。[156] 上诉法院复审判决中有关法律问题的部分,初审法院的事实裁定通常不在复审之列(参见上文第108段)。[157] 初审法院对事实问题的裁定出现了"明显的错误"(clearly erroneous),唯有此时上诉法院才可能推翻原判,发回下级法院重新审理。[158] 此时适用的是高标准,即上诉法院必须"不容置疑且坚定不移地确信初审法院已经犯了错误"。[159]

212 上诉的进行并不妨碍判决的**执行**。金钱判决通常在判决登录之日起10日内可执行完毕。但是,上诉人可通过提供担保使判决中止执行。[160]

(二) 判决的承认和执行

1. 一般问题和考虑因素

213 执行的前提是判决为州内(本地)判决。这意味着,不是州外判决自身宣告具有执行力就可强制执行,而是外州(国)判决代表了一种请求,胜诉债权人基于该请求可以寻求将州外判决登录为本地判决。对于州际案件,重要的是记住:根据**并入原则**(merger doctrine)(前文第202段),债权人的原请求已经融入判决之中。当前,正是该判决代表了原请求,为了在本地执行而要将该判决登录为本地(第二个)判决。但是,如果第一个判决是外国判决,则原请求并未融入判决之中,而是与判决并行不悖。[161] 外国(第一个)判决因而并不构

---

[155] See, for instance, *Freer/Perdue*, Civil Procedure 767 et seq.
[156] Fed. R. App. P. 4.
[157] 因此,在上诉审层面不可能对案件事实进行重审。See also *Friedenthal/Kane/Miller*, Civil Procedure § 13.4.
[158] F. R. C. P. 52 (a); *Freer/Perdue*, Civil Procedure 767 et seq.
[159] *Anderson v. Bessemer City*, 470 U. S. 564, 573 (1985).
[160] See Fed. R. App. P. 8(b); *Restatement (Second) Judgments* § 13 (1982).
[161] 对此的批判性探讨,参见 *Hay/Borchers/Symeonides*, Conflicts § 24.3; *Hay*, On Merger and Preclusion (Res Judicata) in U. S. Foreign Judgments Recognition—Unresolved Doctrinal Problems, in: *Schütze et al.* (eds.), Festschrift für Reinhold Geimer 325 (2002).

成提起一个新请求的诉讼关卡:是基于原请求起诉还是寻求对第一个判决的承认,原告或债权人具有选择权。

214　　在第二个州展开的判决承认程序是一种当事人之间对抗的程序。因此,第二个州原则上需要享有针对当事人的对人管辖权。但是,法院也有可能采用法定的简易程序和对州外判决进行登记(参见随后的下文)。[162]

2. 州际判决承认的实践

215　　《联邦成文法大全》第28篇第1738条旨在执行联邦宪法中的**充分信任与尊重**命令,该命令意指,美国的每个法院应当赋予另一个美国法院的判决以法律效力,与其在作出地的州所具有的效力等同。[162a] 传统上,第一个州的判决应当为终局判决。[162b]

216　　除了依据充分信任与尊重命令的判决承认程序,《联邦成文法大全》第28篇第1963条规定了一份联邦法院判决在其他联邦法院的登记程序。但是,该种登记局限于追回金钱或财产的判决。与判决承认的程序类似,判决登记同样在第二个州产生一个新判决。

217　　在州法院的实践中,存在一种可与联邦法院登记程序相媲美的简易承认程序。在部分州生效的《统一执行州外判决法》(Uniform Enforcement of Foreign Judgments Act)(尽管采用了这样的统一法名称,还是没有将外国判决包括在内)允许对姊妹州的判决予以登记。重要的是注意,该统一法所提供的承认与执行速度是有代价的:该法允许承认的法院考虑依本地法对执行提出的抗辩,而不是根据充分信任与尊重命令将抗辩依据限定在判决作出地州的法律。尽管许多法院只是慎重地采用这种程序,但是此类程序毕竟存在。因此,胜诉债权人必须作出抉择,是寻求充分信任与尊重条款所规定的镜像式(mirror image)承认(由于需要基于原判决起诉,因此该方法可能耗时漫长),还是采用《统一执行州外判决法》提供的更快捷但更冒险的途径。

---

[162]　在州际的司法实践中,判决债务人的财产(资产)在当地就足以满足要求,就不再另外需要法院对其具有对人管辖权。参见 *Shaffer v. Heitner*, 433 U. S. 186, 210 n. 36 (1977)。

[162a]　由于普通法上承认州外判决采用的是一种重新作出本地判决的方法,因此一份外国判决(下文第218段及以下段落)一旦在美国一个州获得承认,充分信任与尊重的要求便适用于该判决,由此将获得其他州的承认。但实践非尽然如此,参见 *Reading & Bates Construction Co. v. Baker Energy Resources Corp.*, 976 S. W. 2d 702 (Tex. App. 1998) (没有通过"后门"获得承认)。对该案判决的批评,参见 *Hay*, Recognition of a Recognition Judgment Within the European Union—"Double Exequatur" and the Public Policy Barrier, [I-2009] Eur. L. For. 61 [= *Hay et al.* (eds.), Liber Amicorum *Tibor Várady* 143 (2009)]。

[162b]　对于可变更的扶养费判决,这个要求在过去曾导致不少难题。对于这类判决,现代立法已经改变了传统规则。参见下文第496段及其以下段落。

### 3. 对外国判决的承认

主流观点认为承认外国判决属于州法调整的范围。与姊妹州的判决形成鲜明对比,外国判决并不受益于充分信任与尊重的命令。在州际判决承认中,原判法院的司法可产生**既判力**(参见前文第 201 段),依据充分信任与尊重条款,在其他州应获得认可;与之相反,外国法院判决在美国的承认总是面临质疑。　218

在审查外国法院的管辖权时,美国法院采用镜像规则。假如设身处地,美国法院自己会行使管辖权,则外国法院的管辖就可以接受;结果,外国判决受益于美国的宽泛管辖权,只有少数外国法中的管辖依据会被视为过度扩张。美国法院通常承认外国原判法院的管辖权。审查管辖权还会扩展到质问:外国法院是否遵守了像美国法院所理解的诉讼上的正当程序原则,比如被告是否获得了充分的抗辩机会。除了少数州,承认外国判决各州普遍不要求互惠。[163]　219

如同州际判决,外国判决的承认与执行也有一种加快的可能途径。这就是《统一承认外国金钱判决法》(Uniform Foreign Money-Judgments Recognition Act)所提供的方法;该法已经在部分州生效,并且如其名称所示,仅适用于金钱判决。该法明确规定:外国判决应当符合美国正当程序理念,并不得违反被请求承认州的政策。这些要求并未对现有法律增加新鲜内容,而只是重述已有规定而已。　220

违反被请求承认的州的公共政策,对于这种外国判决,该州始终保留拒绝承认的权利。在欧盟内部有关外国判决承认的实践中,为了确保公共政策抗辩理由不被滥用于审查外国判决的实质问题,欧盟法对其适用作了严格限制。[163a] 在美国的州际实践中,"融合"原则对于金钱判决可产生同样的效果[163b];潜在的诉讼请求已被融入金钱判决中,它不再独立存在,金钱判决本身不会违反公共政策。但是,"融合"原则并不适用于国际(外国)判决。判决背后的诉讼请求、外国法院采用的诉讼程序和法律,均有可能导致美国法院对外国判决运用公共政策例外制度。结果,一些美国法院在遇到如下外国判决时就曾拒绝承认:若诉讼在美国,该判决背后的诉讼请求或者外国法院采用的诉讼程序会触犯美国的正当程序　220A

---

[163]　See *Hay/Weintraub/Borchers*, Conflicts Ch. 5 (1). *Hay*, On Comity, Reciprocity, and Public Policy in U.S. and German Judgments Recognition Practice, in: *Basedow et al.* (eds.), Private Law in the International Arena—Liber Amicorum Kurt Siehr 237 et seq. (2000).

[163a]　See Arts. 33—36, 41, 44—45, Regulation (EC) No. 44/2001 ("Brussels I"), as amended, [2001] Official Journal L 012/1.

[163b]　*Fauntleroy v. Lum*, 210 U.S. 230 (1908).

标准,则承认外国判决本身将构成违反正当程序的行为。[164]

220B　值得一提的是,英国有关诽谤和侵犯隐私权的赔偿判决在美国一度引发对正当程序的关切。此类判决适用的实体法不认可美国的"公众人物"抗辩,而且程序上英国法实行责任倒置。英国法院因此对控告美国被告的诉讼极具吸引力,胜诉的原告随后到美国请求承认与执行相应的判决。这种做法后来被称作"诽谤诉讼旅游"(libel tourism),美国一些州法院拒绝承认这类英国判决,认为其违反了美国联邦宪法(第一修正案)对言论自由的保障。[164a] 2010年,美国国会通过了一部联邦成文法——《本国恒久固有宪法遗产保护法》(SPEECH Act),要求法院拒绝承认此类外国判决,由此取代了各色各样的州法。[164b] 据此可合理推定:几乎没有任何他国的法律对言论自由和隐私权的保护方式,可与美国宪法"第一修正案"相媲美,因此涉及此类权利的外国判决将被美国拒绝承认。当美国判决力图在他国获得承认时,他国法中有关此类判决的任何互惠要求将无法得到满足。

### 4. 执行

221　法院执行败诉债务人财产的方法是对其财产实施扣押(attachment)[扣留(arrest)、占有(seizure)]并公开出售(强制出售,forced sale)。执行的法律依据是在承认程序中登录的本地(第二个)判决。由于第二个判决就是本地的原始判决,因而此处并不区分执行的第一个判决是姊妹州的判决还是外国的判决。

---

[164] See *Matusevitch v. Telnikoff*, 877 F. Supp. 1 (D. D. C. 1995). 对此的探讨,参见 *Hay*, supra n. 162; *Hay*, Comments on Public Policy in Current American Conflicts Law, in: Baetge and von Hein (eds.), Die richtige Ordnung—Festschrift für Jan Kropholler 85 (2008).

[164a] 参见上注[164]。

[164b] 28 U.S.C. § 4101—4105 (2014). See *Barbour*, The SPEECH Act: The Federal Response to "Libel Tourism," U. S. Congressional Research Service No. 7-5700 (2010). 适用该法的判决,参见 *Trout Point Lodge Ltd. v. Handshoe*, 729 F. 3d 481 (5th Cir. 2013)(拒绝承认来自加拿大新斯科舍省的判决)。在对该法进一步适用中(背离上文第 154 段提到的有关律师费的通常美国规则),初审法院判给胜诉的被告律师费 48000 美元。2013 WL 6524650 (S.D. Miss. 2013). 对该法的批判,参见 *Hay*, Reviewing Foreign Judgments, in Geimer/Schütze (eds.), Festschrift für Kaissis (2012).

## 五、 替代性争端解决方式

### （一）概述

诉讼不仅费用高昂,而且经常旷日持久。美国诉讼的对抗性甚至争锋好斗的本质还可能对当事人的未来关系产生严重影响;如果没有这场纠纷,当事人本来可能有意保持彼此之间的商业关系。为了节省费用和快速解决,以及由于上述原因,解决纠纷的替代技巧渐次出现,期望能更好地服务于当事人的利益,同时减轻法院繁忙的司法工作。此类技巧有多种不同的形式[165],它们总体上称为**替代性争端解决方式**(alternative dispute resolution)。其中最为有名的是仲裁和调解。该领域在美国持续得到广泛关注和发展[166],在其他法律体制下发展的势头同样日新月异。

### （二）替代性争端解决方式

替代性的争端解决可以采用多种形式,其中的大多数涉及第三方的参与。在形式上,无论是裁决的依据、裁决结果的终局性,还是对当事人的约束力,替代性争端解决程序与传

---

[165] 关于联邦法院管理的不同 ADR 程序相关资料的样本,参见网址:http://www.usdoj.gov/odr/index.html。其他信息可见于 www.mediate.com 和 http://adrr.com。以德语对此的综述,参见 *Hay*, Zur konsensualen Streitbeendigung in Zivil- und Handelssachen in den USA, in: *Breidenbach/Coester-Waltjen/Heβ/Nelle/Wolf* (eds.), Konsensuale Streitbeilegung—Akademisches Symposion zu Ehren von Peter F. Schlosser 101—110 (Vol. 13 of the Veröffentlichungen der Wissenschaftlichen Vereinigung für Internationales Verfahrensrecht e. V., Giesing 2001)。

[166] 比如参见 *Goodman*, The Pros and Cons of Online Dispute Resolution, 2003 Duke L. & Tech. Rev. 4 (2003); *Hensler*, How the Alternative Dispute Resolution Movement is Re-Shaping Our Legal System, 108 Penn St. L. Rev. 165 (2003); *Sanchez*, Back to the Future of ADR: Negotiating Justice and Human Needs, 18 Ohio St. J. on Disp. Resol. 669 (2003). 关于欧洲大陆学界的观点,参见 *Breidenbach*, Mediation—Struktur, Chancen und Risiken von Vermittlung im Konflikt (1995); *Schmidt*, Wirtschaftsmediation—die nicht gesehene Chance, in: Mediation & Recht Betriebsberater für Konfliktmanagement, Beilage 10 zu Heft 40/1998, at 6—9; *Prütting*, Mediation und gerichtliches Verfahren—ein nur scheinbar überraschender Vergleich, in: Mediation & Recht Betriebsberater für Konfliktmanagment, Beilage 9 zu Heft 27/1999, at 7—12。

统的诉讼存在差异。下文简要勾勒几种最重要的方式。[167]

1. 仲裁

224　　仲裁或许是最广为人知的一种替代性争端解决方式。根据当事人之间的仲裁协议组成的仲裁庭作出具有拘束力的裁决。相对于司法程序,仲裁程序少些繁文缛节和错综复杂,但更加快捷高效。仲裁员通常是相关争议领域的专业人士,对类似纠纷具有丰富的处理经验。他们由当事人或仲裁机构任命,这类机构比如有位于巴黎的国际商会和位于伦敦的国际商会。在美国的州际实践中,主要的规则渊源是《统一仲裁法》。[168] 该法对州内仲裁程序作了规定,但是没有涉及对州外(外州或外国)仲裁裁决的承认问题。因此,州外裁决的承认需要本地的一份承认判决;相应地,该裁决就有权根据充分信任与尊重条款在美国全境获得承认。

225　　《联邦仲裁法》(Federal Arbitration Act)[169]规定了仲裁条款的可执行性,并要求承认有关海事和商事合同请求的仲裁裁决。对特定领域的具体指向,将该法衔接到联邦在州际和国际商业以及海事领域的立法权。但是,当仲裁协议与联邦法院的异籍管辖权相互交织时,仲裁条款是否合法有效则取决于州法。但是,在最近的判决中,联邦最高法院裁定,约定单独仲裁的合同条款可取代州法中要求消费者合同可采用集团诉讼的规定(前文第183A 段)。

225A　　作为有关仲裁的《纽约公约》的缔约国,美国有义务通过国家的程序法承认外国仲裁裁决的约束力和可执行性。[170] 对于美国而言,适用缔约国法律是否意味着,在执行仲裁裁决债务人财产之前,法院"属人管辖权"的要求应得到满足?答案应为"否"。[171] 如果仲裁庭根据仲裁协议具有管辖权,那么就不应再有进一步的管辖权要求,不需要为了执行裁决而复审管辖权问题。[172] 同样的结论也适用于因不方便法院原则而拒绝承认与执行仲裁裁

---

[167] 关于 ADR 的各种形式及其优缺点的描述,参见 Frey, Alternative Methods of Dispute Resolution (2d ed. 2002); Mayer, Beyond Neutrality: Confronting the Crisis in Conflict Resolution (2004)。

[168] 7 U.L.A. §1 (Master Ed. 1997,带有 2004 年增订条文)。美国统一州法委员会(NCCUSL)在 1955 年公布了该法的最初文本。该法于 2000 年由美国统一州法委员会修订,修订本如今已经为 17 个州和哥伦比亚特区所采纳。更多的信息,参见 http://uniformlaws.org/(检索词:Arbitration Act)。

[169] 9 U.S.C. §1 et seq (2014)。

[170] Art. III of the Convention, 21 UST 2517, 330 UNTS 3:"承认仲裁裁决具有约束力,并依据(美国)程序规则予以执行。"

[171] See Base Metal Trading, Ltd. v. OJSC "Novokuznetsky Aluminum Factory," 47 Fed. Appx. 73 (3rd Cir. 2002)。

[172] Russell J. Weintraub, Commentary on the Conflict of Laws § 4.27 (6th ed. 2010)。

决。法院曾因不方便法院原则准许了驳回执行仲裁裁决请求的动议，其推理是：该争点属于程序问题，因此应继续适用缔约国的国内法。[173] 但是，看来可靠的结论是：为了公约的目的，"程序问题"应意指，且应局限于有关执行的"**方式**"问题，而不应涉及或影响"**是否**"执行有效仲裁裁决的义务问题。[174]

2. ADR 的其他方式

在向法院起诉之前，原告可能必须求助于诉前程序，例如"附设于法院的仲裁"（court-annexed arbitration）。这种替代性争端解决（ADR）方式可能适合于金额较低的请求。在此审前阶段，证据开示规则可以限制性地适用，从而节省时间和金钱。如果一方当事人不同意处理结果，则诉诸普通法院的途径依然畅通。这种类型的 ADR 可能同时规定：寻求司法救济的一方当事人如果在法院获得的判决金额要比 ADR 裁决更少，则他承担诉讼所导致的额外费用。此类 ADR 的另一种变形是：在提起诉讼之前，专业性的请求可能要交给专家小组解决，或者至少有这样的建议。对于医疗失职的请求，这种方式特别有用。

226

"**租借法官**"（rent a judge）的含义恰如名称所示。当事人协议选择一名（可能已退休的）法官个人裁断争议，这类法官如同仲裁员，服务收费。这种程序简便易行，不过其产生的判决可被视作法院的判决，当事人可以提出上诉。在**协商和解**（negotiated settlements）中，当事人自行达成和解协议，无第三方参与。这意味着该方式不需要正式判定事实或者裁决依据。简单"找到"解决方案足矣，不必参照法律依据，而只是设法调和双方当事人的利益。

227

**调解**（mediation）需要当事人在第三人（调解人）面前协商，调解人协助解决纠纷。调解中若有任何决断，那也是当事人自行作出的，而不是由调解人给予的。调解人的角色可由当事人以不同的方式界定。当事人可以将调解人的作用限定在让当事人见面，而不授权他积极参与其中，或者将调解人的作用限定在提交建议的方案。另一方面，调解人参与解决

228

---

[173] See *In the Matter of Arbitration between Monegasque de Reassurance S. A. M. v. Naftogaz of Ukraine*, 311 F. 3d 488 (2d Cir. 2002); *Prodprogramma-Impuls Ltd. v. Bank of India*, 2012 U. S. Dist. LEXIS 88783 (S. D. N. Y. 2012).

[174] 在这方面，参见如下判决中的异议：*Figueirdo Ferraz E Enhenharia de Projeto Ltda v. Republic of Peru*, 665 F. 3d 384, 396 ff. (2d Cir. 2011)，该判决仅关注成文法的承认要求，并因此批判了大多数判决遵循的一份判例：*Monegasque de Reassurance*（上注）。有关的探讨，另见 Nils Wiese, Die *forum non conveniens*-Lehre im recht der Vollstreckbarerklärung in den USA ch. 4 (2014).

纠纷可以更加积极主动,此时调解类似仲裁,而只是没有后者的约束力。调解时当事各方可以一起参加,也可以对一方当事人单独调解。

228A **纠纷在线解决机制**(ODR)或"虚拟审理"(virtual hearings)属于新型的替代性争端解决方式。联合国国际贸易法委员会已为国际在线交易纠纷的解决起草了一份规则框架。[175] 相关的示范文本可见于 http://www.ecodir。[176]

---

[175] 关于联合国国际贸易法委员会制定纠纷在线解决机制规则的进展,参见 http://www.uncitral.org/uncitral/commission/working_groups/3Online_Dispute_Resolution.html。

[176] See also *Thomas Stipanowich*, The third arbitration trilogy: Revelation, reaction and reflection on the direction of American arbitration, SCOTUSblog (Sept. 21, 2011, 8:36A.M.,), http://www.scotusblog.com/2011/09/the-third-arbitration-trilogy-revelation-reaction-reflection-on-the-direction-of-american-arbitrastion/.

# 第四章 冲突法(国际私法)

一、引言
二、法律渊源
三、历史演进和当前关于法律选择的争论
四、一般原则(普遍问题)
五、具体领域的法律选择

**参考书目**:*American Law Institute*, Restatement (Second) Conflict of Laws, 1971; *Dicey/Morris/Collins*, The Conflict of Laws, 15th ed. 2014; *Hay*, The Situs Rule in European and American Conflicts Law, in: *Hay/Hoeflich* (eds.), Property Law and Legal Education—Legal Essays in Honor of John E. Cribbet, 1988; *Hay*, Environmental Protection and Civil Liability in the United States, in v. Bar, ed., Internationales Umwelthaftungsrecht I, 129 (1995); *Hay*, Flexibility versus Predictability and Uniformity in Choice of Law, Hague Academy, 226 Recueil des cours 226 (1991-I); *Hay*, International and Interstate Conflicts Law in the United States, 35 Rabels Zeitschrift 429 (1971); *Hay/Weintraub/Borchers*, Conflict of Laws—Cases and Materials, 14th ed. 2013; *Juenger*, Choice of Law and Multistate Justice, 2005; *Hay/Borchers/Symeonides*, Conflict of Laws, 5th ed. 2010; *Weintraub*, Commentary on the Conflict of Laws, 6th ed. 2010; *White/Summers*, Uniform Commercial Code, 6th ed. 2010; Symeonides, Codifying Choice of Law Around the World (2014); Symeonides, Survey of American case law, annually in Am. J. Comp. L. [for instance, in vol. 64 (2016) for 2015 case law].

## 一、引言

229　　国际私法(更为常见的美国用语为"冲突法")涉及美国法和外国法之间的关系,以及美国联邦体制下各种州法之间的关系。它处理如下问题:哪个法院对争议事项有管辖权,适用于案件的适当准据法是什么,法院判决在审判地以外法域的效力如何。因此,除了严格意义上的国际私法之外,冲突法还包括国际民事诉讼法。[1]

230　　如上所述,冲突法的规则和原则不仅适用于解决涉及外国的问题,而且适用于解决联邦内的州际问题。恰如实体私法属于州法,冲突法规则和原则同样为州法。因此,在美国的诸多日常法律事务和纠纷中,司法管辖权和准据法问题不仅常见而且非常重要。除了判

---

〔1〕 国际民事诉讼法的问题(特别是司法管辖权和判决的承认)是第三章的内容。

决的承认(前文第 209 段)和外域法的查明与适用(前文第 200 段),美国冲突法规则并不区分姊妹州案件和国际(外国)案件。当然,特定领域的条约规定只适用于国际案件。因此,外国法对"美国法"的指引包括其冲突法,而且这时还总是应作进一步的分析,以便找到可适用的具体州的实体法和冲突法。[1a]

## 二、法律渊源

### (一)国际条约

联邦宪法将缔结国际条约的权力赋予联邦政府。国际条约具有与联邦成文法同等的地位和效力。[2] 据此,国际条约优先于与之相冲突的州法适用,同时又可为随后制定的不同联邦成文法所取代。[3]

231

在国际多边层面,美国参与国际统一私法协会(UNIDROIT)和海牙国际私法会议(Hague Conference on Private International Law)的活动,但美国批准这些国际组织所制定的国际条约的情况一直令人失望。美国已经批准了几个程序性公约[4],并在 1988 年批准

232

---

[1a] 对于美国判例——主要是关于法律适用的判例——的全面评析,参见西蒙尼德斯(Symeonides)发表在《美国比较法期刊》(American Journal of Comparative Law)上的年度报告,例如发表在第 63 卷的对 2014 年判例评析的年度报告。

[2] 《美国宪法》第 6 条第 2 款,见书后"附录 2"。

[3] 司法解释试图避免这种结果。但如果无法避免,则随后制定的联邦成文法将适用于国内,美国的国际义务不受影响。

[4] 例如下述海牙公约:《关于取消外国公文认证公约》(Abolishing the Requirement of Legalization for Foreign Official Documents),1981 年 10 月 15 日起对美国生效,33 U. S. T. 883,527 U. N. T. S. 189;《关于向国外送达民事或商事司法文书和司法外文书公约》(the Service Abroad of Judicial and Exrajudicial Documents in Civil or Commercial Matters),1969 年 2 月 10 日起对美国生效,20 U. S. T. 361,658 U. N. T. S. 163;《关于从国外调取民事或商事证据公约》(Taking of Evidence Abroad in Civil or Commercial Matters),1972 年 10 月 7 日起对美国生效,23 U. S. T. 2555,847 U. N. T. S. 231;《关于国际诱拐儿童民事方面公约》(Civil Aspects of International Child Abduction),1980 年 10 月 25 日开放签字,1988 年 7 月 1 日起对美国生效,T. I. A. S. 11670,1343 U. N. T. S. 89。《民事和商事案件管辖权以及外国判决的承认与执行公约》(Convention on Jurisdiction, Recognition and Enforcement of Foreign Judgments in Civil and Commercial Matters)曾列入议程,草案文本见于:ftp://ftp. hcch. net/doc/workdoc49e. pdf (2003 年 12 月文本)。但是,至少目前看,有关这一公约的工作已经于 2003 年终止。目前的立法项目是有关电子商务和破产的公约。进行中的草案全文以及最新的进展,参见 http://www. hcch. net/e/index. html。

了《联合国(维也纳)国际货物买卖合同公约》[UN (Vienna) Convention on the International Sale of Goods];当后者适用时,其效力在各州合同法之上,包括《统一商法典》(Uniform Commercial Code)。

233　　有一些双边条约含有程序法和冲突法的条文。1954年的《美德友好通商航海条约》(U.S.—German Treaty of Friendship, Commerce, and Navigation)就是一个例证[5],它是那个时代众多此类条约的典范;随后的美式"商事组织公约"(Conventions on Establishment)采纳了许多类似规定。这种条约包含了诸如此类的条款:平等对待缔约对方的自然人和法人、对当地不动产的继承权、司法救济的平等、认可依缔约对方国家的法律有效成立的法人(公司)以及类似的规定。但是,这些条约并不涉及判决的承认或者冲突法的其他方面。

## (二) 联邦法和州法

234　　如果一个案件属于联邦的专属管辖范围,或者属于国际条约的调整范围,那么州法就不得适用。若联邦和州的立法管辖权出现竞合,则由联邦成文法以及对其解释的判例法明示或默示地决定联邦法是否优先于州法。[6] 在私法领域,联邦机构向来非常保守,只是克制地行使自己的管辖权。结果,大部分冲突法一直属于各有千秋的州法。不过,联邦法为各州的冲突法设定了限制,比如源自"正当程序条款"和"充分信任与尊重条款"的限制。[6a]

---

[5] See *Walker, Jr.*, Modern Treaties of Friendship, Commerce and Navigation, 42 Minn. L. Rev. 805 (1958).

[6] See *Barnett Bank of Marion County, N.A. v. Nelson*, 517 U.S. 25, 116 S.Ct. 1103, 134 L.Ed. 237 (1996); *English v. General Electric Corp.*, 496 U.S. 72, 110 S.Ct. 2270, 110 L.Ed. 2d 65 (1990). See also *Clark*, The Supremacy Clause as a Constraint on Federal Power, 71 Geo. Wash. L. Rev. 91 (2003); *Davis*, Unmasking the Presumption in Favor of Preemption, 53 S.C. L. Rev. 967 (2002); *Nelson*, Preemption, 86 Va. L. Rev. 225 (2000).

[6a] 联邦最高法院将正当程序的限制表述如下:"选择适用某州的实体法要获得宪法许可,该州必须与案件有一种重要联系或者多种重要联系,即该州具有利益关系,从而使选择适用该州的法律既不任性武断,也不严重不公平。"*All Insurance Co. v. Hague*, 449 U.S. 302, 101 S.Ct. 633, 66 L.Ed. 2d 521 (1981) (适用法院地法要求法院与案件有足够的联系)。运用了这一标准并适用了本地法未被发现违宪的判例: *Phillips Petroleum Co. v. Shutts*, 472 U.S. 797, 105 S.Ct. 2965, 89 L.Ed. 2d 628 (1985)。与宪法中的正当程序条款形成鲜明对比的是,充分信任与尊重条款看来不再对法律选择发挥作用。See, *Franchise Tax Board of California v. Hyatt*, 538 U.S. 488, 123 S.Ct. 1683, 155 L.Ed. 2d 702 (2003)。对此的探讨参见 *Hay/Borchers/Symeonides*, Conflicts § 3.23 et seq。

## （三）伊利原则

前文论述（见前文第 113 段）中提到，除了其他案件，联邦法院对"异籍案件"（diversity cases）具有管辖权：这类案件的当事人拥有不同的州籍或国籍，并且争议的标的额超过了 7.5 万美元。依据州法提出诉讼请求时，这一论断始终适用；但是，依据联邦法提出诉讼请求时，联邦法院的管辖权并不取决于这些标准。 　235

联邦最高法院在 1938 年作出的一份判决奠定了界分联邦法和州法之间关系的基石，它确立了众所周知的"伊利原则"。[7] 该院主张，联邦机构（见上文第 113 段）的有限立法权决定了如下结论：只要国会没有立法权，联邦法院就没有权力创设（通过联邦判例法）与州法竞合的法律，更别说优先于州法适用的法律。联邦最高法院同时援引了得出这一结论的政策理由。因而，为有助于防止挑选法院（forum shopping），可取的做法是位于同一州的州法院和联邦法院均以统一的方式适用法律。[8] 由于"伊利案"的判决，联邦法院在涉及州法（异籍）的案件中必须适用其所在州的实体法。根据随后的一份判决，这一规则同样适用于各州的冲突法[9]，尽管"伊利"原则中的宪法和政策因素并未真正要求出现这种结果。恰如联邦法适合调整两州或多州之间的地域边界，包括联邦判例法在内的联邦法有权调整各州之间的关系，这种主张的确有其道理。但是，在现行的联邦法中，只有联邦程序法由联邦立法机关（或由经授权的联邦最高法院）创立。[10] 　236

联邦法院在裁判异籍案件时，对于程序问题适用联邦法，而对于实体问题，则如上文所述依据某个州的法律判定。由于这种法律适用上的差异，将一个争议问题是识别为"程序问题"还是"实体问题"就成为联邦法院和州法院审判实践中最为棘手的问题之一。由联邦最高法院确立的基本判断标准是探求一个特定的问题或争点是否会"对案件结果具有决定性的影响"，该标准探究适用州法是否比适用联邦普通法规则（牢记联邦成文法效力高于州法）会实质性地影响或者甚至改变案件的结果。这个模糊标准一直是大量解释性判例法的 　237

---

[7] "伊利铁路公司诉汤普金斯案"[*Erie Railroad v. Tompkins*，304 U. S. 64，58 S. Ct. 817，82 L. Ed. 1188（1938）]；被告为一家铁路运输公司，原告在沿铁路的轨道（路右边）散步时被被告的经行列车撞伤。根据宾夕法尼亚州法律，原告无索赔权，但是根据侵权领域的联邦普通法，他将享有索赔权。

[8] 伴随这个判决，联邦最高法院基于宪法和政策的缘由废弃了在此之前适用的规则；此前的规则要求联邦法院只需遵循各州的制定法，其他情况下联邦法院可以在异籍案件中适用联邦普通法。这曾经是"斯威夫特诉泰森案"（*Swift v. Tyson*）判决中所采用的对州法的解释性限制（interpretive limitation），41 U. S. 1，10 L. Ed. 865（1842）of 28 U. S. C. A. §1652。

[9] *Klaxon Co. v. Stentor Electric Manufacturing Co.*，313 U. S. 487，61 S. Ct. 1020，85 L. Ed. 1477（1941）；confirmed in *Day & Zimmermann，Inc. v. Challoner*，423 U. S. 3，96 S. Ct. 167，46 L. Ed. 2d 3（1975）。

[10] See，for instance，*Hanna v. Plumer*，380 U. S. 460，85 S. Ct. 1136，14 L. Ed. 2d 8（1965）。

主题。看似已经确定的是,若某一问题受《联邦民事诉讼规则》调整,则其始终适用联邦法[11],但即便这一结论也仅在无法通过倾向于州法适用的法律解释消除联邦法与州法冲突的情况下成立。[12] 在其他许多情况下,界分联邦法和州法的适用范围甚至更为困难。[13] 例如联邦最高法院至今仍未明确判定的一个问题是:若支持另一(协议管辖的)法院管辖权的选择法院条款会损害一个法院的管辖权,则判断这种条款的有效性和效力是依据联邦(程序)法还是依据可能否定当事人选择的州法?现在大多数联邦法院或许会将选择法院定性为程序问题(涉及联邦法院的管辖权),因而依据联邦法作出裁决。[13a]

## 三、历史演进和当前关于法律选择的争论

### (一) 连结点和选择标准

为涉外案件指定一种法律——作出法律选择,要求平衡相关当事人之间的利益和相关法域之间的利益。这种利益平衡可采用两种方式中的一种:制定附以例外规定或例外制度的抽象冲突法规则或者进行个案分析。若采用个案分析方法进行法律选择则必须斟酌相关法律体系中冲突法的理论基础,这可能是一件令人望而生畏的任务。然而,无论法院采用规则导向方法还是个案分析方法,这种艰难的理论分析在一定程度上都难以避免:欧洲国际私法的"总则"部分——比如识别、反致和公共政策的考虑因素——通常包含对外国法

---

[11] 颁行《联邦民事诉讼规则》是基于联邦的职权,因而不会出现"伊利案"判决中提出的宪法问题。See Hanna v. Plumer, 380 U. S. 460, 85 S. Ct. 1136, 14 L. Ed. 2d 8 (1965). See also Shady Grove Orthopedic Associates, P. A. v. Allstate Ins. Co., 130 S.Ct. 1431 (2010).

[12] Walker v. Armco Steel Corp., 446 U.S. 740, 100 S.Ct. 1978, 64 L. Ed. 2d 659 (1980).

[13] For example, see Gasperini v. Center for Humanities, 518 U. S. 415, 116 S. Ct. 2211, 135 L. Ed. 2d 659 (1996)[对于陪审团基于州法对赔偿金的评定,联邦宪法中的"复审条款"(Reexamination Clause)禁止再审;针对联邦法院是否有权再审此类评定的问题,该判决区分联邦一审法院和联邦上诉法院不同情形予以处理]。另见"马里斯诉美国整形医生学会案"[Marrese v. American Academy of Ortho. Surgeons, 470 U. S. 373 (1985)]:在州法院对一起案件本无事项管辖权的情况下,是依据联邦法还是依据州法决定一份联邦法院判决对一个争点的既判力?联邦最高法院判定,既判力由州法决定。对此一个法院评论道:这是强加给州法院一项"玄妙空幻"(metaphysical)的苦差事。628 F. Supp. 918, 919 (N. D. Ill. 1986)。

[13a] See Gita Sports, Ltd. v. S.G. Sensortechnik GmbH & Co. KG, 360 F. Supp. 2d 432 (W. D. N. C. 2008); WW Health Care Consultants, LLC v. Lintech, LLD, 2014 WL 354373 (W. D. N. C. 2014).

的价值判断,这与更倾向于个案分析的美国法方法非常类似。

1932 年的《冲突法重述(第一版)》\*以属地主义为导向。它以既得权思想为出发点,并为判定和承认既得权确立了僵硬的冲突法规则。当冲突法规则导致不合情理或有失公平的结果时,法院可利用"公共政策例外"(参见下文第 254 段)和对争议问题的重新识别调整冲突法规则的适用。 239

现代冲突法方法中的法律选择思路纳入了多种考虑因素,尤其关注的是当事人的期望和相关法域的政策"意愿"。在反思如何选择法律时,**法律适用意愿分析**("意愿分析")\*\*一度作为现代法律选择分析方法中或许最为重要的首先(以及后续的)考虑因素。法律适用意愿分析方法最早由布雷纳德·柯里(Brainerd Currie)提出,主要区分"虚假冲突"(false conflicts)(相关法域的法律和政策并不冲突,因而无理由不适用法院地法)[14]和"真实冲突"(true conflicts)。若相关法域法律背后的政策确实相互冲突("真实冲突"),且其中一法域为法院地,则后者的法律和政策应当优先,理由是法院虽不得承担立法职能,但应促进本地法律和政策的实现。若案件不涉及法院地的政策,则法院应评判相关法域的相对意愿。伴随时间推移,这些基本原则已经变得相当完善,不过,"意愿分析"的确还是呈现出鲜明的法院地法倾向。研究表明,相对于诸如欧洲之地,在美国其他现代法律选择方法同样会更频 240

---

\* 在本章中,下文简称《第一重述》。关于美国的"法律重述",参见许庆坤:《美国法学会"法律重述"及其对我国民间法研究之镜鉴》,载《暨南学报(哲学社会科学版)》2014 年第 6 期,第 52—57 页。——译者注

\*\* 目前国内国际私法学界一般将"governmental interests analysis"翻译为"政府利益分析",但这种译法误解了柯里的原意,而且令人费解。柯里的理论其实进一步发展了凯弗斯(Cavers)"规则和结果分析方法",极端关注法律背后的政策及立法目的在个案中的实现与否。译者经研读柯里的全部相关论文以及众多美国学者对该学说的评述,并向本书的作者彼得·海多次请教,认为"法律适用意愿分析"或许为更妥当的翻译。对此的论证,参见许庆坤:《"政府利益"分析抑或"法律适用意愿"分析——对柯里"政府利益分析说"的反思》,载《法学新论》2013 年第 2 期。——译者注

[14] 何时存在"虚假冲突"? 当然,此类冲突首先存在于甲地和乙地的法律相同时。若两者不同,则乙地(法院地)追问是否甲地的法律想要(intended)适用于法院受理的当前案件(比如只涉及乙地的当事人时)。若答案是否定的,则不存在法律冲突;该案显示为一种"虚假冲突",乙地有正当理由适用自己的法律。例如,假设双方当事人均来自乙地,侵权发生于甲地,甲地的法律会限制被告的赔偿责任,而乙地的法律却无此种限制,那么难道不应该得出下面的结论:在该案中甲地的赔偿责任限制法并无意愿保护乙地的被告而不利于乙地的原告,因而不适用于当前案件——复言之,这意味着该案显示为一种"虚假冲突"? 若情况如此,则乙地的法律应得以适用。其实,上述假设案件的判定方式就是实践中的做法。参见下文第 262 段中"纽梅尔案"(Neumeier)的判决,另见德国法《民法施行法》第 40 条第 2 款。适用欧盟侵权冲突法同样得出这一结论。Regulation (EC) No. 864/2007 ("Rome-II"), [2007] Official Journal L 199/40, Art. 4(2). 但是,假设所举事例中是乙地法含有赔偿责任限制规定,而甲地法没有这种限制,并且原告在甲地起诉;那么,在此情况下,可以说其他的考虑因素——比如甲地法阻止侵权的政策——应该导致不同的结果即适用甲地法吗? 这方面的一个实例,参见 *Downing v. Abercrombie & Fitch*, 265 F.3d 994 (9th Cir. 2001).

繁地导致适用法院地法。[14a]

241　　　另一种法律选择方法大力主张适用**"较好法"**(better law),其背后的思路与法律适用意愿分析类似:若不止一个法域主张适用各自的法律,则应优先考虑"较好法"。[15] 毫不奇怪,大部分法院判定,"较好法"就是本地法。[16]

242　　　1971年《冲突法重述(第二版)》*保留了《第一重述》中的众多规则。然而,对于合同和侵权两个重要领域和其他一些领域的法律选择,《第二重述》指引适用与当事人和争点具有法律选择意义上的"最重要联系"(most significant relationship)地的法律。两条重要规定——第145条(针对侵权)和第188条(针对合同),试图通过罗列应予考虑的多种连结因素(如当事人居所、侵权行为地、合同签订地等)以帮助确定最重要联系地。上述条文的两个方面尤其值得重视。一方面,这两条都规定了应依据个案中的每个争点单独进行法律选择,此种逐个争点分析的方法(分割方法,*dépeçage*)可导致在一个案件中适用多个不同的法律。

243　　　另一方面,如上所述,这两条均含有一份在选择法律时应予考虑因素的清单,这些考虑因素之间没有先后次序之分。这两条均指引适用《第二重述》第6条的"法律适用原则",这

---

　　[14a] 是否、何时以及哪个法域有"意愿"适用法院地法或适用外域法,对此类问题全面而公正的分析,参见 Michael Bogdan, Private International Law as a Component of the Law of the Forum, Hague Academy, 348 Recueil des cours (2010), reprinted in Hague Academy of International Law Pocket Series (2012) 51—78. 在一份判决中对不同意愿的权衡,参见 *Sukak et al. v. American Eurocopter et al.*, 901 F. Supp. 2d 834 (N. D. Tex. 2012)。

　　[15] 关于法律适用意愿分析方法和较好法方法的更多论述,参见 Hay/Borchers/Symeonides, Conflicts §2.9 and §2.13. See also *Juenger*, Choice of Law 98 et seq. (2005)。

　　[16] "较好法"方法让人联想到适用对原告最有利的法律,这是1999年立法之前的德国侵权冲突法的特色,也是修订后的《民法典施行法》(EGBGB)第40条第1款的特色,直至后者被欧共体的《罗马条例 II》(Rome II-Regulation)所取代;《罗马条例 II》只对环境损害的赔偿请求保留了有利于原告的法律适用选择权。Art. 7, Regulation (EC) No. 864/2007, [2007] Official Journal L 199/40. 对此的评论,参见 Thorn, in: Palandt, 7 Bürgerliches Gesetzbuch. Appendix to Arts. 38—42 EGBGB, Rome II Art. 4 No. 1, Art. 7 No. 8 (69th ed. 2010). 在许多国内法中,仍然可见适用实质上对原告更有利的一般规定。See, e. g., Art. 112 of the Sixth Draft of the Model Law of the Private International Law of the People's Republic of China, reproduced in Hay, Borchers, Symeonides (eds.), Comparative Conflict of Laws—Conventions, Codes, Regulations 336, 354 (2009). 俄勒冈州的立法延续了其一贯的传统,即一般选择适用实质上对原告更有利的法律:Art. 8(3)(c), 2009 Ore. Laws Ch. 451 (S. B. 561). 对此的分析,参见 *Symeonides*, Oregon's New Choice-of-Law Codification for Tort Conflicts: An Exegesis, 88 Ore. L. Rev. 963 (2009); *Symeonides*, Codifying Choice of Law for Tort Conflicts: The Oregon Experience, in Comparative Perspective, 12 Ybk. Priv. Int'l L. 17 (2011). 过去,采用"较好法"方法或寻求辨明法律适用意愿的法院判决,经常发现"较好法"就是法院地法,同时法院所在地对适用其法律也具有更强的意愿(恋家倾向)。尽管原告挑选法院其实经常受到法院地冲突法规则的引导,但有利于原告的冲突法规则显得更加不偏不倚。

　　\* 在本章中,下文简称《第二重述》——译者注

些法律适用原则因而也是确定最重要联系地法时另外应考虑的相关规定。[17]对第6条法律适用原则的指引,加上第145条和第188条罗列的更为具体的连结因素,使得法律适用意愿分析或"较好法"有可能成为确定准据法时的考虑因素。鉴于下述原因,这一结论尤其如此:无论是第145条和第188条罗列的(非排他性的)多种考虑因素之间,还是第6条的多个"一般原则"之间并无先后次序之分,面临法律选择任务的法院还要决定给予这些因素和原则的"相对分量"。对这些因素或原则在个案中的相关性与分量的判断会因人而异。

新方法在法院实践中取得了压倒性胜利。许多法院——很可能大多数法院——在合同和侵权领域的冲突法案件中援引并声称依据了《第二重述》。由于《第二重述》中法律选择的判定标准宽泛概括,几乎能将任何法律选择方法考虑在内,因此,各州的涉外审判实践远未统一。[18]在2015年初,美国法学会决定启动《冲突法重述(第三版)》的编撰,这是一项将历经多年方能完成的工作。

### (二) 强大逆流:立法排斥外国法

上文所述均建立在如下假定之上:对于某个争点或案件的裁判,外国法问题是需首要面对的,因而便通过冲突法规则或美国式的"方法"确定哪一外国法可能适用,一旦确定再查明外国法的内容。[18a]在美国冲突法中,有一种特殊形式的"回家倾向"[18b],即在许多州出现了一种法案(立法建议),旨在限制甚至禁止外国法的适用(大都至今成效甚微)。

---

[17]《第二重述》第6条:
(1) 在接受宪法约束的前提下,法院应遵循其所在法域关于法律选择的成文法规定。
(2) 在不存在这种规定时,准据法选择的相关因素包括:
① 州际和国际秩序的需要;
② 法院地的相关政策;
③ 其他有法律适用意愿的法域的相关政策,以及在裁断特定争点上这些法域的相对意愿;
④ 对正当期望的保护;
⑤ 特定法律领域的基本政策;
⑥ 结果的确定性、可预见性和一致性;以及
⑦ 确定和适用准据法的容易程度。
[18]《美国比较法期刊》每年发表一篇西蒙尼德斯(Symeonides)撰写的冲突法实践综述,内容涵盖当年美国法院的大多数司法判决。See, e. g. , 62 Am. J. Comp. L. 223 (2014) for the year 2013 and 63 Am. J. Comp. L. 299 (2015) for the year 2014 and 64 Am. J. Comp. L. _ (2016) for the year 2015. See also *Hay*, European Conflicts Law After the American "Revolution," 2015 EuLF 1, reprinted in 2015 U. Ill. L. Rev 2053 (2015).(原注释信息不全,译者根据最新讯息补足——译者注)
[18a] 参见上文第200段。
[18b] 参见上文第240至第243段。

244B　在外国判决基于的请求、适用的法律或采用的程序与美国的"正当程序"理念相悖时,早期的判例法对其拒绝承认与执行。此类判例其实是根据公共政策拒绝承认外国判决,但形式上却以有限的"实质审查"为由。[18c] 通过对公共政策因素的演绎,法院一度力图排除伊斯兰法律或教义的适用。追求同样效果的一项《俄克拉荷马州宪法》修正案被联邦法院宣告违宪,原因是其触犯了联邦宪法对宗教自由的保障。[18d] 受此案的影响,在许多州出现了一种立法建议,力图以更宽泛的措辞禁止法院诉诸或适用外国法(间或包括国际法),除非联邦法另有规定。[18e] 迄今为止,这些立法建议尚未顺利通过所在州立法程序中的全部流程,因而也无法进入随后的立法会期。[18f] 由于联邦法院在行使异籍管辖权时须适用所在州的实体法和冲突法[18g],因此,一旦此类限制外国法适用的立法建议获得通过,位于当地的联邦法院同样会排除外国法的适用。触犯此类立法的当事人法律选择协议会归于无效。[18h]

244C　在联邦法无相反规定时即绝对适用法院地法,此类做法确实目光短浅。正如波格丹(Bogdan)教授所言,适用外国法并非旨在用"外来的"(暗指"劣质的")法律替换本地的法律,而是为了促进法院地的利益:"坚持所有案件一概适用法院地法将导致经济孤立,阻碍自由设立企业以及人员、货物、服务和资本的自由流动。"[18i] 美国最高法院已申明并屡次重申,反对推定美国反托拉斯法可域外适用,这一立场同样基于此类考虑因素。[18j]

(三) 统一实体法

244D　在存在国际统一实体法的领域,冲突法就仅用来确定填补空缺领域之法。一个重要的实例是《联合国(维也纳)国际货物买卖合同公约》(CISG)(参见上文第232段)。作为一部已被美国批准的条约,因《联邦宪法》中至上条款的规定,它优先于各州判例法和成文法

---

[18c] 参见上文第220A段。

[18d] *Awad v. Ziriax*, 670 F. 3d 1111 (10th Cir. 2012); see also *Amma T. Uddin & Dave Pantzer*, A First Amendment Analysis of Anti-Sharia Initiatives, 10 First Amendment L. rev. 363 (2012).

[18e] See *David L. Nersessian*, How Legislation Bans Foreign and International Law Obstruct the Practice and Regulation of American Lawyers, 44 Ariz. St. L. J. 1647, 1653 et seq. (2012).

[18f] 对于此类州立法的评论和考察,参见 *Hay*, The Use and Determination of Foreign Law in Civil Litigation in the United States, 62 Am. J. Comp. L. 213, 218, 233—34, 236 et seq. (Supp. 2014).

[18g] 上文第236段之脚注[9]。

[18h] 堪萨斯州的立法就是如此明确的规定。参见 Kan. Stat. Ann. § 60—5101(2013)。

[18i] 上文第240段之脚注[14a]中 *Bogdan* 书。

[18j] 参见下文第645段及其之后的段落。

（包括《统一商法典》）适用。若该公约不适用于或不调整争议的问题，则国内法适用。冲突法将决定哪一国家的法律适用，而对于美国，则是决定哪一州法适用。因此，审视当下合同的标的物是否在该公约的调整范围之内非常重要。例如，合同是否为事关国际货物买卖而非提供服务，而且货物并非用于个人消费，也未如电力之类标的物被排除在该条约的适用范围之外？

即便合同标的物在该公约的调整范围之内，公约也仅在如下情况下适用：（1）合同当事人在诸如美国之类缔约国境内拥有营业地或住所[18k]，或者（2）法院地的冲突法指引适用缔约国的法律（此处"法律"被界定为包括该国签订的国际条约）（参见公约第1条第1款第1项和第2项）。但是，公约第95条允许缔约国对第1条第1款第2项作出保留，排除其适用。美国已经对此作了保留。对此示例如下：假如美国法院审理一起德国当事人和英国当事人之间的合同纠纷。根据第1条第1款第1项，由于英国不是缔约方，因此公约不适用于此案。如果美国法院地的冲突法指引适用作为缔约国的德国的法律，则结果如何？第1条第1款第2项会要求适用公约，但是美国作出的保留不允许此种结果发生；美国法院会适用德国法而非公约。与之相对，若同一诉讼在德国或英国的法院提起而且欧盟冲突法（适用于德国和英国）指引适用美国法，由于这两个国家没有对公约的保留问题且公约构成美国法的一部分，则法院很可能适用公约。[18l]

244E

## 四、一般原则（普遍问题）

### （一）住所

在美国冲突法中，最重要的连结点是人的住所，这与其他普通法国家的通常做法并无差异。家庭法中的诸多问题和动产继承均适用当事人住所地法。住所同样是对人行使一般管辖权的依据（前文第132段）。美国法中住所的理念和界定，不同于欧陆法，甚至有别

245

---

[18k] 80多个国家已经批准了该公约；在重要的贸易国之中，仅有英国不在此列。

[18l] 德国采取了一种互惠立场，详言之，若他国不适用公约第1条第1款第1项，则它也不适用。在所举事例中，德国法院因此可能适用美国的州法，而英国的法院适用公约。关于公约对美国合同法的重大影响，参见 *Joseph Lookofky*, Understanding the CISG in the USA (4th ed. 2012)。

于英国传统普通法。

246 　　"住所"表明了一人与一个地方之间最重要甚至唯一的联系。"原始住所"(domicile of origin)在出生时获得,可以为"选择住所"(domicile of choice)所取代;取得"选择住所"要求当事人放弃原有住所,来到新住所,并具有永远居住在该地的意图。

247 　　对于法人,美国冲突法将成立地作为主要的连结点。[19] 如上文详述(第 131 段至 132 段),一家公司在一地拥有主要营业地,并在此地持续不断和有计划地营业,联邦诉讼法还规定了对这类公司的一般管辖权。[20]

## (二) 识别

248 　　"识别"(Characterization)[在有些法律体系中称为"定性"(qualification)]表述这样一个过程:依据争议事项对争点(issue)归类,并在该争议事项所属领域内决定该争点属于实体法问题还是程序法问题。一旦法院完成了对争议事项的识别,《第一重述》中的僵硬规则将自动导致适用某一法律。如果法院认为这样得出的具体结果不合情理,则对案件的重新识别——比如把起初识别为侵权的问题重新识别为家庭(夫妻间诉讼豁免)问题——将导致适用不同的冲突法规则(比如适用婚姻住所地法而不是侵权行为地法),以及可能不同的相应具体结果。法律选择规则的"软化"(loosening)——从《第一重述》向《第二重述》的转变——已使重新识别意义不大。《第二重述》中"最重要联系"之类的法律选择方法允许个案分析和直接决定适当的准据法,这就使斟酌具体的识别——比如刚才所举的"家庭"问题或"侵权"问题的例子——已经没有意义,或者至少不如以前那么重要。

249 　　将一个问题识别为"程序问题"或"实体问题"将决定是适用(程序性的)法院地法,还是适用由法院地的法律选择规则所指引的准据法。诉讼时效、书面形式要求和免于作证的特权,对这些问题的识别历来特别困难。美国冲突法在传统上将诉讼时效法识别为程序法。[21]《第二重述》第 142 条的 1988 年修订版对此作了细微改动,它规定在特定情况下诉

---

[19] *CTS Corp. v. Dynamics Corp. of America*,481 U.S. 69,107 S.Ct. 1637,95 L.Ed.2d 67 (1987).
[20] 28 U.S.C. § 1332 (c)(1)(2003).
[21] *Restatement (Second) of Conflict of Laws* § 142 (1971). 对于例外情况,参见 *Hay/Borchers/Symeonides*, Conflicts § 3.10.

讼时效适用与当事人和案情具有最重要联系法域的法律。[22] 传统规则大体上一直有效，但是《统一诉讼时效法律适用法》(Uniform Conflict of Laws Limitations Act)将诉讼时效识别为实体法问题，显示要与传统规则旗帜鲜明地分道扬镳。但是，到目前为止，该法仅为少数几个州所采纳。[23]

受理案件的法院从其本地法视角识别争议问题，而不考虑另一法域的法院依据另一法律所作的可能相反的识别结论。因此，亚拉巴马州出于适用诉讼时效法之目的将赔偿的争议事项识别为侵权问题，而另一州（俄克拉荷马州）会将此请求识别为合同问题。[23a] 同样，虽然纽约州会将自己的驳回起诉识别为程序问题，而不会影响到诉讼请求的实质方面，但是马萨诸塞州还是适用了自己的法律将驳回起诉识别为实体问题，从而阻止了基于同一诉讼请求的新诉讼。[23b]

249A

（三）分割方法

许多案件经常汇聚并展现多个争点，而且有关各争点的政策考虑因素（"法律适用意愿"）并不必然完全一致。这就对冲突法提出了一个问题：是应该从代表争议核心的单一法律视角裁判案件，还是应该从不同的视角审视案件的不同方面（争点），为每个不同的争点单独确定准据法（分割方法）。

250

传统的冲突法，尤其在欧陆国家，只是在例外情况下采用分割方法。[24] 与之相反，在美国冲突法中，分割方法是基于法律选择的政策意愿分析方法的自然结果。因此，恰如前文所述，在罗列法律选择的连结点和相关政策时，《第二重述》明确规定："……要根据它们

251

---

〔22〕《第二重述》第142条(1988年修订版)：

针对利用诉讼时效法所作的抗辩，一项诉讼请求能否成立，取决于第6条所述原则。一般而言，除非案件的特殊情形使结果不合情理：

(1) 法院将适用本地的诉讼时效法禁止当事人的诉讼请求。

(2) 法院将适用本地的诉讼时效法允许当事人的诉讼请求，除非：

  (a) 支持这种请求无助于实现法院地的根本利益；并且

  (b) 根据与当事人和案情具有更重要关系法域的诉讼时效法，当事人的诉讼请求不被认可。

〔23〕该法目前在以下数州已生效：科罗拉多州、明尼苏达州、蒙大拿州、内布拉斯加州、北达科他州、俄勒冈州和华盛顿州。更多的参考资料，请进一步参见 Hay/Borchers/Symeonides, Conflicts § 3.9。

〔23a〕 Precision Gear Co. v. Cont'l Motors, Inc., 135 So. 3d 953 (Ala. 2013)。

〔23b〕 Newman v. Krintzman, 723 F. 3d 308 (1st Cir. 2013)。

〔24〕比如参见欧盟《罗马条例Ⅰ》(《欧共体合同之债法律适用第593/2008号条例》[Regulation (EC) No. 593/2008 on the Law Applicable to Contractual Obligations, 2008 Official Journal L 177/6])第3条第1款。但即使在此处，《罗马条例Ⅰ》也只是允许针对合同**一个**方面选择一种与公约规则所指向的准据法不同的法律，而不是为多个争点选择多个法律。

对于特定争点的相对重要性来衡量"这些连结点和政策。[25] 因而,伴随对冲突法案件各个争点的不同政策分析,对不同争点适用不同的法律可能就导致一种特别的最终结果,即不同于像在纯粹国(州)内案件中适用单一法律所得到的结论。

### (四)反致

252　　诸多国家的冲突法规则指向所适用法律的**全部**。除非被识别为程序性的法律规则(见上文),"法律的全部"包括所指向法域的实体法和冲突法。[26] 当今,越来越多的国家规定:冲突法规则所指向的外国法仅指外国法中的实体法规则,这样就排除了冲突法,并因而避免了反致(Renvoi)的可能发生;这种规定在合同和侵权领域尤其多见。[27] 指向外国法时包括其冲突法可能导致该法指向第三国法,或者指回法院地法。广义上的反致,描述的是冲突法指向外国法包含其冲突法的所有情况。

253　　传统的美国冲突法并不认可外法域的冲突法(不涉及反致)。反致曾是极其罕见的例外。但是,在法律适用意愿分析的背景下,反致可能在实践中逐渐重要起来。例如,《第二重述》第8条建议考虑适用外法域的冲突法,只要这样做可能带来判决一致。比如下述情况:外法域的法律指回了法院地法。通过接受对法院地法的指回("直接反致"),本地法院将以与外法域的法院做法相同的方式裁决案件。此外,指回本地法表明,外法域并"无意愿"(disinterest)适用自己的法律。因此,在前文探讨的"法律适用意愿分析"背景下,可能得出如下结论:案件呈现了一种"虚假冲突";既然如此,这就要求适用法院地法。[28]

---

〔25〕《第二重述》第188条第2款第2项(第188条引文的全部内容见后注35)。同样的结论适用于第145条规定的侵权部分。

〔26〕 比如参见欧盟的《罗马条例I》(前引注〔24〕)和关于非合同之债的《罗马条例II》(Rome-II Regulation on the Law Applicable to Non-Contractual Obligations, Regulation (EC) No. 864/2007, 2007 Official Journal L 199/40); Estonia: Law on the General Principles of the Civil Code of June 28, 1994; Italy: Legge 31 maggio 1995, n. 218, Riforma del sistema italiano de diritto internazionale privato [for an overview and English translation, see *Monateri/Narcisi*, Conflict of Laws in Italy (1997)]。但是,许多国家并不采用反致。See the Russian codification of Private International Law, Civil Code of the Russion Federation, Division VI, Ch. 66, Art. 1190 (1) (2001).

〔27〕 例如分别参见欧共体《罗马条例I》和《罗马条例II》(前引注第24和26);除了丹麦,由于两个条例的统一适用(分别参见《罗马条例I》第2条和《罗马条例II》第3条),条例取代了其他各成员国原有的反致制度。

〔28〕 See *Hay/Borchers/Symeonides*, Conflicts §3.14. This view was followed in *American Motorists Insurance Co. v. ARTRA Group, Inc.*, 338 Md. 560, 659 A.2d 1295 (1995):法院没有全盘放弃传统上对合同缔结地的指引,但是在决定最重要联系的法域时,将外国法指回法院地法作为一种相关的因素(在虚假冲突分析的意义上)。See also Perini/Tompkins Joint Venture v. Ace Amer. Ins. Co., 738 F.3d 95, 100—01 (4th Cir. 2013).

### (五) 公共秩序

同所有其他国家法律一样,美国法采用公共政策(public policy)例外的规定,旨在阻止适用可能违反明确的禁止性规定或本地基本法律原则的外国法。在现代法律选择方法的背景下,传统公共政策例外的重要性大大降低,因为在开始决定适用何种法律时,政策考量已在其中。因此,传统意义上的公共政策例外只在如下情况下依然重要:对于没有采用现代方法的那些州,对于仍然适用僵硬冲突法规则的事项,以及涉及适用外国法[29]或者承认外国判决[29a]的情形。

254

## 五、具体领域的法律选择

### (一) 合同

合同领域的法律选择主要关注保护当事人的期望。当事人意思自治——当事人自己决定准据法的权利——因此成为实现这一目标的有效途径。美国法传统上向来要求所选择的法律与交易之间存在一定联系。这一要求体现于《第二重述》第187条第2款[30]和《统

255

---

[29] 美国法院传统上同样不适用外州或外国的税法或刑法。该原则在依据《反诈骗及贿赂组织法》(RICO——the Racketeer Influenced and Corrupt Organizations Act, 18 U.S.C. §1961 et seq. (2005))提起的一起诉讼中受到挑战,原告请求获得的赔偿金包括损失的税收收入,以及其他由于被告在加拿大和美国的活动所支出的费用。尽管诉讼请求依据了美国联邦法,但是上诉法院坚持"税法规则"(revenue rule),维持了初审法院驳回诉讼请求的裁定:*Attorney General of Canada v. R. J. Reynolds Tobacco Holdings*, *Inc.*, 268 F. 3d 103 (2nd Cir. 2001), cert. denied 537 U. S. 1000, 123 S. Ct. 513, 154 L. Ed. 2d 394 (2002)。另见前文第219段脚注[163]中彼得·海的论文。

[29a] 关于外国判决的承认,参见上文第218段及其以下的段落,以及前文第244段脚注[18]中彼得·海的论文。

[30] 《第二重述》第187条第1款规定:如果外法域的法律能被明确地并入合同之中,则当事人可以毫无限制地选择外法域法律的任何内容。如果这种并入不具有可能性,则该条第2款包含了正文中提到的限制条件。

一商法典》[31]。适用《统一商法典》(UCC)的司法实践通常倾向于认可和支持当事人对准据法的选择。但是,正式修改《统一商法典》的条文并准许当事人自主选择准据法——相当程度上摆脱交易与准据法所属州之间的联系——的尝试并未获得成功:截至2008年初,只有维京群岛采纳了新条文(称为第1-301条);鉴于应者廖廖,提出修订建议的美国法学会和统一州法委员会后来撤回了其建议。因而,尽管原有的条文换了新编号,但其内容依然有效。[32]

255A　　当事人还可在侵权行为发生前后选择侵权请求的准据法[32a],或者,当事人选择法律的意图可从他们的诉讼行为中默示地推导出来,此类行为包括当事人未提出原本可适用的外国法问题。美国法并不将法律选择条款视作独立的合同或者将其识别为实体法问题,因此其有效性并不依据合同或实体问题的准据法判定。相反,正如程序问题适用法院地法,法律选择条款的有效性和效果由法院依据本地法来审查。[32b]因此,法律选择条款的有效性在很大程度上取决于法院地对当事人选择法律的规定。

256　　在当事人没有作出有效的法律选择时,传统冲突法根据合同缔结地法判断合同的有效

---

〔31〕《统一商法典》第1-105条在编排上做了略微变更,被重新编号为第1-301条,成为该法典第一编修正文本的一部分。

其他法律制度对此的规定更为宽松。欧盟关于合同法律适用的《罗马条例I》仅在下述情况下限制当事人的法律选择自由:法律选择可能规避当地的强制性规范、不利于弱方当事人或者违反公共政策。参见 Regulation (EC) No. 593/2008,[2008] Official Journal L 177/6, Arts. 3(3) and 9, 6(2), 7(3), 8(1), 21。当代中国法的规定同样宽松,缺乏实际联系并非判定选择他国法无效的理由。参见《最高人民法院关于适用〈中华人民共和国涉外民事关系法律适用法〉若干问题的解释(一)》(法释〔2012〕24号)第6条和第7条。对各国立法的比较分析,参见 Symeonides, Codifying Choice of Law Around the World, Ch. 3 (2014)。

〔32〕See American Law Institute, 85th Annual Meeting Program 10—12 (May 21, 2008)。《统一商法典》的建议修订稿曾允许当事人在美国州际交易中选择与交易无关的姊妹州的法律。对于国际交易,当事人同样可以选择适用与交易无联系的外国法。一方当事人为消费者的交易属于例外情况,当事人的法律选择不得剥夺消费者家庭所在地法中保护消费者的规定;这是起草者从欧洲的立法中慎重地借鉴的一种限制性规定。See UCC draft revision of § 1-301(d) (2001). 对于婚姻财产,"科尔曼诉鲁宾逊案"[*Coleman v. Robinson*, 778 So. 2d 1105 (La. 2001)]的判决判定当事人的法律选择无效。

在俄勒冈州,编纂涉外合同领域法律选择规则的一部成文法在2001年生效。它允许当事人选择准据法(O. R. S. ch. 81),但同时规定了如下例外情形:与俄勒冈州签订的合同;在俄勒冈州履行的建筑合同;在俄勒冈州履行的服务合同;在俄勒冈州交付货物的买卖合同;在俄勒冈州由该州居民履行的雇佣合同;俄勒冈州消费者为一方的合同。See O. R. S. § 81.105. 对此的评论,参见 *Symeonides*, Contracts, in: Justice in a Multistate World—A Tribute to Arthur T. von Mehren (2002). 法院地法倾向(前文第241段)以及欧洲"强制性规则"思路(参见本脚注中的上一段)的影响显而易见。关于俄勒冈州对侵权冲突法的编纂,参见上文第241段脚注〔16〕。

〔32a〕See *Magi XXI v. Statodella Citta del Vaticano*, 714 F. 3d 714 (2d Cir. 2013).

〔32b〕See, e.g., *Turfworthy, LLC v. Dr. Karl Wetekam & Co. KG*, 26 F. Supp. 3d 496, 502—03 (M.D. N.C. 2014); *CA, Inc. v. Stonebranch, Inc.*, 2014 WL 917269 (E.D.N.Y. 2014). 这意味着,法律选择条款即便依据所选择的法律无效,也可因适用法院地法获得法院支持。See *Walbridge Aldinger C. v. Angelo Iafrate Const. Co.*, 2013 WL 3836228 (Mich. Ct. App. 2013).

性和效力。[33] 合同履行和不履行及其后果之类的问题适用履行地法。现代的"意愿分析"方法首先判断案件中出现的法律冲突是真实冲突还是虚假冲突。若是后者,且法院地希望适用自己的法律,则无须进一步的分析就可适用法院地法;若是前者,则需权衡相关各州的意愿和政策,权衡的结果通常是偏向适用法院地法。

如上所述,《第二重述》是对《第一重述》中僵硬和不灵活规则的一种改变。[34] 的确,在许多案情下《第一重述》指引适用合同缔结地法或履行地法不合情理,并且无法让法官考虑重要的政策利益。因此,《第二重述》在第 188 条中确立了自己的方法,其内容上文已简单提及。[35] 第 188 条第 2 款包含了确定最密切联系地的连结点清单;同时,如上文所述,第 1 款通过援引第 6 条的一般原则,允许法官考虑最流行的法律选择理论中提出的方法。第 188 条第 3 款规定的是合同签订地和履行地位于同一法域的特殊情况,这种情况下的假定规则要求适用该法域的法律;在出现更密切联系地时,该假定规则可被推翻,从而适用更密切联系地的法律。

《第二重述》中其他有关合同的条款——这些规定同样体现于判例法——为许多特殊合同规定了具体如何选择法律。比如,财产(尤其是不动产)权利转让合同通常合乎情理地适用财产所在地法——物之所在地法(lex rei sitae)(第 189 条)。财产所在地对适用自己的法律具有明显的利益,比如保持不动产登记制度的完整性。法律上的安全性、可预见性

---

[33] See *Miliken v. Pratt*, 125 Mass. 374 (1878); *Pritchard v. Norton*, 106 U.S. 124, 1 S. Ct. 102, 27 L. Ed. 104 (1882) and *Emery v. Burbank*, 163 Mass. 326, 39 N. E. 1026 (1895). 这些都是体现传统规则的判决,它们共同概括了适用于合同的传统法律选择规则,以及传统规则导致的公共政策问题。

[34] 《第一重述》第 332 条。

[35] 见上文第 242 段。《第二重述》第 188 条规定:

"(1) 关于一个合同争点的当事人权利和义务,在第 6 条表述的原则指导下,适用就该争点与交易和当事人存在最重要联系的法域的实体法。

(2) 如果当事人没有作出有效的法律选择(见第 187 条),则运用第 6 条的原则决定该争点的准据法时要考虑的连结点包括:

① 缔结地,

② 合同谈判地,

③ 履行地,

④ 合同标的物所在地,

⑤ 住所、居所、国籍、公司成立地和当事人营业地。

这些连结点要根据它们对于特定争点的相对重要性来衡量。

(3) 如果合同谈判地和履行地位于同一法域,则除非第 188—199 条和第 203 条规定的其他情况,该地的法律通常应予适用。"

俄勒冈州的制定法(前注[32])列举了许多通常的政策考量因素,要求适用"最适当的法律"(O. R. S. § 81.130),并为许多合同确立了假定规则,如服务提供地法、特许经营地法等(O. R. S. § 81.135)。

和结果的一致性都支持这条法律选择规则。[36] 对于货物买卖合同(不包括《维也纳公约》调整的合同),《统一商法典》第 1—301 条遵从相关州的冲突法规则所指向的法律。与旧文本不同,《统一商法典》最新修订部分不再要求交易与当事人所选法律之间存在联系。《第二重述》第 191 条——在《统一商法典》指回到州法后该条常常适用于买卖合同——推定,如果不是在最大程度上,也应该在很大程度上考虑适用交货地法。因此,《第二重述》是以一个支持适用交货地法的推定为起点,然后考虑是否适用另一个更密切联系地的法律来修正。

## (二) 侵权

259　　所谓的"冲突法革命"(Conflicts Revolution)(与《第一重述》决裂以及随后经常不拘一格地寻求新方法)肇始于侵权冲突法领域。以《第一重述》为代表的传统冲突法规定侵权适用侵权行为地法。侵权行为地被界定为侵权请求成立要件之最后事实的发生地,其进而成为提起侵权之诉的必备条件。一个侵权行为包括侵权实施行为和产生的损害后果,美国法通常将结果发生地作为"侵权行为地"。[37]

260　　人们认为传统规则过于机械,导致了太多不合情理的结果(再借助重新识别或通过公共政策例外加以矫正,这两种方法上文均已探讨)。现代方法主要关注私人利益,但同时也关注社会利益,例如防止侵权、对受害人的私人(而不是国家)赔偿以及其他类似功能。法律适用意愿和政策分析以及——甚至有过之而无不及的——较好法方法(见上文)通常支持适用法院地法。[38] 不过,摆脱传统法律选择思路的法院也未全盘采纳现代法律选择方法,法院判决中经常含有多种异质成分——各种方法的混合物。

261　　《第二重述》第 145 条规定侵权适用与侵权具有最密切联系法域的法律。如上文所述,对合同法律选择的规定采用了同样的规则。除了侵权行为实施地和损害结果地,《第二重述》还要求考虑当事人与同一法域(共同住所地)的联系,或者与当事人之间原有法律关系所在法域的联系——在欧陆冲突法思路中,这是一种"从属性的法律选择方案"(accessory choice-of-law determination)。关于人身损害,第 146 条中采用了一种支持适用损害结果地

---

〔36〕 但是,在特定情况下,另一法域可能与合同本身具有更密切的联系,该法域会主张适用自己的法律。比如参见下文脚注〔47〕中彼得·海的论文。

〔37〕 See *Alabama Great Southern Railroad Co. v. Carroll*, 97 Ala. 126, 11 So. 803 (1892).

〔38〕 对此的详细探讨,参见 *Hay/Borchers/Symeonides*, Conflicts § 17。对于当事人是否有权选择侵权的准据法,美国法的相关规定若非充满敌意,也是一直摇摆不定。最近的判例法趋向于在此领域允许当事人意思自治: *Hay/Borchers/Symeonides*, Conflicts § 18.1。

法的推定。[39] 采用现代法律选择方法的法官需要考虑具体案件涉及的所有政策和方面,包括他们关于何为"较好法"的具体见解。几乎普遍将损害赔偿问题(赔偿的名目,包括能否获得惩罚性赔偿及其高低)识别为程序问题,尽管如此处理客观明确(这也是多数法院确实追求的),但其构成了美国法和许多其他法律制度之间非常重大的差异,并因此助长了当事人挑选法院。[40]

自从1963年,纽约州法院一直在侵权领域尝试法律选择的新方法。或许是过分追求了在实质相似的案件之间明辨秋毫之别,一系列判决导致严重的法律不确定性。在"纽美尔诉库纳案"(Neumeier v. Kuehner)[41] 的判决中,纽约州最高法院(上诉法院,the Court of Appeals)开始创立"规则",旨在处理和明确当事人的利益和期望以及社会利益。事先制定的规则被冀望于取代过去的个案分析。[42] 随后"舒尔茨案"(Schultz)[43] 的判决对此稍加限制:"重要连结点几乎仅为当事人的住所和侵权行为地。"在作出这一论断时,法院区分了"规范行为"(conduct regulating)的法律规则和"分配损失"(loss allocating)的法律规则。法院认为前者与侵权行为地具有"若非绝对也是显著的利害关系",这一司法阐述将"纽美尔规则"的适用范围缩减到多数情况下为损失分配规范的领域,比如原告是否享有赔偿请求权,或者是否由于被告成功援引诸如慈善免责之类的抗辩理由,原告的请求就得不到法院的支持(比如"舒尔茨"案中的情况)。

如同"舒尔茨案"的探索之道,其他州的判例法也在限制通过个案分析决定准据法。例如,内华达州最高法院提出了一个连结点清单并且规定,如果4个连结点中的2个出现在

---

[39] 如果情况表明存在一个具有更密切联系的法律,那么如同所有此类推定,这一推定可以被推翻。再则,该条接受第6条一般原则的指引。从"立法"(注意:"重述"不是法律)角度看,这种技巧与《合同债务法律适用罗马公约》中的方法类似,后者在第4条第5款合同法律适用中含有一个相似的矫正器。但是,二者的区别在于,《罗马公约》以明确的推定为起点,只是在例外情形下才代之以更密切联系的法律;而《第二重述》缺乏此种构思成熟、界定明确的推定。

[40] See Hay, Zivilpeßrecht, nos. 102 et seq., in: Assmann/Bungert (eds.), 1 Handbuch des US-amerikanischen Handels-, Gesellschafts- und Wirtschaftsrechts 535—638 (2001).

[41] 31 N. Y. 2d 121, 335 N. Y. S. 2d 64, 286 N. E. 2d 454 (1972).

[42] 所谓"纽美尔规则"规定:(1) 若当事人在同一地拥有住所,则推定该地的法律适用于侵权。这一规则同德国法中的类似条款(《民法典施行法》第40条第2款)以及欧盟《罗马条例Ⅱ》第4条第2款可以相提并论。(2) 在当事人没有共同住所地时,若被告的行为发生在其住所地,而依该地法他不承担责任,则在原告恰好起诉他的州(国)他也不承担责任;反之,若被告的行为发生在原告住所地,并且依该地法他应承担责任,则他对原告承担赔偿责任。(3) 在所有其他情况下,首先适用侵权行为地法,除非适用另一法律"会增进[另一州(国)]相关实体法的目的,而不会损害州(国)际的正常交往或对当事人产生严重的不确定性"。"纽美尔"规则1已经为其他许多州所采纳[参见 Hay/Ellis, 27 International Lawyer 369 (1993)],而规则3规定的例外手段——它有望导致回到法院地法——令人惊异地少见人用;在探寻摆脱过分个案裁判的道路上,这是令人鼓舞的现象。

[43] Schultz v. Boy Scouts of America, Inc., 65 N. Y. 2d 189, 491 N. Y. S. 2d 90, 95, 480 N. E. 2d 679, 684 (1985).

一个具体案件中,则其可决定准据法,同样此处有例外规定。由于4个连结点中的2个其实本质上是属地的,因此法官的反对意见讽刺道:该判决体现的"不过是加了几滴酸橙汁的既得权原则"。[44] 除了源自判例法的少数事先创制的法律选择规则之外,绝大多数法院采用政策导向(policy-oriented)方法,在个案中决定准据法。

263a　　2009年俄勒冈州关于非合同债务冲突法的立法[45],将一长串的具体冲突法规则与第9条中的"一般方法和补充方法"结合起来。这种涵盖所有具体规则的方法,体现了《第二重述》中的"一般原则":判定、评析和权衡法律选择的"政策"和"利益",而且针对的是每个"争点"(与采用"分割法"的美国普遍实践保持一致)。因此,即便这部成文法采用了一条欧洲式的冲突法规则——比如有限制地选择对原告更有利的法律(第8条第3款第3项),它也不过是明确了(更加具体化了)原本通过政策分析也可得到的一种结果。在这方面,该成文法以其弹性的法律指引以及可能适用的例外规则,非常鲜明地保持了现代美国冲突法的特色。

264　　产品责任案件经常呈现群体性侵权(mass torts)所导致的请求,例如一种产品在多个法域导致损害的情况。群体性侵权所致请求的法律诉讼有可能被集中["合并"(consolidated),参见上文第123段]到一个联邦法院审理,该院有义务适用先受理案件各州的法律选择规则,以及这些冲突法规则所指向的实体法。美国法学会(American Law Institute)提出的立法建议稿允许联邦法院运用"最重要联系"标准选择适用一个法域的法律。[46] 跨州(国)诽谤案件中存在同样的问题。另外一个问题是,一位(唯一的,single)原告对遭受的(多重,multiple)伤害可以提起多少次诉讼。《统一传播侵权单次诉讼法》(Uniform Single Publications Act)已经为许多州通过成文法和其他州基于判例法所采纳。它规定原告应在一次诉讼中对其遭受的所有损失在一个请求中提出。但是,该法对单个请求适用什么法律未置一词。判例法对此提出了诸多建议,最近的判例法集中在主张适用最有利于原告的法律,通常就是原告的住所地法。[47]

---

〔44〕 *Motenko v. MGM Dist., Inc.*, 112 Nev. 1038, 921 P. 2d 933 (Nev. 1996). 该判决后来被推翻,而《第二重述》得以采用: *General Motors Corp. v. Eighth Judicial District Court*, 122 Nev. 466, 134 P. 3d 111 (Nev. 2006), latter decision explained in *Dictorv. Creative Management Services, LLC*, 223 P. 3d 332 (Nev. 2010)。

〔45〕 前文第241段脚注〔16〕。

〔46〕 See *American Law Institute*, Complex Litigation Project, Chapter 6: "Choice of Law" (1994).

〔47〕 See the references in *Hay/Borchers/Symeonides*, Conflicts §17.55; *Restatement (Second) of Conflict of Laws* §150. See, e.g., *Zoll v. Ruder Finn, Inc.*, 2003 U.S. Dist. LEXIS 17514 (S.D.N.Y. 2003), upon reconsideration: 2004 U.S. Dist. LEXIS 144 (S.D.N.Y. 2004). See also *Bandar v. LaSplash Cosmetics*, 2012 U.S. Dist. LEXIS 175873 (S.D.N.Y. 2012). 适用对原告有利的法律,这种思路令人想起早期的德国侵权冲突法规则(参见前注〔16〕)以及欧盟《罗马条例 II》中关于环境侵权的规定(第7条)。其他法律制度显然面临类似的问题,它们一直寻求另外的解决方案。在欧盟,传播地法院享有(特别)管辖权,但仅仅针对在当地造成的损失;因此,对损失总的请求(在各地产生的赔偿)就局限在少数地方(主要是被告住所地)享有一般管辖权。考虑到美国对"一般管辖权"的宽泛界定,很可惜这种方法在美国行不通。

### (三) 财产

不动产几乎毫无争议地适用不动产所在地法(物之所在地法,the *lex rei sitae*)。[48] 不动产所在地法不仅适用于财产权的转让,而且扩及于财产之上的利益,例如租赁权(leaseholds)和财产负担(encumbrances)(可能影响财产权益的请求权,比如抵押权)。对第三方权利和期望的保护应依据相对详细的规则(第三方要能找到明确的法律依据)。[49]

《统一商法典》第 1-301 条第 4 款中的一般冲突法规则适用于有关动产的大多数问题;在当事人没有选择法律时,不管与交易是否存在联系,法院地法(意指在法院所在州生效的《统一商法典》当地文本)均予适用。对于动产的转让,《第二重述》依然采用"最重要联系"标准(第 244 条第 1 款),它(在第 244 条第 2 款)通常支持适用交易时财产所在地法。其实,两种方法往往得出类似的结论。因此,法官通常仅在法院地与交易存在密切联系时才依据《统一商法典》适用法院地法。

《统一商法典》第九编调整动产担保权益。自 2001 年 7 月 1 日生效的修订本[50]大幅度改变了过去的规定,包括特别针对冲突法的修正。关于法律选择,修订后的第九编取消了《统一商法典》旧文本中对普通货物采用的"最后事件"(last event)标准。[51] 第 9-301 条规定了法律选择的一般规则:有形和无形担保物之上担保权益的完善(perfection),无论是公示完善还是自动完善,其准据法均为债务人所在地的法律。[52] 关于法律选择的其他问题将由第九编之外的规则来决定,包括第 1-301 条,后者允许当事人选定一个法域,由该法域的法律调整某一问题。

《统一商法典》还包含了关于**租赁**的实体法和冲突法。第 2A-106 条的规定,与欧洲法中的方案类似,通过限制当事人对于准据法和法院的选择自由来保护消费者。关于投资证券,《统一商法典》第八编不仅确立了这一领域的实体法规则,而且包含了冲突法规则。

---

[48] See *Restatement (Second) of Conflict of Laws* § 223; Hay, The Situs Rule in European and American Conflicts Law, in: Hay/Hoeflich (eds.), Property Law and Legal Education—Legal Essays in Honor of John E. Cribbet 109 (1988).

[49] See *Fall v. Eastin*, 215 U.S. 1, 30 S. Ct. 3, 54 L. Ed. 65 (1909).

[50] 修订后的第九编目前已在所有的州生效。新文本扩大了旧版第九编的适用范围,原来没有涵盖的交易和财产被纳入新文本中。关于各地立法采纳的第九编的文本,以及各州采用的《统一商法典》其他规定的对比性资料,参见 http://www.nccusl.org。

[51] See Burns, New Article 9 of the UCC: The Good, the Bad, and the Ugly, 2002 U. Ill. L. Rev. 29 (2002); *Federal Energy Bar Association*, Report of Finance and Transactions Committee, 23 Energy L. J. 541 (2002).

[52] 债务人的"所在地"(location)相应地依据《统一商法典》第 9-307 条确定。

## （四）家庭法

269　婚姻的法律适用一般推定支持婚姻合法有效。通常，婚姻适用婚姻缔结地法（*lex celebrationis*）会达到这种效果；只有在罕见的情况下，公共政策考虑因素才要求抛弃这一规则。[53] 公共政策要求人们分析为何婚姻的有效性存在问题。例如：一个印度人的两个妻子可以作为"后死配偶"继承他留在禁止多重婚姻（重婚）的加利福尼亚州的财产吗？一个加利福尼亚州的法院对此作了肯定的回答[54]，主要因为问题并不在于重婚的当事人能否在加利福尼亚同居，而是在于，在"丈夫"去世后，后死配偶是否应该分得遗产；或者说，如果拒绝分给其遗产，后死配偶是否可能成为公共财政负担？上述推定还意味着应对后面的婚姻给予"更充分的考虑"，其结果就是推定前面的婚姻已经终止。

270　在美国法中，离婚没有冲突法问题。有权管辖的法院（见下文第 506 段及后面的段落）总是适用法院地法。这种处理方式可能导致判决的国外承认难题；比如当被请求承认的国家要求在离婚诉讼中适用当事人家庭所在地法时，该国可能不承认美国的判决。

271　无论是通过单方出庭的程序所作的宣告（对另一方当事人没有对人管辖权，比如只是基于申请人的住所行使管辖权），还是通过双方出庭的抗辩制程序审理的结果，宣告婚姻无效的处理办法通常与对待离婚相同。通过抗辩制宣告婚姻无效，不需要当事人与宣告地存在住所上的联系。承认通过这两种程序所作出的婚姻无效宣告，可以根据适用于对人管辖的普通规则，也可以采取婚礼举行地法规定的方式。[55]

272　无论是通过离婚还是通过宣告婚姻无效解除婚姻，婚姻解除的后果（包括扶养、监护以及婚姻财产的分割）均由法院地法决定，除非财产部分已依据婚姻（共同）财产制度（见下文第 497 段）事先判定。由于单方出庭的离婚[只是基于对原告的管辖权和将婚姻当作"物"（res）]无法决定婚姻解除的后果[56]，因此随后的最终裁决需要法院对双方当事人均有对人管辖权。当今，"统一法"（Uniform Laws）为监护和扶养判决的确认和更改提供了便利，同时联邦成文法要求此类判决在全国范围内得到承认和执行（见下文第 526、528 段）。

272A　在最近十二年中，同性家庭关系[婚姻关系或登记的特别关系（"公民结合"，civil

---

[53] *In re May's Estate*, 305 N. Y. 486, 114 N. E. 2d 4 (1953)（纽约州承认一桩纽约人在罗得岛州缔结的婚姻；而如果在纽约州结婚的话，纽约法将根据血缘关系禁止这种婚姻）。

[54] *In re Dalip Singh Bir's Estate*, 83 Cal. App. 2d 256, 188 P. 2d 499 (1948).

[55] *Whealton v. Whealton*, 67 Cal. 2d 656, 63 Cal. Rptr. 291, 432 P. 2d 979 (1967).

[56] *Estin v. Estin*, 334 U. S. 541, 68 S. Ct. 1213, 92 L. Ed. 1561 (1948)["可分割的离婚观"（divisible divorce concept）]。

unions)]曾是许多立法活动和众多司法判决的焦点。有部联邦成文法(《婚姻保护法》，DOMA)[57]曾规定各州不必承认在州外成立的同性关系或者由此产生的权利，过半的州仿效该法对其宪法作了修正或制订了成文法[58]；在此背景下，许多州曾准许同性婚姻，或规定同性伴侣可登记为公民结合。对同性家庭关系的承认与不承认，各州之间的分歧导致了众多问题：扶养和继承的权利、保健福利和后死配偶的抚恤金福利、此种婚姻关系下的子女收养权和对子女的监护权。[59]

在 2013 年，联邦最高法院判定《婚姻保护法》中的下述规定违宪：为了联邦法及其赋予之权益而将有效婚姻限定在男女之间。[59a]该判例不影响各州依然有权不承认已确定的同性家庭关系。在 2015 年，该院进而斟酌了两个争议问题：(1) 各州是否必须允许同性当事人结婚，(2) 各州是否必须承认在州外登记确立的同性家庭关系为有效。该院对这两个问题均作了肯定性的回答[59b]，其依据是，婚姻为社会的基石，个人尊严和自我表达与决定之权利为正当程序理念的内涵，二者皆为美国传统，这意味着将同性关系排除在基本社会制度之外是违宪的。该判决的反对意见有力辩驳道，涉及公民社会结构的问题属于立法问题，应留待人民民主选举的代表来决定，因此不应由司法机关来判定。由于"奥伯格费尔案"(*Obergefell*)的判决，如今同性婚姻(以及依据州法规定确立的其他同性关系)通行于美国全境。[59c] 考虑到承认同性婚姻之争论的漫长和激烈，可以预料完全执行(不再对适用中的具体问题提出进一步的挑战)和接受这一制度尚需时日。[59d]  272B

"普通法婚姻"是一种已经存在但未经正式程序确立的婚姻。其特征是，具备结婚资格的当事人自认为已经结婚，并如夫妻一样生活在一起，当地居民也将其视作夫妻。这种形式的婚姻，具有久远的普通法渊源，依然存在于 8 个州(科罗拉多州、艾奥瓦州、堪萨斯州、蒙大拿州、新罕布什尔州、南卡罗来纳州、得克萨斯州和犹他州)。[59e] 不再采用此种婚  272C

---

[57]  28 U.S.C. § 1783C (2003).

[58]  另见下文第 516 段至第 517 段。

[59]  对这一早期情况的探讨，参见 Hay, Recognition of Same-Sex Legal Relationships in the United States, in: Reitz & Davis (eds.), American Law in the Twenty-First Century: U. S. National Reports to the XVIIth International Congress of Comparative Law, 54 Am. J. Comp. L. 257 (Supp. 2006).

[59a]  *United States v. Windsor*, 133 S. Ct. 2675 (2013).

[59b]  *Obergefell v. Hodges*, 135 S. Ct. 2584, 192 L. Ed. 2d 609 (2015).

[59c]  遵循"奥伯格费尔案"先例的判决，参见 *Robicheaux v. Caldwell*, 2015 WL 4032118 (5th Cir. 2015); *Taylor v. Braswell*, 2015 WL 4139470 (D. Idaho 2015). See also *Roberts v. United Parcel Service*, 2015 WL 4509994 (E.D.N.Y. 2015)(基于性取向的敌意工作环境招致补偿性和惩罚性的赔偿金，该判决原本无须借助或依据"奥伯格费尔案"先例)。

[59d]  对此进一步的探讨，参见下文第 517C 段。

[59e]  See www.NCSL.org—"Common Law Marriage" (August 4, 2014).

姻形态的州通常尊重(承认)在上述州中缔结的此类婚姻。

273　　遵照宪法中的平等待遇和非歧视的要求,私生子可以继承遗产。[60] 不过,各州可制定各自的规则来决定父母身份[61],并且各州的做法并不一致。[62]

274　　同样,收养大体上只是涉及宣告收养法院的传统管辖权问题。拥有管辖权的法院(被收养人或收养人住所地法院)适用其本地法。然而,被收养人能否继承其养父母或亲生父母的遗产,通常为冲突法问题,并不必然通过法院地法来解决。[63]

（五）遗产/继承

275　　美国有关继承的冲突法严格区分动产和不动产。不动产的继承适用物之所在地法[64],而动产继承适用死者死亡时的住所地法。

276　　对**遗产**(estate,对死者遗留财产的总体称谓)**的区分**,加上不动产位于不同地方,这两点可能意味着,为了确保最后的遗愿(遗嘱)在不同的法域合法成立并生效,遗嘱应满足不同州法的形式要求。由于依据这种处理方式立遗嘱人的期望显然有可能受挫,因此大多数州规定了确认遗嘱效力的可选方案,比如适用立遗嘱人的最后住所地法、立遗嘱地法或争议财产所在地法。[65] 类似的规则适用于有关动产遗嘱的处分方式。[66]

277　　后死配偶对死者遗产通常享有成文法上的请求权。在美国法中,物之所在地法决定不动产之上这种请求的范围和金额,而死者死亡时的住所地法适用于动产。[67] 在实行夫妻共同财产制的州,后死配偶不会获得成文法上的遗产份额:他或她的利益通过夫妻共同财

---

[60] *Trimble v. Gordon*, 430 U.S. 762, 97 S. Ct. 1459, 52 L. Ed. 2d 31 (1977).

[61] *Lalli v. Lalli*, 439 U.S. 259, 99 S. Ct. 518, 58 L. Ed. 2d 503 (1978).

[62] 1973年《统一父母身份法》在2000年作了实质性的修改,在2002年作了进一步的修正。大体而言,修订部分对技术进步中出现的下列问题作了回应:父母身份检测、辅助受精、代孕协议以及类似问题。截至2015年,该法的最新文本已经在10个州(亚拉巴马州、特拉华州、伊利诺伊州、新墨西哥州、北达科他州、俄克拉荷马州、得克萨斯州、犹他州、华盛顿州和怀俄明州)获得批准,并被推介到另外1个州。关于更新的信息,参见 www.uniformlaws.org/Act.aspx? ritle=Parentage%20Act.

[63] See *Pazzi v. Taylor*, 342 N. W. 2d 481 (Iowa 1984).一些早期的判决适用作出收养判决所依据的法律;*Slattery v. Hartford-Connecticut Trust Co.*, 115 Conn. 163, 161 A. 79 (1932).

[64] See *Clarke v. Clarke*, 178 U. S. 186, 20 S. Ct. 873, 44 L. Ed. 1028 (1928).但是参见 *Saunders v. Saunders*, 796 So. 2d 1253 (Fla. App. 2001)(科罗拉多州住所地法适用于死者的位于佛罗里达州的不动产)。

[65] See Uniform Probate Code § 2-506.

[66] 更多的资料参见 *Hay/Borchers/Symeonides*, Conflicts § 20.9。

[67] See *Colvin v. Hutchison*, 338 Mo. 576, 92 S. W. 2d 667 (1936) and *In re Estate of Clarke*, 21 N. Y. 2d 478, 288 N. Y. S. 2d 993, 236 N. E. 2d 152 (1968).

产制本身获得保障(见下文第 497 段及随后的内容)。此外,后死配偶和死者的子女可以在死者去世后,拥有一段期限的扶养请求权。通常,这种请求只能在死者死亡时的住所地提出。[68]

### (六) 信托

遗嘱信托(下文第 558 段)受适用于继承的冲突法调整。这意味着,不动产遗嘱信托的有效性适用物之所在地法;而动产遗嘱信托的有效性适用死者(委托人)死亡时的住所地法。[69] 如同在其他领域,遗嘱信托法律适用的替代方案是可适用法院地法。涉及不动产转让的生前信托,通常情况下适用物之所在地法。如果动产是信托的标的,则交付地法可决定信托的有效性。当然,首先考虑的是委托人对准据法的选择。[70] 如果委托人已经为自己保留了部分权利,比如指定了主信托(main trust)中所列受益人的承继者(successors),则此种情况下的冲突法问题将变得特别麻烦。在这类情况中,委托人可能拥有的新住所、信托财产的当前所在地或者新受益人的住所,所有这些因素在选择准据法时均可在考虑之列。[71] 关于信托的管理和受托人的权利和义务,显而易见存在冲突法问题。[72]

278

### (七) 公司法

法人的成立和清算,与公司"内部事务"[73]有关的大部分问题,比如股东或其他各种合作者的权利和责任,均适用公司成立地法。对于有些事项,其他规则作为一般适用公司成立地法的补充。例如,为决定联邦法院的异籍管辖权(diversity jurisdiction),一个公司也被

279

---

[68] See *Jaeglin v. Moakley*, 236 Mo. App. 254, 151 S. W. 2d 524 (1941).

[69] See also *Hay/Borchers/Symeonides*, Conflicts § 21. 2.

[70] See *Hutchinson v. Ross*, 262 N. Y. 381, 187 N. E. 65 (1933) and *Shannon v. Irving Trust Co.*, 246 App. Div. 280, 285 N. Y. S. 478 (1936), aff'd 275 N. Y. 95, 9 N. E. 2d 792 (1937). See also *Hay/Borchers/Symeonides*, Conflicts § 21. 3.

[71] 关于指定权(power over appointments)问题以及相关问题,参见 *Hay/Borchers/Symeonides*, Conflicts § 21. 8 et seq.

[72] See *Hay/Borchers/Symeonides*, Conflicts § 21. 4 et seq.

[73] See *CTS Corp. v. Dynamics Corp. of America*, 481 U. S. 69, (1987). 关于特拉华州对"内部事务规则"的界定与适用,参见 *VantagePoint Venture Partners 1996 v. Examen, Inc.*, 871 A. 2d 1108 (Del. 2005); *Stewart v. Wilmington Trust SP Servs., Inc.*, 112 A. 3d 271, 291 (Del. Ch. 2015); *Miramar Police Officers' Ret. Plan v. Murdoch*, C. A. No. 9860-CB, 2015 Del. Ch. LEXIS 69, \*\* 37—40, 2015 WL 1593745, \* 12—13(Del. Ch. Apr. 7, 2015).

视为公司主要营业地所在州的法人。[74] 公司与第三方的关系适用合同（或侵权）领域的一般（普通）冲突法规则。[75]

280　　许多州制定了所谓的"公司资格法"（qualification statutes），它要求在法院所在州之外成立的公司必须将本公司章程的一份副本交给法院当地的政府部门（通常为该州的州务卿办公室）存档，并指定一个代理人（主要为了在发生诉讼时接受送达）。此类法律的主要目的是为了便于对这些州外公司行使司法管辖权。如今，长臂管辖法取得了同样的效果，因此这类规定能否继续发挥作用备受质疑。[76] 然而，违反此类成文法会导致严厉的处罚，比如违法公司不得以原告身份利用当地法院的救济。

281　　如果公司的主要营业地在法院所在州，或者特定比例的公司股东住所在该州，则"虚假外州（国）公司法"要求对成立于州外的公司适用法院地法。在这种情况下，此类公司将被视为州内（内州）公司。一部早期立法的实例是加利福尼亚州批准的"虚假外州（国）公司"法。[77] 对于这些州法是否依然符合联邦宪法，已经有些判例持否定意见。[78]

---

[74] 28 U.S.C. §1332(c)(2014); see also supra No. 132.
[75] *Restatement (Second) of Conflict of Laws* §§301,302.
[76] 更多的资料参见 *Hay/Borchers/Symeonides, Conflicts* §23.7。
[77] See *Western v. Sobieski*, 12 Cal. Rptr. 719 (Ct. App. 1961).
[78] See *CTS Corp. v. Dynamics Corp. of America*, supra N. 73. 当涉及公司内部事务时，成立地法未被另一州的虚假外州（国）公司管理法所替代，此种情况的判决参见 *Vantagepoint Venture Partners v. Examen, Inc.*, 871 A. 2d 1108 (Del. 2005). 该案判决由公司成立地州（特拉华州）最高法院作出。对于上述联邦宪法问题，依然没有出现一个具有拘束力的联邦法院判决。

# 第五章 私　法

一、合同法
二、恢复原状和不当得利
三、侵权法
四、财产法
五、家庭法
六、继承法和信托

# 一、合同法

**参考书目**：*Burnham*，Introduction to the Law and Legal System of the United States，5th ed. 2011；*Burton*，Principles of Contract Law，4th ed. 2008；*Perillo*，Contracts Hornbook，6th ed. 2009；*Crandall/Whaley*，Cases，Problems，and Materials on Contracts，6th ed. 2012；*Farnsworth/Young/Sanger*，Cases and Materials on Contracts，8th ed. 2013；*Fuller/Eisenberg*，Basic Contract Law，9th ed. 2013；*Knapp et al.*，Problems in Contract Law：Cases and Materials，7th ed. 2012；*Murphy/Speidel/Ayres*，Studies in Contract Law，8th ed. 2012；*Murray*，Murray on Contracts（"Contracts"），5th ed. 2011；*Rosett/Bussel*，Contract Law and its Application，8th ed. 2011；*Stone/Adams*，Uniform Commercial Code in a Nutshell，8th ed. 2012 *Summers/Hillman*，Contract and Related Obligation：Theory，Doctrine and Practice，6th ed. 2010.

## （一）简介

282　　与一些国家的大陆法制度相比，美国的合同法涵盖面更为广泛，它不限于合同缔结后出现违约时所给予的法律救济。它还延伸到准合同（quasi-contract）或恢复原状（restitution），这与一些国家不当得利制度中的某些方面相类似。下文第 346 段及随后的内容将对此另行论述。但是，与大陆法系将合同法与侵权法均涵盖于"债"（obligations）法之中不同，美国法将合同法与侵权法完全分离（关于美国侵权法的介绍，请见下文第 350 段以下）。\*

283　　美国合同法具有明显的经济定向特征。要求**对价**（consideration）（见下文）使得这一特征显而易见，同样凸显这一特征的是实际履行救济的例外性（在金钱赔偿判决不足以实现正义时才采用这一救济方式）。下文将详细阐述的这两个原则，代表了美国法与大陆法在此领域相应规定上最为重大的区别。合同法折射了美国的市场经济：对于不兑现承诺，它

---

\* 原著作者在给译者的回信中对原文略有调整。——译者注

并不强调合同履行,而是通常重在赔偿对方损失。

　　合同法的源头在英国普通法,并且在诸多方面依然保留着普通法的特性和方法。合同法属于各州的法律。上一世纪的经济困境以及合同法缺乏统一性所导致的难题激发了对立法统一的渴求。统一州法全国委员会(NCCUSL)因此成立。虽然它自身不具有任何立法权限,但是它整编示范法或统一法,然后将其推荐给各州采用。第一批这类立法建议之一是 1906 年的《统一买卖法》,它没有获得普遍的认同,直到 1930 年才有 30 个州采用。因此,统一州法全国委员会联合美国法学会(American Law Institute)于 1942 年着手起草《统一商法典》(Uniform Commercial Code, UCC)的项目。宾夕法尼亚州率先采用《统一商法典》;该法典的第二编——在实践中可能是最重要的一编——调整货物买卖合同关系,如今已在路易斯安那州以外的各州成为法律。[1] 法典中关于货物买卖的规定适用于所有类型的货物买卖,不局限于商人之间的交易;不过,法典中确有一些仅适用于商人的个别特殊规定。《统一商法典》第二编是迄今最为成功的统一合同法的尝试。当前的修订成果力图对经济新发展作出回应。[2] 同样,更晚增列的《统一商法典》第二编补编 A(关于租赁)拓展了法典的原有覆盖范围。此外,成文法和判例法日益关注软件合同、许可协议(licenses)和通过互联网订立的合同。统一州法全国委员会和美国法学会已经着手解决事关计算机信息交易和电子交易的问题。[3]

---

　　[1] 2001 年,第一编大幅度修订的内容获得批准,并被推荐给了各州的立法机关。尽管有些实质内容的修改,例如缩小第一编的适用范围和对"诚信"重新界定,但众多修改内容是技术性的,例如更新对其他各编条款的参照序号。截至 2016 年年底,49 个州、哥伦比亚特区和美国维京群岛已经采用了第一编的修订版。该修订版于 2017 年年初被推介给密苏里州立法机关。

　　统一州法委员会在起草多年后公布了第二编和第二编补编 A 的修订版。修订版便于电子商务交易,对旧版的第二编作了小幅度调整,但未有重大的实质性修改。美国法学会在其 2003 年年会上批准了此次修订内容,由此结束了发起此次修订的两大机构的审议程序。但是,截至 2016 年年底,未有任何一州采用基于修订内容的立法。(原文的信息略显陈旧,译者基于原著作者的来信将脚注中的信息更新至 2017 年年初。——译者注)

　　[2] 对修订版的全面回顾,参见 Maggs, The Waning Importance of Revisions to U.C.C. Article 2, 78 Notre Dame L. Rev. 595 (2003). See also Edwards, Article 2 of the Uniform Commercial Code and Consumer Protection: The Refusal to Experiment, 78 St. John's L. Rev. 663 (2004).

　　[3] 对于涵盖计算机软件的许可协议,更早的提案是在《统一商法典》增加一编——第二编补编 B,这一提案在 1999 年被撤回。统一州法全国委员会后来提出将提案作为示范法(《统一计算机信息交易法》,Uniform Computer Information Transactions Act)。截至 2015 年 1 月,已有 2 个州采纳了该法。该法代表了创立统一计算机信息许可法的首次全面尝试,并立足于合同普通法中公认的常见原则。1989 年,统一州法全国委员会建议各州废除关于大宗买卖的《统一商法典》第六编,修订后的替代文本已经提交给希望保留该领域立法的各州供参考。截至 2014 年年底,48 个州和美国维京群岛已经废除了第六编。有关的更多信息,参见 Hillman/Rachlinski, Standard-Form Contracting in the Electronic Age, 77 N.Y.U. L. Rev. 429 (2002); Razook, The Politics and Promise of UVITA, 36 Creighton L. Rev. 643 (2003). 一种比较视角的观察,参见 Maxeiner, Standard-Terms Contracting in the Global Electronic Age, 28 Yale J. Int'l L. 109 (2003). 关于该一领域统一法建议稿的最新发展,参见 http://www.uniformlaws.org。

285　《维也纳(联合国)国际货物买卖合同公约》(CISG)自 1988 年 1 月 1 日起在美国生效，并且作为联邦法取代了与其冲突的旧联邦法以及先前或随后的州法，包括《统一商法典》第二编。[4] 在此背景下，《统一商法典》仅仅具有填补空缺的功能。同时，《国际统一私法协会国际商事通则》日渐获得认可，在国际商事合同中应考虑其是否适用。[4a] 此外，晚近州和联邦的立法着力解决消费者保护问题。[5] 这类立法的例子有《1968 年消费信贷保护法》(Consumer Credit Protection Act of 1968)[6]和《统一消费信贷法》(Uniform Consumer Credit Code)。[7] 在其他诸多领域的立法——破产法、保险条例[8]、反垄断法、各州制定的消费者保护法以及信用披露法[9]——对特定类型合同的内容和可执行性(enforceability)

---

〔4〕 See *Joseoh Lookofsky*, Understanding thre CISG in the USA (4th ed. 2012).

〔4a〕 See, e. g., *Fitzgerald*, The International Contracting Practices Survey Project: An Empirical Study of Value and Utility in the United Nations Convention On the International Sale of Goods (CISG) and the UNIDROIT Principles of International Commercial Contracts to Practitioners, Jurists, and Legal Academics in the United States; 25 J. L. & Com. 1 (2008); *Gabriel*, Symposium: Ruling the World: Generating International Legal Norms: Article: The Advantages of Soft Law in International Commercial Law: The Role of UNIDROIT, UNCITRAL, and the Hague Convention; 34 Brooklyn J. Int'l L. 655 (2009); *Kronke*, The UN Sales Convention, the UNIDROIT Principles and the Way Beyond, 25 J. L. & Com. 451 (2005); *Reitz*, UNIDROIT Symposium: Globalization, International Legal Developments, and Uniform State Laws, 51 Loy. L. Rev. 301 (2005); *Marrella*, Choice of Law in Third-Millennium Arbitrations: The Relevance of the UNIDROIT Principles of International Commercial Contracts, 36 Vand. J. Transnat'l L. 1137 (2003); *Rosett*, The UNIDROIT Principles of International Commercial Contracts: A New Approach to International Commercial Contracts, 46 Am. J. Comp. L. 347 (1998); *Zaremba*, International Electronic Transaction Contracts between U. S. and EU Companies and Customers, 18 Conn. J. Int'l L. 479 (2003).

〔5〕 See *Berger*, Adding Insult to Injury: How *In Re Venture Mortgage Fund* Exposes the Inequitable Results of New York's Usury Remedies, 29 Fordham Urb. L. J. 2193 (2002); *Bunditz*, The Federalization and Privatization of Public Consumer Protection Law in the United States: Their Effect on Litigation and Enforcement, 24 Ga. St. U. L. Rev. 663 (2008); *Martin*, The Litigation Financing Industry: The Wild West of Finance Should be Tames Not Outlawed, 10 Fordham J. Corp. & Fin. 55 (2004); *Putney*, Rules, Standards, and Suitability: Finding the Correct Approach to Predatory Lending, 71 Fordham L. Rev. 2101 (2003); *Rowland*, Comment, Defending the American Dream: Legislative Attempts to Combat Predatory Lending, 50 S. Tex. L. Rev. 343 (2008); *Shields*, Annotation, Practices Forbidden by State Deceptive Trade Practice and Consumer Protection Acts—Pyramid or Ponzi or Referral Sales Schemes, 48 A. L. R. 6th 511 (2010); *Zollers/Shears/Hurd*, Fighting Internet Fraud: Old Scams, Old Laws, New Context, 20 Temp. Envtl. L. & Tech. J. 169 (2002). See generally, *Zupanec*, Annotation, Practices Forbidden by State Deceptive Trade Practice and Consumer Protection Acts, 89 A. L. R. 3d 449 (updated 2009).

〔6〕 15 U. S. C. §§1601 et. seq. (2006), supplemented by the Truth in Lending (Regulation Z), 15 U. S. C. App. 12 C. F. R. §226.1. See *Peterson*, Truth, Understanding, and High-Cost Consumer Credit: The Historical Context of the Truth in Lending Act, 55 Fla. L. Rev. 807 (2003); *Renuart/Thompson*, The Truth, The Whole Truth, and Nothing but the Truth: Fulfilling the Promise of Truth in Lending, 25 Yale J. on Reg. 181 (2008).

〔7〕 7 U. L. A. 475.

〔8〕 See *Waterfield*, Insurers Jump on Train for Federal Insurance Regulation: Is it Really What They Want or Need?, 9 Conn. Ins. L. J. 283 (2002/2003).

〔9〕 例如参见 Fla. St. Ann. §501.204 (2003) and Illinois, 815 ILCS 505/2 (2003)。

均有影响。

与大多数国家的法律制度类似,美国合同法区分明示合同与默示(事实)合同。"准合同"(Quasi Contracts)也称为"法律上的默示合同",针对的是不当得利及责任问题(参见下文第 347 段)。此外,对双诺合同和单诺合同的区分(采用的方式与欧洲法不同)具有重要意义。前者确立的是当事人双方的相互义务。为缔结此类合同所发出的要约要通过一个相对的允诺(counter-promise)来接受,此种允诺可以采取明示或默示的方式(以要约要求的履行方式)。在单诺合同(unilateral contracts)中,仅有一方当事人作出允诺,希冀换来的是履行而不是一个相对的允诺。在此情形下,另一方完成了允诺方寻求的履行,才使得允诺具有可执行性(合同成立)(参见下文第 295 段)。 286

(二) 合同的成立

1. 要约和承诺

(1) 要约

为合法有效地缔结合同,一份合同在协商一致的契约含义上要求当事人的意思表示相互吻合:一方要约,然后另一方承诺。从受要约人视角对交易情景客观审视:提出要约的一方(要约人)表明了其受合同义务约束的意图;换言之,站在收到声明的一方观察:一个理性的人会认为该声明赋予其一旦承诺即有权创设一份有效合同。基于这一思路,广告不构成美国法上的要约,这与其他国家的规定类似;相反,广告被视为邀请:请接受方前来协商或发出要约(要约邀请)(*invitatio ad offerendum*)。[10] 同样的结论适用于传单(circulars),比如在某人的大包邮件中发现的那些小广告。[11] 287

要约必须足够明晰而确定,并且含有提议交易的实质要素。必要的特定要素取决于所涉合同的种类。例如,购买不动产的合同要求不仅表明价格和酌情需要的融资方式,而且准确描述交易的财产(法律上的描述,内容如同契据登记簿上的记录)。与之相反,对于货物买卖合同,《统一商法典》第二编并未要求提及价格[12],但是货物必须确定,或者能够根据其种类和数量或体积加以确定。作为一项政策,合同被假定为可执行的和有效的(有效 288

---

[10] 一份要约意味着要约的标的已经或者能够比较客观地被确定,并且能够辨明有权接受要约的人。See *Murray*, Contracts § 34 (a).

[11] *Murray*, Contracts § 34 (a).

[12] See UCC § 2-305.

原则），对于空缺则通过解释予以处理和填补[13]；《统一商法典》第 2-204 条作了同样的规定。[14]

289　　要约可以多种方式终止，从而使受要约人通过承诺订立合同的权利消灭。最为重要的原因包括：承诺期限届满（比如要约有特定的承诺时间限制，或者在具体情况下一段"合理的期限"已经届满）、要约人撤销要约或者受要约人拒绝要约。要约在其规定的期限内或者一段合理期限内自收到时生效。口头要约必须立即承诺。

290　　作为一般规则，一份要约可以在承诺前的任何时间被**撤销**（revoked）。[15] 该规则基于如下事实：要约人还未从对方获得任何形式的履行或好处[比如一份对待允诺（counter-promise）]，因此没有理由要求其必须保持要约有效。[16] 在单诺合同的情况下，规则有所不同。在许多州，一旦受要约人已经开始按要求履行，则要约不得撤销。该规则旨在保护单诺合同的受要约人，其正当合理性在于受要约人毕竟已经提供了所要求的部分"对价"。[17] 若要约人获得了在特定期限内保持要约有效所需的额外"对价"，则该交易构成一份"选择权合同"（option contract）。在此情况下，要约人不得在指定期限届满前撤销要约（否则，撑销本身就构成对选择权合同的违反）。[18]《统一商法典》第 2-205 条含有一条关于货物买卖的特别规则。如果卖方为商人并以书面形式声明要约在特定期限（否则就是合理的期限）内有效，那么即便受要约人并未为要约不得撤销提供额外的对价，则该声明也构成一份"实盘"（firm offer），不得撤销。[19] 就此而言，重要的是注意：美国法上的"商人"（merchant）定义与其他一些国家法律制度（如德国法）中的定义差异巨大。《统一商法典》第 2-104 条第 1 项将"商人"规定为下述任何人：具有商业或职业技能从事动产交易者，或自我表明对此类货物具有专门知识或经验者。

291　　此外，一份要约可能基于**公平**（equity）的考虑而不可撤销，比如受要约人因信赖要约而

---

[13] Murray, Contracts § 90. 相反的看法，参见卡多佐法官在一个早期判例中的观点：*Sun Printing & Publishing Association v. Remington Paper & Power Co.*, 235 N.Y. 338, 139 N.E. 470 (1923).

[14] 《统一商法典》第 2A-204 条对于租赁的规定其实与之相同。

[15] *Peerless Casuality Co. v. Housing Authority of the City of Hazelhurst*, 228 F.2d 376 (5th Cir. 1955); *Kuhnhoffer v. Naperville Community School District 203*, 758 F. Supp. 468 (N.D. Ill. 1991); *Beard Implement Co. v. Krusa*, 208 Ill. App. 3d 953, 567 N.E. 2d 345 (1991), appeal denied 139 Ill. 2d 593, 575 N.E. 2d 911 (1991).

[16] 关于"对价"原则的详细论述，参见下文第 300 段。

[17] 一些州已经修改了部分履行规则。

[18] See Murray, Contracts § 43 (b).

[19] See, for instance, *Mid-South Packers, Inc. v. Shoney's Inc.*, 761 F.2d 1117 (5th Cir. 1985).

以一种要约人必然能预见到的方式将其经济状况作了带来损失的改变。[20] 为了避免对价原则的严苛,判例法发展出了"允诺禁反言"(promissory estoppel)原则(参见下文第 304 段)。

如果要约可撤销,那么撤销可采用明确告知的方式,该声明自受要约人收到时生效。撤销也可发生于下述情况:要约人本身的行为方式与要约的内容明显不符,且受要约人知悉该行为。 292

要约在遭到受要约人拒绝时同样终止。除了明示拒绝,增列新条款的承诺或按照与要约不同的条件承诺也构成拒绝。反而言之,普通法上的承诺必须接受要约的所有内容("镜像规则",mirror image rule)[21],否则合同就不成立。由于"承诺"对要约的变更使其不具有法律效力,因此必须将"承诺"视为对原要约的拒绝,并独自构成一份新要约(反要约,counteroffer)。虽然要约和对要约的回复出现上述的差异,但是货物还是由一方交付并为另一方所接受,此时合同成立,其条款为双方最后一次联络的内容,这就是"最后表述作准"规则(the "last word" rule)。这种观点就是其他国家法律制度中也存在的"格式之战"(battle of the forms)的问题[22],它对于并入一方当事人提出的"通用条件"尤其重要。货物买卖合同在这方面还是适用特别规则。根据《统一商法典》第 2-207 条第 1 款,附加条款并不必然阻碍合同的成立。合同依据最初的要约条款有效。[23] 如果双方当事人均为(在上文所述意义上的)商人,而且要约没有明示不得修改其条款,并且如果变更未影响到合同的实质部分,则附加条款成为合同的一部分,除非另一方在合理期限内表示反对。[24] 293

---

[20] 在美国判例法中,该问题在涉及分包商的合同方面被剖析得尤其详尽。See, for instance, *James Baird Co. v. Gimmbel. Bros., Inc.*, 64 F. 2d 344 (2d Cir. 1933); *Drennan v. Star Paving Co.*, 51 Cal. 2d 409, 333 P. 2d 757 (1958); *Southern Cal. Acoustics Co. v. CV Holder, Inc.*, 71 Cal. 2d 719, 79 Cal. Rptr. 319, 456 P. 2d 975 (1969); *Coyote Corporation v. Chipman Construction, Inc.*, 1999 WL 155938, 1999 Wash. App. LEXIS 516 (1999); *Diamond Electric, Inc. v. Delaware Solid Waste Authority*, 1999 WL 160161, 1999 Del. Ch. LEXIS 45 (1999); *Day & Associates, Inc. v. Cowman, Inc.*, 1998 WL 756521, 1998 Md. App. LEXIS 184 (1998).

[21] *Reed v. Wehrmann*, 159 F. Supp. 2d 700 (S. D. Ohio 2001); *Vesta Investa, Inc. v. Harris*, 1999 WL 55649, 1999 Minn. App. LEXIS 123 (1999); *I. C. C. Protective Coatings, Inc. v. Staley Manufacturing Company*, 695 N. E. 2d 1030 (Ind. 1998); *Morrison v. Trust Company Bank*, 229 Ga. App. 145, 493 S. E. 2d 566 (1997).

[22] Murray, Contracts § 49. See also *Reilly Foam Corp. v. Rubbermaid Corp.*, 206 F. Supp. 2d 643 (E. D. Pa. 2002).

[23] 这是美国判例法中的主流观点。See, for instance, *Dorton v. Collins & Aikman Corp.*, 453 F. 2d 1161 (Tenn. 1972); *St. Charles Cable TV v. Eagle Comtronics*, 687 F. Supp. 820 (S. D. N. Y. 1988), aff'd wihout opinion 895 F. 2d 1410 (N. Y. 1989); *Superior Boiler Works, Inc. v. Sanders, Inc.*, 711 A. 2d 628 (R. I. 1998). 相反的判决参见 *Roto-Lith, Ltd. V. FP Bartlett & Co.*, 297 F. 2d 497 (Mass. 1962)(罕有遵从者)。

[24] See UCC § 2-207 (2). See also *JOM, Inc. v. Adell Plastics, Inc.*, 193 F. 3d 47 (1st Cir. 1999).

294　　最后,与一些大陆法系国家的法律制度不同,伴随要约人或受要约人在承诺生效之前的死亡或丧失行为能力,一项要约终止。

(2) 承诺

295　　对要约的有效承诺取决于受要约人(承诺方)知悉要约并且为要约的接收人。[25] 可采用多种方式对一份要约作出有效承诺。单诺合同的要约要求全面完成要约人所期待的履行(bargained-for performance)。[26] 对双诺合同要约的承诺需要受要约人作出针对要约人所期待履行的对待允诺。受要约人可以采用明示方式允诺,也可默示地启动符合要约要求的履行。[27] 一般而言,沉默不构成承诺。[28] 要约人对承诺设定的特别要求,或者双方当事人过去遵循的惯例可以导致不同的后果。例如,如果要约人已经明确指定了承诺的形式或方法,则受要约人唯有满足此等使承诺有效的先决条件,才能促成一份有拘束力的合同。[29] 如果要约对此未置一词,则受要约人为使承诺生效,必须采用一种至少和要约人所用的同样安全和快捷的方法和形式;否则,要约可能被视为已经终止。[30]

296　　对于货物买卖合同而言,存在缺陷的履行(例如提供了不合要求的货物)在美国法上构成承诺,这正如 CISG 的规定,但同时也赋予了要约人请求违约赔偿金的权利。该规则存在如下例外:如果双方当事人均为商人,并且卖方交付不合要求的货物时提出了一份新要约,则订购方(买方)可以自由地决定承诺或拒绝该要约,而他本人不违反合同。

297　　通常,承诺生效意味着要约人必然不是收到承诺就是获悉对方开始履行的。[31] 然而,若要约以邮件发出,则承诺也要以邮件寄出;若要约人未作出相反的指示(见下文),则承诺自投邮时生效(**投邮规则**,mailbox rule)。[32] 与许多大陆法制度中的要求相反,收件人(要约人)事实上收到承诺不是美国法上的要求或具有决定意义。即便邮件万一在邮寄中丢失或

---

[25] In re Fasano/Harriss Pie Co., 43 B.R. 864 (Bankr. W.D. Mich. 1984), aff'd by Fasano/Harriss Pie Co. v. Food Marketing Associates, Ltd., 70 B.R. 285 (W.D. Mich. 1987)。

[26] 然而,一旦受要约人开始履行,要约人就无权撤销要约。参见上文第 290 段。

[27] Restatement (Second) of Contracts § 32. See also UCC § 2-206.

[28] Radioptics, Inc. v. United States, 621 F. 2d 1113 (Ct. Cl 1980); Eimco Div. v. United Pac. Ins. Co., 710 P. 2d 672 (Idaho Ct. App. 1985); Rosenberg v. Townsend, Rosenberg & Young, Inc., 376 N.W. 2d 434 (Minn. Ct. App. 1985)。

[29] In re Flagstaff Foodstaff Foodservice Corp., 25 B.R. 844 (Bankr. S.D.N.Y. 1982)。

[30] Restatement (Second) of Contracts § 65.

[31] Mintzberg v. Golestaneh, 390 So. 2d 759 (Fla. Ct. App. 1980); Lamb v. Morderosian, 36 Or. App. 505, 584 P. 2d 796 (1978); Ardente v. Horan, 117 R.I. 254, 366 A. 2d 162 (1976)。

[32] "投邮规则"基于英国古老的"亚当斯诉林塞尔案"[Adams v. Lindsell (1 Barnewall & Alderson 681, 106 Eng. Rep. 250 (1818)]的判决,并几乎一致地为美国判例法所遵循。仅有零星的判决偏离了该规则,以收到承诺作为承诺生效的条件,例如参见 Rhode Island Tool Co. v. United States, 130 Ct. Cl. 698, 128 F. Supp. 417 (1955)。

收到时延误已久,承诺也已生效。当然,要约人有权宣布不适用投邮规则,而要求以实际收到承诺为准。因此,该规则其实以默认规则发挥作用,而且不适用于选择权合同。据此,如果要约人同意保持要约在特定期限内有效,并且已经获得对其要约具有拘束力的对价,则承诺必须在指定期限届满前确实送达要约人。[33]

在受要约人发出并行但前后不一的邮件时,投邮规则的适用面临难题。例如,如果拒绝通知首先发出,但在承诺投邮之后到达,则合同已经成立。其理由在于,拒绝通知只能在收到后生效,而承诺根据投邮规则在投邮时生效。在这方面需要注意的是,投邮规则的适用范围限于承诺生效的问题,而不得扩及于要约(获悉时生效)、撤销要约或拒绝要约。 298

从理论上讲,当承诺先发出,而随后寄出的拒绝通知首先到达时,一份合同同样已经成立。根据投邮规则,合同因承诺的投邮而成立,而拒绝因此无效。但是,要约人需要保护,尤其是要约人由于信赖拒绝通知而已与他人签订合同的情况下更是如此。在此情况下,公平的考虑因素将免除要约人的前一合同义务,受要约人援引其承诺而无视其后来拒绝要约的做法将"被禁止"(estopped)。[33a] 299

(3)反要约和"格式之战"

如果对要约的回复包含另外的或不相一致的条件,那么根据传统普通法规则,合同无法成立;该回复被视为对要约的拒绝并构成一份反要约,转而需要原要约人承诺。这一看似明确且符合逻辑的规则往往并不那么实用:许多情况下当事人的确希望缔结合同,而该普通法规则却使其目的落空。一种常见的例子是当事人在沟通中作为常规附带的"通用条款",但双方的条款内容并不一致。此时合同是否成立,若成立那么合同条款是什么?不同国家法律制度处理这种"格式之战"问题的方法各异。最简单的方法是采用"最后表述作准原理"或"最后一枪原理":若一方当事人在收到另一方的信息后采取行动,比如收货,则该行为就成了对另一方条款的承诺。对此进一步的探讨以及细节问题,请见下文第314B段。 299A

2. 对价

允诺人必须在收到了"对价"后才受其允诺的约束。[34] 在早期的判例法中,一方当事人因为所允诺的履行而遭受损失,另一方因此受益,此种情形才符合对价的要求。双诺合 300

---

[33] *Restatement (Second) of Contracts* § 63 (b). See also *Southern Region Indus. Realty v. Chattanooga Warehouse & Cold Storage Co.*, 612 S.W. 2d 162 (Tenn. App. 1980); *Livesey v. Copps Corp.*, 90 Wis. 2d 577, 280 N.W. 2d 339 (1979).

[33a] 关于"展延成立合同"(rolling contracts),参见下文第314A段。

[34] *Restatement (Second) of Contracts* § 71.

同中的允诺[35]和单诺合同中受要约人的行为[36]本质上通常满足上述界定中的要求。无对价的合同是"虚幻的"(illusory),对任何一方当事人均无法律拘束力。对价原则的基本要素是"交易"(bargain)的理念;履行和对待履行是讨价还价的对象,即双方当事人想要交易的对象。因此,英美合同法在根本上是处理交易关系。一方当事人真正寻求的任何与其允诺交换之物都将使允诺产生拘束力,即构成允诺的对价;在此意义上,将对价作为交换的当代处理方法已大幅度降低了对价概念的严格性。允诺和对价不需要在经济上等值;正如一些早期见解所云,若为允诺人真正所求,即便一粒"胡椒子"也无妨。[37]

301　　出于实践目的,影响广泛的普通法对价要求已通过另外的渠道有所收缩阵线。因为证据上的原因,大多数重要的合同若采用了书面形式即为有效;一些州法规定,书面形式足以替代对价。[38]

302　　判定对价是否存在发生在合同成立时。[39]作出允诺的一方(允诺人)承担道德义务单独不足以构成对价。[40]过去的履行或过去的容忍("过去的对价",past consideration)由于缺乏当前交易的成分而在概念上就无法成为对价。[41]同样,允诺履行一项原有的合同或法律义务不构成对价("先前义务规则",pre-existing duty rule)。[42]这一点对于原有合同的修改特别重要,原因是若产生传统普通法上的效力,则合同修改需要另外的对价。该规则的例外情况是,无法预料的事件可以作为不履行原有合同条款的正当理由。一项重要的成文法例外是《统一商法典》第 2-209 条第 1 款的规定,对于属于该编调整范围内的并且当事

---

[35] *Restatement (Second) of Contracts* § 75.

[36] *Restatement (Second) of Contracts* § 72.

[37] *Murray*, Contracts § 59 (a); *Whitney v. Stearns*, 16 Maine 294, 297 (1893); *Miller v. Bank of Holly Springs*, 131 Miss. 55, 85 So. 129, 130 (1923); *Blubaugh v. Merril, Lynch, Pierce, Fenner & Smith, Inc. v. Century Surety Company*, 1985 WL 8260, 1985 Ohio App. LEXIS 8371 (1985); *Lloyd's Credit Corporation v. Marlin Management Services*, 158 Vt. 594, 614 A. 2d 812 (1992). 对价不需要(经济上)"足够"(adequate),但必须(在法律上)"充分"(sufficient)。

[38] Accord: *Restatement (Second) of Contracts* § 95.

[39] *Bayshore Royal Company v. Jason Company of Tampa, Inc.*, 480 So. 2d 651 (Fla. Ct. App. 1985).

[40] *Dementas v. The Estates of Jack Tallas*, 764 P. 2d 628 (Utah App. 1988). 一种相反的规则——"曼斯菲尔德勋爵规则"(Lord Mansfield's Rule)——已经在"伊斯特伍德诉凯尼恩案"[*Eastwood v. Kenyon*, 113 Eng. Rep. 482 (1840)]中被废止。

[41] 但是,这一规则并非没有判例法上的例外情况。尤其在允诺人已经获益(如通过另一方的救命之举)而受诺人遭受伤害或其他损失的情况下,仅有道德义务支持的允诺人之允诺,有时得以强制执行。

[42] *Reinhardt v. Passaic-Clifton National Bank & Trust Co.*, 16 N. J. Supp. 439 84 A. 2d 741 (1951), affirmed 9 N. J. 607, 89 A. 2d 242 (1952); *Citibank, Nat'l Assn. v. London*, 526 F. Supp. 793 (S. D. Tex. 1981); *Hurd v. Wildman, Harrold, Allen & Dixon*, 303 Ill. App. 3d 84, 707 N. E. 2d 609, 236 Ill. Dec. 482 (1999); *Jaynes v. Strong-Thorne Mortuary, Inc.*, 124 N. M. 613, 954 P. 2d 45 (1997).

人本着善意签订的合同,其修改无须单独的对价。

若无特别的成文法规定,则唯有提供新对价才可有效免除一项债务。[43] 与之相反,对于因诉讼时效法或在破产中免除的债务,偿付此类债务的允诺不需新对价即有拘束力。[44] 原因在于,时效的限制或破产中的债务豁免都不被视为实体法上的债务消灭理由;相反,它们都被作为强制执行债务的程序障碍。

在受诺人确实值得保护的情况下,缺乏用作交换的对价可能导致允诺(拟议中的合同,intended contracts)不具有可执行性。对于此等情形,可根据**允诺禁反言**原则使允诺人承担责任。[45] 禁反言的法律之源在衡平法理中,其词根就是单词"禁止"(stop)。[46] 当一个人被"禁反言",他便不得援用特定的抗辩理由。具体到允诺禁反言,考虑到具体案情,允诺人被禁止援用另一方未提供充分的对价作为抗辩理由,因而作出的允诺具有约束力。起初,允诺禁反言原则用于助推强制执行基于利他动机的赠与允诺,尤其是家庭成员之间的允诺。如今,允诺禁反言原则也适用于具有家庭外交易特征的"合同",不过这类"合同"可能由于其他缺陷而不具有可执行性,比如违反了合同形式要求。作为对价欠缺替代者的允诺禁反言原则,其适用前提包括:允诺已经作出,受诺人已基于对允诺的信赖采取行动,允诺人知悉或应当预见到这种信赖行为,以及——最后一点——唯有执行允诺才能避免不公正的出现(全部执行,或在公正所要求的范围内执行)。

3. 书面形式

有些合同需要采用限定的书面形式,这类合同受《**反欺诈法**》(Statute of Frauds)的调整。[47] 根据最初的普通法,书面形式要求适用于为结婚作出的允诺、遗嘱执行人为亲自负

---

[43] *Johnson v. Maki and Associates, Inc.*, 289 Ill. App. 3d 1023, 682 N. E. 2d 1196, 225 Ill. Dec. 119 (1997); *Gavery v. McMahon & Elliott*, 283 Ill. App. 3d 484, 670 N. E. 2d 822, 219 Ill. Dec. 144 (1996).

[44] *Herrington v. Davitt*, 220 N. Y. 162, 167, 115 N. E. 476, 477 (1917); *Beneficial Fin. Co. v. Lalumia*, 223 So. 2d 202 (La. 1969); *Estate of Wolf v. Comm'r*, 264 F. 2d 82 (3d Cir. 1959); *Waters v. Lanier*, 116 Ga. App. 471, 157 S. E. 2d 796 (1967); *Brunhoeber v. Brunhoeber*, 180 Kan. 396, 304 P. 2d 521 (1956); *Pascali v. Hempstead*, 8 N. J. Super. 40, 73 A. 2d 201 (1950); *International Aircraft Sales, Inc. v. Betancourt*, 582 S. W. 2d 632 (Tex. App. 1979). See also *Restatement (Second) of Contracts* § 82.

[45] 《合同法重述(第二版)》第 90 条第 1 款采用了这一概念。违反允诺禁反言原则可以导致合同责任,但由于它是源自衡平法的一种救济方式,因而救济范围可能限于信赖损失(reliance damages)或不当得利的请求,两者的判定均基于公平的考虑因素。

[46] Hay, On Merger and Preclusion (Res Judicata) in U. S. Foreign Judgments Recognition-Unresolved Doctrinal Problems, in: Schütze et al. (eds.), Festschrift für Reinhold Geimer 325, at 328 n. 13 (2002).

[47] 英国的《反欺诈法》(29 Charles II, c. 3 1677)构成了该领域美国法的基础,但是美国法的演变不同于英国法的变迁。对各州所立成文法的论述,参见《合同法重述(第二版)》第 110 条前面的成文法注解(Statutory Note)以及下文第 307 段。在英国,《反欺诈法》已于 1954 年被废止。

责偿还死者遗产之上的债务而作出的允诺,以及为偿还他人债务而作出的允诺(担保)。《反欺诈法》调整的三类最重要的合同是:不动产权利转让合同,500美元以上动产的买卖合同,以及非常宽泛的一种——履行期超过1年的合同。当合同未明确约定履行期限时,即便合同在1年内履行完毕希望渺茫,也假定可在1年内履行完毕。[48] 律师代理当事人签订《反欺诈法》调整的合同,其权利需要以书面形式载明,恰如合同自身的形式要求("形式同一规则",rule of equal dignity)。在修改合同时,未来合同的性质决定合同是否应采用书面形式。合同受《反欺诈法》的调整,但与该法书面形式要求相悖,对此与法相悖的后果各州规定不一。在一些州,这种合同可以撤销,这意味着被告为免除责任应利用合同的形式缺陷[49];在其他州,此种合同无效,因而不得为任何一方当事人所援用。[50]

306　　达到《反欺诈法》的要求既不需要体现合同内容的字据,也不需要双方当事人在书面文件上签字。唯一的要求是,被告已在证实合同关系的证据上留有签名。[51] 因此,一方当事人宣布毁约或弃权的一份字据足以支持另一方当事人提起诉讼,并足以借助证人和其他方式证明合同的存在及内容;但是,若原告本人未曾在任何合同材料上签名,则其自身可免于因该合同被起诉。

307　　在诸多情况下,不遵守《反欺诈法》通常并不导致合同无效或被撤销。其中首要的情形或许是依约履行合同。需要履行到何种程度才能消除不遵守《反欺诈法》的后果,这将取决于合同的性质。超过1年的服务合同尽管缺乏书面合约,但若一方当事人实际上已依约履行了自己的义务,则该当事人可对另一方请求强制执行合同。相比之下,对于价款超过500美元的货物买卖合同,部分履行就足以使其摆脱《反欺诈法》中形式要求的束缚;不过,一方当事人允诺的可执行性将限于另一方实际履行的价值多少(《统一商法典》第2-201条第3款第3项)。在诉讼中承认签订过一份合同也可弥补缺乏书面形式的缺陷(《统一商法典》第2-201条第3款第2项)。如果卖方依约履行了义务,事实上将不动产转让给了买方,则尽管合同形式不符合《反欺诈法》的要求,该不动产权利的转让也并非无效。与之相反,买方支付了全部价款不能消解《反欺诈法》施加的形式要求问题。在此情况下,需要额外的因素予以强化,比如买方占有了不动产,或他因信赖该合同而对不动产作了改进

---

　　[48] 一位40岁的合同当事人签订的一份"终生服务"合同不在《反欺诈法》的适用范围之列,但一位百岁允诺者工作5年的允诺却处在该法的适用范围。后一种情况下的允诺无法依照合同条款在1年内履行完毕,但前一种情况下的允诺仅因为当事人在年底之前可能死亡就存在1年内履行完毕的可能性。更多的示例,参见《合同法重述(第二版)》第130条。

　　[49] See, for instance, *McIntosh v. Magna Sys., Inc.*, 539 F. Supp. 1185 (N.D. Ill. 1982).

　　[50] See, for instance, Ala. Code § 8-9-2 (2003).

　　[51] *Eastern Dental Corp. v. Isaac Masel Co.*, 502 F. Supp. 1354 (E.D. Pa. 1980).

（improvements）。

### 4. 无效合同和可撤销合同

#### （1）无缔约能力

普通法要求，一个人年满21岁才具备有效缔约的能力。[52] 大多数州已将这一年龄要求降到18岁。[53] 除了未成年人，智障者也不具备缔约能力。成年人推定具有缔约能力；对于成年人一方不具备缔约能力，如由于精神智障而无缔约能力，另一方当事人负有举证责任。[54] 如果酗酒者的状况为另一方当事人所知，或者其状况显而易见，则酗酒者同样缺乏缔约能力。缺乏缔约能力的后果并非如其他有些国家法律所规定的那样合同无效（不存在有效合同），而只是合同可被无缔约能力的当事人或其代理人所撤销（合同是"可撤销的"）或解除（"撤销权"，power of avoidance）。另一方缔约当事人不得要求撤销合同。当未成年人年满缔约年龄时，他或她有权追认原本可撤销的合同。[55] 追认合同既可采取明示的方式，也可采用默示的方式。上述所有规则不适用于必需品合同（购买日常生活所需物品的合同），未成年人签订的必需品合同对其具有约束力。[56]

#### （2）非法

追求非法目的的合同无效（void）。一方当事人本着或追求非法目的而签订了一份看似合法的合同，唯有在另一方当事人不曾知悉该非法目的时，合同才可被强制执行。合同非法的后果是当事人各自的损失自负。因此，已经完成的履行或合法合同下可得的收益原则上不得通过恢复原状（restitution）或不当得利（unjust enrichment）制度被追回。如果弱势的一方当事人特别值得保护时，则可偶尔出现例外。

#### （3）欺诈和胁迫

由于暴力或胁迫，或者在其威胁之下所作的声明或允诺可以被撤销。威胁采取不利的经济措施或制裁手段通常不足以导致撤销合同。一方当事人利用对另一方当事人的独特影响力而诱使后者签订合同，一切这类情形均构成不正当影响（undue influence）。一方当事人利用（滥用）了另一方当事人的特殊信任或对另一方的特殊支配地位，由此作出

308

309

310

---

[52] *Murray*, Contracts §24.

[53] 部分州尚未降低年龄要求。比如，密西西比州依然坚守21岁规则，参见 Miss. Code Ann. §1-3-27 (2004)；而其他有些州将缔约能力的年龄规定为19岁，比如参见 Ala. Code §26-1-1 (2003). 关于主流规则（年满18岁具有缔约能力）的实例，参见§755 ILCS 5/11-1 (2003), Wyo. Stat. §14-1-101(a) (2003). 在一些州，当事人即便实际上未达到法定年龄要求，但因结婚也能具有缔约能力，比如参见 Iowa Code §633.3 (18) (2003).

[54] *In re Estate of Hendrickson*, 248 Kan. 72, 805 P.2d 20 (1991).

[55] *Yancey v. O'Kelly*, 208 Ga. 600, 68 S.E.2d 574 (1952).

[56] *Murray*, Contracts §25.

的行为将被视作不公平行为,由此签订的合同也可以被要求撤销。如果虚假陈述(misrepresentation)导致了另一方当事人认知错误(误解了合同的实质要素),则可能出现不同的后果。假如没有("若非",but for)虚假陈述,当事人便不会签订合同,这种情况下则合同不成立,交易无效。相比之下,关于合同内容的虚假陈述将导致合同可撤销。虚假陈述应有关对另一方当事人所陈述的事实并为另一方所信赖。原则上,一方没有义务积极告知对方:主动而自愿地提供事实和信息。但是,这个一般规则存在例外,比如在下述情况下成文法强令披露信息:一方有意向对方隐瞒事实,或者一方部分披露信息将导致对方得出错误结论而且这一后果可预见到。

(4) 事实认知错误(Mistake of Fact)

311 "事实认知错误"非起因于对方当事人(不能归因于任何一方)。此类错误涉及对事实的认识瑕疵(error)、判断失误(mistake)或理解不当(miscomprehension);误判(也包括对事实的判断)并不妨碍合同的有效成立。如果双方当事人均误解了合同的实质部分,则其协议可撤销。[57] 这与一方当事人承担误解的风险情况不同。单方误解的情况必须与下述情况相区别:误解涉及合同的实质部分而且合同因此无法成立。阻碍合同成立的误解有个前提条件:客观上合同可作不同的解释,实际上各方对其含义各有不同的理解,而且一方不知道(也没有理由知道)另一方怀有不同的理解。这也意味着,原则上关于合同实质部分的单方误解不能阻碍合同的有效成立。[58] 只有误解显而易见或者应该为另一方当事人所知时,合同才会无效。[59]

(5) 出于公平的考虑

312 即使合同已经合法有效地成立,法院有时也会基于衡平法和公正的原因而拒绝执行。当然,此类情况纯属例外。有问题的合同条款一定有出乎另一方意料的内容,而且一定确实苛刻和不公平。[60] 公平与否的判断取决于合同成立时的状况。在不公平的情况下签订的合同不具有执行力,该规则在消费者合同领域和判断免责条款的可执行性方面具有重要意义。[61]

---

〔57〕 *Sherwood v. Walker*, 66 Mich. 568, 33 N.W. 919 (1887). *Restatement (Second) of Contracts* §294.

〔58〕 See *Murray*, Contracts §91 (e).

〔59〕 See, for instance, *STS Transp. Serv., Inc. v. Volvo White Truck Corp.*, 766 F.2d 1089 (7th Cir. 1985).

〔60〕 例如,一方当事人利用其占绝对优势的经济实力迫使对方接受负担沉重的条件。See, for instance, *Campbell Soup Co. v. Wentz*, 172 F.2d 80 (3d Cir. 1948). See also UCC §2-302; *Kinney v. United Healthcare Services, Inc.*, 70 Cal. App. 4th 1322, 83 Cal. Rptr. 2d 348 (1999).值得注意的是,其实没有必要为这类案件援引特别的例外制度,因为针对欺诈和胁迫(见上文第 310 段)的传统救济方法已经提供了足够的补救渠道。

〔61〕 *Henningson v. Bloomfield Motors, Inc.*, 32 N.J. 358, 161 A.2d 69 (1960).

### （三）合同

#### 1. 合同条款

除了当事人的明确表述，一般商业惯例和当事人过去的商业交易方式对于决定当事人预期的合同内容也可具有重要作用。合同若是国内货物买卖合同，就会适用《统一商法典》第二编；合同若是国际货物买卖合同，就会适用CISG。无论是普通法还是成文法，在所有可适用的法律中，恪守诚实信用（good faith）的要求均贯穿其中。[62]

合同条款未必一定体现于单独的一份文件，其实当事人可能不得不从书面材料和口头证据中拼合出合同条款。在借助口头证据时，一方当事人可提出什么口头表述证明合同的内容，对此"**口头证据规则**"（parol evidence rule）施加了重要的限制。起初，该规则曾名副其实地作为证据（程序性）规则适用，如今它界定的是合同的实体内容。该规则决定何种当事人之间的口头约定可被援用以增减书面协议的内容，而能否获得准许是由法官而不是陪审团决定的(口头证据的效力被视为法律问题)。[63] 如果缔约双方约定，他们签订了一份最终的合同，合同包含了协议的"全部"（complete）内容，那么当事人就不得再出示协议前或当时的口头约定来改变或补充该合同，合同就限定在书面记录的内容。[64] 其理论依据在于，书面文件纳入（融合）了当事人意思表述的全部内容，构成了一份充分"完整的"（integrated）合同。其结果是，另外的口头协议只能通过两种途径成为合同的一部分——以另外的方式变为书面材料：(1) 一方当事人可主张书面文件不代表当事人意思的最终表述，或者(2) 若另外的口头协议加进最初的合同中将使其合乎常理，则其对当事人具有约束力。\* 显而易见，证实后者相当困难。但是，当事人一方主张并证明，以文字表述的书面合同是当事人事

313

314

---

[62] 对此早期的（如今经典的）表述，参见卡多佐法官在"伍德诉露西——达夫·戈登夫人案"{*Wood v. Lucy, Lady Duff-Gordon*[222 N. Y. 88，118 N. E. 214（1917）]}中的观点。See also *Gorin*, Looking for Law in All the Wrong Places：Problems in Applying the Implied Covenant of Good Faith Performance, 37 U. S. F. L. Rev. 257（2003）.

[63] *Jackson v. Salvesen Holdings，Inc.*，978 S. W. 2d 377（Mo. 1998）.

[64] *Murray*，Contracts § 83.

\* 有关第二种途径的原文如下：Additional agreements may be binding on parties in circumstances in which it would be unusual that they would have been included in the original contract. 直译应为："若最初的合同包含另外的口头协议将使其**异乎寻常**，则另外的协议应对当事人具有约束力。"其内容令人费解。原著作者在来信中对此作了进一步说明：若合同中含有一条"整合条款"（integration clause）："本合同完整无缺和自成一体"，则合同内容的完整性将无异议。但是，合同中通常没有此类条款，法官和陪审团必须对合同完整与否作出裁断。若另外的协议内容与合同内容密切相关，则法院会认为，当事人在缔约时若考虑到它"通常"（ordinarily）将其纳入合同；若一方提出的另外协议的内容与合同内容并无真正联系或者"异乎寻常"（unusual），则另外的协议内容就不应纳入合同之中。译文依据原著作者的回信对原文内容略作修改。——译者注

实认知错误(见上文)的结果,因此应予忽视或限制,此时口头证据规则就不适用。总之需要强调的是,与《反欺诈法》相反,口头证据规则与合同的有效成立无关,而是事关合同内容的适当确定。

314A　　"展延成立合同" 买方只有在打开所购商品的包装盒或其他包装物后才可知悉合同条款,比如卖方对品质担保的限制、许可要求,甚至仲裁条款,而在外包装上对这些条款未有任何注意提示。商品包装内的此类条款也被称为"拆封"(shrink wrap)条款。包装拆封时合同成立了吗?包装内的条款构成合同内容吗?同样的问题也出现在互联网购物中:买方在网上"点击"了订单,而只有在收到订单后才获知上文提到的合同条款。为便利合同成立以及相应交易的进行,"希尔诉捷威 2000 公司案"(Hill v. Gateway 2000)的判决[64a]引入了一个体现浮动且持续的合同成立过程的概念——"展延成立合同"(rolling contract)*:买方在购买后已有机会获知合同条款并且未在合同明确指定的期限内(或者在无明确指定时的一段合理时间内)行使交易撤销权,则合同成立,有争议的特定条款也成为合同的组成部分。[64b]诸多法院已经采用了"希尔案"判决中的解决方案。[64c]

314B　　若当事人对合同"通用条件"的内容产生分歧("格式之战"),则合同是否成立及其具体内容的问题也会出现。"最后一枪"方案(上文第 299A 段)对合同是否成立的问题作了肯定

---

　　[64a]　105 F. 3d 1147 (7th Cir. 1997), reh. den. , cert. denied 522 U. S. 808. See *Robert A. Hllman*, Rolling Contracts, 71 Fordham L. Rev. 743 (2002).

　　*　这一术语的翻译颇费思量。作者在给译者的来信中对此作了进一步解释:"第七巡回区上诉法院在'希尔诉捷威案'判决中创造了这种'展延成立合同'的概念。若合同最晚在买方收货时成立,则包装内的对货物品质担保的限制规定到得得就太晚了。因此法院将合同成立解释为一种持续的(展延成立的)过程,即直到买方打开包装,看到了(或至少有机会看到)担保限制的规定,且未在可予拒绝的期限内表示反对,合同订立过程才结束。在此最后的时点合同最终成立,担保限制的规定构成合同的一部分。"[The 7th Circuit Court of Appeal (in the Hill v. Gateway decision) invented the idea of a "rolling contract. " If the contract is made (at the latest) when the person receives the thing, then a warranty limitation contained inside the package comes too late. The Court therefor construed the formation as an ongoing("rolling") process which is not completed (= the contract finally made) until the person has opened the package, seen the limitation (or at least had the opportunity to see it), and failed to object within the period given for rejection. The contract becomes final at this last point in time and the limitation is then part of the contract. ]——译者注

　　[64b]　这种对合同如何成立的解释跳过了谁是要约人和受要约人的问题。究竟是卖方展示商品构成要约,买方一段时间(截至买方撤销交易权的期限届满)内对此承诺,还是按照通常的解释,买方发出购买要约而卖方对此承诺? 从概念上理解"希尔案"判决中的解释,人们需要采用第一种方案。

　　[64c]　See *Schnabel v. Trilegiant Corp.*, 697 F. 3d 110, 122 (2d Cir. 2012); *Tomplins v. 23andMe*, 2014 U. S Dist. LEXIS 88068 (N. D. Cal. 2014); *Taxes of P. R. v. TaxWorks, Inc.*, 2014 U. S. Dist. LEXIS 37765, * 8 (D. P. R. 2014) („click wrap", also not invalid because an adhesion contract, see No. 312); *Delanger v. Time Warner Cable Bus. LLC*, 2014 U. S. Dist. LEXIS 108991, * 6 (E. D. Wis. 2014) (arbitration clause). 对于此类合同效力扩及于仲裁条款的批评,参见 *Jack Graves*, Court Litigation over Arbitration Agreements, 23 Am. Rev. Int'l Arb. 113, 129 et seq. (2012)。

的回答,合同自然也以当事人最后提出的条款为准。若被视为"承诺"的一方之前曾表达过相反的期望和目的,则"最后一枪方案"对其不利。因此,《统一商法典》和CISG提供了更加细化的解决方案。《统一商法典》(适用于当事人为商人的情形)和CISG基于双方当事人的确打算签订合同的假定,只要相互不符的条款"未实质性地变更合同",就将交易过程视为已经产生了一份带有附带条款的合同。[64d]《统一商法典》对何为"实质性变更"未作具体规定,而CISG全面规定了"实质性变更"的情形,这一规定与"最后一枪"方案结果上几无区别。[64e]

2.《统一商法典》第二编:货物买卖[65]

(1) 当事人的义务

基于不同的交货方式,《统一商法典》第二编区分了卖方的履行义务与卖方向买方交货的费用的问题。对于涉及运输的合同,卖方仅需货交承运人(修订建议稿将"货物"修改为"符合要求的货物"[66]),签订运输合同,并将货交承运人通知买方。与之相反,如果卖方的义务是直接货交买方,则卖方应自行承担交货费用和风险。除非当事人另有约定,《统一商法典》推定采用前一种卖方交货义务模式(参见《统一商法典》第2-308条、第509条)。对于合同的解释,商业惯例和当事人之间的习惯做法再度显示其重要性;当然,当事人之间的特别约定是决定性的。关于国际惯例,下述国际公认的简洁表述特别重要,比如FOB(货越船舷,在卖方营业地或在买方所在地)、FAS(船边交货,在特定的船边或港口)、CIF(成本、保险费加运费)和C&F(成本加运费)。除了FOB(买方营业地,seat of bayer's business)合同之外,这些合同均采用上述第一种交货类型。[67]

(2) 风险转移

卖方的义务履行还决定了货物损失的风险何时转移至买方。关于履行和风险转移的基本规则是以当事人之间的约定为准。若当事人之间对此没有约定,则即便货物损失与造成违约的原因互不相关,损失风险也是由损失发生时违约的一方承担(《统一商法典》第2-510条)。当货物由承运人交付时,货物损失风险的转移取决于卖方合同义务履行完毕的时间(《统一商法典》第2-509条)。如果合同要求按照FOB(卖方营业地,seller's seat of

---

[64d] UCC § 2-207(2)(b).
[64e] CISG Art. 19(2).
[65] 除非有明确的相反指引,后文引用的是2002年修订建议之前的第二编文本。参见前注[1]。
[66] 参见《统一商法典》第2-504条的修订建议稿。
[67] 由于此类术语在国内法上的界定可能与国际上的界定存在差异,因而当事人若想采用国际上的界定,则应特别指明适用《国际贸易术语解释通则》(Incoterms)(或许还需指明具体版本)。

business）术语履行，则货物损失的风险转移于运输合同签订后卖方货交承运人并通知买方之时（参见《统一商法典》第 2-504 条）。当缺乏当事人的明确指定、不存在违约或关于承运人交货的约定时，则损失风险的转移取决于卖方是否为商人。[68] 如果卖方为商人，则损失风险于买方收货时起转移。如果卖方不是商人，则风险于卖方依合同条款交货时转移。

（3）明示担保和默示担保

317 　　《统一商法典》第二编规定了卖方对货物销售的明示担保和默示担保。这些担保是合同的组成部分，除非卖方已经有效地指明了将其排除，并摆脱了消费者保护立法的约束。[69] 卖方转让货物所有权，就意味着他默示担保他有权转让，且货物上不存在第三方的权利或者其他负担（encumbrances）（《统一商法典》第 2-312 条，所有权担保）。卖方在合同谈判中对买卖标的物的特性另外作出的保证，就是对该标的物特性的一种担保（《统一商法典》第 2-313 条第 1 款第 1 项，明示担保）。此外，关于买卖标的物的任何说明均可能构成对货物特性的一种明示担保（《统一商法典》第 2-313 条第 1 款第 2 项）。如果卖方在合同谈判中使用了样品或模型，则推定全部货物在质量方面与样品或模型相符（《统一商法典》第 2-313 条第 1 款第 3 项）。

318 　　**商销性默示担保**（implied warranty of merchantability）是一种商业默示担保，担保合同标的物符合人们对此类商品通常期待的要求（质量、性能以及类似要求）（《统一商法典》第 2-314 条）。此类担保的重点在所售商品的具体类型和型号，商品必须符合通常的质量标准并足以实现买方预期的目的。

319 　　在特殊情况下，还可能存在一种默示担保的推定，即货物应满足买方的特殊要求（"适于特殊用途的默示担保"）。这种担保的前提条件有：(1)买方对货物抱有特殊目的并信赖卖方的技能，而且 (2)卖方知悉上述事实（《统一商法典》第 2-315 条）。与上文提到的担保不同，此处卖方不需要是商人。

320 　　卖方可在合同中指明排除《统一商法典》第二编设定的担保，但是这种排除能在多大程度上为法所容取决于具体的案情和所涉及的担保。[69a] 卖方与明示担保相反的行为或者与其不一致的声明和宣告，很难说就否定了明示担保，但是，假如明示担保构成了卖方的不合理负担，则明示担保不被强制执行（《统一商法典》第 2-316 条第 1 款）。如果卖方在书面合同中明确地采用了"商销性"的措辞，并以一定方式醒目地将商销性默示担保予以排除，则此种排除被视为有效（《统一商法典》第 2-316 条第 2 款）。修订建议稿将其略作修改：取消

---

　　[68]　《统一商法典》第 2-104 条界定的"商人"含义要远比欧洲法上的广泛得多。参见上文第 290 段。
　　[69]　略有差异的类似条文见于《统一商法典》第 2A 编关于设备租赁的部分。
　　[69a]　关于"拆封"条款和"展延成立合同"，参见前文第 314A 段。

了"商销性"措辞的要求,代之以允许采用"依现状""不保质量"(with all faults)或类似表述[70],此种表述提醒买方特别注意卖方不想接受明确承诺之外担保的约束(《统一商法典》第 2-316 条第 3 款)。总体而言,修订建议稿准许了更多的担保排除情形。[71]

此外,除非与卖方的明示担保相悖,卖方可将其责任限定在列明的货物缺陷或损失类型,或者特定的赔偿金数额(《统一商法典》第 2-718、719 条)。诚信原则的确对以合同约定限制责任的企图构成了约束(《统一商法典》第 2-719 条第 3 款)。例如,基于这一原则,消费产品所致损失的赔偿数额限制通常不被执行(没有效力、无效)。

3. 条件

与其他国家的法律制度类似,美国法中的"条件"(condition)是指一种客观事实,其发生与否构成合同义务产生或终止的前提。条件可以是合同中的明示或默示条款,真正的条件处于当事人操控能力之外。正如其他国家的法律制度,美国法区分义务终止的条件和义务延缓的条件。[72] "伴随允诺的条件"(condition coupled with a covenant)是指当事人一方或双方允诺本着诚信促成的条件。在此情况下,当事人需要表明其至少尝试过促成条件的成就;当事人若未曾尝试,则违反了合同。当然,合同修改能够消灭条件,受惠于条件的一方当事人也能放弃条件。情势改变可以使条件因不具有可行性而无效或不适用。在罕见的情况下,法院可利用其衡平法上的矫正职能去调整条件。[73]

除非合同明确规定了相反的履行顺序,另一方履行其合同义务或主动提出履行其义务同样构成一方当事人履行自身义务的条件;即便合同没有明确约定履行顺序,提出或作出对待履行也是交易的"默示条件"(constructive condition)。原告"实质履行"了其合同义务(参见随后的下文)或者主动提出全面履行其义务之后,另一方才有义务履行(条件的成就取决于原告)。

(四) 当事人合同义务的实现: 履行

1. 普通法

全面履行(full performance)要求异常严格,实践中引入的"实质履行"(substantial

---

[70] 参见《统一商法典》第 2-316 条的修订建议。
[71] Id.
[72] See *Murray*, Contracts § 99 (d).
[73] *Murphy/Speidel/Ayers*, Studies in Contract Law 695—696.

performance)原则已经将其软化。[74] 尽管一方当事人自身的履行存在不足(其履行并不"全面",而仅为其义务的"实质"履行),"实质履行"原则也允许他请求对待履行(条件是扣减其与未全面履行相应的赔偿金)。[75]

### 2.《统一商法典》

325 　《统一商法典》第二编的基本准则是**完美交货规则**(perfect tender rule):卖方交货行为应无瑕疵。[75a] 与约定交付要求的极小偏差均构成卖方违约,并使买方有权要求赔偿。原则上,迟延的交付违反了合同,但在特定情况下,卖方还有机会补救失误(《统一商法典》第2-508条)。不过,法律区分两种情形:合同履行期届满和合同履行期尚未届满。在后者情形下,卖方在通知买方后有机会按照合同要求再次履行合同(《统一商法典》第2-508条第1款)。若履行期已经届满,只有在例外情况下重新(替代)履行才有可能:卖方有理由相信买方将接受其迟延的履行。当事人之间以往的贸易往来可能对于判定是否达到要求具有重要意义。

### 3. 拒收货物

326 　在特定情况下,买方可以拒收货物而无违约的风险。拒收的形式要求是:买方应将其毫不迟延地告知卖方,同时给出拒收的具体理由(《统一商法典》第2-602条第1款)。不过,为利用这一救济方式,买方不得以行为或其他方式收货。"完美交货规则"(上文第325段)使买方有权拒绝任何与合同约定偏离的交货。分批交货合同不适用这一规则。在分批交货时,买方仅可正当拒收有缺陷的当前批次货物;若拒收未来批次的货物,则买方应表明当前批次货物的缺陷会严重影响到未来批次货物的价值。

### 4. 收货和随后的退货

327 　买方接受卖方的履行可以采用多种方式。收货方式可以是明示的,也可以是默示的:买方验货后保留了货物,则推定其已收货。买方事先未有机会验货而支付了货款,不被视为同意收货。货物何时已被收取?答案取决于下述情形:买方得以合法地或事实上的确拒收货物而自身不会因此违约。只有少数情况下买方才可以撤销收货并随后退货,同时拒付

---

[74] See *Avery v. Willson*, 81 N.Y. 341 (1880). 后来,判例法普遍接受了"实质履行"原则。参见"雅各布和杨思公司诉肯特案"[*Jacob & Young, Inc. v. Kent*, 230 N.Y. 239, 129 N.E. 889 (1921)]的重要判决, reargument denied 230 N.Y. 656, 130 N.E. 933 (1921)。

[75] *Restatement (Second) of Contracts* § 35 et seq.

[75a] 实质上这也是美国批准的CISG中的基本规则。例如参见其第30、35条和第45条第1款。公约中的两项创新降低了这一规则的严格性:"根本违约"的概念(第25条)和给予履行宽限期的要求。

货款。买方宣称的货物瑕疵必须影响到货物的根本价值,或者买方必须援用其他令人信服的拒收理由,包括卖方曾明示担保不出现买方当前宣称的具体货物瑕疵,买方信赖该担保才同意签约;买方应在发现具体瑕疵后的一段合理期限内拒收货物(第2-608条第1款和第2款)。

当买方拒绝收货时,或者在有效撤销收货的情况下,买方应及时通知卖方。在卖方安排人员取回货物之前,买方应按照看管自己货物的标准保管货物。[76] 如果买方是商人,则他应完全按照卖方指示视情况所需退回或出售货物;若无卖方指示,则买方应努力自行转售货物。[77] 买方有权就其额外付出要求卖方给予赔偿。[78] 买方有效拒受卖方交货,或撤销了对交货的接受,均意味着买方无义务付款(第2-607条第1款)。

328

### (五) 合同义务的终止

#### 1. 另一方违约

根据普通法,一方当事人的义务履行开始于合同指定的时间或于另一方当事人开始履约当时或之后。另一方当事人非实质性的履约瑕疵不构成一方当事人中止履行的正当理由。判定何为实质性的缺陷取决于个案的案情。对于货物买卖中卖方依约履行自己的义务,《统一商法典》第二编采用的准则为"完美交货规则"(参见前文第325段)。据此而言,卖方履约中的任何缺陷或偏离都使买方有权拒绝收货和付款。买方付款的前提是卖方交货行为无瑕疵。但是,普通法和《统一商法典》均允许一方当事人因为对方的"预期违约"(anticipatory repudiation)而中止履行,并有权请求赔偿。[79] 一方当事人在其履行到期之前,清楚地表明他不会依约履行义务,这就构成"预期违约"。

329

#### 2. 合同成立后的约定:合同修改

合同义务可因为当事人之间签约后的另行约定而终止。根据普通法,现行合同的终止或其条款变更的有效性需要另外的对价:一方当事人同意放弃或改变其依原合同有权享有的利益,这一利益损失需要对价来平衡。只要合同变更采取了书面形式,当今的州法通常就认可变更的有效性。此外,当事人可约定用其他的履行取代原合同的履行。此类约定被

330

---

[76] See UCC § 2-602 (2) in connection with § 2-608 (3).
[77] See UCC § 2-603 (1) in connection with § 2-608 (3)
[78] See UCC § 2-603 (2) in connection with § 2-608 (3).
[79] See *Murray*, Contracts § 109. 早期的经典判决为"霍克斯特诉德拉图尔案"[*Hochster v. De La Tour*, 118 Eng. Rep. 922 (1853)]的判决。更多的近期判决参见 *Breuer-Harrison, Inc. v. Combe*, 799 P. 2d 716 (Utah 1990); *Minidoka Irrigation Dist. V. DOI*, 154 F. 3d 924 (9th Cir. 1998).

称为"和解协议"(accord),这一协议实际履行完毕就"清偿"(satisfaction)了当事人之间的全部合同债务。和解协议的履行应在约定的时间内或一段合理时间内完成。对于该协议履行中的争议,合同债权人有权选择基于原有债务或更改后的债务提起诉讼,直至两者之一得到清偿时为止。[80]

331　当事人终止彼此之间的合同义务也可协商采用另外一种方式:由第三方取代其中一方的地位(**合同更新,novation**)。当出现合同更新时,原债务人的合同义务终止,债权人只能要求新换的合同当事人履行义务。合同更新应与一方当事人通过代理人、雇员或第三方履行义务的情形严格区分。此类人员并不继受原合同当事人的债务从而使其获得解脱,因此债权人应继续要求原合同当事人履行合同。

### 3. 履行不能和合同目的落空

(1) 概述

332　与其他国家的法律制度类似,美国法允许合同义务可因履行不能(impossibility)或目的落空而终止。最常见的术语包括"履行不能""不可行"(impracticability)和"目的落空"(frustration of purpose);与大陆法系中的术语相比,此类概念的含义更不精确,因此更加难以相互区分。它们的共有之义为:某一事实的发生,在签约之时当事人未曾预见且无法预见,结果导致合同履行不可能或者将严重减损合同履行对于另一方的价值。如同大多数国家的法律制度,美国法区分妨碍合同履行的客观事实(履行不能)和一方当事人的主观困难(不可行)。

(2) 履行不能

333　当合同标的物的灭失使得合同履行不可能时,合同义务终止。[81]《统一商法典》第2-613条的规定更加具体:它要求所涉货物已经为买方特定化,但灭失的风险尚未转移给买方。客观上履行不能的其他情形可能归因于有关供应商的问题:雇员罢工、涉及个人服务时服务者的死亡或患病以及成文法的禁止。[82] 相反,主观的履行不能(不可行)通常并不导致合同义务的终止。

(3) 目的落空

334　不可预见之事实的出现可能并未使履行不可能,但可能使履行对一方当事人在经济意

---

[80]　*In re Kellet Aircraft Corp.*, 77 F. Supp. 959, 962 (D. Pa. 1948), aff'd 173 F. 2d 689 (3d Cir. 1949).

[81]　Murray, Contracts § 113 (c). 相反的规定,参见"帕拉戴恩诉简案"[*Paradine v. Jane*, 82 Eng. Rep. 897 (1647)]的判决中彰显的古老普通法的严格立场。

[82]　Murray, Contracts § 113.

义上毫无价值。即便一方当事人签约的目的在合同签订时就为另一方当事人所知,法院也只会在例外情况下免除一方当事人的合同义务。[83] 在给予救济时,判例法是基于如下假定:合同含有一个默示条件(关于所涉事实的发生或不发生),它会导致合同终止或者赋予负担沉重的一方有权宣告合同自此终止。在此情况下,美国法院不会裁判合同继续有效而又根据情势变更调整合同内容,原因是依英美法,法院不会为当事人创制合同。\* 《统一商法典》将当事人"诚实守信"作为一般推定,有多个条款涉及履行不能。[84] 这些规定的措辞如此概括,以至于很容易将目的落空的情况包含其中。然而,判例法尚未利用这些条款针对目的落空提供广泛的救济方式。

(六) 违约救济[84a]

1. 损害赔偿金

如果一方当事人未履行其合同义务,则另一方当事人可以请求**违约损害赔偿金**(damages for breach of contract)。此种请求适用于不履行合同、履行有缺陷或者预期违约(前文第329段)的情况。该制度的目标是让遭受损失的一方恢复至若合同完全依照条款得以履行他或她所处的境况。[85] "损失"包括一方当事人因对方违约遭受的实际损失(一般损失)以及由此导致的进一步损失(特别或间接损失),后者以当事人缔约时可预见的损失为限。[86] 直到不久前,惩罚性赔偿(punitive damages)判决还限于侵权诉讼中。然而,在

335

---

[83] 参见英国"克雷尔诉亨利案"[*Krell v. Henry*, 2 K.B. 740 (1903)]的经典判决。关于英美早期判例法的探讨,参见 Hay, Zum Wegfall der Geschäftsgrundlage im anglo-amerikanischen Recht, 164 Archiv für die civilistische Praxis 231 (Germany, 1964)。

\* 原著中的这两段话很难理解和翻译,因为缺乏上下文的呼应和背景知识。我在翻译中请教原著作者后,他将这两段话作了调整。现将作者来信中调整后的原文附上,供读者与译文相互参照:If the courts did give relief (if courts did help), they did so by assuming that the contract contained an implied condition (concerning the occurrence or non-occurrence of the event in question) which would lead to the termination of the contract or entitle the burdened party to terminate it as of now. In these circumstances, American courts will not decree that the contract should be maintained but adjusted to the new circumstances, since in Anglo-American law courts do not make contracts for the parties. ——译者注

[84] UCC § § 2-613 to 2-616.

[84a] 下文探讨的是普通法之诉和衡平法之诉中的救济方式。值得注意的是:约定个别仲裁的合同条款可以排除此类救济,个别仲裁条款也排除了消费者集体之诉。对个别仲裁条款的探讨,参见上文第183A段。

[85] See *Murray*, Contracts § 117 (a).

[86] 最重要的英国判例是"哈德利诉巴克森代尔案"[*Hadley v. Baxendale*, 9 Ex. 341, 156 Eng. Rep. 145 (1854)]。该判例极大地影响了美国法,比如参见 *Kerr S. S. Co. v. Radio Corp. Of America*, 245 N. Y. 284, 157 N. E. 140 (1927), cert. denied 275 U. S. 557, 48 S. Ct. 118, 72 L. Ed 424 (1927); *Kenford Co. v. County of Erie*, 73 N. Y. 2d 312 (1989); *MLK, Inc. v. University of Kansas*, 23 Kan. App. 2d 876, 940 P. 2d 1158 (1997)。

大规模的商业交易出现失误导致的商业合同诉讼中，判处惩罚性赔偿也渐趋增多；于是，在诉讼基础理论方面就出现了合同和侵权的精细界分。[87] 遭受损失的当事人一方负有减少损失或至少不增加损失的诚信义务（"减损义务"）。原告违反"减损义务"并不能使被告享有针对原告的请求权，它仅意味着原告无法获得针对本可避免的损失的赔偿金。"名义上的损害赔偿金"（nominal damages）具有一种象征性的功能；尽管出现违约，但其未造成经济损失或无法证明损失的存在，法院便判处象征性数额的赔偿（比如"一分钱"）。

336　　《统一商法典》第二编包含一些具体条文，将不同类型的损失置于特定的损失名目之下。损失的初步区分基于以下两点考虑：(1) 哪一方当事人对违约负责，以及 (2) 违约时货物的所在地。若卖方违约，而买方希望保留有缺陷的货物，则买方有权获得缺陷货物与原约定货物之间价值差额的违约赔偿金。[88] 买方也可作出另一种选择：拒收货物，并请求货物合同价与当前市场价之间差额的赔偿金，或者请求因补进货物产生的额外费用。这些规定表明，《统一商法典》支持**替代性**（substitutional）的救济方法。如果已经占有货物的买方违约，则他应支付货款。[89]

337　　如果货物仍在卖方支配之下，则卖方有权选择救济方式。他可以将货物出售到外地，然后向买方请求赔偿合同价与实际售价之间的差额，或者他若不打算转售，则可以请求买方赔偿合同价与提出交货时间与地点的市场价之间的差额。[90] 此外，与上述救济方法并行不悖，他可以请求间接损失赔偿，包括损失的利润。如果卖方签订了一份转售合同（对违约的"弥补"），而能证实此转售合同本来就可在被违反的合同之外签订，则他依然有权针对被违反的合同请求利润损失（"销售额受损的卖方"，lost volume seller）[91]。买方已经接受货物，风险转移给买方后货物灭失，或者货物已经为买方特定化和单独存放，并且不可能转售；在上述任一情况下，卖方均有权请求买方支付货款（《统一商法典》第 2-709 条）。

338　　在缔结合同时，当事人可以商定合同责任的限额或固定赔偿金的限额（**约定违约金**，liquidated damages）。为保护弱者，法院应毫无例外地审查此类协议是否违反了当事人的诚信义务。体现这种导向的普通法规则早期表述为：不得寻求借合同罚金（penalty）条款强迫

---

[87] See *Bridgeman*, Corrective Justice in Contract Law: Is There a Case for Punitive Damages?, 56 Vand. L. Rev. 237 (2003); *Dodge*, The Case for Punitive Damages in Contracts, 48 Duke L. J. 629 (1999); *Linzer*, Rough Justice: A Theory of Restitution and Reliance, Contracts and Torts, 2001 Wis. L. Rev. 695 (2001); *Weinrib*, Punishment and Disgorgement as Contract Remedies, 78 Chi.-Kent L. Rev. 55 (2003).

[88] UCC § 2-714.

[89] UCC § 2-711 et seq.（但是，第 2-711 条及以下规定的是卖方违约的情况。原著作者在给译者的来信中承认此处注释不当，应改为第 2-703 和 2-714 条。但译者认为改为第 2-703 和 2-709 条更合适。——译者注）

[90] UCC § 2-703 er seq.

[91] UCC § 2-708 (2).

对方履行合同。[92] 在合法的约定违约金条款和非法的罚金之间,并不存在指引个案判决的"黑白分界"。[93] 原则上,可予执行的赔偿金条款必须使裁判者确信:在合同缔结之时,实际的赔偿金难以预测,当事人商定的数额代表了当时对潜在损失的恰当预估。针对未来可能发生的不同情况采用不同的赔偿金方案,这种差异化的约定要比一笔赔偿金总额的约定更容易得到认可。[94]

2. 实际履行

违约的主要救济方式是请求损害赔偿,其思想基础是替代说——假定请求人能从他处(第三人处)买到货物或他人同意代为履行,则金钱上的赔偿就足以弥补对方违约损失。请求合同义务的**实际履行**(specific performance)是一种衡平法之诉,并且仅限于特殊情况,即合同标的物独一无二,无法以金钱替代。除了请求实际履行的历史渊源,现代的考虑因素同样支持限制采用实际履行的救济方式。一种基于经济学的合同法观念支持法律容忍(经济上)"有效益"(efficient)的违约:尽管遭受损失的一方应仍可在其证明的损失范围内获得赔偿,但法律不应以实际履行救济过度惩罚经济上合理之违约的当事人。[95]

339

如何弥补违约造成的损失取决于所涉及合同的类型。由于任何不动产都是"独一无二的",因此面对卖方违反有关不动产权利的合同,原则上买方可提起请求实际履行的诉讼。[96] 但是对于货物买卖合同,买方通常可采取购买替代物的救济方式。只有货物是"独一无二的"例外情况下(比如油画、古老艺术品以及特供买方的货物),买方才可提起请求实际履行的诉讼。对于提供个人服务的合同,实际履行的请求不会得到支持,原因是要求实际履行等同于强迫劳动。但是,债权人可通过另外的方式强制(或至少"鼓励")债务人履行

340

---

[92] *Sun Printing & Publishing Association v. Moore*, 183 U. S. 642, 22 S. Ct. 240, 46 L. Ed. 366 (1902); *Kothe v. R. C. Taylor Trust*, 280 U. S. 224, 50 S. Ct. 142, 74 L. Ed. 382 (1930); UCC § 2-718 (1).但是注意在例外情况下法院判决惩罚性赔偿的可能性(参见上文第 335 段及以下段落)。

[93] See, e. g., *DiMatteo*, A Theory of Efficient Penalty: Eliminating the Law of Liquidated Damages, 38 Am. Bus. L. J. 633 (2001).

[94] See also *Perillo*, Contracts § 14. 31. The leading older decision is *Quaile & Co. v. William Kelly Milling Co.*, 184 Ark. 717, 43 S. W. 2d 369 (1931).

[95] See *Murray*, Contracts § 117 (c). 对"有效益的违约"的探讨,参见 *Posner*, Economic Analysis of Law § 4.1 et seq. (6th ed. 2002); *Menetrez*, Consequentialism, Promissory Obligation, and the Theory of Efficient Breach, 47 UCLA L. Rev. 859 (2000); *Posner*, Economic Analysis of Contract Law After Three Decades: Success or Failure?, 112 Yale L. J. 829 (2003).

[96] See *Richman/Romance*, Specific Performance of Real Estate Contracts: Legal Blackmail, 72 Fla. B. J. 54 (1998).

这种合同,即债权人可寻求禁止合同债务人向第三方提供这种或类似的服务。[97] 在雇佣合同和企业并购合同中,最初签约时达成竞业禁止协议是典型做法。此类协议主要旨在预先处理当事人未来的竞争关系问题。经济上充分合理的此类协议通常合法有效,但是有地域和时间的限制。最后,如果情况表明象征性的救济不足以弥补损失,而金钱损失虽能推定,但无法具体确定,则实际履行可能是适宜的,比如供货合同已经签订,履行期在违约后还要持续一段时间,可能就属于这种情况。

### (七) 第三人受益合同

341　普通法要求"合同的相对性"(privity of contract),结果只有原合同当事人及合同受让人才享有相互的请求权。纽约州上诉法院在1859年"劳伦斯诉福克斯案"(*Lawrence v. Fox*)[98]的领先判决中确立了第三人的权利,本案主合同的当事人期望第三人获益。随后对纽约州判决的举国接受带来了第三人受益合同的可执行性。这种制度取向的根本转变意味着该领域的美国法相对于许多其他国家法律制度更加简单和淡化理论色彩。美国法将第三人受益合同分为两类:一类是旨在赋予第三人诉权的第三人受益合同,另一类第三人受益合同的允诺方对合同另一方当事人承担义务(此义务可通过诸如请求赔偿金之诉予以强制执行),但对第三人并不直接承担义务。在前一类情况下,第三人可谓"有意的第三方受益人"(intended third party beneficiary);在后一种情况下,他只是一位"附带的第三方受益人"(incidental third party beneficiary)。[99]

342　不同受益人的区分在传统上(但已不再特别重要)曾基于第三人与履行允诺人之间的关系。第三人可以作为允诺接受人(recipient of the promise)(受诺人)的债权人,其请求权的实现有赖于允诺人的履行;或者第三人可能不享有对受诺人的请求权,因为后者可能只想给他一份赠礼。受益人的前一种类型是"第三方债主受益人"(creditor third party beneficiaries),后一种受益人为"第三方获赠受益人"(donee third party beneficiaries)。以往,这种分类在决定第三人请求权"既得"(vested)的时间点方面意义重大——何时主合同的当

---

[97] See *DeRivafinoli v. Corsetti*, 4 Paige 264 (N.Y. 1833); *New York Football Giants v. Los Angeles Chargers Football Club*, 291 F. 2d 471 (5th Cir. 1961).

[98] *Lawrence v. Fox*, 20 N.Y. 268 (1859).

[99] 对二者区分的最近判决,参见 *Thomas Learning Center, Inc., v. McGuirk*, 766 So. 2d 161 (Ala. Civ. App. 1998)。

事人不再有权改变有关第三人利益的合同。[100] 今天，无论是判例法，还是《合同法重述（第二版）》，都不再区分这两类受益人。当这两类受益人已经提起诉讼或基于对允诺的信赖行事之时，他们对允诺方的请求权都受保护，但在起诉或采取行动之前则不然。[101] 相关的时间点是当受益人获悉了合同的内容并对此表示同意（基于合同内容采取行动）之时。债务人（允诺人）在基本（基础）合同下能够对受诺人提出的抗辩理由，他同样能对第三人全部提出。[102]

### （八）权利转让和义务委托

#### 1. 合同权利转让

除非合同另有约定，法律允许债权人（转让人）将合同请求权转让给第三方（受让人）。如果债权人无视合同禁止转让的约定，则他将承担违约责任，但是对于善意受让人而言，转让有效。此时受让人就成了债权人，有权行使合同请求权。但是，如果合同本身宣告以后的转让无效，则其效力同样及于第三方；此外预先假定了受让人了解这一约定。通常，这种做法符合实情，理由是受让人应该知道合同的内容。根据普通法，若转让将导致债务人合同义务的变更，则转让被禁止。不过，付款请求权始终可以转让，原因是它不会影响合同债务的实质。如果转让将实质性地增加另一方当事人的合同风险，比如试图转让的是要求个人服务的权利，对此当事人的身份具有重要意义，或者当转让影响到公共利益时，则转让也将被阻止。转让的形式应采用意思表示的明示方式。[103] 在大多数情况下，转让声明可以采用口头方式；但是如果基础合同要求采用书面形式，或者成文法要求遵守特定的形式要求，则转让声明应采用书面形式。原则上权利转让不要求存在对价。合同债务人在基础合

343

---

[100] 早期的法律规定，获赠受益人的请求权立即取得；假定的理由是，他若不如此，则没有其他请求权；作为获赠人，由于缺乏对价他对受诺人无请求权。相反，债主受益人的请求权只有在他信赖该利益行事时方能获得；理由同样是假定的，没有这种信赖，考虑到他对债务人继续享有请求权，他不需要额外的保护。（参见《合同法重述（第一版）》，第345条）。这种划分当然并没有什么意义，因为它依然未能解释清这一问题：为何一个获赠人，从未提供过对价，居然应该享有请求权。这种结果只能从下列推理中找理由：受诺人已经将其对允诺人的请求权作为礼物给了获赠人。这种推理将导致的结果就是，受诺人将不得对允诺人行使其请求权（已经放弃了请求权）；而根据传统方法，其实并非如此。

[101] 《合同法重述（第二版）》第311条第3款规定的是有意的受益人，而没有对此作进一步区分。

[102] See *Restatement（Second）of Contracts* §140.

[103] 采用现在式特别重要，比如："我现转让"，而不是"我将转让"或"我承诺转让"。

同中对原债权人享有的所有抗辩理由，他都可以对新债权人提出。[104] 如果债务人未得到转让的通知，他向原债权人履行了合同，则其履行义务完成。同样，若债务人不知道合同转让，则随后在原债权人和债务人之间的合同修改合法有效（这样可保护债务人）。

344　　债权人将同一个请求权作了多次转让，此时债权人的权利可能出现问题。* 无对价的转让（赠与或"无偿转让"，gratuitous assignment）可以随时撤销。撤销也可以通过默示的方式出现，比如后来将权利转让给另外一个人。在无偿转让的情况下，原则上最后的受让人无例外地成为基础合同请求权的拥有者。衡平法上的考虑因素可能导致不同的结果，比如下面的情况：第一个（或前面的）受让人握有某种转让的证据（比如书面证据），或者基于对转让有效性的信赖已经改变了自己的状况，而且这种改变符合人们的一般预期（允诺禁反言）。在一些州，书面的转让不得撤销。对于存在对价的多次转让，第一次的转让有效并且不得撤销，依据的理论是，此时转让人已经两手空空，没有什么能转让给他人。后面的受让人将对转让人享有违约（违反担保义务）损害赔偿的请求权。

### 2. 合同义务委托

345　　一般而言，合同义务可以委托他人履行。但若出现如下情况则禁止义务委托（delegation）：合同明确排除义务委托；合同的适当履行依赖于特别的（个人的）能力或原来债务人的身份；债权人合理地事先对原来的债务人寄予特别的信心和信任。若法律允许义务委托，则不需要对价并且不需要债权人（权利人，obligee）同意。第三方（受托人，delegatee）随后可以履行基础合同。[105] 原来的债务人（委托人）仍旧承担原合同的义务（并可因此被起诉），直至合同（由缔约方或受托人乐意采用的任何方式）履行完毕，或者直至三方当事人达成新协议，将原来的债务人替换成受托人（合同更新，参见前文第331段）。

---

[104] *Restatement (Second) of Contracts* § 336. See also *Allis-Chalmers Credit Corp. v. McCormick*, 30 Ill. App. 3d 423, 331 N. E. 2d 832 (1975).

\* 此处原文为："债务人将同一个请求权作了多次转让，此时债权人的权利可能出现问题。"（The rights of creditors may be problematic in circumstances in which the debtor has made multiple assignments of the same claim. ）这种表述与下文的内容不相符。经与原著作者彼得•海教授邮件交流后，他部分认同译者的建议，同意将"债务人"改为"债权人"。其实译者后来考虑到，如果将这句话改为下面的表述，意思将更加清楚："债权人将同一个请求权作了多次转让，此时受让人的权利可能出现问题。"——译者注

[105] 通常，要求第三方履行的权利人是债权人［此处"债权人"原文为"受托人"（delegatee），但这样表述语句不通。经与原著作者邮件交流后，他同意将"受托人"改为"债权人"（creditor），并表示在将来的新版中修正原来的表述。——译者注］。在特殊情况下，有可能债权人将其对受托人的请求权建立在出自第三方受益人合同法的原则之上，参见上文第341段及以下内容。

## 二、恢复原状和不当得利

**参考书目**：*American Law Institute*，Restatement (Third) of the Law of Restitution and Unjust Enrichment (2011); *Birks*, Unjust Enrichment, 2d ed. 2005; *Dobbs*, Law of Remedies: Damages—Equity—Restitution (Hornbook Series), 2d ed. 1993; *Johnston/Zimmerman* (eds.), Unjustified Enrichment: Key Issues in Comparative Perspective, 2002; *Kremer*, Book Review, (of the Restatement Third of Restitution), 35 Melbourne U. L. Rev. 1197 (2011); *Palmer*, The Law of Restitution, 2d ed. 1995.

### （一）概念界定（与合同和侵权之间的关系）

恢复原状（restitution）是一种救济方式；它是请求权的结果，而非请求权。[106] 恢复原状源自简约之诉（action of assumpsit），该诉讼程式随着时间的推移扩展涵盖了许多不当得利的案件。1937 年《恢复原状法重述》在不当得利的总标题下提到了这些案件分类，将恢复原状确定为适当的救济方式。[107]

准合同（quasi-contract）表述了不当得利的多种情况。该概念表达的是一种合同与侵权责任的混合体，构成了恢复原状救济请求权的基础。准合同亦称"法律中隐含的合同"，旨在基于正义和衡平法，使一方当事人负有义务将另一方恢复至原有的法律状态。[108] 准合同这一法律术语表示当事人之间合同义务的拟制，不受"事实上隐含的"（implied in fact）

---

[106] 但是注意有学者偶尔在界定上摇摆不定，将恢复原状描述为既有一定的实体性，又有一定的救济性：*Smith*, The Structure of Unjust Enrichment Law: Is Restitution a Right or a Remedy?, 36 Loy. L. A. L.Rev. 1037 (2003). See also *Murphy*, Misclassifying Monetary Restitution, 55 SMU L. Rev. 1577 (2002); *Partlett/Weaver*, Restitution: Ancient Wisdom, 36 Loy. L. A. L. Rev. 975 (2003).

[107] 《恢复原状法重述》第 1 条："以他人受损为代价而不当得利者必须为他人恢复原状。"该《重述》的修订工作开始于 1997 年。关于《恢复原状和不当得利法重述（第三版）》的最新版本，参见 http://www.ali.org.

[108] *Callano v. Oakwood Park Homes Corp.*, 90 N. Y. Super. 105, 219 A. 2d 332 (1966).

合同必须遵守的要求之约束，比如存在允诺、合同相对性或者对价。[108a] 尽管并不存在真正的合同关系，但是该术语已经获得广泛接受。它源自罗马法，在曼斯菲尔德勋爵1760年所作的判决中第一次被提到。[109] 今天，"恢复原状""不当得利"和"准合同"经常作为同义词使用。

348 　　当被告违反公平原则获利时，恢复原状的义务随之产生。任何利益均可构成不当得利。此类情况包括原告转让财产或财产权利、提供服务、清偿债务、履行他人的债务或者以任何其他方式所做的利他之事。被告获利而不给原告相应的补偿，只要这样做有违公平，恢复原状就是适当的救济方式。

### （二）案件分类*

349 　　请求恢复原状的案件有两种主要类型。有争议的获利可归因于**原告的行为**[110]，例如合同义务归于无效或者其他无执行力的情况或因违约而终止。在最后一种情况下，原告可以二者择一：坚持主张其合同权利并请求违约赔偿金，或者宣告合同终止并要求恢复原状。当合同全部履行完毕时，原告的请求只能限于违约赔偿。违约的一方当事人在其履行部分的范围内同样可以请求恢复原状。当事人双方从未真正商谈订立合同，同时也不存在侵权责任，例如医生帮助一位事故受害人，而后对他或她的服务寻求补偿；在这种情况下，恢复原状也可作为适当的救济方式。[111] 对银行发出的转账指令是另一种事例，比如将款项错误地支付给了第三方。另一方面，"自愿者"（volunteer）或"无因管理人"（officious intermeddler）的服务无法获得赔偿。可以获得赔偿的服务和无法获得赔偿的无因管理服务，二者之间的清晰边界往往难以划定。

350 　　需以恢复原状矫正的财产占有之变动也可归因于**被告的行为**。例如在侵权案件中，原

---

〔108a〕 普通法并不像大陆法系那样严格区分合同之债与非合同之债。由于倾向于选择与合同类比，因此普通法对基于如下情况的请求权定性时困难重重：缺乏合同（合意）因素的无因管理（*negotiorum gestio*）和缔约过失（*culpa in contrahendo*）。

〔109〕 *Moses v. Macferlan*, 2 Burr. 1005, 97 Eng. Rep. 676 (1760)："如果被告出于自然正义而负有义务退款，则法律上暗含了一种债务，使得基于对原告情况衡平考虑的诉讼好似建立在了一份合同之上〔罗马法将其表示为'准合同'（quasi ex contractu）〕。"

＊ 此处英文为"case constellations"，"constellation"的常见含义为"星座"或"一群"，它与"case"组成词组很难翻译。经与彼得·海教授邮件交流后，他认为此处可以简单理解为"types of cases"，据此译者将其翻译为"案件分类"，这样翻译也与下文的内容相对应。但他同时指出，"constellation"与"types"有所不同，它意味着一类案件的不同方面；此处所用的含义不是"星座"，而是"布局"（configuration），因此"case constellations"也可表述为"案件情况"（case situations）。——译者注

〔110〕 *Burnham*, Introduction 389 et seq.；*Perillo*, Contracts § 15.1 et seq.

〔111〕 *Cotnam v. Wisdom*, 83 Ark. 601, 104 S.W. 164 (1907).

告可以视情况选择请求侵权损害赔偿或者请求恢复原状：原告有权"放弃侵权之诉而提起简约之诉"（合同之诉）。如果原告是财产侵害（trespass）或者财产侵占（conversion）[112]的受害人，他或她可起诉被告请求恢复原状（归还被侵占的财产）而不是请求损害赔偿。法律文献经常不作这些区分，因此主要在合同救济方式的背景下探讨恢复原状。

### （三）请求权内涵

被告应当**等值恢复原状**（restitution of value），其含义是恢复的价值等于被告获得的利益。即使被告没有获得任何利益，部分学者也主张给予恢复原状的救济[113]，这种观念似乎有违不当得利的理念。若权衡于衡平法，结果发现金钱赔偿本身不足以弥补损失，则唯有在此例外情况下（与英美实际履行的方法保持一致）才准许实际恢复原状（以物恢复原状）。[114] 例如可归于此类的下述情形：财产所有权已经转让，但无法以金钱赔偿给予（未兑现的）对待履行。此外，这种救济方式可能适合于违反信托或其他信任关系的情形。

## 三、侵权法

**参考书目**：American Law Institute，Restatement（Second）Torts[115]；Restatement

---

[112] See infra No. 359 et seq.

[113] *Perillo*，Contracts § 15.2；*Dawson*，Restitution without Enrichment，61 B. U. L. Rev. 563 (1981)；*Friedmann*，Restitution for Wrongs: The Measure of Recovery，79 Tex. L. Rev. 1879 (2001)；*Rendleman*，When is Enrichment Unjust? RestitutionVisits an Onyx Bathroom，36 Loy. L. A. L. Rev. 991 (2003). See also *Hay*，Unjust Enrichment in the Conflict of Laws: A Comparative View of German Law and the American Restatement Second，26 Am. J. Comp. L. 1 (1977).

[114] *Perillo*，Contracts § 15.5.

[115] 美国法学会目前正在编纂《侵权法重述（第三版）》。可能是由于这项工作涉及的工作量太大，该重述新版每部分完成后就出版发行。这意味着第二版未被更新的部分依然代表美国法学会的立场。目前《侵权法重述（第三版）》已完成的部分如下："责任分配"（2000 年）、"人身和精神损害责任"（第一卷 2009 年，第二卷 2012 年）和"产品责任"（1998 年）。下面两部分的草案初稿（包括已批准的内容，在最终版本出版前可作为美国法学会的官方主张，以及未获批准尚在讨论阶段的内容）已经可以查到："人身故意侵权"（2015 年）和"经济损失责任"（2014 年）。有关的最新信息，参见美国法学会网站：http://ali.org[先点击"出版物"（Publicaitons），再点击"法律重述"（Restatements of the Law），然后使用屏幕左方的选项查找内容缩至"侵权法"（Torts）]，2017 年 2 月 10 日最后访问。（本注释根据原著作者的来信更新了英文版中的原注释。——译者注）

(Third) of Torts: Products Liability; *Burnham*, Introduction to the Law and Legal System of the United States, 5th ed. 2011; *Dobbs*, The Law of Torts, 2008; *Glannon*, The Law of Torts: Examples and Explanations, 4th ed. 2010; *Franklin/Rabin*, Tort Law and Alternatives, 9th ed. 2011; *Prosser/Keeton*, The Law of Torts, 5th ed. 1984; *Prosser/Wade/Schwartz*, Cases on Torts, 12th ed. 2010; *Shapo*, Basic Principles of Tort Law, 3d ed. 2010; *Vandall/Wertheimer/Rahdert*, Torts: Cases and Problems, 3d ed. 2012; *Weaver/Bauman/Cross/Klein/Martin/Zwier*, Torts Law: Cases and Materials, 4th ed. 2013.

## （一）引言

352　　美国民事案件的大多数很可能是侵权（tort）（欧陆国家的用语为"delict"[115a]）案件，经常可见数额很高的赔偿请求和判决。这主要归因于前文所述美国民事诉讼法中的"陪审团审判"（jury trial）制度：它赋予原告一项请求陪审团参加案件裁判的权利。陪审团往往偏向原告，其裁断基于法律因素的考量，同样也基于人情味和同情心的因素（记住，陪审团由法律外行组成）。与此同时，不可忽视的是"保护原告的律师群体"，这些律师专门代理原告的侵权诉讼。一位律师可以同意原告的风险代理费唯有胜诉才支付，所有（或大部分）诉讼费用先由律师承担。风险代理费可以达到"成功索回数额"（即案件最终判决的损害赔偿金）的30％或更高。[116] 尽管陪审团不得被告知胜诉取酬约定的内容（以免因此影响其损害赔偿判决），但是对诉讼成本和律师费用的考虑无疑在陪审团决定损害赔偿判决数额中扮演着重要角色。[117]

353　　侵权法由种类繁多的判例法构成，其源头依然是早期的令状制度（前文第4段）。其理论基础可以是过错责任（分为故意侵权和过失侵权），也可以是无过错责任（严格责任）。侵权法属于州法并且主要是判例法，然而也有许多调整特殊侵权领域和包含赔偿责任限制的特别成文法。

---

[115a] 也可参见前文第347段脚注[108a]。

[116] 关于律师费的"美国规则"，包括胜诉取酬约定在内，参见前文第154段。

[117] 许多国家的法律制度禁止胜诉取酬约定。德国法就是一个例子：Art. 49b（2）BRAO（Bundesrechtsanwaltsordnung），BGBl. 1959, II, 565, 2002年修订。颇有趣味的是，英国数百年前曾一直反对风险代理费，但如今允许依据案件结果收费的协议。See *Zander*, Will the Revolution in the Funding of Civil Litigation in England Eventually Lead to Contingency Fees?, 52 DePaul L. Rev. 259（2002）。

### (二) 故意侵权

故意侵权源自普通法上适用于人身损害和财产损害的侵害之诉令状（writ of trespass）[118]。如今，伴随对人身侵权和财产侵权的区分，导致侵权责任的情形和行为已有一个详尽的清单。

354

#### 1. 人身侵权

（1）非法接触（battery）

任何未经允许的有意接触他人身体均构成非法接触，它包括伤害性（harmful）接触和冒犯性（offensive）接触[119]。接触是否导致伤害或者甚至增进了他人的身体健康，这都无关紧要。因此，如果医疗介入未经允许，则其可作为侵权责任基础。构成此类侵权不需要行为人直接接触他人的人身，被告是一连串事件的始作俑者就足够了。这一点在己烯雌酚药物（DES）*案件中被强调过[120]，此类案件涉及为防止妊娠期间的并发症而配发的药物，其制剂中含有致癌物。开出此类药物的处方被视为承担侵权责任的充分根据。是病人自己吞服的药物，这一点并不重要，也不能排除侵权责任。此外，即使受害人不知晓身体接触或医疗介入，也可出现侵权，因此受害人处于睡眠和无知觉之中并不能排除侵权人承担责任的可能性[121]。"故意"（intent）作为侵权的构成要素，是指行为的故意，并不要求有造成损害的故意[122]。因此，在侵权法中，即便行为人愿望良好，也可能被认定为存在侵权的"故意"。

355

（2）恐吓（assault）

与非法接触不同，恐吓导致情感焦虑和精神痛苦，禁止恐吓旨在保护人们免受伤害的威胁[123]。与他人的身体发生实际接触不是必要条件[124]。威胁必须达到如下程度：站在一

356

---

[118] "侵害之诉"代表了英国法制史上极具魅力的一页。这种令状起初适用范围非常有限，但是判例法将其扩展成"间接侵害之诉"（trespass upon the case）。随着时间的推移，"侵害之诉"与其原初状态渐行渐远，成为全部侵权法的基石。See *Fifoot*, History and Sources of the Common Law 66—79 (1949).

[119] *Restatement*（*Second*）*of Torts* §§13, 18.

\* DES 的英文全名为"diethylstilbestrol"，中文通用名为"己烯雌酚"，该药物会引起胚胎畸形，也会引发肿瘤，被认定为致癌物，1979 年在美国被宣布禁用。——译者注

[120] *Mink v. University of Chicago*, 460 F. Supp. 713 (N. D. Ill. 1978).

[121] *Mohr v. Williams*, 95 Minn. 261, 104 N. W. 12 (1905), overruled on other grounds in *Genzel v. Halvorson*, 248 Minn. 527 (1957); *Vosburg v. Putney*, 80 Wis. 523, 50 N. W. 403 (1891).

[122] *Peterson v. Haffner*, 59 Ind. 130 (1877); *Singer v. Marx*, 301 P. 2d 440 (Cal. App. 1956); *Keel v. Haineline*, 331 P. 2d 397 (Okla. 1958); *White v. University of Idaho*, 797 P. 2d 108 (Idaho 1990); *Wallace v. Rosen*, 765 N. E. 2d 192 (Ind. Ct. App. 2002); *Craft v. Wal-Mart Stores, Inc.*, 856 So. 2d 214 (La. App. 2003).

[123] *Restatement*（*Second*）*of Torts* §21 (1) (b).

[124] *Burnham*, Introduction 437.

个理性第三人的角度,受害人有理由担心非法接触行为的发生迫在眉睫。[125] 对于恐吓,受害人必须因此已经意识到了威胁。[126] 即使受害人由于其勇气未实际经历害怕或恐慌,另一方非法行为的责任也并不因此减轻。[127] 根据《侵权法重述(第二版)》[*Restatement (Second) of Torts*],行为人是否有能力或被认为有能力在威胁之后采取行动,这也无关紧要。[128] 不管是否导致了实际的身体伤害,大多数非法接触同样构成恐吓。"恐吓与非法接触"(assault and battery)因此常常作为一个概念在判例法中使用。

(3) 非法拘禁(false imprisonment)

非法拘禁涉及限制他人的人身自由。尽管受害人有其他途径可以逃脱,但未意识到,非法拘禁依然可以成立。[129] 拘禁必须是人身限制或人身威胁的结果[130],受害人道义上或情感上的自我约束满足不了构成要件。[131] 责任的构成要求受害人意识到了拘禁,或者造成了实际伤害。[132] 当拘禁来自官方职务的行使,但官方行为违反法律,则此种情况同样构成一种"非法拘捕"(false arrest)。

(4) 精神折磨(infliction of mental distress)

单纯造成精神焦虑("情感焦虑"或"精神痛苦")同样可产生侵权责任。该制度的批评者们指出:精神损害赔偿金计算不具有确定性,恐怕法院可能因为无足轻重的案件而不堪重负,同时此类侵权的构成要件过分主观。[133] 然而,支持此类受害者享有损害赔偿请求权的主张已经成为主流。不过,为了一方面排除琐碎的案件,另一方面确保对言论自由的最小限制,只有在下述情况下侵权责任才能成立:行为是"如此极端和骇人"[134],以致无法想象任何理性的人可对此容忍。与行为有关的、构成行为背景的所有情况对这种侵权的认定都起作用。此外,遭受的情感焦虑必须是真实存在的。有些法院在这一点上要求,情感焦

---

[125] *Bouton v. Allstate Insurance Co.*, 491 So. 2d 56 (1st Cir. 1986).
[126] *Restatement (Second) of Torts* § 22.
[127] *Prosser/Keeton*, Torts § 10; *Burnham*, Introduction 427.
[128] *Restatement (Second) of Torts* § 33.
[129] 《侵权法重述(第二版)》第36条第2款:"除非他人知悉,尽管存在合理的逃脱途径,依然构成拘禁行为。"
[130] *Restatement (Second) of Torts* § 40 comment a.
[131] *Hunter v. Laurent*, 158 La. 874, 104 So. 747 (1925); *James v. MacDougall & Southwick Co.*, 134 Wash. 314, 235 P. 812 (1925); *Fitscher v. Rollman & Sons Co.*, 31 Ohio. App. 340, 167 N. E. 469 (1929); *Pounders v. Trinity Nursing Home, Inc.*, 265 Ark. 1, 576 S. W. 2d 934 (1979).
[132] *Restatement (Second) of Torts* § 42.
[133] *Prosser/Keeton*, Torts § 12.
[134] *Restatement (Second) of Torts* § 46. 关于支持将这种侵权责任扩展适用于网上行为的一种现代观点,参见 *Smith*, Intentional Infliction of Emotional Distress: An Old Arrow Targets the New Head of the Hate Hydra, 80 Denv. U. L. Rev. 1 (2002).

虑要导致某种显而易见的身体伤害。[135]

2. 财产侵权

(1) 侵害(trespass)

**侵入土地**(trespass to land)描述的是对不动产占有权的干扰。法律保护对土地的排他占有权,他人未经授权而闯入别人的土地,或将物品摆放或存放在土地上,这就构成了侵入或干扰。[136] 如今,这种侵权同样成了请求环境损害赔偿的依据。请求权人是土地的实际占有者,无论其占有合法与否。侵权行为人必须有意和主动地采取行动;但是,他采取行动时是否认为自己拥有合法所有权或占有权,或者他有权利或依据进入土地,这些都无关紧要。[137]

**侵害动产**(trespass to chattels)对应于上文所述不动产侵权,涉及的是可移动财产(movable property)*。同样,请求权人是占有人。此外,损坏财产或其他妨碍合法占有权行使的行为均可构成侵害动产。

(2) 侵占(conversion)

一个人将他人的动产视作已物处置,就构成了侵占。[138] 这种对财产权的侵犯应比侵害动产更加严重。[139] 构成侵占的考虑因素包括:财产控制的程度和期限、妨碍的主观意图、损坏的程度以及对原告造成的不便和费用。[140] 根据被告妨碍财产权或导致损失的程度,下述行为可能构成侵占:未经授权转让或使用财产、拒绝归还财产、强行占有、毁坏或导致具体损失。如果存在对他人财产行使占有权的意图,则具备了侵权的故意要件;侵权行为人是否自以为合法,这一点无关紧要。

原告可以按照物品的全部价值请求赔偿,其背后的理论依据在于,若妨碍财产权情节严重,被损害物品对物主已无价值,则物主有权要求侵权人购买其物品。[141] 这种思想同样体现于日常生活的实践中,比如商店在易碎商品旁摆个标牌,上面警告:"你损坏,你来买"

---

[135] See *Restatement (Second) of Torts* §46 comment (k).
[136] *Restatement (Second) of Torts* §158.
[137] *Prosser/Keeton*, Torts §13; *Burnham*, Introduction 438.
＊ "chattel"和"movable property"通常都译为"动产",但英文此处表述的变化是为了用后者进一步解释前者,为了体现作者这一用意,此处对"movable property"的翻译也作了相应的变化,但在汉语语境下,这种变化有同义反复之嫌。——译者注
[138] *Pearson v. Dodd*, 410 F. 2d 701, 133 U. S. App. D. C. 279 (1969).
[139] *United States v. Arora*, 860 F. Supp. 1091 (D. Md. 1994); *Burnham*, Introduction 428—29.
[140] *Restatement (Second) of Torts* §222A (2) (a)—(f).
[141] *Pearson v. Dodd*, 410 F. 2d 701, 133 U. S. App. D. C. 279 (1969). *Restatement (Second) of Torts* §222A (1) also reflects this idea.

(You break it, you bought it.)。

3. 免责的特权(Privileges)

363　　在诉讼中，原告应证明被告故意侵犯了其权益。被告若想免责则应举证证明，存在获准行为和免除责任的理由。因而原告明示或默示的同意就可排除被告的责任。默示的同意可以是原告行为的后果，包括在一个理性的人应该发言的场合保持沉默。[142] 在下列情况下原告同意的意思表示无效：原告无表示同意的行为能力，胁迫之下表示同意，或者对于侵犯行为的种类或性质存在认知错误。

364　　在病人未被充分告知的情况下，针对医疗失职(medical malpractice)的赔偿请求将引发特别的问题。一个常见而棘手的问题是，非法接触的责任应如何与违反披露和告知(disclose and inform)义务这种过失的责任相区别。[143] 当病人的同意令人无法置信时，例如告知的内容与具体治疗方案无关，或者相关信息未被有效传达，此时控告非法接触就是适当的侵权救济方式。病人的确同意了治疗方案，但未得到表示同意所需的充分信息，此时按照"**知情同意原则**"(doctrine of informed consent)，侵权过失成立。

365　　人人都有正当理由阻止对其人身的攻击(**自我防卫**, self-defense)。被告虽然未面临现实危险，但能合理预料危险迫在眉睫，则其同样可援引该抗辩理由。[144] 但是，自我防卫限于防止濒临的或预料的危险之必要范围内。没有任何其他可资利用的防卫手段，唯有在此极端情况下，造成严重人身伤害甚至死亡的自卫才具有正当性。[145] 在退让可能不会导致过度危险而且不退让显得不合情理时，有种观点要求受到攻击的受害人负有**退让义务**(duty of retreat)。[146] 正当防卫行为应在攻击当时采取，而不能在此之后，比如攻击者已经被缴械，或危险已经过去。

366　　采取措施保护财产(defense of property)同样为法律所允许，但是适用更严格的限制条

---

[142] *Prosser/Keeton*, Torts §18.
[143] *Cobbs v. Grant*, 502 P.2d 1 (Cal. 1972); *Mink v. University of Chicago*, 460 F. Supp. 713 (N.D. Ill. 1978); *McGeshick v. Choucair*, 9 F.3d 1229 (7th Cir. 1993); *Sanborn v. Zollman*, 40 Fed. Appx. 916 (6th Cir. 2002); *Jaskoviak v. Gruver*, 638 N.W.2d 1 (N.D. 2002); *Duncan v. Scottsdale Med. Imaging*, 70 P.3d 435 (Ariz. 2003).
[144] *Restatement (Second) of Torts* §§63 (1), 65 (1).
[145] *Prosser/Keeton*, Torts §19; *Restatement (Second) of Torts* §65 (1) (b).
[146] See *Restatement (Second) of Torts* §§63 (2) (a), 65 (3) (a). 根据普通法上的"城堡原则"(castle doctrine)，当一个人在自己家里面临危险时，他没必要退让。当代对此的探讨，参见 *Carpenter, Of the Enemy Within, the Castle Doctrine, and Self-Defense*, 86 Marq. L. Rev. 653 (2003). 成功援引"城堡原则"或"就地防卫"权(the right to "stand your ground")为使用致命武器的行为免责，最近这类案例渐趋增多。关于这一令人遗憾的发展态势，参见后文第684A段。

件。通常,首先要警告侵入者,给其罢手的机会。[147] 只有在警告之后,被告才可采取绝对必要的措施。唯有在被告的人身而不仅是财产处于险境的情况下,造成严重的伤害或者死亡才正当合理。[148]

安全措施和安装用来防御入侵的机械装置经常引发诉讼。尤其是若安全装置能够导致侵入者死亡或严重的人身伤害,则安装这种装置不具有正当性。法律设定这一限制的理由在于,存在有效防御入侵的其他可行措施以及此种装置会威胁到无辜第三人。[149] 有人甚至认为,只要被告亲自采取自我防卫行为就能有效应对入侵的威胁,则安装安全装置就不具有正当性。[150]

当一个人的财产占有权被别人非法获取后,他有权**夺回**(recapture)财产,但应在失去占有或发现失去的财产时立即进行,[151] 而且应仅采用有限(适当)的武力手段。[152] 为了消除公众、第三人或他自身面临的危险,被告有可能侵犯他人的财产所有权或占有权。他可以根据**"紧急避险"**(necessity)证明其行为的正当性,否则该行为就是非法的。[153] 在此情况下,危险的起因必须处在被告的掌控范围之外,因而利用紧急避险制度排除侵权责任的门槛非常高。紧急避险是否成立需要反复权衡受到影响的各方利益,政策因素或完全务实的考虑通常不可或缺。被告应以理性人在类似处境下的行为方式采取措施,这也是作为事实裁判者的陪审团或法官的裁判标准。

如果主要为了保护公共利益而采取紧急避险行为(**为公益紧急避险**,public necessity),则被告不承担责任。相反,如果为了保护私利而采取紧急避险行为(**为私利紧急避险**,private necessity),则被告对造成的实际损失承担责任。[154] 因此,紧急避险的抗辩理由不是绝对的。有些学者尝试论证这种明显矛盾现象的正当性,或者至少对其作出解释,例如下

---

[147] *Restatement (Second) of Torts* §77 (c).
[148] *Restatement (Second) of Torts* §79.
[149] *Prosser/Keeton*, Torts §21.
[150] *Katko v. Briney*, 183 N. W. 2d 657 (Iowa 1971); *Restatement (Second) of Torts* §85.
[151] *Restatement (Second) of Torts* §91.
[152] *Restatement (Second) of Torts* §§92,94(要求行为人发出警告,给另一方提供一个返还财产的机会)。
[153] 紧急避险的抗辩理由同样可以扩展适用于对身体安宁和健康的威胁。比如,《侵权法重述(第二版)》第212条第1款第1、2项将这种抗辩理由扩展适用于与进入他人不动产相关的对人使用武力。(第212条第1款第1、2项规定了为了取得紧急避险的效果,行为人不仅有权进入他人土地,而且在必要时有权对土地的占有者或第三人使用武力。——译者注)
[154] *Burnham*, Introduction 439—40.

述观点:在被告从其自己行为中获利的情况下,赔偿是合理的。[155] 另有些学者在认可现有区别的同时,支持将赔偿的要求(针对私人获利)扩展到为公益紧急避险的情形。若原告的财产不是危险情势的促成因素,而且若非被告的行为则原本不会损坏或毁灭;对此种为公益紧急避险造成的损失,他们主张由国家负责赔偿。[156]

4. 责任范围

370　　不论是否造成实际损失,故意侵权通常都会导致侵权责任。[157] 被告对其行为的全部后果负有责任;与过失侵权责任相反,故意侵权责任不限于可预见的损失。[158]

(三) 过失

371　　认定过失责任要求具备三个前提条件:违反谨慎义务、原告遭受损害并且二者之间存在因果关系。

1. 谨慎义务

(1) 通常标准

372　　一个人对他人负有何种**谨慎义务**(duty of care),对此没有确定无疑、界定明确的规则。此类义务出自对社会政治因素和通常社会因素的考量,随时代变迁而不同。在大多数案件中,被告负有"谨慎义务"显而易见,而在特殊案件中,判定"谨慎义务"并非易事。因而,当事人之间的特定关系——比如汽车驾驶员与乘客之间的关系——可以产生特别的谨慎义务。[159] 被告行为的类型和方式对判定"谨慎义务"可具有重要作用[160],尤其是当问题涉及不作为义务时更是如此。通常一个人不负有对他人救助和帮助的义务。但是,这种义务存在于下列情况下:被告引发了险情[161]、承担了特定的责任[162]或者与原告之间存在一种特

---

[155] See Christie, The Defense of Necessity Considered from the Legal and Moral Points of View, 48 Duke L. J. 975 (1999); Finan/Ritson, Tortious Necessity; The Privileged Defense, 26 Akron L. Rev. 1 (1972).

[156] Prosser/Keeton, Torts §24.

[157] Vandall/Wertheimer, Torts 31.

[158] 对该规则的生动例证是"蛋壳脑袋规则"(thin-skull rule)。轻拍受害人异常薄的脑壳,被告就要承担由此产生的全部后果。被告由于故意侵犯了他人的合法权利(身体不受侵害权、自由享用财产和占有权等等),因此要全面承担损害风险。换言之,被告无权要求原告按照一个"正常的受害人"标准起诉。例如参见 Thompson v. Lupone, 62 A. 2d 861 (Conn. 1948); Bartolone v. Jeckovich, 103 A. D. 2d 632 (N. Y. 1984)。

[159] 关于汽车乘客法(Automobile Guest Statutes),参见 Prosser/Keeton, Torts §34, 215 et seq.

[160] Prosser/Keeton, Torts §56.

[161] Restatement (Second) of Torts §322.

[162] Restatement (Second) of Torts §323 et seq.

别的关系[163]。判例法通常不单独处理"谨慎义务"问题。目前,对被告谨慎义务的审查和对违反谨慎义务与损害结果之间因果关系的考量,二者之间不存在清晰的界限。[164] 法院的判决不时将两个问题混在一起考虑,比如法官从存在因果关系的证据推导出被告违反谨慎义务的事实。*

（2）土地的所有人和占有人

关于"谨慎义务"的一种复杂而独特的情况是土地所有人的责任。由于最初的普通法社会本质上是农业社会,土地利益在当时非常重要。闯入他人土地者几乎不享有什么权利。这种关于土地所有人权利的历史观与现代观念息息相通,现代的土地所有人针对不同情况依次承担不同的责任。 ·373

普通法发展出了三种判例类型,借此判定土地所有人对他人所负谨慎义务的程度大小。非经所有人同意闯入或停留在他人不动产之上者（**侵入者**,trespasser）[165],无权要求所有人提供特别的保护。[166] 侵入者自担风险。但是,当涉及生命和健康问题时,这种情况要另当别论。[167] 此外,这一基本原理不适用于涉及儿童的情况[168],他们没有能力判断所遭遇危险的大小。这个例外源自"保护儿童免受诱惑物伤害"原则（doctrine of attractive nuisance）**,以及公众对保护儿童安全和健康的关切。 374

**被许可人**（licensee）构成第二种类型。[169] 为了与"被邀请人"（invitee）相区别,也可以将"被许可人"称作"特别客人"。他们经所有人同意来到不动产[170],或许是躲避恶劣天气者、旅游者或者恰好是所有人本人的朋友。他们来到不动产是为了追求自身的利益,而且有可能利用它,但他们无权要求特别的保护。[171] 不动产所有者或占有者就其所知危险警示 375

---

[163] *Restatement（Second）of Torts* § 315 et seq.

[164] 一个典型的实例是"帕尔斯格拉夫诉长岛铁路公司案"[*Palsgraf v. The Long Island Railroad Co.*, 248 N.Y. 339, 162 N.E. 99（1928）]的经典判决。

\* 最后一句话是根据原著作者给译者的回信内容译出。他认同译者的质疑,所以加了一句解释性的表述。回信原文为:"Decisions will at times run both inquiries together, for instance when they imply the former from proof of the latter."——译者注

[165] *Restatement（Second）of Torts* § 329.

[166] *Restatement（Second）of Torts* § 333.

[167] Prosser/Keeton, Torts § 58；*Restatement（Second）of Torts* § 334.

[168] Prosser/Keeton, Torts § 59；*Restatement（Second）of Torts* § 339；*Burnham*, Introduction 411.

\*\* 该原则要求,如果土地所有人或占有人在自己土地上放置了对儿童有吸引力,但可能会危及儿童生命健康的物品时,他应当尽谨慎之责防止儿童受到伤害。另一种翻译为"保护儿童免受危险物品伤害原则"。参见薛波主编:《元照英美法词典》,法律出版社2003年版,第117页。——译者注

[169] *Restatement（Second）of Torts* § 330.

[170] Prosser/Keeton, Torts § 60.

[171] *Restatement（Second）of Torts* § 343, Comment b.

被许可人,其所负义务仅此而已[172];他无义务为发现可能存在的危险源头仔细检查其财产。

376　　不动产所有者或占有者对"**被邀请人**"负有最大的谨慎义务[173],比如商务客人,这些客人的到来经主人允许并且对主人有利。典型例子是商店、餐馆或银行的顾客,或者购票观看剧院演出者。这些人有权期待建筑设施安全有效。这时要求的是全面谨慎义务;不动产所有者/占有者必须就其所知的危险发出警告,并且必须仔细检查建筑设施以发现潜在的危险来源。[174] 对侵入者、被许可人和被邀请人的这种区分有时被认为过分专业和复杂。批评者呼吁采用"合理谨慎"和"近因"这种一般原则[175],不过判例法尚未抛弃这种传统分类。[176]

### 2. 违反谨慎义务

#### (1) 通常要件

377　　是否"违反谨慎义务"的标尺是一个理性人在类似情况下的行为,但是,客观判断被告的行为是否构成违法,难免要辅之以考虑具体案情中被告的行为能力或其他特点。[177] 例如,被告的身体缺陷可以降低谨慎义务要求。悬而未决的是智力缺陷是否具有同样的效果。将身体缺陷和智力缺陷同等对待看似合理,原因是任一缺陷都使被告难于达到通常的谨慎义务要求。不过,许多法院可能基于赔偿受害人的需要,而拒绝了基于智力缺陷减轻被告责任的请求。[178] 对于未成年人而言,谨慎义务的要求是达到类似年龄、智力发育和生活阅历的儿童的标准。但是,若未成年人从事了"适于成年人的活动",则不得利用上述考虑因素降低谨慎义务标准。[179]

378　　如何界定谨慎义务,或者如何使谨慎义务的构成要素更具体?"**勒尼德·汉德公式**"(Learned Hand formula)提供了一种答案。它以著名的联邦法院法官勒尼德·汉德的姓名

---

[172]　*Prosser/Keeton*, Torts §60; *Restatement (Second) of Torts* §342 (b), Comment 1.

[173]　*Restatement (Second) of Torts* §332. 为了将其与被许可人区别开来,他们也被称作"商务客人"(business visitors)或"公共被邀请人"(public invitees)。

[174]　*Restatement (Second) of Torts* §343 comment b.

[175]　*Rowland v. Christian*, 443 P. 2d 561, 69 Cal. 2d 108 (1968); *Prosser/Keeton*, Torts §62.

[176]　最近涉及这种分类的判例,比如参见 *Alexander v. Med. Assocs. Clinic*, 646 N. W. 2d 74 (Iowa 2002); *Carter v. United States*, 2003 U. S. Dist. LEXIS 11614 (W. D. Mich. 2003); *Chernoff v. Tosco Corp.*, 2003 U. S. Dist. LEXIS 19522 (E. D. Pa. 2003).

[177]　*Restatement (Second) of Torts* §289 (a) and (b).

[178]　See also *Prosser/Keeton*, Torts §32, 176 et seq.

[179]　*Robinson v. Lindsay*, 92 Wash. 2d 410, 598 P. 2d 392 (1979); *Stevens v. Calumet Public Schools*, 573 N. W. 2d 341 (Mich. App. 1997); *J. R. v. State*, 62 P. 3d 114 (Alaska Ct. App. 2003).

命名,源自他于 1947 年作出的一份判决[180],在该判决中他采用了经济因素界定谨慎义务:一个人行为是否理性取决于对以下两点的平衡——风险[包括的因素有"可能性"(P)和损失的大小,即"责任"(L)]和获得充分安全或其他为避免损失采取措施的花费("负担",B)。根据这一方法,如果 B<PL,则存在侵权责任。

侵权责任可来自违反成文法,前提条件是该法旨在保护处于原告之特定情况下的那些人。违反成文法可导致"违法本身即过失"(negligence per se),可被"初步推定"(prima facie)存在过失,或者可成为存在过失的证据。[181]

(2) 举证责任

综合考虑案件事实和法律问题之后才能决定被告是否犯有违反谨慎义务的过失。其中事实问题由陪审团负责,而法律问题由法院(法官)负责。[182] 因此,构成过失的主要因素由陪审团判定。由于陪审团成员具有不同的社会背景和阅历,因此其裁定所基于的证据可能客观上不够充分。在所呈证据不够充分的例外情况下,法院可驳回当事人的请求(或陪审团的裁定)。[183]

如果原告面临举证责任的难题,那么**"事实自证其身"**(res ipsa loquitur)\* 原则可有助于解决问题。[184] 该原则适用于下述情况:损害通常仅因被告的过失才会发生,并且被告就是肇事者比不是肇事者的可能性更大。[185] 运用**事实自证其身**可自然得出结论:被告没有遵守必要的谨慎义务,这意味着并无必要单独判定谨慎义务的存在。在程序上,**事实自证其身**发挥着举证责任倒置的作用,它至少准许陪审团基于案情推定被告存在过失。[186] 在医院,医务人员未尽到充分谨慎义务,然而病人无法证明其具体的过失行为,这种情况下该

---

[180] *United States v. Carroll Towing Co.*, 159 F. 2d 169 (1947).

[181] Vandall/Wertheimer, Torts 228;Prosser/Keeton, Torts §36, 229 et seq.《侵权法重述(第二版)》第 288B 条第 1 款将违反成文法归类为违法本身即过失。

[182] 参见前文第 199 段。

[183] Prosser/Keeton, Torts §37.

\* 该拉丁语的英文表述为:"the thing speaks for itself",李亚虹将其翻译为"让事实说话"或"事情不言自明"。参见李亚虹:《美国侵权法》,法律出版社 1999 年版,第 72 页。徐爱国教授将其翻译为"事物一道缘由"。参见徐爱国:《英美侵权行为法学》,北京大学出版社 2004 年版,第 82 页。《元照英美法词典》将其翻译为"事情本身说明"。参见薛波主编:《元照英美法词典》,北京大学出版社 2013 年缩印版,第 1189 页。译者认为完整的表述应该为"从事实本身推定被告过失",但为了简洁,正文中采用了"事实自证其身"的汉译。——译者注

[184] See *Byrne v. Boadle*, 159 Eng. Rep. 229 (1863).

[185] Prosser/Keeton, Torts §39;Burnham, Introduction 410—432;*Escola v. Coca-Cola Bottling Co.*, 24. Cal. 2d 453, 150 P. 2d 436 (1944);*Snook v. Delaware Turnpike Administration*, 1998 Del. Super. LEXIS 428 (Del. Super. 1998);*Restatement (Second) of Torts* §328D (1).

[186] Vandall/Wertheimer, Torts (2d ed.) 258 et seq.;Prosser/Keeton, Torts §40;《侵权法重述(第二版)》第 328D 条第 1 款对此归纳如下:"可以推断因过失造成了……伤害。"

原则的作用尤其明显。例如，病人在医院经多人治疗并且可能经历了多个疗程，经常处于麻醉状态，因此判定被告承担故意或过失的侵权责任异常艰难。[187]

### 3. 因果关系和损害结果

382　　构成侵权的被告行为应已经造成了损害或侵犯了一项合法权利。**"若非规则"**\*（but for rule）是美国法中传统的判断标准，它等同于欧洲法中对构成因果关系"必要条件"（sine qua non）的表述："若非被告的行为"，侵权结果就不会发生。"实质因素规则"（substantial factor rule）可有助于判定是否存在并存（concurrent）因果关系或介入（supervening）因果关系\*\*：若被告的行为构成侵犯原告合法权益的实质因素，则确定侵权责任所要求的因果关系就可以成立。[188]

383　　可能不止一人导致了损害并因而应当成为被告一方，这时就出现了特别的问题。[189] 判例法借助举证责任倒置解决该问题。被告对全部损害承担责任；但是，对于被告与其他被指控造成损害者之间责任的划分问题，被告需要确定由谁最终承担责任。以此思路解决该问题，其正当合理性在于被告处于更有利的地位举出必要的证据；同时，对正义的考量要求责任分担。

384　　在制药公司为被告的诉讼中，法院曾明确表示不适用**"必有其一责任"**\*\*\*（alternative liability）原则。[190] 在法院判决的这些案件中，医生所开处方上的药物（药片）事后证明有害健康。从病人吞服药物到显现药物副作用时间久远，有的证人已经死亡，有的证人的回忆支离破碎，由此导致了举证的难题。与此同时，个案中的原告无法证明是哪个制药公司生

---

[187] *Danville Community Hospital，Inc. v. Thompson*, 186 Va. 746, 43 S. E. 2d 882 (1947); *Schmidt v. Gibbs*, 305 Ark. 383, 807 S. W. 2d 928 (1991); *Ybarra v. Spangard*, 25 Cal. 2d 486, 154 P. 2d 687 (1944).

\*　另一种译法是"非它莫属规则"。参见李亚虹：《美国侵权法》，法律出版社 1999 年版，第 77 页。——译者注

\*\*　"并存原因"是指导致同一结果的两个或两个以上的原因；"介入原因"是在系列事实的起始原因和最终结果中间插入的事实，并因此改变了事实的自然发展进程。如果"介入原因"的影响足够强大则可能使最初引发事故者免除责任，而演变为"替代原因"（superseding cause）。参见 *B. Garner*（ed.），Black's Law Dictionary，St. Paul：Thomson Reuters, 11th ed.，2019, pp. 273—274。——译者注

[188] *Vandall/Wertheimer/Rahdert*, Torts 261.《侵权法重述（第二版）》第 431 条第 1 项采用了实质因素规则。

[189] *Summers v. Tice*, 33 Cal. 2d 80, 199 P. 2d 1 (1948).

\*\*\*　两人或两人以上的侵权行为导致的责任，原告只能证明必有被告中的一个造成了损害，但无法具体指出哪一个被告。此种情况适用举证责任倒置原则，每个被告必须各自证明自己行为无过失才能免除责任。参见 *B. Garner* (ed.)，Black's Law Dictionary, St. Paul：Thomson Reuters, 11th ed.，2019, p.1097。——译者注

[190] *Hymowitz v. Eli Lilly & Co.*, 73 N. Y. 2d 487, 539 N. E. 2d 1069, 541 N. Y. S. 2d 941 (1989), cert. denied 943 U. S. 944, 110 S. Ct. 350, 107 L. Ed. 2d 338 (1989); *Wood v. Eli Lilly & Co.*, 38 F. 3d 510 (10th Cir. 1994).

产了原告服用的特定药物。然而,由于所有制药公司的药物显示成分相同,因此法院解决这种复杂事态的方案是采用一种新型原则:"**市场份额责任**"(market share liability)原则。它意味着每个被告依其所占的特定药品市场份额承担责任。[191]

降低原告存活概率的伤害同样面临因果关系证明的难题。[192] 一方面,法院应当要求原告证明死亡风险的增加。另一方面,原告缺乏明确证据法院就认定医生没有责任,可能放纵严重医疗过错的发生。减少的寿命预期能否或应否被简化为一个比例公式,这仍旧是一个持续争论的话题。[193]

存在争议的侵权行为必须与损害结果存在关联[前者是后者的**近因**(proximate cause)],而且损害的发生必须兼具可能性和可预见性。[194] 政策考虑因素对法院判定的作用同样不可小觑,这一点可用以解释为何判例法经常浓墨重彩地考察因果关系问题。[195] "蛋壳脑袋"规则适用于过失侵权责任。[196] 原告负有责任证明其所遭受的实际损失程度。

4. 免责的特权

被告同样可以援引特权免除其过失责任,尤其是被告可借助于证明原告由于其自身的过失行为促成了损害结果。起初,**原告促成过失规则**(contributory negligence rule)\* 曾被用于免除被告的全部责任。后来,这一法律效果受限于"最后避免机会"(last clear chance)规则:若被告原本有机会避免或转移原告行为的结果,但是错失良机,则其继续承担责任。[197]

最近,**比例过失**(comparative negligence)原则已经获得接受,原告的请求权只能依照其过失程度予以减少。[198] 有些州遵循了一种混合方法,但基本规则是比例过失原则。但是,如果原告的过失超过了导致损失原因的50%时,则法院适用原告促成过失规则,原告丧失

---

[191] See, for instance, *Schonfeld*, Establishing the Causal Link in Asbestos Litigation: An Alternative Approach, 68 Brooklyn L. Rev. 379 (2002).

[192] *Falcon v. Memorial Hospital*, 436 Mich. 443, 462 N. W. 2d 44 (1990).

[193] 关于当前争论中的睿智见解,参见 *Saroyan*, The Current Injustice of the Loss of Chance Doctrine: An Argument for a New Approach to Damages, 33 Cumb. L. Rev. 15 (2002—2003).

[194] See *Palsgraf v. The Long Island Railroad Co.*, 248 N. Y. 339, 162 N. E. 99 (1928). (Andrews, J., dissenting). 这一经典判决和判决中包含的不同观点表明,在"近因"概念和"谨慎义务"两者之间厘清界限存在困难。

[195] 关于侵犯第三方权利的行为责任,参见《侵权法重述(第二版)》第441条及以下条文。

[196] See *Restatement (Second) of Torts* § 461. 另见前文第370段脚注[158]。

\* "contributory negligence"有多种译法:"原告过失""促成过失""与有过失""混合过失""可归责于己的过失"等。——译者注

[197] Vandall/Wertheimer/Rahdert, Torts 596; Prosser/Keeton, Torts § 66; *Restatement (Second) of Torts* § 467.

[198] *Li v. Yellow Cab Co. of California*, 532 P. 2d 1226, 13 Cal. 3d 804 (1975); *Prestenbach v. Rains*, 4 F. 3d 358 (5th Cir. 1993); *Joseph v. City of New Orleans*, 842 So. 2d 420 (La. Ct. App. 2003).

其全部请求权。[199]

389　如果原告知悉风险，但仍旧自愿行动，**自担风险**（assumption of risk）就作为案件分析上的依据，它与故意侵权情况下受害人同意相对应。[200] 相对于审查被告的谨慎义务和原告的促成过失，一些法院质疑自担风险规则是否存在独立发挥作用的意义。由于在案件分析中清晰地界定这些概念面临困难，这些法院希望废弃自担风险原则。[201]

### （四）妨害

390　"妨害"（nuisance）责任包含了许多不同的事实类型，对其明确界定是不可能的，这种侵权的普通法变革带来了某些现代概念的不确定性。从历史角度看，判例法区分"**妨害私人**"（private nuisance）和"**妨害公众**"（public nuisance）。"妨害私人"描述的是对他人土地的使用或享用造成严重而且不合理的妨碍。[202] 关于这种侵权的前提条件或它在整个侵权责任理论体系中的准确定位，无人能给出一个清晰的素描式表述。[203] "侵入"（trespass）和"妨害"二者相互排斥：在历史上，当出现直接损害结果时，才会有侵入之诉；在出现间接损害或妨碍的情况下，会有妨害之诉。如今对二者的区分考虑的是，被告的行为是妨碍了土地的使用或享用（"妨害"）还是妨碍了原告的排他占有权（"侵入"）。[204]

391　"妨害公众"描述的是对公众利益的妨碍或侵犯[205]，比如对于公众健康、安宁和安全的侵犯。根据《侵权法重述（第二版）》，此类侵犯行为将导致刑事制裁和私法上的赔偿请求。[206]

### （五）严格责任

392　如同大多数国家的法律制度，美国法同样规定了无过错责任的情形，例如未经驯化（野

---

[199] *Lee v. United States*, 81 F. 3d 169 (9th Cir. 1996); *Turcq Shanahan*, 950 P. 2d 47 (Wyo. 1997).
[200] *Restatement (Second) of Torts* §§496D, 496E.
[201] *Blackburn v. Dorta*, 348 So. 2d 287 (Fla. 1977); *Li v. Yellow Cab Co. of California*, 532 P. 2d 1226, 13 Cal. 3d 804 (1975); *Knight v. Jewett*, 834 P. 2d 696, 712, 3 Cal. 4th 296 (1992) (Mosk, J., dissenting).
[202] *Restatement (Second) of Torts* §821D.
[203] 《侵权法重述（第二版）》第822条规定，只要被告行为的特点可归纳如下，他就要承担侵权责任："……(1) 故意而且不合情理，或者(2) 不是出于故意但根据调整过失或草率行为或超常危险情况或行为的规则可被起诉。"
[204] *Prosser/Keeton*, *Torts* §87, 622. 法官在"J. H. 博兰先生诉桑德斯铅产品公司案"[J. H. Borland, Sr. v. Sanders Lead Co., 369 So. 2d 523 (Ala. 1979)]中描述了这种演变。
[205] *Restatement (Second) of Torts* §821B.
[206] *Restatement (Second) of Torts* §821C.

生)动物的主人/管理人承担无过错责任。[207] 此类动物被推定具有显而易见的危险性。与之相反,通常家养动物被视为不具有危险性,因此其危险或可能造成的伤害不被认为具有可预见性。因此,只有当家养动物的主人或管理人知道或应当知道其动物的特定危险倾向时,其侵权责任才成立。[208] 不过,许多州的成文法对狗的主人或管理人同样规定了无过错责任。[209]

1868 年的一份英国判决确立了**从事超常危险行为**(abnormally dangerous activities)人的侵权责任。[210] 因此,尽管这种行为在经济上或技术上可取,但它可能伴随风险,行为人无论是出于故意还是过失,均应对造成的损害承担责任。美国法院已经采用了这种推理思路,在此基础上各州的侵权法都规定了此类侵权责任。《侵权法重述(第二版)》包含了一份源自判例法的此类侵权行为判定标准的清单,包括危险的程度、重大损失的可能性、行为符合通例的程度、避免风险的可能性、当地习惯以及行为的公益性。[211]

393

### (六) 产品责任

产品责任法[212]源自英国"温特博特姆诉赖特案"(Winterbottom v. Wright)的判决。[213] 它判定生产无缺陷的产品是一种合同义务,因此只存在于生产者或销售者与其直接缔约方之间。"合同相对性"(前文第 341 段)描述了这种当事人之间的关系,而"缺乏相对性"意味着第三方提起的诉请通常归于失败。在半个多世纪之后,合同相对性原则的限制赔偿效力

394

---

[207] *Restatement (Second) of Torts* §507.
[208] *Restatement (Second) of Torts* §509.
[209] 关于更多的参考信息,参见 *Prosser/Keeton*, Torts §76, 539 n. 20。
[210] *Rylands v. Fletcher*, L. R. 3 H. L. 330 (1868).
[211] *Restatement (Second) of Torts* §520 (a)—(f).
[212] 关于侵权责任法的演变,参见"第三次侵权法重述与侵权法的未来"研讨会:Overview by the ALI Reporters, 10 Kan. J. L. & Pub. Pol'y 2 et seq. (2000); *Vandall*, Constructing Products Liability: Reforms in Theory and Procedure, 48 Vill. L. Rev. 843 (2003); *Schotland*, Overview of U. S. Product Liability Regime, 20 Ariz. J. Int'l & Comp. L. 135 (2003). 对于相比较的其他国家侵权法的概貌,参见 *Easton*, The Path for Japan? An Examination of Product Liability Laws in the United States, the United Kingdom, and Japan, 23 B. C. Int'l & Comp. L. Rev. 311 (2000); *Kelemen/Sibbitt*, The Americanization of Japanese Law, 23 U. Pa. J. Int'l Econ. L. 269 (2002); *Howells*, The Relationship Between Product Liability and Product Safty-Understanding a Necessary Element in European Product Liability Through a Comparison with the U. S. Position, 39 Washburn L. J. 305 (2000); *Iturraspe*, General Trends in South American Products Liability Law: An Overview, 20 Ariz. J. Int'l & Comp. L. 115 (2003); *Sanchez*, Products Liability in Spain, 32 Tex. Tech. L. Rev. 979 (2001); *Stapleton*, Restatement (Third) of Torts: Products Liabilty, an Anglo-Australian Perspective, 39 Washburn L. J. (2000); *Hodges*, Product Liability in Europe: Politics, Reform and Reality, 27 Wm. Mitchell L. Rev. 121 (2000).
[213] *Winterbottom v. Wright*, 10 M&W 109, 152 Eng. Rep. 402 (1842).

为美国"麦克弗森诉别克汽车公司案"(*Macpherson v. Buick Motor Co.*)[214]的判例所推翻,该判决确认了生产商对最终消费者的责任,尽管消费者是从中间销售商处购买的产品。即使与产品用户之间不存在相对的合同关系,生产商依然对所有可预见到的其产品用户负有通常的谨慎义务。因此,消费者可以根据过失或**违反担保义务**(breach of warranty)追究生产商的责任。尽管相对性依然约束依合同关系提起的诉请,但它在侵权案件中不再构成提起诉请的障碍。虽然**"事实自证其身"**[215]原则有助于消费者满足举证责任的要求,但是法院的审判实践表明,将担保理念扩展到第三方具有明显的局限性。[216]

395　　严格责任原则的提出有助于克服上述限制,其源头可追溯至加利福尼亚最高法院法官特雷纳(Traynor)在"埃斯科拉诉可口可乐瓶装公司案"(*Escola v. Coca-Cola Bottling Co.*)中的经典判决。[217] 他倡导严格责任是基于多重考虑:生产商有优势处理损失赔偿问题,他可事先购买产品责任保险,然后通过产品价格调整获得保险费用的补偿;相对于让消费者必须购买一般保险,生产商更容易做到对特定产品造成的损失投保;让生产商对其投放到市场上的产品负责,这符合公共利益。此外,根据过失(侵权)判定责任并且根据"事实自证其身"原则查明过失的成立,这实质上强制实行了严格责任。这一判决成为严格责任原则的基石(参见前文第 392 段)。特雷纳法官本人在"格林曼诉尤巴电器产品公司案"(*Greenman v. Yuba Power Products*)中重申了自己的观点。[218] 这些观点迅速为其他法院所遵循,并且《侵权法重述(第二版)》也兼容并蓄了这些原则。[219]

396　　产品责任案件种类繁多,这使得法院有必要对其加以区分,根据涉及的缺陷类型确

---

[214] *MacPherson v. Buick Motor Co.*, 217 N. Y. 382, 111 N. E. 1050 (1916). 该判决收录于本书的"附录一"。
[215] 参见前文第 381 段。对于在严格责任情况下如何运用该原则,参见 *De Villiers*, Virus Ex Machina: Res Ipsa Loquitur, 2003 Stan. Tech. L. Rev. 1 (2003); *Johnson*, Rolling the "Barrel" a Little Further: Allowing Res Ipsa Loquitur to Assist in Proving Strict Liability in Tort Manufaturing Defects, 38 Wm. & Mary L. Rev. 1197 (1997).
[216] *Henningsen v. Bloomfield Motors*, *Inc.*, 161 A. 2d 69, 32 N. J. 358 (1960).
[217] *Escola v. Coca-Cola Bottling Co.*, 24 Cal. 2d 453, 461, 150 P. 2d 436, 440 (1944).
[218] *Greenman v. Yuba Power Products*, *Inc.*, 377 P. 2d 897, 59 Cal. 2d 57 (1963).
[219] 《侵权法重述(第二版)》第 402A 条:
"(1) 如果任何缺陷产品对用户、消费者或其财产构成了不合理的危险,则此种产品的销售者对因此给最终用户、消费者或其财产造成的实际损失承担责任,条件是:
① 销售者从事了产品销售业务,并且
② 产品预计或实际到达使用者或消费者手中时,销售时的产品性状未作重大改变。
(2) 尽管存在下述情况,第一款所述规则依然适用:
③ 销售者在准备和销售其产品时已恪尽所有谨慎职责,并且
④ 使用者或消费者未从该销售者手中购买产品或与他缔结合同关系。"

定案件种类。**产品制造缺陷**（manufacturing defects）出自背离正常生产流程。[220] 产品存在**设计缺陷**（design defects）意指其未达到通常质量要求。与产品制造缺陷相比，设计缺陷涉及和影响整条生产线。第三种案件涉及**警示或指示不足**（inadequate warnings or instructions）。

对于"设计缺陷"的认定，判例法或关注消费者预期，或采用风险—收益标准，或兼及二者。[221] 采用"消费者预期标准"意味着，若一件产品不符合普通消费者的合理安全预期，则认定该产品存在缺陷。"风险—收益标准"权衡产品的危险和它为消费者群体（社会）带来的收益的轻重。由于权衡方法无法缩减为一种客观准则，因此诸多因素将影响法院对产品的风险和收益的最终评价和认定。此类因素可举例如下：产品对特定消费者和消费大众整体的效用，造成损害的概率及危害的大小，具有可比性但更安全的产品，以经济上合理的费用重修或改进产品的可能性，事先获悉哪些消费者受到产品潜在危险的影响，通过提价避免经济损失，以及办理防范特定风险的保险。**混合标准**（combination test）兼采消费者预期和"风险—收益"分析两种方法。

《侵权法重述(第二版)》并没有依据相关的产品缺陷类型区分侵权责任，但是 1998 年推行的《侵权法重述(第三版)：产品责任》特别关注了这些区别。它将严格责任的基本原则限定在产品制造缺陷，而对设计缺陷和因警示或指示不足造成的损害采用了**"合理标准"**（reasonableness standard）：生产商本可通过合理的替代设计或合理的警示和指示降低或避免可预见的风险，但其未采取措施，则应承担责任。[222]

---

[220] See *Owen*, Manufacturing Defects, 53 S. C. L. Rev. 851 (2002).

[221] See *Phillips v. Kimwood Machine Co.*, 525 P. 2d 1033, 269 Or. 485 (1974); *Barker v. Lull Engineering Co.*, 573 P. 2d 443, 20 Cal. 3d 413 (1978); *Restatement (Second) of Torts* § 402A comment i. See also *Kysar*, The Expectations of Consumers, 103 Colum. L. Rev. 1700 (2003).

[222] 《侵权法重述(第三版)：产品责任》第 2 条：
"在销售或分销之时，如果一件产品包含了某种制造缺陷、在设计上存在缺陷或因指示或警示不足而存在缺陷，则该产品为缺陷产品。一件产品：
（1）包含了某种制造缺陷：尽管在准备和销售产品时已经恪尽所有谨慎之责，但如果产品不符合原定设计要求，则该产品属于此种情况；
（2）在设计上存在缺陷：如果通过销售者、其他分销者或分销商业链中的上家采用一种合理的替代设计本可减少或避免产品导致的可预见伤害风险，而且忽视此替代设计导致产品未达到合理安全水平，则该产品属于此种情况；
（3）因指示或警示不足而存在缺陷：如果通过销售者、其他分销者或分销商业链中的上家给出合理的指示或警示本可减少或避免产品导致的可预见伤害风险，而且忽视此指示或警示导致产品未达到合理安全水平，则该产品属于此种情况。"（转下页）

## (七) 侵犯他人名誉或隐私

### 1. 诽谤

399　　诽谤(defamation)[223]描述的是向第三人散布言论,贬低原告,或者损害他或她的名誉。被告仅面对原告口出辱没之词,可构成原告请求精神损害赔偿的依据,或者导致被告承担刑事责任,但是它不造成诽谤侵权。现有关于诽谤的判例法数目庞大,其取得的成效经常只能从历史角度或基于政策考虑加以解释。

400　　任何一个健在的人都可能成为诽谤的受害人。[224] 对于损害死者名誉的情况[225],许多州未赋予私法(侵权)上的请求权,这种缺陷可以通过已有的刑事制裁手段加以弥补。此外,如果健在的家庭成员自身受到了特定言论的不利影响,则他们可以自己的名义提起诉讼。如果法人的行业或商业地位和声誉遭受损害,则他们可以成为诽谤的受害人(并因此享有请求权)。[226] 对群体的诽谤通常不带来那个阶层成员个人的请求权。但是,这种传统规则正在发生变化;人们对诋毁他人种族、民族和宗教日渐敏感,为了赔偿受害人个人和从整体上保护某个阶层,这就要求法律承认此类个人损害的存在。[227] 即使对某个阶层的诽谤没有使成员个人获得侵权法上的赔偿权,这种行为也经常受到刑法上的制裁。

---

(接上页)关于判例法对该条的运用,参见 *Lecy v. Bayliner Marine Corp.*, 973 P. 2d 1110 (Wash. Ct. App. 1999); *Lewis v. American Cynamid Co.*, 715 A. 2d 967 (N. J. 1998). 对该条的广泛援引和评论,参见 *Conk*, Is There a Design Defect in the Restatement (Third) of Torts, 109 Yale L. J. 1087 (2000); *Shifton*, The ALI's Cure for Prescription Drug Design Liability, 29 Fordham Urb. L. J. 2343 (2002).

产品责任案件通常以集体诉讼的方式提起。如同外国原告提起的集体诉讼(见前文第 181 段脚注[105]),以集体诉讼提起的产品责任案件必须具有共同的事实和法律问题。同样,当原告群体中的代表人来自不同的州(国家)时,可能适用多种法律。在此情况下,并且假定案件与法院地存在的充分联系可以满足宪法要求(前文第 234 段,脚注[6a]),比如法院地是产品生产地,则法院地可以坚持其法律适用的意愿并对所有的诉讼请求适用法院地法。比如参见"邦廷诉先进保险公司案"[*Bunting v. Progressive Corp. et al.*, 348 Ill. App. 3d 575, 809 N. E. 2d 225 (1st Dist. 2004)]. 在有外州(国)原告的情况下,尤其当根据外州(国)法可能得出不同的侵权责任标准或赔偿标准之时,法院不得坚持法院当地的法律适用意愿(为了能够适用单一的法律)。

[223]　对此的概述,参见 *Smith*, Of Malice and Men: The Law of Defamation, 27 Val. U. L. Rev. 39 (1992).
[224]　*Prosser/Keeton*, Torts § 111, 778 et seq.
[225]　*Restatement (Second) of Torts* § 560. 但是,死者能享有的请求权有可能得以通过适用"诉讼存续法"传承给其继承人。
[226]　*Restatement (Second) of Torts* § 561.
[227]　See, for example, *Anyanwu v. CBS*, 887 F. Supp. 690 (S. D. N. Y. 1995). See also *Polelle*, Racial and Ethnic Group Defamation: A Speech-Friendly Proposal, 23. C. Third World L. J. 213 (2003); *Landis*, Annotation, Defamation of Class or Group as Actionable by Individual Member, 52 A. L. R. 4th 618.

诽谤的方式可以是口头表述(**口头诽谤**,slander)或书面形式(**书面诽谤**,libel)。两种诽谤的界分是历史上形成的,在今天的通讯和信息时代,这种划分引发了不少难题。[228] 例如,依据言论是通过收音机广播还是出现在电视节目上来区分两种不同的诽谤,过去的法院判决意见一直存在分歧。[229] 互联网引发了另外的问题,这些问题是当今著述中激烈争论的话题。[230]

401

口头诽谤唯有确实造成了实际损害时才产生侵权责任。但这一实际损害要求的基本(默认)规则不适用于下列情况:散布原告与犯罪行为有牵连;传言他患有某种特定疾病,因此他应与社会隔离("令人恶心的疾病",loathsome disease);不实言论影响到原告的生意或职业;或者不实言论引起对女子贞操的怀疑。[231] 与口头诽谤要求造成实际损害的基本规则相反,书面诽谤"本身具有可诉性"(actionable pe se),不需要证实造成了损害。[232]

402

起初,无论被告已知或应知其言论不实,都不影响认定他对口头诽谤和书面诽谤造成的损害承担责任。为了减轻该规则可能带来的严重后果,并调和相关利益,许多"绝对"和"相对"的特权[233]被设计出来。最近这方面有了进一步的发展,这就是通过适用宪法上的表达自由特权,免除私下言论(private expression)的侵权责任。[234]

403

当代法律重视"宪法特权"肇始于"纽约时报诉沙利文案"(*New York Times v. Sullivan*)的判决。[235] 根据该判决,表达自己的思想(言论自由)这种宪法特权意味着,为了证明被告的言论具有可诉性,原告必须证实,被告肯定事先就知道(或应当知悉)其言论失实(或对言论的真假漠不关心),或者他一定是故意造成实际损害。这些要求是新标准"**恶意**"(malice)的构成要素。起初,"恶意"的观点只适用于对政府官员的诽谤,但后来扩展适

404

---

[228] *Prosser/Keeton*, Torts §112, 786 et seq.; *Restatement(Second) of Torts* §568 comment b.

[229] 无论不实表述是否通过阅读文稿而播出,《侵权法重述(第二版)》将二者均定性为"书面诽谤"(第568A条)。

[230] See *Pielemeier*, The State of Affairs as Internet Defamation Beckons, 35 Ariz. St. L. J. 55(2003); *Kumar*, Website Libel and the Single Publication Rule, 70 U. Chi. L. Rev. 639(2003).

[231] *Restatement(Second) of Torts* §570(a)—(d). See also *Pruitt*, On the Chasticy of Women All Property in the World Depends, 78 Ind. L. J. 965(2003).

[232] *Restatement(Second) of Torts* §569.

[233] *Prosser/Keeton*, Torts §114 et seq.

[234] 参见《美国宪法》第一修正案,见附录二。See also *Burnham*, Introduction 443 et seq.; *King, Jr.*, Defining the Internal Context for Communications Containing Alledgedly Defamatory Headline Language, 71 U. Cin. L. Rev. 863(2003); *Stern*, Private Concerns of Private Plaintiffs: Revisiting a Problematic Defamation Category, 65 Mo. L. Rev. 597(2000).

[235] *New York Times v. Sullivan*, 376 U. S. 254, 84 S. Ct. 710, 11 L. Ed. 2d 686(1964).

用于所有的"公众人物"(public figures)。[236] 在"格茨诉罗伯特·韦尔奇公司案"(Gertz v. Robert Welch)[237]中,最高法院强调了保护私人免受名誉损害的国家意愿。该法院表示,只要基于过错认定侵权责任,就能满足宪法上的限制条件。由于私人的影响力有限,因此在涉及公共传媒时他们特别需要保护。但是,被告只是对于原告能证明的损害负有责任。当被告怀有"恶意"时,此种证明就可有可无;在此情况下,判处惩罚性赔偿也恰如其分。在"邓白氏咨询公司诉格林莫斯建筑公司案"(Dun & Bradstreet, Inc. v. Greenmoss Builders, Inc.)[238]的判决中,法院作了进一步的区分,判定当言论不牵涉公共利益时,原告不需要专门证明被告存在过错就可以请求损害赔偿。

### 2. 侵犯他人隐私

与学术作品在大陆法系国家备受推崇不同,学术作品在美国通常不会对判例法产生同样巨大的影响。尽管学者们通过参加立法委员会影响成文法的发展,学术观点有可能随着时间的流逝推动判例法转向,但是罕有某个特定的学术观点引领判例法原理的变化。作为这一现象例外的最著名范例,就是华伦(Warren)和布兰代斯(Brandeis)在 1890 年发表的一篇关于"隐私权"的论文。[239] 1905 年的一份判决采用了该论文的推理思路,并因此将一种新型侵权诉讼引入判例法。[240] "**侵犯隐私**"(invasion of privacy)可表现为多种形式,其中有未经授权使用他人的姓名或肖像,公布他人私生活,或者物品、事件或表述造成公开扭曲某人形象或造成错误印象。[241] 上述情形中的最后一种可以同时构成诽谤并作为一种独立的责任依据。不过,法律规定这两种侵权旨在保护的利益存在差异:法律禁止诽谤旨在保护他人的名誉利益,而法律禁止侵犯他人隐私旨在保护个人私生活的完整性,并对侵害行规

---

[236] *Gulf Oil Corp. v. Copp. Paving Co.*, 419 U. S. 186 (1974). See also *Restatement (Second) of Torts* § 580A.

[237] *Gertz v. Robert Welch, Inc.*, 418 U. S. 323, 94 S. Ct. 2997, 41 L. Ed. 2d 789 (1974).

[238] *Dun & Bradstreet, Inc. v. Greenmoss Builders, Inc.*, 472 U. S. 749, 105 S. Ct. 2939, 86 L. Ed. 2d 593 (1985). See also *Whitten*, The Economics of Actual Malice: A Proposal for Legislative Change to the Rule of New York Times v. Sullivan, 32 Cumb. L. Rev. 519 (2001—2002). 关于一种比较的视角,参见 *Fischer*, Rethinking Sullivan: New Approaches in Australia, New Zealand, and England, 34 Geo. Wash. Int'l L. Rev. 101 (2002).

[239] *Warren/Brandeis*, The Right to Privacy, 4 Harv. L. Rev. 193 (1890).

[240] *Pavesich v. New England Life Insurance Co.*, 122 Ga, 190, 50 S. E. 68 (1905). 关于该法律领域发展轨迹的全面探讨,参见 *Bratman*, Brandeis and Warren's The Right to Privacy and the Birth of the Right to Privacy, 69 Tenn. L. Rev. 623 (2002).

[241] *Restatement (Second) of Torts* § 652A (2) (a)—(d). 对于有关互联网通讯的隐私权的探讨,参见 *Carlton*, The Right to Privacy in Internet Commerce: A Call for New Federal Guidelines and the Creation of an Independent Privacy Commission, 16 St. John's J. L. Comm. 393 (2002).

定赔偿。[242] 被告在诽谤之诉中可以援引的特权同样适用于侵犯隐私。

3. 恶意诉讼和滥用诉讼程序

"恶意诉讼"（malicious prosecution）和"滥用诉讼程序"（abuse of process）是针对误用或滥用司法机制的行为而赋予受害人的侵权法上的救济方式。原告获得救济权，被告（在之前的诉讼中作为原告）享有起诉权甚至还有提供犯罪信息的义务，为了在二者之间取得适度的平衡，法院在判定"恶意诉讼"与"滥用诉讼程序"时标准严格。"恶意诉讼"针对的是没有正当理由并怀有坑害意图地提起诉讼。[243] 起初，此种侵权责任只出现在捕风捉影的刑事控告中，如今它已经扩展到民事诉讼，甚至可以延伸到行政程序中。[244] 当被告为了获得诉讼目的之外的利益而提起诉讼（作为原告）时，"滥用诉讼程序"就成立了。[245]

（八）侵权责任的其他问题

1. 连带责任

有可能多个被告共同或分别对一项侵权请求整体负责。起初，"连带责任"[246]仅适用于多个被告的共同行为或多个被告违反其共同的谨慎义务，后来连带责任扩展适用于多个被告导致不可分割的损害。[247] "连带责任"原则旨在保护原告，避免法院在实现原告请求时出现被告破产或者联络不上的情况。从被告的角度而言，某一被告自己的责任微不足道，却面临不得不对全部损害承担责任的风险；换言之，责任的大小与过错程度可能完全不成比例。该原则遭到的另一种批评是，当仅有一位被告负责赔偿时，原告承担被告破产的风险。在大多数州，采用比例过失责任原则（前文第388段）已经导致废除或严重限制连带

---

[242] See, for instance, *Karas*, Privacy, Identity, Databases, 52 Am. U. L. Rev. 393 (2002).

[243] *Restatement (Second) of Torts* § 653; *Prosser/Keeton*, Torts § 119.

[244] *Restatement (Second) of Torts* § § 653, 674, and 680. 关于行政程序，还可参见 *O'Brien*, Misuse of Administrative Process Provides Grounds for Malicious Prosecution and Abuse of Process-Hillside Associates v. Stravato, 642 A. 2d 644 (R. I. 1994), 29 Suffolk U. L. Rev. 541 (1995)。

[245] *Restatement (Second) of Torts* § 682; *Prosser/Keeton*, Torts § 121. 利用这种侵权救济方式来对抗责任保险人的过分之举，对此的建议，参见 *Mootz*, Holding Liability Insurers Accountable for Bad Faith Litigation Tactics with the Tort of Abuse of Process, 9 Conn. Ins. L. J. 467 (2002—2003)。

[246] 对此的概述，参见 *Bargren*, Joint and Several Liability: Protection for Plaintiffs, 1994 Wis. L. Rev. 453 (1994)。

[247] *Burnham*, Introduction 436 et seq. 近年来，该原则已经适用于违反环保法和野生动植物保护法的多个侵权人之间赔偿责任的分配。对此的探讨可分别参见 *Padilla*, Cost Recovery for "Substantially Innocent PRPs" under CERCLA?, 80 Denv. U. L. Rev. 687 (2003); *Rasband*, Priority, Probability, and Proximate Cause: Lessons from Tort Law about Imposing ESA Responsibility for Wildlife Harm on Water Users and Other Joint Habitat Modifiers, 33 Envtl. L. 595 (2003)。

责任原则的适用。[248]

2. 替代责任

408　　"替代责任"(vicarious liability)描述的是被告为他人过错行为承担的责任,而他自己对故意的非法行为或过失并没有责任。这是一种转移的责任;在概念上,它处于过失责任和严格责任之间。例如,替代责任是雇主为其雇员的行为承担义务和责任的根由。[249]

409　　转移责任有许多理由[250],其中之一便是法律假定雇主有机会和手段控制其雇员的行为。再者,通过雇佣他人,雇主所为一系列的活动是通过雇员来完成的。同时,雇主通常有财力赔偿原告。为原告减少举证的难度是最后一项考虑因素。

410　　雇主承担责任的前提是雇员在其工作范围内实施了侵权。决定这一前提存在与否的重要因素包括雇员侵权行为的时间、地点和目的,与其他类似行为相比之下的行为背景,以及雇主必然能预见到雇员可能从事过错行为的问题。[251] 各州采用的标准参差不齐。此外,许多州要求雇主对其雇员的故意侵权行为承担责任。[252]

411　　雇员的性骚扰是否会导致雇主的责任,对此的回答一度游移不定。联邦最高法院在1998年作出的两份判决中解决了这个问题。[253] 它规定,性骚扰不符合工作范围标准,不过代理原则[254]仍然可以支持认定雇主的责任。但是,该院提到了一种可能的抗辩思路——若雇主能够证明如下情形,则他不承担侵权责任:他履行了法定的谨慎义务以控制雇员的行为和防止此类骚扰的发生,而且原告没有利用身边的可行途径来避免损害的

---

[248] 对此进一步的探讨和评论,参见 Bublick, The End Game of Tort Reform: Comparative Apportionment and Intentional Torts, 78 Notre Dame L. Rev. 355 (2003).

[249] 关于该原则扩及于独立合同人,参见 Prosser/Keeton, Torts §71.

[250] See Schwartz, The Hidden and Fundamental Issue of Employer Vicarious Liability, 69 S. Cal. L. Rev. 1739 (1996).

[251] 雇主对雇员在互联网上的犯罪行为可能承担责任,对此的探讨参见 Davis, The Doctrine of Respondeat Superior: An Application to Employers' Liability for the Computer or Internet Crimes Committed by their Employees, 12 Alb. L. J. Sci. & Tech. 683 (2002).

[252] Malinowski, A Matter of Trust: Imposing Employer Vicarious Liability for the Intentional Torts of Employees, 3 D. C. L. Rev. 167 (1995).

[253] Burlington Industries, Inc. v. Ellerth, 524 U. S. 742, 118 S. Ct. 2257, 141 L. Ed. 2d 633 (1998); Faragher v. City of Boca Raton, 524 U. S. 775, 118 S. Ct. 2275, 141 L. Ed. 2d 662 (1998); 以及下面的脚注〔254〕。

[254] Restatement (Second) of Agency §219 (1957); Barrows v. Seneca Foods Corp., 512 Fed. Appx. 115, 119 (2d. Cir. 2013). See also Vance v. Ball State Univ., 133 S. Ct. 2434 (2013).

发生。[255]

### 3. 豁免

政府在普通法上享有的主权豁免[256]已经在多个方面受到了限制,其中最重要的限制体现在《联邦侵权赔偿法》(FTCA)。[257]　　412

慈善豁免(针对慈善组织及其职员、合伙人和成员)的目的是确保慈善捐款用于原设想的目的,而不会因为支付侵权赔偿请求而偏离慈善目标。今天,这种豁免已经被成文法或司法判决普遍废止。[258]　　413

儿童不享有豁免权。[259] 但是,判定儿童究竟是否实施了侵权行为,智力或情感上的成熟度是重要考虑因素。于是,儿童行为时不存在侵权构成所必需的主观故意,或者在基于过失的侵权中无法判定其违反谨慎义务,由此儿童的侵权责任便无从产生。[260] 普通法上认可的家庭成员之间的豁免[261]意在保护和促进家庭和睦并加强父母的威信。家庭成员之间的豁免在大多数州已经被废止或受到许多例外情形的制约。[262]　　414

---

[255] 对此进一步的探讨和评论,参见 *Dalley*, Employers' Vicarious Liability for Sexual Harassment, 104 W. Va. L. Rev. 517 (2002); *Grossman*, The Culture of Compliance: The Final Triumph of Form over Substance in Sexual Harassment Law, 26 Harv. Women's L. J. 3 (2003); *Marks*, Smoke, Mirrors, and the Disappearance of "Vicarious" Liability: The Emergence of a Dubious Summary-Judgement Safe Harbor for Employers Whose Supervisory Personnel Commit Hostile Environment Workplace Harassment, 38 Hous. L. Rev. 1401 (2002).

[256] *Restatement (Second) of Torts* §895A (1); *Jackson*, Suing the Federal Government: Sovereignty, Immunity, and Judicial Independence, 35 Geo. Wash. Int'l L. Rev. 521 (2003); *Randall*, Sovereign Immunity and the Uses of History, 81 Neb. L. Rev. 1 (2002).

[257] 28 U.S.C. §1346 (b), referring to §§2671 et seq. See also *Andrews*, So the Army Hired an Ax-Murderer: The Assault and Battery Exception to the Federal Tort Claims Act Does Not Bar Suits for Negligent Hiring, Retention and Supervision, 78 Wash. L. Rev. 161 (2003); *Rosky*, Respondeat Inferior: Determining the United States' Liability for the Intentional Torts of Federal Law Enforcement Officials, 36 U. C. Davis L. Rev. 895 (2003).

[258] See also *Restatement (Second) of Torts* §895E.

[259] *Restatement (Second) of Torts* §895I; *Prosser/Keeton*, Torts §134.

[260] See *Restatement (Second) of Torts* §895I comment b.

[261] 《侵权法重述(第二版)》提到了夫妻间的豁免(第895F条)、父母子女间的豁免(第895G条)以及兄弟姐妹间的豁免(第895H条),该法在所有情况下均拒绝给予当事人基于上述关系的豁免权。

[262] See, for instance, *Basgier*, Children's Rights: A Renewed Call for the End of Parental Immunity in Alabama and Arguments for Further Expansion of a Child's Rights to Sue, 26 Law & Psychol. Rev. 123 (2002); *Wriggins*, Interspousal Tort Immunity and Insurance "Family Member Exclusions": Shared Assumptions, Relational, and Liberal Feminist Challenges, 17 Wis. Women's L. J. 251 (2002).

415　智力残障的被告能否享有豁免权,不同法院的判决不一。[263] 依据受害人赔偿的需要——这种源自1616年一份判决[264]的理由,许多法院支持侵权责任的成立。但是,也有法院支持智力残障人士应享有豁免权,其考虑因素包括行为人不具备或难以形成侵权的故意,无从或难以达到法定谨慎义务标准(在过失侵权的情况下),以及差别对待智力残障人士与身体残障人士缺乏正当理由。[265]

### (九) 损害赔偿制度

416　美国法认可三种赔偿名目[266]:名义赔偿(nominal damages)、补偿性赔偿(compensatory damages)和惩罚性(或惩戒性)赔偿[punitive (or exemplary) damages]。**补偿损失**是主导原则,它意指原告应恢复至若伤害事件未曾发生他原本所处的状态。补偿采用对原告所受伤害予以金钱赔偿的方式;惩罚性赔偿为例外,它追求的目标是报复(惩罚)和威慑。

#### 1. 名义赔偿

417　原告享有一种可起诉的请求权,但未遭受任何实际损失或者无法证明此种损失,此时他将获得象征性赔偿,以佐证他确实在利益上受到了伤害。[267] 诉讼涉及"法定的"侵权责任,即无须证明实际损失就应赔偿,唯有对此类侵权法院才作出"名义赔偿"的判决。诸如基于过失的侵权责任就不属于这种情况;认定此类侵权责任,存在损失是诉因(cause of action)的要素。

#### 2. 补偿性赔偿

418　如名称所示,"**补偿性赔偿**"旨在对原告实际遭受的损失给予补偿。法律上区分"特别赔偿"(special damages)和"一般赔偿"(general damages)。[268] "**一般赔偿**"是侵权行为的自然和必然的后果。这种赔偿不需要在起诉状中列明或特别证明,它们被推定实际存在。除

---

[263] *Prosser/Keeton*, Torts §135; *Korrell*, The Liability of Mentally Disabled Tort Defendants, 19 Law & Psychol. Rev. 1 (1995).《侵权法重述(第二版)》在第895J条中反对给予豁免权,但是在"评论c"中,建议在决定究竟是否实施了侵权时,将这些因素考虑其中。

[264] *Weaver v. Ward*, Hob. 134, 80 Eng. Rep. 284 (1616).

[265] See *Kelley*, Infancy, Insanity, and Infirmity in the Law of Torts, 48 Am. J. Juris. 179 (2003).另见前文第377段。

[266] See *Ram*, Elements of Damages, Proof of Damages in Personal Injury Litigation, 465 PLI/Lit 23 (1993); *Searle*, Keeping the "Civil" in Civil Litigation: The Need for a Punitive Damage-Actual Damage Link in Title VII Cases, 51 Duke L. J. 1683 (2002).

[267] *Restatement (Second) of Torts* §907.

[268] *Restatement (Second) of Torts* §904.

了受害人的花费和类似开支之外,它们还涵盖无形损失("非金钱损失"),诸如下列降低生活品质的因素——身体疼痛和精神痛苦、毁容、生活困难或失去其他的人生乐趣。基于案情决定应支付的赔偿数额属于陪审团的权限范围,但是法院(法官)有可能通过"减少赔偿金命令"(remittitur)和"增加赔偿金命令"(additur)约束(调整)过分的陪审团赔偿裁定。"减少赔偿金命令"要求陪审团降低其裁定的赔偿金额;如果陪审团不接受法官的指示,则并非法官建议的裁定数额将成为最后的判决,而是要重新审理案件。[269]

"增加赔偿金命令"要求增加赔偿额,以矫正陪审团裁定的过低数额,但有些法院认为"增加赔偿金命令"侵犯了被告要求陪审团审判的权利。作为侵权法改革的一部分,有些州的成文法尝试引入赔偿限额制度("赔偿封顶",caps),但被一些法院宣告违宪。[270]

"特别赔偿"源自特殊案情,并非被告行为不可避免的后果。这种赔偿必须由原告提出请求并证明。它们通常包括被告违法行为导致的金钱损失,例如利润损失、医疗费用以及其他开支。这种损害赔偿裁决通常一揽子处理所有损失。预期损失的量化是一个难以通过证据加以证明的问题。对于该问题,经常需要书面或口头的专家证言来解决。

3. 惩罚性赔偿

惩罚性赔偿旨在惩罚被告和威慑他人。判定惩罚性赔偿额的影响因素包括有关行为的性质、原告所受伤害的性质和程度以及被告的经济情况。[271] 惩罚性赔偿金为原告所有,

---

[269] 对此颇具新意的探讨,参见 Thomas, Re-Examining the Constitutionality of Remittur Under the Seventh Amendment, 64 Ohio St. L. J. 731 (2003)。对陪审团异常的赔偿裁定加以审查,可能是州法规定的。当联邦法院根据异籍管辖权(diversity jurisdiction)审理案件之后,这种审查就遇到了麻烦,因为美国《合众国宪法》第七修正案禁止在上诉审中"重新审查"陪审团的裁定。关于在纽约州成文法的背景下如何解决该问题,参见 Gasperini v. Center for Humanities, 518 U.S. 415, 116 S. Ct. 2211, 135 L. Ed. 2d 659 (1996)。

[270] See Lakin v. Senco Prods., Inc., 329 Or. 62, 987 P. 2d 463 (1999), and Klutschkowski v. Peacehealth, 311 P.3d 461, 476 (Or. 2013) (对非经济损失赔偿的封顶被宣告违宪); State ex rel. Ohio Academy of Trial Lawyers v. Sheward, 86 Ohio St.3d 451, 715 N. E. 2d 1062 (1999), and ProgressOhuo. org v. JobsOhio, 13 N. E. 3d 1101, 1105—06 (Ohio 2014)[对非经济损失的赔偿、惩罚性赔偿的封顶以及对诉讼的严格限制(此处原文为"strict limitations of actions",这是很费解的一个表述。在原著作者彼得·海教授给译者的回信中,他非常欣赏译者对此处提出的质疑,承认此表述虽然正确但容易引人误解。因此他将此处的表述修改为:"limitation of actions to inferior courts without further review",意思是俄亥俄州议会通过成文法限制上级法院复审下级法院的诉讼。——译者注)被宣告违宪]; Best v. Taylor Mach. Works, 179 Ill. 2d 367, 689 N. E. 2d 1057 (1997), and Lebron v. Gottlieb Mem. Hosp., 930 N. E. 2d 895, 906—08 (Il. 2010), and Heation v. Quinn, 32 N. E. 3d 1, 30 (Il. 2015) (对身体疼痛和精神痛苦赔偿的封顶被宣告违宪)。关于全国范围内作出的、具有可比性的案件的一份全面清单,参见 Schwartz/Lorber, Restore the Right Balance: Tort Reform Laws Held Unconstitutional by State Courts after January 1983, 32 Rutgers L. J. 939 (2001)。对该法律领域发展趋向的批评,另见 Lind, The End of Trial on Damages? Intangible Losses and Comparability Review, 51 Buffalo L. Rev. 251 (2003)。

[271] Restatement (Second) of Torts §908.

而非归属州政府（但一些州法规定，原告需要与州政府分享此赔偿金）；惩罚性赔偿金用于奖励原告作为"公益诉讼代理人"（private attorney general）*守护和捍卫公共利益的行为。该原则的源头在英国[272]，但它如今在美国法律中最为重要。

422　　赞成和反对惩罚性赔偿的政策考虑因素在美国国内外一直是引起广泛争论的话题。支持者强调威慑的必要性，尤其是在下述情况下更应如此：补偿性赔偿不足以让被告吐出从侵权行为中获取的利益。有可能作出惩罚性赔偿的裁决也会促使被告乐意进入和解谈判程序。此外，惩罚性赔偿可发挥辅助性的补偿功能，例如下述情况：按照实际损失计算赔偿的裁决无法完全弥补原告的损失，因为他根据"美国规则"还要支付诉讼费和律师费。[273] 但是，反对者批评惩罚性赔偿制度将刑法考虑因素引入到民事诉讼中。在他们看来，民法的唯一功能是补偿损失；惩罚在此背景下无立足之地，而应列入刑法制度的范围之内。反对者指出，近年来异常高额的惩罚性赔偿裁决已经远远超出了此种裁决最初追求的宗旨和目标；若裁决导致被告企业的破产，则其社会和经济效果确实可能适得其反。此外，相对于世界市场上的其他企业，接受惩罚性赔偿裁决可能使那些被惩罚者处于不利的竞争地位。最后，反对者发现，由于判定的惩罚性赔偿数额缺乏明确的计算标准，因此此种裁决可能违反宪法中的正当程序条款。

423　　在实践中，没有大量的证据显示上述考虑因素导致了更加克制地判定惩罚性赔偿的方案。但是，在1996年的一份判决中[274]，联邦最高法院推翻了一份惩罚性赔偿判决；依据该院的观点，初审法院没有充分考虑到陪审团判定的惩罚性赔偿数额是否与被告的过错程度旗鼓相当。在2001年，该院扩展了这一规则的适用范围并判定，联邦上诉法院必须重新审

---

*　"Private attorney general"是指为维护公共利益而提起公益诉讼的公民或公民团体。有学者将其译为"私人检察总长"，参见张辉：《美国公民诉讼之"私人检察总长理论"解析》，载《环球法律评论》2014年第1期，第165页。——译者注

[272]　*Huckle v. Money*, 2 Wils. K. B. 205, 95 Eng. Rep. 768 (1763).

[273]　参见前文第154段。

[274]　*BMW of North America, Inc. v. Gore*, 517 U. S. 559, 116 S. Ct. 1589, 134 L. Ed. 2d 809 (1996)[法院判定，除了其他相关的因素之外，权衡惩罚性赔偿金数额的判决应参考：(1)被告行为的恶性程度；(2)惩罚性赔偿金与原告所遭受的可测算损失数额的比例；以及(3)比较陪审团裁决的数额与（如果能得到的）根据适用的州法将给出的民事或刑事罚金]。在"坎佩尔案"[*State Farm Mut. Auto. Ins. Co. v. Campbell*, 123 S. Ct. 1513, 155 L. Ed. 585 (2003)]中，法院运用上面提到的"戈尔准则"(Gore Guideposts)判定，相对于100万美元的补偿性赔偿金，1.45亿美元的惩罚性赔偿金裁定数额过高，违反了第14条修正案的正当程序条款。最近运用该准则的案例，参见 *Johnson v. Nextel Communs. Inc.*, 780 F. 3d 128, 148 (2d Cir. 2015). See also Hogg, Alabama Adopts De Novo Review for Punitive Damage Appeals: Another Landmark Decision or Much Ado About Nothing?, 54 Ala. L. Rev. 223 (2002); Hines, Due Process Limitations on Punitive Damages: Why *State Farm* Won't Be the Last Word, 37 Akron L. Rev. 779 (2004).

查联邦地区法院对陪审团惩罚性赔偿裁决的裁断。[275] 这一判决带来的结果是,联邦上诉法院必须重复运用初审阶段采用的裁断标准,做法如同初次面对惩罚性赔偿问题。这些最高法院的判决推动了广泛的学术研讨,针对惩罚性赔偿裁决的适当性与有效性众人争议纷纭。学术界和司法界的争论均追问一个问题:初审法院和上诉法院是否应当在审查陪审团计算惩罚性赔偿金方面扮演一种监督者的角色。[276] 如果答案是肯定的,那么进一步的问题就是:这种角色的界限是什么,法院所作审查的确切尺度何在?[277] 在 2007 年,联邦最高法院的确判定:惩罚性赔偿裁决不应考虑当事人以外的人(non-parties)所遭受的损失(例如在美国其他州的当事人以外的人);因此,作为原则问题,特定的诉讼不得被用作惩罚被告在任何地方的行为和所致损失的一种手段。[277a]

有些州已经采用措施限制惩罚性赔偿数额。[278] 例如,一些州推行了法定限额;不过,这种规定已经被一些州的最高法院宣布违宪。[279] 其他立法修正案规定了在决定判给惩罚

---

[275] *Cooper Indus. v. Leatherman Tool Group*,532 U.S. 424,121 S. Ct. 1678,149 L. Ed. 2d 674 (2001).

[276] See, e. g., *Eisenberg et al.*, Juries, Judges, and Punitive Damages: An Empirical Study, 87 Cornell L. Rev. 743 (2002), *Robbennolt*, Determining Punitive Damages: Empirical Insights and Implications for Reform, 50 Buffalo L. Rev. 103 (2002).

[277] 关于不同视角的概述,参见 *Allen/Pardo*, The Myth of the Law-Fact Distinction, 97 Nw. U. L. Rev. 1769 (2003); *DeCamp*, Beyond *State Farm*: Due Process Constraints on Noneconomic Compensatory Damages, 27 Harv. J. L. & Pub. Pol'y 231 (2003); *Litwiller*, Re-Examining *Gasperini*: Damages Assessments and Standards of Review, 28 Ohio N. U. L. Rev. 381 (2002); *Litwiller*, Has the Supreme Court Sounded the Death Knell for Jury Assessed Punitive Damages? A Critical Re-Examination of the American Jury, 36 U. S. F. L. Rev. 411 (2002); *McManus*, Analyzing Excessive Punitive Damages Under Massachusetts Law, 36 Suffolk U. L. Rev. 559 (2003); *Schwartz/Behrens/Tedesco*, Selective Due Process: The Supreme Court Has Said That Punitive Damages Awards Must Be Reviewed for Excessiveness, but Many Courts Are Failing to Follow the Letter and Spirit of the Law, 82 Or. L. Re. 33 (2003); *Sharkey*, Punitive Damages as Societal Damages, 113 Yale L. J. 347 (2003); *Wintersheimer*, Does *Cooper Industries v. Leatherman Tool Group, Inc*. Require De Novo Review by State Appellate Courts?, 59 N. Y. U. Ann. Surv. Am. L. 357 (2003); *Furtak*, Application of Foreign Law to Determine Punitive Damages, in: Gottschalk, Michaels, Rühl, von Hein (eds.), Conflict of Laws in a Globalized World 267 (2007).

[277a] *Philip Morris USA v. Williams*, 549 U. S. 346, 127 S. Ct. 1057 (2007), on remand 176 P. 3d 1255 (Ore. 2008), cert. dismissed 129 S.Ct. 1436 (2009). 联邦最高法院还将下级法院审理的其他案件发回,要求根据"菲利普·莫里斯案"(*Philip Morris*)重新审理。See e. g., *Exxon Mobil Corp. v. Grefer*, 549 U. S. 1249, 127 S. Ct. 1371 (2007), on remand 965 So. 2d 511 (La. App. 2007), writ denied 967 So. 2d 523, cert. denied 128 S. Ct. 2054 (2008). 最近运用该原则的案例,参见 *Clemens v. New York Cent. Mut. Fire Ins. Com.*, 2015 U. S. Dist. LEXIS 77180, at * 7 (M. D. Pa. 2015).

[278] *Vandall/Wertheimer*, Torts 438. See also *Schlegel*, Is A Federal Cap on Punitive Damages in Our Best Interest?: A Consideration of H. R. 956 in Light of Tennessee's Experience, 69 Tenn. L. Rev. 677 (2003).

[279] See *State ex rel. Ohio Academy of Trial Lawyers v. Sheward*, 86 Ohio St. 3d 451, 715 N. E. 2d 1062 (1999). See *Light*, Who's the Boss?: Statutory Damage Caps, Courts, and State Constitutional Law (58 Wash & Lee L. Rev. 315 (2001); *Peck*, Tort Reform's Threat to an Independent Judiciary, 33 Rutgers L. J. 835 (2002). See also *Schwartz/Lorber*, supra N. 269.

性赔偿数额过程中州政府的参与问题,而另一些州将程序分为两部分:对侵权责任问题的听审和有关惩罚性赔偿数额的独立程序(两步审判法,bifurcated trial)。[280] 对于惩罚性赔偿在民事诉讼中的适当角色,尽管存在上述反思的尝试,但裁决的赔偿数额依然高得离谱[281],这反过来对保险费率产生了显著影响,比如对于医疗失职的保险费。[282]

424A　　美国惩罚性赔偿裁决通常不会得到其他国家的承认和执行。[282a] 对于法律选择问题,欧盟《罗马条例 II》仅规定了成员国**可以**基于公共政策拒绝适用本应适用的准据法中惩罚性赔偿之规定。[282b] 它并未采用先前 2003 年建议稿内容,即宣告惩罚性赔偿的规定因违反欧盟法而不得适用。[282c] 当然,欧洲不适用美国法,或不承认美国判决,丝毫不影响在美国针对欧洲债务人留在美国的财产执行美国的惩罚性判决。[282d]

---

[280] See *Gensler*, Communicating with Juries: Prejudice, Confusion, and the Bifurcated Jury Trial, 67 Tenn. L. Rev. 653 (2000); *Note*, Developments in the Law—The Paths of Civil Litigation III. Problems and Proposals in Punitive Damages Reform, 113 Harv. L. Rev. 1783 (2000).

[281] See, for example, *Swinton v. Potomac Corp.*, 270 F. 3d 794 (9th Cir. 2001)(在针对种族歧视的索赔案中判决雇主支付 100 万美元的惩罚性赔偿金);*Tronzo v. Biomet, Inc.*, 236 F. 3d 1342 (Fed. Cir. 2001)(对于侵犯专利权的索赔法院判决支付 2000 万美元的惩罚性赔偿金)。正如一位作者总结的:"惩罚性赔偿代表了美国侵权制度中最为显而易见的病症。"*Viscusi*, The Blockbuster Punitive Damages Awards, 53 Emory L. J. 1405 (2004),分析了 64 个各自数额超过 100 万美元或数额更高的惩罚性赔偿裁决。

[282] 更多深入的探讨,参见 *Shaw*, Punitive Damages in Medical Malpractice: An Economic Evaluation, 81 N. C. L. Rev. 2371 (2003)。美国的惩罚性赔偿裁绝不可能在国外获得承认和执行。See, for instance, the Judgement of the German Supreme Court (BGH) of June 4, 1992, BGHZ 118, 312, [1992] *Wertpapiermitteilungen* 1451, discussed in *Hay*, The Recognition and Enforcement of American Money-Judgements in Germany, 40 Am. J. Comp. L. 729 (1992). 欧共体 2003 年《非合同之债法律适用条例》(《罗马条例 II》)的建议稿曾宣称:(其他情况下适用的)法律要求判给"非补偿性赔偿,例如惩戒性或惩罚性赔偿……违反了欧共体的公共政策"[COM (2003) 0427(最后文本)]。作为最终采用的规定,《罗马条例 II》将这一问题交给缔约国来决定:"……惩戒性或惩罚性的非补偿性赔偿……可根据案情和法院所在成员国的立法目的被视作违反……法院地的公共政策"。Regulation (EC) No. 864/2007, [2007] Official Journal L 199/40, Recital No. 32. See *Hay*, Contemporary Approaches to Non-Contractual Obligations in Private International Law (Conflict of Laws) and the European Community's "Rome-II" Regulation, 7 European Legal Forum I-137, I-150 (4-2007). 败诉债务人在美国的财产当然仍旧处于危险中。如果针对身处美国败诉的德国债务人执行了惩罚性赔偿裁决,那么他能在德国请求恢复原状吗? 一位评论家认为可以如此,参见 *Geimer*, in *Geimer/Schütze*, Europäisches Zivilverfahrensrecht 579-50 No. 201 (2nd ed. 2004).

[282a] See the Judgment of the German Supreme Court (BGH) of June 4, 1992, BGHZ 118, 312, discussed in *Hay*, The recognition and Enforcement of American Money-Judgments in Germany—The 1992 Decision of the German Supreme Court, 40 Am. J. Comp. L. 729 (1992).

[282b] Regulation (EC) No. 864/2007, [2007] O. J. 199/40, Art. 26 in combination with Recital No. 32.

[282c] See *Hay*, Contemporary Approaches to Non-Contractual Obligations in Private International Law (Conflict of Laws) and the European Community's "Rome II" Regulation, 7 EuLF I-137, I-150 (4-2007).

[282d] 饶有趣味的是,欧洲债务人在美国的财产被执行了惩罚性赔偿裁决后,是否可在欧洲提出赔偿请求。See *Geimer* in *Geimer/Schütze*, Europäisches Zivilverfahrensrecht A1—Art. 34 EuGVVO, No. 201 (3d ed. 2010).

### 4. "非法致死法"和"诉讼延续法"

依据传统普通法规则,受害人或侵权人一方的死亡会导致侵权请求权不复存在,从而使幸存者无从主张其请求权。如今该规则已经为"诉讼延续法"*和"非法致死法"所取代。[283] "诉讼延续法"将本由死亡受害人享有的请求权移转给其继承人。"非法致死法"直接将请求权赋予幸存者本人,使其索赔由于受害人死亡而遭受的损失。大多数州已经通过了这两种法律,不过这些州法在侵权责任的成立前提和范围方面有所不同。

425

### (十)侵权法改革

成文法已经大幅度地改变了传统的侵权普通法。除了上文提到的那些成文法之外,这类法律还包括"工人赔偿法"(worker's compensation statutes)和"无过错责任保险法"(no-fault-insurance statutes)。起初,雇主对其雇员承担非常有限的责任,甚至不承担责任。这一结果源自诸如此类的抗辩理由:"原告促成过失"和"自担风险"规则,以及"同事职员规则"**(fellow servant rule);"同事职员规则"推定,导致原告损害的另一雇员的过失不能归咎于雇主。如今,"工人赔偿法"规定,与工作有关的损害造成的工资损失和医疗费用,雇员不需要经过司法程序或满足对过失的举证责任要求就可及时获得补偿。补偿限于实际损失。作为对快速和不计过错地赔偿的回报,雇员放弃(不能提起)侵权的诉讼请求。通过这种方式,雇主的潜在财务风险变得可以预测。

426

对汽车事故导致损失的补偿是另一个成文侵权法改革的范例。这类索赔的诉讼在法院积案中所占比例居高不下,因而单是司法高效和节省开支方面的考虑因素就支持改革汽车事故赔偿制度。**"无过错责任保险法"**规定由受害人自己的保险人负责补偿,这样就使被保险人的索赔诉讼毫无必要。这类法律旨在建立一种快速而简单的补偿机制,用保险覆盖绝大多数受害人的实际损失,以换取受害人放弃其他诉讼请求;它取得的额外效果是降低了保险费开支。但是,无过错责任和补偿的具体形式和机制,就其前提条件和保险范围而言,各州特色不一。

427

---

\* "survival statute"有许多种翻译:"遗存诉因法""幸存法""继续诉讼法"。以上译法分别参见薛波主编:《元照英美法词典》,北京大学出版社 2013 年缩印版,第 1320 页;李亚虹:《美国侵权法》,法律出版社 1999 年版,第 91 页;〔美〕文森特·R·约翰逊:《美国侵权法》,赵秀文等译,中国人民大学出版社 2004 年版,第 65 页。《布莱克法律词典》将这种法律的核心内容描述为"允许特定的诉讼继续存在"(allowing certain actions to continue)。参见 B. Garner (ed.), Black's Law Dictionary, St. Paul: Thomson Reuters, 11th ed., 2019, p.1747。——译者注

[283] Vandall/Wertheimer, Torts 467 et seq.

\*\* 也有人译为"共同雇员法"。参见薛波主编:《元照英美法词典》,北京大学出版社 2013 年缩印版,第 542—543 页;

## 四、财产法

**参考书目**：*Andersen*, Understanding Trusts and Estates, 5th ed. 2013；*Bailey/Hagedorn*, Secured Transactions in a Nutshell, 5th ed. 2007；*Bernhardt/Burkhart*, Real Property, 6th ed. 2010；*Burke/Snoe*, Property: Examples and Explanations, 4th ed. 2012；*Burke*, Personal Property in a Nutshell, 3d ed. 2003；*Stoebuck/Whitman*, The Law of Property, 3d ed. 2007；*Dukeminier/Krier*, Property, 8th ed. 2012；*Edwards*, Estates and Future Interests, 4th ed. 2013；*Hovenkamp et al.*, The Law of Property, Hornbook series 6th ed. 2014；*Moynihan et al.*, Introduction to the Law of Real Property, 5th ed. 2011；*WaggonerGallanis*, Estates in Land and Future Interests, 3d ed. 2005；*Wendel*, Possessory Estates and Future Interests Primer, 3d ed. 2007.

### （一）简介

428 　　财产法，尤其是涉及不动产的部分，是英美法中最复杂的领域之一，对于外国观察家尤其如此。陈旧的，甚至是古老的传统和法律概念混杂于现代立法和填补漏洞的判例法解决方案之中。因此，随后的评论仅为一种粗略而非完整的概览。就术语而言，与所有其他国家的法律制度类似，"财产法"区分动产（movable property/personal property）和不动产（immovable property/real property）。"动产"又进一步分为"有形财产"（tangible property）和"无形财产"（intangible property）。

429 　　上述主要的分类源自英国的令状制度，该制度规定了两种诉讼：一种是有关财产之诉（产权之诉，title action），另一种是针对动产的金钱赔偿（补偿）之诉。"房地产"（real estate）与"不动产"（real property）经常同义使用。财产法主要与一个人在"不动产"（土地）之上的"利益"相关。

### （二）数人分享保有

430 　　在与产权有关的含义上（参见下文），可以不止一人对"财产"和在"财产"上拥有权利。

为简化表述和便于理解后面的这些概念,随后的探讨将集中在不动产上,动产问题主要在第 476 段及其以后部分探讨。

普通法区分三种不同形式的共同所有(common ownership):"统一保有"(joint tenancy)、"按份保有"(tenancy in common)和"夫妻一体保有"(tenancy by the entirety)。* 在**统一保有**中,两人或多人平等分享**全部**财产的所有权。[284] 全体所有人被视为一个整体,他们的权利必须在所有方面完全相同。[285] 统一保有人拥有"存活者继受权"(right of survivorship),意指当一个统一保有人死亡时,其财产权随之终止,地产权继续保留在存活者手中,死者不再分享。[286] 如果没有明确规定"存活者继受权",则推定当事人意欲设立"**按份保有**"(见下文)。此外,虽然"统一保有"成员方中的一员在其一生中可以自由处分其财产权,但只要他行使该处分权,统一保有就终止。只要上文所列前提条件不复存在,获得财产权的一方(受让人)就成为"按份保有人"。如果有两个以上的统一保有人,则统一保有在满足上述条件的两个或多个统一保有人之间依然有效。[287] 而对于统一保有人以外的人,他们的财产权适用"按份保有"规则。 〔431〕

在普通法上,"**夫妻一体保有**"是存在于夫妻之间的财产制度。[288] 夫妻二人被视作一个整体:如同"一人"。配偶一方去世,另一方因此自动拥有他或她的权利。在其一生中,他们必须一起行动来改变不动产的状况,一方独自将其财产利益转让给第三方不具有法律效 〔432〕

---

\* 有人将这三种共有分别译为"联合占有""共同占有"和"整体占有"。参见李进之、王九华、李克宁和蒋丹宁:《美国财产法》,法律出版社 1999 年版,第 82 页。不过,该书标注的英文不是"tenancy",而是"tenant"。有人将"tenancy in common"和"joint tenancy"分别译为"按份租佃"和"共同租佃"。参见〔英〕F. H. 劳森、B. 拉登:《财产法》,施天涛、梅慎实、孔祥俊译,中国大百科全书出版社 1998 年版,第 261 页。有人将"joint tenancy"译为"共同保有"或"共同财产(权)",将"tenancy in common"译为"普通共有""混合共有"或"共同占有",将"tenancy by the entirety"译为"夫妻一体所有""夫妻共同共有"或"夫妻共同保有财产(权)"等。参见薛波主编:《元照英美法词典》,北京大学出版社 2013 年缩印版,第 742 页、1332 页。——译者注

[284] 关于统一保有,参见 20 Am Jur 2d Cotenancy and Joint Ownership § 3 et seq。

[285] 关于"四个一致"(利益、产权、时间和占有),参见 *Helmholz*, Realism and Formalism in the Severance of Joint Tenancies, 77 Neb. L. Rev. 1 (1998); *Bernhardt/Burkhart*, Real Property 101 et seq.; 20 Am Jur 2d Cotenancy and Joint Ownership § 4 with further references。

[286] 关于共同财产制立法引发的特别问题(参见下文第 501 段),参见 *Harms*, Surveys: Joint Tenancy, Transmutation and the Supremacy of the Community Property Presumption: Swink v. Fingando, 30 Idaho L. Rev. 893 (1994); *Ratner*, Community Property, Right of Survivorship, and Separate Property Contributions to Marital Assets: An Interplay, 41 Ariz. L. Rev. 993 (1999)。

[287] See also *Bernhardt/Burkhart*, Real Property 103 et seq。

[288] 尽管有 30 个州和哥伦比亚特区认可此种地产权为合法的所有权形式,但各地对于债权人可以追索夫妻一体保有财产的限度各不相同,因此该地产权已经对其普通法实质部作了变革。有三个州——马萨诸塞州、密歇根州和北卡罗来纳州——通过成文法规定了这种地产权。分别参见 Mass. Ann. Laws ch. 209 § 1 (2005); MCLS § 557.71 (2004); N.C. Gen. Stat. § 39-13.3 (2004)。

力。在普通法上，配偶一方的债权人对"夫妻一体保有"的财产没有追索权。[289]

433　　**按份保有**承认每一成员方的独立占有权。[290] 此种利益可以转让，可以遗赠，无遗嘱时则由继承人通过法定继承继受。此类保有的成员方不享有"统一保有中的存活者继受权"，对其他保有人的利益无请求权。

434　　法律上推定当事人"**按份保有**"财产，但该推定可以通过当事人相反的"**统一保有**"明确约定予以推翻。

435　　**夫妻共同财产**（community property）是一种特殊形式的共同所有，对此下文将结合家庭法进一步探讨（见下文第 499 段及其以下段落）。共同所有的一种现代形式是**公寓所有权**（condominium），它是传统共同所有形式的一种混合体："所有权人"对其套房（apartment）或其他居住单元拥有单独所有权，但对于公寓设施的公共区域（楼房的外部维持设施、道路、景观、体育设施和类似区域），他是**按份共有**的成员方。[291]

### （三）不动产

#### 1. 不动产上的法定权益类型

436　　美国财产法区分"物"（thing）自身和"物"之上的"权益"（interests）。有可能拥有物之上的一项"**法定权益**"，但并非**针对**物的实际控制拥有一种利益或权利。\* 一项"**权益**"可以用时间加以限定，或者分配给不同的人，或者由不同的人分享。对于同一份不动产，（"与产权

---

[289] 在 2002 年，联邦最高法院出于联邦税收目的而废除了夫妻一体保有的这一特征，判定联邦税收担保（tax lien）涵盖夫妻一体保有的财产（例如丈夫享有的夫妻一体保有权益为税法目的上的"财产"）。*United States v. Craft*, 535 U. S. 274, 278 et seq., 122 S.Ct. 1414, 152 L. Ed. 2d 437（2002）。See also *Export Import Bank of the United States v. Asia Pulp & Paper Co.*, 609 F. 3d 111, 117（2d Cir. 2010）；*Town of Johnston v. Fed. Hous. Fin. Agency*, 765 F. 3d 80, 83（1st Cir. 2014）。See *Feeney*, Lien on Me: After Craft, a Federal Tax Lien Can Attach to Tenancy-by-the-Entirety Property, 34 Loy. U. Chi. L. J. 245（2002）。

[290] 对于按份共有，参见 20 Am Jur 2d Cotenancy and Joint Ownership §§31 et seq。

[291] See *Bernhardt/Burkhart*, Real Property 111 et seq. 对公寓所有权历史和发展的概览，参见 *Krasnowiecki*, The Pennsylvania Uniform Planned Community Act, 106 Dick. L. Rev. 463（2002）。See also *Bush*, Beware the Associations: How Homeowners' Associations Control You and Infringe Upon Your Inalienable Rights!！, 30 W. St. U. L. Rev. 1（2003）；*Grassmick*, Minding the Neighbor's Business: Just How Far Can Condominium Owners' Associations Go in Deciding Who Can Move into the Building？, 2002 U. Ill. L. Rev. 185（2002）。

\* 原文为"It is possible to have a 'legal interest' *in* a thing, but not to have an interest or right *to* the thing"。美国财产法强调拥有物之上的"权利"而非"对物实际控制"，在财产之上可以同时存在普通法上的产权和衡平法上的产权，即时财产权和未来财产权等多个平行权利。这与英美财产法的封建分封制来源有关。原著作者在给译者的回信中对"*in* a thing"和"*to* the thing"的区别解释道："针对物的占有拥有一项利益或权利意味着我能要求物的所有者将财产转交给我。换言之，'针对物的利益或权利'表示一种占有权。"（To have an interest or right to the thing means that I can demand that the person who has it turn it over to me. To put it differently, "interest or right to" expresses a right to possession.）因此，此处作者通过对"in"和"to"加斜体强调物之上的权利与针对物的实际占有权可以不同。——译者注

相关的",title-related)不同财产权益可以并行不悖。此外,财产权益可能具有不同的特性和价值,它们之间可以有等级之别。

英国法中各式各样的地产权(estates)*概念出现于13世纪末。该术语源自封建制度,词根是拉丁语"地位"(status)一词,个中缘由出于下述事实:当时拥有土地的多少与政治地位、身份高低密切相关。"地产权"这套概念体系的一个方面是基于时间顺序的财产权分类。时至今日,有种划分方法就是区分即时财产权益("占有地产权",possessory estates)和未来出现的财产权("未来权益",future interests)。前者又分为"自由保有地产权"(freehold estates)——该地产权没有预定的终止期——和"非自由保有地产权"(non-freehold estates)——服从于对财产权的时间限制。这种分类对权益享有者拥有的**普通法上的产权**(legal title)的种类和特性至为重要。 437

上文提到了一些可以分割或分享普通法上的产权的方法,但这些绝非全部(见下文)。英国法还基于衡平法逐渐形成了一些财产权利和请求,它们均已完全融入美国法。自然而然,区分和判定探讨的是"普通法上的产权"还是"衡平法上的产权"(equitable title)**,在法律术语和法律实务方面都意义重大。"衡平法权益"所有人对财产使用享有一种请求权。区分普通法上的产权和衡平法上的产权的最佳例证是**信托**(在下文第554段及其以下有关继承法部分进一步探讨)。各种财产权可以和谐共处:比如可并行不悖地在单宗不动产之上创设数种普通法权益和衡平法权益。 438

### 2. 自由保有地产权

自由保有地产权的种类多种多样(土地上"地产权"的基本形式,见上文)。**绝对地产权**(fee simple absolute)***是一个人在不动产上能够享有的最高权益:它不受时间限制而且可 439

---

\* 李红海认为"地产权"是普通法中用以代替所有权的一个术语。参见李红海:《普通法的历史解决——从梅特兰开始》,清华大学出版社2003年版,第177页。有人将之译为"地产""遗产"。参见[英]劳森等:《财产法》,施天涛等译,中国大百科全书出版社1998年版,第243页。——译者注

\*\* "legal title"和"equitable title"的通常译为"普通法所有权"和"衡平法所有权"。但是,此种翻译违反了物权法中所有权唯一原则,而且更为重要的是,英美法中并不存在类似于大陆法系中物权法及其所有权的制度和概念,将"title"译为"所有权"有悖英文原意。因此,"legal title"和"equitable title"分别译为"普通法上的产权"和"衡平法上的产权"。——译者注

\*\*\* 其他译法有"绝对非限嗣产权""完全所有权""绝对自由继承地产""绝对自由继承地""无条件继承的不动产权"。以上译法分别参见[美]约翰·G.斯普兰克林:《美国财产法精解(第二版)》,钟书峰译,北京大学出版社2009年版,第100—101页;李进之等:《美国财产法》,法律出版社1999年版,第65页;[英]劳森等:《财产法》,施天涛等译,中国大百科全书出版社1998年版,第244页;薛波主编:《元照英美法词典》,北京大学出版社2013年缩印版,第541—542页;[美]约翰·E.克里贝特、科温·W.约翰逊、罗杰·W.芬德利、欧内斯特·E.斯密斯:《财产法:案例与材料》,齐东祥、陈刚译,中国政法大学出版社2003年版,第1189页。——译者注

以继承。[292] 最初,创设此种地产权必须沿用一种严格而僵化的惯用语;地产权转让一定要用提及接受方及其继承人的套话来表述,确保地产权将来不受限制地"授予甲及其继承人"。其要旨是表达如下意图:转让财产及占有权,且该权益不受直接受益人死亡的限制。如果缺乏此种明确表述,就推定授予人想要转让的只是一种"终身地产权"(life estate)。如此严格和限定的明确表述现已不复存在。[293] 通常,只要指明了受让人就足够了("授予甲")。[294] "fee"这个词标明的是一种不受限制的财产权:既能转让又能继承。

440　　**限嗣地产权**(fee tail)将财产传给指定的人;在他或她死亡时,财产传给其有血亲关系的继承人("授予甲及其有血缘关系的继承人")。此种地产权因此无法自由继承。如果没有合格的继承人,则地产权或者回归到授予人,或者落到第三方手中,条件是该第三方在最初授予地产权时就已被指定。在早期,"限嗣地产权"旨在将财产留在家庭内部。如今,大多数州已经废弃了这种地产权形式,因此"限嗣地产权"被视作"绝对地产权"。[295] 封建社会之后的时代变迁使这种普通法所有权已遭淘汰。

441　　**终身地产权**(life estate)的出让人(授予人、转让人)授予接受人终生享有所有权(和/或占有权)("授予甲终生")。接受人(被授予人、受让人)死亡后,授予人收回在授予前他本人所享有的任何完全的或限定的财产权。甲所享有的终身地产权同样可用第三方的一生来衡量("在乙一生中授予甲"),早期的普通法称之为"以非占有者一生计量的终身地产权"(life estate pur autre vie)。当事人当然可以达成协议,在终身地产权结束时财产权不转归授予人所有,而是成立另一个地产权(终身地产权或绝对地产权)。终身地产权也可依据法律规定而设立:根据普通法,"鳏夫地产权"(curtesy)和"遗孀地产权"(dower)(下文第535段)作为终身地产权发挥作用。[296]

442　　占有权益可能取决于特定的条件("可废止的"(defeasible)或"附条件的"(qualified)地产权)。[297] 具体有三种类型。**"视情形自动回收的地产权"**(determinable estate)[298] 给予被授予人

---

[292] *Moynihan*, Introduction 26:"一份绝对地产权过去是,现在仍旧是法律上已知的权限最大的地产权;它表示法定产权的最大化,一个人可以在土地上拥有的请求权(rights)、支配权(powers)、特权(privileges)和豁免权(immunities)最大可能的集合体。"

[293] 当争论到早期的地产权转让时,当时的法律可能仍旧相关。See, for instance, *Burk v. State*, 607 N. E. 2d 911 (Ohio Ct. App. 1992), appeal dismissed 600 N. E. 2d. 675 (Ohio 1992).

[294] See, for instance, *Bernhardt/Burkhart*, Real Property 43 et seq.

[295] See, for instance, Cal. Civ. Code § 763 (2005).

[296] See *Bernhardt/Burkhart*, Real Property 43 et seq; *Dukeminier/Krier*, Property 245.

[297] See *Korngold*, For Unifying Servitudes and Defeasible Fees: Property Law's Functional Equivalents, 66 Tex. L. Rev. 533 (1988).

[298] 此种地产权又被称为"取决于特定情形的绝对地产权"(fee on limitation)。当有人处理此种地产权,可能他会遇到解释上的难题。诸如"只要"(so long as)、"当……时"(while)和"直至……"(until)此类简洁表述可以作为解释的帮手。例如,协议上可能写道:"授予甲及其亲生的继承人,只要土地用于农耕。"根据这一表述,只要土地不再用于耕种,或者被授予人没有直系后裔,地产权就终止并回归授予人。

如下一种占有权:在授予人明确指定的事件发生时,该权利自动终止。除此之外该地产权不受其他的限制。当指定的事件出现时,占有权益终止并回归至最初的授予人手中。

视情形待定的地产权(estate subject to a condition subsequent)[也称作"视情形而定的绝对地产权"(fee on condition)]将所有权和对地产的实际占有交给被授予人,指定事件的发生让授予人获得了一种选择权:他可以行使其权利收回所有权和对地产的实际占有;然而,若授予人不行使其收回的权利,则被授予人的地产权并不自动终止。[299] 有时,区分"视情形自动回收的地产权"和"视情形待定的地产权"可能并非易事。归根到底,当事人的意愿起决定作用,而推定当事人意愿的依据就是当事人不同的意愿表述方式。在受转归权限制的地产权(estate subject to executory limitation)的情况下,指定事件的发生将导致普通法上的产权就转给第三方。

### 3. 非自由保有地产权

上一小节中描述的"绝对地产权"(不考虑它是否受到有利于授予人或第三方的条件的限制)展示的是一种在(具体)时间上不受限制的"地产权"。但是,授予人可以将普通法上的产权(不仅仅是使用权,比如租约或租赁安排中的使用权)*转让给另一方一段特定时间,并具体指明期限。在美国法中,有四种形式的"非自由保有地产权"。[300] **定期租赁**(tenancy for years)授予一种指定期限的占有权。待授予的期限届满时,租赁权自动终止,不需要对承租人另行告知。尽管此类租赁名称上含有"年"**,但此种租赁的期限不需以"年"来表述,其他任何期限同样可以。由于《反欺诈法》(前文第305段)的实施,此类租赁可能需要遵守书面形式的要求;在书面形式要求及其具体实施上,各州法律之间存在差异。[301]

---

[299] 协议中可能包含诸如此类的简洁表述:"但是如果"(but if)、"假定,但是"(provided,however)或者"取决于这种情况"(on the condition that)。下面对此举例说明。如果协议写道:"授予甲终生,但是如果土地用作农场,则授予人可以重新进入并占有土地",那么终身地产权终止的情形是:如果,但仅仅是如果,甲死亡,或者授予人因为土地已被用作农场而主张了其回收者(reverter)的权益。

\* 租赁产权包含了排他性占有权,而不只含有使用权,它与在旅店内租一间房过夜的权利具有本质区别。参见〔美〕斯普兰克林:《美国财产法精解(第二版)》,钟书峰译,北京大学出版社2009年版,第208页。——译者注

[300] See *Bernhardt/Burkhart*, Real Property 43.

\*\* 此类租赁的英文表述为"tenancy for years",直译为"按年租赁",如此翻译则名称中含有"年"。但由于其真实含义并非要求按"年"计算租赁期限,因此可意译为"定期租赁",但如此翻译则名称中没有了"年"。——译者注

[301] See *Bernhardt/Burkhart*, Real Property 44 et seq.

445  **按期续租**(periodic tenancy)*持续一段特定的期限,然后重新开始计算租期,直至宣告终止租赁并通知对方。通常,此类租赁指定的期限按月或年来计算。当事人按期续租的约定可采用明示方式,也可从交易情景中推断出来。推定按期续租最重要的例子是出租居所,承租人的相应义务是按月支付租金。要终止租赁关系,出租人必须通知租户,而且要在终止日期生效前通知。普通法要求提前通知的时间等于特定的租赁期("间隔期"),例如在按月租赁的情况下,提前一个月通知。如今,许多州以成文法规定此种租赁终止的通知要求。

446  顾名思义,**任意租赁**(tenancy at will)如同"任意雇佣"没有一定之规。实践中此种租赁并不常见,因为按照特定的期限反复定期交纳租金将推定双方存在"按期续租"关系。但是,"任意租赁"可作为协议中明确约定的对象;在这种情况下,租赁可随时终止。与"按期续租"不同,对于任意租赁,普通法不要求正式通知对方或遵守特定的时间限制。不过,如今有些州的成文法要求一段等待期。

447  财产上的"地产权"保有人在其"地产"权益终止后仍旧占有地产,此时就出现了**超期租赁**(tenancy at sufferance)**。是否允许超期租赁人继续享有地产权,这显然取决于产权人的意愿和喜好,所有人有权稍作通知后就重新占有财产,并将另一方视作侵入者。

### 4. 未来权益

448  如前所述,不动产之上的普通法和衡平法权益可以分为许多权利和利益,唯有其中之一赋予其享有人以当前的占有权。"未来权益"是目前就存在的权利和利益,但对不动产的占有权延后至未来某个时间。[302] 因此,"未来权益"这一术语多少有些误导。其实,这种权益(对未来占有的请求权)就是**现在的权利**,并且同样可以转让和通过继承而流转。

449  **回收权**(reversion)描述的是保留在授予人手中的权益,除非他已经将全部权益转给他人(比如授予他人绝对地产权)。因此,当甲给予乙一种"终身地产权"时,甲保留了一种未

---

\* 其他译法有"续期租赁产权""阶段租赁""定期续租""周期性租赁"等。以上译法分别参见〔美〕斯普兰克林:《美国财产法精解(第二版)》,钟书峰译,北京大学出版社 2009 年版,第 208 页;李进之等:《美国财产法》,法律出版社 1999 年版,第 228 页;〔美〕克里贝特等:《财产法:案例与材料》,齐东祥等译,中国政法大学出版社 2003 年版,第 379 页;薛波主编:《元照英美法词典》,北京大学出版社 2013 年缩印版,第 1045 页。——译者注

\*\* 其他译法有"默许租佃""容忍保有"和"逾期租赁"。参见〔英〕劳森等:《财产法》,施天涛等译,中国大百科全书出版社 1998 年版,第 261 页;薛波主编:《元照英美法词典》,北京大学出版社 2013 年缩印版,第 1332 页。——译者注

[302] See Andersen, Present and Future Interests: A Graphic Explanation, 19 Seattle Univ. L. Rev. 101 (1995); Bernhardt/Burkhart, Real Property 52 et seq. 作为普通法传统的残余,未来权益的法律规定错综复杂。对此的探讨以及对其改革和简化的建议,参见 Gallanis, The Future of Future Interests, 60 Wash & Lee L. Rev. 513 (2003).

来权益;在乙的终身地产权届满之日,甲收回其原有的绝对地产权。[303] 当授予人的权利低于绝对地产权时,比如,甲作为终身地产权的所有者授予乙一种"定期租赁权",该租赁权在甲还活着的时候就会终止,则同样存在回收权。"视情形自动回收权"(possibility of reverter)*描述的是如下一种情况:一种情形的出现自动带来一种回收权。"视情形自动回收的地产权"即为实例。[304] 当授予人转让的是一种"视情形待定的"权益时,则出现的是一种进占权/重占权[a right of (re)entry]**。这种转让使得授予人在原定条件未得到遵守时可以终止另一方的权利。但是,只要他未行使该权利,则另一方的权益始终完好无损。因此,这种授予人的权利也被称为"终止权"(power of termination)。[305]

第三方可以拥有"剩余权"(remainder)或"转归权益"(executory interest)之类形式的未来权益。回收权的受益人将其权利转让给第三方,就出现了剩余权。[306] 能够设立的剩余权益的数量不受任何限制。[307] 剩余权有两种形式:"既定的"(vested)剩余权和"附条件的"(contingent)剩余权。[308] 二者的区分源自早期的普通法,但如今已经几乎没有什么意义。只要第三方能够确定,并且权益的创设除了在其之前的地产权终止之外不再取决于任何其

---

[303] 当绝对地产权的拥有者甲将不动产转让"给乙终生,再给丙终生,然后给丁及其亲生继承人",即便如此,甲仍然保留一种回收权形式的未来权益;因为他创设的所有其他权益均取决于一些限制条件,并因而至少从理论上而言此类权益的地位低于其自己的权益。如果在乙享有地产权终生之后丙和丁都已去世,或者最终丁没有"自己的亲生继承人"(该表述可以排除养子女),则甲或其继承人、受让人享有一种回收权。对于丁的指定表述了一种"限嗣地产权"。See also Bernhardt/Burkhart, Real Property 55.

* 其他译法有"可归权""复归权可能性""归复的不确定性权益"。以上译法分别参见〔美〕斯普兰克林:《美国财产法精解(第二版)》,钟书峰译,北京大学出版社 2009 年版,第 716 页;〔美〕克里贝特等:《财产法:案例与材料》,齐东祥等译,中国政法大学出版社 2003 年版,第 1190 页;薛波主编:《元照英美法词典》,北京大学出版社 2013 年缩印版,第 1068 页。——译者注

[304] 假设持有绝对地产权的甲将不动产转让"给乙及其继承人,只要该土地被用作农场",则乙享有视情形自动回收的绝对地产权,而甲享有视情形自动回收权。只要该财产不再用作农场,则甲及其继承人(或其受让人)自动重新取得其绝对地产权益。

** "right of entry"的另一译法是"进入权"。参见薛波主编:《元照英美法词典》,北京大学出版社 2013 年缩印版,第 1202 页。——译者注

[305] 假设财产转让证书上写明:"授予乙及其继承人,但如果在该地产上卖酒,则授予人可以重新进入并占有该地产。"在这种情形下,乙拥有一种视情形待定的绝对地产权,而甲在卖酒出现在该地产上之时,享有终止权。

[306] 如前所论,不动产回到(回复)到授予人手中,这时出现"回收权"。考虑下面的例子:对不动产拥有绝对地产权的甲,将其绝对地产权转让"给乙终生,然后给丙终生,再给丁终生,然后传给戊及其亲生继承人,然后给己及其继承人"。丙、丁、戊和己均享有一种"剩余权"形式的未来权益。请将该示例与脚注[303]中的示例作比较。在上一示例中,甲由于丁拥有限嗣地产权而保留了回收权。在当前的示例中,由于在一系列转让的最后,己拥有绝对地产权,因此甲不再拥有回收权益。

[307] 但是参见下文第 561 段中有关"禁止未来权益永久待定规则"部分的论述。

[308] See also Bernhardt/Burkhart, Real Property 56 et seq.

他条件,该项权益就是"既定的"剩余权。所有其他情况下的权益为"附条件的"剩余权。[309] 此外,还有进一步划分既定剩余权的方法。"视情形人数已定"(subject to condition subsequent)的既定剩余权,表述的是指定的情形一出现即产生的一类权益。相反,"视情形人数待定的既定剩余权"(vested remainder subject to open)存在于下述情况:将权利授予作为团体的一群人使其受益,团体中的成员可能发生变化——包括增加,因此该团体在数量上是"开放的"。[310] 所有其他情形均属于"不可撤销的既定剩余权"(indefeasible vested remainders);换言之,它们已经确定,不得再被变更或废除。

451　　在不存在剩余权益的场合下,当事人可以持有**转归权益**。比如,假设指定事件发生后,原有地产权以有利于第三方的方式终止("受转归权限制的地产权"),第三方将获得"转归权益"形式的未来权益。[311]

452　　创设未来权益必须遵守**禁止未来权益永久待定规则**(rule against perpetuities)\*的限制。[312] 该规则的目的是防范绝对权利的设定在时间上"遥遥无期";即使不为其他,就是为了交易安全,绝对权利也应当在未来可预见的某个时间确立,而不是始终飘移不定。普通法规定,绝对所有权必须在未来权益创设之时的生者死亡后 21 年内确立。该规则扩展于所有待定的权利;该规则的要求若得不到满足,则最初的权益授予将归于无效。[313] 许多州已采用更宽松的明确表述取代了传统规则。在指定的时间结束之时不确定性**有可能**(could)存在,这样不足以适用该规则;相反,这种不确定性必须事实上(in fact)存在。因而,

---

[309]　假设财产转让证书上写明:"给乙终生,然后给丙及其继承人,条件是她在乙死亡前年满 21 岁。"丙拥有一种附条件的剩余权,原因是该权利以指明的前提为条件(年满 21 岁)。只要她到了指定的年龄,其权益就转换成"既定的"剩余权。如果乙在丙 21 岁的生日之前去世,则所附条件未成立,地产权回归最初的授予人甲。

[310]　例如甲将不动产转让"给乙终生,剩余权归其子女"。这时,乙有个女儿。由于她是确定的而且没有额外的限制条件,因而这个女儿拥有"既定的剩余权"。但是,只要另外的子女一出生,她必须与他们共享地产权。因此,她拥有的是"视情形人数待定的既定剩余权"。

[311]　See also *Bernhardt/Burkhart*, Real Property 60.

\*　其他译法有"禁止永久权规则""禁止永久规则""禁止永久持有规则"和"21 年规则"等。以上译法分别参见薛波主编:《元照英美法词典》,北京大学出版社 2013 年缩印版,第 1211 页;〔美〕斯普兰克林:《美国财产法精解(第二版)》,钟书峰译,北京大学出版社 2009 年版,第 723 页;〔美〕克里贝特等:《财产法:案例与材料》,齐东祥等译,中国政法大学出版社 2003 年版,第 1190 页;李进之等:《美国财产法》,法律出版社 1999 年版,第 81 页。——译者注

[312]　"任何权益无法确定即无效;无论如何,权益确定的时间不得晚于权益创设之时的在世者死后 21 年。" *Dukeminier/Krier*, Property 245. See also *Bernhardt/Burkhart*, Real Property 68 et seq. and below No. 561.

[313]　See *Bernhardt/Burkhart*, Real Property 69 et seq.,对具体的未来权益做了详细的探讨。禁止未来权益永久待定规则适用于"附条件的剩余权"和"转归权"。在"视情形人数待定的既定剩余权"情况下,要想主张权益,受益群体中的每个人都必须满足该规则的要求。

对一项未来权益是否已有效创设的判定就拖延至以后的某个时间。[314] 当存在普通法上的产权和衡平法上的产权的划分时——在信托(在下文第 561 段探讨)的情况下,"禁止未来权益永久待定规则"同样具有重要意义。

### 5. 房东和房客

房东和房客(landlord and tenant)的关系通常源自当事人之间的协议。[315] 但是,此类关系可能同样存在于或受制于普通法或成文法。因此,如果出现下述情况,则存在"任意租赁":即便没有表述此类意图的协议,房客经房东同意或默许占有房产。"房东和房客"与"出租人和承租人"(lessor and lessee)两组术语经常在相同意义上使用,因为当事人双方的权利和义务通常都来自形成此种关系的协议。[316]

453

房东应让房客实际占有房产或为他取得房产的实际占有。起初,房东房客的关系曾经仅仅被视作一种涉及占有权转让的关系。房东将占有权给予房客,后者作为交换支付一笔款项。最初,这些义务完全独立存在,"租赁权"就是转让一段时间的财产权,合同法并不适用。因而即使房东没有履行义务,房客仍旧必须支付租金。[317] 根据美国采用的英国法中的**买者当心原则**(caveat emptor-doctrine),房东不承担转让占有权以外的义务;房客按现状接受不动产,其中的潜在缺陷责任自负。由于房东在出租房产后不再对财产行使任何控制权,因此他不再担负任何责任。

454

通过判例法,法院创设了**安宁享用的默示允诺**(implied covenant of quiet enjoyment)。[318] 最早的判例均为房客无法充分行使其占有权:此种情况构成"实际驱逐"(actual eviction)。这种干扰或妨碍可能影响不动产的全部或部分。在第一种情况下,房客支付租金的义务终止。若对部分不动产占有权的妨碍可归因于房东,则房客同样可以停付租金。另一方面,如果第三方干扰了房客的占有权,则房客通常可以按比例降低租金。[319] 房客可占有房产,但其安宁享用房产的权利遇到实质性妨碍,对此判例法同样规定房客可

455

---

[314] 为例证这种"等等看"(wait and see)的方法,假设转让不动产"给乙及其继承人,但若有人在该土地上卖酒,则给丙及其继承人"。根据普通法规则,丙的"转归权益"将无效,因为对上述表述的字面理解意味着,即使在乙和丙去世 21 年后,也可能无人在该土地上卖酒。根据现代的观念,起初存在转归权益,但从乙或丙去世了 21 年之时,该权益才终止。See Bernhardt/Burkhart, Real Property 72 et seq.

[315] 上文探讨的调整财产转让的法律,反映了封建财产制度的诸多复杂和微妙之处;与此不同,有关房东和房客关系的法律本质上是合同法,因而不受上述普通法限制条件的同样约束。对二者区分的探讨,参见 Madison, The Real Properties of Contract Law, 82 B. U. L. Rev. 405 (2002)。

[316] 49 Am Jur 2d Landlord and Tenant §1.

[317] See Dukeminier/Krier, Property 384 et seq.; Moynihan, Introduction 85.

[318] 对于允诺(covenants)的一般介绍,参见下文第 466 段。

[319] See Moynihan, Introduction 99.

少付租金。这种情况被视作"推定驱逐"(constructive evictions)。在接到房客的适当通知后,房东有义务在合理期限内排除妨碍;如果他不采取行动,则房客有正当理由终止租约,或者停付租金。

456　　为了使房东对不动产缺陷承担责任具有法律依据,判例法逐步确立了"买者当心原则"的例外情况。例如,房东必须将其实际获知或本可获知的房产缺陷告知房客。对其控制区域的缺陷,以及对合同中承诺的或自愿承担的维修工作,房东负有责任解决。如果房东未在合理时间内修补缺陷,则房客有权搬离租屋并停付租金。房东的这些责任并不取决于租期的长短;在相对短期的租赁中,这类责任也可存在。

457　　但是,上述例外无法囊括从社会或经济角度有必要保护的所有弱势当事人。因此,法院借助判例法逐步设立了**默示宜居担保**(implied warranty of habitability)原则:房东有责任保证房产的安全(包括有益健康的条件)和所出租房产的正常"宜居性"。如果房东未履行该义务[320],房客有权搬离租屋、自行做必要的维修并向房东索要费用、降低租金或者请求损害赔偿。[321] 这类对房客的高度保护尚未在商业租赁中得到普遍采用;不过,现在已有许多判例规定了商业租赁中的"适合特定目的的默示担保"(implied warranty of fitness)。[322]

458　　在房东将权利转让给房客的期限内,房客有权独占使用不动产;早期的普通法曾将房客权益视作一种有时间限制的所有权。但是,房客无权采取可能(消极地)影响房东权利的行为。[323] 因此,房客应注意妥当维护租赁物,房东有权请求房客支付到期的租金。房东可起诉房客,请求支付租金;在必要的情况下,甚至可驱逐房客。但是,房东不得诉诸自力救济而直接将房客赶出租屋,司法程序是必经的步骤。如果房客不付租金,但同时没有占据不动产,房东可以将其视作解除租赁关系的要约并予以接受。另一方面,他可以不问房客放弃占有的行为,视原租赁关系依旧存在,并因而继续要求支付租金。

459　　除非主租赁合同中有相反约定,或者成文法中有禁止性规定,房客可以将其权利转让

---

[320]　这是一项"义务"(duty),在此情况下是一项默示的法定义务,而不仅作为一项"条件"(condition)。

[321]　关于该原则的新进展,参见 Gaudio, *Wyoming's Residential Rental Property Act—A Critical Review*, 35 Land & Water L. Rev. 455 (2000); *Noonan/Preator*, Implied Warranty of Habitability: It is Time to Bury the Beast Known as Caveat Emptor, 33 Land & Water L. Rev. 329 (1998); *Kelly*, South Dakota Supreme Court Opens the Door to Landlord Liability for Criminal Attacks Committed by Third Parties on the Premises, 48 S. D. L. Rev. 365 (2003)。

[322]　模仿居住性租赁法规定的样式,修正商业性房东—房客法;对此的建议,参见 *Goldman*, Uniform Commercial Landlord and Tenant Act—A Proposal to Reform "Law Out of Context," 19 T. M. Cooley L. Rev. 175 (2002)。See also *Murray*, The Evolution of Implied Warranties in Commercial Real Estate Leases, 28 U. Rich. L. Rev. 145 (1994); *Vlatas*, An Economic Analysis of Implied Warranties of Fitness in Commercial Leases, 94 Colum L. Rev. 658 (1994)。

[323]　49 Am Jur 2d Landlord and Tenant §484.

给他人,具体转让方式可以是通过"转租"(assignment)全部转让,也可以是通过"分租"(sublease)部分转让。[324] 在转租的情况下,在房东和第三方之间出现"地产权的相对关系"(privity of estate),这意味着在他们之间适用上文探讨的房东与房客之间的权利义务。但是,原房客仍按原租约对房东承担义务。伴随分租,在房客与分租承租人之间以及分租承租人与房东(后者或许作为第三方受益人,参见前文第 341 段)之间产生了新的权利和义务,但原房客并未摆脱原合同义务;有了(新的)第三方,原房客继续承担支付租金的义务。[325] 这种情况下不存在"合同更新",因而新当事人不会替换原承租人,原承租人是对房东负责的唯一债务人。

### 6. 对法定权益的限制和使用权

"役权"(servitudes)描述的是一种他人对不动产的使用权,该权利虽然不影响不动产占有权,但要求财产的所有人和实际占有人必须接受他人对不动产的使用。役权的最佳实例或许是**便利役权**(easement)*,它赋予非所有且非占有者为了特定目的而使用他人不动产的权利。大多数便利役权赋予役权人积极行为的权利,比如,进入土地并做出某种行为,而不会因此构成侵权法中的侵入土地(前文第 359 段)或妨害(前文第 390 段)。消极便利役权相对罕见,该役权使役权人可禁止不动产的所有人/占有人为某种目的使用该财产或在上面从事特定活动。[326]

便利役权可与不动产自身有关系(属地便利役权,easement appurtenant),也可与特定的人有关联(属人便利役权,easement in gross)。属地便利役权的目的是保护役权人"利用或享用自有财产"的权利。此处涉及两份财产,一份财产承受负担,而另一份财产获益。[327] 财产受让人自动获得这种使财产获益的便利役权。除非不了解或不知悉此种役权的善意

---

[324] See 49 Am Jur 2d Landlord and Tenant §§ 1076 et seq. 在转租的情况下,原房客在普通法上不再拥有未来权益,因为他已经将其普通法权利全部转让给了第三方。相反,在分租的情况下,他在分租期限短于其自己原租赁期限的范围内仍保留一份权益。在此情况下,原房客拥有一种回收权形式的未来权益。

[325] 对分租协议法律含义的概述,参见 Kaiser, Giving Up on Voluntary Surrender: The Rights of A Sublessee When the Tenant and Landlord Cancel the Main Lease, 24 Cardozo L. Rev. 2149 (2003)。

\* 其他译法有"便役权"和"地役权"等。参见〔美〕斯普兰克林:《美国财产法精解(第二版)》,钟书峰译,北京大学出版社 2009 年版,第 692 页;李进之等:《美国财产法》,法律出版社 1999 年版,第 225 页。——译者注

[326] 在历史上,消极便利役权禁止妨碍采光、通风或取水的活动,以保护消极便利役权人的享用权。为保护和维持土地的自然状态而设计的环保便利役权(conservation easement),在土地环保主义者之间逐渐流行。尽管此类役权与消极便利役权最为相似,它们都禁止土地所有人对财产所作的某种改变,但是,将此类役权恰当地归入任何一种已有类别都有些困难。对该问题的全面探讨,参见 Tapick, Threats to the Continued Existence of Conservation Easements, 27 Colum J. Envtl. L. 257 (2002)。

[327] 25 Am Jur 2d Easements and Licenses in Real Property § 10; Bernhardt/Burkhart, Real Property 174 et seq.

购买人免除了此种役权对供役财产（subservient property）带来的负担，否则此种负担在财产转让后依然有效。[328]

462　　"属人便利役权"对役权人个人或经济上有利，但是与"使用或享用自有土地"无关。在此情况下，不存在从该役权获益的"需役"（dominant）财产，而只有作为个人的受益人。[329]因此，这种便利役权原则上不得转让，除非可转让性是原协议的一部分，或者这种便利役权旨在实现的经济目的要求它具有可转让性。[330]

463　　便利役权可以采用多种方式设立。这种役权可能来自明示协议、时效占有或者法律规定［比如"必要便利役权"（easements of necessity）］。[331] 协议中可以约定便利役权何时终止；否则，当受益人不再行使其役权，而财产所有人基于信赖受益人而采取行动时，便利役权即告终止。[332] "必要便利役权"在产生该役权的情势不再迫切时终止。在出现下列情况时，便利役权同样终止：国家征用该财产；财产所有权和对便利役权的享有归属于同一个人（合并，merger）；役权人放弃（倘若役权人以公开的言行放弃便利役权）；或者财产所有人一直不断地阻止便利役权的行使，其结果类似于时效占有（下文第 467 段），即该役权消灭。

464　　**获准利用权**（license）* 不是一项财产权（property right）；相反，它是一项特权（privilege）。财产所有人可以准许他人以特定的方式利用土地。[333] 这种许可、获准利用权不能转让；由于不涉及"土地上的财产权益"，因此《反欺诈法》中的书面形式要求在此处不适用。因此一项获准利用权得以口头方式授予；原则上，财产所有人可随意将其撤销。

465　　**获益役权**（profits）** 使役权人可以进入他人的不动产并占有部分财产或产品。例如，受益人可以获准取土、伐木，或在土地上放牧、打猎、捕鱼。[334] 由于它代表了一种财产权，因此这种役权类似于便利役权，有关便利役权特性的论述同样适用于获益役权。另一方面，"获益役权"授予的是从不动产获得并持有利益的权利；在这一点上，它与便利役权又存

---

[328]　25 Am Jur 2d Easements and Licenses in Real Property § 106.

[329]　25 Am Jur 2d Easements and Licenses in Real Property § 11.

[330]　25 Am Jur 2d Easements and Licenses in Real Property § 102. See also *Bernhardt/Burkhart*，Real Property 192.

[331]　*Bernhardt/Burkhart*，Real Property 177 et seq.

[332]　这是对禁反言（estoppel）原则的运用。

\* 另一译法是"许可权"。参见〔美〕斯普兰克林：《美国财产法精解（第二版）》，钟书峰译，北京大学出版社 2009 年版，第 710 页。——译者注

[333]　25 Am Jur 2d Easements and Licenses in Real Property § 3.

\*\* 另一译法是"取益权"。参见〔美〕斯普兰克林：《美国财产法精解（第二版）》，钟书峰译，北京大学出版社 2009 年版，第 535 页。——译者注

[334]　*Bernhardt/Burkhart*，Real Property 172.

在差异。[335]

**允诺**(covenant)是一种为或不为某事的合同性许诺(不是财产法意义上有关产权的许诺)。一项允诺是否约束不动产受让人,取决于相当严格的前提条件,条件之一可能是当事人之间关系的性质。[336] **衡平法役权**(equitable servitudes)可以出现于下述情况:创设其他财产(产权有关的)权利的前提条件不存在,比如由于当事人之间缺乏一种特别的关系,因此没有如上文所谈的"允诺"。如名称所示,在此情况下衡平法可介入干预。

7. 不动产上普通法权益的取得

(1) 时效占有(adverse possession)

通过转让以外的手段——通过**时效占有**——获得不动产上的权益依赖于许多前提条件。主张权利者的占有必须已经不间断地持续了一段特定的期限,各州规定的具体期限参差不齐,从5年到20年不等。[337] 有些州要求(时效)占有者采取特定的行为,比如他必须经营土地或在不动产上设立住所。占有必须是"公开的和众所周知的"(open and notorious),而且必须是"实际的"(actual)。在客观的第三方看来,占有者必须将财产当成自己的("主张权利",claim of right),并进而以一种"对抗"(hostile)合法所有权人之权利的方式进行占有。

(2) 通过合法交易取得

通过交易取得不动产需要两个步骤:签订买卖合同和"交割"(closing)。[338] 买卖和转让合同必须满足《反欺诈法》(前文第305段)的要求。但是,合同若已部分履行,则可免于适用《反欺诈法》中的书面形式要求,部分履行的情况如已支付部分款项、对不动产作了改善或者已占有不动产。上述任一情形都使得交易"清晰可见"(visible),这就可以解释为何法院在上述情况下免于适用《反欺诈法》。

买卖合同要求卖方向买方提供**可交易所有权**(marketable title),这种所有权意指该财

---

[335] 25 Am Jur 2d Easements and Licenses in Real Property § 4.

[336] See *Bernhardt/Burkhart*, Real Property 210 et seq.

[337] 根据具体情况,所要求的期限甚至可能更长。此外,州法有时区分不同的案情类型,案情不同可能要求不同的时效占有期限。如果当事人之间存在相对关系(privity),则转让人累积的时效占有时间可以为受让人(算作他自己的)所用["合并"(tacking)]。关于上述内容,参见 *Bernhardt/Burkhart*, Real Property 22 et seq.

[338] *Bernhardt/Burkhart*, Real Property 249 et seq. 不动产买方为确保其取得的产权无瑕疵,可采用多种保护措施,对此类措施的全面梳理,参见 *Sheppard*, Assurances of Titles to Real Property Available in the United States: Is a Person Who Assures a Quality of Title to Real Property Liable for a Defect in the Title Caused by Conduct of the Assured?,79 N. Dak. L. Rev. 311 (2003)。

产权不带有任何他人的合同请求权或财产权。[339] 如果到了交割时间卖方还未承诺,或未消除所有权上的瑕疵,则买方可以撤销合同。这时,卖方必须向买方退回任何已付的价款。此外,买方可以要求卖方承担违约赔偿金。买卖本身并不转让普通法上的产权;但是,买方的确获得了"衡平法上的产权"。[339a] 这意味着,买方承担损失风险并对可能的侵权人享有请求权;买方的债权人可以针对该财产主张权益;买方有权请求允诺人/转让方实际转让普通法上的产权。在有些州,损失风险并不随买卖合同的签订而转移。相反,卖方在交割之前承担风险;但是,根据《统一不动产卖方买方风险转移法》,只有当买方未占不动产时才适用这一规定。当然,双方当事人可以自行约定风险转移问题或交易中的任何其他事项。[340]

470　　合同履行——转让财产——发生于**交割**之时。财产所有权通过契据(deed)转让。这种文件应采用书面形式;不需要存在对价;标明交易的财产和涉及的当事人;采用法律措辞详细描述该财产,使人一看便知什么财产;将该文件递交给买方[契据的"交付"(delivery)]。不要过分从字面上对待最后一条要求,其实没必要实际递交契据。这一要求更确切的含义是指,应表明并以某种方式证明转让人最终和有效地转让财产普通法上的产权的意图。[341]

471　　有三种不同的契据。"一般担保契据"(general warranty deed)将使转让人承担全面的责任。除了其他方面,他担保对财产拥有所有权,对财产的占有合法并有权转让该财产,该财产之上不存在第三方的使用权、便利役权和抵押权之类形式的权益。相反,成文法上的"特别担保契据"(special warranty deed)只是向受让人确保:在转让人享有所有权的这段时间内,转让人既没有向第三人转让过,也没有设立过法定财产担保(lien)或抵押。第三种契据——"弃权契据"(quitclaim deed)——转让的只是在转让时转让人享有的那些权利;所有权利和负担皆随所有权转让而归于买方;如果出现问题,则受让人无法援引任何担保。

472　　受让人要到公共事务部门(契据登记处)登记契据。登记对受让人和潜在的随后受让人起到重要的告知作用(参见随后的下文)。

　　(3) 善意取得(Bona Fide Acquisition)

473　　尽管卖方的不动产所有权存在一些限制或阻碍因素("瑕疵",clouds),善意买主仍有可能取得不动产所有权。常见的关于善意取得的前提条件有:证明不动产交易(区别于无偿

---

[339]　*Bernhardt/Burkhart*, Real Property 247.

[339a]　尽管衡平法上的产权人并不享有普通法上的产权,但他对其享有请求权,该请求权本身就是一种财产权益。英美法并不严格区分合同请求权和财产权益,这与诸如德国法之类的一些法律制度不同(德国法称之为"*Abstraktionsprinzip*")。

[340]　*Bernhardt/Burkhart*, Real Property 261 et seq.

[341]　*Bernhardt/Burkhart*, Real Property 274 et seq.

转让)的一份合同、一份有效的契据和受让人的善意。如果受让人已经实际获悉出让人不动产所有权的瑕疵,或者未知悉是由于他本该做而未作调查("调查知情",inquiry notice),则他不具备善意。由于"登记公示"(record notice),在先交易公开登记于登记簿也会使"善意"无法成立。[342] 对于"善意"的有无取决于是否在土地登记簿上登记,对此人们争议纷纭。通常,"善意买主权利优先法"(notice statutes)并不要求对后来的所有权取得进行登记;但是,"善意登记买主权利优先法"(race notice statutes)除了要求受让人具有善意,的确还要求对所有权的取得进行登记。该登记应在第一次所有权转让登记之前完成;否则,由于"登记公示","善意"的基础就消失了。这意味着,面对一位不可靠的转让人,在后的受让人能够基于抢先(race)赶到政府部门登记而确立其财产权。在任何一种制度中,第一次转让一旦记入公开的记录簿,后面的受让人都无法基于善意取得所有权。"纯粹的先登记者权利优先法"(pure race systems)同样如此,它采用的唯一标准是先登记者的权利优先。即使在后的受让人已获悉在先的买卖合同,此种制度也支持其获得不动产所有权。[342a]

8. 抵押权

"抵押权"(mortgage)是众所周知的一种不动产担保权益。[343] 在一些州,抵押意味着抵押人将普通法上的产权转让给债权人("产权转让理论",title theory),留给转让人(抵押人)的是一种请求权——在付清欠款后要求收回所有权。但是,在大多数州,债权人拥有的只是一种担保权益;因而所有权依然保留在不动产所有人和抵押人手中("财产担保理论",lien theory)。将财产转让给第三人并不能使债务人解脱(免除责任);在此情况下,他要以其全部财产承担责任。债权人对不动产依然享有权益,他可针对购买人强制执行不动产,除非购买人基于善意购买行为(不知道抵押的存在)取得了免予任何负担的财产。如果转让人转让的是"设有抵押"的不动产,那么购买人本人并不对债权人承担债务。但是,如果购买人承诺负责偿还债务,则该承诺构成一种"对抵押权实现的承担"(assumption of the

---

[342] 为彻底确定无人可主张对己不利的请求权,过去不动产买方需要对所有相关登记资料详细审查,有必要一直追查至所有可能存在的请求权,只要其未被诉讼时效法或其他法律所禁止。如今,不愿大量检索有关所有权资料的买方可以向所有权保险公司购买所有权保险,这类公司通常保存了有关不动产所有权的最新数据,或者自行搜索此类数据。

[342a] 不同类型登记法的历史发展及其之间的区别,对此的基本描述,参见 *Scheid*, Down Labyrinthine Ways: A Recording Acts Guide for First Year Law Students, 80 U. Det. Mercy L. Rev. 91 (2002)。有关登记法的概论,另见 *Bernhardt/Burkhart*, Real Property 299 et seq.

[343] 在一些州,对不动产债务的担保权益采用的形式是"信托契据"。此种权益和抵押权之间的区别在于如下事实:信托契据包含一种三角关系。提供此种担保者将财产转让给受托人管理,受托人为债权人利益持有财产。对信托的总体探讨,参见下文第 554 段及以下段落。

mortgage);即使债务总额超过了财产价值,购买人也与原抵押人一道,对该笔债务承担责任。[344]

475　　清偿有关不动产债务的方式是强制出售(**终止赎回权**,foreclosure)。如果此种强制出售的所得不足以清偿债务,则债务人个人继续承担责任。如果清偿后仍有余额,则其归还于债务人。不同的担保权益根据其优先顺序得到实现,而其优先性取决于其登记的时间先后。[345] 如果享有抵押权的债权人用全部出售所得实现了自己的抵押权,则在此之后设立的担保权益即行终止。不过,在此之前的担保权益仍然存在。在强制出售后,受让人取得了财产的普通法上的产权。但是,在该财产价值之外,受让人并不承担个人责任。[346] 在清偿了剩余债务之后,债务人可以在任何时间**赎回**(redeem)财产。直至出现终止赎回权之时,这种权利实际上不受什么限制,并被称作"衡平法上的赎回权"(redemption in equity)。在许多州,作为破产程序的一部分已经把财产强制出售,此后债务人同样可以行使赎回权;此时出现的是一种"成文法赎回权"(statutory redemption)。

### (四) 动产*

#### 1. 寄托

476　　普通法规定了"寄托"(bailment)的法律关系,在该法律关系中因受托而事实上占有某物(possession)的人既不是所有权人,也不必享有所有权(ownership)或其他普通法上的产权利益。** 寄托因此综合了财产法和合同法的成分,而且各州在侧重何种成分方面存在差异。[347] 委托人(bailor)将物品事实上的占有权转让给受托人(bailee),而受托人必须最终将物品归还给委托人或第三人。在这方面,"寄托"不同于"信托":受托人必须根据寄托要求本着特定目的并为委托人的利益利用财产;相反,信托关系并不止于转让事实上的占有权,

---

[344] 不过,原债权人有权通过"合同更新"免除转让人继续承担原合同债务的责任。参见上文第331段。

[345] "购买价款抵押权"的情况是个例外,它对于所有其他担保权益具有优先性,因为它使促成取得不动产的目的首先得以实现。

[346] See Bernhardt/Burkhart, Real Property 345 et seq.

\* 原文标注的序号是9,也就是与前文的"不动产"部分的内容连续排序。但这一部分是有关"动产"的内容。同时,如此排序也使得第430段所说的"第四部分"不见踪影。经询问原著作者,他承认这是笔误。因此,此处序号改正为"(四)",并相应调整后面的序号。——译者注

\*\* "Possession"是指对财产事实上的(de facto)占有,而"ownership"是一项法律上的(de jure)权利,指法律允许某人对财产享有占有、管理、收益或处分的权利,大体类似于中国法上的所有权。参见 B. Garner (ed.), Black's Law Dictionary, St. Paul: Thomson Reuters, 11th ed., 2019, pp.1332, 1408。——译者注

[347] See Burke, Personal Property 196 et seq.

而且包含了将普通法上的产权转让给受托人(参见下文第 554 段)。[348] 同时,寄托并不表述雇主与雇员的关系;受托人享有实际的(actual)占有权,而雇员对一件物品的监管或受托管理取决于雇主的支配权。[349] 寄托通常依据合同设立,但它们也可以因法律规定而成立,比如遗失物的拾得人和失主之间成立的寄托关系。在此情况下,成立的是一种"推定寄托"(constructive bailment)。

根据普通法,受托人所负谨慎义务的差异取决于他向谁承担义务。如果只是委托人从寄托中受益,则受托人只对重大过失(gross negligence)承担责任。另一方面,如果寄托对当事人双方有利,则适用一般过失标准(general standards of negligence)。如果受托人是唯一受益人,则他可能对轻微过失(minor negligence)也要承担责任。具体的必要谨慎标准要根据寄托的目的、设立方式和所涉及的事项来判定。[350] 为了避免上述区分所导致的不确定性,有些法院对所有情况一律适用统一的标准。特殊风险以及对此提供的担保适用特别的规则,比如《统一商法典》第九编所作的规定。意识到租赁不能轻而易举地套用普通合同适用的条款,《统一商法典》第二编补编 A 对"租赁"(leases)作了专门规定。这种现象并不罕见,电子时代的合同成立机制在很大程度上同样使普通的合同规则难以适用。特别的规则用以调整特殊事项,包括货物储存、运输公司的责任和客栈老板的责任。[351]

477

租赁如今由《统一商法典》第二编补编 A 全面调整,这一编在结构和内容上都模仿了第二编。第 2A-103 条第 1 款第 10 项将该编规定的适用范围限定在为换取对价而暂时转让事实上的占有权和使用权。第一部分是总则,后面的规则调整租赁合同的成立、效力、履行和违约后果。

478

## 2. 善意取得

法律原则上不允许动产的善意取得(善意购买,bona fide purchase)。普通法对转让人撤销所有权转让规定了一种例外情况。这种例外假定即便原所有人是被骗转让财产,他也具有转让财产的故意。当前受让人的善意取得就使原所有人不得让其本人的所有权转让无效。因此,原所有人宣告最初的转让无效只约束原所有人及受让人(当前的转让人),但不得对抗第三人。《统一商法典》第 2-403 条第 1 款采用了这条规则,并扩大了其适用范围(在第 2 段)。只要第三人是通过正常的商业渠道从商人手中取得动产,此前所有人将动产

479

---

[348] 8a Am Jur 2d Bailments § 18.
[349] 8a Am Jur 2d Bailments § 17.
[350] 对上述内容的一般介绍,参见 Burke, Personal Property 208 et seq. 具体而言,对于哪一方当事人承担举证责任,各州法律并不相同。对此比如参见 Knight v. H & H Chevrolet, 215 Neb. 166, 337 N. W. 2d 742 (1983).
[351] See Burke, Personal Property 229 et seq. and 14 Am Jur 2d Carriers § 1255 et seq.

交付给该商人（比如寄托），善意取得就可以发生。但是，所有人必须已将动产"托付"（entrusted）（根据合同条款的用语）给他人；他人仅仅事实上占有是不够的。

3. 担保权益

480   普通法规定了许多动产担保权益（security interests）。[352] 最简单的担保形式是"质押"（pledge）。债权人实际占有动产以担保其请求权的实现。"动产抵押"（chattel mortgage）是另一种担保债权实现的方式。这种担保让所有人占有动产，但债权人可以通过终止赎回权的方式实现其请求权（第475、483段）。同时还存在其他担保机制，附条件买卖合同和信托协议就位列其中。如今，《统一商法典》第九编对动产担保权益作了全面规定。[353] "担保权益"在《统一商法典》中意指所有基于合同并用以担保请求权实现的动产上的权利。当事人选用的名称并不重要，他们的意图是决定性因素。一项担保权益经常被用以担保购买价款（"购买价款担保权益"）的支付。但是，与指定的担保物无关的各种请求权有可能牵涉其中。

481   只要满足了"附着"（attachment）的各种前提条件，一项担保权益就对债务人生效。除非债权人事实上占有担保物，他和债务人之间的协议必须满足《反欺诈法》的要求。债权人应当给予债务人"有价值"的东西用以对担保物的交换。此外，债务人对于作为担保物的特定动产应当享有某种权益，但这种权益并不必然是一种所有权利益。[354]

482   在涉及第三方时，担保权益只有在**完善**（perfection）*之后始具效力。[355] 通常，这要求登记（"存档"），除非债权人占有担保物或者交易涉及生活消费品上的"购买价款担保权益"。[356] 对于特定的动产，从附着之时有20天的过渡期，在此期间担保权益对第三人已经发生效力。[357] 在此期间，债权人应当采取必要步骤让这种效力继续。在这点上，没有必要将债权人与债务人之间的担保协议办理登记。债权人将一份"融资担保声明"（financing statement）办理登记就足够了，该声明应当标明当事人，描述担保物，并由债务人证实。[358]

---

[352] See *Burke*, Personal Property 267 et seq.

[353] *Burke*, Personal Property 281 et seq. See generally *Bailey/Hagedorn*, Secured Transactions. 修订后的第九编自2001年生效并且已经为所有的州所采用。它在如下方面与旧文本不同：它修改并提炼了某些释义，扩展了以前第九编涵盖的担保物和交易的范围，将登记制度现代化，简化了设立和完善担保权益的规则，并且为通过电子商务从事交易提供了标准。不过，总体而言，旧文本的实质部分保持未变。

[354] UCC § 9-203 and *Bailey/Hagedorn*, Secured Transactions 95 et seq.

* perfection 是指通过登记或占有获得担保权益的过程。《元照英美法律词典》中译为"确立"，语意重复，因为："确立"了就具有效力了。——译者注

[355] UCC § 9-203 and *Bailey/Hagedorn*, Secured Transactions 123 et seq.

[356] UCC § 9-317(e), 9-313.

[357] UCC § 9-312.

[358] *Bailey/Hagedorn*, Secured Transactions 160 et seq.

《统一商法典》第 9-501 条规定了州内交易应当办理登记的情况;《统一商法典》第 9-301 条含有法律选择规则,适用于州际交易的登记要求。[359] 在债务人出现破产的情况下,即使只是完成了附着,而通过登记所做的完善随后发生,此时担保权益也相对其他针对债务人的请求权原则上具有了优先性。[360] 如果担保物未经债权人许可转让给第三方,除非后者按照《统一商法典》第 9-320 条中严格而具体的前提条件取得动产,那么担保权益也将继续有效。[361]

当事人之间的协议是界定其权利义务的主要源头。在债务人未偿还到期债务的情况下,债权人可以通过"终止赎回权"实现债权。他有权选择如何终止赎回权,但必须遵照通常且合理的商业惯例操作(《统一商法典》第 9-625、9-627 条)。如果终止赎回权产生了余额,则这笔余额归属债务人(《统一商法典》第 9-615 条)。如果债权人未事实上占有担保物,他有权本着终止赎回权的目的为本人取得事实上的占有。除了法定(司法)途径之外,他还可以寻求自力救济(《统一商法典》第 9-609 条)。现行的第九编与其 2001 年之前文本的主要区别在于:前者增加了"应收款之类的无形财产"(payment intangibles)和"本票"(promissory notes)作为担保物,为担保权益的完善提供了其他途径,并为担保权益下的权利行使创立了较以前更为清晰的规则。[362]

## 五、家庭法

**参考书目**:*Gregory et al.*, Understanding Family Law, 4th ed. 2013;*Harris/*

---

[359] See *Bailey/Hagedorn*, Secured Transactions 193 et seq., and *Hay/Borchers/Symeonides*, Conflicts § 19.16 et seq.

[360] 对于债务人的破产引发的问题,参见 *Bailey/Hagedorn*, Secured Transactions 211 et seq.

[361] *Bailey/Hagedorn*, Secured Transactions 219 et seq.

[362] 对此更深入的探讨,参见 *Burns*, New Article 9 of the UCC: The Good, the Bad, and the Ugly, 2002 U. Ill. L. Rev. 29 (2002); *Rapson*, Default and Enforcement of Security Interests Under Revised Article 9, 74 Chi.-Kent L. Rev. 893 (1999); *Sigman*, Twenty Questions About Filing Under Revised Article 9; The Rules of the Game Under New Part 5, 74 Chi.-Kent L. Rev. 861(1999); *Smith*, Overview of Revised Article 9, 73 Am. Bankr. L. J. 1 (1999). *Welle*, An Introduction to Revised Article 9 of the Uniform Commercial Code, 1 Wyo. L. Rev. 555 (2001).

*Teitelbaum/Carbone*, Family Law, 5th ed. 2014; *Kandel*, Family Law: Essential Terms and Concepts, 2000; *Krause/Meyer*, Family Law in a Nutshell, 5th ed. 2007; *Hay/Borchers/Symeonides*, Conflict of Laws, ch. 12, 5th ed. 2010; *Statsky*, Family Law, 6th ed. 2012; Wadlington/O'Brien, Family Law Statutes, International Conventions and Uniform Laws, 4th ed. 2011; *Weisberg/Appleton*, Modern Family Law, 5th ed. 2013.

### （一）简介

484　　家庭法不仅涉及有关婚姻和子女监护的传统法律问题，而且还延伸至当代的人际交往行为以及由此引发的法律问题。后者的例证包括代孕母亲、异性情侣的非婚同居以及同性结合（same-sex unions）。家庭法属于州法。其主要组成部分是成文法，但判例法也扮演着重要角色。在某些领域，数量不菲的统一法（Uniform Laws）使得部分州甚或所有州的法律得到统一或协调。[363] 发布了各种著名重述的美国法学会（参见上文第 31 段及以下段落）也推荐了《家庭关系解除法律原则》（Principles of the Law of Family Dissolution）。[364] 联邦法在诸多方面影响到各州的家庭法，比如要求各州之间相互承认与执行有关监护和子女抚养的判决。

### （二）婚姻

#### 1. 婚约和结婚

485　　当事人结婚前可订立婚约，但并非必不可少。婚约不必采用特定的形式，但是双方当事人应当具备结婚资格。婚约不能作为要求结婚的依据。[365] 如果一方当事人违反了婚约，则另一方可提起"违反允诺"的普通法之诉要求金钱赔偿；最初这类赔偿仅针对经济损

---

[363] 特别重要的法律有《统一子女监护管辖权和判决执行法》（参见下文第 526 段），还有与之匹配的《联邦防止父母劫持子女法》（Federal Parental Kidnapping Prevention Act）以及《统一州际家庭扶养法》（参见下文第 512 段）。两部统一法都已在所有的州生效。虽然为数不多的州批准了《统一结婚和离婚法》，但它影响了许多其他州的立法。

[364] 《家庭关系解除法律原则：分析和建议》（2002）可见于：http://www.ali.org。对该文本的评论，参见 Bartlett, U.S. Custody Law and Trends in the Context of the ALI Principles of the Law of Family Dissolution, 10 Va. J. Soc. Pol'y & L. 5 (2002); *Dallon*, The Likely Impact of the ALI Principles of the Law of Family Dissolution on Property Division, 2001 B. Y. U. L. Rev. 891 (2001); *Resettenstein*, The ALI Proposals and the Distribution of Stock Options and Restricted Stock on Divorce: The Risks of Theory Meet the Theory of Risk, 8 Wm. & Mary J. Of Women & L. 243 (2002).

[365] *Tushnet*, Rules of Engagement, 107 Yale L. J. 2583 (1998).

失,后来又扩及于非物质损失(比如身体和精神痛苦)。伴随社会发展,人们对于婚约和婚姻的本质及功能的观念发生了变化,同时,人们认识到婚约当事人可能会滥用这类诉讼;这些变化导致了对此类诉讼的诸多限制措施,甚至许多州已废止此类诉讼。因此,比如订婚时给付的礼物可能被视为"附条件赠与的礼物";当预期的条件没有实现时,礼物应返还给赠与人。[366] 就像附条件的买卖,礼物的所有权依然在赠与人手中。原告负有责任证明:其赠送礼物附带的条件是结婚;当事人是否具有过错没有关系,它既不是诉讼请求的组成部分,也不构成抗辩理由。这一结论的例外情形是:赠与人极端恶劣的行为导致婚约终止,这种行为与其恢复原状的请求可能被法院一并予以考虑。[367]

作为结婚的先决条件,各州都要求当事人应当取得**结婚证**(marriage license),该证由地方当局(市或县)颁发。尽管结婚的条件各州有所不同,但通常当事人应当证明他们达到了结婚的年龄要求,同时应表明不存在妨碍结婚的情形。仅有为数不多的州仍然要求血清检测,以确保不存在遗传性缺陷或性传播疾病。结婚证颁发后,可能有一段短暂的等待期,比如3天。由于当事人有权选择结婚地点(法律不要求非得在住所地结婚),因此当事人如果需要尽快完婚,则可以选择在要求宽松的州结婚(比如在内华达州,当事人可在领取结婚证的当天就结婚)。在婚姻缔结地有效的婚姻,通常为其他各州所承认。[368] 486

法律未要求当事人必须举办世俗婚礼。结婚典礼既可以由指定的世俗官员(法官或市、县官员)主持,也可以由公认的宗教或宗教团体的神职人员主持,例如天主教的神父(priest)、新教(在美国活跃着的众多教派中的任何一种)的牧师(minister)、拉比(rabbi)或者印第安部落的巫医(medicine man)。[368a] 通过填写结婚证/文件,并将其呈送给适当的(市、县)民政机关,结婚典礼的主持人借此见证结婚事实。夫妻既可以采用同一个家族姓氏,也可以保留各自的原有姓氏。 487

除了上述的"正式"婚姻,以前的法律还承认过"**普通法婚姻**"(common law marriage); 488

---

[366] 参见 Frazier, "But I Can't Marry You:" Who is Entitled to the Engagement Ring When the Conditional Performance Falls Short of the Altar?, 17 J. Am. Acad. Matrimonial Law 419 (2001). 涉及该问题的最近判例,比较"阿尔宾格诉哈里斯案"[Albinger v. Harris, 48 P. 3d 711 (Mont. 2002)]和"库珀诉斯密斯案"[Cooper v. Smith, 2003 Ohio 6083 (Ohio App., 2003)]以及"克提斯诉安德森案"[Curtis v. Anderson, 106 S. W. 3d 251 (Tex. App. 2003)]. See also Campbell v. Robinson, 398 S. C. 12 (S. C. App. 2012).

[367] Tomko, Rights in Respect of Engagement and Courtship Presents When Marriage Does Not Ensue, 44 A. L. R. 5th 1; Note, Property Law—Pennsylvania Supreme Court Holds That Engagement Rings Must Be Returned Regardless of Who Broke the Engagement, 113 Harv. L. Rev. 1876 (2000).

[368] 关于同性婚姻,参见下文第516段。

[368a] 这些结婚形式可由当事人任选,法律并不要求在世俗婚礼前后当事人必须举办宗教仪式。

此类婚姻尽管不符合成文法上的形式要求,但也合法有效。[369] 过去只要符合下列要求,则一对情侣就被视为已婚:当事人(1) 同意以夫妻名义一起生活,(2) 事实上一起生活,(3) 在第三方和社区成员面前以夫妻名义出现,以及(4) 他们的关系已被社区接受为或视为一种婚姻关系。同时,这种婚姻应当符合婚姻的一般要求(比如结婚能力)。

489　　婚姻乃私人契约,不在国家管理范围之列;普通法婚姻历史上源自这种婚姻观。直至今日,有些州依然认可这种婚姻[370];但是,大多数州已经通过成文法将其废除。废除的原因包括:"普通法婚姻"不再符合现代婚姻观念;它削弱了正式婚姻制度;它鼓励虚假指控,或者至少为其提供便利;它使得死后继承问题复杂化,或者至少使其更不确定。普通法婚姻在一些州依然有效,这对于冲突法(国际私法)具有重要意义:无论何种类型的婚姻,只要在婚礼举行地或婚姻缔结地有效,就为其他州所承认。[371]

490　　**协议婚姻**(covenant marriage)是近年来通过成文法引入的一种婚姻形式。[372] 在咨询婚姻顾问这一必经程序后,希望缔结此类婚姻的当事人签署一份"意愿声明"(declaration of intent)。婚姻顾问强调夫妻的以下义务:解决将来出现的婚姻问题,应努力采用一种确保维系婚姻的途径。当事人将来努力解决婚姻问题时,婚姻顾问会再次参与。与"通常的"或"普通的"婚姻相比,协议婚姻面临更高的离婚门槛。因此,当夫妻一方单方面寻求离婚时,等待期可能从6个月延长至24个月。尚未采用此种新颖而且更加严格的婚姻形式的各州,本来普通离婚请求适用本地法是恰当的(参见下文第506、510段),现在对于协议婚姻的离婚请求,应该适用本地法中的标准还是婚礼举行地法中的标准,对此尚无定论。不过,看来非常明确的是,即便州外的离婚判决不符合本地的协议婚姻标准,采用协议婚姻制度

---

[369] 在9个州和哥伦比亚特区,当事人依旧可以缔结普通法婚姻。See generally, *Dubler*, Wifely Behavior: A Legal History of Acting Married, 100 Colum. L. Rev. 957 (2000); *Milot*, Restitching the American Marital Quilt: Untangling Marriage From the Nuclear Family, 87 Va. L. Rev. 701 (2001). 关于当代法院对此制度的应用,参见"兰德尔斐案"[*In re Landolfi*, 283 A. D. 2d 497, 724 N. Y. S. 2d 470 (N. Y. App. Div. 2001)]:一位纽约州居民和另一位同为纽约州居民的死者之间并不因宾夕法尼亚州频繁而短暂的多次旅行就成立普通法婚姻关系。

[370] 比如参见2003年加利福尼亚州的《加利福尼亚州家庭法典》第308条的规定:尽管在加利福尼亚州不得缔结普通法婚姻,但是在他处缔结的普通法婚姻将为加利福尼亚州所承认。

[371] 关于同性婚姻,参见下文第516段。

[372] 比如参见, Arizona, A. R. S. §25-901 et seq. (2003); Arkansas, A. C. A. §9-11-803 (2003); Louisiana, La. R. S. 9:273 (2003). 对此进一步的探讨,参见 *Brummer*, The Shackles of Covenant Marriage: Who Holds the Keys to Wedlock?, 25 U. Ark. Little Rock L. Rev. 261 (2003); *Nock et al.*, Covenant Marriage Turns Five Years Old, 10 Mich. J. Gender & L. 169 (2003).

的州也应当承认该离婚判决(假设作出离婚判决的法院具有适当的管辖权)。[373]

  关于结婚的**障碍**(impediments)以及对其规避或逃避的后果,各州的法律并不统一。这种障碍性质上可以是法律上的禁止性规定,也可以是事实上的障碍。这类实例包括:重婚、亲属关系(姻亲或血亲太近)、未成年、欺诈和胁迫、精神疾病以及不能人道(impotency)。存在结婚障碍的法律后果既可能是婚姻自始无效(void),也可能是婚姻"可撤销"(voidable);后者是指当事人通过诉讼宣告婚姻无效,而当事人若不提出宣告请求则婚姻继续有效。通常,重婚和违反法律容许的亲等关系导致婚姻无效。[374] 各州关于禁止结婚的亲等制各有千秋;有时,即便姻亲关系(同某人结婚只是涉及与前配偶的婚姻或由此产生的其他姻亲关系)也构成一种结婚障碍。未成年、精神疾病、欺诈和胁迫以及结婚时的不能人道,通常只是构成请求撤销婚姻的依据(由于婚姻可被宣告无效,因而它是可撤销的)。

  下列情况适用**推定婚姻成立原则**(putative spouse doctrine)[375]:婚姻的成立存在缺陷,但当事人遵照法定形式缔结了婚姻,使用"配偶"身份的当事人自以为婚姻有效。[376] 此类婚姻具有通常的婚姻效力,比如双方共同的子女被视为婚生。[377] 此种推定婚姻的配偶可享有扶养请求权,并可依据"非法致死法"(前文第425段)享有侵权请求权;具体的请求权取决于州法的规定。善意的一方当事人也可享有婚姻财产权。然而,推定婚姻的配偶所享有的扶养和财产请求权,可能会面临一些重大难题;例如,在重婚的情况下,"真正的"配偶和"推定的"配偶的请求权发生了冲突。在两类配偶的请求权发生冲突时,法院将利用衡平法上的考虑因素基于个案分析解决这类问题(牢记家庭法事项在历史上属于衡平法院的管辖范围)。同前文探讨的结婚等待期和对协议婚姻的要求非常类似,此处探讨的结婚障碍可以通过下述方式来规避:当事人到另一州结婚,然后回到家乡请求承认该婚姻。当事人

491

492

---

[373] See Buckley/Ribstein, Calling a Truce in the Marriage Wars, 2001 U. Ill. L. Rev. 561 (2001). See also Hay, The American "Covenant Marriage" in the Conflict of Laws, 64 La. L. Rev. 43 (2003), reprinted in Witte/Broyde (eds.), Covenant Marriage and Comparative Perspective, 2004, adopted in Blackburn v. Blackburn, No. 2311043, - So. 2d -, 2015 Ala. Civ. App. LEXIS 80, 2015 WL 1608431 * Ala. Civ. App. Apr. 10, 2015.

[374] 例如参见 Md. Fam. Law Code Ann. § 2-202 (2003); Cal. Fam. Code § § 2200, 2201 (2003); § 207 UMDA。

[375] Blakesley, The Putative Marriage Doctrine, 60 Tul. L. Rev. 1 (1985); Carlson, Putative Spouses in Texas Courts, 7 Tex. Wesleyan L. Rev. 1 (2000).

[376] 在那些坚守"普通法婚姻"的州,符合法定的结婚形式不会成为问题,参见上文第488段。

[377] 此类后果同时可见于《统一结婚离婚法》第207条第3款、第208条第4款。

家乡所在的州可基于公共政策(公共秩序)拒绝承认这种婚姻。[378]

### 2. 结婚的效力和后果

493　　普通法过去视夫妻为一体,夫妻关系由丈夫代表和控制。他有权对全部家庭财产作出决定和处分。妻子不能享有权利、承担义务、起诉或被诉。由于其理念根基违反了宪法和成文法中的夫妻待遇平等原则或非歧视原则,如今这些限制已不复存在。

494　　早期夫妻一体的观念还意味着夫妻不得起诉对方(**夫妻间豁免**,interspousal immunity)。此外,家庭伦理也曾用以支持这种结果,比如促进和保持婚姻关系和谐的宗旨,夫妻维系婚姻的责任。如今,**夫妻间豁免**原则仅存在于侵权法中,而且即便在该领域,其重要性也江河日下。许多州将其限制在特定的侵权领域,或者将其全面废除。[379]

### 3. 扶养和婚姻财产

495　　夫妻双方均应扶养家人。传统上曾有一种推定,丈夫有义务扶养妻子,而妻子的工作是照料家人。1979 年,联邦最高法院判定:根据性别规定不同扶养义务的成文法违宪。[380] 扶养法规定的扶养义务应是无条件的和非歧视的,这是宪法上的强制性要求;州法的重新修订广泛体现了这种要求。[381]

496　　**生活必需品原则**(doctrine of necessities)起初曾用以平衡妻子的弱势经济地位。如果丈夫未履行扶养义务,则妻子有权对其提出索要"生活必需品"的诉讼请求。曾为妻子提供"生活必需品"的销售商,可基于"法律上的默示合同"享有诉讼请求权,或者根据代理原则提起诉讼。起初,此种请求限于维持配偶生活确有必要的物件和商品,比如食物和衣服;但后来这种请求的范围扩展至考虑妻子的经济处境、社会地位和生活水准。伴随妇女地位的提升以及经济和社会条件的变化,生活必需品原则的存在价值及其适用范围日益受到质疑。有些州断然废止了该原则;不过,大多数州基于不同的法律上的原因和依据将扶养义务扩展适用于妻子一方。在有些州,夫妻对家庭债务承担连带责任;而在其他州,引发债务

---

[378] 《冲突法重述(第二版)》第 283 条第 2 款:符合婚姻缔结地要求的婚姻将在各地被承认有效,除非其违反了另一州的重大公共政策,而该州在当事人结婚时与配偶和婚姻具有最重要的联系。《统一防止婚姻规避法》[9 U. L. A. 480 (1942)]同样体现了这种一般公共秩序的思想。该法只为少数几个州批准。See *Hay/Borchers/Symeonides*, Conflicts § 15.16.

[379] See *Foster*, Modern Status of Interspousal Tort Immunity in Personal Injury and Wrongful Death Actions, 92 A. L. R. 3d 901 (2001); *Tobias*, The Imminent Demise of Interspousal Tort Immunity, 60 Mont. L. Rev. 101 (1999); *Wriggins*, Interspousal Tort Immunity and Insurance "Family Member Exclusions": Shared Assumptions, Relational and Liberal Feminist Challenges, 17 Wis. Women's L. J. 251 (2002).

[380] *Orr v. Orr*, 440 U. S. 268, 99 S. Ct. 1102, 59 L. Ed. 2d 306 (1979).

[381] See Cal. Fam. Code § 4300 (2003);根据该条,配偶一方应当扶养另一方。

的配偶一方承担主要责任。[382] 在**司法别居**的情况下，夫妻享有要求对方扶养的对等权利。扶养费的高低取决于他们婚姻期间的生活方式及目前各自的经济能力或生活需要。如前文所述，衡平法上的考虑因素同样可发挥重要作用（另见上文第 492 段）。拒绝支付扶养费将引发普通的强制执行程序，比如签发执行令和强制出售。此外，各州的成文法规定了强制执行的简易程序[383]，并且漠视法院签发的命令可能导致被判处刑罚，包括因"藐视法庭"招致的刑事制裁。

497　　对于**婚姻财产**，大多数州遵循普通法原则。[384] 在实行**普通法财产制**的州，夫妻每一方都拥有并有权处分其婚前或婚后获得的财产。夫妻可以自由地将其个人财产相互授予对方所有权利益（统一保有、按份保有或夫妻一体保有），或者在这种财产共有安排下接受财产。通常，只有因配偶一方死亡或离婚而导致婚姻解体之时，婚姻财产法才变得重要。[385]

498　　配偶一方去世后，在世的配偶享有死者遗产中的法定份额（在遗嘱继承的情况下），或者同样根据成文法，在无遗嘱继承的情况下（参见下文第 535 段），获得死者遗产中的特定份额。由于法院通常不是依据对法定权属的判定（谁拥有什么财产），而是依据公平原则分割财产（"公平分配"），因此可能已适用于当事人之间的"分别财产"（separate property）制，对离婚时的财产分配不会产生重大影响。[386] 财产分配将考虑婚姻期间取得的所有财产，除非其明显属于配偶一方独有的财产，比如依配偶之间的协议财产为一方所有，或者该财产为第三方赠与配偶一方的礼物，或者该财产为配偶一方的继承所得。

499　　**夫妻共同财产制**的理念根源于罗马法传统。该制度目前施行于西部的 8 个州，这些州都是美国当初从西班牙、墨西哥和法国手中获取的。[387]《统一婚姻财产法》[388]也将这种财产处理方法纳入婚姻财产制中，不过该法至今只为威斯康星州所采用。[389] 不属于"个人财产"的任何财产均被视为"夫妻共同财产"。"个人财产"包括配偶婚前所有的财产、配偶婚后通过接受赠与和继承获得的财产，以及个人财产带来的收益，如租赁收入或红利。

---

[382] 有关的深入探讨，参见 *Perry*, The "Essentials of Marriage": Reconsidering the Duty of Support and Services, 15 Yale J. L. & Feminism 1 (2003).

[383] 关于《统一州际家庭扶养法》(UIFSA)，参见下文第 512 段。

[384] 但是以下地区为例外：亚利桑那州、加利福尼亚州、爱达荷州、路易斯安那州、内华达州、新墨西哥州、得克萨斯州、华盛顿州、威斯康星州和波多黎各共和国，这些地区遵循夫妻财产共有制。参见下文第 499 段。

[385] 另一种相对罕见的情况是配偶一方破产。

[386] 参见《统一结婚离婚法》第 307 条第 1 款（第一选项）。

[387] 更丰富的参考文献，参见 *Hay/Borchers/Symeonides*, Conflicts § 14.3。同时可参见前注[384]。

[388] 9A U. L. A. 19 (2003). 对该法的全面评述，参见 *Graham*, The Uniform Marital Property Act: A Solution for Common Law Property Systems?, 48 S. D. L. Rev. 455 (2003).

[389] Wis. Stat. § 766. 31 et seq. (2003). See *Erlanger/Weisberger*, From Common Law Property to Community Property: Wisconsin's Marital Property Act Four Years Later, 1990 Wis. L. Rev. 769 (1990).

500　　哪些财产属于个人财产？这既可由上述法律作出规定，也可由夫妻间的协议加以约定。配偶任一方均可自由处分其个人财产。[390] 如果财产属于夫妻共同所有，则每一方享有均等的份额。[391] 对于夫妻如何处分共有财产，各州法律规定不一。在一些州，配偶每一方都可以处分全部财产；在另一些州，只有配偶双方一起才能转让共同财产；而在其余的州，超过特定价值财产的转让必须经过另一方配偶的同意。配偶一方死亡后，在世配偶——在夫妻共同财产制度下——拥有其个人财产以及夫妻共同财产的一半。一个合乎逻辑的推论就是，在世配偶对于死者的个人财产不再享有进一步的请求权（比如遗产法定份额的请求权）。与之类似，在离婚时，配偶每一方继续持有其个人财产，而共同财产需要分割。[392] 供分割的"财产"包括政府退休金和扶养权利。[393] 教育、其他培训、学位或将来晋升的机会，许多法院已将这类利益纳入婚姻"财产"之中予以考虑[394]，但另一些法院拒绝将财产的范围划得如此之广。[395] 最终的答案会取决于判例法的未来进展。

501　　夫妻将其住所从实行普通法财产制的州变更到实行夫妻共同财产制的州，或者反向变更；此时，婚姻财产制的差异会导致诸多难题。[396] 举例来说，假设夫妻从伊利诺伊州——一个实行普通法财产制的州，迁徙到加利福尼亚州——一个实行夫妻共同财产制的州，丈夫退休后他们在加利福尼亚州设立了新住所。他们在伊利诺伊州的婚姻和生活中，只有丈夫在外工作获得收入，因而根据伊利诺伊州的法律，所有财产属于丈夫的个人财产（这个案例假定只有动产构成夫妻财产）。在加利福尼亚州，丈夫去世，没有通过遗嘱留给妻子遗

---

[390] See Cal. Fam. Code § 770 (b) (2005).

[391] Cal. Fam. Code § 751 (2005) and Wis. Stat. § 766.31 (3) (2004).

[392] See Cal. Fam. Code § 2550 (2013); Tex. Fam. Code § 7.001 (2000); Wis. Stat. § 766.75 (2000); *Barth v. Barth*, 2001 Tex. App. LEXIS 4994 (Tex. App. 2001); *Toth v. Toth*, 946 P.2d 900 (Ariz. 1997). 在"杰克逊诉杰克逊案"[*Jackson v. Jackson*, 2013 WL 7044862 (N.Y. Sup. 2013)]中，双方的争点是流产婴儿的骨灰应为夫妻共同财产（因而需要分割），还是应为女方的个人财产；法院的判决支持了女方的请求。

[393] See, for instance, the Uniformed Services Former Spouses' Protection Act, 10 U.S.C. § 1408 (2003).

[394] 关于获得未来职业的机会，参见 *Golub v. Golub*, 527 N.Y.S.2d 946 (N.Y. Sup. Ct. 1988)；关于学位，参见 *O'Brien v. O'Brien*, 489 N.E.2d 712 (Ark. 1985)。

[395] *Becker v. Perkins-Becker*, 669 A.2d 524 (R.I. 1996); *Roberts v. Roberts*, 670 N.E.2d 72 (Ind. App. 1996); *Simmons v. Simmons*, 708 A.2d 949 (Conn. 1998). See generally *Kelly*, The Marital Partnership Pretense and Career Assets: The Ascendancy of Self Over the Marital Community, 81 B.U.L Rev. 59 (2001); *Weiss*, Preventing Inequities in Divorce and Education: The Equitable distribution of a Career Absent an Advance Degree or License, 9 Cardozo Women's L.J. (2002); *Wicks*, Professional Degree Divorces: Of Equity Positions, Equitable Distributions, and Clean Breaks, 45 Wayne L. Rev. 1975 (2000).

[396] 对该问题的详细探讨，参见 *Hay/Borchers/Symeonides*, Conflicts § 14.4. 现代社会中夫妻财产制的适用，另见 *Reppy*, Choice of Law Problems Arising When Unmarried Cohabitants Change Domicile, 55 SMU L. Rev. 273 (2002).

产。动产的法定继承适用死者最后住所地法。由于加利福尼亚州采用夫妻共同财产制,因此该州没有规定在世配偶的继承请求权。为界定婚姻财产的性质,财产应依据取得的地点和时间来识别;据此,死者的财产属于个人财产,妻子依加利福尼亚州法律对该财产不享有请求权。[397] 为了避免在世配偶的这种经济困境,有些实行夫妻共同财产制的州采用了一种"**准夫妻共同财产制**"(quasi community property)的理念:一份在实行普通法财产制的州获得的财产,假如获得于实行夫妻共同财产制的州会成为夫妻共同财产,则该财产将被视作夫妻共同财产。在上文所举案例中,假设该财产在相应的时点获得和识别于加利福尼亚州,该财产将被视为夫妻共同财产,则其将成为夫妻共同财产;如此一来,在世的妻子将对获得于伊利诺伊州财产的一半享有请求权。有些州将"准夫妻共同财产制"理念应用于离婚和继承两种情形,而另一些州将这种理念限定在两个领域之一。

夫妻可以通过协议决定其财产权利。[397a] 婚前("婚礼之前",prenuptial)协议缔结于结婚之前而于结婚时生效。婚姻("婚礼之后",postnuptial)协议订立于婚后。考虑到将来可能出现的婚姻解体,或者为处理将来可能出现的婚姻变故,当事人还可以订立"司法别居协议"(separation agreements)。由于婚前协议属于《反欺诈法》的调整范围(前文第 305 段),因此该协议应采用书面形式。《统一婚前协议法》(UPAA)[398]同样规定了这种形式要求。 502

涉及离婚的婚前协议过去难以得到法院认可。由于这种协议始自当事人认为婚姻可轻易解除,因此一些法院依据公共政策和道德准则认定其无效。此外,这类协议往往不利于经济上弱势的一方(妻子),因而使其经济上无所依靠。"波斯纳诉波斯纳案"(*Posner v. Posner*)[399]的判决开启了进一步细化判例法规则的实践,它判定这类协议只要符合两个条件即为有效:充分披露双方经济状况,双方的利益安排实现均衡。根据《统一婚前协议法》第 6 条,只有当两个前提条件均不具备时,协议才无效。相比之下,其他法院只是考虑通常 503

---

[397] 这个分析结论来自下述富有争议的假定:假如住所的变更将导致婚姻财产准据法的变更,则其违反宪法。See *In re Thornton's Estate*, 1 Cal. 2d 1 (1934).

[397a] 伊斯兰聘礼[马尔(*mahr*)]——例如未婚夫在结婚时给予未婚妻的财产,其性质不易界定(定性):是礼物,还是暗指对未来夫妻财产的安排,或者对将来可能出现的扶养费请求的事先兑现? See Richard Freeland, The Islamic Institution of Mahr and American Law, 4 Gonzaga J. Int'l L. 2 (2000—2001).

[398] 9B U. L. A. 369 (1987).截至 2009 年,共有 26 个州和哥伦比亚特区采用了该法。该法在另外 4 个州正等待批准。

[399] *Posner v. Posner*, 233 So. 2d 381 (Fla. 1970).

的抗辩理由，比如胁迫、显失公平（unconscionability）或者虚假陈述。[400] 上述论断原则上也适用于婚后订立的协议。

504　　考虑到即将面对的司法别居或离婚，夫妻签订财产或扶养协议，法官对这种协议倾向于持赞同态度；法官视其为替代性争端解决方式的有效文件。如果双方当事人已经公正和公开地披露了其财务和经济状况，并且达成了公平的协议，那么法院通常认可这种协议。[401] 根据成文法，当事人可以事先约定对配偶和孩子的扶养问题[402]；但是，这种协议不具有最终的约束力。不过，在法院评定配偶一方应支付的扶养费数额时，这种协议可用作首要的参考依据。

### 4. 离婚

505　　在过去几十年中，关于婚姻的社会观念发生了巨大变化。[403] 如今，问题不再是婚姻关系能否解除[404]；取而代之的关注焦点是婚姻解除的后果——婚姻财产的划定和分配、扶养和子女监护。ADR（替代性争端解决方式）（参见前文第 222 段及以下段落）对解决此类附带问题已日渐重要。[405] 但是，离婚本身必须在国内由法院判决，国外的私下离婚仪式不被法院认可。[405a]

---

[400] See *Bix*, Premarital Agreements in the ALI Principles of Family Dissolution, 8 Duke J. Gender L. & Pol'y 231 (2001); *Roy*, Modern Status of Views as to Validity of Premarital Agreements Contemplating Divorce or Separation, 53 A. L. R. 4th 22. See also *Developments in the Law*, Marriage as Contract and Marriage as Partnership: The Future of Antenuptial Agreement Law, 116 Harv. L. Rev. 2075 (2003).

[401] § 306 UMDA.

[402] See Cal. Fam. Code § 3580 (2003).

[403] 对婚姻和家庭法发展的回顾，参见 *Bell*, Family Law at the Turn of the Century, 71 Miss. L. J. 781 (2002)。

[404] 如今，所有的州均以"无法调和的分歧"为由准予离婚。对过错的考虑若还有点关系的话，也只是提供一种可选择的理由。See, for example, § 750 ILCS 5/401 (a) (1) (2003). 婚姻何时已经破裂？根据《统一结婚离婚法》第 302 条第 1 款第 2 项，如果当事人分居生活超过了 180 天，或者导致夫妻不和的根由如此严重，以至于期待其重归于好已经不合情理，则此时可推定婚姻关系已经破裂。但是，在财产分配和扶养费多少的决定之类问题上，当事人一方的过错可能影响到法院的判决。See *Swisher*, The ALI Principles: A Farewell to Fault—But What Remedy for the Egregious Marital Misconduct of an Abusive Spouse?, 8 Duke J. Gender L. & Pol'y 213 (2001); *Karnezis*, Fault as Consideration in Alimony, Spousal Support, or Property Division Awards Pursuant to No-Fault Divorce, 86 A. L. R. 3d 1116.

[405] ADR 中可能产生一些难题，对此的探讨，参见 *Ver Steegh*, Yes, No, and Maybe: Informed Decision Making about Divorce Mediation in the Presence of Domestic Violence, 9 Wm. & Mary J. of Women & L. 145 (2003)。

[405a] See *Aleem v. Aleem*, 404 Md. 404, 947 A. 2d 489 (2008). 关于欧洲的情况，参见 *Veronika Gärtner*, Die Privatscheidung im gemeinschaftsrechtlichen Internationalen Privat- und Verfahrensrecht (2008). 关于承认外国私下离婚的问题，参见下文第 510B 段。

由于美国法院对离婚问题总是适用**法院地法**(lex fori),因此法院**管辖权**的确定特别重要。各州法律之间在离婚理由上可能有些差异,但更为常见的差异体现在其他重要事项上,比如离婚的等待期、婚姻财产的分割以及扶养费数额的裁定。这种差异可以解释为何在婚姻解除问题上至今依然存在"挑选法院"的现象。 506

起初,只有婚姻住所地州对离婚案件享有管辖权。这种现象源自将婚姻概念化为"物"(thing)("物化",reification),因此离婚被视为影响物上权利的诉讼,对此只有物之所在地法院具有管辖权。当时,婚姻住所等同于丈夫的住所;根据普通法,夫妻一体,因此妻子不可能拥有其独立的住所。伴随配偶每一方均可决定其住所的观念广为接受,将离婚案件的管辖地认定为配偶任一方的住所地也就水到渠成。上述转变反过来导致了美国离婚法的独特性——**单方出庭离婚**(ex parte divorce)。离婚程序可由夫妻一方启动,不管对方出庭与否。这种离婚方式引发了"离婚旅游"(divorce tourism),原因是各州的离婚法存在差异,其中有些州,特别是内华达州,对于具备什么条件可在其州内设立住所,所持观念宽松自由。 507

夫妻原始住所地州显然有可能希望防止规避其离婚法。这就提出了下述问题:"随意"(easy)到何种程度的境外离婚可以在原始住所地州获得承认。联邦最高法院在两个基于同一事实的先导性判例——"威廉姆斯(1)案"和"威廉姆斯(2)案"——中处理了这一问题。事先都已同他人结婚的男方和女方是北卡罗来纳州人,来到内华达州旅游,在那里先获得同各自不在场配偶的离婚判决,随后两人结婚。回到北卡罗来纳州后,他们被指控犯有重婚罪,并被判处有期徒刑。在"威廉姆斯(1)案"[406]中,联邦最高法院强调:充分信任与尊重条款中所包含的承认姊妹州判决的宪法要求可以适用于离婚案件,条件是作出判决的州对该类案件具有管辖权。即使配偶另一方不在该州,该州对规制其境内居民的结婚和离婚也享有一种正当利益。程序公正(正当程序)的考虑因素要求,缺席的一方应该收到出庭通知并有机会出庭和参加庭审。原则上,该案的判决确立了单方出庭离婚的有效性及其在全国的效力。在"威廉姆斯(2)案"[407]中,联邦最高法院解答了下述问题:当事人原始住所地州是否有权审查(质疑)在先受理案件的州所主张的住所管辖权。除非当事人受"一事不再理"(res judicata)原则(前文第201段及以下段落)的约束,对该问题的回答是"可以"。"一事不再理"原则不适用于单方出庭诉讼中的事实认定,这类诉讼实质上是缺席审理。联邦最高法院判定:后受理案件的法院据此有权审查州外的判决,并且有权运用本地的住所界定 508

---

[406] *Williams v. North Carolina* (I), 317 U.S. 287, 63 S. Ct. 207, 87 L. Ed. 279 (1942)。
[407] *Williams v. North Carolina* (II), 325 U.S. 226, 65 S. Ct. 1092, 89 L. Ed. 1577 (1945)。

标准。[408] 如今，**单方出庭**的离婚通常应服从所适用的州法中居住持续期限的要求（这是在"住所"之外的要求，住所理论上能够随时取得，参见前文第 132 段）。持续时间可能从几周、几个月到一年不等。[409] 在**单方出庭**离婚的情况下，由于提出请求的配偶的住所只是在解除离婚关系上赋予了法院地管辖权〔运用了上述"**对物**"(in rem)的思维〕，因此与财产分割、扶养、子女监护有关的请求——也就是所有以对被告具有属人管辖权为条件的这些请求——必须在另外单独的诉讼中提出。需要两次而不是一次诉讼来解决所有的问题，这就是"可分割的离婚"(divisible divorce)的概念。

509  当双方当事人都出庭（**双方出庭离婚**，inter partes divorce）时，无论是亲自出庭还是律师代理出庭，就不存在有关住所的管辖权问题了。如果答辩的配偶一方没有提出请求人在法院地没有住所，那么此种抗辩理由将不复存在，管辖权问题就成了**既判事项**，也不再受被请求承认的州的重新审查。[410] 在此情况下，第三方同样不能抨击先受理法院作出的判决。[411]

[408] 允许被请求承认的州——该州运用自己的标准来判定提出请求的州的管辖权——来回答是否适用充分信任与尊重的宪法要求的问题，这种做法看来是错误的。See Hay/Borchers/Symeonides, Conflicts § 15.6. 住所的概念各州之间变化不一，并因而可能导致不同的结果。例如比较以下两个判例：In re Dorrance's Estate, 309 Pa. 151, 163 A. 303 (1932) and In re Estate of Dorrance, 115 N. J. Eq. 268, 170 A. 601 (N. J. 1934). 但是，在两个"威廉姆斯案"中，没有提及出现不同结果的可能性。如果内华达州具有合法有据的管辖权，则充分信任与尊重条款适用于该州的离婚裁决。住所是内华达州法律所要求的管辖依据（可能联邦法也是如此要求）。如果一个州没有管辖权却裁决了一项争议，则其判决侵犯了被告的正当程序权利，**并且因此无权适用充分信任与尊重条款**。两者都是宪法问题。因此，判定请求人是否在内华达州拥有住所，这是一个应当依据宪法标准而不是州法标准判断的宪法问题。弗兰克福特(Frankfurter)法官在其判决意见的脚注〔24〕中意识到了这个问题，但并未对此深究，原因是北卡罗来纳州的标准看似折射出全国对住所要素的理解。实际上，州法的标准成为联邦的标准。See also Worcester County Trust Co. v. Riley, 302 U. S. 292, 299, 58 S. Ct. 185, 82 L. Ed. 268 (1937); Texas v. Florida, 306 U. S. 398, 432, 59 S. Ct. 563, 83 L. Ed. 817 (1939) (Frankfurter, J., dissenting).

[409] 但是，在海外存在这种几乎随时就能离婚的机会，尤其在海地和多米尼加共和国。准予离婚时双方在场，即对方（被告）同时出面，这种出面可以通过律师或者甚至书面材料的提交来完成；尽管请求人在离婚地显然没有住所，但许多美国的州，例如纽约，承认这种"速成离婚"(quickie divorces)。承认此种离婚（比如在诉讼中认可了这种离婚中的扶养问题）的美国司法判决将使海外的离婚判决"国内化"，使该判决可在美国各地获得承认。See Hay/Borchers/Symeonides, Conflicts § 15.22. 如今，许多律师事务所联合旅行社提供"48 小时离婚"服务，通过互联网完成一揽子旅游项目（往返旅程、机场转机、宾馆住宿、离婚、认证文书，以及——如果需要的话——再与他人结婚）。

[410] Sherrer v. Sherrer, 334 U. S. 343, 68 S. Ct. 1087, 92 L. Ed. 1429 (1948).

[411] Johnson v. Muelberger 340 U. S. 581, 71 S. Ct. 474, 95 L. Ed. 552 (1951) (离婚已经成为夫妻之间的既判事项，他们的女儿无权对此提出质疑). See also Hay/Borchers/Symeonides, Conflicts § 15.11.

在美国和欧洲大陆法系离婚法不同的背景下，离婚案件会出现什么问题？[412] 接下来的评论将以德国法为例阐释相关问题；不过对于其他大陆法系国家的法律制度而言，此类问题都非常相似。欧美根本分歧或问题的根源在于美国法院，将"对物方法"用于离婚，总是适用其自己的法律——法院地法。要求审理离婚案件的法院考虑其判决是否会在国外获得承认，比如《德国民事诉讼法典》第 606a 条第 1 款第 4 项末句的规定，此类条款在美国法中付诸阙如。由于充分信任与尊重的宪法要求，此类条款在美国各州之间判决承认的实践中没有存在的必要，相应地各州的法律中对于国际判决也从未采用过这种规定。但是，此种审查的欠缺可能会损害国际离婚诉讼中的当事人利益。比如，德国法院通常承认两个德国人根据美国法获得的美国离婚判决[413]，但是，反过来，两个美国人在德国获得的离婚判决就会遇到麻烦。美国法院可能拒绝承认这种在德国的离婚，原因在于美国法院会根据美国标准审查德国法院的管辖权，并由此得出结论，依照美国标准，德国法院不享有住所管辖权。为了确保离婚判决在美国获得承认，德国法院最好仅在至少当事人一方在德国拥有住所（美国法意义上的住所）时，坚持其国际管辖权。[413a] 决定适用的实体法将主要依据欧盟第 1259/2010 号条例第 5 条或第 8 条。[413b] 第 5 条允许当事人选择适用其国籍国法。在当事人未选择法律时，第 8 条也指引适用其国籍国法，但该法仅作为当事人目前共同惯常居所地的法律或最后共同惯常居所地的法律均不能适用时的选项。在适用国籍国法这种概率不高的情况下，美国当事人本国的管辖权规则含有一种"隐形反致"（hidden renvoi），指引适用作为法院地法的德国法。[414] 通过接受这种"隐形反致"，德国法院原本可防止"跛脚婚姻"（limping marriages）；"跛脚婚姻"是指，婚姻在一国已经解除，但其效力未获得另一国的承认，因此该婚姻在另一国依然有效。这种解决方案如今在德国已经不可行，原因是 2010 年欧盟离婚和司法别居条例\*禁止采用反致制度。但是，在指引适用当事人本国法和

---

〔412〕 注意，第 2201/2003 号《婚姻和父母责任事项的判决承认与执行（欧共体）理事会条例》（[2003] Official Journal of the European Communities L 338/1）调整的是欧盟成员国内部的婚姻事项，对于事关美国的问题依然适用国内法。

〔413〕 《德国民事诉讼法典》第 328 条第 1 款第 4 项确实包含公共秩序保留制度，但它只是在例外情况下才导致不承认外国的判决。

〔413a〕 根据欧盟法，配偶双方或被告惯常居所在德国，或原告惯常居所在德国至少一年，两种条件具备其一时，德国法院具有管辖权。Council Regulation (EC) No. 2201/2003 Concerning Jurisdiction and the Recognition and Enforcement of Judgments in Matrimonial Matters and in Matters of Parental Responsibility. [2003] Official Journal L 338/1, Art. 3(1)(a). 比较该条例第 3 条第 1 款与第 2 款以及第 1 款的第 1 项与第 2 项，结论显而易见：欧盟法中的"惯常居所"与英美法中的"住所"并非同义（前者可更加宽松）。

〔413b〕 [2010] Official Journal L 343/10.

〔414〕 See Hay/Borchers/Symeonides, Conflicts §15.17.

\* 全称是《在离婚和司法别居法律适用领域加强合作的 2010 年 12 月 20 日第 1259/2010（欧盟）理事会条例》。——译者注

依然采用反致的其他大陆法系国家,这种解决方案依然可行。在其他更常见的情况下,无论是包括欧洲国家在内的大陆法系国家的国内法还是美国法(由于其管辖权规则和离婚实质问题适用法院地法)均无明确的成文法规定能防止"跛脚婚姻"。不过,在司法实践中,欧美之间离婚判决的相互承认看起来倒也顺畅无虞。

510A　　如前文所述(前文第 508 段),大多数州在实践中已经以持续一段时间的居所要求取代了要求严格的住所要求。为了确保判决在美国获得承认,外国法院因而应要求原告一方或当事人双方与法院地存在密切联系,正如欧盟条例(《布鲁塞尔条例 II 修订版》)中要求的那样。[414a]

510B　　承认外国离婚判决同时意味着该判决符合外国法院当地的法律和程序,而且未违反美国的正当程序原则。遇有外国的**私下离婚**(private divorces)时,正当程序原则可发挥重要作用;私下离婚为宣布离婚当地的法律所许可,尤其是这种离婚仅由或主要由男方提出,比如依据伊斯兰教,丈夫说三次离婚(塔拉克,talaq)即可离婚,或者依据犹太教,丈夫交给妻子一纸离婚文书(ghet)即可离婚。此类情形的离婚,在美国或许得不到认可。[414b]

511　　在双方出庭的诉讼中,审理离婚案件的法院可以判给一方扶养金(alimony)或扶养费(maintenance)。判付的数额和期限取决于法院的自由裁量权。起初,只有妻子拥有扶养费的请求权;如今,在丈夫证实确有必要时,法院同样判给他扶养费。[415] 是否判给扶养费以及对其数额的判定标准包括双方各自的才能和需要、婚姻的存续期限、双方的年龄、以前的收入记录和赚钱能力、他们当前赚钱的潜力、对婚姻的经济贡献以及配偶各自的经济来源。[416] 夫妻存在过错的考虑因素曾经非常重要,如今已经不再具有实质重要性。[417] 无过错离婚规则已经在许多州生效,此类规则或者完全不考虑过错的因素,或者将其贬到次要地位。如果州法在这方面未作出明文规定,则该州不同法院的做法不一。有些法院在一方存在过错的情况下,偏向减少其扶养费甚至剥夺其扶养费请求权;而其他法院则认为此种

---

[414a]　参见前注[413a]。

[414b]　See, e. g., 404 Md. 404, 425, 947 A. 2d 489 (Md. 2008). 关于欧洲的情况,另见 *Veronika Gärtner*, Die Privatscheidung im gemeinschaftsrechtlichen Internationalen Privat- und Verfahrensrecht (2008)。

欧洲法院 2015 年收到了德国慕尼黑上诉法院的咨询请求,询问关于离婚法律适用的欧盟 1259/2010 号条例([2010] Official Journal L 343/10)是否适用于私下离婚。在该案中,离婚由利比亚的一家宗教法庭依据伊斯兰法作出宣告。伊斯兰法对妻子采取歧视待遇,而上述《欧盟条例》的第 10 条规定适用法院地法,那么该伊斯兰法可否适用,当事人同意离婚这一客观事实可否补救伊斯兰法的缺陷?此类问题同样可能出现在美国法院。See *Soha Sahyouni v. Raja Mamisch*, Case C-281/15, European Court of Justice。

[415]　参见前文第 495 段及以下段落。

[416]　See Tex. Fam. Code § 8.003 (2003); Cal. Fam. Code § 4320 et seq. (2003).

[417]　See § 308 (b) UMDA. 同时可参见前文第 503 段及以下段落。

判决结果与无过错离婚的基本观念格格不入。一方再婚后,其扶养费的请求权便寿终正寝。各州关于婚外关系(同居)后果的规定不一。法院判定的义务人不支付扶养费可能会被判处"藐视法庭罪",并导致刑事制裁(参见前文第 496 段)。

州际扶养费请求权的承认和执行曾经举步维艰,尤其是在债务人离开原住所地,该州法院可能不再具有管辖权的情况下更是如此。《统一相互执行扶养费法》(URESA)曾规定了债权人住所地州与债务人住所地州之间的司法合作。该法后来被《统一州际家庭扶养法》[418]所取代,后者从 1999 年起已经在各州生效。对于子女抚养费和夫妻之间的扶养费,该法规定最初审理案件的法院享有"持续排他管辖权"(continuing exclusive jurisdiction)。[419]

512

5. 非婚同居

在出现非婚同居时,普通法婚姻原则或推定婚姻原则有可能派上用场。如果上述原则无法适用,则在如下情况下可能会出现错综复杂的难题:两人分居、在世的伴侣主张继承权、需要为医疗措施或探视权作出决断、有关工作福利的享有问题。[420] 虽然成文法对婚姻关系终止后的财产分割作了规定,但是由于这些规定不能适用于婚外关系终止的情况,因此同居当事人应以私下约定填补法律空缺。最初,由于这种私下约定被认定违反公共政策(容忍此类约定好似宽恕了一种卖淫方式),因而其法律效力未获得认可。"马尔文诉马尔文案"(Marvin v. Marvin)[421]的判决奠定了该领域现代法律的基石。加利福尼亚州最高法院判定:此类明示协议只要并非绝对聚焦于性要求或服务,则合法有效。此外,默示(事实)合同、准合同(法律上的默示合同)或对其他公平因素的考虑结果都可以作为给予救济的依据,前提条件是当事人曾考虑建立某种契约关系或出于公平的考虑因素确有必要。[422] 尽管有些法院全盘照搬了加利福尼亚州法院的判决,但是许多法院只在严格的限制条件下准

513

---

[418] 关于该法 2001 年修订本、对其发展历程的回顾以及一些州采用该法的持续更新信息,参见 http://www.nccusl.org/nccusl/uniformacts-alphabetically.asp。

[419] 关于子女扶养费,参见下文第 527 段及以下段落。

[420] See *Blumberg*, The Regularization of Nonmarital Cohabitation: Rights and Responsibilities in the American Welfare State, 76 Notre Dame L. Rev. 1265 (2001); *Holob*, Respecting Commitment: A Proposal to Prevent Legal Barriers From Obstructing the Effectuation of Intestate Goals, 85 Cornell L. Rev. 1492 (2000); *Robbennolt/Kirkpatrick Johnson*, Legal Planning for Unmarried Committed Partners: Empirical Lessons for a Preventive and Therapeutic Approach, 41 Ariz. L. Rev. 417 (1999); *Spitko*, An Accrual/Multi-Factor Approach to Intestate Inheritance Rights for Unmarried Committed Partners, 81 Or. L. Rev. 255 (2002).

[421] *Marvin v. Marvin*, 557 P. 2d 106, 18 Cal. 3d 660 (1976).

[422] *Blum*, Property Rights Arising from Relationship of Couple Cohabiting without Marriage, 69 A.L.R. 5th 219.

予救济,而其他法院则全然拒绝允许有人从非婚同居中获得索赔。[423]时至今日,这类判决已经在很大程度上不合时宜。眼下的争论围绕的是同性关系能否同样正式成立(参见下文第 516 段),以及这种正式成立的关系在其他方面会接着带来什么法律后果。在异性"家庭伴侣"(domestic partnership)关系中,伴侣们现今即使不是在所有问题上,也是在许多问题上享有"配偶"的地位,例如加入伴侣另一方健康保险受益范围的权利(另见下文第 515 段)。

514 　　对于继承,非婚伴侣享有继承法规定的个人自主决定权。关于继承的成文法规定了限制条件(例如法定的保留份和家庭扶养补助)。如果伴侣一方对医疗措施丧失了判断能力,比如因为疾病,紧接着出现的问题就是另一方是否拥有代理权。同样,各州在这方面的法律规定各有千秋。[424]如果法律对此一片空白,伴侣一方有可能连探视权也无从享有。为避免此类结果,当事人有必要事先对此作出约定。

515 　　同样,通常只有配偶有权主张享有**工作福利**(employment benefits)。但是,有些州、团体和公司已经扩大了此种福利享有者的范围,将非婚关系伴侣纳入其中,前提是满足特定的条件,符合"家庭伴侣"的概念。[425]

### 6. 同性婚姻和家庭伴侣

516 　　**同性婚姻**(same-sex marriages)**和登记的伴侣关系**(registered partnerships)是近年来最具争议性的一个话题。夏威夷州最高法院于 1993 年推翻了下级法院拒绝为同性伴侣颁发结婚证的一份判决(支持行政机关的决定);该最高法院的判决一出,历史上规模罕见的争议蜂拥而至。夏威夷州最高法院的推理是:这种限制违宪——它经不起州宪法中非歧视准则的审查。[426]在重审中,下级法院发现,并无其他理由来否决结婚证,因此责令发放此

---

[423] 一个实例是伊利诺伊州一份 1979 年的判决,它拒绝对一名妇女给予任何救济,而这位妇女已经与一名男子同居 15 年,为其料理家务并抚养了他们的 3 个孩子。在作出这份判决时,许多州仍然认可普通法婚姻(前文第 488 段),但伊利诺伊州已经通过成文法废除了这类婚姻。Hewitt v. Hewitt, 77 Ill. 2d 49, 394 M. E. 2d 1204 (1979)。"休伊特案"(Hewitt)今天再这样判决的可能性很小。参见接着的正文和下文第 515 段。

[424] See A. R. S. §36-3231 (2004); 16 Del. C. §2507 (2004); N. M. Stat. Ann. §24-7A-5(B)(2)(2005).

[425] See Eischen, For Better or Worse: An Analysis of Recent Challenges to Domestic Partner Benefits Legislation, 31 U. Tol. L. Rev. 527 (2000); Scire/Raimondi, Employment Benefits: Will Your Significant Other Be Covered?, 17 Hofstra Lab. & Emp. L. J. 357 (2000); Wardle, Counting the Costs of Civil Unions: Some Potential Effects on Family Law, 11 Widener J. Pub. L. 401 (2002).

[426] Baehr v. Lewin, 74 Haw. 530, 852 P. 2d 44 (1993).

证。[427] 民众无法接受司法实践的这种变化,群众运动风起云涌,要求将"婚姻"限定为男女结合的制度,排除同性婚姻(以及其他同性关系)。[428] 与此同时,同性伴侣关系[无论称为"婚姻关系"或其他关系,比如"公民结合"(civil unions)*]已在许多州获得认可。佛蒙特州率先立法,使同性伴侣可以建立"公民结合"关系,即一种正式成立并须依正式程序予以解除的公认关系。[429] 2004 年,马萨诸塞州在规定同性**婚姻**方面首开先河,当时其最高法院判定相反的州法违宪(根据州宪法)。[430] 就在同一年,一部联邦成文法——《婚姻保护法》(DOMA)[431]规定:为联邦法之目的,"婚姻"应界定为男女结婚;即便同性结合在成立地有效,各州也有权拒绝承认此类结合。众多州利用立法或修改州宪法采用了《婚姻保护法》的本州版本。

然而,越来越多的州(截至 2015 年初,有 36 个州和哥伦比亚特区)许可同性婚姻或其他形式的正式结合,并承认在外州或外国成立的同性婚姻或结合。2013 年,联邦最高法院判定:为联邦法之目的而将"婚姻"界定为男女结婚(根据这一界定,后死的同性配偶将不得享有诸如联邦社会保障的福利)违宪。[432]

但是,上述 2013 年的判例留下一个尚未解决的难题:同性婚姻——假设其在美国某州(遑论在国外)合法有效地缔结——是否应获得美国其他州的承认。许多州曾利用《婚姻保护法》(前文第 516 段)授予的权力,将承认外州同性婚姻作为充分信任与尊重一般要求的例外情形,并通过成文法宣告州际承认不适用于同性婚姻。同性伴侣法律地位的不确定性对其他问题的解决会产生严重而深远的不利影响,尤其在杂以跨境因素时,问题更加凸显。

517

517A

---

[427] *Baehr v. Miike*, 1996 WL 694235 (Haw. Cir. Ct. 1996). See *Coolidge*, Same-Sex Marriage? Baehr v. Miike and the Meaning of Marriage, 38 S. Texas L. Rev. 1 (1997).

[428] 在夏威夷州和阿拉斯加州,为回应下级法院支持同性婚姻的判决,两个州均通过全民公决修改了宪法。

* 《布莱克法律词典》将其解释为:"一种类似婚姻的关系,通常存在于同性之间,须经辖区内民政部门的认可。"B. Garner (ed.), Black's Law Dictionary, St. Paul: Thomson Reuters, 11th ed., 2019, p.311. 徐国栋教授将其译作"民事结合"。参见徐国栋:《〈绿色民法典草案〉人身法二题》,载《福建师范大学学报(哲学社会科学版)》2005 年第 1 期,第 5—7 页。——译者注

[429] An Act Relating to Civil Unions, 15 V. S. A. § 1201 et seq. (2003).通过这部法律是为了回应佛蒙特州最高法院的一份判决,该判决宣告当时佛蒙特州家庭法对婚姻的限制违反了(州)宪法。*Baker v. State*, 170 Vt. 194, 744 A. 2d 864 (1999). 关于这类丰富文献的总结,参见下文中斯塔尔(Starr)所做的"附录":*Wardle*, The Curious Case of the Missing Legal Analysis, 18 BYU J. Pub. L. 309, 353—370 (2004).

[430] *Goodrich v. Dep't of Public Health*, 798 N. E. 2f 941 (Mass. 2003). 2008 年,加利福尼亚州最高法院效仿了马萨诸塞州的范例[*In re Marriage Cases*, 43 Cal. 4th 757, 76 Cal. Rptr. 3d 683, 183 P. 3d 384 (2009)],但该判决随后被全民公决推翻。这次公决的合宪性是当前诉讼的标的。

[431] 28 U. S. C. § 1738C (2003).

[432] *United States v. Windsor*, 133 S. Ct. 2675 (2013).

例如,正式确立关系的同性伴侣抚养了其中一人的子女,在解除伴侣关系时,在孩子的监护和抚养问题上他们都是孩子的"父母"吗?[433] 在无遗嘱继承的情况下,如果死者住所地法(普遍规定该法适用于动产继承)规定了同性伴侣的继承权,但财产所在地(伴随的遗产管理可能要在该地进行)的法律否认其继承权,那么该同性伴侣可否享有继承权?

517B　　承认州外的同性婚姻这一基本问题在 2015 年得到了解决。联邦最高法院对下级法院四份相互冲突的判决准许了当事人的调卷令请求,将其一并予以审查,并在"奥伯格费尔等诉霍奇斯等案"(*Obergefell et al. v. Hodges et al*)中对其作出判决。[434] 法院以五名法官赞同的微弱多数判定:各州应准许同性婚姻,并因而同样应承认在姊妹州或类似地区有效缔结的此类婚姻。由于这一判例,如今在美国全境均可缔结同性婚姻。这份由肯尼迪(Kennedy)大法官撰写的法院意见主要援引了第十四修正案中的正当程序条款。他宣示该条款含有四种"原则和传统",其中就有"婚姻"乃"国家的社会秩序"的"基石",以及对每个人的"个人尊严和自主"权利的保护。[435] 若法律对个人参与社会秩序的方式施加限制,则其无法保障对"个人尊严和自主"权利的保护。首席大法官罗伯茨(Roberts)撰写了一份反对意见:宪法和法院保护个人免受国家行为的不当影响,但其并非用作创设新型权利的工具。在当前案件中,是社会问题而非宪法问题牵涉其中,而此类问题要求民主选举的立法机关而非司法机关提出解决方案。斯卡利亚(Scalia)大法官甚至认为,多数意见构成了"对美国民主的威胁"。[436]

517C　　同性婚姻在法律上的有效与获得承认不会自动带来公众的充分认可。在将来的一段时间内,社会和宗教层面的反对意见会持续导致各种各样问题的诉讼。因此,更早的一部联邦法——1993 年《宗教自由复兴法》[437] 可用以平衡个人宗教信仰的保护与法定的公共利

---

[433] 参见部分早期的判例法:*K. M. v. E. G.*, 37 Cal. 4th 130, 117 P.3d 673 (2005)(两位同性伴侣都是孩子的"母亲");*Elisa B. v. Superior Court*, 37 Cal. 4th 118, 117 P.3d 660 (2005)(前伴侣的抚养义务),relied on by A. K. v. N. B.,—So. 2d—, 2008 WL 2154098 (Ala. Civ. App. 2008); *Miller-Jenkins v. Miller-Jenkins*, 637 S. E. 2d 330 (Va. Ct. App. 2006), cert. denied, 552 U.S. 1166, 128 S.Ct. 1127 (2008)(涉及子女监护问题). See also *Beth v. Donna M.*, 853 N.Y.S. 2d 501 (N.Y. Sup., N.Y. County 2008)(在加拿大缔结的同性婚姻,涉及非亲生母亲的监护权), followed in *C. M. v. C. C.*, 867 N.Y.S. 2d 884 (N.Y. Sup., N.Y. County 2008), and in *Debra H. v. Janice R.*, 2008 N.Y. Misc. LEXIS 6367, 240 N.Y.L.J. 71 (N.Y. Sup., N.Y. County 2008).

[434] 135 S. Ct. 2584, 192 L. Ed. 2d 609 (2015).

[435] 肯尼迪大法官同时援引了平等保护条款作为一项独立的理由,但并未对此深入探讨。其观点获得了金斯伯格(Ginsburg)、布雷耶(Breyer)、索托马约尔(Sotomayor)和卡根(Kagan)四位大法官的赞同。

[436] 斯卡利亚、托马斯(Thomas)、阿利托(Alito)三位大法官均支持首席大法官罗伯茨的观点,并撰写了各自的异议。这位首席大法官同时认为,此次的多数意见可能有一天被用作支持多配偶制(一夫多妻制),对此他明确予以反对。美国摩门教曾一度支持(倡导)一夫多妻制。

[437] 107 Stat. 1488, 42 U.S.C. §§ 2000bb-1—2000bb-4.

益之间的关系。这部法律在 2015 年首次在一个案件中被援引,该案中一位肯塔基州的县政府职员拒绝为一对女同性恋者颁发结婚证,依据是该职员享有宗教信仰权利。联邦法院先是命令该职员颁发结婚证,然后认定她藐视法庭并因其一直拒绝颁证而对其监禁,最终法院鉴于其并未干预其办公室的其他同事颁发结婚证而将其释放。[438]

### (三) 亲子关系

#### 1. 婚生和血统

普通法曾经严格区分婚生子与私生子,后者在法律上无任何权利。布莱克斯通 (Blackstone)称之为"无亲之子"(filius nullius\*)和"众民之子"(filius populi)。[439] 在诸多成文法中,私生子曾同样处于不利地位。但是,在 1968 年"利维案"(*Levy*)的判决中,通过援引宪法中的平等保护条款,联邦最高法院在诸多领域终结了此种区分。[440] 婚内出生子女与婚外出生子女(以前称为"私生子")之间尽管在待遇上还有少许区别,但其已无关紧要,因为即便在继承问题上,婚外出生子女同婚内出生子女也在大部分重要事项上享有同等待遇。[441]

518

若子女在婚内出生,则推定丈夫具有生父身份;若子女在婚外出生,则应当证明生父身份。即便如此,在许多情况下也是推定生父的身份成立;如果在子女出生时父母已婚,或者

519

---

[438] *Miller v. Davis*, Civ. Action No. 15-44-DLB, 2015 U. S. Dist. LEXIS 105822 (E. D. Ky. Aug. 12, 2015). 联邦最高法院曾拒绝签发中止令。另一个实例是国会众议院保守派议员支持制定一部《第一修正案保护法》的建议。该法将禁止联邦政府针对因道德或宗教原因反对同性婚姻者采取"歧视性措施"(例如拒绝给予税收优惠、禁止签订合同和拒绝授予许可证)。H. R. 2802, 114th Congress (2015-2016). 例如,隶属于教会的高校,尽管在雇佣中歧视男同性恋员工,仍会得到联邦政府的许可。虽然这一提案或类似法案罕有机会获得国会通过(或突破总统的否决权),但其的确例示了未来仍然需要面对哪些问题。See N. Y. Times, "G. O. P. Anti-Gay Bigotry Threatens First Amendment," Online Editorial, Sept. 13, 2015. 基于 1964 年《民权法案》(42 U. S. C. § 2000e-2(a)1)第 7 条而作出的一份更早的判决,参见 *Rodriguez v. City of Chicago*, 156 F. 3d 771 (7th Cir. 1998). 有关的评论,参见 *Linda Greenhouse, Drawing the Line Between Civil and Religious Rights*, New York Times (Sept. 17, 2015), http://nyti.ms/liiQzcd.

\* 此拉丁语对应英文"son of nobody",等同于"私生子",又被称为"filius populi"。See B. Garner (ed.), Black's Law Dictionary, St. Paul: Thomson Reuters, 11th ed., 2019, p. 773. "filius populi"对应英文"a son of the people"。——译者注

[439] *Blackstone*, Commentaries 459.

[440] 第一个判例是"利维诉路易斯安那州案"[*Levy v. Louisiana*, 391 U. S. 68 (1968)]。See also *Gomez v. Perez*, 409 U. S. 535 (1973) (非婚生子女同婚生子女一样享有获得抚养权);*Trimble v. Gordon*, 430 U. S. 762 (1977) (在继承方面待遇平等)。

[441] 另见 2000 年《统一父母身份法》(修订于 2002 年),该法立足于给予婚外出生子女与婚内出生子女同等待遇。在下面的网址可查到该法的全文:http://www.nccusl.org。

子女在婚姻关系解除后的 300 天以内出生,则子女被视为"婚生"。丈夫虽有权推翻此种推定,但只能基于"明确且令人信服的证据",该证据依事实上或身体上的理由能排除其在婚姻存续期间成为该孩子生父的可能。同样,在无效婚姻或可撤销婚姻期间出生的子女被视为婚生子女。[442] 如果子女在结婚之前出生,则子女的婚生身份要求父亲一方另外认可自己的生父身份。

520　　如果当事人对于生父身份存在争议,则可以依据血液检验或 DNA 检测结果,利用亲子鉴定程序确定生父身份。对于谁有权要求确定生父身份,各州法律规定不一;一般而言,母亲、子女以及可能参与的州政府机关(尤其是某个州为儿童提供了基金的情况下)均有权解决生父身份问题。为了推翻对婚姻期间生父身份的推定,丈夫同样有权请求法院作排除其生父身份的宣告。

521　　在美国,体外授精(in vitro fertilization)、代孕母亲(surrogate motherhood)以及类似现象仍旧是法律和道德领域激烈争论的话题。有关代孕合同的有效性和可执行性更是引起广泛争议。在这种合同中,一名妇女为了金钱而承诺:接受实验室里人工授精而成的胚胎植入体内,怀胎至分娩后,将婴儿交还给"订购方"。诸多法院一直认为"代孕合同"违反公共政策[443]并禁止此类合同,或至少拒绝受理基于此类合同的诉讼。其他法院则一直强调宪法对合同自由的保障,并因而承认此类合同的有效性,支持代孕合法。立法机关对此的反应存在广泛分歧。《统一父母身份法》承认这种合同的有效性,但迄今尚未获得广泛的支持。[444]

522　　另一个难题有关代孕母亲的监护权或探视权,或者此种权利是否应当仅属于委托代孕的夫妇或个人。在供卵者体外授精,将胚胎植入代孕母亲体内,这种新技术引发的争议备受瞩目。[445]

---

[442] §§ 207 (c), 208 (d) UMDA。该规则来自推定婚姻原则。参见前文第 492 段。

[443] See *Matter of Baby M.*, 537 A. 2d 1227, 109 N. J. 396 (1988)(认定代孕合同无效)。See also *Plant*, With a Little Help from My Friends: The Intersection of the Gestational Carrier Surrogacy Agreement, Legislative Inaction, and Medical Advancement, 54 Ala. L. Rev. 639 (2003); *Wilson*, Uncovering the Rationale for Requiring Infertility in Surrogacy Arrangements, 29 Am. J. L. and Med. 337 (2003).

[444] 9B U. L. A. 259 (2002). 该法取代了之前的版本,规定了各种形式的辅助生育手段。之前的旧版本曾为各州提供了处理代孕合同的两种可选方案。可选方案一规定承认这种合同的有效性,仅被弗吉尼亚州采用过。北达科他州采用过可选方案二,宣告代孕合同无效。新法规定了一种司法审查和批准这种合同的机制,已为 9 个州所采用,包括弗吉尼亚州,但北达科他州不在此列。关于该法的当前信息,参见 http://www.uniformlawcommission.org。

[445] See *Anna J. v. Mark C.*, 286 Cal. Rptr. 369 (Cal. App. 4th Dist. 1991), superseded by *Johnson v. Calvert*, 851 P. 2d 776, 5 Cal. 4th 84 (1993); *A. H. W. v. G. H. B.*, 399 N. J. Super. 495, 772 A. 2d 948 (2000); **and** *In re T. J. S.*, 419 N. J. Super. 46, 16 A. 3d 386 (N. J. Super. 2011). 对加利福尼亚州和其他州判决的评论,参见 *Chatterjee v. King*, 280 P. 3d 283 (N. M. 2012). See also *Storrow*, Parenthood By Pure Intention: Assisted Reproduction and the Functional Approach to Parentage, 53 Hastings L. J. 597 (2003).

此外，在法律上如何对待异质人工授精（heterologous inseminations）[446]以及是否允许供精者死后人工授精（postmortal inseminations）[447]，人们看法不一。最近，人类克隆（human cloning）是一个激烈争论的话题。在美国，人们在道德和法律上的普遍回应至今态度未改，依然拒绝。[448]

### 2. 监护

父母生活在一起时，他们共享子女监护权。监护权包括对子女人身的看护权和对子女财产的管理权。监护权受宪法保护，仅能基于权利滥用的证据由法院判令剥夺。[449] 父母的监护权在子女成年或提前独立（earlier emancipation）时终止，后者是指子女事实上已独立生活，比如已经结婚或服兵役，而父母解除对子女的监护。在此情况下，父母的抚养义务同时终止。

在司法别居或离婚时，父母可以获得**共同监护权**（joint custody），或者其中一方被授予**单独监护权**（sole custody）。"子女的最佳利益"是法院判决的决定性因素。父母和子女的意愿、他们的居住条件和其他因素，这些都是法院判决时的重要考虑因素，但父母的种族不得在考虑之列。[450] 是否应将父母一方的同性伴侣关系纳入判决的考虑范围，目前尚无一致意见。[451]

在父母一方单独监护子女时，通常是母亲获得监护权，尤其在子女特别年幼时更是如此。但是，由于非监护方与子女的接触机会减少，这对父亲一方的不公平触动许多人。因

---

[446] See *Noah*, Assisted Reproductive Technologies and the Pitfalls of Unregulated Biomedical Innovation, 55 Fla. L. Rev. 603 (2003); *Liebler*, Are You My Parent? Are You My Child? The Role of Genetics and Race in Defining Relationships after Reproductive Technological Mistakes, 5 DePaul J. Health Care L. 15 (2002); *Yaworsky*, Rights and Obligations Resulting from Human Artificial Insemination, 83 A. L. R. 4th 295.

[447] See *Scharman*, Not Without My Father: The Legal Status of the Posthumously Conceived Child, 55 Vand. L. Rev. 1001 (2002); *Scott*, A Look at the Rights and Entitlements of Posthumously Conceived Children: No Surefire Way to Tame the Reproductive Wild West, 52 Emory L. J. 963 (2003).

[448] See *Dolgin*, Abortion, Stem Cells, and Cloning, 31 Fla St. U. L. Rev. 101 (2003); *Sunstein*, Is there a Constitutional Right to Clone?, 53 Hastings L. J. 987 (2002); *Taylor*, The Fear of Drawing the Line at Cloning, 9 B. U. J. Sci. & Tech. L. 379 (2003). 关于一个州对该问题的处理方法，参见 *Symposium*, Cloning Californians: Report of the California Advisory Committee on Human Cloning, 53 Hastings L. J. 1143 (2002).

[449] *Santosky v. Kramer*, 455 U. S. 745, 102 S. Ct. 1388, 71 L. Ed. 2d 599 (1982)（"疏忽大意或权利滥用的明确且令人信服之证据"）。

[450] See *Palmore v. Sidoti*, 466 U. S. 429, 104 S. Ct. 1879, 80 L. Ed. 2d 421 (1984). 对应考虑因素的有趣探讨，参见 *Wilder*, Religion and Best Interests in Custody Cases, 18 J. Am. Acad. Matrimonial Law 211 (2002).

[451] 对此更多的探讨，参见 *Graham*, How the ALI Child Custody Principles Help Eliminate Gender and Sexual Orientation Bias from Child Custody, 8 Duke J. Gender L. & Pol'y 323 (2001); *Tiritilli/Koenig*, A Call for the Best Interests of the Child to be Paramount in the Case of Non-Biological, Non-Adoptive Parents, 36 Creighton L. Rev. 3 (2002).

此，有些州通过成文法规定共同监护应当是常规。[452] 不享有监护权的父母一方通常享有探视权。[453] 私生子的父亲同样享有父母权利。[454] 尽管其难以获得监护权，但他们往往享有探视权。[455]

恰如子女抚养的情况（下文探讨），子女监护有可能引发管辖权的难题；父母一方劫持子女，将其带到另一州，或者父母一方，在子女来访时，寻求更改最初由另一州作出的监护权判决，在此类情况下问题尤其难以解决。《统一子女监护管辖权和判决执行法》(Uniform Child Custody Jurisdiction and Enforcement Act)[456]规定子女的"家庭所在州"(home state)享有管辖权。只有不存在"家庭所在州"，或者"家庭所在州"基于**不方便法院原则**（比如当子女已经迁出该州时）拒绝行使其管辖权，或者出现紧急情况时，其他州才能行使管辖权。[457] 联邦法如今规定了宪法中的充分信任与尊重条款适用于有关监护的判决；只要作出判决的法院具有管辖权，联邦法就要求在全国范围内认可该判决。[458]《海牙国际诱拐儿童民事事项的公约》(Hague Convention on the Civil Aspects of International Child Abduction)同样基于家庭所在国的理念，并规定将被诱拐的儿童返还该国。美国是该公约的缔约方。[459]

---

[452] 例如参见 Cal. Fam. Code § 3020 (b) (2013)。

[453] See § 407 UMDA.

[454] 先导性的判例是"斯坦利诉伊利诺伊州案"[*Stanley v. Illinois*, 405 U. S. 645, 92 S. Ct. 1208, 31 L. Ed. 2d 551 (1972)]。

[455] *Michael. H. v. Gerald D.*, 491 U. S. 110 (1989); *Lehr v. Robertson*, 463 U. S. 248 (1983).

[456] 9 U. L. A. 101 (Supp. 1999)。该法取代了以前的《统一子女监护管辖权法》[9 U. L. A. 143 (1988)]。截至2010年初，这部法律已经在48个州和哥伦比亚特区获得批准。在马萨诸塞州和佛蒙特州，这部法律正等待获得批准。

[457] 欧洲法普遍反对如下理念：法院根据成文法享有管辖权，却因为不方便法院原则拒绝受理案件。欧共体第2201/2003号条例（[2003] Official Journal L 338/1 ("Brussel-IIa")）第15条关于子女监护管辖权的规定是一种例外情况。当有权受理案件的法院与儿童的关系特别密切时，它有权向先受理法院请求移送管辖；就此而言，第15条的规定超越了美国的不方便法院理念。参见该条例第15条第2款第3项。

[458] 28 U. S. C. §1738A (2003). 关于《统一子女监护管辖权法》(UCCJA) 和《防止父母劫持子女联邦法》（执行充分信任与尊重条款的立法之根基）之间的相互作用，参见 *In re Jorgensen*, 627 N. W. 2d 550 (Iowa 2001)。

[459] 更多的参考资料，参见 *Hay/Borchers/Symeonides*, Conflicts § 15. 42。对该公约执行情况的评论，参见 *Weiner*, Navigating the Road between Uniformity and Progress: The Need for Purposive Analysis of the Hague Convention on the Civil Aspects of International Child Abduction, 33 Colum. Human Rights L. Rev. 275 (2002)。See also the International Parental Kidnapping Act of 1993, 18 U. S. C. A. §1204 [为了不让另一方行使父母监护权而将子女带出美国是一种应受惩罚的违法行为(offense)]。在美国审理的数个案件中，"监护权"的界定曾是争论的焦点：成文法或监护权判决中的禁止出境令(ne exeat)（要求享有监护权的父母一方在将子女带出其住所地所在国时应征得不享有监护权父母一方的同意）是否构成"监护权"的一部分？该问题意指，享有监护权的父母一方未经另一方的同意而将子女移居至另一国，另一方是否有权依据宪法请求子女回迁？对此，美国联邦法院之间一度观点对立。2010年，联邦最高法院采用了国际社会的主流观点：禁止出境令构成监护权的一部分。*Abbott v. Abbott*, 560 U. S. 1 (2010). 对该判例法的适用，参见 *E. Sussex Children Servs. v. Morris*, 919 F. supp. 2d 721 (N. D. W. Va. 2013); *Taylor v. Hunt*, No. 4:12 CV530, 2013 U. S. Dist. LEXIS 23183, 2013 WL 620934 (E. D. Tex. Jan. 11, 2013)。

### 3. 扶养

父母对子女负有抚养\*义务。该义务通常终止于子女成年时[460]，但有可能持续更长时间，比如由于子女患病或残疾。该义务包括提供"适当的"抚养费。对于法院而言，抚养不包括提供子女大学学费的义务，该笔费用可能相当昂贵。[461] 当父母司法别居或离婚时，不享有监护权的父母一方通常负有义务提供子女的全部或部分抚养费，具体数额由法院判定。在作出判决时，法院可以——但并非必须——执行或考虑当事人有可能在别居协议中作出的约定。决定抚养费水平的主要标准是子女的需要和义务人的支付能力。表述如此宽泛的标准为法院的自由裁量留下了大量余地，结果导致针对实质相同的案件法院确定的抚养义务却大相径庭。因此，联邦政府鼓励各州采用成文法指南。如今，此类指南遍布各州，只对特殊案情允许偏离或例外。[462]

《统一州际家庭扶养法》（参见前文第 512 段）已经在各州生效。只要债权人、债务人或子女仍在法院所在州，作出最初扶养费判决的法院就享有"持续的排他管辖权"。一旦扶养费判决发布，联邦法就帮助找到判决中的债务人并收缴所欠的扶养费。[463] 就像对待监护权判决，宪法中的充分信任与尊重条款要求扶养判决在全国范围内获得承认；只要第一个受理案件的法院依然享有管辖权（见上文），其他法院就不得更改其判决。[464] 美国不

---

\* 英文"support"包含了汉语中的"抚养""赡养"和"扶养"三种家庭成员之间的扶助。本书根据不同的上下文灵活调整，但在采用"扶养"一词时，通常包含上述三种含义，这与国内法语境下的"扶养"含义不同。——译者注

[460] 抚养义务同样伴随子女提前生活独立而终止。参见前文第 523 段。

[461] *In re Marriage of Plummer*, 735 P. 2d 165 (Colo. 1987); *In re Marriage of Sewell*, 817 P2d 594 (Colo. App. 1991). See also *McMullen*, Father (or Mother) Knows Best: An Argument Against Including Post-Majority Educational Expenses in Court-Ordered Child Support, 34 Ind. L. Rev. 343 (2001). 相反的判例：*Thiele v. Thiele*, 479 N. E. 2d 1324 (Ind. App. 1985), applied in *Hirsch v. Oliver*, 944 N. E. 2d 956, 965 (Ind. App. 2011) （抚养费的计算可考虑子女教育和培训费用）。

[462] 在大多数州，经济困难的父母同样对其子女享有（成文法上的）赡养费请求权。此种义务过去在普通法上并不存在。

[463] See Title IV-D of the Social Security Act, 42 U. S. C. § 653 (2005) and the 1984 Child Support Amendments, Pub. L. No. 98-378, 98 Stat. 1305 (1984). 1998年《失职父母处罚法》(18 U. S. C. § 228 (2005))将有意逃避扶养费义务的行为定性为犯罪，可处以罚金和监禁。若债务人"以逃避扶养义务为目的周游各州或外国从事商务活动"，则其刑期有可能增加（第 228 条第 1 款第 2 项）。

[464] Full Faith and Credit for Child Support Orders Act of 1994, 28 U. S. C. § 1738B (2005). See *Elrod*, Child Support Reassessed: Federalization of Enforcement Nears Completion, 1997 U. Ill. L. Rev. 695 (1997); *Ring*, Personal Jurisdiction and Child Support: Establishing the Parent-Child Relationship as Minimum Contacts, 89 Calif. L. Rev. 1125 (2001); *Weintraub*, Recognition and Enforcement of Judgements of Child Support Obligations in United States and Canadian Courts, 34 Tex. Int'l L. J. 361 (1999).

是联合国和海牙扶养公约的缔约方,不过在美国单个州和外国之间存在一些双边互惠条约。[465]

4. 收养

529　　收养及其法律后果由成文法调整。所有的州都允许收养未成年人,有些州也允许收养成年人。尽管已婚夫妇的收养更受青睐,但是无论结婚与否,已经成年的人都有权成为养父母。[466] 通常,在收养人已婚时,收养应征得配偶另一方的同意。过去,同性伴侣的收养面临种种难题;如今伴随同性婚姻通行于美国全境(前文第 517B 段),这种歧视性做法已被法律禁止。在一些州,收养需要政府机构的介入和参与,而其他州允许私人提供中介服务。收养本身是司法行为的结果。儿童住所地法院享有管辖权[467],法院适用其本州法——法院地法。收养特定年龄以上的儿童应征得本人同意,在所有情况下都必须征得亲生父母的同意。在找不到亲生父母或亲生父母无法作为一方当事人出庭时,法院可以依职权(ex officio)判定他们同意。在收养非婚生子女时,父亲的同意必不可少,至少在他已经确立并保持了与子女的关系的情况下如此。[468] 收养之后,子女与亲生父母之间的所有法律关系终止,该儿童只被视为与养父母存在亲子关系。但是对于继承而言,法律的确规定了某些例外情况。

530　　对于跨州的收养,宪法中的充分信任与尊重条款要求,其他各州均应承认收养的效力——即作为养子女的子女身份。[469] 但是,承认收养的宪法要求并不扩及于收养判决作出地州的法律所决定的收养效果("附带后果",incidents)。相反,收养的附带后果取决于请求地的法律。就像离婚案件遇到的情况,美国管辖权规则的法院地法导向以及有关收养的实体法,可能导致跨国收养的承认难题;如果他国制度遵循的导向是以当事人属人法为核心,则情况尤其如此。因此,大陆法系国家的法院判决的收养可能无法在美国获得承认,原因是作出判决的法院缺乏(美国视野下的)管辖权。有些大陆法系国家——比如德国根据《民事诉讼法典》第 606a 条第 1 款——可以避免此种结果,这些国家的法院在行使管辖权时会考虑到,其判决将来能否在儿童的国籍国或家庭所在国获得承认。把上述情况反过

---

[465] See Hay/Borchers/Symeonides, Conflicts §15.37.
[466] 未成年人偶尔获准收养他人。例如参见 §750 ILCS 50/2 (b) (2014)。
[467] 对此存在争议,但该表述体现的是主流观点,参见 Hay/Borchers/Symeonides, Conflicts §16.5。
[468] Stanley v. Illinois, 405 U.S. 645 (1972).
[469] 对在此背景下已涌现的一些问题的探讨,参见 Whitten, Choice of Law, Jurisdiction, and Judgment Issues in Interstate Adoption Cases, 31 Cap. U. L. Rev. 803 (2003)。

来,美国法院不会做这种审查,加之适用法院地的实体法,有可能制造了一种在儿童国籍国获得承认的障碍。[470]

## 六、继承法和信托

**参考书目**:*Beyer*, Wills, Trusts and Estates: Examples and Explanations, 5th ed. 2012; *Dukeminier/Sitkoff/Lindgren*, Wills, Trusts and Estates, 8th ed. 2009-5; *McGovern/Kurtz/Rein*, Wills, Trusts and Estates, 4th ed. 2010; *Vollmar/Hess/Whitman*, An Introduction to Trusts and Estates, 2003.

### (一)简介

本节探讨的是遗嘱继承、法定继承和信托中的财产法问题。将这些话题放在一起讨论可能会令大陆法系的法律人感到诧异。但是,在美国法中,这些问题之间通常存在密切的联系,原因是设立信托可以达到与订立遗嘱同样的目的。因此在美国法中,面对客户安排后事的需要,律师通常将"遗嘱"和"信托"一并考虑。两类事项都属于州法调整的范围。为统一和简化继承法,人们作了诸多尝试,或许其中最重要的是《统一遗嘱认证法》(UPC),它初次公布于1969年,但于1990年作了重大修改。[471]

美国的继承法与大陆法系国家的继承法之间存在重大差异。[472] 首先,美国设立了专

531

532

---

[470] 美国已经批准了《海牙跨国收养公约》,该公约于2008年4月1日起对美国生效。32 I. L. M. 1134. 关于执行该公约的立法,参见114 Stat. 844(a). 该公约确立了"跨国收养"的最低前提条件,并特别着眼于保护来自发展中国家的儿童。See also *Graff*, Intercountry Adoption and the Convention on the Rights of the Child: Can the Free Market in Children be Controlled?, 27 Syracuse J. Int'l L. & Com. 405 (2000); *Hubing*, International Child Adoptions: Who Should Decide What is in the Best Interests of the Family?, 15 ND J. L. Ethics & Pub Pol'y 655 (2001). See also *Estin*, Families Across Borders: The Hague Children's Conventions and the Case for International Family Law in the United States, 62 Fla. L. Rev. 47 (2010).

[471] 《统一遗嘱认证法》已在18个州生效,并部分地为其余的少数州所接受。更多信息参见 http://www.nccusl.org.

[472] 另见自2015年生效的欧盟关于继承的条例,它规定关于管辖权和法律适用的单一继承制这一大陆法概念,如今同样适用于普通法成员国。Regulation (EU) No. 650/2012, [2012] Official Journal L 201/107.

门的**遗嘱认证法院**(probate courts)来管辖所有的继承事项。[473] 其次，与大陆法系的传统相反，美国法中不存在"概括继承"(universal succession)。"遗产"(描述死者遗留的全部财产的术语)不必然被视为一个实体；相反，构成遗产的不同部分可以分别适用多个不同的州法。此外，由于遗嘱可能只处分部分遗产，因此可能遗嘱适用一种法律，而遗嘱未处理财产的继承适用其他的一种或多种法律。

533　　起初，法律曾严格区分遗产中的动产与不动产。动产转入称为"[死者姓名]遗产"的法律实体，由遗嘱执行人(存在遗嘱的情况下)或遗产管理人(没有遗嘱的情况下)管理，直至死者的债权实现和债务偿清，以及其他管理职责履行完毕后将剩余财产分配给继承人。与之相反，不动产直接归继承人所有；但是，如果有债务需要偿还，则遗嘱执行人(executor)或遗产管理人(administrator)仍然可以接手该不动产。如今这种动产与不动产的区分已不再那么重要，一些州甚至已将其废除。《统一遗嘱认证法》规定动产可由继承人直接继承。但是，继承人所得遗产依然有可能被遗嘱执行人或遗产管理人根据法定理由"收回"(pull-back)。对于冲突法(国际私法)，动产与不动产的区分依然存在，并因而依然具有重要意义。不动产继承适用物之所在地法(lex rei sitae)，而动产继承则适用死者死亡时住所地的继承法。在州际和国际案件中，若需要在多个州进行遗嘱认证(遵循其遗嘱形式的规则)，适用不同州的法律，则有可能产生大量法律问题。

534　　就用法而言，一些术语和概念已可以互换，比如 will 和 testament*。但是对于其他术语，则有必要辨别该术语是用于遗嘱继承还是用于法定继承(inheritance 还是 succession)。[474] 由于美国继承法仍旧具有些许繁文缛节的特征，因此有必要留意"专业术语"(terms of art)。

### (二) 法定继承

535　　当不存在有效的遗嘱时，就会出现"无遗嘱继承"(intestate succession)。遗产分配给法

---

[473] 但是，冠名为"遗嘱认证法院"的司法机构也可能不过是普通民事法院的组成部分。

* 人们曾经认为："will"表示处分不动产的遗嘱，而"testament"表示处分动产的遗嘱。参见〔美〕杰西·杜克米尼尔、斯坦利·M.约翰松:《遗嘱、信托、遗产》(节译)，陈苇等译，西南政法大学外国家庭法及妇女理论研究中心，2006年10月，第38页。——译者注

[474] 如上文所述，在遗嘱中指定的、负责执行遗嘱内容的人称作"executor"(遗嘱执行人)。被法院指定执行遗嘱("带有所附的遗嘱"，此时不是没有遗嘱，而是遗嘱没有指定执行人)或本来不存在遗嘱时监管法定继承的人称作"administrator"(遗产管理人)。从遗嘱中受益之人称作"beneficiaries"(受益人)；而依据法定继承的法律规定而继承财产者称作"heirs"(继承人)。还有，"devise"(不动产遗赠)表示通过遗嘱转让不动产，而"legacy"(动产遗赠)表示有关动产的遗赠行为。

定继承人,分配方式同其他国家法律制度下的做法颇为相似。但是,对于配偶,重要的是记住美国有两种婚姻财产制度(普通法财产制和夫妻共同财产制,参见前文第 497 段及以下段落)。遵循普通法财产制的州,准许在世配偶同死者的其他亲属共同分割死者遗产。[475] 而在采用夫妻共同财产制的州,由于在世配偶已拥有一半的夫妻共同财产,因此法律没有必要再规定其享有继承方面的额外请求权。[476] 将某些财产从死者的"遗产"中剥离出来可能有利于在世配偶。例如,普通法授予在世配偶对死者不动产的终身地产权。对于在世的妻子,这种终身地产权称为"遗孀地产权";对于在世的丈夫,此种地产权称为"鳏夫地产权"。大部分州已经废除这些终身地产权[477],而代之以规定在世配偶对住宅享有一种继续使用权("家宅权",homestead)。[478]

半血缘的亲属[479]、收养的子女[480]以及被继承人死后出生的继承人[481]有权继承与全血缘亲属同样的份额。在早期,除非父亲通过遗嘱留给非婚生子女遗产,大多州不允许此类子女继承父亲的遗产[482];但如今他们通常与婚生子女平等地参与遗产的分配。[483] 此外,与早期普通法曾有的规定不同,如今继承权不再与公民身份相关联。[484] 继承人必须比被

536

---

[475] 在世配偶享有遗产份额的多少通常取决于死者是否有其他后裔。See UPC § 2-102; Fla. Stat. § 732.102 (2013).2003 年《伊利诺伊州成文法汇编》第 755 节第 5 小节第 2-1 条[§ 755 ILCS 5/2-1 (2003)]的规定是法定遗产分配的典型代表:如果有在世配偶和在世的子女,则在世配偶获得一半遗产,另一半遗产在子女间平均分配。如果死者的配偶已经去世,则全部遗产归属死者的后裔。另一方面,如果未有后裔在世,则全部遗产归属在世配偶。如果死者的配偶和后裔均已去世,则遗产平均分配给死者的父母和兄弟姐妹。如果只有父亲或母亲一人在世,则他或她获得遗产的三分之二。如果兄弟或姐妹中的一人先于死者去世,则其后裔获得其应得的份额。如果上述规定均不适用,则遗产首先归属(外)祖父母及其后裔,然后考虑(外)曾祖父母及其后裔。如果上述规定无一奏效,则遗产将在其他亲属之间按照亲疏远近予以分配。如果死者没有任何亲属,则其遗产由州政府继承。

[476] 《统一遗嘱认证法》第 2-102A 条规定了死者个人财产的分配。2013/2014 年《加利福尼亚州遗嘱认证法典》第 6401 条规定了在世配偶参与夫妻共同财产和准夫妻共同财产的分割,并规定了死者个人财产的分配。2004 年《亚利桑那州最新成文法》第 14-2102 条[A. R. S. § 14-2102 (2004)]预料到了这种可能性:在世配偶参与死者全部财产的部分分享。

[477] UPC § 2-112; Cal. Prob. Code § 6412 (2013/14); Fla. Stat. § 732.111 (2013); § 755 ILCS 5/2-9 (2014).

[478] 对于家宅权、不计入遗产的家用物品以及家庭扶养补助(在保留份的情况下),参见后文第 547 段。

[479] UPC § 2-107; Cal. Prob. Code § 6406 (2013/14).

[480] UPC § 2-114(b); *Phelps v. King* 58 Ill. 2d 32, 316 N. E. 2d 775 (1974).

[481] UPC § 2-108; § 755 ILCS 5/2-3 (2014); Fla. Stat. § 732.106 (2013).

[482] 有个州的成文法拒绝授予非婚生子女以继承权,而父亲已经认可了父子关系;在 1971 年,联邦最高法院不顾该父亲认可的事实,仍然拒绝宣告这个州的成文法违宪。*Labine v. Vincent*, 401 U. S. 532, 91 S. Ct. 1017, 28 L. Ed. 2d 288 (1971).

[483] 比如参见《统一遗嘱认证法》第 2-114 条第 1 款。

[484] UPC § 2-111; Cal. Prob. Code § 6411 (2013/14); Fla. Stat. § 732.1101 (2013).

继承人活得更长久。证明这一点有时可能并非易事，比如当两者的死亡时间间隔很短时。该问题有可能引发众多潜在的讼争；成文法通常推定涉诉的一位死者比另一位死者活得更长久*，但这种推定并不必然有助于解决该问题。现在，《统一遗嘱认证法》第 2-104 条要求证明继承人比被继承人实际上晚去世至少 120 小时。

### （三）遗嘱继承

537　　在遗嘱自由的法定范围内，遗嘱继承取代成文法规定；后者作为默认规则发挥作用。[485] 起初，testament（动产遗嘱）描述的是死者生前对动产的书面处分，而 will（不动产遗嘱）则是有关不动产。如今，这两个术语可以互换使用。

#### 1. 遗嘱的有效性

538　　任何一位"心智健全"且已届法定年龄的自然人均可订立遗嘱。[485a] 这意味着立遗嘱人（订立遗嘱者）虽不必具有订立合同所要求的行为能力，但他必须能够理解其所立的文书为遗嘱，以及其条款会带来的法律后果。上述结论的一个前提条件是立遗嘱人了解遗嘱所涉及的财产，并意识到没有遗嘱时谁会作为继承人。原则上，包括未成年人在内的任何人均可作为遗嘱的受益人。美国法只规定了一种受益人或继承人不得从事的行为，即杀害被继承人，这种行为将导致其"丧失继承资格"。[486]

539　　一份**正式遗嘱**需要采用书面形式（手写、印制、打字或类似方式）订立，由立遗嘱人和证人共同签字（可能需要 2 名或 3 名证人，这取决于所涉及的州）。证人的作用是"见证"立遗嘱人的声明——该文书是其最后遗嘱，同时"见证"这一事实——在证人在场时立遗嘱人在遗嘱上签字。[487] 在许多州，一份只有立遗嘱人签字的手写遗嘱同样合法有效（"自书遗嘱"

---

　　* 甲和乙有相互继承关系，他们在同一事故中死亡。若是甲的遗产继承案，则推定甲比乙活得长久；若是乙的遗产继承案，则推定乙比甲活得长久。因此，这种法律推定虽能解决一些问题，但"并不必然有助于解决该问题"。原著作者在给译者的回信中谈到，若甲和乙的继承人都援引这种法律推定，则会出现恶性循环。作者回信的部分原文如下："Instead there is a presumption that, in these family situations, each of the dead persons (if the sequence of death cannot be established) is presumed to have survived ( = died after) the other. Such a presumption may help in some cases. However, it often does not because it leads you in a circle in all those cases in which the dead persons have inheritance rights against each other and their own heirs now try to invoke these claims."——译者注

　　[485] 欧盟关于继承的条例如今赋予立遗嘱人指定准据法的有限自主权。前注 [472]，第 22 条。
　　[485a] UPC § 2-501; A. R. S. § 14-2501 (2004); Fla. Stat. § 732.501 (2013); § 755 ILCS 5/4-1 (2014).
　　[486] UPC § 2-803; § 755 ILCS 5/2-6 (2014). 当前对此的探讨，参见 Kramer, Guilty by Association: Inadequacies in the Uniform Probate Code Slayer Statute, 19 N. Y. L. Sch. J. Hum. Rts. 697 (2003).
　　[487] UPC § 2-502(a).

(holographic will))。[488] 美国法中没有关于"公证遗嘱"(public testament)的规定。[489] 在许多州,立遗嘱人可以在遗嘱中援引其他的文字材料,并使其成为遗嘱的组成部分("援引并入")。由于遗嘱认证程序可能发生在多个州(见前文第 533 段),因此所涉各州对遗嘱形式的要求理论上均可适用。满足了部分州的遗嘱形式要求,但未满足其他州的遗嘱形式要求,由此可能造成遗嘱形式有效性不一;对于这一难题,有些州已经通过成文法规定予以解决,即在一定条件下认可州外的遗嘱。[490]

遗嘱可以变更,但变更遗嘱同样需要遵守形式要求,恰如起初订立遗嘱时一样。因而有两种变更或取代原有遗嘱的可行途径:一种是重新撰写遗嘱,将变更的内容纳入新遗嘱;另一种是在原有遗嘱上添加"修正附录",在附录中罗列变更之处。但必须注意的是,简单划掉现有遗嘱的特定条款不具有法律效力。撤销遗嘱可以采用多种方式,比如可以明确地废除遗嘱。此外,无论是明确地废除旧遗嘱还是在新遗嘱中加进不同于旧遗嘱的条款,一份新遗嘱的订立均可撤销旧遗嘱。[491] 最后,立遗嘱人生活境况的变化同样可导致遗嘱无效,尽管这种情况出现的概率不高。[492] 在后的遗嘱无效后,曾被撤销或通过其他方式终止的在先遗嘱是否恢复生效,各州法院的判决存在差异,因此对于何为"主流"观点,目前尚无答案。[493] 540

立遗嘱人所犯的认知错误通常并不被视为缺乏立遗嘱意图并导致遗嘱无效。另一方面,若立遗嘱人被有意误导(欺诈),特别是被受益人误导,则遗嘱无效。当立遗嘱人丧失了自由而独立地判断的能力时,他人对立遗嘱人施加不正当的影响,同样可导致法院裁定遗嘱无效。不过,这种情况的证明门槛相当高。[494] 541

---

[488] UPC § 2-502(b)。

[489] 比如按照德国法利用公证人订立最后的遗嘱,这种做法未在美国推行的原因并不复杂:美国不存在德国法意义上的"公证人"(notary public)。在美国,"公证人"是证实文件真实性者,并未接受过法律训练,因而无法发挥德国法意义上公证人那种专业律师的作用。

[490] UPC § 2-506; A. R. S. § 14-2506 (2004); § 755 ILCS 5/7-1 (2014). 截至 2015 年 1 月,14 个州、维京群岛以及哥伦比亚特区已经采用了《统一国际遗嘱法》。See also Uniform Probate Code, Art. II, Part 10, 8 U. L. A 191 (1995).

[491] UPC § 2-507(a); § 755 ILCS 5/4-7(a) (2014)。

[492] 参照《统一遗嘱认证法》第 2-803、2-804 条,该法第 2-508 条涉及的是谋杀立遗嘱人和离婚。当遗嘱订立于结婚前或子女出生前,并且配偶或子女此后被虐待,《统一遗嘱认证法》第 2-301 条和第 2-302 条同样考虑调整在世配偶应得的保留份。

[493] See UPC § 2-509。

[494] 对在该领域产生的潜在侵权责任的探讨,参见 Klein, The Disappointed Heir's Revenge, Southern Style: Tortious Interference with Expectation of Inheritance—A Survey with Analysis of State Approaches in the Fifth and Eleventh Circuits, 55 Baylor L. Rev. 79 (2003)。

### 2. 遗嘱自由及其限度

542　　除了一些重要的法定例外情形,立遗嘱人可以自由决定其遗嘱的内容。他既可以将其全部遗产都留给一个人或机构,也可以将其遗赠给多人。夫妻可以订立共同遗嘱(joint will),或者在其各自的遗嘱中相互成为彼此的受益人("相互遗嘱",mutual wills)。在许多州,后一种遗嘱即使在另一方去世后也可以撤销。[495] 应将上述遗嘱与"遗嘱合同"(contract to make a will)相区别,依据该合同,一方当事人允诺订立包含特定内容的遗嘱,让特定的人获益,尤其是有利于合同另一方当事人。这一约定构成一份合同,因此需要遵守合同法规则,包括有关对价的要求。[496]

543　　州法中关于特留份的规定(参见下文)以及公共政策和社会公德观念会限制当事人的遗嘱自由。当遗赠附带特定的前提条件("附条件遗赠")时,公共政策和社会公德所起的作用尤其显著。例如一份遗嘱规定继承人必须比立遗嘱人晚去世一段特定期限,或者他要在经济上帮助指定的第三人,这种条款通常既不会违反公共政策,也不会触犯良善公德。但是,这种条款若以令人无法容忍的方式限制继承人的人身自由,比如要求他或她只能与信仰相同的人结婚或保持单身,则会与公序良俗背道而驰。[497] 遗嘱中的惩罚性条款显然存在问题。为了打击对遗嘱不满的继承人,遗嘱中可能规定任何质疑遗嘱有效性者将不得继承遗产("威吓"条款,"in terrorem" clauses)。[497a]《统一遗嘱认证法》建议此类条款当属无效。[498] 最后,慈善遗赠可能适用特别规则。疾病痛苦和死亡预期有可能驱使立遗嘱人临终前将大部分遗产遗赠给慈善组织,这将大幅度减少其家庭成员和其他继承人应得的遗产份额。成文法规则因此将慈善遗赠限定在遗产的特定份额,或者要求此类遗嘱生效的前提

---

[495] 不能如此理解相互的承诺:双方期望使先去世死者的继承人获益,使得继承人可以基于第三方受益人合同提出诉讼请求。

[496] 关于缔约意图,参见 *McGovern/Kurtz/Rein*, Wills §9.5;关于对价,参见前文第 300 段及以下段落。

[497] 对于前述内容,参见 *Jenkins v. Merritt*, 17 Fla. 304 (1879); *Raulerson v. Saffold*, 61 So. 2d 926 (Fla. 1952); *Community Nat'l Bank & Trust Co. v. Rapaport*, 213 So. 2d 316 (Fla. 1968); *Annotation*, Wills: Validity of Condition of Gift Depending on Divorce or Separation, 14 A. L. R. 3d 1219 (1996). 对此的全面探讨以及更多的参考内容,参见 Sherman, Posthumous Meddling: An Instrumentalist Theory of Testamentary Restraints on Conjugal and Religious Choices, 1999 U. Ill. L. Rev. 1273 (1999)。

[497a] See *In re Stevens Estate*, 981 N. E. 2d 905 (Ohio App. 2012).

[498] UPC §2-517; A. R. S. §14-2517 (2004); Fla. Stat. §732.517 (2013).

是遗嘱订立于死者死前的特定期限内。[499]

对于遗嘱的解释,《统一遗嘱认证法》推荐了许多规则。遗嘱解释的目的是——而且必须是——确定立遗嘱人的真实意思,并帮助其实现身后遗愿。当遗嘱用语模糊不定时,成文法规则有助于引导法院解释立遗嘱人的意图。对遗嘱的质疑应在遗嘱公开后的特定时间内提出,同时质疑遗嘱经常面临举证的难题。 544

### (四) 特留份

通常,配偶和子女最依赖被继承人,因此当被继承人未在遗嘱中为其提供充分保障时,他们需要法律的保护。[500] 在采用普通法婚姻财产制的州(参见前文第 497 段),在世配偶获得死者遗产的法定份额;该份额("强制性保留份额")通常约占遗产的 1/3 到 1/2,但具体数额的确定取决于婚姻存续时间以及共同子女的人数。如果配偶一方未在遗嘱中受到充分重视,则其有权反对遗赠("选择对抗遗嘱"),从而获取法定(可选)份额。[501] 遗嘱中的其他条款依然合法有效。为了保持法律的确定性,限制宣告遗嘱无效的期间必不可少;若超过期限,则继承人不得再宣告遗嘱无效。[502] 夫妻一方可事先承诺以后不对另一方的特定遗嘱宣告无效,相当普遍的做法是在婚前协议中作出这种承诺。在这种婚前协议中,未婚夫妻的一方放弃对另一方的遗产主张权利。为确保夫妻一方在世时不会过分减损遗产而损害另一方的利益,有些成文法要求将被继承人生前转让的一些财产计入遗产份额(即该财产应追加到遗产中)。这样,在世配偶的法定份额将基于该推定遗产数额加以确定。受该规则影响的财产转让有两种最为常见:对第三人的死因遗赠(gifts *causa mortis*)和为第三人利益设立附存活者继受权的统一保有(参见下文第 553 段)。 545

与配偶享有特留份相反,如果遗嘱未留给子女任何财产,则其对父母的遗产不享有成 546

---

[499] 这些成文法规定中的后者是古代《没收法》(mortmain statute)的延续。对当代此类成文法的解释,参见 *Kirkbride v. Hickok*, 98 N. E. 2d 815 (Ohio 1951). 对于最初的、更加笼统的《没收法》,参见《大宪章》第 43 条,再次发布于亨利三世 1217 年的第二部宪章中;在下列著作中对此有简要探讨:*Taswell-Langmead*, English Constitutional History 101—02 ((11th rev. ed. 1960); *Pollock/Maitland*, 1 The History of English Law 334—35 (2d ed., reissued 1968) (BK. II, Ch. 1 § 9, ed. of 1895).

[500] See *Brashier*, Disinheritance and the Modern Family, 45 Case W. Res. L. Rev. 83 (1994).

[501] 《统一遗嘱认证法》根据结婚年限的不同而确定可选份额的多少。一个别具一格的州法实例,参见 2014 年《伊利诺伊州成文法汇编》第 755 节第 5 小节第 2-8 条[§ 755 ILCS 5/2-8 (2004)]:在世配偶获得遗产的一半,但是若有立遗嘱人后裔继承遗产,则在世配偶只能获得遗产的三分之一。

[502] UPC § 2-211; Fla. Stat. § 732.2135 (2013).

文法上的请求权。[503] 但是，排除子女的继承权必须有意为之，最好由立遗嘱人在遗嘱中明确表达这一意图。如果遗嘱中只是未提及子女——好似由于疏忽大意，则按照成文法规定，子女依然可以享有应得的份额（类似于无遗嘱继承的情况）。[504]

547　　上述在世配偶的可选份额不同于家宅使用权、不计入遗产的家用物品（exempt property）以及家庭扶养补助（family allowance）。[505] "家宅使用权"描述的是在世的配偶或子女继续居住在家庭住宅中的权利。[506] "不计入遗产的家用物品"描述的是如下家用物品：被排除在遗产和遗产管理之外，而直接归属在世的配偶或子女的财产。[507] "家庭扶养补助"是为在世的配偶或子女提供的遗产管理期间的扶养费，来自遗产管理的财产。[508] 但是，立遗嘱人可在遗嘱中规定对在世配偶有利的条款一概不予考虑。在这种情况下，在世配偶不会获得任何额外好处。不过，在世配偶依然有权选择对抗遗嘱，并获得遗产的法定份额。[509]

### （五）放弃继承权

548　　继承人可以拒绝接受继承（弃权）。[510] 弃权的继承人将被视作他或她已先于继承人去世，然后他或她应得的份额将分配给其余的继承人。与采用概括继承原则的国家相反，此类弃权在美国鲜有发生。比如在德国，继承人的概括继承意味着：如今他们处在了死者生前的地位，并因此承担遗产上所附的债务。在不存在概括继承制度的国家，比如美国，继承人不承担死者的债务，他们只在遗产处理完后接受继承。负责偿还债务的是遗嘱执行人或遗产管理人而非继承人，继承人因而与死者的债务无关。

---

[503] See *Brashier*, Protecting the Child from Disinheritance：Must Louisiana Stand Alone?，57 La. L. Rev. 1 (1996)；*Brennan*, Disinheritance of Dependent Children：Why Isn't America Fulfilling its Moral Obligation?，14 Quin. Prob. L. J. 125 (1999)；*Saler*, Pennsylvania Law Should No Longer Allow a Parent's Right to Testamentary Freedom to Outweigh the dependent Child's "Absolute Right to Child Support," 34 Rutgers L. J. 235 (2002). 路易斯安那州的法律（受大陆法系尤其是法国法的影响）代表了这个普遍规则的例外情形。

[504] 比如参见 Cal. Prob. Code § 21620 et seq. (2003)；Fla. Stat. § 732.302 (2013/14)；Fla. Stat. § 732.2135 (2013)；§ 755 ILCS 5/4-10 (2014).

[505] See generally *McGovern/Kurtz/Rein*, Wills § 3.7.

[506] UPC § 2-402.

[507] UPC § 2-403.

[508] UPC § 2-404.

[509] 比如参见 § 755 ILCS 5/15-1(b) (2014).

[510] See *McGovern/Kurtz/Rein*, Wills § 2.5.

### （六）遗嘱认证

如果死者生前立下遗嘱，则遗产管理开始于对遗嘱"许可认证"（admission to probate）之时。如果当事人对遗嘱的有效性存在争议，则遗嘱的合法性必要时应通过证人证言加以确认。通常，负责初审的当地州法院作为"遗嘱认证法院"。有些州区分两种不同的程序：由法官审理的对抗性遗嘱认证程序（"正式遗嘱认证程序"）和由遗嘱登记员负责的协商认证程序（"非正式遗嘱认证程序"）。 549

在法院许可遗嘱认证之后，若是法定继承（不存在遗嘱）的情况，则随之而来的是在法院监督下的"遗产管理"。在遗嘱认证有效的情况下，遗嘱认证法院确认遗嘱中指定的遗嘱执行人，而在无遗嘱继承的情况下，则是由遗嘱法院认证指定一位遗产管理人。遗嘱执行人和遗产管理人也被称为遗产的"代理人"，其职责是管理和清算遗产。为履行职责，遗产代理人必要时有权以遗产之名提起诉讼，以追讨他人对该遗产所负的债务。在遗产管理期间，遗产代理人有权继续商业营运、开展投资活动、管理不动产（包括签订租赁合同）、分析和审查他人对遗产提出的请求，等等。他用遗产中的资产清偿遗产上的负债（根据决定的优先顺序）和支付遗产管理费用。随后，遗产代理人根据遗嘱的具体规定或继承的法定要求，将剩余财产分配给继承人。当最后这一步完成时，遗产代理人的职责便告终止。他有权请求支付遗产管理费[51]，但同时亦因违反其应遵守的严格谨慎义务所导致的遗产损失承担责任。为了确保忠诚履行职责，遗产代理人通常应向法院提交履职保证书，除非遗嘱明确免除这一要求。 550

主要的遗产管理（"首要的"遗产管理或"住所地的"遗产管理）活动发生在死者生前最后的住所地。管理其他州遗产的活动是"辅助性"的活动。为了保持遗产管理活动的一致性，相对于其他人，死者生前最后住所地的管理人经常被优先任命为其他州的辅助管理人。若遗产管理人不止一人，则棘手的问题就会随之产生。假设一位死者的债务人，没有留意当地的遗产管理活动正在进行，而向州外的遗产管理人偿还了债务。那么，债务人是已经清偿了债务，还是仍对当地的遗产管理人承担清偿责任？确定哪个索要债务者作为主要遗产管理人会使上述问题的答案有所不同吗？对此的回答是，指定唯一的遗产管理人将使债 551

---

[51] 比如2005年《加利福尼亚州遗嘱认证法典》第10800条基于遗产价值规定了遗产代理人获得管理费用补偿的一个幅度，补偿数额至少为遗产价值的4%，并且根据所涉及的特定遗产数量而增加。

务人免于面临可能多次的债务偿还。各州的成文法也规定了这种保护措施。[512]

552　　遗产管理人负责通知死者的债权人，告知其遗产管理已经开始，并建议其在法定的期限内提出清偿请求。债权人可以在遗产管理正在进行的任何（每个）州提出清偿请求。联邦宪法中的平等保护条款要求平等对待州内和州外的债权人。根据充分信任与尊重条款（前文第 215 段及以下段落），法院对一项债权的认定会在所有其他州获得承认。在一个州内偿清一位债权人的债务，将使各地的遗产获得解脱。但是，如果位于甲州的财产无法满足在该州提出的所有债务请求，而与之相反，位于乙州的财产清偿后尚有多余，这种情况如何处理？只关注本地清偿请求的狭隘属地观念将导致如下结果：甲州的债权人只获得按比例的不足清偿，而乙州的债权人将获得足额清偿。对于如此显然不公平的结果，有人解释道：甲州的债权人尚有机会在乙州提出清偿请求，这样他们可以在乙州主张其不足部分的偿还。但是，由于在多州提出清偿请求费用高昂，实践中人们并非在每个遗产所在的州广泛地提出清偿请求。一种现代的解决方案是司法合作，不管各项遗产管理活动位于何州，将所有的遗产视作一个经济实体，汇总统计针对遗产的所有债务请求（不论在何地提出）和可得的死者所有财产（不论位于何处）。通过比较可得财产和所有待偿请求，即可得出一个所有债权人的清偿比例；这样，在上述事例中，乙州将把超过清偿比例的财产转到甲州。[513] 如果遗产数额不大（如成文法中界定的那样），还可采用遗产管理的简易程序，甚至不需要采用通常的遗产管理。

553　　被继承人在有生之年将财产或权益让与期望的受益人，借此可以避免耗时费日且成本高昂的遗产管理。换言之，受益人通过财产法上的设计而非继承可以获得同样的权益。这种设计的一个实例就是设立**附存活者继受权的统一保有**（上文第 431 段）。该设计是对动产或不动产创设一种共同所有权。在共同所有人一方去世之后，存活者成为唯一的所有人。人寿保险合同指定某人作为受益人可以取得同样的效果。就像上述统一保有的例子，人寿保险合同的受益人不通过任何遗产管理程序就可获得为其设定的权益，其结果同样可

---

[512]　比如 2014 年《伊利诺伊州成文法汇编》第 755 节第 5 小节第 22-1 条[§ 755 ILCS 5/22-1 (2014)]。《统一遗嘱认证法》在第 4-201 条至第 4-203 条中规定：除非接到其居所地债权人或当地辅助遗产管理人的通知，债务人可以向州外的、死者生前住所地的遗产代理人清偿其所欠住所在外州的死者的债务，遗产代理人出示的宣誓书中除了其他事项之外要表明：不存在"在该州即将进行的……本地遗产管理活动"。该表述遗留下多种情况未包含在内。但是，"绝大部分法院判决支持[向州外遗产管理人的自愿偿付]，至少在付款之时尚未指定当地遗产管理人的情况下如此。" Hopkins, Conflict of Laws in Adminstration of Decedents' Intangibles, 28 Iowa L. Rev. 422, 437 (1943).

[513]　In re Hirsch's Estate, 66 N. E. 2d (Ohio 1946); In re Estate of Radu, 301 N. E. 2d 263 (Ohio Ct. App. 1973). See also Restatement (Second), Conflict of Laws § 349 (1971); Hay/Borchers/Symeonides, Conflicts § 22.21.

以摆脱死者债权人的清偿请求。再一种避免遗嘱认证的方法是**死因遗赠**(gift causa mortis)。它是生者之间的赠与,但是基于对赠与者死亡的预期而为。与前述方法类似,特定的财产不再成为遗产的组成部分,而是直接归属受赠者。[514] 为将来作财产设计的最灵活途径是在赠与人(在信托语境下称为"委托人")有生之年设立**信托**。在当代,作为替代遗嘱转让财产的一种方案,信托的重要性日益显现。信托正是下一小节探讨的主题。

(七)信托

1. 本质和功能

一人作为"委托人"(settlor)(授权人)转让财产给另一人——"受托人"(trustee),该财产将由受托人为第三人["受益人"(beneficiary)]的利益管理和经营,由此便设立了一份信托。信托的理念是前文所述(参见前文第 430 段及以下段落)英美人财产法观念合乎逻辑的产物:独特的财产所有权概念以及财产所有权可依期限长短或权利性质予以分割。在信托语境下,英美法区分"普通法上的产权"和"衡平法上的产权"*。受托人拥有普通法上的产权;从表现形式和普通法视角观之,他就是外人眼中的"财产所有人"。与之相对,衡平判例法的发展根植于如下理念:谁是委托人所期望的财产转让的真正受益人,谁就被视为衡平法上的产权人;对于委托人转让给受托人的财产,受益人便顺理成章地拥有了"衡平法上的产权"。

554

传统上,美国的信托法一直分散零乱。尽管许多统一法涉及信托,但是一直没有一部全面调整信托的法律。2010 年开始推行的《统一信托法》(Uniform Trust Code)寻求协调特色各异的州法,提供一个供各州效仿的综合立法范本。[515]

555

信托,尤其是受托人的地位,应当与一些相似而不同的其他法律关系区分清楚。在寄托的情况下,受托人拥有一种财产占有权,而非财产所有权。在监护中,监护人管理被监护人的财产,但监护人不享有财产所有权。继承法上的遗产管理以及破产程序中的财产管理与信托乍看相似。法院指定的遗产管理人和破产财产管理人对相应财产拥有普通法所有

556

---

[514] 但是,此种财产转让若损害到特定的在世继承人——尤其是在世配偶——的利益,则要注意法律对此种自由施加的限制。参见上文第 545 段。

* 有我国台湾地区学者将两者分别译作"名义上之所有权"和"实质上之所有权"。参见方嘉麟:《信托法之理论与实务》,中国政法大学出版社 2004 年版,第 29 页。——译者注

[515] 截至 2015 年 1 月,30 个州和哥伦比亚特区已经采用了该法。关于该法的全文以及准备采用该法的其他州的最新信息,参见 http://www.nccusl.org。

权[516]，但除此之外，其承担的职责与信托中受托人的职责大不相同。尽管存在诸如此类的差异，但上述人员均应同样遵守特定的谨慎义务（"**信义义务**"，fiduciary duties）。最后，作为一种财产法制度的信托，不应与竞争法中的"托拉斯"（trust）相混淆，后者属于反托拉斯（anti-trust）法禁止和处罚的对象。托拉斯可以用作排斥竞争的目的，比如垄断某一经济领域。托拉斯的名称源自如下历史事实：19世纪末的垄断手法经常采用财产法上的信托，诸多公司或个人将表决权让与一个共同的受托人，使其得以控制和指挥所有参与垄断的公司的业务。

557　　设立一份信托意味着转移到信托上的财产不再属于委托人所有（也不再属于其财产的组成部分），而是属于作为独立法律实体（legal entity）的信托财产。委托人的债权人对于信托财产不享有请求权。设立信托可以实现不同的目的。至为重要的是它们可以作为财富代际传承的工具，成为遗嘱处分的替代物，这一点上文已经探讨过。设立一份信托可以进行长远财产规划，通过源源不断的收入提供扶养费，以及避免由于对遗嘱条款争执不下而使家族企业或其他财产分崩离析。信托可使财产保值增值，比如防止生意落入商界生手的掌控之中；或者可以用作长期的慈善目的，比如资助一家博物馆或一个交响乐团。税收方面极其重要：信托税收是信托财产自身作为一个独立的法律实体承担的税收，是对信托财产而非对委托人的课税。信托概念同样出现于救济法中，比如：合法交易被证明存在错误或在不当得利情况下对财产转移给予赔偿，这种情况下有必要借助信托推动争议解决和财产清算（参见下文第560段）。

## 2. 信托法中的问题

558　　信托有明示信托和默示信托之分。通过法律行为设立的信托为明示信托，可通过合同（"生前信托"，*inter vivos* trust or living trust）或遗嘱（"遗嘱信托"，testamentary trust）而设立。委托人设立明示信托的方式如下：将财产让与受托人，受托人负有义务依据"信托契据"（trust deed）或"信托契约"（trust indenture）中的条款，为受益人的利益管理和经营财产。遗嘱信托应符合适用于遗嘱的形式要求，原因是受托人获得转让的财产只有在委托人去世时才生效。任何自然人或法人都可以作为受托人，包括银行的信托部门，或者有时甚至是委托人本人。[517] 只要能够识别或确定，任何个人或群体均可作为信托的受益人。最后这

---

[516] 严格来说，遗产管理中的财产构成一个独立的法律实体（"[死者姓名]遗产"），遗产管理人只是对其经营和管理。

[517] 委托人可做受托人（于是在法律上作为另一个人发挥作用）；他也可成为受益人，或者甚至是唯一的受益人。但是，原则上受托人不得同时成为受益人，原因是普通法上的产权和衡平法上的产权在此情况下将归于同一人。

个要求的例外是公益信托(charitable trusts)，比如资助医院、博物馆或类似公益设施的信托。[518]

遗嘱信托可以通过修改遗嘱本身而撤销，而通过合同设立的信托不得撤销，除非委托人同时成为受益人或者在合同中明确保留了撤销权。在后一种情况下，他尚未真正放弃其财产的控制权。保留撤销权在某些个案中可能具有价值，但通常产生的效果是：委托人将继续承担信托财产(作为委托人的财产)上的税收责任。

还有另外两种信托。与明示信托相反，这两种信托是根据成文法或判例法进行法律推定的结果，具体包括"归复信托"(resulting trust)和"推定信托"(constructive trust)。**归复信托**产生于下述情况：原想设立的明示信托由于某种原因未能成立，例如受益人已经去世，或者财产已让与一个人，但对价或对待履行却由另一个人提供。在前一种情况下，法律推定信托的受益人为委托人；在后一种情况下，法律推定实际提供对价者为受益人。一个人于法无据地持有属于另一个人的财产，这时就产生了一种**推定信托**。比如，一人出于认知错误、胁迫或欺诈将财产让与另一人，盗用他人财产并用以取得新财产，或者某人将别人托付给他的财产与自有财产相混同，在上述情况下，对于因损害原有财产而获得的新财产，或者在混同情形下对于行为人的所有财产，都会产生一种以受害人为受益人的推定信托。[519]由于受益人对另一人持有的财产拥有一种衡平法权益，他有权强制实现(隐含在法律之中的)信托目的，比如要求对方转让或回转财产，或者对财产价值的损失要求对方给予损害赔偿。

通常，设立信托(遗嘱信托除外，参见上文)不需遵守特定的形式要求。[520]但是，设立信托的行为或声明应当清楚而全面地表明行为意图。一般而言，信托以"信托契据"或"信托契约"的形式设立。在州际信托或国际信托中，法律冲突的一个严重后果是信托可能需要遵守相关数州(国)法律规定的形式要求(参见前文第276段)。值得特别提及和强调的是对信托设立的一种一般性限制——**禁止未来权益永久待定规则**。[521]这项历史久远的英国法律规则通行于美国各州，其旨在防止已面向"外界"的财产权(普通法上的产权)在无法确定的未来期限内——可以说"遥遥无期"(永远)地——背负衡平法上的产权人的权利。

---

[518] 如果公益信托的目的不再能够实现，则近似规则(*Cy Pres-rule*)适用于该信托：该信托可以用作不同的目的，但是必须与委托人原来期望的目的相关。See § 508 (b) of the Uniform Trust Act.

[519] See *Snepp v. United States*, 444 U.S. 507, 100 S. Ct. 763, 62 L. Ed. 2d 704 (1980)，在该案中，对于从一位前中央情报局密探的自传出版中获取的未来收益，法院确认存在一种推定信托。

[520] 但是参见《统一信托法》第407条：其他成文法可能规定了特定的形式要求，或者其要求可能影响到信托的设立。《反欺诈法》的可能适用就是一个例证。关于设立信托的一般规定，参见《统一信托法》第401条及之后的条文。

[521] See generally *McGovern/Kurtz/English*, Wills § 13. 另见上文第452段。

这种权利负担——与普通法上的产权人之权利相对的衡平法上的产权人之权利——会降低财产的即时商业可转让性（ready commercial transferability）。"禁止未来权益永久待定规则"因此规定在设立信托时的在世之人死后 21 年内，一份财产上的普通法上的产权和衡平法上的产权必须归于一个产权人。通常那个在世之人就是受益人，但是情况并不必然如此。例如，那个人可以是个婴儿，在信托设立之时已经出生，但只从主要受益人——比如当前在世的父母或祖父母——的终身地产权中获得他或她的利益；或者，那个人可以与上述信托没有任何关系，而只是作为期限要求的时间尺度。后者看上去可能没有什么意义，但"禁止未来权益永久待定规则"的目的将得以实现：信托财产只是在未来可预见的一段期限内用作信托目的，此后普通法上的产权和衡平法上的产权将再次合二为一。[522]

562　　受托人享有信托财产的普通法上的产权，**根据信托契据的规定**管理信托财产。**受托人对受益人的信义义务**（参见前文第 556 段）约束其普通法上的产权的行使，使其负有义务本着受益人利益最大化原则谨慎管理信托财产。信义义务对受托人的要求很高。[523] 一方面，受托人本人不得借侵犯受益人的权利而从信托中牟利。此外，他应当经常汇报信托的状况和进展，例如提交年度会计报表。另一方面，除非委托人设立信托时在信托的支配权条款（powers clause）中设定了限制，受托人可以采取任何为实现信托目的所必需或所要求的行动。受托人有权要求适当的报酬并报销其开支。他对以其受托人身份所欠第三方的债务，不承担个人责任；这类债务仅从信托财产中列支。但是，受益人对于"违反信托"的受托人（受托人违反信义义务）享有请求权，并有权寻求司法救济，强令受托人采取信托关系所要求而受托人未采取的特定行动。当受托人违反信义义务而将财产让与他人时，尽管受托人享有形式上的普通法上的产权，但受益人有权针对恶意获得该财产的第三人提出恢复原状或金钱赔偿的请求。

563　　信托在其目的实现之日起终止。在下列情况下，信托同样终止：信托期限届满、信托标的物（财产）不复存在、普通法上的产权和衡平法上的产权合二为一，或者在有限的情况下，信托被撤销。[524]

---

[522]　然而，信托法发展的现代趋势是，允许创设永久性的信托，即技术性地背离僵硬的普通法之禁止未来权益永久待定规则的约束。由于在成文法上废除了禁止未来权益永久待定规则，并且不征收州所得税，阿拉斯加州已经吸引了许多非本地居民的委托人到该州设立信托。See Alaska Stat. §§ 34.27.051, 34.40.110（2014）. 对此进一步的探讨，参见 *Dukeminier/Krier*, The Rise of the Perpetual Trust, 50 UCLA L. Rev. 1303（2003）; *Note*, Dynasty Trusts and the Rule Against Perpetuities, 116 Harv. L. Rev. 2588（2003）; *Sterk*, Jurisdictional Competition to Abolish the Rule Against Perpetuities: R. I. P. for the R. A. P., 24 Cardozo L. Rev. 2097（2003）.

[523]　参见《统一示范信托法》第 8 章的全面规定。

[524]　《统一示范信托法》第 509—515 条规定了可导致信托变更或终止的诸多理由。

# 第六章　商法和经济管理法

一、商事组织法和资本市场法
二、破产法
三、竞争法
四、劳动法和福利法

## 一、商事组织法和资本市场法

**参考书目**：*Epstein/Freer/Roberts*, Business Structures, 2d ed. 2007; *Eisenberg & Cox*, Corporations and Other Business Organizations, 10th ed. 2011; *Gevurtz*, Corporation Law, 2nd ed. 2010; *Hamilton/Freer*, The Law of Corporations in a Nutshell, 6th ed. 2010; *Hamilton/Macey*, Cases and Materials on Corporations, 12th ed. 2014; *Hynes/Lowenstein*, Agency, Partnership, and the LLC, 7th ed. 2007; *Hynes/Lowenstein*, Agency, Partnership, and the LLC in a Nutshell, 5th ed. 2011; *Klein et al.*, Agency, Partnerships, and Limited Liability Entities, 2d ed. 2006; *Klein/Ramsey/Bainbridge*, Business Associations (casebook), 8th ed. 2012.

564 　　在美国，普遍适用的商事组织\*法并不存在；该领域的立法权属于各州。为统一州法，人们付出过诸多努力。这些努力成效显著，一些统一法在许多州或大多数州已经实施多年并定期更新。基于各州法律之间的类似性，下文的评述将对商事组织法做概括描述。但是，正如在其他法律领域，这种概述无法替代对州法的仔细考察；若有人想了解一州的具体规定，则其应另觅他途。

---

\* 此处"商事组织"对应的英文是"company"。虽然国内学界通常将"company"与"corporation"均译为"公司"，但其实二者存在重大区别。"company"的本意是"同伴"，既可以指"corporation"，也可以指"合伙"（partnership）、"联合体"（association）、"合股企业"（joint-stock company）和基金等，其含义类似于"企业"，其外延远大于"corporation"。"corporation"来自拉丁文"corpse"（身体），它是独立的法律实体，是法人，独立于股东而存在；其含义大致等同于"公司"。在本书中，笔者根据上下文的不同将"company"分别译为"商事组织""企业"或"公司"；将"corporation"译为"公司"。参见 B. Garner (ed.), Black's Law Dictionary, St. Paul: Thomson Reuters, 11th ed., 2019, pp.250, 429；宋永新：《美国非公司型企业法》，社会科学文献出版社 2000 年版，第 176—177 页；胡果威：《美国公司法》，法律出版社 1998 年版，第 4 页。——译者注

## （一）代理

### 1. 概述

"代理"（agency）[1]一词，在美国法律界和大陆法系中的含义并不完全相同。例如，代理权与代理的基础法律关系之间并无明确的分界；在美国人看来，"代理"概念经常包含代理关系的"外部"方面和"内部"方面。[2] 只要一个人（本人，principal）要求他人（代理人，agent）代为做事，就存在代理权（外部关系上的代理）。除了本人必须躬身亲为的事务（用大陆法系术语来说就是"具有高度人身属性"的事务），比如同意结婚，任何其他事务均可委托他人代理。

代理的方式多种多样。就代理人的类型而言，有"复代理人"（subagent）、"一般代理人"（general agent，代理权有些受限的代理人）、"全权代理人"（universal agent，有权做任何事情）和"特别代理人"（special agent，代理权限于特定事务）。特别重要的一种代理是"本人身份不公开的代理"（undisclosed agency）；在普通法系国家和大陆法系国家谈判《海牙代理公约》时，这种代理成为争议的主题。[3] 根据英美法，即便缔约另一方不知道本人的身份，代理人签订的合同也依法生效。

### 2. 代理的成立

代理产生于本人与代理人之间的协议。在大多数州，代理协议不必遵循特定的形式要求，即便默示的协议也可以。[4] 满足设立代理所要求的前提条件，对本人适用的标准高于对代理人的标准。代理人不需具有完全行为能力，只需能理解代理事项以及代理的后果和重要性就足够了。结果，无权为自己签订合同的未成年人却可以作为代理人为他人签订合

---

〔1〕 为何代理作为一部分被放入商事组织法？美国的著述通常并不讨论这一问题。其中的缘由其实既简单又切合实际：代理在商事组织法领域的应用至为重要，于是便被置于该领域予以探讨。但是，正如在其他国家的法律制度中，代理具有自己的法律概念和法律关系。在美国法中，代理是独自的法律重述——《代理法重述（第三版）》（2006 年）——的对象。关于其定期更新的信息，参见 http://www.ali.org。

〔2〕 See generally *Müller-Freienfels*, Legal Relations in the Law of Agency: Power of Agency and Commercial Certainty, 13 Am. J. Comp. L. 193, 341 (1964); *Hay/Müller-Freienfels*, Agency in the Conflict of Laws, 27 Am. J. Comp. L. 1 (1979).

〔3〕 *Hay/Müller-Freienfels*, supra N. 2.

〔4〕 主要的要求是双方达成协议。在大多数情况下，代理不需要采用书面形式。但是，有些州的规定与此不同。尤其代理不动产交易，可能需要书面形式。另一点州法的差异体现在是否要求对价（前文第 300 段及以下段落）。从 2009 年 9 月起，纽约州《一般债务法》（General Obligation Law）第 5-1501-B 条要求自然人在纽约州授予代理权应满足特定的形式要求，包括使用的字体大小以及将代理的效力和代理人的权利与义务以标准格式通知当事人。

同。相反,本人必须具有完全行为能力。因此,若一位未成年人指定一位代理人,则后者代表本人签订的合同可被撤销。[5]

568　　在一些情况下,代理不得成立,例如代理将导致"自我交易"(self-dealing)。凡是双方当事人均由同一人代理,就属于自我交易,但双方当事人均知悉并授权这种代理的情况除外;因此,上述规则与其说是一条禁令,不如说是一条默认规则(default rule)。与之相反,代理人代表他人仅与自己交易的自我交易被严格禁止。还有些专业性的活动需要代理人取得许可证。[6] 在这些情况下,只有代理人具备了基本的一般前提条件时,代理关系才能有效成立并运转。

569　　签订合同是建立代理关系的常见方式,但代理关系也可因法律规定而成立。代理关系产生的情形可以简述(简化)如下:(1) 代理人和本人签订一份代理协议("实际代理权",actual authority);(2) 本人的行为导致第三方客观上认定"代理人"的确具有代理权("表见代理权",apparent authority);(3) 本人事后认可了未经授权的代理人的行为["追认"(ratification)]。"表见代理权"的情形非常类似于前文探讨"禁反言"时遇到的情况。[7] 但是,在表见代理权的情况下,本人成为合同的一方当事人;而禁反言的模式只是代表了一种救济途径,即赔偿因信赖而产生的损失。因此,"禁反言"仅解决第三方的善意应受保护的问题。

### 3. 代理关系中的权利和义务

570　　原则上,代理人的义务应依代理协议确定。但除此之外,代理人还应承担法定义务,而且该义务不得通过合同予以排除。这些法定义务包括"忠诚义务"(duty of loyalty)、"服从义务"(duty of obedience)和"合理谨慎义务"(duty of reasonable care)。代理人违反上述义务的任何一种,本人均可对其提起违约之诉。同时,本人也可视情况对其提起损害赔偿的侵权之诉。此外,古老的普通法规则准许原告"放弃侵权之诉而提起合同之诉",因而这就留待原告来决定采取何种更加有利的救济途径。

571　　假定对复代理人的指定合法有效,则复代理人不仅对其本人(原代理人,main agent)承担义务,而且还对原本人(main principal)承担义务。尽管复代理人只是与原代理人之间存在直接的合同关系,但是这一结论依然成立。原本人可被视作"预期的第三方受益人",这

---

[5] 一个自然人到了18岁,通常被认为届至成年并具备从事商业交易的能力。参见前文第308段。
[6] 比如作为保险代理人或证券经纪人从事代理业务。
[7] 在此情况下,另一方当事人信赖由本人设立的缔约代理权。因此,他可援引该信赖利益来对抗本人。关于禁反言,参见前文第304段。

比欧洲大陆法更简单便捷地赋予原本人以诉因。[8] 若对复代理人的指定无效,则不会出现复代理人对原本人的义务。这种情况下只是(原)代理人对本人负责;但是,在代理人和本想指定的复代理人之间,对于存在的任何合同问题,他们均可提出损害赔偿的请求。

在发生本人违约时,代理人有权采用各种常见的合同救济方法。尤其是——或者尤其对于有关代理关系的请求——他对手中所有本人的财产享有留置权。不过,需要注意的是,当本人违反代理合同时,代理人同样负有"减损义务"。[9]

### (二) 非公司型商业企业

#### 1. 普通合伙企业

**(1) 概述**

**普通合伙企业**(general partnership)的源头是当事人在普通法上享有的广泛自治权,该自治权构成了 1916 年《统一合伙企业法》(UPA) 的理论基础,并流行于采用该法的州。1997 年《统一合伙企业法修订本》(RUPA)是这部统一法的现代版,新版本已经为半数以上的州、哥伦比亚特区、波多黎各共和国和维京群岛所采用。[10]

"合伙企业"是两人或多人为了共同的经济目的而联合成立的企业,合伙人通常成为企业财产的共有人。[11] 合伙人既可以是自然人,也可以是法人。"合伙企业"不具有法律人格[不是一个"法律实体"(legal entity)];因此,尽管为了程序和诉讼的需要而法律规定有例外情形,但原则上合伙企业不具有行为能力。[12] 合伙企业不是一个法律实体,这一事实还产生如下后果:合伙企业无权自行纳税,而是合伙人就其从合伙各自所得的收益和损失分别纳税。[13]

---

[8] 更多有关第三方受益人法律规定的探讨,参见前文第 341 段及以后段落。

[9] 关于"减损义务",参见前文第 335 段。

[10] 南达科他州和得克萨斯州两个州已经通过了实质上类似的立法。更详细的探讨,参见 *Christine Hurt et al*, Bromberg and Ribstein's LLPs, the Revised Uniform Partnership Act and the Uniform Limited Partnership Act (2014 edition).

[11] U.P.A. §6 (1), R.U.P.A. §202 (a) ("两人或多人作为共有人为营利而从事经营活动的……商业组织……")。See *Hyne/Lowensteins*, Agency, Partnership, and the LLC in a Nutshell, 2011.

[12] 因而,许多州出于程序(诉讼)目的而将"合伙企业"视作一个法律实体。这些州被称作"采用实体论的州"。与之相反,有些州不采用实体论,不将每个合伙人视作合伙企业的代表,合伙企业也不作为一个整体参加诉讼活动["集合论"(aggregate theory)]。同样,为了商事交易,比如获得不动产,一个合伙企业可被视作一个实体或组织,由一个合伙人行使代理权。U.P.A. §§8, 10; R.U.P.A. §§201, 203, 307.

[13] See 26 U.S.C.S. §761 (2003); I.R.C. §§701, 702 (2005); *Gevurtz*, Corporation Law §1.1.2 (e). See also *Carney/Hay*, Die Gründung einer Tochtergesellschaft in den U.S.A., in: *Lutter* (Ed.), Die Gründung einer Tochtergesellschaft im Ausland 942 et seq. (1995).

### (2) 普通合伙企业的设立

575　　合伙企业的设立途径是合伙人签订"合伙协议"。协议不需采用书面形式,口头协议,或者甚至相关当事人的行为,也足以符合法律要求。[14] 合伙协议适用合同法的一般规定。在已经采用《统一合伙企业法》(或《统一合伙企业法修订本》)的州,成文法在其适用范围内取代了普通法。当事人虽有权不适用《统一合伙企业法》(或《统一合伙企业法修订本》)的部分条款,但通常不得以协议改变该法中有关"信义义务"(fiduciary duties)和基本原则的规定。

### (3) 合伙人的责任

576　　对于合伙企业的债务,每个合伙人直接对合伙企业的债权人承担偿还责任。[15]《统一合伙企业法》在合伙人之间区分侵权责任与合同责任。合作人对债权人的侵权之诉承担连带责任,债权人可起诉任一合伙人要求承担全部债务。如果债权人提起合同之诉,则《统一合伙企业法》规定合伙人仅承担共同赔偿责任。《统一合伙企业法修订本》没有沿用这种侵权之诉与合同之诉的区分或限制;在采用该法的州,合伙人对合伙企业的所有债务承担连带责任。[16]

### (4) 普通合伙企业的清算

577　　合伙企业的清算(liquidation)[17]可因合同约定[18]、法律规定[19]或司法判决[20]而发生。除非事关合伙企业"解散"的事项,否则合伙企业一旦终止(dissolution),合伙人便丧失对合伙企业的代理权。[21] 合伙企业终止前的债务不受合伙企业清算的影响;即便在清算之后,债权人依然有权追究合伙人的个人责任。[22]

---

[14] 但是,如果合伙协议涉及不动产或其他《防止欺诈法》调整的事项,则相关当事人应当遵守书面形式的要求。参见前文第 305 段及以下段落。

[15] U.P.A. §15; R.U.P.A. §306 (a).

[16] R.U.P.A. §306.

[17] See U.P.A. §§31, 32; R.U.P.A. §801; *Gevurtz*, Corporation Law §1.1.2 (b).

[18] 比如协议终止、声明退出、期限届满或其他方式。

[19] 这可能出现在下述情况:合伙的目的已经不复存在,比如主要合伙人去世或破产;例外情况是合伙协议约定了另一种解决方案,比如有人代替原合伙人继续合伙。

[20] 这可能出现在下述情形:一位合伙人被法院判决不适格;一位合作人反复违反合伙协议使得其他合伙人无法容忍继续合伙;或者,合伙企业收购人力图敌意收购。

[21] U.P.A. §§33, 35; R.U.P.A. §803 et seq.

[22] U.P.A. §36 (1); R.U.P.A. §806 (a).

## 2. 有限合伙企业

### (1) 概述

有限合伙企业由不同的合伙人组成：一位或多位合伙人承担无限责任（"普通合伙人"），而另外的一位或多位合伙人承担有限责任（"有限责任合伙人"）。[23] 这种合伙的传统成文法根基曾为 1916 年《统一有限合伙企业法》(ULPA) 和 1976 年《统一有限合伙企业法修订本》(RULPA)。[24] 这两部示范法已被 2001 年《统一有限合伙企业法》所取代。旧版示范法不足以应对，而 2001 年《统一有限合伙企业法》着力满足的有两种现实需要：(1) 集中而有力的管理与消极参与的长期投资者相结合的复杂商业交易，以及 (2) 遗产规划安排，例如家庭有限合伙企业。[25]

578

对于上文所述，重要的是记住：这些事项均属于州法的调整范围，因而各州有权自主决定采用哪部示范法。如今，三部示范法中的任何一种在美国都不乏支持者。由于各州实践不同，多种立法并存，因此在考虑有限合伙企业的具体问题时，查阅特定州的法律必不可少。

579

### (2) 有限合伙企业与普通合伙企业的区别

有限责任合伙人的出资（入伙）不限于货币，出资方式也可以采用转让非货币财产或提供服务。[26] 在传统模式下，有限责任合伙人与普通合伙人之间最重要的区别是他们各自责任的不同，而责任问题取决于合伙人对企业事务的实际或预期的参与，而非其名义上所称的"普通"或"有限责任"。[27] 在现代制度下，有限责任合伙人能否以及在多大程度上参

580

---

[23] 纽约州 1922 年的一部成文法中首次提到有限合伙，其样板是法国法中的**有限合伙**（*société en commandite*）。See Farnsworth, An Introduction to the Legal System of the United States, 3d ed. 1999, 142 n. 49. 同样，有限合伙在德国法中也有其对应词："Kommanditgesellschaft（KG）"。

[24] 49 个州以及哥伦比亚特区和美国维京群岛已经采用了以 1916 年《统一有限合伙企业法》或《统一有限合伙企业法修订本》为蓝本的规定。在所适用的成文法缺乏明确的规定时，《统一合伙企业法》的条款（前文第 573 段及以下段落）也适用于有限合伙企业。但是，以这种方式适用的《统一合伙企业法》的规定不得与 1916 年《统一有限合伙企业法》或《统一有限合伙企业法修订本》的规定和政策相冲突。

[25] 参见 2001 年《统一有限合伙企业法》（"导言"）对新法与旧法的比较。截至 2014 年秋，2001 年新法已被以下各州采用：亚拉巴马州、阿肯色州、加利福尼亚州、哥伦比亚特区、佛罗里达州、夏威夷州、爱达荷州、伊利诺伊州、艾奥瓦州、肯塔基州、缅因州、明尼苏达州、内华达州、新墨西哥州、北达科他州、犹他州和华盛顿州。关于该法现状，参见 http://www.nccusl.org。关于加利福尼亚州采用的更新的版本，参见 Cal. Corp. Code § 15900 et seq. 与 1916 年《统一有限合伙企业法》或《统一有限合伙企业法修订本》不同，2001 年新法是一部独立而完整的立法，不依赖《统一合伙企业法》填补空缺。因而，这部法律要比以往任一版本条文更多，内容更复杂。

[26] R.U.L.P.A. §§ 501, 101 (1); U.L.P.A. (2001) §501. 但是注意：在遵循 1916 年《统一有限合伙企业法》的各州，出资不得采用提供服务的方式。在这些州，出资必须是货币或非货币财产。U.L.P.A. (1916) §4.

[27] U.L.P.A. (1916) §17; R.U.L.P.A. §303 (a).

与对合伙事务的管理和控制,不同的示范法规定不同。最严格的规定出现在1916年《统一有限合伙企业法》,它将有限责任合伙人视作静默的合伙人(silent partners);而最宽松的规定出现在2001年《统一有限合伙企业法》,它对有限责任合伙人的参与程度未施加任何限制。[28]《统一有限合伙企业法修订本》采用了一条中间路线,即有限责任合伙人不得参与对合伙事务的控制,但是可以参加该法列出的"安全港"(safe harbour)中的活动。[29] 因此,2001年《统一有限合伙企业法》与以往示范法最显著的区别在于:前者允许有限责任合伙人参加合伙企业的管理,而该合伙人并不因此对合伙企业的债务承担个人责任。[30]

581　　设立有限合伙企业应当符合形式要求。合伙人应当签订一份书面文件,以证实当事人之间的协议,这份文件经注册后就成为"有限合伙企业注册证书"(certificate of limited partnership)。[31] 有限责任合伙人的份额可以转让,但是受让人并不因此自动成为接任的有限责任合伙人。他开始只具有受让人(assignee)或承让人(transferee)的地位[32];但是,通过合伙人投票一致同意,他可以获得(有限责任)合伙人的所有权利。[33] 当一名有限责任合伙人退伙[34]或死亡[35]时,有限合伙企业不会自动解散;而普通合伙企业遇到类似情况则自动解散。

### 3. 其他形式的商业企业

#### (1) 合作经营企业

582　　**合作经营企业**(joint venture)是一种协议,两个或两个以上的人为运作一个特定的商业项目而一起合作。与合伙企业不同,合作协议不必考虑设立一个永久存续的企业。一家合作经营企业的法律性质取决于合作方的性质,合作方是自然人还是法人这一点尤其重要。在合伙方为自然人的情况下,合作经营企业通常适用合伙企业法;在合作方为法人的情况下,合作经营企业适用公司法(参见下文)。

---

[28] 比较1916年《统一有限合伙企业法》第7条与2001年《统一有限合伙企业法》第303条。

[29] R.U.L.P.A. §303(b).

[30] 尽管还存在其他区别,但这些区别在政策的实质方面并没有显著差别。比如,2001年《统一有限合伙企业法》第304条扩大了1916年《统一有限合伙企业法》第10条和《统一有限合伙企业法修订本》第305条所规定的有限责任合伙人的知情权和审查合伙记录的权利,但是所有这3条的宽泛标准达到了同样的总体目标。

[31] 尽管1916年《统一有限合伙企业法》和《统一有限合伙企业法修订本》都未要求向州政府定期备案,但是2001年《统一有限合伙企业法》第210条要求合伙企业向州务卿提交年度报告。

[32] 一位受让人或承让人不享有一般的知情权,其权利限于与其出资直接相关的事项。

[33] U.L.P.A. §19 (1916); R.U.L.P.A. §§702, 704[针对"让与"(assignment)]; U.L.P.A. (2001) §§701, 702[使用的术语是"转让"(transfer)而非"让与"]。

[34] U.L.P.A. §20 (1916); R.U.L.P.A. §801(4); U.L.P.A. (2001) §801(3).

[35] U.L.P.A. §21 (1916); R.U.L.P.A. §705; U.L.P.A. (2001) §704.

### (2) 注册有限责任合伙企业(Registered Limited Liability Partnership)

这种企业形式的名称就表明其与合伙企业非常相似，然而这一结论并非完全正确。就像前文所述的合伙企业，有限责任合伙企业(LLP)[36]也是由自然人通过协议设立。但是，通过向一个州的州务卿(Secretary of State)*注册企业[37]并购买所要求的责任保险[38]，每个合伙人不再对其他合伙人的侵权行为承担责任。因此，承担合伙人侵权责任的是有限责任合伙企业而非合伙人，并且其责任仅限定在保险范围之内。这种有限责任合伙企业是特别适合专业人士(比如律师、工程师和医师)选择的一种企业形式，原因是相对于每个合伙人就其收入直接纳税，他们在这类合伙企业的财产份额和获得的收益享有税收优惠。这种企业形式带来的另一种好处是它能以自身的名义取得不动产和从事投资活动。因此，从各方面来看，这种企业都看似一个具有行为能力的独立实体。[39]

### (三) 公司型商业企业

#### 1. 概述

美国法规定了商业公司的多种形式，其中最重要的两种公司形式是公众公司(public corporation)[40]和封闭公司(close corporation)[41]。本部分的内容是对所有公司共性的勾勒。其中最重要的特征表现在公司是一个独立的法律实体，独立于其所有人(股东)从事商业活动和开展业务。

非公司型企业的存续和特性取决于其所有人的持续参与和成员资格；与之相比，公司的存在不依赖任何单个股东。股东可自由地转让出资(股份)。与非公司型企业中的合伙人不同，公司股东并不亲自管理企业，公司管理完全交给由一位董事长领导的董事会

---

[36] 除了少数例外，几乎所有的州都已经通过成文法采用了有限责任合伙企业这种企业形式。

\* 美国联邦政府中"国务卿"的英文也是"Secretary of State"。但与国务卿位高权重不同，"州务卿"负责州政府中诸如公司注册、选举管理之类的日常事务。因此，也有人将其译作"州务秘书"。参见 B. Garner (ed.), Black's Law Dictionary, St. Paul: Thomson Reuters, 11th ed., 2019, p.1623;薛波主编：《元照英美法词典》，北京大学出版社 2013 年缩印版，第 1233 页。——译者注

[37] 从注册之日起，"注册的"(registered)一词就成为企业名称的一部分。

[38] 所适用的成文法明确规定所要求的保险范围的底线。

[39] See Huss, Revamping Veil Piercing for All Limited Liability Entities: Forcing the Common Law Doctrine into the Statutory Age, 70 U. Cin. L. Rev. 95 (2001); Puri, Judgment Proofing the Profession, 15 Geo. J. Legal Ethics 1 (2001). See also Hynes, Agency, Partnership, and the LLC in a Nutshell § 14, 97 et seq.

[40] 又称为"公众持股型公司"(publicly held corporation)。

[41] 又称为"封闭持股型公司"(closely held corporation)。

(board of directors)。[42] 股东们选举董事会,此后公司便不再受股东的指挥;然后,董事会任命"高级职员",这些职员承担公司的经营职责。[43]

586　　出于**征税**的目的,公司被分为"C"类公司和"S"类公司。* 就 C 类公司而言,只是公司自身承担纳税义务;这意味着只要公司不分红,则股东无须纳税。对于体现为红利的收入,若各股东希望迟延纳税,则采用 C 类公司的形式对其有利。但是,就实际效果而言,采用 C 类公司的形式最终无法避免双重征税:国家在一个时点对公司征税(尽管税率较低),过一段时间再对股东征税。公司有一种避免双重征税的途径,就像合伙一样,仅就股东的收入纳税。这种途径就是设立"S 类公司"。设立 S 类公司的前提是股东为自然人,且股东人数不超过限额。[44]

### 2. 公众公司

#### (1) 概述

587　　公众公司作为法人从事商业活动,独立地享有权利和承担义务,并以公司的名义起诉或被诉。它以公司的财产为限对合同债务或侵权行为承担责任,而其成员(股东)不承担个人责任。投资者成为公司股东的方式是购买公司股份(比如购买股票),股东对公司承担间接责任。若公司遭受损失,则股东投资的价值随之降低。这种后果体现如下理念:股东不是不承担责任,而是承担有限的责任。

#### (2) 设立

588　　一般而言,成立一家公司需要将"注册文书"(articles of incorporation)**向指定的政府机构备案,该机构通常是一个州的州务卿办公室。现代成文法,比如《商业公司示范法修订

---

[42] 有些国家的公司法区分公司的管理层和监事会,前者对后者负责。美国法中没有这种区分:公司仅设有董事会而无监事会。关于董事会的介绍,参见下文第 592 段及以下段落。

[43] 对于高级职员的职责,参见下文第 593 段及以下段落。

\* 这是纯粹从税法角度所作的区分。C 类公司适用美国《国内税收联邦成文法大全》第 C 分章的规定,而 S 类公司适用该法第 S 分章的规定。参见 B. Garner (ed.),Black's Law Dictionary,St. Paul:Thomson Reuters,11th ed.,2019,pp.429,432;胡果威:《美国公司法》,法律出版社 1999 年版,第 22—24 页。——译者注

[44] 股东人数的上限各州存在差异。《国内税收联邦成文法大全》(Internal Revenue Code)设定的上限是 75 个股东。参见 I.R.C. § 1361 (b)(1)(A)。

\*\* "articles of incorporation"是发起人为注册公司向州政府提交的文件,通常在政府提供的空白表格上填写而成。经政府登记后的副本变为"注册证书"(certificate of incorporation),因此"articles of incorporation"在注册后也可译为"注册证书"。但是,有的州另行发放"注册证书"或"执照"(charter)。注册后,发起人和首届董事会成员再制定"公司章程"(bylaw),规定公司运行的管理规则。"articles of incorporation"又称作"articles of association"和"articles of organization"。但也有人将"articles of incorporation"译为"注册证书"或"公司章程"。参见 B. Garner (ed.),Black's Law Dictionary,St. Paul:Thomson Reuters,11th ed.,2019,pp.138—139,281,293;胡果威:《美国公司法》,法律出版社 1999 年版,第 32—23 页;苗壮:《美国公司法:制度与判例》,法律出版社 2007 年版,第 30—31 页;[美]罗伯特·W. 汉密尔顿:《美国公司法》,齐东祥等译,法律出版社 2008 年版,第 481 页。——译者注

本》(R. M. B. C. A.),对注册文书的内容作了具体要求,例如此类文书应含有公司名称、公司发行的股份数量、注册管理地、公司的宗旨、发起人的姓名和地址以及首届董事会成员。成文法可能还要求提供公司内部管理流程的信息。对注册材料审验合格后,政府机构将颁发一个证书,以证明公司的成立及其法律人格的确立。取得证书后,发起人和首届董事会会员需要完成以下流程:通过公司章程(bylaws)[45]以规范公司内部管理的细节、选举主要的高级管理人员以及授权发行股份。此后,公司就像自然人一样从事商业活动。通常,公司每年应将公司年报向州务卿办公室备案,并缴纳基于公司股本或资产的特许权税(franchise tax)。

(3) 出资(股份和其他形式)

公司依据注册证书确定股本数额、发行股票并决定股票的发行数量和种类。不同的股票可能体现各种不同的权利;根据这些权利的不同,公司的本金细分为不同种类的出资。股票可分为有投票权的股票或无投票权的股票(针对股东大会),或者股份根据事先确定的不同权重分为不同的类型。根据分红的权利或股东在最终清算时获得的份额,还可将股东分为不同的类型。最后,就破产时对公司剩余财产享有的分配请求权而言,一些类型的股东分配顺序偏后,而另一些股东享有较高位次的优先权(优先股股东)。

589

在一些遵循传统制度的州,股票可标明具体的价值(面值,par value)。按照传统制度发行的股票总值构成公司的"账面资本"(stated capital),该资本直到公司解散时才能分给股东。但是,这部分公司资产不需要与公司的总资产相区分,并可用作公司的任何常规业务。在有些州,股票的实际价值(市场价值)超过以股票固定面值计算的账面资本的部分,可作为区别于公司收入的"资本盈余"(capital surplus)。这部分资本盈余,唯有在注册证书或者在股东大会决议允许时,才能分给股东。在允许分发资本盈余的州,公司通过发行无固定面值的股票能够获得更大的融资灵活性。董事会通常有权决定选择将出售股票的收入归人"账面资本"或"资本盈余",甚至两者分别各占一定比例。一般而言,当公司亏损超过资产的特定比例或无力偿债时,法律并不强制公司解散。

590

对于上述股份的种类,"示范法"支持取消分类的最低要求。在其制度设计中,唯一的分类要求是有些股份享有投票权,而有些股份享有对公司资本盈余的请求权或在清算时对剩余资产的请求权(这些股份可再细分,而不必是同一种类)。"示范法"的制度设计基于保护债权人的考虑:如果公司资不抵债,或者对股东分配将导致公司在正常营业中无力偿债,

591

---

[45] 章程可以被定性为"内部的"公司设立文件,股东们据此规范彼此之间的权利和义务,并确立管理规则。

则公司不得向股东分配,无论是向股东分红、赎回股本(repayment of capital),还是回购股票(repurchase of shares)。

(4) 公司的组织体系:管理机构

592　　公司由**董事会**(board of directors)管理。董事会是一个积极主动的管理部门,而非仅是指导和定期签批职员管理行为的监督部门。[46] 但是,董事会与高级职员不同,后者负责公司的日常管理事务。在大多数州,董事会可以由单独1人或数人组成,而有些州则要求至少3人。

593　　董事会任命(雇用)高级职员。州法可能规定公司高级职员的种类和职责,但无论州法规定与否,公司章程都会规定高级职员事宜。根据公司规模的大小,公司可在两种典型的高级职员设立方式中选择其一。规模较小的公司可设唯一的**执行官**(executive officer)[称作"总裁"(president)],对外代表公司,同时负责公司的内部管理。"公司秘书"(secretary)负责公司内部的行政事务,通常是辅佐总裁工作。规模较大的企业将管理权分配给众多高级行政职员,结果"管理系统"自身成为公司的一个部门。典型的公司管理部门由总裁、副总裁、公司秘书和司库(treasurer)(首席财务官)组成。这些高级职员由董事会任命并对其负责,同时可被董事会解雇。董事之下不设副手。

594　　成为公司高级职员或董事不需满足任何具体的法定条件。他不需要是美国公民或其所在公司的股东。董事会在处理公司业务时享有相当大的自决权。董事只要秉承善意行事,即便造成损失,对股东也无赔偿责任。在大多数州,注册证书甚至能排除董事的过失责任。普遍的做法是,公司(通过章程或其他方式)豁免其高级职员和行政人员在工作期间发生的赔偿责任。此外,公司可以为其高级职员购买责任保险,而且经常的确如此办理。

595　　股东选举董事,董事专司保护股东的利益。但是,现代的州法允许或者甚至责成董事同时考虑雇员、顾客和供应商的利益。享有投票权的股东在每年的股东大会上以简单多数票选举董事。股东以同样的方式投票表决修改章程的建议以及是否罢免某个董事。除此以外,州法仅要求预期的公司重大变化必须获得股东的同意或批准。通常此类变化限于修改公司章程、公司清算问题、是否出售相当数量的或者重要的公司资产、与其他公司合并的建议。股东有权获得股东大会的召开通知,通知应该发送到股东登记在档案中的地址。股东可以亲自或通过代理人参加会议。

596　　在许多州,只要简单多数的股东到场[亲自出面或通过代理人或通过投票代理人

---

[46] 值得特别注意的是:德国法区分董事会("Vorstand")的功能和监事会("Aufsichtsrat")的功能,而美国的董事会将两者合二为一。

(proxy)]投票,就可举行股东大会。达到法定的最低投票数("法定人数",quorum),股东大会可作出或修改约束每个股东的决议,包括那些缺席的股东。若需决定的是诸如修改注册证书或公司章程之类的重大问题,则成文法或公司章程通常规定其适用更高的标准。在一些州,这种事关公司重大变化的决议应经由至少 2/3 有投票权股东的同意。

美国公司法以董事会行为的巨大灵活性为特征,这种灵活性使董事会可对金融和经济形势的变化及时作出反应,而无须事前获得股东大会的批准。例如:公司无须股东同意或者修改原始注册证书(假定证书的授权足够宽泛)就可回购本公司的股票或发行新股。对于发行新股,唯一的必要条件是事先授权发行而尚未发售的股份足够多。在此情况下,公司可将其持有的股份或以前回购的股份面向市场出售。 597

有投票权的过半股东不仅可改选董事会和(可能有权)修改注册证书,而且有权不考虑少数股东的反对意见。如果事先预见到少数股东始终持有股份,则股东们可以协商同意采取保护少数股东的预防措施。这其中的措施包括在注册证书中规定将选举董事的权利限定给予特定类型的股东,通过投票机制确保董事会上的少数股东代表权,或者(在原始注册证书或章程中)规定对于特定敏感议题董事会采用特定的多数票决制。公司的特别规则还可能规定少数股东联合投票、将争议提交仲裁、限制将股份出售给第三方(原始股东或当前股东以外的人);或者当一位股东与其余股东之间产生无法弥合的意见分歧时,这位股东可接受控股权收购(buy-out)。 598

州法中也不乏保护少数股东的规定。在公司合并或出售公司资产时,持异议的少数股东有权与公司分道扬镳,并要求高价售出其持有的公司股份。为此目的判定少数股东的股份价值时,不得考虑他们反对交易对股价产生的影响。不过,有些法院对少数股东给予的保护更加广泛,例如要求多数股东承担特别的善意义务。 599

(5) 内部事务规则

公司的内部关系适用什么法律?根据**内部事务规则**(internal affairs-rule),公司的内部关系适用公司成立地的法律。[47] 结果,由于特拉华州关于公司成立的法律在美国最为自由(宽松),因此该州对成立公司一直具有特别的吸引力。[48] 600

---

[47] 更多的探讨,参见 *CTS Corp. v. Dynamics Corp. of America*, 481 U.S. 69, 107 S. Ct. 1637, 95 L. Ed. 2d 67 (1987), *Note*, The Internal Affairs Doctrine: Theoretical Justifications and Tentative Explanations for its Continued Primacy, 115 Harv. L. Rev. 1480 (2002). 另见上文第 281 段脚注[74]。

[48] See *Gevurtz*, Corporation Law § 1.2 et seq. 但是,人们经常忽略如下事实:其他州关于公司成立的法律已经采用了特拉华州的模式,因此其允许多州显示与特拉华州一样具有吸引力。比如参见佐治亚州: O.C.G. A. § 14-2-201 et seq. (2013). See also Carney/Hay, Die Gründung einer Tochtergesellschaft in den U.S.A., in: Lutter (Hrsg.), Die Gründung einer Tochtergesellschaft im Ausland 942 et seq. (1995).另见后文第 607 段。

### 3. 封闭公司

601　　多年来,不管公司的规模大小、股东人数多少或者股票能否在证券交易所上市,美国法仅规定了公众公司一种公司类型。这类公司至今依然在很大程度上适用其所在州的统一成文法和行政规章。然而,最近一些州引入了适用于"**封闭公司**"的另一种成文法;在这类公司中,特定的人由于法定原因或事实原因一直持有股份。[49] 一般而言[50],这种公司形式限定股东的具体数量,并且资本额不得超过明确的法定数额,比如500万美元。[51] 同任何公司一样,封闭公司股东承担的个人责任[52]是有限的。但是,封闭公司在税收待遇上类似于合伙。

602　　封闭公司可以适用特别规则,比如法律允许这类公司可不设董事会,而由股东自己行使管理权。但这种管理模式可能导致管理决策时出现僵局(deadlock)。[53] 法律还往往限制这类公司股份的转让,比如在股份售与第三人之前,转让股权的股东应先向公司发出要约。一些州的成文法规定,在一位股东去世时,其他股东或公司对该股东的股份享有优先购买权。

### 4. 独资企业*

603　　**独资企业**(sole proprietorship)意指单独一人拥有的企业。[54] 由于这种企业不具有独立的法律人格,因此股东个人直接对外承担责任。[55] 这种企业形式在一定程度上与合伙相当,二者的主要区别在于后者需要至少2人才能设立。除此以外,设立一家"独资企业"

---

〔49〕 See Karjala, An Analysis of Close Corporation Legislation in the United States, 21 Ariz. St. L. J. 663 (1989); Moll, Shareholder Oppression & Dividend Policy in the Close Corporation, 60 Wash & Lee L. Rev. 841 (2003). See also Hamilton, The Law of Corporations §12.1 et seq.

〔50〕 See Harris v. NetCentric Corp., 744 N. E. 2d 622 (Mass. Supr. Ct. 2001).

〔51〕 15 U. S. C. §77c (b) (2003).

〔52〕 但是,"揭开公司面纱"(piercing of the corporate veil)可能导致股东承担个人责任。See Gevurtz, Corporation Law §1.5.

〔53〕 对僵局问题的全面探讨,参见 Kim, The Provisional Director Remedy for Corporate Deadlock: A Proposed Model Statute, 60 Wash & Lee L. Rev. 111 (2003). See also Gevurtz, Corporation Law §5.2.2 (b); Hamilton, The Law of Corporations §12.14. 在封闭公司背景下,另有一些问题经常发生;对此的概览,参见 Grandfield, The Reasonable Expectations of Minority Shareholders in Closely Held Corporations: The Morality of Small Businesses, 14 DePaul Bus. L. J. 381 (2002).

* "独资企业"因为不拥有独立的法律人格,所以不属于公司的一种。译者在给原著作者的去信中提出:该部分是否放错了地方?作者的回信认可了这里处理不当;但指出可以简单处理,即将题目改为"例外:独资企业"(Exception: The Sole Proprietorship)。——译者注

〔54〕 See Hamilton, The Law of Corporations §1.5; Gevurtz, Corporation Law §1.1.1 (a).

〔55〕 关于独资企业的概述以及将有限责任保护制度扩及这类企业的建议,参见 Crusto, Extending the Veil to Solo Entrepreneurs: A Limited Liability Sole Proprietorship Act, 2001 Colum. Bus. L. Rev. 381 (2001).

不需要很多手续,总体上相对简单,并因而成为一种实用的投资方式。从纳税角度看,由于这种企业形式如同合伙,只需一次纳税,因而它可能对投资者具有吸引力。

5. 公司的其他形式

**商业信托**(business trust)综合了公司、合伙和信托的不同特点。从法律角度看,它不是一种独立的企业形式。这种具有商业实用性的经营形式特别适合不动产和投资信托(REITs)。参加人是这种商业实体的受托人,而受益人相应为商业信托的受益人。参加人买进的资产成为信托财产,并按照信托管理。合伙人持有证书证明其在信托财产中的份额,该份额可以转让。纳税遵循适用于商业企业的同样规则。 604

共同执业的专业人士,比如联合办公和执业的律师和医师,可能希望成立更加正式的联合体。就像商业公司,这种联合体可享受到显著的纳税优惠,而该优惠是成立联合体的主要原因。这种联合体与合伙(参见前文第 573 段及以下段落)很类似,**专业服务公司**(professional corporation)的参加人没有双重征税的风险。但是,近些年这类公司的优惠受到严格限制,甚至被取消。[56] 605

**合股公司**(joint stock company)是公司型企业和非公司型企业的一种混合体。公司的资本分成可以自由转让的股份,公司由董事会或者经董事会任命的高级职员管理。但是,股东对外承担个人责任。合股公司不具有独立的法律人格,然而在纳税方面与公司类似。 606

6. "特拉华州公司法效应"

自从 20 世纪早期,特拉华州的公司法若非美国真正最自由的公司法,那也一直是最自由者之一。公司法的宽松灵活,加上前文所述成立地法调整公司内部事务的美国规则,造就了特拉华州成为设立公司的热点地区。通常与特定的城市相关联的公司,比如底特律市的汽车公司,其实往往是"特拉华州公司"。在特拉华州设立公司的好处首先体现在该州保留了一种特别法院——"衡平法院"(Chancery Court),它根据衡平法原则裁决公司法问题。由于法官的公司法专长,在该州处理公司法问题因而比在其他州更快捷。此外,特拉华州法院处理公司法问题的丰富经验意味着该州有大量的判例法和审判实践确保争议解决的专业化,至少在当事人心目中是如此。相应地,特拉华州收取的公司注册费高于其他大多 607

---

[56] 关于构建非公司型联合体方法的探讨["打钩"方法(the "check-the-box" approach)],参见 *Gevurtz*, Corporation Law § § 1.1.1. (e), 1.1.2. (e). See also *Oh*, A Jurisdictional Approach to Collapsing Corporate Distinctions, 55 Rutgers L. Rev. 389 (2003).

数的州。[57]

### 7. 外国对美国公司的承认

607A 假如一家美国公司在另一国(尤其是一个采用"本座"原则确定公司法人格的国家)设立了管理中心,那么对于公司股本和董事责任,该公司是适用其成立地——美国某州的法律,还是应遵守可能更严厉的东道国法律? 在欧盟内部,欧洲法院曾适用欧盟"设立公司权"(right of establishment)的规则判定:德国(采用"本座"原则的国家)应承认在荷兰(采用"成立地"原则的国家)成立的一家公司的法律行为能力。[58] 对于《美德友好通商航海条约》,德国最高法院采用了这种对"设立公司权"的解释,判定在佛罗里达州成立的公司,其法律地位可依其成立地法获得德国承认。[59]

### (四) 有限责任公司

608 有限责任公司(limited liability company,简称LLC)*在美国正日益流行。调查显示,晚近各州都已通过了调整LLC的成文法。这种公司在一定意义上是一种披着公司外衣的有限合伙,这意味着它至少拥有自己的法人资格。公司股东对外承担有限责任,而在纳税待遇上这种公司类似于合伙。每位公司股东有权参加公司管理而无需对公司债务承担个人责任,同时可以避免双重征税。但是,与一般的商业公司相比,许多成文法要求这种公司股东的股份转让要征得其他股东的同意。[60] 此外,一位股东退出就可导致LLC的解散,但确切的退出后果由公司经营协议约定。公司经营协议应在公司成立时提交到相应的政府机构(例如州务卿)备案。与合伙协议类似,这份文件应当表明公司的宗旨,但该宗旨附以诸如"任何合法的商业活动"之类的宽泛措辞,可表述得非常灵活。对于设立一家LLC,大

---

[57] 通常所提到的"特拉华州公司"是指能够根据相对自由(而非特别严厉)的标准成立的公司。但是必须注意的是,有其他许多州已经采用了特拉华州的立法模式,因此在美国各州中,特拉华州及其"宽松"的公司成立法和诉讼程序不再独一无二。

[58] Case C-167-01, *Kramer van Koophandel en Fabrieken voor Amsterdam v. Inspire Art Ltd.*, [2003] ECR I-10155, 2003 WL 102001.

[59] 2003年1月29日德国最高法院的判决(No. VIII ZR 155/02, [2003] Betriebsberater 810; [2003] IPRax 265)。比较法兰克福上诉法院(OLG) 2003年5月28日的判决([2004] IPRax 56)与鲍登巴赫(Baudenbacher)和布舍尔(Buschle)在第26页中所作的注解(与在欧洲经济区国家的判决结果一致)。

\* 此处所指美国的"有限责任公司"与我国的"有限责任公司"完全不同。我国的"有限责任公司"相当于美国的"封闭公司"。为了与我国的"有限责任公司"相区别,下文用LLC代表美国的有限责任公司。参见宋永新:《美国非公司型企业法》,社会科学文献出版社2000年版,第177页;胡改蓉:《美国LLC制度引入我国的法律分析》,载《法学论坛》2009年第2期,第120—121页。——译者注

[60] See *Hamilton*, The Law of Corporations, § 1.16; *Hynes*, Agency, Partnership, and the LLC in a Nutshell § 104.

多州要求至少有 2 位公司股东。[61]

### （五）州外公司

"外州（国）公司"是指任何未依照特定法院所在州的法律注册的公司，该术语因而同时涵盖了在美国其他州成立的公司和在国外成立的公司。原则上，每个州都有权对外州（国）公司在本州的经营活动设定一些要满足的条件。通常，各州的"经营资格法"（qualification statutes）要求外州（国）公司应从法院地州的州务卿办公室获得"营业许可证"（certificate of authority），该证书的内容应与在该州成立公司所需提供的信息实质相同。披露这类信息旨在保护当地公众。如果外州（国）公司没有获得必需的营业许可证，则其无权作为原告向当地法院起诉。只要满足有关管辖权的要求（参见前文第 125 段及以下段落），外州（国）公司就当然可以在该州成为被告。必需的许可证可以在任何时间申请获得，即便在诉讼开始之后也可以。

上述宽泛的论断并不全然适用于在美国其他州成立的公司。联邦宪法中的"州际商业条款"（Interstate Commerce Clause）禁止各州阻碍跨州贸易，而各州规制外州公司的州际贸易活动常在禁止之列。[62] 同样，一个州有权规制在本州从事实质性经营活动的外州公司，这并非意味着该州可将该公司视为本州公司，并因而忽视公司成立地州的规制法。联邦最高法院态度坚定地确认：公司成立地的州享有公司"内部事务"的规制权[63]，因而严厉限制各州出于规制管理目的而随意给外州（国）公司贴上"虚假外州（国）公司"[64]的标签，然后视作本地公司予以规制。对于各州能否将自己的"反收购"立法适用于从事州际贸易的公司，联邦最高法院的这一判决具有重要的影响。

在对待外国公司上，各州也并非如首段中的一般原则所表明的那样自由。各州既受联邦宪法原则的制约，也受美国缔结的商业条约的限制。因此，例如一些州过去曾规定大多数或特定数量的公司发起人必须是美国公民，这种规定因违反联邦法中的禁止歧视原则而

609

610

611

---

[61] 对 LLC 更深入的探讨，参见 Burkhard, LLC Member and Limited Partner Breach of Fiduciary Duty Claims: Direct or Derivative Actions?, 7 J. Small & Emerging Bus. L. 19 (2003); Miller, A New Direction for LLC Research in a Contractarian Legal Environment, 76 S. Cal. L. Rev. 351 (2003).

[62] See Eli Lilly & Co. v. Sav-On-Drugs, Inc., 366 U.S. 276, 81 S.Ct. 1316, 6 L.Ed.2d 288 (1961). See also Gevurtz, Corporation Law § 1.2.

[63] See CTS Corp. v. Dynamics Corp. of America, 481 U.S. 69, 107 S.Ct. 1637, 95 L.Ed.2d 67 (1987). 关于早期的且适用范围更受限的一个实例，参见 Edgar v. MITE Corp., 457 U.S. 624, 102 S.Ct. 2629, 73 L.Ed.2d 269 (1982).

[64] See Cal. Corp. Code § 2115 (2013). 参见前文第 281 段脚注[74]。

全被废除。美国几乎与所有贸易伙伴国签订了通商条约["友好通商航海"条约或更新版的"投资条约"(Treaties of Establishment)*],众多条约普遍规定:相应缔约伙伴国的自然人和公司在美国设立公司(包括子公司)享有"国民待遇"。有些条约,尤其是早期的条约,可能排除特定的商业活动,比如采矿。抛开这些例外,缔约对方的国民和公司享有在美国设立公司的权利,并因此有权受各州给予跨州公司的同等待遇。

## (六) 资本市场管理法

612    由于更加全面的探讨会超过本书的合理篇幅,因此随后的评论只是关注资本市场管理法的一些新趋势。[65]

### 1. 州级监管

613    最初,联邦和州并行不悖的同时行使对资本市场的监管权。1996年《全国证券市场促进法》(National Securities Markets Improvement Act)[66]和1998年《证券诉讼统一标准法》(Securities Litigation Uniform Standards Act)[67]使原有的监管格局发生了重大变革。证券交易委员会(SEC)借助这些改革措施增强了监管权。上述立法授予证券交易委员会对下列事项的专属管辖权:为金融服务的提供确立标准,监管"共同基金"(mutual fund)投资。所有在全国资本市场发行的投资证券均应遵循统一的信息披露标准。[68]如今,州级监管权主要限定在为从事如下业务的投资顾问颁发许可证:2500万美元以下的投资组合和某个州的政府债券的发行。[69]

### 2. 前瞻性陈述

614    公司可自由地发布有关公司未来预期发展的报告和预测("前瞻性陈述",forward

---

\* 原著作者在给译者的回信中对此类条约解释道:"投资条约"是"友好通商航海条约"的新名称。"投资"的含义——恰如在欧盟条约中的含义——是指公司设立子公司、分支机构的权利或者自然人(比如医生、律师)设立机构提供专业服务的权利。——译者注

[65] Burch Jr./Foerster, Capital Markets Handbook, 6th ed. 2014; Hopt/Wymeersch (eds.), Capital Markets and Company Law, 2003; Obstfeld et al., Global Capital Markets: Integration, Crisis, and Growth, 2004.

[66] 15 U.S.C. §77r (2014). See generally Jones, The National Securities Markets Improvement Act of 1996: A New Model for Efficient Capital Formation, 53 Ark. L. Rev. 153 (2000).

[67] 15 U.S.C. §78bb (f)(1) (2005). 一种比较视角的分析,参见 Karmel, Reconciling Federal and State Interests in Securities Regulation in the United States and Europe, 28 Brooklyn J. Int'l L. 495 (2003).

[68] 当资本市场变得日益复杂和依赖科技时,证券交易委员会是如何调适其监管角色的? 对此的概览,参见 Aggarwal, From the Individual to the Institution: The SEC's Evolving Strategy for Regulating the Capital Markets, 2003 Colum. Bus. L. Rev. 581 (2003).

[69] 15 U.S.C. §80b-3a (2014).

looking statements）。这种信息发布当然存在风险：预测以及预测落空可能对资本市场（尤其是股票交易）产生重大影响，并由此将投资者置于危险境地，而对投资者的不利影响反过来会导致索赔的诉讼增加。1995 年《私人证券诉讼改革法》(Private Securities Litigation Reform Act)[70]规定了招股说明书中信息的表述以及由此可能产生的责任。一般而言，企业所作的模糊表述不足以使其承担责任（"附带警示的模糊信息免责原则"，bespeaks caution doctrine）；但是，若声明缺乏合理的具体依据，而投资者对此信以为真，则该声明可导致索赔请求。[71] 股票发售（发行）通常应采用"平实的英语"表述；换言之，采用非专业的且浅显易懂的措辞，让一位未经专业训练的投资者能够根据所提供的信息作出投资决策。作为对这一严格要求的平衡，原告应举证表明为何股票发售中的表述虚假不实或引人误解。[72] 仅指控管理人员握有公司将来可能亏损的内部信息是不够的。[73] 缺乏直接证据的指控应由"实足推断"(strong inference)的事实予以证明。

如果管理人员没有将公司违反资本市场管理法的情况告知证券交易委员会，则上述 1995 年的成文法还责令会计师有义务根据其判断进行告知。对于股东将来作为原告可能提出的索赔请求，会计师"告发客户"(telling on your client)的行为使其免于与公司管理人员承担连带责任。

安然公司[74]、世界通信公司、泰科国际公司和艾德尔菲亚传媒公司卷入的公司丑闻暴露出公司的腐败和极端恶劣的财务申报实践；这些丑闻被高度曝光后，美国国会制定了

---

[70] 15 U.S.C. §77a et seq (2014). See also *O'Hare*, Director Communications and the Uneasy Relationship between the Fiduciary Duty of Disclosure and the Anti-Fraud Provisions of the Federal Securities Laws, 70 U. Cin. L. Rev. 475（2002）；*Perino*, Did the Private Securities Litigation Reform Act Work?, 2003 U. Ill. L. Rev. 913 (2003).

[71] *In re Burlington Coat Factory Securities Litigation*, 114 F. 3d 1410（3d Cir. N.J. 1997）；*In re Healthcare Compare Corp. Sec. Litig.*, 75 F. 3d 276, 281 (7th Cir. 1996). See also *Olazabal*, Safe Harbor for Forward-Looking Statements Under the Private Securities Litigation Reform Act of 1995: What's Safe and What's Not?, 105 Dick. L. Rev. 1 (2000).

[72] *Lemmer v. Nu-Kote Holding, Inc.*, 2001 U.S. Dist. LEXIS 13978（N.D. Tex. 2001）；*Zeid v. Kimberley*, 11 Fed. Appx. 881 (9th Cir. 2001).

[73] *In re Silicon Graphics Inc. Securities Litigation*, 183 F. 3d 970 (3rd Cir. 1999). See also *Grzebielski/O'Mara*, Whether Alleging "Motive and Opportunity" Can Satisfy the Heightened Pleading Standards of the Private Securities Litigation Reform Act of 1995: Much Ado About Nothing, 1 DePaul Bus. & Comm. L. J. 313 (2003).

[74] 对于安然公司的历史和最终垮台的全面揭示，参见 *Jennings*, A Primer on Enron: Lessons From a Perfect Storm of Financial Reporting, Corporate Governance and Ethical Culture Failures, 39 Cal. W. L. Rev. 163 (2003).

2002年《萨班斯—奥克斯利法》(Sarbanes-Oxley Act)[75],旨在威慑和惩罚公司欺诈行为。[76] 该法要求公司主管人员确保提交到证券交易委员会备案的财务报告真实可靠;对故意或放任违反证券法的行为,他们要负刑事责任。《萨班斯—奥克斯利法》赋予了审计委员会更多的权力和职能,这意味着其可能承担的责任也相应增加。此外,该法要求证券交易委员会为律师确立执业行为规范,责令律师将公司违反信义义务或违反证券法的证据报告给其公司客户的首席法律顾问或首席执行官,或者必要时报告给公司的审计委员会。[77]

3. 内幕交易

如果公司的管理人员或雇员,获知了公司上市证券的未来估值或会引发此种估值变动的可靠内情或信息,并且利用这种内情买卖本公司的证券以谋求私利,则此种情况就构成了法律所禁止的内幕交易(insider trading)。[78] 若公司仅考虑修改其利润预期,则参加内部讨论的人员并不承担更高标准的谨慎义务。如果公司管理层认为其内部讨论无需对外公开[79],则参加内部讨论的人员买卖本公司证券的行为不违反"禁止内幕交易法"。即便在交易发生后公司的经营状况的确出现恶化,而且公司随后公开披露了负面的利润预测,上述结论也可依然成立。[80]

---

[75] Pub. L. No. 107-204, 116 Stat. 746—810 (2002)(该法的编撰修正了《联邦成文法大全》第15篇第7201—7266条和第18篇的零散条文)。

[76] 《萨班斯—奥克斯利法》的立法过程、立法依据的规则以及该法产生的影响,对此的全面概述和分析,参见 Bloomenthal, Sarbanes-Oxley Act in Perspective, 2009. See also Kim, Sarbanes-Oxley Act, 40 Harv. J. on Legis. 235 (2003).

[77] 关于《萨班斯—奥克斯利法》对律师影响的探讨,参见 Fisch/Rosen, Is There a Role for Lawyers in Preventing Future Enrons?, 48 Vill. L. Rev. 1097 (2003). **See also the** Dodd-Frank Wall Street Reform and Consumer bProtection Act of 2010, 15 U.S.C. § 78u (2014) and, in that connection, Berman v. Neo@Ogilvy LLC, 2014 U.S. Dist. LEXIS 168840 (S. d. N. Y. 2014).

[78] See Gevurtz, Corporation Law § §6.1.2, 6.3.2 et seq.; Hamilton, The Law of Corporations §14.27 et seq. 证券交易委员会负有责任证明被告的交易行为受到了被告获知的内幕信息的影响,获知内幕信息本身不足以成为追究责任的正当理由。See SEC v. Lipson, 278 F.3d 656 (7th Cir. 2002). 当内幕人员获准接触重要而且非公开的信息时,他应承担何种责任,对此的探讨,参见 Fried, Insider Abstention, 113 Yale L. J. 455 (2003).

[79] 市场参与者有选择地向内部人员透露关键而私密的信息,这种做法被认为损害了市场的完整和公平;为了消除市场参与者的这种能力,证券交易委员会发布了《信息公平披露条例》(Regulaton FD)。只要出现了小范围的信息披露,该条例就责令公司向社会公众发布相应的信息。See the Selective Disclosure and Inside Trading Rule, 17 C.F.R. § §240, 243, 249 (2003).

[80] SEC v. Hoover, 903 F. Supp. 1135 (S.D. Tex. 1995). 相反,下列情况可能就触犯了内幕交易法:United States v. Falcone, 257 F.3d 227 (2d Cir. 2001)(被告从一本商业杂志的内部人员心照不宣地获得了发布前的秘密消息,并利用该信息从事证券交易;此种情况被认定违法);United States v. Larrabee, 240 F.3d 18 (1st Cir. 2001)(一家律师事务所的合伙人获悉了一条秘密的公司即将合并的消息,并根据该消息进行证券交易;这种情况被认定违法)。

## 二、破产法

**参考书目**：*Howard*，Cases and Materials on Bankruptcy，5th ed. 2011；*Baird*，Elements of Bankruptcy，6th ed. 2014；*Epstein*，Bankruptcy and Other Debtor-Creditor Laws，7th ed. 2005；*Jordan et al.*，Bankruptcy，6th ed. 2002；*Tabb et al.*，Bankruptcy Law：Principles，Policies，and Practice，3d ed. 2010；*Whaley/Morris*，Problems and Materials on Debtor and Creditor Law，5th ed. 2013；*Tabb*，Bankruptcy Anthology，2001；*Williamson*，The Bankruptcy Issues Handbook，6th ed. 2013.

### （一）概述

无论是破产的数量，还是无担保债务的清偿比例，美国的破产统计数据有时令异域制度下的观察家们感到震惊。先是20世纪80年代的经济衰退，后是情况更糟的2009年经济衰退，两次经济衰退均导致破产诉讼激增。经过破产诉讼的私人可从负债中解脱，借机获得经济上重生的机会。[81] 2009年9月30日之前的12个月内，提出破产申请的总数（超过140万件）比上一年同期增加了34%，而上一年比前一年增加了32%。从1980年至2002年，消费者破产申请占破产申请总数的比例从86.81%升至97.56%，自此一直在这一高位上徘徊。[82] 最近几年，美国消费者负债总额一直在剧增：到2010年年初，消费者拖欠的债务总额已近2.5万亿美元。与此同时，遭受贫困之苦的美国人数量一直持续上升。2002年，官方公布的贫困人口比例是12.1%；到2007年，比例达12.5%；到2008年，比例进一步增加到13.2%。这一数据意味着：2008年有3，980万美国人生活在贫困线以下，比

---

[81] 在获得"破产债务豁免"之后，债务人在6个月之内不得再次得到债务豁免。这一规定也利于其为重新起步获得新的信用。

[82] 关于最新的数据，参见美国破产学会（American Bankruptcy Institute）的网站：http://www.abiworld.org.

上一年增加了250万人。[83]

619　　这些令人忧心的数据有助于解释当前的争论——是否以及如何改革联邦破产制度。例如，2005年《防止滥用破产程序和消费者保护法》(Bankruptcy Abuse Prevention and Consumer Protection Act of 2005)提供了一个部分改革新举措的样本。[84] 其改革的最大亮点是引入了"收入测评"(means testing)的概念，这使得债务人更难以申请启动《破产法》第7章的破产程序，并因此难以否定其全部的累积债务。在特定最低收入线之上的债务人(所谓的"具有支付能力的"债务人)应转而依据《破产法》第13章提出破产申请，并设计一个偿还累积债务的计划。此外，债务人应按照要求修完一门经核准的财务管理方面的教育课程，此为获得破产法上债务豁免的前提条件。有能力偿还部分或全部债务的债务人，一直在滥用破产程序并成功获得有违破产法初衷的债务豁免；正是这种对原有破产制度实施效果不佳的认知，助推了众多改革新举措。尽管改革举措主要涉及消费者破产，但也有一些规定与公司有关，例如将提交债务偿还计划和对此确认的最后期限的规定扩大适用于小型商业公司[85]以及其他公司债务人(关于《破产法》第11章和第13章的破产程序，参见下文第624段及以下段落)。[86]

## (二) 管辖权

620　　破产法属于联邦法，《破产法》(Bankruptcy Code)[87]和联邦最高法院颁行的《联邦破产

---

〔83〕 判定"贫困"的计算方法考虑的是税前现金收入，而不包括现金之外的救济，比如食物券和住房补贴。计算时考虑个人的"生活贫困程度"(measure of need)，具体要根据家庭人口的多寡及其成员的年龄来调整。对于该计算方法的更全面概览以及时常更新的数据，参见美国统计局维护的网站：http://www.census.gov。

〔84〕 109 P. L. 8, 119 Sat. 23 (April 20, 2005). 对此的概述，参见 Price, The Bankruptcy Abuse Prevention and Consumer Protection Act, 39 Harv. J. on Legis. 237 (2002)。

〔85〕 对此进一步的探讨，参见 Greene, Recent Developments in Small Business Bankruptcy Law, 7 J. Small & Emerging Bus. L. 215 (2003)。

〔86〕 改革的反对者认为：改革方案对消费者过分严厉，使得依据《破产法》第11章和第13章的债务重组过分困难和繁重。对不同观点的更多评论，参见 Kilborn, Mercy, Rehabilitation, and Quid Pro Quo: A Radical Reassessment of Individual Bankruptcy, 64 Ohio St. L. J. 855 (2003); Olazabal/Foti, Consumer Bankruptcy Reform and 11 U. S. C. § 707(b): A Case-Based Analysis, 12 B. U. Pub. Int. L. J. 317 (2003)。

〔87〕 《联邦成文法大全》第11篇第101条及以下条文。《破产法》在1978年获得通过，管辖权部分1984年修订，1994年《破产程序改革法》(Bankruptcy Reform Act)对此进一步增补。See also Brubaker, On the Nature of Federal Bankruptcy Jurisdiction: A General Statutory and Constitutional Theory, 41 Wm and Mary L. Rev. 743 (2000); Plank, Bankruptcy and Federalism, 71 Fordham L. Rev. 1063 (2002); Waxman, The Bankruptcy Reform Act of 1994, 11 Bankr. Dev. J. 311 (1995)。

诉讼规则》(Rules of Practice and Procedure in Bankruptcy)[88]全面调整破产问题。州法在诸如下列事项上可以发挥拾遗补缺的作用：根据《统一商法典》第九编判定谁是"有担保的债权人"[89]，根据普通法[例如"普通法和解协议"(common law compositions)]达成"庭外和解方案"[90]，或者债务人向受托人自愿移交财产(例如通过转让)，以便由受托人管理该财产并将其分配给债权人[91]。在上述第一种情况中，州法其实不是补充联邦法，而是用于判定一个前提问题。在第二种情况中，不存在严格意义上的破产。在最后一种例示中，由于财产转让是非自愿破产的理由，因而对此不满的债权人有权提起破产程序；这样就避免了州法中的财产转让制度与联邦破产法之间的潜在冲突。[92]

债务人的住所地、惯常居所地、营业地或财产所在地的联邦地区法院享有破产案件的管辖权。[93]虽然从理论上说，上述管辖权规则并未禁止平行破产程序，但是体现**不方便法院**原则(参见前文第142段及以下段落)的成文法规定了先受理案件的适当法院享有破产案件的管辖权。[94]当外国的破产程序待决之时，为了保护国内的债权人并在外国的破产程序中帮助他们，联邦法院可以下令启动有关美国财产的国内破产程序，从而对外国的破产管理人主张管辖权。[95]

621

### (三) 联邦法中破产程序的类型

1978年的《破产程序改革法》大幅度修改了之前的法律。《破产法》作为其第一部分，用了3章的篇幅为债务人提供了比旧法更丰富的救济措施，下文将对此详细探讨。第7章事关为满足债权人的请求而清算债务人的财产。清算程序可由债务人自愿启动，也可由其

622

---

[88]《联邦成文法大全》第28篇第2075条授权联邦最高法院颁行此类规则，该规则具有联邦法的效力。See *Klein*, Bankruptcy Rules Made Easy (2001): A Guide to the Federal Rules of Civil Procedure that Apply in Bankruptcy, 75 Am. Bankr. L. J. 35 (2001).

[89] See also *Warner*, The Anti-Bankruptcy Act: Revised Article 9 and Bankruptcy, 9 Am. Bankr. Inst. L. Rev. 3 (2001).

[90] See *In re Leight & Co.*, 139 F. 2d 313 (7th Cir. Ill. 1943).

[91] See *United States v. Gotwals*, 156 F. 2d 692 (10th Cir. Okla. 1946), cert. denied *Gotwals v. United States*, 329 U. S. 781, 67 S. Ct. 204, 91 L. Ed. 670 (1946).

[92] 11 U.S.C. § 303 (h) (2014).

[93] 28 U.S.C. § 1334 (2014).

[94] 28 U.S.C. § 1412 (2014).

[95] 11 U.S.C. § § 303 (b)(4), 304. See also *Hay*, Auslandsinsolvenz und Inlandsfolgen aus amerikanischer Sicht, Festschrift für Müller-Freienfels 247 et seq. (1986); *Lee*, Ancillary Proceedings Under Section 304 and Proposed Chapter 15 of the Bankruptcy Code, 76 Am. Bankr. L. J. 115 (2002); *Levenson*, Proposal for Reform for Choice of Avoidance Law in the Context of International Bankruptcies from a U. S. Perspective, 10 Am. Bankr. Inst. L. Rev. 291 (2002).

债权人强制启动。[96] 强制破产程序的启动区分不同情况需遵守不同的要求:若债权人超过12人,则至少3人提出破产申请,并且索赔总额超过11,625美元;若债权人少于12人,则单独一位债权人就可提出破产申请,但其索赔总额需达到同样数额要求。[97] 破产程序的启动产生了一个特别的新实体,该实体囊括了申请破产时债务人的全部财产。在概念上,作为财产实体的破产"财团"(estate)与继承法上死者的"遗产"(参见前文第532段及以下段落)相类似。[98] 个人债务人有权不将某些个人或家庭用品纳入破产财团[99],但何为个人或家庭用品由州法规定操作的细节;就此而言,各州其实有权"选择不接受"联邦的法律规定。[100] 破产程序一旦启动,即产生如下效力:债权人不得通过任何其他途径获取债务人的财产。[101]

623 当事人提起破产申请后法院就要指定"临时破产管理人"(interim trustee),他负责控制和处理破产财产。债权人会议随后举行,并可指定一位不同的破产管理人。如果没有替换,则临时破产管理人就成为正式的破产管理人。破产管理人的职责是快速处理破产事务并将破产财产分配给债权人。无担保债权人将根据《破产法》确定的优先顺序按比例获得受偿。排在受偿请求首位的是破产管理费用,随后是下列债权人的清偿请求:他与破产债务人保持正常商业往来,其请求产生于从破产请求提出至指定正式破产管理人的期间。其次要满足的是债务人雇员的清偿请求,再次是消费者以及特定的其他当事人的清偿请求。只有上述所有债权都得到实现后,才满足其他登记债权人的清偿请求。[102] 尽管由于过去

---

[96] 在1978年以前,强制破产程序的债权人必须表明:债务人已经从事了所谓的"破产行为",比如企图转让财产以损害债权人的利益,或者在偿还债务时对债权人厚此薄彼。显然,这就提出了证明问题。为便利债权人启动破产程序,现行法废除了此种举证责任。对此的概述,参见 Kennedy, Restructuring Bankruptcy Administration: The Proposals of the Commission on Bankruptcy Laws, 30 Bus. Law. 399 (1975)。

[97] 11 U.S.C. §303 (b) (2014).《破产法》保护债务人免受破产程序滥用的伤害,因此允许法院责令债权人承担诉讼费和律师费。债权人同时承担下述损失:破产管理人由于扣押财产蒙受的损失,或者破产申请人恶意申请导致的损失。§303 (i)。

[98] 11 U.S.C. §541 (2014).破产财团还包括债务人在破产申请提出后的180天以内继承所得的全部财产、人寿保险的收益、属于"财团"的财产的收入以及该财产产生的利息或红利,这些收益在破产程序启动之后到期。但是,破产财团不包括债务人从另一个实体获得的劳动收入,也不包括他从挥霍者信托(spendthrift trust)中获得的款项(挥霍者信托允许通过受托人——在一定程度上类似于监护人——管理另一个人的财产,挥霍者被法院判决缺乏管理其自己财产的能力)。

[99] 11 U.S.C. §502 (2014).

[100] 在确认州法排斥联邦法后,法院适用州法的规定。11 U.S.C. §522 (b)(i) (2014).否则,债务人有权选择适用州法或联邦法。

[101] 11 U.S.C. §362 (2014).

[102] 关于破产财团的债权人去世后其债权的多种登记方法,参见 11 U.S.C. §§ 704, 707, 726, 727 (2014)。["参见"后面的内容原为"supra No. 620 et seq."(前文第620段及以下段落),但620段及以后的内容并不与本脚注对应的正文相关。原著作者在给译者的回信中提供了更正内容。——译者注]

的税收之债或其他原因而可能存在多种限制,但是分配后的任何剩余财产都归债务人所有。

《破产法》第 11 章规定了"重整"(reorganization),它旨在保护破产企业及其债权人的利益,保留破产企业作为"经营企业"继续经营。破产重整在大多数破产案件中获得了成功。这符合社会公众对破产功能的认知,意味着企业可以将破产作为解决经济问题的一种手段。

第 11 章的"重整"程序可由债务人自愿申请启动,也可由债权人强制启动。就像破产程序本身,"重整"程序的启动使债权人不得对债务人的财产采取其他措施。[103] "重整"程序通常不设专门的破产管理人,而是由债务人继续占有和控制其财产,并自己充当破产管理人。破产法院指定一个债权人委员会,通常由 7 名主要的债权人组成。为了确保债权人(例如股权证券持有人)的充分代表性,法院也可再指定其他的委员会。债务人必须在 180 天之内提交一份重整计划或清算计划,否则任何受影响的当事人都可提交此类计划。重整计划将债权人分成小组并决定每一小组的权利,认为自身处境不利的小组可以选择退出重整计划。最后,法院应当接受债权人小组一致同意的重整计划。如果债权人小组无法达成一致意见,则法院将根据"公正和公平"(fair and equitable)的考虑因素作出裁判,并有权"强制批准重整计划",即将该计划强加于反对的当事人[104]。法院的批准将使债务人从以前的债务中解脱出来。[105]

《破产法》第 13 章[106]针对的是分期偿还之债(installment debt)。有权提出适用第 13 章者仅为符合下列条件的个人债务人:有固定收入,同时不附带条件的、确定的且无担保的债务不超过 290,525 美元,有担保的债务不超过 871,550 美元。[107] 这一程序完全由债务人自愿提起。如同第 7 章和第 11 章中的规定,一旦启动这一程序,债权人不得对债务人财产采取其他措施。第 13 章同样保护债务人的担保人,因而通常由债务人继续控制其财

624

625

626

---

[103] 11 U.S.C. §§301, 303, 362 (2014).

[104] See *Halligan*, Cramdown Interest, Contract Damages, and Classical Economic Theory, 11 Am. Bankr. Inst. L. Rev. 131 (2003); *Klee*, All You Ever Wanted to Know About Cram Down Under the New Bankruptcy Law, 53 Am. Bankr. L. J. 133 (1979).

[105] 11 U.S.C. §1141 (d) (2014). 第 12 章生效于 1986 年,涉及"家庭农场主债务的调整",旨在给家庭农场主一个机会,以重整其债务并保有其土地。See Pub. L. No. 99-554, 100 Stat. 3088 (1986)[修订后编入 2014 年版《联邦成文法大全》第 11 篇第 1201 条及以下条文(11 U.S.C. §1201 et seq (2014)].

[106] See *Logan*, The Troubled State of Chapter 13 Bankruptcy and Proposals for Reform, 51 SMU L. Rev. 1568 (1998). See also *Epstein*, Bankruptcy and Other Debtor-Creditor Laws 225 et seq.

[107] 11 U.S.C. §109 (e) (2014). 尽管第 13 章程序通常主要用于消费者,但独资企业也可以利用这一章。

产。[108] 与第11章的程序不同的是,只有债务人才有权提出债务偿还计划,第13章并没有规定该计划须征得债权人的同意。但是,该计划的确需要经过法院的核准。[109] 除非债权人同意另外的方案,该计划应预计还清所有的债务[110],同时该计划不得改变或影响仅以债务人住房权益担保清偿请求的债权人的权利。[111] 债务人应当在未来3年内还清欠款,还款来源是其未来收入或货物销售的总收入。破产管理人收取债务人的付款,并根据偿还计划将其分配给债权人。如果债务偿还计划执行成功,则债务人将从这些债务中获得解脱。债务人不得摆脱的是长期债务,尤其是扶养费的支付。[112]

626A 《2005年防止滥用破产程序和消费者保护法》加进《联邦成文法大全》,成为后者的第15章。[112a] 它准许外国的破产代表人在美国提起破产附带程序,并利用该程序请求美国承认外国的破产裁决。对于"破产主程序"(main proceeding)而言,核心概念是公司的"主要营业所利益中心"(COMI)。第15章效仿了联合国国际贸易法委员会的示范法和欧共体的破产条例[112b],它因此在第1508条指示法院考虑本章的"国际来源,并以与外国做法一致的方式推动其适用"。在最近一次对该条的适用中,法院注意到:"这意味着不仅要关注国内判例,而且要关注外国法院裁判的案件。正如立法历程所表明的,如此适用这一章的规定'不仅在于这些立法渊源具有说服力,而且可促进法律解释一致性重要目标的实现'。"[112c]

---

[108] 11 U.S.C. §§303, 303(a), 362, 1301, 1306(b)(2014).

[109] 法院必须确信:无担保债权人受到的保护与根据第7章清算程序获得的一样,有担保债权人获得的财产价值没有受到损害。11 U.S.C. §1325(a)(4),(5)(2014).

[110] 11 U.S.C. §§1321, 1322(a)(2003). 2014年版《联邦成文法大全》第11篇第507条罗列了这些清偿请求。

[111] 11 U.S.C. §1322(b)(2)(2014).

[112] 11 U.S.C. §1328(a)(2005). See also *Alexander*, Building "A Doll's House": A Feminist Analysis of Marital Debt Dischargeability in Bankruptcy, 48 Vill. L. Rev. 381 (2003); *Cecil*, Crumbs for Oliver Twist: Resolving the Conflict between Tax and Support Claims in Bankruptcy, 20 Va. Tax Rev. 719 (2001).

[112a] 11 U.S.C. § 1501 et seq. See *Adams/Fincke*, Coordinating Cross-Border Insolvency: How Territorialism Saves Universalism, 15 Colum. J. Eur. L. 43 (2009).

[112b] UNCITRAL, Model Law on Cross-Border Insolvency, U.N. Doc. A/RES/52/158 (1997); Regulation (EC) No. 1346/2000, [2000] O.J. L 160/1.

[112c] *In re Betcorp*, 400 B.R. 266, 276 (Bkrtcy. D. Nev. 2009). 该院特别斟酌了欧洲法院对"C-342/04号案件"(*In re Eurofood IFSC Ltd.*, 2006 E.C.R. I-3813)的判决。Id. at 276, 290. 对此的评论,参见 Look Chan Ho, Recognizing an Australian Insolvent Liquidation under the UNCITRAL Model Law: *In re Betcorp*, [2009] J. I. B. L. Rev. 418. See also *Lavie v. Ran*, 406 B.R. 277 (S.D. Tex. 2009); *S. Di Santo*, The Sun Around Which Cross-Border Insolvency Proceedings Revolve: Part I, 24(2) J. I. B. L. Rev. 88 (2009), and Part II, 24(3) id. 127 (2009); *A.L. Hammer* & *M.E. McClintock*, Understanding Chapter 15 of the United States Bankruptcy Code, 14 L. & Bus. Rev. Am. 257, at 262 (2008).

## 三、竞争法

**参考书目**：*Areeda/Hovenkamp*，Fundamentals of Antiturst Law 4th ed. 2011；*Barron*，Copyright Law，2014；*Brown/Denicola*，Cases on Copyright，Unfair Competition and Other Topics，9th ed. 2005；*Stim*，Patent，Copyright and Trademark，13th ed. 2014；*Goldstein/Reese*，Copyright，Patent，Trademark and Related State Doctrines，6th ed. 2008；*Hovenkamp*，Federal Antitrust Policy，4th ed. 2011；*Kubasek et al.*，The Legal Environment of Business，7th ed. 2014；*McManis*，Intellectual Property and Unfair Competition in a Nutshell，7th 2012；*Merges et al.*，Intellectual Property in the New Technological Age，6th ed. 2012；*Schechter et al.*，Intellectual Property（Hornbook Series），2003.

### （一）概述

反托拉斯（antirust）法主要为联邦成文法。[113] 联邦立法权源自联邦宪法中的**州际商业条款**。[114] 在"哈佛学派"（Harvard School）的拥护者看来，反托拉斯法旨在确保市场的自由进入，为消费者提供最大可能的广泛选择，并防止滥用经济支配地位的行为。照此看来，实践中所有的协议、协作行动和兼并（mergers）都属于联邦机构的管理范围，尤其是联邦的管理权可扩及诸如控制零售价格之类的纵向限制竞争行为。

"芝加哥学派"（Chicago School）的拥护者持有不同的观点。对他们而言，反托拉斯法旨在提升经济的整体效率，这一观点采用了"法律的经济分析"方法。照此看来，反托拉斯法的目标并非市场开放，而是防止滥用市场支配力量及其导致的经济效率低下。根据这种观点，当事人在市场的不同层级达成的排他交易协议，虽然使第三方更加难以利用或进入市

---

[113] See *Hovenkamp*，Federal Antitrust Policy § 2.1 et seq.
[114] 州法不得损害或阻碍州际贸易或与外国的商业往来。See *Lewis v. BT Inv. Managers，Inc.*，447 U. S. 27，100 S. Ct. 2009，64 L. Ed. 2d 702 (1980)。另见前文第 610 段。

场,但可能被该学派视作一种促进竞争的有效方式(尽管传统观点反对这种纵向垄断协议)。相对于哈佛学派,芝加哥学派对横向垄断协议[卡特尔(cartels)]也更加宽容。其论断依据是:提价协议将面对来自市场竞争者的压力,因此即使在垄断阵营内部,每个成员也想方设法降低共同价格以增加销量。因此,相对于传统主义者,芝加哥学派的追随者们倾向于更保守地适用反托拉斯法及其制裁措施。对他们而言,在提出此种假定——垄断地位导致利润增加或导致了对市场供应的限制——之前,必须证明垄断(monopoly)事实上存在;只有在真正出现了经济效率低下时,反垄断法才是一种矫正市场竞争秩序的适当机制。[115]

629　　反托拉斯法运用者的法理取向会极大地影响到对反托拉斯法适用范围和效力的解释。主流观点不时变换,有时体现"芝加哥学派"的法理模式,有时则体现传统"哈佛学派"的法理模式。下文描述的是最重要的反托拉斯立法,关于"反不公平贸易"的法律将单列小节讨论。1890 年《谢尔曼法》(Sherman Act)[116]是美国最早的反托拉斯成文法,《克莱顿法》(Clayton Act)[117]和《联邦贸易委员会法》(Federal Trade Commission Act,FTC 法)制定于 20 世纪。[118]

### (二)《谢尔曼法》《克莱顿法》和《联邦贸易委员会法》

630　　《谢尔曼法》前两条的规定措辞宽泛。这部法律的提案人(参议员谢尔曼)自己意识到:法院需要在个案中具体辨分禁止性行为与许可性行为。因而该法的规定是粗线条的,第 1 条禁止"任何限制州际或国际贸易或商业的合同……联合或共谋";第 2 条规定下述行为构成犯罪:任何人"垄断或企图垄断,或与其他一人或多人联合或共谋垄断州际或国际贸易或商业之任何部分……"。如上所述,该规定既适用于州际贸易也适用于国际贸易。这里的"贸易"(trade)一词被赋予宽泛的含义,例如在两个外国港口之间的航运被认为是美国"对外贸易"的一部分,原因是该笔船货的交易获得了美国对外援助基金的融资。[119] 判例法同样赋予"限制"(restraint)一词以丰富的内涵。一份协议谋求提升一个美国企业在国外的竞

---

[115] See *Posner*, Antitrust Law, 2d ed. 2001. 关于这些对立思想派别的更多内容,参见 *Jacobs*, An Essay on the Normative Foundations of Antitrust Economics, 74 N. C. L. Rev. 219 (1995); *Peritz*, Toward a Dynamic Antitrust Analysis of Strategic Market Behavior, 47 N. Y. U. Sch. L. Rev. 101 (2003); *Posner*, The Chicago School of Antitrust Analysis, 127 U. Pa. L. Rev. 925 (1979); *Yoo*, Vertical Integration and Media Regulation in the New Economy, 19 Yale J. on Reg. 171 (2002). See *Hovenkamp*, Federal Antitrust Policy § 2. 2b et seq.

[116] 15 U.S.C. § 1 (2003).

[117] 15 U.S.C. § 12 (2003).

[118] 15 U.S.C. § 41 (2003).

[119] *Pacific Seafarers, Inc. v. Pacific Far East Line Inc.*, 404 F. 2d 804 (U.S. App. D.C 1968), cert. den. 393 U.S. 1093 (1969).

争地位,这种情况可构成被禁止的限制,因为它可能影响到另一家美国企业在对外贸易中的地位。[120] 一般而言,受影响的贸易规模不在考虑之列。[121] 但是,上述论断可能受到所谓"**合理原则**"的限制,该原则来自联邦最高法院早期的反托拉斯法判例。根据该原则,法院应区分两种不同的触犯反托拉斯法的行为:一种行为"本身违法"(illegal per se),而另一种行为只有在被认定为"不合理"(unreasonable)时,才受到制裁。

在"合众国诉苏康尼·韦可姆石油公司案"(*U. S. v. Socony-Vacuum Oil Co.*)[122]中,联邦最高法院判定价格("固定价格",price fixing)协议构成本身违法行为。本身违法标准同样适用于限定最高价格协议[123]、关于价格构成的协议以及关于决定价格的因素和标准的协议[124]。分割或分配市场份额的安排同样构成本身违法行为[125],与之类似的是确保一方当事人以标价最低的投标人中标的协议[126]。与之相比,公司限制竞争的措施只有不属于被法律禁止的本身违法行为时,才适用"合理"标准;该标准考虑个案中影响竞争的所有方面和情况。相关的考虑因素包括当事人的市场地位、当事人协议对相关市场的影响以及甚至可能促进竞争的情况。法院偶尔会考虑替代方案的经济可行性。[127]

**《克莱顿法》**禁止各种形式的歧视行为。第 2 条处理价格歧视(price discrimination)问题,而第 3 条禁止排他交易(exclusive dealing)。两条规定都仅适用于买卖"在美国、美国领地、哥伦比亚特区……或者处在美国治下的任何地区使用、消费或转售"的货物。对于国际贸易,这意味着货物进口属于上述规定的调整范围,而美国对外出口则不然。该法同样禁止给予折扣和佣金(commissions)时的歧视行为,不过该规定不含类似的地域限制。[128] 第 8 条涉及"连锁董事"(interlocking directorates),在措辞上同样不含地域限制;该条适用于"从事商业活动"的公司。

第 7 条特别重要。它禁止公司的兼并或联合,同时禁止直接或间接地收购其他公司的股票或股份:只要"收购行为的效果可能会实质上削弱竞争",无论收购行为发生在"国内任

---

[120] *Timken Roller Bearing Co. v. United States*, 341 U. S. 593 (1951); *United States v. Minnesota Mining & Mfg. Co.*, 92 F. Supp. 947, 962 (D. Mass. 1950).

[121] *United States v. Socony-Vacuum Oil Co.*, 310 U. S. 150 (1940).

[122] 310 U. S. 150 (1940).

[123] *Arizona v. Maricopa County Medical Soc.*, 457 U. S. 332 (1982).

[124] *Catalano, Inc. v. Target Sales, Inc.*, 446 U. S. 643 (1980).

[125] *United States v. Topco Associates, Inc.*, 405 U. S. 596 (1972).

[126] *Addyston Pipe & Steel Co. v. United States*, 175 U. S. 211 (1899).

[127] *Broadcast Music, Inc. v. Columbia Broadcasting System, Inc.*, 441 U. S. 1 (1979).

[128] 15 U. S. C. § 13 (c) (2014).

何地区的任何商业领域",均应被禁止。[129] 如此宽泛的表述("国内的任何地区")会将出口贸易和进口贸易均包含在内。

634 　　第 7A 条对较大规模的企业兼并计划明确了具体的登记要求和等待期,从而弥补了第 7 条的不足。[130] 企业兼并应符合程序要求,但具体要求随企业类型的不同而有所差异。判定企业类型的标准包括被收购企业的年销售额或净值,以及收购企业要控制的投票权或股份的比例。企业兼并应在相关联邦机构——联邦贸易委员会和司法部反托拉斯局(Antitrust Division of the Justice Department)——登记(备案)。等待期至少是 30 天,而在发出现金收购要约的情况下为 15 天。顺便提一句,只要《克莱顿法》的条文显得措辞狭隘、适用受限,而不足为反托拉斯措施提供必要的法律依据时,前述《谢尔曼法》中的一般条款也可适用于企业的兼并和收购。在限制竞争协议违反了反托拉斯法时,《克莱顿法》第 8 条规定违法公司的高级职员不得担任其他相关公司的管理职务("连锁董事")。

635 　　**《联邦贸易委员会法》**主要处理不公平竞争问题[131],并创设了一个独立的联邦机构——联邦贸易委员会——以监督该法的执行。[132] 除了州际贸易,该法明确适用于国际贸易。它禁止固定价格、虚假广告、联合抵制交易、竞争者之间的非法勾结,以及其他"不公平竞争方法"。

636 　　其他联邦成文法的各式规定和一定范围内的各州立法弥补了上述联邦成文法的不足。比如《威尔逊关税法》(Wilson Tariff Act)[133]第 73 条禁止进口商之间签订限制竞争或进口货物提价的协议,第 76 条规定了违反该法的进口货物将被扣押。1974 年《贸易法》(Trade Act)第 301 条[134]以及早期有关外贸自由化的类似成文法的条文,对于他国纵容歧视或限制美国对外贸易的行为——包括私人的行为,授权美国总统限制或撤回给予该国的贸易

---

[129] 联邦最高法院的一份判决将适用范围拓展得更宽:只要削弱竞争的效果出现在"美国境内的任何地方",就足以符合条件。*United States v. Pabst Brewing Co.*, 384 U. S. 546 (1966)。

[130] Pub. L. No. 94-435, 90 Stat. 1390 (1976) (作为修订文本编入 2005 年《联邦成文法大全》第 15 篇第 18a 条)。See also Langevoort, State Tender-Offer Legislation: Interests, Effects, and Political Competence, 62 Cornell L. Rev. 213 (1977)。

[131] 15 U. S. C. §41. 参见该法的第 5 条(《联邦成文法大全》第 15 篇第 45 条)第 1 款第 1 项:"商业中的或者影响到商业的不公平竞争方法,以及商业中的或者影响到商业的不公平或欺诈性的行为或惯例,特此宣布为非法。"

[132] 另见下文第 642 段及以下段落。

[133] 15 U. S. C. §8 (2014)。

[134] 19 U. S. C. §2411 (2014)。第 301 条第 1 款第 4 项将该法扩展适用于服务贸易。See also *Chang*, Taming Unilateralism Under the Multilateral Trading System: Unfinished Job in the WTO Panel Ruling on U. S. Sections 301—310 of the Trade Act of 1974, 31 Law & Pol'y Int'l Bus. 1151 (2000); *McDonald*, The Unilateral Undermining of Conventional International Trade Law Via Section 301, 7 D. C. L. J. Int'l L. & Prac. 395 (1998); *Waller*, Can U. S. Antitrust Laws Open International Markets?, 20 J. Intl. L. Bus. 207 (2000)。

优惠。

1996 年《电信法》(Telecommunications Act)寻求加强电信领域的竞争,并严厉限制各州的管制和干预措施。[135] 反托拉斯法如今也毫不例外地适用于这一经济领域。电信企业的兼并应接受有关市场影响的审查;原有的垄断应寿终正寝,而新垄断的形成遭到禁止;本地的、地区之间的、区域性的以及全国的电信市场应向新的电信服务商开放。电话运营商和有线电视运营商相互竞争("双线策略",two-wire strategy)。在可以提供两种服务的地区,企业可能被禁止提供电话和有线电视两种服务。同样看来可取的措施是不让各州管制消费者按本地费用通过互联网拨打电话,这样电信服务商会面临更大的竞争压力和价格压力。[136] 1991 年《联邦电话消费者保护法》(Federal Telephone Consumer Protection Act)[137] 对电信市场的完全开放提供了一些制衡措施,该法努力保护消费者免受自动拨号播音设备(automatic dialing-announcing devices)[138]和商业公司传真讯息[139]的干扰。在特定一年内,任何人只要收到此类令人生厌的劝购超过 3 次,就可请求索赔 500 美元。由于这部立法,许多企业针对大宗邮件的劝购行为提起了集团诉讼,理由是这种劝购构成了反竞争的行为。被告们转而谴责新法侵犯了其基本的商业言论自由权。但他们的抗议至今尚未取得成功,因为联邦最高法院尚未同意司法审查任何这类案件。[140]

---

[135] Pub. L. No. 104-104, 110 Stat. 56 (1996)。其前身是 1934 年《电信法》, Pub. L. No. 73-416, 48 Stat. 1064 (作为修订文本编入 2014 年版《联邦成文法大全》第 47 篇第 151 条)。

[136] 关于运用互联网技术的探讨,另见 Chen, The Authority to Regulate Broadband Internet Access over Cable, 16 Berkeley Tech. L. J. 677 (2001)。

[137] 47 U.S.C. § 227 (2014); 47 C.F.R. § 64.1200 (2005)。

[138] 关于来自州判例法中的实例,参见 Moser v. F. C. C., 46 F. 3d 970 (9th Cir. 1995)(判定在成文法中禁止自动拨号推销电话并不违反美国宪法第一修正案); State v. Casino Mktg., 491 N. W. 2d 882 (Minn. 1992)(在该案中,明尼苏达州最高法院支持一部州法,该法要求所有的自动拨号信息开始之前,应该由一位现场接线员征得接收者的同意,然后才可播放信息); Van Bergen v. Minnesota, 59 F. 3d 1541, 1555 (8th Cir. 1995)(探讨了推销电话的惊人激增,尤其是在使用自动拨号设备的背景下更是如此)。对此的探讨,参见 Judy, Are States Like Kentucky Dialing the Wrong Number Enacting Legislation that Regulates Interstate Telemarketing Calls?, 41 Brandeis L. J. 681 (2003); Miller/Biggestaff, Application of the Telephone Consumer Protection Act to Intrastate Telemarketing Calls and Faxes, 52 Fed. Comm. L. J. 667 (2000)。

[139] 慈善组织和政治组织通常不受该项禁止性规定的约束。

[140] 在"哈得逊中部燃气电力公司诉纽约州公用事业委员会案"[Central Hudson Gas & Elec. Corp. v. Public Service Commission of New York, 477 U. S. 557, 100 S. Ct. 2343, 65 L. Ed. 2d 341 (1980)]中,联邦最高法院确立了一条标准,以判定一部规范商业言论的成文法是否违反了美国宪法第一修正案。该标准已被下级法院用于挑战《联邦电话消费者保护法》的案件中,比如参见 Destination Ventures Ltd. v. FCC, 46 F. 3d 54 (9th Cir. 1995); Missouri ex rel. Nixon v. Am. Blast Fax, Inc., 323 F. 3d 649 (8th Cir. 2003)。

638　如何处理通过电子邮件发送的垃圾广告？[141] 由于顾客的抱怨，互联网运营商便将群发的电子信息收集起来，然后依次群发给最初的发送者。这就导致了后者计算机瘫痪，并进而引发了诉讼。[142]

639　州法中也有规制不公平竞争的成文法条文，特别是从消费者保护视角所作的规定。在反托拉斯法自身框架内，联邦《麦圭尔法》（McGuire Act）明确准许各州针对固定商品转售价格的行为进行立法。[143] 许多州利用这一授权，通过了称为"公平交易法"的成文法。这类立法产生于20世纪30年代"大萧条"时期，并在1975年为《联邦消费品定价法》（Federal Consumer Goods Pricing Act）所取代。[144] 如今，固定商品转售价格的行为在美国全境一律被禁止。

### （三）处罚措施

640　触犯反托拉斯法的后果如何？在私法层面，触犯反托拉斯法的合同无效。[145] 此外，受害人可请求实际损失三倍的赔偿金（"三倍赔偿金"，treble damages），另加诉讼费和律师费。《克莱顿法》规定了受害人可对触犯反托拉斯法——包括《谢尔曼法》——的行为提起民事诉讼。因此，私人有权启动对企业兼并的司法审查。当然，启动司法审查的前提条件是原告具有"起诉权"[standing，即诉讼资格（locus standi）*]。即便原告仅受到非法垄断协议的间接影响，其起诉权通常也会得到法院支持。[146] 对起诉权的核心要求是原告所受损害属

---

[141] 联邦立法已经出台，对于发送特定形式的未经主动索要的商业促销电子邮件［通常称之为"垃圾邮件"（spam）］处以刑罚。See the CAN-SPAM Act of 2003, Pub. L. No. 108-187, 117 Stat. 2699（2003）. See also Fisher, The Right to Spam? Regulating Electronic Junk Mail, 23 Colum.-VLA J. L. & Arts 363（2000）; Rice, The TCPA: A Justification for the Prohibition of Spam in 2002? Unsolicited Commercial E-Mail: Why is it Such a Problem?, 3 N. C. J. L. & Tech. 375（2002）; Sweet, Political E-Mail: Protected Speech or Unwelcome Spam?, 2003 Duke L. & Tech. Rev. 1（2003）.

[142] See Cyber Promotions v. American Online, 948 F. Supp. 436,（E. D. Pa. 1996）and Compuserve Inc. v. Cyber Promotions, 962 F. Supp. 1015（S. D. Ohio 1997）. See also Magee, The Law Regulating Unsolicited Commercial E-Mail: An International Perspective, 19 Santa Clara Computer & High Tech. L. J. 333（2003）.

[143] 15 U. S. C. § 45（a）（2014）.

[144] Pub. L. No. 94-145, 89 Stat. 801（1975）; see GE v. Masters Mail Order Co. of Washington, D. C., 244 F. 2d 681（1957）, cert. den., 355 U. S. 824, 78 S. Ct. 32, 2 L. Ed. 2d 39（1957）.

[145] Ring v. Spina, 148 F. 2d 647（2d Cir. 1945）.

＊ 该拉丁语对应的英文为"place of standing"，直译为"立足点"，其真正含义与"standing"等同。参见 B. Garner（ed.）, Black's Law Dictionary, St. Paul: Thomson Reuters, 11th ed., 2019, p.1128.——译者注

[146] Illinois Brick Co. v. Illinois, 431 U. S. 720（1977）.

于反托拉斯法的保护范围,该损害应构成"反托拉斯法损害"(antitrust injury)。[147] 因此,若企业兼并有助于促进竞争,则不存在反托拉斯法损害。在此情况下,相关竞争对手或私人就不享有起诉权。

此外,《谢尔曼法》规定了刑事制裁措施。它授权对个人可处以最高35万美元的罚金和最多3年的监禁。[148] 提起刑事诉讼属于司法部的职权范围。[149] 除了第10条[150],《克莱顿法》没有一般性地规定刑事制裁措施。[151]

641

最后,专设的联邦机构有权监督反托拉斯法的实施并对违法者采取强制措施。司法部"反托拉斯局"和联邦贸易委员会共同分担这些职责。可能会出现的两者管辖权的竞合,可以通过依分管的经济领域和违法行为类型分配各自职责加以解决。联邦贸易委员会的权力来自《联邦贸易委员会法》;根据该法(第5条)的授权,一旦发现触犯反托拉斯法行为的迹象或苗头,或者虽然没有违法的迹象或苗头,但是一旦特定的商业行为看来背离了反托拉斯法律和政策的"精神"(spirit),联邦贸易委员会就有权采取干预措施。[152] 在听取相关各方的意见后,联邦贸易委员会可命令停止具体的违法活动[发布"禁止令"(cease and desist order)],其裁定应接受司法审查。如果得到了法院支持,则该裁定将通过司法禁令(judicial injunction)获得执行。当事人若不遵守司法禁令则会因"藐视法庭罪"而遭受处罚。[153]

642

《谢尔曼法》第4条和《克莱顿法》第15条构成了司法部反托拉斯局开展工作的法律基石。尽管司法部不能直接对私人采取行动,但其可向对当事人有管辖权的特定联邦地区法

643

---

[147] *Brunswick Corp. v. Pueblo Bowl-O-Mat, Inc.*, 429 U.S. 477 (1977).

[148] 15 U.S.C. § 1 (2014). 针对公司被告的罚金上限是1亿美元(对任何个人的罚金上限是100万美元)。

[149] 对于《谢尔曼法》中刑法规定的探讨,参见 *Krause/Mulcahy*, Antitrust Violations, 40 Am. Crim. L. Rev. 241 (2003)。

[150] 该例外规定涉及与公共运输有关的合同以及可能有连锁董事的企业。

[151] 根据《罗宾逊—帕特曼法》(Robinson-Patman Act)(该法已经并入《克莱顿法》),这种刑事豁免并不适用于价格歧视。See *Standard Oil Co. v. FTC*, 340 U.S. 231 (1951). See also http://www.lawmall.com/rpa/rpamenu1.html. See further *Rowe*, Political Objectives and Economic Effects of the Robinson-Patman Act: A Conspicuous U.S. Antitrust Policy Failure, 136 Zeitschrift für die gesamte Staatswissenschaft 499 et seq. (1980). 尝试区分《克莱顿法》与《罗宾逊—帕特曼法》的适用界限,参见 *Nashville Milk Co. v. Carnation Co.*, 355 U.S. 373 (1958)。

[152] *FTC v. Motion Picture Advertising Service Co.*, 344 U.S. 392 (1953); *FTC v. Brown Shoe Co.*, 384 U.S. 316 (1966); *FTC v. Texaco, Inc.*, 393 U.S. 223 (1968).

[153] 15 U.S.C. §45 (2003). 对不遵守禁令的处罚措施是每次违法行为被处以最高1万美元的罚金。《反托拉斯民事诉讼法》[Antitrust Civil Process Act, 15 U.S.C. §1311 (2003)]包含了对诉讼程序的其他规定。

院请求帮助。[15b]

644　　联邦贸易委员会和反托拉斯局在实施(或不实施)反托拉斯法方面扮演着重要角色。在一个具体案件中如何作出一份裁定,可能部分取决于裁判者的法理取向(他是一位传统理念的拥护者,还是一位"芝加哥学派"的追随者,参见前文)。

(四) 反托拉斯法的域外适用

644A　　在一系列的判例中,联邦最高法院判定:除非美国国会另有规定,美国法仅适用于国内案件,不得域外适用。联邦最高法院在 2010 年"着力重申了这一推论"[154a],并在 2013 年再次申明这一立场(涉及《外国人侵权请求法》)[154b]。在欧共体起诉的一宗案件中,联邦第二巡回区法院判定:《反诈骗及贿赂组织法》(RICO)无域外效力。在被告生产厂家提出请求后,联邦最高法院于 2015 年秋准许了其调卷令申请。[154c]

645　　联邦判例法同样限制反托拉斯法的域外适用(extraterritorial application),但不同时期

---

[15b] 涉及计算机软件企业"微软公司"的一个案件吸引了全世界的关注。1998 年,反托拉斯局对该公司提起诉讼,这就是"合众国诉微软公司案"[*United States v. Microsoft Corp.*, 65 F. Supp. 2d 1 (1999)]。反托拉斯局指控微软公司试图清除或严重限制其网络浏览器的竞争对手网景公司(Netscape)的业务,采用的手段是在其"视窗"系统中预装自己的浏览器,从而排除了对网景公司产品的需求。初审法院判定微软公司有罪,认定微软公司曾利用其操作系统的市场支配地位消灭市场竞争对手。See *United States v. Microsoft*, 87 F. Supp. 2d 30 (D. D. C. 2000)。两个月以后,法院宣布了制裁措施,其中最重要的是将微软公司一分为二:一家从事操作系统业务,另一家从事网络软件业务。联邦上诉法院推翻了这一判决[253 F.3d 34 (D.C. Cir. 2001)]。它维持了初审法院对微软公司触犯反托拉斯法行为的裁决(并且维持了初审法院关于微软公司要求再次开庭和重新判决的意见),但是判定初审法院在程序上存在严重缺陷。上诉法院将该案发回初审法院,但委派另一位联邦法官考虑采取适当的制裁措施。在当事人双方显示无法对适当的制裁措施达成一致时,(新任)法官责令强制调解(mandatory mediation)。司法部遵照《滕尼法》(Tunney Act)(15 U.S.C. §16)的授权,为公众提供了一个对政府提议的解决方案评议的机会,时间截止于 2002 年 1 月 28 日;此后,初步的和解协议就成为最终和解协议。欧洲委员会提起了类似诉讼,并于 2004 年 3 月认定微软公司应对其媒体播放器方面的垄断违法行为承担责任,对微软罚款 4.97 亿欧元,同时责令其采取补救措施(参见 2004 年 3 月 24 日欧洲委员会的新闻稿,网址:http://europa.eu./rapid/pressReleasesAction.do? reference = IP/04/3828&guiLanguage = en)。关于该委员会的决定,参见 http://ec.europa.eu/comm/competition/antitrust/cases/decisions/37792/en.pdf。关于这些诉讼活动的详细信息,包括和解协议(settlement agreement)、调解书(consent decree)和其他文件的全部内容,以及随后的进展情况,参见 http://www.usdoj.gov/atr/cases/ms-settle.htm. See also *Flynn/Bush*, The Misuse and Abuse of the Tunney Act: The Adverse Consequence of the "Microsoft Fallacies," 34 Loy. U. Chi. L. J. 749 (2003). 关于作为一种"替代性争端解决方式"的调解,参见前文 222 段及以下段落。

[154a] *Morrison v. National Australia Bank Ltd.*, 561 U. S. 247 (2010). 涉及《证券交易委员会规则》第 10b-5 条和 1934 年《证券交易委员会法》第 10b 条[Securities and Exchange Commission Rule 10b-5, 17 C. F. R. § 240.10b-5 (2009) and § 10 b of the SEC Act of 1934, 15 U. S. C. S § 78(b)].

[154b] *Kiobel v. Royal Dutch Petroleum Co.*, 133 S. Ct. 1669 (2013).

[154c] *European Community v. RJR Nabisco, Inc.*, 764 F. 3d 129 (2d Cir. 2014), rehearing en banc denied, 783 F. 3d 123 (2d Cir. 2015), *cert. granted*, No. 15-138, 2015 WL 4575964.

的判例法之间不乏矛盾。判例法的不确定性始于"美国香蕉公司诉联合水果公司案"（*American Banana Co. v. United Fruit Co.*）[155]的判决，联邦最高法院判决该案时依据了当时的冲突法和国际公法原则。该院认为，《谢尔曼法》只适用于州际贸易，而不适用于域外行为，只要该行为依据行为地法是合法的。"香蕉案原则"（Banana-doctrine）后来受到了另一份判决的限制，该判决将反托拉斯法适用于域外行为，尽管该行为依据行为地法是合法的；该案与"香蕉案"的区别在于该案当事人之间的协议谋求并实现了对美国进口的限制。[156] 随后的判决遵循了这种新趋向，将国内效果等同于国内行为。[157] 除此之外，过去对美国被告和外国被告的区分也不复存在。[158] "效果原则"（effects doctrine）还包含其他的因素，因而不仅国内效果，而且其他的利益也在考虑之列。[159] 最后，对美国外交关系的潜在影响可能也是适用"合理原则"的一个考虑因素。[160]

联邦最高法院在"哈特福德火灾保险公司诉加利福尼亚州案"（*Hartford Fire Insurance Co. v. State of California*）[161]的判决中采用了一种略微不同于以往的方法，即除了国外限制竞争行为对美国市场产生的影响，该院还要审查美国法与外国法之间是否存在"真正和直接的冲突"。如果确实存在法律冲突，则法院可以拒绝行使其管辖权，尽管其依据成文法享有该管辖权（一种"不方便法院原则"的思路）。[162] 在其他情况下，该院判定根本无须考虑国际礼让。此外，若被告原本有机会以合乎所有相关国家法律的方式开展业务，则这种情况将被联邦最高法院认定为不存在法律冲突。反而言之，这将意味着只有当

---

[155] *American Banana Co. v. United Fruit Co.*, 213 U. S. 347 (1909).

[156] *United States v. Sisal Sales Corp.*, 274 U. S. 268 (1927).

[157] *United States v. Aluminum Co. of America*, 148 F. 2d 416 (2d Cir. 1945)（又称"美国铝公司案判决"[*Alcoa*-decision]）。

[158] 由此带来的美国反托拉斯法的广泛适用招致了世界各地的批评，比如参见 Juenger, The "Extraterritorial" Application of American Antitrust Law and the New Foreign Relations Law Restatement, 1990 Wirtschaft und Wettbewerb 602 et seq. See also *United States v. National Lead Co.*, 63 F. Supp. 513 (D. N. Y. 1945), affirmed 332 U. S. 319 (1947); *Steele v. Bulova Watch Co.*, 344 U. S. 280 (1952)[基于 1946 年的《兰海姆商标法》(Lanham Trademark Act), 15 U.S.C. § 1051]; *Timken Roller Bearing Co. v. United States*, 341 U. S. 593 (1951)。

[159] *Timberlane Lumber Co. v. Bank of America*, 549 F. 2d 597 (9th Cir. Cal. 1976).

[160] *Mannington Mills, Inc. v. Congoleum Corp.*, 595 F. 2d 1287 (3d Cir. 1979).

[161] *Hartford Fire Insurance Co. v. California*, 509 U. S. 764 (1993).

[162] 斯卡利亚（Scalia）法官的异议与之形成鲜明的对比。根据礼让原则和公法之法律冲突（public-law conflict-of-law）的考虑因素，他会采用一种法律选择的判决思路：美国法是否与外国法存在真正的冲突，然后再进一步考虑，从政策角度分析，当外国法根据该分析可以适用时，本地（法院地）法是否应当优先于外国法适用。最后这个问题的答案取决于法院所在地立法者的立法意图。如果法院所在地立法者并无意将反托拉斯法的适用范围延及于本案，则斯卡利亚法官将不会因管辖权不允许而驳回起诉（如多数判决意见的主张），而是将依据实体法上的理由驳回起诉（因为缺乏可适用的美国法）。

遵守美国的反托拉斯法会触犯他国法律时才会被认定存在法律冲突。[163] 但是，这种情况几乎不会发生。[164] 联邦最高法院在"哈特福德案"中拒绝采取任何类型的利益权衡，这一事实确实加剧了美国反托拉斯法的域外适用。[165] 原告的实际诉求和损失是否必须与被告行为的"国内效果"存在联系，对于该问题，数个联邦巡回上诉法院之间出现了意见分歧；此后 2004 年，美国反托拉斯法的域外效力和管辖权问题再次被上诉到了联邦最高法院。[166] 联邦最高法院在"艾姆巴格朗案"（*Empagran*）[167] 中判定：美国反托拉斯法不适用于"单独在外国造成的损害"（independent foreign harm）。[168]

647　　因此，只有在例外情况下，当事人才能依"香蕉案原则"免于适用美国反托拉斯法，这种例外就是外国法或外国政府行为强制当事人采取排斥竞争的行为或措施。[169] 但是，即使在这些例外情况下，"香蕉案"判决发挥的作用也微乎其微，因为被告可能已经享受到了国家行为理论（Act of State doctrine）（下文探讨）的保护。通常，只是符合外国法而未受到国外政府或机构强迫的当事人行为，并不能免于适用美国反托拉斯法。[170] 比如欧盟委员会这样的一个国外机构，如果根据《欧洲联盟运行条约》第 101 条第 3 款明确准许一份本来为该条第 1 款所禁止的协议，但并未强迫实施该协议，则该协议很可能同样适用美国反托拉斯法。

648　　在将反托拉斯法适用于依公法成立的外国法人（比如国有企业）时，美国的司法判决按

---

　　[163] 对此的评论，参见 Hay, Zur extraterritorialen Anwendung US-amerikanischen Rechts——Zugleich eine Anmerkung zu Hartfort Fire Insurance Co. v. California, 60 Rabels Zeitschrift 303（1996）（带有英文摘要）。

　　[164] See *Hay*, supra N. 163, at 317, n. 68.

　　[165] See *Hay*, supra N. 163, at 317 et seq.

　　[166] See *Den Norske States Oljeselskap As v. HeereMac*, 241 F. 3d 420（5th Cir. 2001）; *Kruman v. Christies Int'l*, 284 F. 3d 384（2d Cir. 2002）; *Metallgesellschaft AG v. Sumitomo Corp. of Am.*, 325 F. 3d 836（7th Cir. 2003）.

　　[167] *F. Hoffmann-La Roche Ltd. v. Empagran S. A.*, 542 U. S. 155（2004）.

　　[168] *Empagran*，前注[167]。对于最新进展的评论，参见 Hay/Krätzschmar, Begrenzt der U. S. Supreme Court die extraterritoriale Anwendung US-amerikanischen Antitrust-Rechts?, 50 Recht der Internationalen Wirtschaft 667（2004）；另见 Hay/Krätzschmar, Neue Unsicherheiten um die extraterritoriale Anwendung US-amerikanischen Antitrust-Rechts?, 49 Recht der Internationalen Wirtschaft 809（2003）。

　　[169] See Hymnowitz, Extraterritorial Application of the Sherman Act to Foreign Corporations, 11 Del. J. Corp. L. 513（1987）; Udin, Slaying Goliath: The Extraterritorial Application of U. S. Antitrust Law to OPEC, 50 Am. U. L. Re. 1321（2001）. See also *Restatement (Third) Foreign Relations Law of the United States* § 415.

　　[170] *Continental Ore Co. v. Union Carbide and Carbon Corp.*, 370 U. S. 690（1962）. See also *Interamerican Refining Corp. v. Texaco Maracaibo, Inc.*, 307 F. Supp. 1291（D. Del. 1970）. 关于美国反托拉斯法的适用范围问题，另见 *Laker Airways Ltd. v. Sabena, Belgian World Airlines*, 731 F. 2d 909（1984），as well as *In re Japanese Elec. Prods. Antitrust Litig.*, 723 F. 2d 238（3d Cir. 1983），rev'd, *Matsushita Elec. Indus. Co. v. Zenith Radio Corp.*, 475 U. S. 574（1986）.

照美国国务院的建议[17],区分两种不同的活动、行为和协议:一种可称为"政府行为",另一种是实质上具有私人和商业性质的行为。[172] 只要司法判决会侵犯外国法或与外国的政府行为发生冲突,美国法院就授予被告享有反托拉斯法豁免权,该豁免权因而其实成为国家行为理论的一部分。因此,当因丧失石油特许权而造成的损失源自外国法律的变更时,联邦法院就驳回当事人的赔偿请求。[173] 同样,当被告公司的行为因为外国政府的命令所迫时,原告请求被告赔偿就无功而返。[174] 当外国的政府行为卷入国际恐怖主义活动,主权豁免原则还能在多大程度上适用于政府行为?继而,在此背景下放弃适用主权豁免原则后,

---

[17] 参见通常所称的"泰特公函"(Tate Letter),Department of State Bulletin 27 (1952) 984, as well as *Republic of Mexico v. Hoffman*, 324 U. S. 30, 65 S. Ct. 530, 89 L. Ed. 729 (1945)。一些学者断定:国家豁免限制论通常源于"泰特公函",而不是联邦最高法院在 1926 年至 1938 年期间判例法的逐步发展。See *Murray, Jurisdiction Under the Foreign Sovereign Immunities Act for Nazi War Crimes of Plunder and Expropriation*, 7 N. Y. U. J. Legis. & Pub. Pol'y 223. 基于源自第二次世界大战的请求权而到联邦法院起诉,外国政府是否享有此类诉讼的豁免权?在此背景下,国家豁免问题再次引起大家的关注。在"奥地利共和国诉奥尔特曼案"[*Altmann v. Republic of Austria*, 541 U. S. 677 (2004)]中,联邦最高法院判定《外国主权豁免法》(FSIA)具有溯及力:"享有国家豁免权的'请求'——国家豁免权保护的不是私人行为而是源自这些行为的豁免主张——属于《外国主权豁免法》调整的相关行为。" Id. At 697; *Abrams v. Société Nationale des Chemins de Fer Francais*, 389 F. 3d 61 (2004), cert. denied, 544 U. S. 975 (2005); *Hwang Geum Joo v. Japan*, 413 F. 3d 45 (D. C. Cir. 2005), cert. denied, 546 U. S. 1208 (2006)。

[172] 参见《外国主权豁免法》(Foreign Sovereign Immunities Act),2005 年《联邦成文法大全》第 28 篇第 1605 条。See also *In re Air Crash Disaster Near Roselawn, Indiana*, 96 F. 3d 932 (7th Cir. Ill. 1996) [ATR(Avions de Transport Régional)公司根据法国法设立,其股份为法国政府和意大利政府所有。尽管该企业只是被外国政府间接控制,但它能够援用外国主权豁免原则]; *Honduras Aircraft Registry v. Honduras*, 119 F. 3d 1530 (11th Cir. 1997) (商业行为例外); *Theo H. Davies & Co. v. Republic of the Marshall Islands*, 174 F. 3d 969 (9th Cir. 1999) (商业行为例外); *Frolova v. Union of Soviet Socialist Republics*, 558 F. Supp. 358 (N. D. Ill. 1983), judgment affirmed 761 F. 2d 370 (7th Cir. 1985) (把侵权行为作为例外)。关于更早的判例,比较以下两个案件: *United States v. Deutsches Kalisyndikat Gesellschaft* [31 F. 2d 199 (D. N. Y. 1929)] (尽管法国方面享有 70% 的股权,但该公司由于在市场上是以"商业"企业而不是国有企业的身份从事经营活动,因此未能享有国家豁免权) 与 *In re Investigation of World Arrangements, etc.* [13 F. R. D. 280 (D. D. C. 1952), 关于进一步的审理, 13 F. R. D 288 (D. D. C. 1952)] [英国政府辩解:持续的石油供应对于其航运业生死攸关,之后法院同意了英伊石油公司 (Anglo-Iranian Oil Company, Ltd.) 享有国家豁免权]。

[173] *Occidental Petroleum Corp. v. Buttes Gas & Oil Co.*, 331 F. Supp. 92 (C. D. Cal. 1971).

[174] *Interamerican Refining Corp. v. Texaco Maracaibo, Inc.*, 307 F. Supp. 1291 (D. Del. 1970). 在"史密斯诉大阿拉伯利比亚人民社会主义民众国案" [*Smith v. Socialist People's Libyan Arab Jamahiriya*, 101 F. 3d 239 (2d Cir. 1996)] 中,一名利比亚恐怖分子袭击了一架泛美航空公司的飞机,导致飞机坠毁;此次空难的幸存者提出赔偿请求,但法院根据《外国主权豁免法》(FSIA) 拒绝判决赔偿:在法院看来,利比亚违反国际法并不等于放弃其国家豁免权。法院同时发现:由于在《外国主权豁免法》规定的含义中,泛美航空公司的飞机不属于美国的领土,因此根据导致了"美国境内的……人身伤害或死亡"的侵权而拒绝利比亚的豁免权并不适当。此后,《外国主权豁免法》被修订,创设了一种国际恐怖主义活动的例外情形。参见《反恐和有效死刑法》[Antiterrorism and Effective Death Penalty Act, Pub. L. No. 104-132, 110 Stat. 1214 (1996)] (作为修订文本编入 2003 年《联邦成文法大全》第 28 篇第 1605 条)。在 2001 年的多起恐怖活动之后,美国法院不可能会对外国如此友好地解释运用国际的和美国的国家豁免法。关于死刑,另见后文第 702 段及其以后段落,第 711 段及其以后段落。

采用什么适当方式执行判决？这些问题依然悬而未决。[175]

649     联邦最高法院在一个古巴政府征收案件——"古巴国民银行诉萨巴蒂诺案"（*Banco Nacional de Cuba v. Sabbatino*）中确认了**国家行为理论**。[176] 立法机关试图改变或矫正该判决，立法规定应从是否符合国际法的视角审查外国的国家行为。[177] 但是，这一立法并未得到法院的一致遵循[178]，法院认定其不适用于违反国际法的行为后果不可直接归因于美国被告的情况。[179] "国家行为理论是一种司法克制政策，法院不审查外国政府在其领土内并且在其主权范围内行为的有效性。"[180] 在"国际银行联合体诉卡塔戈农业信贷银行案"（*Allied Bank International v. Banco Credito Agricola de Cartago*）[181]中，法院判定：国家行为理论不适用于哥斯达黎加发布的推迟或免除偿还外国债务的命令，因为该案涉及的债务位于美国。*《美国对外关系法重述（第三版）》[Restatement (Third) of Foreign Relations Law of the United States][182]建议不去探究虚构的财产所在地，而代之以审查特定的外国政府行为在多大程度上符合国家行为理论的政策，以及相应外国法适用的地域范围。简而言

---

[175] 在遭受了2001年的恐怖主义袭击之后，联邦立法规定与恐怖主义有关的风险属于保险的范围，并准许通过扣押截获的恐怖组织的财产实现判决。参见2002年《恐怖主义风险保险法》（Terrorism Risk Insurance Act）[Pub. L. No. 107-297, 116 Stat. 2322 (2002)]（作为修订文本编入2003年《联邦成文法大全》第28篇第1606和1610条）。放弃适用国家豁免原则，并寻求扣押截获的财产来执行因而产生的判决，这方面的例子请分别参见 Smith v. Islamic Emirate of Afghanistan, 262 F. Supp. 2d 217 (S. D. N. Y. 2003) and Smith v. FRB of N. Y., 346 F. 3d 264 (2d Cir. 2003). But see Republic of Iraq v. Beaty, 556 U. S. 848 (2009)（美国总统对伊拉克放弃适用国家资助恐怖主义活动这种《外国主权豁免法》的例外规定）。See also Acree v. Republic of Iraq, 271 F. Supp. 2d 179 (D. C. Cir. 2003) and Acree v. Snow, 276 F. Supp. 2d 31 (D. C. Cir. 2003). 因政府资助恐怖主义活动而不再对相关国家适用主权豁免原则的其他例证，参见 Surette v. Islamic Republic of Iran, 231 F. Supp. 2d 260 (D. C. Cir. 2002); Campuzano v. Islamic Republic of Iran, 281 F. Supp. 2d 258 (D. C. Cir. 2003)。更多的评论，参见 Sealing, "State Sponsors of Terrorism" Is a Question, Not an Answer: The Terrorism Amendment to the FSIA Makes Less Sense Now Than It Did Before 9/11, 38 Tex. Int'l L. J. 119 (2003); Taylor, Another Front in the War on Terrorism? Problems with Recent Changes to the Foreign Sovereign Immunity Act, 45 Ariz. L. Rev. 533 (2003).

[176] *Banco Nacional de Cuba v. Sabbatino*, 376 U. S. 398 (1964).

[177] 22 U. S. C. §2370 (e) (2003).

[178] *French v. Banco National de Cuba*, 242 N. E. 2d 704 (1968).

[179] *Occidental Petroleum Corp. v. Buttes Gas & Oil Co.*, 331 F. Supp. 92 (C. D. Cal. 1971).

[180] *Williams v. Curtiss-Wright Corp.*, 694 F. 2d 300, 302 (3d Cir. N. J. 1982).

[181] *Allied Bank International v. Banco Credito Agricola de Cartago*, 757 F. 2d 516 (2d Cir. N. Y. 1985), cert. dismissed, 473 U. S. 934 (1985).

   * 在该案中，由于国际银行联合体依据融资协议是在美国获得哥斯达黎加银行的还款，因此法官认定债务所在地位于美国，因而不适用国家行为理论。——译者注

[182] §443, Reporter's Note 4 (1987).

之,它推荐的是一种基于个案的政策分析。[183]

《**韦布—波默伦斯法**》(Webb-Pomerence Act)[184]允许公司相互联合,组成豁免适用反托拉斯法的所谓"出口协会"(export associations)。在理论上,授予的这项豁免权可扩及于控制出口产品的价格、数量、销售地区分配的协议和其他形式的出口贸易限制措施,以及设立联合销售组织。但是,严格的前提条件造成这部法律的适用范围有限。[184a] 首先,"出口贸易"的含义只包括货物贸易,而不含服务贸易。此外,判例法一直从狭义上解释该术语。联邦最高法院因而判定:受国际开发署(Agency for International Development)资助而向韩国出售货物不属于"出口贸易",因为它们属于在美国的而非在韩国的交易。[185] 其次,如果出口协会的行为或组织形式对美国国内产品的成本、价格或者对美国竞争者的出口贸易造成负面影响,则该组织就不享有反托拉斯法豁免权。因此,一家出口协会的设立不得旨在以减少国际市场的供应而稳定国内市场[186],或者为保护国内市场而收购外国竞争企业。[187] 由于《韦布—波默伦斯法》的价值如此有限,因此司法部早在 1967 年就建议废除该法,但对该法的改革或修订工作一直未能启动。不过在实践中,该法其实已被 1982 年《**出口贸易公司法**》(Export Trading Company Act)[188]所取代;新法支持成立出口企业,允许银行机构从事对外投资,并对出口贸易适用反托拉斯法的其他方面予以解释澄清。

650

《**长臂管辖权法**》(参见前文第 136 段)有利于美国法院行使事项管辖权和对人管辖权。联邦法规定原告不需为适用反托拉斯法而到行为实施地或结果发生地起诉被告,而是可在任何(联邦)地区法院起诉外国人。[189] 因此,美国法院要对外国被告行使管辖权比对国内

651

---

[183] 对国家行为理论的全面评述,参见 W. S. Kirkpatrick & Co. v. Environmental Tectonics Corp., Int'l, 493 U. S. 400 (1990)。

[184] 15 U.S.C. § 61 (2005).

[184a] 尽管在 2003 年注册的"韦布—波默伦斯出口协会"依然达到 12 个,但其数量到 2010 年已经降至 6 个: www. ftc. gov/policy/reports/webb-pomerene-act-filings。

[185] *United States v. Concentrated Phosphate Export Association*, 393 U. S. 199, 89 S. Ct. 361, 21 L. Ed. 2d 344 (1968).

[186] *United States v. United States Alkali Export Association*, 86 F. Supp. 59 (D. N. Y. 1949).

[187] *International Raw Materials v. Stauffer Chemical Co.*, 978 F. 2d 1318 (3d Cir. Pa. 1992).

[188] Pub. L. No 97-290, 96 Stat. 1233 (1982).

[189] 28 U.S.C. § 1391 (d) (2005). 在一起针对加拿大被告的专利权侵权诉讼中,联邦最高法院适用了这条规定而不是通常采用的规则(《联邦成文法大全》第 28 篇第 1400 条第 2 款;后者规定:在专利权案件中,管辖地要么在专利权侵权地,要么在被告住所地。*Brunette Machine Works, Ltd. v. Kockum Industries, Inc.*, 406 U. S. 706, 92 S. Ct. 1936, 32 L. Ed. 2d 428 (1972).

被告行使管辖权,审判地(管辖地)方面受到的限制要少得多。[189a] 这可能意味着适用上述宽松规定所作的判决难以获得外国的承认与执行。下述两个案件可以佐证。在"瑞士钟表公司案"(Swiss Watchmakers)[190]中,美国法院对瑞士被告行使了管辖权,依据是该院对被告在美国的子公司具有管辖权。[191] 瑞士政府提出了外交抗议,并另立新法,部分禁止执行美国的判决。美国司法部与当事人合作达成了一种妥协方案,该方案采用的判决形式对外公布为"调解书"。[192]

652　　在"合众国诉帝国化学工业公司案"(United States v. Imperial Chemical Industries, Ltd.)[193]中,一家位于纽约的联邦法院判定美英当事人之间的许可协议无效,并设定了将来授予许可证时当事人要满足的条件。结果,英国的被许可人根据变更后的再许可证(sublicense)丧失了独家经营权,随后在英国请求法院给予强制令救济(injunctive relief)。英国法院满足了当事人的请求,它认为,对于变更英国的许可证及其授予的权利,美国法院没有管辖权。[194] 不仅美国的反托拉斯法,而且还有其他实体法和诉讼法(例如审前证据开示)均有域外适用的可能;为了抵制这类美国法的域外适用,许多国家通过了所谓的"拦截法"(blocking statutes)。这些外国法禁止国内的被告为了美国的诉讼而向美国法院提供位

--------

[189a] 假定美国法院首先对外国被告享有"对人管辖权",然后这里要解决的问题就是确定适当的审判地。联邦最高法院"麦金太尔案"(J. McIntyre)判例限制对人管辖权的行使(前文第 138 段及其以后段落)针对的是各州在民事诉讼中的管辖权。此处讨论的是联邦法调整的事项。

[190] United States v. Watchmakers of Switzerland Information Center, Inc., 1963 Trade Cases P 70600 (S. D. N. Y. 1962), 1965 Trade Cases P 71352 (S. D. N. Y. 1965)。

[191] 基于对被告在美国的全资子公司送达传票而对外国公司行使管辖权的一个案件,参见 Volkswagenwerk Aktiengesellschaft v. Schlunk, 486 U. S. 694, 108 S. Ct. 2104, 100 L. Ed. 2d 722 (1988)。比较德国宪法法院在下述案件中的判决:"贝塔斯曼股份有限公司诉杜塞尔多夫地区上诉法院院长案"(Bertelsmann AG v. President of the Court of Appeal of Düsseldorf, No. 2 BVR 1198/02 [Bundesverfassungsgericht, 2003]);在该案中,法院尝试根据"海牙公约"送达传票。德国法院签发了一份初步强制令,为后面的判决留下了如下问题:美国的集团诉讼——尤其是寻求获得过高惩罚性赔偿的集团诉讼——是否其实为寻求强迫和解并可构成违反德国公共政策的法律程序滥用。法院顺便提到了贝塔斯曼公司在美国的子公司已经收到送达的传票,但没有涉及本脚注前面第一个案件中被告施隆克(Schlunk)提出的问题,即对母公司的送达是否能通过对子公司送达来完成。

[192] 该判决规定如下:(1) 未参加诉讼的瑞士协会的成员不受该判决的约束;(2) 瑞士联合会无义务监督其成员的行为;(3) 判决限于对美国的进口而不扩及于其他市场;(4) 瑞士新立法将钟表出口置于政府控制之下,这种规定依然不受该判决的影响;(5) 如果违反瑞士的法律或条例,则可以不提供有关文件(作为审前证据开示的一部分)。回顾"调解书"也被用作解决美国政府与微软公司之间的纠纷,参见前注[154]。

[193] United States v. Imperial Chemical Industries, Ltd., 105 F. Supp. 215 (D. N. Y. 1952)。

[194] See United States v. Holophane Co., 119 F. Supp. 114 (D. Ohio 1954), affirmed Holophane Co. v. United States, 350 U. S. 814 (1955)。

于该外国国内的文件和其他证据。[195]

（五）反不公平交易法

"不公平交易"（Unfair Trade）是涵盖如下两种行为的通称：竞争法领域的普通法和成文法调整的众多侵权行为，著作权法和专利法调整的行为。普通法上典型的不公平交易行为包括虚假广告[196]、借广告贬损竞争对手[197]、广告中的对比性贬损（comparative disparagement）[198]。许多这类行为已经通过《拉纳姆法》（Lanham Act）纳入联邦成文法的调整范围。[199] 联邦贸易委员会（FTC）创立了该领域的大量行政规章和判例法，其权力一直延伸到界定何种行为构成法律禁止的"欺诈之举"（deceptive practice）。这种典型规定包括电视机屏幕（或电脑显示器）的尺寸在广告中应当如何计量和描述[200]，假发产品的广告中应包含诸如成分之类的何种信息。[201] 著作权法和专利法中也含有对不公平交易行为的规定，并明晰了这种行为的法律责任。[202]

（六）美国的外贸制裁措施

美国一直利用贸易法律和政策促进其对外政策目标，尤其是公认的国家安全利益。[203] 有些贸易限制措施引起了其他国家几乎一致的惶恐不安和批评指责。《1996年古巴自由

---

[195] 除了反托拉斯的情况，外国法或国际法也可以在其他（有限的）情况下适用，比如根据《外国人侵权请求法》提出的诉讼请求主张发生的跨境绑架违反了"国际法"。一种对此限制性解释的观点，参见 *Alvarez-Machain v. United States*, 542 U.S. 692 (2004)，该判决推翻了第九巡回区法院的相反判决 [331 F.3d 604 (9th Cir. 2003)]。

[196] See *Ely-Norris Safe Co. v. Mosler Safe Co.*, 7 F.2d 603 (2d Cir. N.Y. 1925); *Mosler Safe Co. v. Ely-Norris Safe Co.*, 273 U.S. 132 (1927); *Clairol, Inc. v. Cody's Cosmetics, Inc.*, 231 N.E.2d 912, 916 (Mass. 1967); *Windsor Securities, Inc. v. Hartford Life Ins. Co.*, 986 F.2d 655 (3d Cir. Pa. 1993). See also *Restatement (Second) Torts* §§712, 761.

[197] See *National Refining Co. v. Benzo Gas Motor Fuel Co.*, 20 F.2d 763 (8th Cir. 1927), cert. denied, *Benzo Gas Motor Fuel Co. v. National Ref. Co.*, 275 U.S. 570 (1927).

[198] 对比性贬损将导致赔偿请求或相对少数情况下的禁令救济。关于判例法中的实例，参见 *Testing Systems, Inc. v. Magnaflux Corp.*, 251 F. Supp. 286 (E.D. Pa. 1966); *Smith-Victor Corp. v. Sylvania Electric Products, Inc.*, 242 F. Supp. 302 (N.D. Ill. 1965).

[199] See §§43(a) and 44 of the Lanham Act, 15 U.S.C. §1054 et seq (2014).

[200] 16 C.F.R. §410.1 (1990).

[201] 16 C.F.R. §252.0 (1990).

[202] See Hovenkamp, Federal Antitrust Policy §§5.5, 7.11.

[203] 美国在过去的关贸总协定（GATT）和今天的世界贸易组织（WTO）中承担的义务，与美国对外政策之间相互影响；对此的探讨，参见 Lindsay, *The Ambiguity of GATT Article XXI: Subtle Success or Rampant Failure?*, 52 Duke L. J. 1277 (2003).

和民主声援法》[Cuban Liberty and Democratic Solidarity (Libertad) Act]，又称《**赫尔姆斯—伯顿法**》(Helms-Burton Act)，引起的反响尤其如此。[204] 对于原属于美国公民但后被古巴没收或国有化的财产，这部成文法禁止世界范围内的任何个人和企业进行商业利用或交易。原财产所有人或其继承人有权在美国联邦法院起诉触犯禁律的违法者。[205] 此外，违法者此后可能被禁止入境美国。确实，该法授权了美国总统有权推迟实施6个月。总统克林顿、布什和奥巴马均在其任职期间连续不断地推迟适用该法。欧盟对该法的反应是，颁行一部反制条例[206]，并在世界贸易组织内启动了仲裁程序。但是，在双方承诺采取克制措施后，欧盟同意暂停仲裁程序。[207]

654A　　2014年底，奥巴马总统宣布其准备推动美国和古巴关系重新正常化。2015年，美国和古巴恢复了外交关系，并互设了大使馆。这些外交举措均为总统行使行政权，而废除《赫尔姆斯—伯顿法》需要美国国会采取行动。国会中的许多保守议员批评奥巴马总统的这一外交举措，因此与古巴关系的改善尚未体现在立法上。

655　　《国际紧急状态经济权力法》(International Emergency Economic Powers Act，IEEPA)和《支持伊朗自由和反武器扩散法》[Iran Freedom and Counter-Proliferation Act，IFCA，又称《制裁伊朗法》(Iran Sanctions Act，ISA)]追求类似的目标。[208] 这两部法律禁止外国人在特定的国家(例如伊朗)投资，借此切断其获得大规模杀伤性武器和支持国际恐怖主义的资金链条。违反该禁律的公司将受到美国法院的审判，并可能遭受美国采取的贸易抵制措施。与上述《赫尔姆斯—伯顿法》不同，美国总统无权推迟该法的实施。但是，为了与有关企业

---

[204] Pub. L. No. 104-114; 110 Stat. 785 (1996) (codified at 22 U.S.C. §6021). See *Alexander*, Trafficking in Confiscated Cuban Property: Lender Liability Under the Helms-Burton Act and Customary International Law, 16 Dick. J. Int'l L. 523 (1998). See generally *Basedow*, International Antitrust: From Extraterritorial Application to Harmonization, 60 La. L. Rev. 1037 (2000); *Swaine*, The Local Law of Global Antitrust, 43 Wm and Mary L. Rev. 627 (2000); *Waller*, The Twilight of Comity, 38 Colum. J. Transnat'l L. 563 (2000).

[205] See *Gebauer*, Kollisionsrechtliche Auswirkungen der US-amerikanischen Helms-Burton-Gesetzgebung, IPRax 145 et seq. (1998).

[206] EC Regulation 2271/96, 1996 Official Journal of the European Communities No. L 309, 1 et seq.

[207] 双方外交解决方案的基本条款包含如下内容：美国同意对欧盟豁免《赫尔姆斯—伯顿法》中的某些经济制裁措施，以换取欧盟的承诺——"冷却"(chill)对古巴的未来投资，而且不再继续向WTO控告。See European Union—United States: Memorandum of Understanding Concerning the U.S. Helms-Burton Act and the U.S. Iran and Libya Sanctions Act, Apr. 11, 1997, 36 I.L.M. 528, 530. 其他国家(例如加拿大和墨西哥)同样通过立法以抵消《赫尔姆斯—伯顿法》的效力。

[208] 50 U.S.C. §§ 1701, 1702 (2014) (IEEPA); 120 Stat. 1344, 1347, amended by 124 Stat. 1312 (ISA). See *United States v. Vaghari*, 500 Fed. App'x 139, 142 (3d Cir. 2012); Harper, Can U.S. sanctions on Iran Survive Iran's World Trade Organization Accession?, 73 N.Y.U. Ann. Surv. Am. L. 243, 245 (2018). 相关最新进展可参见美国政府官方网站：https://www.state.gov/iran-sanctions/。

的所属国政府进行磋商,总统有权将制裁措施的执行延期最长达90天。延期制裁的目的是能够使外国政府自行采取措施,确保在伊朗或利比亚的投资胎死腹中或偃旗息鼓。外国企业可以事先寻求美国国务院阐明立法含义,以判断该企业计划在伊朗或利比亚的投资是否在这部法律的禁止范围之列。

出口非常复杂的编码技术同样受到限制。只有生产商向国家安全和情报部门传授了完全解码的技能,超过40比特的计算机算法才可能出口。[209] 这些限制当然也适用于通过互联网销售和传播计算机算法。但是,这种出口限制措施是否违反了宪法第一修正案中的言论自由权?这还是一个悬而未决的问题。[210]

656

### (七)《服务贸易协定》和《跨大西洋贸易和投资伙伴关系协定》

《服务贸易协定》(TiSA)是一份正在谈判中的国际协定文本,参加磋商的有欧盟、美国等27个谈判方。其宗旨是推动世界范围内诸如银行业和运输业之类服务业的自由化。[210a]《服务贸易协定》谈判的基础是WTO《服务贸易总协定》(GATS)的基本原则,例如采用了GATS中的地域范围、术语定义、市场开放、国民待遇以及保障措施的规定。[210b]

656A

《跨大西洋贸易和投资伙伴关系协定》是欧盟与美国之间谈判中的自由贸易协定。它若谈判成功,将创设世界上最大的自由贸易区。[210c] 欧盟与美国均为世界贸易组织的成员,双方已经签订了《开放天空协定》(Open-Skies Agreement),同时双方一直在跨大西洋经

656B

---

[209] 61 Fed. Reg. 66931 (Dec. 19, 1996).小程序不受出口限制措施的约束:15 C. F. R. §774, Supp. 1, Cat. 5, Pt. 2, Note 3 (Nov. 2014). See also *Saper*, International Crytography Regulation and Global Information Economy, 11 Nw. J. Tech. & Intell. Prop. 673 (2013).

[210] 利用加密术编码被判定为受法律保护的言论自由,关于这种案件的实例,参见 *Junger v. Daley*, 209 F. 3d 481 (6th Cir. 2000); *Universal City Studios*, *Inc. v. Corley*, 273 F. 3d 429 (2001); *IMHS Health*, *Inc. v. Ayotte*, 490 F. Supp. 2d 163 (D. N. H. 2007), *reversed* 550 F. 3d 42 (1st Cir. 2008),这些案件均涉及《千禧年数字版权法》(DMCA),其判决回避了直接涉及宪法第一修正案的问题。See also *DISH Network LLC v. World Cable*, *Inc.*, 893 F. Supp. 2d 452, 465 (E. D. N. Y. 2012), followed by *Moreira v. Sherwood Landscaping*, *Inc.*, 2014 U. S. Dist. LEXIS 130454 (E. D. N. Y. 2014).另见第656A段及其后面的内容。

[210a] See Harold Greene, The Depth of the Trade in Services Agreement, 10 Int'l L. & Mgmt. rev. 1 (2014).目前谈判的议题涉及下述领域:金融交易、信息和通信技术、物流、政府合同以及可能妨碍贸易的国内规则。

[210b] Id.

[210c] See *Florian Bonciu*, Transatlantic Economic Relations and the Prospect of a New Partnership, 13 Romanian J. Eur. Aff., no. 3, 2013, at 20; *Mark Weaver*, Comment, The Proposed Transatlantic Trade and Investment Partnership, (TTIP): ISDS Provision, Reconciliation, and Future Trade Implications, 29 Emory L. Int'l L. Rev. 225, 226 (2014), *Karl De Gucht*, former EU Trade Commissioner, opined that TTIP would have substantial impact on world trade in general: Transatlantic Trade and Investment Partnership: Opening Free Trade Negotiations with the United States, Doc. SPEECH/13/147 (Feb. 21. 2013).

济委员会框架下磋商;考虑到上述事实,美国与欧盟之间的经济(贸易)难题和分歧并非特别巨大,有望超越分歧达成一致。[210d] 目前难以解决的一般是非经济类的议题;企业针对东道国提出的请求,应由普通法院解决而非原来讨论的交付仲裁,双方对这一建议分歧尤其严重。

## 四、劳动法和福利法

**参考书目**:Bell, *Employment Law in a Nutshell*, 5th ed. 2012; Harper/Estreicher, *Labor Law*, 7th ed. 2011; Matthews/Berman, Social Security, Medicare & Government Pensions, 19th ed. 2014; y, Rothstein/Craver/Schroeder/Shoben, Employment Law (Hornbook Series), 5th ed. 2014; Tomkiel III, *Social Security Benefits Handbook*, 5th ed. 2012.

657　　大部分劳动法(labor law)和社会福利法属于联邦法。尽管有许多特别的联邦机构负责这些法律的实施和执行,但是没有相关的专门法院。因此,各类联邦机构的行为应接受联邦上诉法院的司法审查。

### (一) 劳动法的发展

658　　在早期,联邦最高法院对于是否承认劳动事项上的联邦立法权曾经犹豫不决,并曾判定许多立法提案(比如管制童工[211])违宪。1938 年《公平劳动标准法》(Fair Labor Standards Act)[212]是第一个获得法院支持的此类立法。[213] 它规定了最低小时工资(现在为

---

[210d] Air Transport Agreement, U.S.-EU, Apr. 25, 2007, [2007]). J. L 134/4.
[211] See *Hammer v. Dagenhart*, 247 U.S. 251 (1918); *Bailey v. Drexel Furniture Co.*, 259 U.S. 20 (1922).
[212] 29 U.S.C. §§201—209 (2014). 相应的条文通过《合理最低工资法》定期修订。
[213] *United States v. Darby*, 312 U.S. 100 (1941).

7.25美元[214])和加班的更高报酬,同时禁止企业雇佣童工。

在各类联邦立法中,有关雇主与雇员之间关系的联邦成文法最为重要。制定劳动关系法的联邦立法权来自宪法中的"州际商业条款"。[215] 最早的劳动关系法规定了铁路运输业的劳资关系。1898年《厄德曼法》(Erdman Act)[216]禁止基于工会会员的身份对雇员歧视,并包含了对调解与和解的规定。起初,联邦最高法院曾认为反歧视的规定违反了宪法保障的合同自由。[217]《厄德曼法》的导向体现在了1926年《铁路劳工法》(Railway Labor Act)[218];这部法律经过多次修订,比如规定设立国家调解委员会(National Mediation Board)和全国铁路调停委员会(National Railroad Adjustment Board),至今依然有效。[219] 1936年的一部成文法将该法的适用范围拓展到航空业。[220]

第一部有关劳资关系的一般法是1932年《诺里斯—拉瓜迪亚法》(Norris-LaGuardia Act)[221],它剥夺了联邦法院针对罢工雇员签发禁令的权力,从而开创了依法和平罢工的新时代。《全国劳资关系法》(National Labor Relations Act)("瓦格纳法",Wagner Act)[222]在1935年紧随其后,创立了国家劳资关系委员会(NLRB),该委员会执行两项主要职能:(1)它督导雇员投票决定接受或反对工会代表其进行集体谈判,(2)它听审和裁决雇员指控雇主从事了不公正对待工人行为(由成文法界定)的控告。国家劳资关系委员会有权禁止雇主不公正对待工人的行为,其裁决应受联邦上诉法院的司法审查;相应地,国家劳资关系委员会有权寻求联邦法院下达禁令以执行其裁决。国家劳资关系委员会的管辖权延伸

---

[214] 从事"州际商业"的企业或为"州际商业"生产商品的企业,只有这些企业的雇员才是该法保护的对象,因此从事纯粹州内服务业者(例如当地咖啡店员工)不在保护对象之列。此外,小企业可以对学徒或其他新手在最初的90天内支付更低的小时工资。大多数州已经立法规定了本州的最低小时工资(其中一些州的工资最低线远高于联邦标准)。对各州情况的纵览,参见 http://www.dol.gov/esa/minwage/america.htm。联邦政府雇员的最低小时工资2015年为10.10美元,计划未来几年进一步提高。但是,联邦雇员的工资增长并不直接影响联邦立法为从事州际或州内商业的企业的雇员设定最低工资标准。

[215] 有些州拥有其当地的劳动关系立法。但是,由于联邦立法的适用范围广泛,这些州法只是适用于仅仅从事州内商业活动的小企业。

[216] Erdman Act, ch. 370, 30 Stat. 424 (1898),为《纽兰德法》(Newland Act)所修订[38 Stat. 103 (1913)](废止于1926年)。

[217] *Adair v. United States*, 208 U.S. 161 (1908).

[218] Railway Labor Act, ch. 347, 44 Stat. 577 (1926)(修订后编入2014年版《联邦成文法大全》第45篇第151条以及后续条文)。

[219] 45 U.S.C. §§151—163 (2014).

[220] 45 U.S.C. §§181—188 (2014).

[221] 29 U.S.C. §§101—115 (2014).

[222] 29 U.S.C. §§151—168 (2014). See also *NLRB v. Jones & Laughlin Steel Corp.*, 301 U.S. 1, 57 S. Ct. 615, 81 L. Ed. 893 (1937).

到"州际贸易"中的所有劳资关系;为实现劳动法的宗旨,劳资关系被界定得非常宽泛。

661 　　《劳资关系法》(Labor Management Relations Act)(《塔夫脱—哈特利法》,Taft-Hartley Act)[223]冲破杜鲁门总统的否决,于1947年获得通过;这部法律对工会方的不公正对待工人行为作了规定,尤其是诸如"间接联合抵制"(secondary boycott)之类的做法,间接联合抵制是由未直接参与罢工的工会向雇主施加压力。

662 　　该法中的一条重要规定是允许各州采用通常所称的"工作权"法("right-to-work" statute),禁止存在"只雇佣某一工会会员的工厂"(closed shop)或"工会工厂"(union shop);此类工厂以工会会员资格作为获得工作或继续工作的前提条件。近一半的州已利用这一授权通过了"工作权"法。[224] 该法规定,若工人罢工会对国家秩序或安全造成威胁,则法院可责令暂停罢工最长达80天("冷静期")。《塔夫脱—哈特利法》将国家劳资关系委员会的委员由3名扩大到5名,创设了"联邦调解和解局"(Federal Mediation and Conciliation Service)以帮助卷入罢工的当事方,同时规定联邦法院对于源自集体谈判合同的诉讼请求享有管辖权。对于不公正对待工人导致的请求赔偿的诉讼,联邦法院和州法院都有管辖权。

663 　　《劳资关系报告和披露法》[Labor Management Reporting and Disclosure Act,也称1959年《兰德勒姆—格里芬法》(Landrum-Griffin Act)[225]]规定了联邦对工会内部事务的监督权。一个参议院委员会曾揭露过工会内部事务处理中诸如此类的大量权力滥用行为:乱用工会会费、缺乏民主机制保护工会会员、在工会领导和公司管理层之间的非法财务安排。这部法律从严禁止有关间接联合抵制和为集体谈判以外的目的纠察封锁的行为。

664 　　《工人调整与再培训通知法》(Worker Adjustment and Retraining Notification Act)[226]寻求在大规模解雇工人问题上引入一种社会因素。依据该法的意旨,下列情况即为大规模解雇:在较大企业中解雇500名以上的雇员,或者在较小企业中解雇50名以上的雇员。至少在预定解雇的60天之前,雇主必须通知将被解雇的雇员及其工会代表(如果有的话),同时通知当地的政府机关。企业不遵守上述规定将导致赔偿请求,赔偿数额其实等于在法定通知期限中不足的时间段工人本应得到的工资。

665 　　如今,在劳动法领域存在广泛的联邦立法权已经毫无争议。如上所述,联邦最高法院在早期曾对这一立法权犹豫不决。但是,到了1957年,它就欣然采纳了现代观念:"适用的

---

[223] 29 U.S.C. §§141—197 (2014).
[224] See *Harper/Estreicher/Flynn*, Labor Law 1189 et seq.
[225] 29 U.S.C. §§401—531 (2014).
[226] 29 U.S.C. §§2101—2108 (2014).

实体法……是联邦法,法院必须从我们国家的劳动法政策中型塑这类法律。"[227]

(二) 合同雇佣关系

1. 一般原则

普通法基本上将雇佣关系视作一种"任意雇佣"(employment at will),当事人可以自由订约和自由解约。随着时间的推移,合同条款与成文法规则已对这种"雇佣与解雇"制度施加了限制。因此,如今雇主不可能"任意地"、毫无拘束地解雇一名员工,对价原则(前文第300段及其以下段落)得以适用:雇员同意解除劳动合同(对雇主放弃其相关请求权),雇主通过一次性付款[解雇补偿金(severance pay)]提供对价,"赎买"该合同的解除。合同解除的程序和方法是雇佣合同中的一项重要内容。[228]

666

2. 禁止歧视

禁止歧视的要求贯穿于雇员聘用、雇佣关系存续及其终止的全过程。1964年《民权法》第 7 章(Title VII of the Civil Rights Act)[229]禁止基于肤色、宗教、性别、年龄[230]和健康状况而歧视他人。违反民权法将引发巨额的惩罚性赔偿金。[231] 例如,如果在拒绝聘用一名黑人应聘者之后,该职位重新对外招聘,则可推定存在种族歧视。[232] 另一方面,如果存在一种普遍的评价制度,或者辞退是随机选择的结果,那么,即便当时另一名白人同事继续留任,辞退一名黑人雇员也不会自动被视作种族歧视。[233] 在求职面试中提出会被认为有

667

---

[227] *Textile Workers Union v. Lincoln Mills*, 353 U.S. 448, 456, 77 S. Ct. 912, 1 L. Ed. 2d 972 (1957). 关于劳动法历史的回顾及其与现代情势的关系,参见 *Befort*, Labor and Employment Law at the Millennium: A Historical Review and Critical Assessment, 43 B. C. L. Rev. 351 (2002); *Pope*, The Thirteenth Amendment Versus the Commerce Clause: Labor and the Shaping of American Constitutional Law, 102 Colum. L. Rev. 1 (2002).

[228] *Lapeer Foundry & Machine, Inc.*, 289 N. L. R. B. 952 (1988).

[229] 42 U.S.C. § 2000 et seq (2014). 同样的规则也存在于州法中。州法甚至可能比联邦法提供更强大的保护。一个实例是华盛顿特区的《人权法》(Human Rights Legislation)。遭受侵害的雇员有权寻求"人权办公室"的干预,该办公室将努力促成当事人之间的和解;如果此举并不奏效,而雇员的请求有正当理由,则该办公室有权对雇主采取制裁措施。

[230] 与其他许多国家不同,美国没有强制退休年龄的规定。参见后文670段。

[231] 1991年《民权法》(2015年《联邦成文法大全》第 42 篇第 1981a 条第 2 款第 3 项)根据雇主的员工人数限制惩罚性赔偿金的数额。赔偿金的限额从 5 万美元到 30 万美元不等;5 万美元适用于拥有少于 101 名员工的企业,而 30 万美元适用于超过 500 名员工的企业。

[232] *Subia v. Colorado & S. RY. Co.*, 565 F. 2d 659 (10th Cir. 1977).

[233] *Sample v. Schuller Intl., Inc.*, 836 F. Supp. 876 (S.D. Ga. 1993).

性别特征的问题,也可构成被禁止的歧视行为。[234]

668　　在涉及歧视行为的诉讼中,原告负有举证责任,而且在证明上并非总能成功。[235] 有些州试图通过定额制度(quota systems)鼓励聘用妇女或少数族裔人士。但是,联邦最高法院已经判定:竭力优待不合格的妇女或少数族裔本身构成歧视行为,应被禁止。[236]

669　　女性职员日益活跃在工作场所,与之相伴而生的是需要界定何种行为构成违反《民权法》第7章的"性骚扰"。1986年,联邦最高法院认定性骚扰是一种歧视行为,属于第7章的调整范围。[237] 随着时间推移,两种可供选择的法律原理逐步形成,原告可以利用其一描述其针对性骚扰的诉讼请求。其一为"利益交换"(quid pro quo)型性别歧视:因雇员拒绝与雇主发生性关系,雇主拒绝给予雇员一种经济利益;其二为"敌意工作环境"(hostile work environment)型性别歧视:尽管性骚扰不与经济利益挂钩,但这种骚扰如此有违情理和无处不在,以至于破坏了正常的工作环境。雇主除了对其自己性骚扰的行为承担责任,还要对其下属员工的性骚扰行为代为担责。[238]

670　　《反就业年龄歧视法》(Age Discrimination in Employment Act)[239] 保护40岁或者年龄

---

[234] *Stukey v. USAF*, 790 F. Supp. 165 (S. D. Ohio 1992). 在工作场所对女雇员的性骚扰同样支持赔偿之诉:*Harris v. Forklift Systems, Inc.*, 510 U. S. 17 (1993); *Anderson v. Kelley*, No. 92-6663, 12 F. 3d 211 (Table), 1993 U. S. App. LEXIS 32963, 1993 WL 524235 (6th Cir. Dec. 15, 1993); *Shope v. Bd. of Supervisors of Loundoun Cnty.*, No. 92-2100, 14 F. 3d 596 (Table), 1993 U. S. App. LEXIS 33058, 1993 WL 525598 (4th Cir. Dec. 20, 1993); *Weeks v. Baker & McKenzie*, 74 Cal. Rptr. 2d 510 (Cal. Ct. App. 1998).

[235] *Hedrik v. Honeywell, Inc.*, 796 F. Supp. 293 (S. D. Ohio 1992)(雇主成功地表明:辞退原告是商业原因所迫,而非出于对原告的歧视)。

[236] *Adarand Constructors, Inc. v. Pena*, 515 U. S. 200, 115 S. Ct. 2097, 132 L. Ed. 2d 158 (1995). 同样,只要大学设立定额或将种族作为录取过程中的一项决定性因素,则给予少数族裔申请人以优惠待遇的大学录取政策已被视为违宪。比较"格拉兹诉柏林格案"[*Gratz v. Bollinger*, 539 U. S. 244 (2003)](判定如下录取政策违反了宪法中的平等保护条款和《民权法》:对来自未被充分代表的少数族裔群体中的申请人,大学一律奖励20分)和"格鲁特诉柏林格案"[*Grutter v. Bollinger*, 539 U. S. 306 (2003)](支持如下一项精心设计的法学院录取政策:该大学强烈关注生源多样性,在整体评价每位个人申请者对此的潜在贡献中,将种族作为多种考虑因素之一)。得克萨斯大学采用了一种自动录取和个性化录取相结合的综合招生方案,并相信该方案符合"格鲁特案"先例;该方案先是得到联邦第五巡回区上诉法院的支持["费希尔诉得克萨斯大学奥斯汀分校案"(*Fisher v. Univ. of Texas at Austin*, 758 F. 3d 633)],但在法院全体法官复审此案时被否决[771 F. 3d 274 (5th Cir. 2014)],后来当事人请求最高法院调卷再审的请求获得准许[No. 14-091, 135 S. Ct. 2888 (2015)]。

[237] *Meritor Savings Bank v. Vinson*, 447 U. S. 57 (1986).

[238] See *Burlington Industries, Inc. v. Ellerth*, 524 U. S. 742 (1998); *Faragher v. City of Boca Raton*, 524 U. S. 775 (1998). 对于此类法院判决及其影响的评论,参见 Grossman, The Culture of Compliance: The Final Triumph of Form over Substance in Sexual Harassment Law, 26 Harv. Women's L. J. 3 (2003). See also Schultz, The Sanitized Workplace, 112 Yale L. J. 2061 (2003). 后来的"博利克案"[*Bolick v. Alea Group Holdings, Ltd.*, 202 Fed. Appx. 474, 475 (2d Circ. 2006)]和"阿古斯迪·雷耶斯案"[*Agusty-Reyes v. Dep't of Educ. Of P. R.*, 601 F. 3d 45, 56 (1st Cir. 2010)]的判决一脉相承了"柏林顿案"的判决。

[239] 29 U. S. C. §§621—634 (2014).

更大的雇员免受年龄方面的歧视行为。在解雇员工时，雇主应当采用客观标准并遵守社会福利原则。《**高龄员工福利保护法**》(Older Worker Benefit Protection Act)[240]同样对解雇高龄员工施加了限制条件，该法给予 40 岁以上的雇员 45 天的期限，用以考虑是否签署弃权声明书(release)；这段时间使其可斟酌是否适当考虑到了各种社会因素，以及雇主提供的解雇补偿金是否与其职位相对称。随后他们还有 7 天的反悔期。禁止年龄歧视并不仅仅适用于解雇行为。强制性的退休条款，要求雇员在达到特定年龄时自动解职，这种约定也因违背《**反就业年龄歧视法**》通常被法院认定无效。[241] 为了该法的目的，即使在公司董事会任职的董事也可被视为雇员，并因而享受该法提供的保护。[242] 其他领域中处于当前争议最前沿的反歧视规则，涉及基于下列理由的解职：艾滋病[243]、酒精依赖症或吸毒成瘾[244]、癌症、糖尿病、"娘娘腔"(effeminacy)[245]、遗传信息[246]以及肥胖[247]。

---

[240] Pub. L. No.101-433，104 Stat. 978 (1990) (作为修订文本编入 2014 年版《联邦成文法大全》第 29 篇第 621 条和 623 条)。

[241] *Maiorino v. Schering-Plough Corp.*，695 A.2d 353 (N.J. Super. Ct. App. Div. 1997)：原告由于年龄原因被解雇，法院判给原告 43.5 万美元赔偿金以及 800 万美元惩罚性赔偿金。后来的"隆哥案"[*Longo v. Pleasure Protections, Inc.*，71 A.3d 775 (N.J. 2013)](但是，该案初审法院判决中的惩罚性赔偿部分被发回重审)和"法尔勒案"[*Firello v. Macy's, Inc.*，2013 U.S. Dist. LEXIS 152143 (D.N.J. 2013)]的判决与该判决一脉相承。

[242] *Equal Employment Opportunity Commission v. Johnson & Higgins, Inc.*，91 F.3d 1529 (2d Cir. 1996)，cert. denied 522 U.S. 808 (1997)，followed in *Echevarria v. Insight Med. P.C.*，72 F. Supp.3d 442，461 (S.D.N.Y. 2014)。关于此类法律对律师合伙人的适用，参见 *Rapaport*，A Coming of Age?: Why Revised EEOC Guidelines May Force Firms to Protect Against Partner Age Discrimination Suits，59 Wash & Lee L. Rev. 1013 (2003)。对正文中提到的联邦法一般适用范围的全面综述，参见 *Greene/O'Brien*，Partners and Shareholders as Covered Employees under Federal Antidiscrimination Acts，40 AM. Bus. L.J. 781 (2003)。

[243] 更多的探讨，参见 *Palmer/Mickelson*，Falling Through the Cracks: The Unique Circumstances of HIV Disease Under Recent Americans with Disabilities Act Caselaw and Emerging Privacy Policies，21 Law & Ineq. J. 219 (2003)。

[244] See *Raytheon Co. v. Hernandez*，540 U.S. 44 (2003)。

[245] *Nichols v. Azteca Rest. Enters.*，256 F.3d 864 (9th Cir. 2001)。See also *Hardage*，Nichols v. Azteca Restaurant Enterprises, Inc. and the Legacy of Price Waterhouse v. Hopkins: Does Title VII Prohibit "Effeminacy" Discrimination?，54 Ala. L. Rev. 193 (2002)。

[246] 对此的概述，参见 *Kim*，Genetic Discrimination, Genetic Privacy: Rethinking Employee Protections for a Brave New Workplace，96 Nw. U.L. Rev. 1497 (2002)。

[247] 参见"平等就业机会委员会诉得克萨斯州公交公司案"[*Equal Employment Opportunity Commission v. Texas Bus Lines*，923 F. Supp. 965 (S.D. Tex. 1996)]：一位女公交车司机，体重约 172.5 公斤；负责评估公司雇员健康状况的医生断定：该妇女的反应能力受损，随后该妇女被公司解雇。该妇女指控公司违反了《美国残疾人法》(ADA)，基于"可察觉的残疾"而对她歧视为法律所不容；她的这一指控获得了成功。See also *Kristen*，Addressing the Problem of Weight Discrimination in Employment，90 Calif. L. Rev. 57 (2002)。需要注意的是，对于限定《美国残疾人法》调整的"残疾"情形，法律规定了严格的要求：某人的基本生活自理能力，而不仅仅是工作能力，必须因残疾而受到严重制约。See *Toyota v. Williams*，534 U.S. 184，122 S. Ct. 681，151 L. Ed. 2d 615 (2002)。

670A 　　就业歧视行为常常难以证明。有时歧视仅到后来才变得显而易见，而这时诉讼请求可能因诉讼时效法而丧失。因此，联邦最高法院判定：一名女雇员因为过去的一次未涨工资而现在获得的收入比男同事低，如今已不再享有诉讼请求权。[248]国会对此作出回应，制定了2009年《莉莉·莱德贝特公平薪酬法》(Lilly Ledbetter Fair Pay Act)；该法特别规定：因为过去的歧视行为，现在每次发放较低的薪酬都构成歧视行为。[249] 反歧视法同样适用于报复行为。雇员曾对可能的歧视行为表示关切，或者对遭受歧视表达不满；对这类雇员解雇、调整工作或发出警告就属于报复行为。[250]

### 3. 最低待遇标准

671 　　《公平劳动标准法》的1966年修正案将非技术工人的最低工资提高到每小时5.15美元，2009年修正案将其进一步提高到7.25美元。[250a] 1993年《家事与病假法》(Family and Medical Leave Act)[251]推行了一种因家庭事务而无薪休假的权利。该权利限于如下企业的员工享有：在特定地区雇用的员工人数达到了法定规模。活跃于州际贸易的公司通常不受这类规则的限制，原因是相对于本地公司，它们满足员工人数要求的概率更低。

672 　　向监管机构提供雇主违反劳动法行为的信息，这种员工（"举报者"，whistleblowers）受法律保护；雇主不得报复性解雇他们，否则其可请求赔偿。为保护举报者，联邦最高法院不满足于援引显而易见的公共政策理由，而是为举报的员工在宪法保障表达自由中找到了保护依据。[252] 面对可能发生的法律制裁，雇主有相当强烈的经济激励去遵守劳动法规定。

---

[248] *Ledbetter v. Goodyear Tire & Rubber Co.*, 550 U.S. 618 (2007).

[249] 42 U.S.C. § 2000-5(e)(3) (2014).

[250] See *CBOCS West, Inc. v. Humphries*, 553 U.S. 442 (2008); *Gomez-Perez v. Potter*, 553 U.S. 474 (2008)(《就业法》中涉及的年龄歧视同样包括报复措施)。另见"考罗米拉吉斯诉哈特福德保险公司案"的判决(*Kouromihelakis v. Hartford Ins. Co.*, 44 F. Supp. 3d 175, 184 (D. Conn. 2014))，该判决依据前文第670段的注释238中的"柏林顿案"判决探讨了反歧视立法。

[250a] 参见前文第658段中更详细的介绍。

[251] 29 U.S.C. § 2601 (2014). 该法如何契合宪法的架构？对此的探讨，参见 Post/Siegel, Legislative Constitutionalism and Section Five Power: Policentric Interpretation of the Family and Medical Leave Act, 112 Yale L. J. 1943 (2003)。

[252] "皮克林诉教育委员会案"的判决[*Pickering v. Board of Education*, 391 U.S. 563 (1968)]被"加卡提案"判决[*Garcatti v. Caballos*, 547 U.S. 410 (2006)]修正，后被"莱恩案"判决[*Lane v. Franks*, 134 S. Ct. 2369, 2373 (2014)]进一步澄清，"斯莱恩案"判决[*Slane v. City of Sanibel*. 2015 U. S. Dist. LEXIS 93157, at *15 et seq. (M. D. Fla. 2015)]遵循了先例并对关键点做了解释。如今，法院区分举报人作为公民个人的言论自由和其作为政府雇员的职责（政府利益优先）。

### (三) 集体谈判

《塔夫脱—哈特利法》(前文第 661 段)禁止基于工会的会员身份或非会员身份而给予不同员工不平等的待遇,它同时保障员工携手加入工会的权利以及相应的决定不加入工会的权利。联合的权利,尤其当涉及两个或多个工会之间的联合协议时,将受到反托拉斯法的制约。[253] 集体谈判合同的当事人达成的协议只能约束该当事人,而不得为第三方设定义务。但是,工会可以为如下会员规定同工同酬:他们不属于集体谈判对方的雇员,而且并不直接从新协议中包含的酬金调整方案中获益。《全国劳资关系法》允许此类做法。[254] 另一方面,组织非法罢工的工会可能面临受影响雇主提出的大笔赔偿请求;但是,因违反法院禁令而作出的惩罚性赔偿判决违反宪法,理由是在此情况下该判决具有**刑罚**的同样功能。[255]

673

### (四) 福利法

美国社会福利立法呈现出一幅令人费解的画面。在 20 世纪早期,这种立法的启动历尽波折;自从 20 世纪 30 年代的经济动荡,福利法的发展突飞猛进。但是,时至今日它依然由数量众多的单行法构成,未通过任何种类的编纂将其汇总到一起。如同在其他法律领域,社会福利的立法权属于联邦和各州,两者共同行使。在福利法领域不存在专门的法院系统;对行政行为的司法审查同样是联邦或州的普通法院的职责,由谁负责视具体情况而定。

674

尽管政治家、律师、执业医师和普通大众一直激烈辩论,但是美国在 2014 年以前一直没有覆盖全体国民的**医疗保险**。[256] 例如在 2008 年,估计占全体人口 15.4% 的 4630 万美国人不享有任何医疗保险。少数族群中没有医疗保险的人口比例更高:亚裔人口中占

675

---

[253] *Brown v. Pro Football, Inc.*, 518 U.S. 231 (1996).

[254] *Nat'l Labor Relations Bd. v. Town and Country Electric, Inc.*, 516 U.S. 85 (1995).

[255] *Int'l Union, United Mine Workers of America v. Bagwell*, 512 U.S. 821 (1994), followed in (inter alia): *Mackler Prods. v. Cohen*, 225 F.3d 136, 142 (2d Cir. 2000); *FTC v. Trudeau*, 579 F.3d 754, 769 (7th Cir. 2009). 这些判决提出了一种关于惩罚性判决的新奇观点。在侵权法中,惩罚性赔偿的"刑罚因素"总是被极力淡化(从而为在民事诉讼中拒绝适用刑事诉讼中的抗辩手段而提供正当性);此类赔偿实质上被描述为侵权法赔偿功能的一种延伸。这些判决表明:这类赔偿具有更加混合复杂的性质。关于这一点,另见 Hay, Entschädigung und andere Zwecke, in: Hohloch et al. (eds.), Festschrift für Hans Stoll 521 (2001),附有更多的参考资料。

[256] 1993 年,克林顿总统提出了一份全面的立法建议案,但该方案被国会驳回。2003 年,有人提出了另一种全民医疗保险方案,但依然无果而终。See H.R. 676, 108th Cong. (2003). See also Channick, Come the Revolution: Are We Finally Ready for Universal Health Insurance?, 39 Cal. W.L. Rev. 303 (2003). 显而易见,当时对该问题的回答是否定的。

17.6%，黑人中占 19.1%，西班牙裔人口中占 30.7%。相对于其他年龄段的人口，18 岁至 24 岁之间的年轻成年人享有医疗保险的可能性更低；相对于女性，男性享有医疗保险的可能性更低。在 2002 年，尽管医疗援助制度（参见后文第 676 段）为一定数量的贫困人口提供了保障，但另外的许多贫困人口不享有医疗保险。[257]

675A  2010 年年初，美国国会经过激烈而漫长的辩论之后，在两院以微弱多数通过了全民医保立法［更通俗的称谓是"奥巴马医改"（Obamacare）］[257a]。这或许是 30 多年来影响最为广泛的社会福利立法（在《社会保障法》之后的重大变革，下文第 676 段）。这部新法要求大部分人购买医疗保险[257b]，将 1600 万人列入享受医疗援助者名录，为中低收入者提供医疗补助[257c]。同时，该法更加严厉地规制私营保险公司，禁止对未达到特定要求的人拒绝提供保险。该法在 2014 年全面生效。尽管这部新法是多方妥协的产物，并未达到最初设想的目标，但是其依然受到批评者的顽强抵制，包括在法庭上挑战其法律效力。

676  1935 年《社会保障法》（Social Security Act）[258]是最重要的社会福利成文法，经过不胜枚举的修订，其适用范围已经今非昔比。"社会保障署"（Social Security Administration）是实施社会保障法的主管机构，但劳工部、财政部或者卫生与公共服务部（Department of Health and Human Services）在特定情况下也可具有管辖权并积极参与其中。如今的"社会保障"包括社会保障（养老保险）自身[259]、失业保险、政府援助（救济）、针对 65 岁以上老人的

---

[257] 关于频繁更新的数据，参见美国人口调查局维护的网站：http://www.census.gov。

[257a] 2010 年《病人保护和经济适用医疗法》［Patient Protection and Affordable Care Act, 124 Stat. 119 (2010)］。

[257b] 这一"保险强制令"立马在法院受到了挑战，但得到了联邦最高法院的支持：*Nat'l Federation of Independ. Bus. v. Sibelius*, 132 S. Ct. 2566 (2012). 另见下一注释 257c 文末。

[257c] 这些医疗补助来自家庭年收入超过 25 万美元的人群缴纳的更高的医保税，对医保公司减少的医保付费，以及医疗产品和技术提供者缴纳的更高的税收。See *Kathryn L. Moore*, The Pay or Play Penalty Under the Affordable Care Act: Emerging Issues, 47 Creighton L. Rev. 611 (2014). 在"金诉伯韦尔案"［*King v. Burwell*, 759 F. 3d 358 (4th Cir. 2014)］中，联邦税务机关（国家税务局）决定对通过联邦保险市场签订的保险合同给予税收抵免，挑战这一决定的诉讼请求被联邦上诉法院驳回，这一判决得到联邦最高法院的维持［135 S. Ct. 2480 (2015)］。这一诉讼是挑战"奥巴马医改"一个侧面的另一种尝试。

[258] 42 U.S.C. §§ 301—1307 (2005)。

[259] 这部立法起初的核心概念——"社会保障"包括：在职业生涯［缴费期限必须达到 10 年（累计 40 个季度）者才有资格享受该法规定的待遇］中投保（通过从收入中扣减的税收支付）者领取的退休收入；伤残时的补偿；在世配偶和 18 岁以下子女的扶养费。"社会保障"还针对丧葬费提供一种"死亡抚恤金"（death benefit），目前为 255 美元。"死亡抚恤金"不足以支付死者丧葬的常规开支，而其他社会保障金不足以维持在世者的生计。因此，弥补社会保障的不足需要补充性的保险——有支付能力者购买的私人保险，而对于无力支付者而言，这是其面对的社会保障网络中的漏洞。除了满足上述 40 个季度缴费期限的要求，领取全额社会保障金还要求当事人达到相应的退休年龄。当前的退休年龄是 67 岁（退休年龄在逐步提高）。同样，在世配偶享有社会福利金取决于其年届 62 岁后，何时提出申领请求。

健康保险(**医疗保险制度**,Medicare)以及针对穷人或其他特殊人群的医疗保险(**医疗援助制度**,Medicaid)。在大多数情况下,这些开支都由联邦政府支付;但在特别情况下,比如失业补偿金的支付,可能是联邦和州的合作项目。属于社会保障立法调整的所有项目,均有雇主和雇员共同缴纳的税收提供资金。领取的数额取决于参加社会保障的年限、交费的多少以及有权领取时达到的收入水平。雇员以外的人可以在自愿的基础上参加社会保障;如果他们不参加,则其不享有社会保障制度提供的任何福利待遇,除非他们属于"政府援助"针对的个人。

除了政府提供的社会保障福利,人们还可通过两种个人储蓄方案为养老存款:个人退休金账户(IRA)和雇主资助的退休金账户[407(b)方案或457(b)方案,名称取自联邦税法的条文]。所有个人退休金账户有一个共同点:缴费者定期将税前收入(工资以及其他收入)的一定数额(在政府设定的限额之下)存入指定账户中。在雇主资助的退休金账户方案中,雇主同样向账户中存款。存款部分的所得税不是被免除,而是可缓交至取出退休金之时;当事人首次取出退休金时通常应年满70周岁。作为小商户雇主,例如零售店,往往不提供雇主资助的退休金账户方案(或者特定的雇主不符合条件),同时许多人没有向个人退休金账户支付的款项,尽管其可享受推迟纳税。

近年来,社会福利逐步削减,并呈现出一种私有化趋势。[260] 贫困线以下人口的数量依然高企:2015年预计有1600万人每天生活费低于8.6美元。[260a] 政府补助主要通过各州的不同项目来提供。在联邦层面,"扶养子女家庭补助"的立法已被《个人责任和工作机会协调法》(Personal Responsibility and Work Reconciliation Act)所取代。[261] 社会**救济**(政府补助)最多发放5年。从政府提供补助之日起不迟于18个月,除非残障或暂时无法工作,被补助者必须接受新工作。如果残障的原因是毒瘾或酗酒,则被补助者的名字将从福利发放名单中被删除。联邦政府不再根据各州的需要提供资助,而是分发定额的专项拨款,由

---

〔260〕 社会保障制度(前注〔258〕)正面临检讨。政府宣称:按照现有水平应对支付请求,在可预见的将来社会保障机制将面临资金短缺;对此,有些人不无质疑。正在探讨中的补救措施包括:首要的是允许个人将其缴费的一部分划入私人退休金账户(例如通过参加共同基金),其次是提高退休年龄以及需缴纳社会保障税之收入的上限,最后甚至可能采取的是削减福利开支。对于老年人及其有关缴费问题的探讨,比较以下两篇论文:*Freeman*, Public Values in an Era of Privatization: Extending Public Law Norms Through Privatization, 116 Harv. L. Rev. 1285 (2003); *Stevenson*, Privatization of Welfare Services: Delegation by Commercial Contract, 45 Ariz. L. Rev. 83 (2003). 对于社会保障对儿童的影响的探讨,参见 *Kindred*, Of Child Welfare and Reform: The Implications for Children When Contradictory Policies Collide, 9 Wm. & Mary J. of Women & L. 413 (2003).

〔260a〕 2015年11月18日《纽约时报》B4版的报道。

〔261〕 110 Stat. 2105 (作为修订文本编入《联邦成文法大全》的多个条款中). 这部立法剥夺了包括非法移民在内的许多非美国公民获得美国社会福利的权利,但将未成年的母亲和孕妇作为例外情况处理。

各州根据其各自的社会福利政策加以支配。作为这些削减福利措施的一种结果,被补助者的人数开始下降。

678    1983年《补充性社会保障收入方案》(Supplemental Security Income Program)[262]旨在增加少得可怜的政府资助额,并扩大获益者的人数,它为"老者"、不能工作者或盲人引入了一种最低收入制度。尽管该方案在通过时属于"新事物",但这种规定只是补充了以前的单行法,因而不会给上述人群带来经济上的显著改善。2015年,每位个人每月最多获得733美元的资助,配偶双方每月最多获得1100美元的资助,从中还要扣除一些(不是全部)其他来源的收入(包括社会保障的福利)。由于各州过去一直维持了对老年人、盲人和残疾人的资助方案,因此联邦法允许这些州法中的方案继续进行,并从联邦资金中为它们提供75%的资助。

679    联邦政府和州政府还携手补助抚养子女的家庭。[263] 州政府在联邦标准的框架内采取具体措施,联邦政府从社会保障收入中为此拨付部分经费;此类措施为出现如下情况的家庭提供一些资助:主要收入来源者死亡、丧失了工作能力或抛弃了家庭。除了少数例外情况,联邦成文法修正案要求接受补助者应当到当地劳工部门登记"工作激励项目"(Work Incentive Program)。[264] 其他救助项目,有些由联邦政府资助,另外的由联邦政府和州政府合作执行和提供资金;这类项目包括:向特别贫困者发放或配给可免费或低价购买食物的优惠券("食品券",food stamps)[264a],联邦政府为在校学生提供膳食(《全国学校午餐法》,National School Lunch Act)[265],联邦政府向州政府拨款为低收入者建造住房(《住房法》,Housing Act)[266],联邦政府为穷人提供按揭贷款的费用和租房补助(《住房和城市发展法》,Housing and Urban Development Act)[267],以及许多支持青少年活动的项目[268]。

680    所有的州都已通过了"工人赔偿法",此类法律规定了对工作事故的受害人进行赔

---

[262] 42 U.S.C. § 1381 (2014).
[263] 42 U.S.C. § 601 (2014).
[264] 42 U.S.C. § 630 (2014).
[264a] 7 U.S.C. ch. 51 (2014).
[265] 42 U.S.C. § 1751 (2014). 在美国,学校午餐特别重要,因为儿童在校时间通常从早上8点或8:30开始,直到下午3点或3:30结束,午餐时间只有1小时。
[266] 12 U.S.C. § 1701 (2014).
[267] 83 Stat. 379 (1969).
[268] See Turnbull/Williams Jr./Cheit, Economic and Social Security 563—565 (4th ed. 1973).

偿,以及在出现残障的情况下对受害人进行资助。通常,此类法律要求雇主购买强制性保险。在该领域,一部重要的联邦法是《**码头和港口工人赔偿法**》(Longshore and Harbor Workers' Compensation Act)。[269] 更晚些的一部成文法——1970年《**职业安全和卫生法**》(Occupational Safety and Health Act)[270]——寻求让工作场所更安全,将事故和无法弥补之损失的危险和可能性降到最低。

---

[269] 33 U.S.C. §901 (2014).

[270] 29 U.S.C. §§ 651-678 (2014). 关于这部法律与《**反就业年龄歧视法**》(前文第670段)之间的关系,参见联邦最高法院在"雪弗龙美国公司案"中的判决[*Chevron USA v. Echazabal*, 536 U.S. 73 (2002)]:拟聘用员工的健康风险是法律许可的拒聘理由,即便申请人乐意自行承担风险。

# 第七章　刑法和刑事诉讼法

一、刑法
二、刑事诉讼法

# 一、刑法

**参考书目**：*Burnham*，Introduction to the Law and Legal System of the United States，5th ed. 2011；*Clark/Ansay* (eds.)，Introduction to the Law of The United States，2d rev. ed. 2002；*Dressler*，Understanding Criminal Law，6th ed. 2012；*Farnsworth/Shepard*，An Introduction to the Legal System of the United States，4th ed. 2010；*Fletcher*，Rethinking Criminal Law，2000；*LaFave*，Criminal Law，5th ed. 2010；*LaFave*，Principles of Criminal Law（Concise Hornbook Series），2d. ed. 2010；*LaFave/Scott*，Substantive Criminal Law（Criminal Practice Series），2d ed. 2004；*Loewy*，Criminal Law in a Nutshell，5th ed. 2009；*Wallace/Roberson*，Principles of Criminal Law，5th ed. 2011。

## （一）简介

681  传统上，刑法向来是州法。但是，为推行适用广泛的联邦刑法，联邦机构不断动用联邦立法权[《联邦宪法》中的商业条款、征税权、战争权（war power）以及联邦在民权领域的立法权]。众多州的成文法已在很大程度上吸纳了《模范刑法典》(MPC)[1]的规定，使得各州法律呈现出高度一致性。美国刑法的适用具有属地性：法院适用犯罪行为发生地或犯罪结果地（"结果原则"，effects doctrine）的法律。依据属人联系适用刑法（例如美国人在国外犯罪而因美国公民身份适用美国法）属于例外情况。[2]

682  犯罪分为"**重罪**"（felonies）和"**轻罪**"（misdemeanors）。犯罪是否为重罪由立法规定，取决于可判处刑罚的严重程度（比如监禁超过1年），或者是关押罪犯处所的类型（比如州监狱）。重罪和轻罪可进一步分为严重程度不同的犯罪。比如"一级谋杀"重罪和"二级谋杀"

---

[1] 重印于 *LaFave/Scott*，Substantive Criminal Law，Vol. 2，App'x A。

[2] 例如：美国公民在国外洗钱，以及针对美国公民的诸如谋杀或绑架之类的严重犯罪（消极的属人法联系）。关于针对美国总统或内阁阁员的严重犯罪，参见 18 U.S.C. §§351 (i)，1751 (k) (2014)；2014年《联邦成文法大全》第18篇第2332条涉及在国外针对美国公民的恐怖袭击和共谋犯罪。

重罪。犯罪的种类和级别不同,刑罚相应有别。

相对于西欧国家的刑法,美国刑法更强调对罪犯的惩罚(报应),而非改造和回归社会。在适用刑法和起诉罪犯时,正当程序原则得到严格遵循;不过,其主要目标是惩罚和威慑犯罪。高犯罪率的答案(也可以说是原因)有两点:一是几乎无所限制的持枪权[3],二是广泛的自卫权,仅觉察到危险即可自卫(下文第 684A 段)。刑法的惩罚导向也可见于相当严厉的刑罚、监狱状况和刑罚执行人员的不当行为(参见下文第 701 段及以下段落、第 738A 段及以下段落)。

682A

### (二) 一般原则

#### 1. 刑事责任的要件

认定刑事责任(可罚性,culpability)的条件有:有意的行为(犯罪行为,*actus reus*)、必要的意图(犯罪心理,*mens rea*)和因果关系。犯罪行为可以是作为或不作为;在后者的情况下,必须存在一种作为的义务而没有作为。**"犯罪心理"** 描述所有类型的意图,包括"特殊故意"(specific intent)(这是某些犯罪的必要条件)以及轻率(recklessness)和疏忽(negligence)。[3a] "转移故意"(transferred intent)原则是法院援用的一种法律拟制:实际受害人并非被告人的目标受害人。在此情况下,被告人的最初意图就从目标受害人转移到实际受害人身上,从而为罪行成立提供了必要的犯意要件。对于许多危害公共安全的犯罪(比如违反交通法、卫生法或经济管制法的行为),不需要犯罪心理要件;在这里,严格责任取代了犯罪心理要求。[4] 确定所要求的因果关系有两个步骤。第一步,利用"若非"(but for)标准审视因果关系,即如果没有某一行为(事实上的原因)是否会出现某一结果。第二

683

---

[3] 每名成年人,只要未曾犯下重罪,或未曾被宣告为精神病人,均可获得拥有手枪(甚至更大的枪械)的联邦持枪证。州法决定武器是否也可隐蔽携带。联邦法禁止将枪支隐蔽带入学校[110 Stat. 3009 (1997)],而州法可能禁止将其带入教堂。各州日益放松对隐蔽持枪的限制,例如允许单位(甚至大学)自行决定是否作出限制。颁发买枪许可证需要审查申请人的背景[全国犯罪记录速查系统(NICS),具体参见 2 Stat. 1213 (1968) and 107 Stat. 1536 (1993)]。但向私人买枪不需要背景审查。在全美国,估计个人拥有枪支约 2.7-3.1 亿件。See www.gunpolicy.org/firearms. 34%的家庭持有枪支。see www.pewresearch.org/fact-tank/2014/07/15/the-demographics-and-politics-of-gun-owning-households. 就党派而言,49%持枪者自认是共和党人,22%自认是民主党人,其余的自认是独立人士。就地域而言,尽管美国东北部持枪比例显著偏低,但全国各地持枪状况整体上相当均衡。Id. 盖洛普公司 2013 年的调查显示:74%的人反对禁止持有手枪,不到一半的人支持更严格的控枪立法。See www.gallup.com/poll/165563/.

[3a] 关于这一系列令人困惑的术语的界定,参见 *LaFave/Scott*, Substantive Criminal Law, Vol. 1, §3.5 and §3.7。

[4] See *Morissette v. United States*, 342 U.S. 246, 72 S.Ct. 240, 96 L.Ed. 288 (1952). 在该判决中,联邦最高法院判定:严格责任只适用于危害社会的违法行为,而不适用于普通法上的一般非法行为。

步,探求是否存在"近因"(proximate cause)关系,即设法判定其他原因的存在或介入是否会打破或排除行为和结果之间的因果关系。

2. 抗辩理由

684　　被告人有权提出抗辩理由,包括声称事实错误或法律错误,以质疑犯罪心理的存在。被告人也可提出正当性抗辩(justification defenses)——比如自我防卫、防卫他人、紧急避险(necessity)或者受害人同意——或者免责抗辩(excuse defenses)——包括精神病(insanity)、行为能力降低(diminished capacity)、醉态［intoxication,又称醉酒(drunkenness)］、胁迫(duress)或强迫(coercion)、军事命令或者警察圈套(entrapment)(执法官员的引诱行为)。[5]

684A　　可以说,在所有国家的法律中,被告均得以自我防卫(上文第 684 段)为自己的行为辩解。但是,美国超过 20 个州的立法走得更远:在特定情况下,自我防卫完全无罪。此谓"就地防卫"法。这类立法规定:若他人试图进入你的住宅、公寓或车辆,而你"合理地"感受到威胁,就可使用致命武器自卫;其对自卫规定的宽松程度,超越了英国古老的法彦——"我家即城堡"。例如,佛罗里达州的立法就建立在这样的假定之上:试图闯入者有使用武力的意图,因此自卫者合理地感受到了威胁。[5a] 使用致命武器的行为人无义务退让,他有权"就地防卫"。[5b] 据一份报告统计,采用此类立法的各州,导致死亡的暴力事件呈增长态势。[6]

685　　自从 20 世纪 60 年代后期,精神病学意义上的精神病以及与之相伴的精神病抗辩理由,一直是美国刑法领域争论不休的话题。[6a] 被告人应在诉讼之初就以精神病为由抗辩,或者在诉讼之前告知法院其打算如此抗辩;否则,此后不得提出该抗辩理由。[7] 就刑事诉

---

[5] 对此的广泛探讨,参见 *LaFave/Scott*, Substantive Criminal Law §5; *Burnham*, Introduction 547—554.

[5a] Fla. Stat. § 776.013 (2013). 该假定无疑应结合民众广泛拥有枪支的社会背景来理解;参见前注〔3〕。佛罗里达州立法适用的案例,参见 State v. Wonder, 128 So. 3d 867 (Fla. App. 2013),该判决后被撤销和替换, 162 So. 3d 59 (Fla. Dist. Ct. App. 2014)(被告没有证成使用致命武器的合理性); Harrison v. State, 138 So. 3d 1130 (Fla. App. 2014)(与上一案件结果一致)。

[5b] Fla. Stat. § 776.013(3) (2013).

[6] Victor Li, States with stand-your-ground laws have seen an increase in homicides, reports task force, ABA Journal (Aug. 8, 2014, 9:40 PM), http://www.abajournal.com/news/article/states_with_your_ground_laws_have_more_homicides/.

[6a] See *Reisner/Slobogin*, Law and the Mental Health System, 5th ed. (2009). See also *Davoli*, Still Stuck in the Cukoo's Nest: Why Do Courts Continue to Rely on Antiquated Mental Illness Research?, 69 Tenn. L. Rev. 987 (2002); *Nusbaum*, The Craziest Reform of Them All: A Critical Analysis of the Constitutional Implications of "Abolishing" the Insanity Defense, 87 Cornell L. Rev. 1509 (2002); *Nygaard*, On Responsibility: Or, the Insanity of Mental Defenses and Punishment, 41 Vill. L. Rev. 951 (1996).

[7] *LaFave/Scott*, Substantive Criminal Law, Vol. 1, §4.5 (b).

讼效果而言,认可精神病抗辩理由意味着宣告被告人无罪。但是,这并不妨碍将其强制送入特定机构治疗,甚至是无限期治疗。[8] 对于界定精神病抗辩理由,有两份判例影响深远。英国"姆纳顿案"(*M'Naghten*)[9]判例要求,陪审团应当判定被告人在行为时能否理解其所作所为及其违法性(对错标准)。而依据"德拉姆"规则(*Durham*-rule)[10],陪审团应当判定:被告人的行为是否为精神病所导致(后果标准,product test)。到了 1972 年,有一联邦上诉法院抛弃了德拉姆规则的宽泛表述,改而采用了《模范刑法典》第 4.01 条第 1 款的规定。[11] 从此以后,几乎所有的联邦上诉法院和一些州的成文法便采用了《模范刑法典》的标准,有时略作修改。这一标准要求判定:被告人是否由于精神疾病或缺陷而不能理解其行为的犯罪性,或者不能使其行为合乎法律要求(实际能力标准,substantial capacity test)。[12]

不借助于专家证言,外行的陪审团将无法解答此类精神病问题。专家证人(精神病学家、心理学家和其他医疗专家)由当事人或法院指定[13],并与任何其他证人一样提供证言,包括接受交叉询问。专家证人对陪审员影响巨大,进而可导致宣告被告无罪(例如被指控企图暗杀里根总统的被告人);有鉴于此,国会在 1984 年通过了《**精神病抗辩改革法**》(Insanity Defense Reform Act)。除了补充《联邦证据规则》的内容,该法规定:专家不得从法律上评判被告作案时的认识或控制能力。[14] 但是,专家在如下方面作证不受限制:决定精神状态的有关事实和情况、精神病诊断应考虑的事实和情况、精神病的典型症状以及如

---

[8] *Jones v. United States.*, 463 U.S. 354, 368 (1983); *Williamson v. Psychiatric Sec. Review Bd.*, No. 3:13-CV-00578 (VLB), 2014 U.S. Dist. LEXIS 112306, 2014 WL 3956692 (D. Conn. Aug. 13, 2014). 不过,有的州规定:强制治疗的期限不得超过本应判决的刑期。

[9] *Queen v. M'Naghten*, (1843) 8 Engl. Rep. 718, 10 Cark & F. 200. 如今,大约一半的州遵循姆纳顿规则。有些州利用成文法为该规则增补了一个问题:被告当时是否能够行使自由意志。See also *Hawthorn*, "Deific Decree": The Short, Happy Life of a Pseudo-Doctrine, 33 Loy. L. A. L. Rev. 1755 (2000); *LaFave/Scott*, Substantive Criminal Law, Vol. 1, § 4.2, 438.

[10] *Durham v. United States*, 214 F. 2d 862 (D. C. Cir. 1954).

[11] *United States v. Brawner*, 153 U. S. App. D. C. 1, 471 F. 2d 969, 981 (D. C. Cir. 1972).

[12] See *LaFave/Scott*, Substantive Criminal Law, Vol. 1, § 4.3(e), 465. 但是注意:国会在 1984 年通过了一部成文法,该法针对联邦法院中的刑事诉讼采用了一种类似于姆纳顿规则的标准,参见《联邦成文法大全》第 18 篇第 17 条第 1 款。See also *Loewy*, Criminal Law § § 10.01—10.05.

[13] 贫穷的被告人有权指定一名心理医生,这是一种宪法权利。但是被告能否请求指派私人执业的心理医生? 对此存在争议。不过,为了避免"专家之争",大多数州并不提供法院指派的精神病专家证人以外的替代人选。*LaFave/Scott*, Substantive Criminal Law § 4.5, 489 et seq.

[14] See Federal Rules of Evidence, Rule 704 (b), as amended by Pub. L. No. 98-473, 98 Stat. 2057 (1984) (作为修订文本分散编入 2005 年《联邦成文法大全》第 18 篇中的不同条文). See *Braswell*, Resurrection of the Ultimate Issue Rule: Federal Rule of Evidence 704 (b) and the Insanity Defense, 72 Cornell L. Rev. 620, 623 et seq. (1987).

何评判行为意图。患有精神病的举证责任在被告。[15] 由于判定被告的精神状态是由陪审团裁定的事实问题,并且精神病抗辩理由的表述存在诸多细微差别,因此这一抗辩理由的司法实践一直面临诸多难题。上述多种方案,是否不过是将精神病抗辩中的不确定性从一个标准转到另一标准? 这是一个颇具争议的问题。在判例法和法律文献中,该法律领域将会依然争议不断。[16]

687　　"**不完整犯罪**"(incomplete offense)这一术语恰当描述了如下犯罪行为:一个完整的犯罪行为尚未实施完毕。它包含的犯罪形态有:犯罪未遂(attempt)、犯罪教唆(solicitation)和犯罪共谋(conspiracy)。"共同犯罪"(complicity)这个一般术语描述的是参与犯罪的其他方式,包括充当从犯。

### 3. 刑法中的替代责任

688　　为他人的行为承担刑事责任(**替代责任**,vicarious liability)源自当事人彼此之间的关系。因此,虽然企业主本人既未从事犯罪行为,也没有犯罪心理,他也要为其雇员承担责任。原则上,替代责任可适用于各种犯罪。[17] 但是,此类责任通常仅限于立法的明确规定:特定情况下对他人行为负责,并为此承担罚金。[18] 对于此类责任,反对者认为:它使得既无犯罪意图也无犯罪行为的公司股东承担了罪责;但是,这种观点未被接纳,原因是整体的经济利益超越个体利益。[19] 根据《模范刑法典》,承担替代责任的前提是:公司的管理层

---

[15] 在联邦诉讼中,被告应以"明确可信的证据"证明其精神缺陷。See 18 U.S.C. §17(b)(2005).一些州要求被告"以优势证据"证明其精神病,而另一些州将证明责任转移到控方,由控方"排除合理怀疑"地表明被告心智健全。See LaFave/Scott, Substantive Criminal Law §4.5(e). See also *Cooper v. Oklahoma*, 517 U.S. 348 (1996),该案有关俄克拉荷马州"明确可信的证据"规则的合宪性。See generally *Medina v. California*, 505 U.S. 437 (1992).

[16] 精神病抗辩理由引发的各种难题,已促使一些人用其他标准限定替代方案,例如:判定精神紊乱是否使被告人不具有必要的犯罪意图,或者是否还存在将被告人送入专门机构治疗的特别途径。See LaFave/Scott, Substantive Criminal Law, Vol. 1, §4.1, 432—436.在一个一级谋杀案审判中提出精神病抗辩理由,有关的案例研究,参见 Denno, Who is Andrea Yates? A Story About Insanity, 10 Duke J. Gender L. & Pol'y 1 (2003). See also *Michalopoulos*, Filling in the Holes of the Insanity Defense: The Andrea Yates Case and the Need for a New Prong, 10 Va. J. Soc. Pol'y & L. 383 (2003).

[17] 与普通法相比,如今公司甚至要对谋杀承担替代责任。毫无疑问,制裁措施应当是罚金而非监禁。See LaFave/Scott, Substantive Criminal Law, Vol. 1, §3.10, 362 et seq.

[18] Loewy, Criminal Law §8.04.《模范刑法典》仅在如下条款中规定了替代责任:第2.06条第1款、第2款第2项,以及第2.07条。

[19] 这一议题依然存在争议。See Brief/McSweeny, Corporate Criminal Liability, 40 Am. Crim. L. Rev. 337 (2003); Khanna, Corporate Liability Standards: When Should Corporations be Held Criminally Liable?, 37 Am. Crim. L. Rev. 1239 (2000); Laufer, Corporate Liability, Risk Shifting, and the Paradox of Compliance, 52 Vand. L. Rev. 1342 (1999); Laufer/Strudler, Corporate Intentionality, Desert, and Variants of Vicarious Liability, 37 Am. Crim. L. Rev. 1285 (2002).

或高级职员"授权、要求、命令、从事或轻率地放纵了"犯罪行为。联邦最高法院尚未针对刑法中**替代责任**的合宪性直接表态。但是，在**"合众国诉帕克案"**判决中[20]，该院已经默认了替代责任：除了公司自身，公司总裁本人也要承担责任，因为他的职位决定了他能影响或防止公司雇员的非法行为或犯罪行为。公司的高管只有证明了他确实无力阻止雇员的行为，才能免除责任。

4. 没收财产

对于犯罪所得或犯罪中使用的财产，联邦法和州法均规定了没收。没收有"刑事没收"[20a]和"民事没收"[20b]（civil forfeiture）*之分。民事没收由当地警察或其他执法人员（各州规定不一）执行，他们也可参与分享没收的犯罪所得。这种分享制度当然存在滥用的风险。[20c]

（三）常见的犯罪种类

导致他人死亡的犯罪行为是**杀人罪**（homicide），具体类型取决于致人死亡的案情（见下文）。在美国，对于死亡时间和如何对待胎儿死亡，各方见仁见智，这与其他国家情况类似。不过，美国各州均已将医学上的**脑死亡**作为生命的终点。具体的规定，多数州采用了《统一死亡判定法》（Uniform Determination of Death Act）中的表述。[21] 医学的发展也引发了人

---

[20] *United States v. Park*, 421 U.S. 658 (1975).

[20a] See 18 U.S.C. § 1963 (2014)（侧重毒品交易所得）. See *U. S. v. Annabi*, 560 Fed. Appx. 69, 77 (2d Cir. 2014); *Marshall v. Picard*, 740 F. 3d 81, 86 (2d Cir. 2014), followed in *Weisfelder v. Fund I*, 503 B. R. 348, 363 (Nankr. S. D. N. Y. 2014).

[20b] See 18 U.S.C. § 981 (2014).

* "Civil forfeiture"在国内学界一般译为"民事没收"。参见黄风：《论对犯罪收益的民事没收》，载《法学家》2009年第4期，第89页；占善刚：《美国民事没收法与正当程序的冲突与衡平》，载《法商研究》1999年第3期，第111页。它与我国2012年《刑事诉讼法》第280—283条规定的"犯罪嫌疑人、被告人逃匿、死亡案件违法所得的没收程序"具有一定的类似性。参见叶锐：《未定罪没收制度研究》，西南政法大学2015年法学博士论文，第57—59页。但是，美国的民事没收，其制度根基在于"对物诉讼"和公法与私法界限模糊的英美法文化；以是否涉及法院为准，可分为民事司法没收（Civil judicial forfeiture）和行政没收（administrative forfeiture），分别与我国刑事诉讼法中的"未定罪没收"和行政处罚法中的"没收违法所得、没收非法财物"大致对应。《布莱克法律词典》将其解释为："政府对财产提起的对物诉讼，该财产卷入了犯罪或为犯罪所得。"参见 B. Garner (ed.), Black's Law Dictionary, St. Paul: Thomson Reuters, 11th ed., 2019, p.792. ——译者注

[20c] See *Scott Bullock*, Institute for Justice: Asset Forfeiture Report, available at: https://www.ij.org/part-ii-grading-the-states-2 (2014).

[21] 《统一死亡判定法》第1条："一个人如果持续出现下列情况之一，即为死亡：(1)血液循环功能或呼吸功能不可逆转地终止，或者(2)所有的器官功能包括脑干的功能不可逆转地终止。作出死亡判定应当遵照普遍接受的医学标准。"See also *Karakatsanis/Tsanakas*, A Critique on the Concept of "Brain Death," 18 Issues L. & Med. 127 (2002).

们对传统普通法规则的质疑。一个重要的方面是"一年零一天规则":若从受害之日起计算,受害人在一年零一天之后死亡,则不存在杀人罪(见下文)。一些州将该规则视作程序问题,而其他州视其为实体法规则。这一普通法规则原本试图解决致死原因,但其中的诸多问题,现代医学已经解决;因此,如果不是大多数州,那也是许多州已经抛弃了该规则。[22] 杀死胎儿是杀人罪法律领域最具争议的问题之一。在普通法上,杀死胎儿不构成犯罪。如今,许多州已通过立法修改了普通法规则:除非合法堕胎,杀死胎儿构成犯罪。不过,在具体立法方式上,各州之间存在重大差异。[23]

谋杀罪(murder)指心怀"预谋恶意"(malice aforethought)地致人死亡。这意味着行为人具有杀人故意,包括重伤他人而不顾或漠视他人生命危险的故意。在现代刑法中,"恶意"的外延宽泛,只要具有杀人"故意"就足矣,无须额外证明被告心怀怨恨、憎恶或妒忌等。所谓**重罪谋杀罪规则**(felony-murder rule)是指,被告人实施另一种重罪或企图实施的过程中,导致他人死亡,尽管这种结果并非被告所期望的,而仅为附带后果,但被告人的行为构成谋杀罪。与一般谋杀罪不同,重罪谋杀罪不要求被告人具有伤害他人的故意。[24] "重罪谋杀罪规则"旨在防范死亡的发生,使潜在的犯罪人斟酌其行为后果。起初,这一规则是合理的,因为当时普通法仅规定了很少的重罪,而且全部适用死刑,如此一来,重罪的行为类型或其对他人的危险就无关紧要,额外的犯罪行为并不带来另外的(加重的)惩罚。但是,随着时间的推移,重罪的清单越来越长,不同重罪的刑罚出现差异。在英国,这种变化先是导致对重罪谋杀罪规则的修正,后来直接废止。在美国,重罪谋杀罪规则的确立相当

---

[22] 联邦最高法院判定:一个州废除普通法上的一年零一天规则,并将其溯及适用于以前的司法判决,并未侵犯刑事被告人的正当程序权利。See *Rogers v. Tennessee*, 532 U. S. 451 (2001)。该法院指出:"医学和相关科学的发展明显地削弱了该规则的效用,毫无疑问已使其陈腐过时。" *Id.* at 1701.

[23] 规定此种犯罪的州法,例如参见 Ark. Code Ann. §5-1-102 (13)(b) (2004); Wis. Stat. §940.04 (2004)。国会已经考虑到:在立法中承认胎儿为独立的犯罪受害人,这种联邦立法可有效遏制对怀孕妇女的伤害,但此类立法尚未出台。See, e. g., Unborn Victims of Violence Act, H. R. 503, 107th Cong. (2001). See also *Holzapfel*, The Right to Live, The Right to Choose, and the Unborn Victims of Violence Act, 18 J. Contemp. Health L. & Pol'y 431 (2002); *Leventhal*, The Crimes against the Unborn Child Act: Recognizing Potential Human Life in Pennsylvania Criminal Law, 103 Dick. L. Rev. 173 (1998); *Shah*, Inconsistencies in the Legal Status of an Unborn Child: Recognition of Fetus as Potential Life, 29 Hofstra L. Rev. 931 (2001).

[24] See *Binder*, Felony Murder and Mens Rea Default Rules: A Study in Statutory Interpretation, 4 Buff. Crim. L. R. 399 (2000); *Cole*, Expanding Felony-Murder in Ohio: Felony-Murder or Murder-Felony?, 63 Ohio St. L. J. 15 (2002); *Gerber*, The Felony Murder Rule: Conundrum Without Principle, 31 Ariz. St. L. J. 763 (1999); *Hilliard*, Felony Murder in Illinois—The "Agency Theory" vs. the "Proximate Cause" Theory: The Debate Continues, 25 S. Ill. U. L. J. 331 (2001).

晚,起初其适用毫无限制。如今,大部分州虽然继续采用该规则,但同时从多方面作了限制。[25]

最初,谋杀罪一律适用死刑。但是并非所有的谋杀均案情相似,因而对谋杀加以区分就显得必要和可取。1794年宾夕法尼亚州立法区分了"一级"谋杀罪和"二级"谋杀罪,从此不同"级别"的谋杀罪就逐渐出现。一级谋杀罪包括投毒杀人罪、伏击杀人罪(killing under disguise),以及有关特定重罪的杀人罪。一级谋杀罪适用死刑。[25a]当今的刑法依然将谋杀罪划分为不同的等级。[26]

**非预谋杀人罪**(manslaughter)是指无"预谋恶意"而杀害另一人。再细分的典型做法是区分有意(intentional)[亦用"故意"(voluntary)]的非预谋杀人和非有意(non-intentional)[亦用"非故意"(involuntary)]的非预谋杀人。按照传统的理解,故意的非预谋杀人罪是指因挑衅而激情杀人或盛怒杀人。冲动的起因可能是言词或肢体冲突。对于非故意的非预谋杀人罪,法律上区分"疏忽杀人罪"(homicide by criminal negligence)[27]和"轻罪非预谋杀人罪规则"(misdemeanor-manslaughter-rule)下的刑事责任。"轻罪非预谋杀人罪规则"与"重罪谋杀罪规则"类似,但前者事关轻罪——该轻罪为"本身邪恶的犯罪"(malum in se)(行为本身即非法),而后者事关重罪。[28]

**自杀**(suicide)在普通法上曾经构成犯罪。对死者"惩罚"的方式是将其羞辱地安葬并且没收其财产。未遂自杀以及帮助和参与他人的自杀同样曾经构成犯罪。对待自杀的这种法律对策和后果与现代思想已格格不入。不过,当初的犯罪定性如今依然导致诸多难题。

目前有关自杀的讨论集中在医生辅助自杀(physician-assisted suicide)。[29] 比如开出致

---

[25] 各州立法中限制的方式主要有:将该规则限制适用于特定类型的重罪,增加对证明二者因果关系的要求,缩短犯罪行为和死亡发生之间必需的间隔期,或者要求死亡的发生与蓄意的犯罪之间能在一定程度上相分离,即重罪不是杀人罪的必要组成部分(若重罪构成杀人罪的必要组成部分,则按杀人罪定罪,前者为后者所吸收。——译者注)。《模范刑法典》废除了重罪谋杀罪规则,而代之以采用一种假定:实施特定的重罪犯罪行为就推定存在谋杀罪的主观要件:第210.2条第1款第2项。

[25a] 关于死刑的探讨,参见后文第701段及以下段落。

[26] 大多数州采用这种区分。Burnham, Introduction 543. 但是,《模范刑法典》没有采纳这种分类。参见该法典第210.2条。

[27] 这种杀人也被作为独立于非预谋杀人的一种类型。比如参见《模范刑法典》第210.4条。

[28] 毫不奇怪,这种类型的犯罪在法律文献中同样受到各种限制和保留的约束。See Harring, The Misdemeanor-Manslaughter Rule: Dangerously Alive in Michigan, 42 Wayne L. Rev. 2149 (1996).

[29] See Gorsuch, The Right to Assisted Suicide and Euthanasia, 23 Harv. J. L. & Pub. Pol'y 599 (2000); Green, Physician-Assisted Suicide and Euthanasia: Safeguarding Against the "Slippery Slope"—The Netherlands versus the United States, 13 Ind. Int'l & Comp. L. Rev. 639 (2003); McStay, Terminal Sedation: Palliative Care for Intractable Pain, Post Glucksberg and Quill, 29 Am. J. L. and Med. 45 (2003).

死药物这种医生的积极参与行为[30],已在许多判决中被宣布为非法。[31] 这些判决引发了激烈的争论并遭到猛烈批判。[32]

与之相关的一个问题是,能否按照病人的意愿终止生命维持措施。如果病人已无法自由行使其决定权,那么第三方能代表他作出决定吗？有许多迹象可用以帮助推断病人的意愿。第三方可部分参考病人的概括声明或对病人自身价值观的了解。决定终止或继续生命维持措施还要权衡多方面的因素,例如参考医生对病情的预测、病人的当前病情,以及继续治疗面临的风险、副作用和导致的痛苦。在权衡这些因素时,第三方成为生死判官。鉴于这一原因,第三方代替病人决定的方法并未获得广泛接受。其实,判例法中的一些判决对第三方的参与完全不予认可。这些判决要求,病人应当明确宣布他要求终止生命维持措施。病人的概括声明,或基于对他人信任的自然反应均不足以表达其意愿。这些判决导致了遵循病人实际意愿或推定意愿上的不确定性和许多难题。于是,大多数州规定可以采用"自然死亡意愿书"(living will)*。在意愿书中,病人可以明确指示:他是否愿意使用生命维

---

[30] 俄勒冈州是允许医生积极参与辅助自杀的6个州之一。俄勒冈州的《尊严死法》(Death with Dignity Act)允许存活期少于6个月的晚期病人请求其医生提供致死剂量的药物。必须有两名医生在病人已到晚期这个问题上观点一致,并且病人应至少3次索要药物,其中1次应当采用书面形式。See ORS § 127.800 et seq. (2001). 在2001年,司法部发布了一道指令,寻求废止此类成文法,认为此类法律违反了联邦《管制药物法》(Controlled Substances Act),参见2003年《联邦成文法大全》第21篇第801条及以下条文。但是,一家位于俄勒冈州的联邦法院发布了一条永久禁令,禁止联邦机构对司法部的指令予以"执行、适用或以其他方式赋予其任何法律效力"。See *Oregon v. Ashcroft*, 192 F. Supp. 2d 1077, 1080 (D. Or. 2002). 第九巡回区上诉法院维持了这一判决,而联邦最高法院发出了调卷令。*Oregon v. Ashcroft*, 368 F. 3d 1118 (2004), affirmed 546 U. S. 243 (2006). See Hendin and Foley, Physician-Assisted Suicide in Oregon: A Medical Perspective, 106 Mich. L. Rev. 1613 (2008). 在华盛顿州,以往的法律借助一项选举人提案得以修改。相应通过的成文法与俄勒冈州的法律类似[RCW 70.245.901 (2009)]。关于佛蒙特州,参见18 Vt. Stat. ch. 13, sec. 5281 (2013). 在蒙大拿州,州最高法院判定:由于自杀(或者自杀未遂)不构成违法行为,医生经有资格提出请求者的请求而提供帮助(提供自杀方法)不违反刑法(即病人的同意构成完全的抗辩理由)[*Baxter et al. v. State of Montana*, 354 Mont. 234 (2009), 2009 MT 449]。此外还有科罗拉多州(25 Colo. Rev. Stat. Art. 48)、夏威夷(2018年4月合法化)和哥伦比亚特区[63 D. C. Register 15697 (2016)]允许辅助自杀。See *Tucker*, Privacy and Dignity at the End of Life: Protecting the Right of Montanans to Choose Aid in Dying, 68 Mont. L. Rev. 317 (2007)(该文在"巴克斯特案"的判决中被援引)(该注释根据原文作者给译者的回信更新——译者注)。

[31] *Washington v. Glucksberg*, 521 U. S. 702 (1997); *Quill v. Vacco*, 521 U. S. 793 (1997).

[32] See, e. g., *Chemerinsky, Washington v. Glucksberg* Was Tragically Wrong, 106 Mich. L. Rev. 1501 (2008); *Smith*, De-moralized: *Glucksberg* in the Malaise, id. at 1571. See also *Tucker*, In the Laboratory of the States: The Progress of *Glucksberg*'s Intivatation to States to Address End-of-Life Choice, id. at 1593.

\* 另一种翻译为"安乐死志愿书"。参见薛波主编:《元照英美法词典》,北京大学出版社2013年缩印版,第858页。网上也有人译作"生前遗嘱"。但自然死亡意愿书与遗嘱有本质的区别,它只是关于本人选择自然死亡方式的一种声明。——译者注

持系统，以及使用多长时间。同样，病人可以授权他人代表其利益并为其作出决定。[33]

在普通法上，**强奸罪**（rape）是指男子使用暴力或暴力威胁，违背妇女意愿而与其性交。[34] 强奸罪构成要素中的胁迫，是指暴力威胁，令受害人恐惧地感到面临严重身体伤害之类的危险。[35] 古老的判例曾要求受害人在其体能限度内反抗（极力反抗标准，utmost resistance test）；如今，在具体情况下的合理反抗就足以表明性交违背妇女意愿。[36] 若被告人辩解，性交获得了原告的同意，则刑事诉讼法面临的难题是：被告人有权在多大范围内使用何种证据证明，女方不检点的生活方式支持被告人的主张。一些州通过了所谓的"强奸受害人保护法"（rape shield statutes），禁止提出此类证据；而在其他州，如果被告人未在规定期限内提出辩解，则此后法院不再接受当事人双方同意性交的证据。[37] 时代变迁推动着强奸罪的概念不断发生变化。如今，许多州立法中采用了性别中立的规定，或者判例法中采用性别中立原则适用原有的规定。本着这一宗旨，一些立法以"性犯罪"取代了"强奸罪"，以涵盖任何侵犯性隐私权的犯罪行为。[38] "婚内强奸"是个特殊问题，普通法规定婚内性行为免责（"婚内强奸例外规则"，marital rape exception）；尽管经过了广泛的讨论，但时

---

[33] See generally *Dresser*, Precommitment: A Misguided Strategy for Securing Death with Dignity, 81 Tex. L. Rev. 1823 (2003); *Kingsbury*, A Line Already Drawn: The Case for Voluntary Euthanasia After the Withdrawal of Life-Sustaining Hydration and Nutrition, 38 Colum. J. L. & Soc. Probs. 201 (2004); *Webster*, Enforcement Problems Arising from Conflicting Views of Living Wills in the Legal, Medical, and Patient Communities, 62 U. Pitt. L. Rev. 793 (2001). 对胎儿的关心是否应超越怀孕病人的自决权，关于这一问题，参见 *Cherry*, The Free Exercise Rights of Pregnant Women Who Refuse Medical Treatment, 69 Tenn. L. Rev. 563 (2002); *Morris*, The Corneau Case, Furthering Trends of Fetal Rights and Religious Freedom, 28 N. E. J. on Crim. & Civ. Con. 89 (2003). 关于实现自决权的问题，参见 *McStay*, Terminal Sedation: Palliative Care for Intractable Pain, Post *Glucksberg* and *Quill*, 29 Am. J. L. & Med. 45 (2003); *Randall Robb*, Living Wills: The Right to Refuse Life Sustaining Medical Treatment—A Right without a Remedy?, 23 Dayton L. Rev. 169 (1997). 对于该问题的一种比较分析，参见 *Gorsuch*, The Legalization of Assisted Suicide and the Law of Unintended Consequences: A Review of the Dutch and Oregon Experiments and Leading Utilitarian Arguments for Legal Change, 2004 Wis. L. Rev. 1347 (2004).

[34] *Loewy*, Criminal Law §4.01.

[35] Model Penal Code §213.1. (1)(a).

[36] *Burnham*, Introduction 546. 女方不再需要冒着生命危险或严重身体伤害的危险加以反抗：*Loewy*, Criminal Law §4.01. 有关古老普通法规则的复活，参见 *Anderson*, Reviving Resistance in Rape Law, 1998 U. Ill. L. Rev. 953 (1998).

[37] 后一种排除规则并未在本质上违反宪法第6条修正案：*Michigan v. Lucas*, 500 U. S. 145 (1991); *Ferrell v. Wall*, 935 F. Supp. 2d 422, 433 (D. R. I. 2013); *White v. Wolfenbarger*, No. 2:10-CV-11541, 2012 U. S. Dist. LEXIS 153237, 2014 WL 3956692 (E. D. Mich Oct. 25, 2012). See also *Anderson*, From Chastity Requirement to Sexual License: Sexual Consent and a New Rape Shield Law, 70 Geo. Wash. L. Rev. 51 (2002).

[38] 《模范刑法典》同时对性犯罪更加轻缓和宽大，未将所有的性犯罪全部纳入传统的"强奸罪"类别之下。参见第213.4条。

至今日也并非所有的州均废止了这种普通法规则。[39]

697　　1996年,《梅甘法》(Megan's Law)[40]授权各州采取措施,要求性犯罪者登记备查。各州均据此制定了相应的法律。2006年,《梅甘法》为另一部联邦立法所取代,新法要求建立联邦性犯罪登记系统,各州应将性犯罪信息录入,以方便网上查询。[41]依据罪行的大小,性犯罪者被分成三级登记(第一级、第二级、第三级),分别遵守不同的报告制度和其他要求。第一级性犯罪者若10年内表现良好,则其登记将被删除,而第三级的登记删除需要25年之后。[41a]如今,数千名被判犯有强奸罪、猥亵儿童罪或其他性犯罪者的信息均可在网上查到。查到的资料包括获释者所在地的邮政编码、对其潜在危险性的评估,许多情况下还有其肖像。这种做法引起了人们的诸多担忧。例如:相对轻易地获取罪犯的信息严重侵犯了隐私权(或者重新界定隐私权)。同时,有犯罪前科者恢复正常生活和重新融入社会变得更加艰难,甚至几无可能。最后一点,发现原罪犯的身份后对其血腥报复,性犯罪登记系统为此提供了现实可能性。如果原罪犯的罪行依据现行法不再构成犯罪,比如同性恋,但性犯罪数据库存有其信息,那么上述问题将变得特别复杂。尽管存在这些担忧,但联邦最高法院依然支持这类立法的有效性。[42]

697A　　为了保护公众免受性犯罪者的伤害,有些州采取的另一种措施是将精神错乱的性犯罪者实施(终生)民事监禁。对此,联邦最高法院判定:即便精神错乱是在监禁后才诊断出来,

---

[39] 许多州已经完全废除了"婚内强奸例外规则",而另一些州仅对分居的配偶不适用例外规则。纽约州上诉法院认为这一例外规则违反了宪法对平等保护的保障。*People v. Liberta*, 64 N.Y.2d 152, 474 N.E.2d 567 (N.Y. 1984). Similarly: *In re Estate of Peters*, 765 A.2d 468 (Vt. 2000). 与之相反,维京群岛最高法院未做表态,而是等待立法机关的规定:*Castor v. People of the Virgin Islands*, 57 V.I. 482 (V.I. 2012). 不过,婚内强奸罪与其他强奸罪依然在许多方面存在差别:比如判处的刑罚、应证明的暴力或暴力威胁的程度,以及应提出控告的时限。对这一法律领域的历史和发展的全面总结,参见 Anderson, Marital Immunity, Intimate Relationships, and Improper Inferences: A New Law on Sexual Offenses by Intimates, 54 Hastings L. J. 1465 (2003). See also *Richard Klein*, An Analysis of Thirty-Five Years of Rape Reform, 41 Akron L. Rev. 981 (2008).

[40] Pub. L. No. 104-145; 110 Stat. 1345 (1996) (作为修订文本编入 2005 年《联邦成文法大全》第 42 篇第 14071 条及以下条文)。该法广为人知的名称是借用了强奸受害人梅甘·康卡(Megan Kanka)之名,她是一位 7 岁女孩,在 1994 年被绑架、强奸和杀害。关于该法所涉及的宪法问题的早期探讨,参见 *Hopbell*, Balancing the Protection of Children Against the Protection of Constitutional Rights: The Past, Present and Future of Megan's Law, 42 Duq. L. Rev. 331 (2004).

[41] 2006年《亚当·沃尔什儿童保护和安全法》(Adam Walsh Child Protection and Safety Act), 42 U.S.C.A. § 16901 et seq. (2014);该法在序言中提到了梅甘·康卡,参见第 102 条第 2 款和第 103 条。联邦最高法院支持该法的合宪性:*United States v. Kebodeaux*, 133 S. Ct. 2496, 2499 (2013). 可网上访问的性犯罪登记系统的两个实例有:http://www.mipsor.state.mi.us(密歇根州)和 http://meganslaw.ca.gov(加利福尼亚州)。

[41a] 若性犯罪者被判缓刑(或在监狱服刑之后又有缓刑),则在执行缓刑期间,他可能也要佩戴"全球定位"装置。有关马萨诸塞州立法的探讨,参见 *Com. v. Doe*, 39 N.E.3d 427 (Mass. 2015).

[42] 前注[41]。

此类立法依然符合宪法。[42a] 保护公众同样是下述立法的宗旨：因性侵13岁以下的儿童而两次被判有罪，对此类罪犯强制实施药物去势（drug-induced castration），或者罪犯若想获得最低刑或缓刑，可自愿选择药物去势。[43]

**憎恨罪**（hate crime）属于相对新颖的犯罪类型，首次出现在20世纪90年代的立法。[44] 此类犯罪包括基于他人的种族、宗教、国籍或性倾向所作的歧视性表述、评论和举止。显然，反憎恨罪立法所追求的目标应与《联邦宪法》第一修正案所保障的个人言论自由之间保持适当的平衡。[45] 禁止很可能激起非法争斗行为的言谈或举止（"过激言行"），出台所谓的"强化刑事处罚法"（penalty enhancement statutes），两者都备受争议，争议集中在如何界分追求的政治目标与实际造成的有害后果。

在有关财产的犯罪中，**入室夜盗罪**（burglary）*的经典普通法定义为：心怀犯罪意图，在夜里破门闯入他人的住宅或居所。[46] 受保护的利益和法律上的"好处"是一个人的住宅或居所。通常，破门入户的目的是谋财。一旦未经允许破门进入他人住宅就构成了犯罪。罪犯通过欺骗、恐吓或胁迫使房主或其他有权者开门，"拟制破门"（constructive breaking）的概

---

[42a] 在"亨德里克斯诉堪萨斯州案"[*Hendricks v. Kansas*, 521 U.S. 346 (1997)]中，联邦最高法院以5∶4的投票结果判定：堪萨斯州的此类立法并未违反正当程序条款，不涉及双重危险，而且也未违反法不溯及既往的禁止性规定。在随后一份判决中，该院详细阐述了这一立场，并且宣布：为了使此类民事监禁合乎宪法，应根据整体案情证明性犯罪者严重缺乏自控力。See *Kansas v. Crane*, 534 U.S. 407 (2002).

[43] 例如参见 Cal. Pen. Code §645 (2003); Fla. Stat. §794.0235 (2003); Mont. Code Anno. §45-5-512 (2003). See generally *Winslade et al.*, Castrating Pedophiles Convicted of Sex Offenses Against Children: New Treatment or Old Punishment?, 51 S.M.U. L. Rev. 349 (1998); *Wong*, Chemical Castration: Oregon's Innovative Approach to Sex Offender Rehabilitation, or Unconstitutional Punishment?, 80 Or. L. Rev. 267 (2001).

[44] See *Haggerty*, Hate Crimes: A View from Laramie, Wyoming's First Bias Crime Law, the Fight Against Discriminatory Crime, and a New Cooperative Federalism, 45 How. L.J. 1 (2001); *Nearpass*, The Overlooked Constitutional Objection and Practical Concerns to Penalty-Enhancement Provisions of Hate Crime Legislation, 66 Alb. L. Rev. 547 (2003).

[45] 参见联邦最高法院在如下案件中的判决：*R.A.V. v. St. Paul*, 505 U.S. 377 (1992) and *Wisconsin v. Mitchell*, 508 U.S. 476 (1993). 在"弗吉尼亚州诉布莱克案"（*Virginia v. Black*, 538 U.S. 343, 123 S.Ct. 1536, 155 L.Ed.2d. 535 (2003)中，法院判定：尽管一州对怀着恐吓目的焚烧十字架的行为可以定罪，但是若一部立法规定焚烧十字架本身就构成恐吓目的的表面证据，则该法是对言论自由的违宪限制。"焚烧十字架"象征着白人至上，是一种针对种族、宗教和政治上的少数派采取的恐怖策略。这种做法起源于20世纪20年代，其间该做法被用于恐吓赞同争取民权的人士，并经常作为对非洲裔美国人动用私刑处死的前奏。对于通过互联网散布憎恨言论的探讨，包括从比较视角所作的一种概览，参见 *Breckheimer*, A Haven for Hate: The Foreign and Domestic Implications of Protecting Internet Hate Speech Under the First Amendment, 75 S. Cal. L. Rev. 1493 (2002).

* 其他译法有"破门入户"和"夜盗罪"等，分别参见美国法学会编：《美国模范刑法典及其评注》，刘仁文等译，法律出版社2005年版，第152页；储槐植：《美国刑法》（第三版），北京大学出版社2005年版，第188页；刘士心：《美国刑法各论原理》，人民出版社2015年版，第275页。——译者注

[46] *Burnham*, Introduction 544.

念依然使罪犯的行为构成法律上的"破门"。现代立法的规定仅要求非法入户,而不再有破门的要求。有些州已将此类犯罪侵犯的对象扩及于商场。但是,当前的立法仍普遍要求入户的时间为夜晚。即便对"夜晚"作界定,一些州发现也并非易事。有些州索性规定"白天"入户也可构成犯罪,只不过刑罚较轻。以往普通法规定,犯罪意图是构成犯罪的必要条件;而如今,非法意图就足以满足犯罪的构成要求。[47]

700　　**盗窃罪**(theft)包括永久剥夺他人财产权的三类犯罪。\*　**普通法盗窃罪**(larceny)意指,以窃取为目的,非法获取并拿走他人的财产。如今,"财产"的概念已扩及于遗失物品[48]或放错的物品。满足"拿走"标准的门槛不高。构成此罪的主要条件是罪犯必须具有永久剥夺他人财产权的意图。对于未经授权使用他人物品,尤其是使用他人机动车辆,成文法上有特别的规定。**侵占罪**(embezzlement)是指,为了自己的需要和收益而欺骗性地使用他人托付给自己的财产。财产持有人在原定目的之外使用物主的财产,无论是为自己获益还是为他人获益,均可构成犯罪。"剥夺的意图"这一构成因素与普通法盗窃罪中要求的类似。**诈骗罪**(false pretenses)是指通过虚假陈述获取他人财产。陈述必须事实上虚假,不包括纯属观点或预测的表述。

## (四) 死刑

701　　美国宪法第八修正案禁止"残忍而异常的刑罚"。这条规定自 1791 年就一直存在,然而鞭刑、带铐关押以及示众笼中关押,诸如此类的刑罚合法地存续到了 20 世纪。1972年,联邦最高法院宣告死刑违宪[49],但经过激烈争论,很快于 1976 年将其再次复活,并明确表示:只要死刑反映了当地的道德观念,为社会所必需,并以"人道的"方式执行,这个州的死刑就合乎宪法。[49a] 通常执行死刑的方式(绞刑、枪决、电椅、毒气和注射)因而看来都

---

　　[47]　但是《模范刑法典》的规定与之不同,参见其第 221.1 条第 1 款:"……以实施犯罪为目的……"。

　　\*　在普通法上,larceny 与 embezzlement 和 false pretence 并列为三类侵财犯罪之一。英国 1968 年的立法将三罪合称为"theft",美国一些州的立法也是如此。参见刘士心:《美国刑法各论原理》,人民出版社 2015 年版,第 193页;薛波主编:《元照英美法词典》,北京大学出版社 2013 年缩印版,第 782 页;B. Garner (ed.), Black's Law Dictionary, St. Paul: Thomson Reuters, 11th ed., 2019, p.1052。

　　[48]　对于遗失物,法律如此规定的背后原因是:原则上,属于某人的物品也应归其占有。物主因此至少享有"推定占有权"(constructive possession)。获取者占有该物品,接下来的问题是:他是否经许可这么做;如果出现下述情况,则其未获得许可:物品与物主之间仍然存在联系或关系,或者能够确定物品与物主的关系。

　　[49]　*Furman v. Georgia*, 408 U. S. 238 (1972).

　　[49a]　*Gregg v. Georgia*, 428 U. S. 153 (1976). See also *Culver/Boyens*, Political Cycles of Life and Death: Capital Punishment as Public Policy in California, 65 Alb. L. Rev. 991 (2002); *Denno*, When Legislatures Delegate Death: The Troubling Paradox Behind State Uses of Electrocution and Lethal Injection and What it Says About US, 63 Ohio St. L. J. 63 (2002); *O'Connor*, What Would Darwin Say: The Mis-Evolution of the Eighth Amendment, 78 Notre Dame L. Rev. 1389 (2003).

不残忍。[50] 但是，罪刑相称的理念曾导出一个原则：死刑应当只适用于故意杀人。不过，实践中死刑的发展是另外的景象。自从20世纪80年代末，许多州立法准许对**导致**死亡的犯罪动用死刑，这类犯罪包括绑架罪、劫持人质罪或强奸罪。[51]

执行死刑的数量，美国全球排名第5，位列中国、伊朗、沙特阿拉伯和巴基斯坦之后。在1976年至2014年间，共执行死刑1394例，其中518例发生在得克萨斯州。截至2015年冬季，32个州的法律和联邦法依然采用死刑，而18个州、哥伦比亚特区、关岛、波多黎各共和国和维京群岛均已废止死刑。不过，在采用死刑的各州中，判处和执行死刑主要发生在得克萨斯州、弗吉尼亚州、俄克拉荷马州、佛罗里达州和密西西比州。对死刑合宪性的讨论已经比较少见。但死刑执行的过程又是另一番景象：仅有少数死囚被执行死刑，大部分因犯在"死囚区"等待10年甚至更久；这让一名加利福尼亚法官认为，该州的死刑制度已经处于"瘫痪"状态。[52] 在其看来，执行死刑已成为偶然事件，并因此而违宪。该判决后来被推翻，但依据的是其他理由。[53]

一般而言，只要符合（程序上的）正当程序原则，死刑既可由陪审团判处[54]，也可由法 702A

702

---

〔50〕 在"贝兹诉里斯案"[*Baze v. Reese*, 553 U.S. 35 (2008)]中，联邦最高法院判定死刑注射合宪，自此多年间，注射曾是执行死刑的唯一方式。州外制药企业因反对死刑而拒绝继续提供注射药物的某种成分时，一些州便尝试另外的药物成分组合，或加大已有成分的剂量。在至少两个案件中，调整后的死刑注射导致了囚犯的极度痛苦以及死亡时间的延长，但联邦最高法院并未复核这些替代方式。See *Biros v. Houk*, 555 U.S. 893 (2009), and *Biros v. Strickland*, 550 U.S. 1085 (2009)。对不同死刑注射方式的探讨，参见 *Cooey v. Strickland*, 589 F.3d 210 (6th Cir. 2009)。死刑注射的操作和整个行刑过程的监督都需要医护人员参与。在一些案件中，医生或护士拒绝参与或故意拖延。See Deno, The Lethal Injection Quandry: How Medicine Has Dismantled the Death Penalty, 76 Fordham L. Rev. 49 (2007)。由于死刑注射遇到的这些难题（无法获得所需药物成分、难以找到替代操作方式），犹他州在2015年恢复了枪决的方式。由于同样的原因，俄克拉荷马州采用氮气执行死刑。另见第702(D)段。

〔51〕 但是，参与导致死亡的抢劫，参与者本无意杀人，对其判处死刑就缺乏充分的理由。*Enmund v. Florida*, 458 U.S. 782 (1982)。

〔52〕 *Jones v. Chappell*, 31 F.3d 1050, 1062 (C.D. Cal. 2014)。

〔53〕 *Jones v. Davis*, 806 F.3d 538 (9th Cir. 2015)。大部分上诉法院的法官尽管赞同初审法院的定性：死刑制度形同"瘫痪"，但认为该案依然受"蒂格诉莱恩案"[*Teague v. Lane*, 489 U.S. 288 (1989)]判例的约束：在人身保护令程序中，不得援引或确立新的宪法规则（后文第737段）。Id. at 553.

〔54〕 在许多州，陪审团参与具体量刑的唯一情形就是判处死刑。在一些州，在投票赞成有罪裁决之后的一个独立审判阶段，陪审团斟酌是否判处死刑。刑事被告人享有一种宪法上的权利：要求由陪审团判定作为死刑判决基础的所有事实，比如对"加重情节"的裁决；量刑法官无权独自裁断此类事实。See *Ring v. Arizona*, 536 U.S. 584 (2002)。在"赫斯特诉佛罗里达州案"[*Hurst v. Florida*, 136 S.Ct. 616 (2016)]中，联邦最高法院根据"林诉亚利桑那州案"(*Ring v. Arizona*)判例推翻了佛罗里达州最高法院的判决流程，因为这一流程对于判处死刑合理依据的"加重情节"，是让法官而非要求陪审团作出裁决。
关于陪审团在犯罪量刑阶段中所起作用的全面探讨，参见 Hoffman, The Case for Jury Sentencing, 52 Duke L.J. 951 (2003)。关于陪审团斟酌量刑中的"交易"，参见后文第729段，注〔195〕。

官单独判处,或者由法官基于陪审团的建议判处。对于判处死刑,正当程序原则要求考虑各方当事人提出的所有具体案情,无论是对被告人有利还是不利。[55] 在上诉审中,法院将重新审查所有的犯罪情节。[56] 在此背景下,自20世纪90年代,法院开始允许向法庭出示作为加重情节的被害人家庭情况("对被害人影响的说明"),尽管此类情况与犯罪行为的严重性或罪犯的性格无关。[57]

702B　　死刑犯必须等待极端漫长的时间,然后才被执行死刑,这种情况也不构成"残忍而异常的刑罚",因而不违背《联邦宪法》第八修正案。相应地,佐治亚州最高法院判定:等待9年才被执行死刑并不"出格"。[57a] 2014年,佛罗里达州处决了两名死刑犯,1名62岁的男士和1名52岁的女士,两人分别等待了30年和26年。[57b]

702C　　2005年,联邦最高法院出乎意料地推翻了其1989年判决[58],以5:4的法官投票结果判定:联邦宪法禁止对犯有死罪但不满18岁的罪犯执行死刑。[59] 判决中的多数意见引用

---

[55] 联邦最高法院的判例要求:在判处刑罚(死刑)的诉讼阶段,应当允许被告人提出成文法规定之外的减轻处罚的证据。See *Lockett v. Ohio*, 438 U.S. 586, 597—609 (1978); *Eddings v. Oklahoma*, 455 U.S. 104, 110—116 (1982). 作为死刑判决的考虑因素,减轻刑罚的情节不需要获得陪审团的一致接受。See *Mills v. Maryland*, 486 U.S. 367 (1988). 被告人负有减轻情节的举证责任,只要与州政府一方承担的加重情节举证责任与之相平衡,这样的成文法要求就被判定合乎联邦宪法:*Walton v. Arizona*, 497 U.S. 639 (1990),该判例后由于其他原因被推翻,参见 *Ring v. Arizona*, 536 U.S. 584 (2002). 正当程序原则还要求:在可能判处死刑案件中,陪审员应当被告知,判处死刑的一种替代方案是判处被告人不得假释的终身监禁。*Kelly v. South Carolina*, 534 U.S. 246 (2002); noted by *Williams v. Ozmint*, 494 F.3d 478, 487 (3d Cir. 2007), and *Warner v. Trammel*, 520 Fed. Appx. 675, 680 (10th Cir. 2013).

[56] *Clemons v. Mississippi*, 494 U.S. 738 (1990); *Parker v. Dugger*, 498 U.S. 308 (1991).

[57] 在"布思诉马里兰州案"[*Booth v. Maryland*, 482 U.S. 496 (1987)]中,多数法官(5:4)认为:考虑对被害人影响的说明将违反宪法第八修正案。伴随法官组成的变化,联邦最高法院在"佩恩诉田纳西州案"[*Payne v. Tennessee*, 501 U.S. 808, 817—830, 111 S.Ct. 2597, 115 L.Ed.2d 720 (1991)]中与"布思案"的判决分道扬镳,改而判定:对被害人影响的说明"本身"并未受到宪法禁止。最近允许出示此种陈述的判例,参见 *United States v. Whitten*, 610 F.3d 168, at 187, 190 (2d Cir. 2010); *United States v. Snarr*, 704 F.3d 368, 400 (5th Cir. 2013).

[57a] *Hulet v. State*, 766 S.E.2d 1 (Ga. 2014).

[57b] Death Penalty Execution Center, Execution List 2014. 另见后文第737段。一种不同的观点,参见前注〔52〕—〔53〕。

[58] *Stanford v. Kentucky*, 492 U.S. 361 (1989).

[59] *Roper v. Simmons*, 543 U.S. 551, 125 S.Ct. 1183, 161 L.Ed.2d 1 (2005). 关于该法律领域的背景信息和法律改变前的统计数据,参见 http://www.amnestyusa.org/abolish. See also Streib, Executing Juvenile Offenders: The Ultimate Denial of Juvenile Justice, 14 Stan. L. & Pol'y Rev. 121 (2003); Weeks, Compaing Children to the Mentally Retarded: How the Decision in Atkins v. Virginia Will Affect the Execution of Juvenile Offenders, 17 BYU J. Pub. L. 451 (2003). 对于国际影响的探讨,参见 McIntyre III, Of Treaties and Reservations: The International Covenant on Civil and Political Rights and the Juvenile Death Penalty in the United States, 40 Hous. L. Rev. 147 (2003). 在2010年,联邦最高法院扩大了"罗珀案"(*Roper*)判决的适用范围,判定对未犯杀人罪且犯罪(在本案中是入室夜盗罪)时为未成年人者,处以终身监禁而且在将来任何时候均不得假释,这种判决违反了禁止残忍和不人道刑罚的宪法第八修正案。*Graham v. Florida*, 560 U.S. 48 (2010). 关于"格雷厄姆案"(Graham)的更多探讨,参见后文第703段。

了不断发展的社会道德标准和情感、正在形成的抵制对少年犯执行死刑的"全国共识",同时鲜明地指出了国际社会普遍遵守的道德标准和价值观念,并特别强调美国对少年犯执行死刑在世界上形只影单。判决中的反对意见则质疑是否存在"全国共识",并且认为国际法律和惯例无关美国宪法的解释和适用。

继续保留死刑甚至扩大适用范围,这种主张不仅基于长久的法律和宪法传统,而且依据高犯罪率、罪犯社会化项目的失败,以及普通民众对犯罪的高度忧虑。[60] 同时,死刑支持者认为,作为刑罚功能的报应之所以在美国法中复活,是因为报复罪犯是社会的正当合理要求。[61] 此外,对于联邦最高法院的死刑限制新规,各州的适用尺度不一,甚至有些州基于本州的政策,直接表示不愿领会和执行。因此,即便联邦最高法院已经判定第八修正案不准许对智障者罪犯执行死刑("阿特金斯案")[61a],得克萨斯州法院还是认定一位智商"大约70"的罪犯没有精神缺陷,决定对其执行死刑。[62] 由于之前的判例对智障者罪犯没有明确的界定,因此联邦最高法院对得克萨斯州的判决选择不予干预,否决了因犯提出的中止执行死刑的请求。[63] 佛罗里达州的量刑方案将决定智障者的标准明确设定为智商70或以下,联邦最高法院认为这一方案过于机械,会使智障者面临太大的死刑执行风险,遂将其推翻("霍尔案")。[64] 亚拉巴马州法院将一名总智商70(根据专家证言)的罪犯判处死刑,但事先没有询问被告是否已经证实其在18岁前就有重大精神缺陷(这是"阿特金斯"标准的一部分),因此,联邦最高法院推翻了该判决,发回重审,要求依据"霍尔案"判例重新判决。[65] 上述判决和联邦最高法院判决中的微弱多数表明,伴随联邦最高法院法官的更替,对《联邦宪法》第八修正案的解释有可能发生有利于被告人的重大变化,从而与"权利法案"中的其他保障措施以及国际人权标准更加一致。

(五) 监禁刑判决和量刑条件

整体而言,相对于诸如西欧国家的监禁刑,美国监禁刑的刑期相当漫长,超过10年的

---

[60] 参见马歇尔(Marshall)法官在"弗曼诉佐治亚州案"[*Furman v. Georgia*, 408 U.S. 238, 342—359, 92 S. Ct. 2726, 33 L. Ed. 2d 346 (1972)]中的附议。

[61] See LaFave/Scott, Substantive Criminal Law, Vol. 1, §1.5, 35 et seq. 死刑支持者依然引用《旧约全书》中的正义和报应的道德标准("以眼还眼"):参见 *Loewy*, Criminal Law §1.07。

[61a] *Atkins v. Virginia*, 536 U.S. 304 (2002).

[62] *Ex parte Woods*, 296 S.W. 3d 587 (Tex. Crim. App. 2009)。对该案被告人的一项智商测试结果显示:言语智商66,操作智商79,总智商70。上引第592页。另一个专家认定其总智商是68,上下可能的误差是5(智商在63至73之间)。上引第596页。其他类型的测试支持如下结论:被告人在精神上能够经受司法审判。

[63] *Woods v. Texas*, 558 U.S. 1073 (2009)。伍兹(Woods)在联邦最高法院判决作出的当天被执行死刑。

[64] *Hall v. Florida*, 134 S. Ct. 1986, 188 L. Ed. 2d 1007 (2014).

[65] *Lane v. State*, 169 So. 3d 1076 (Ala. Crim. App. 2013), vacated, *remanded as Lane v. Alabama*, 136 S. Ct. 91 (Mem)(Oct. 5, 2015).

并不罕见。更长的刑期也与美国的定罪方法有关：若被告人因不止一种罪状（不止一种犯罪或一种犯罪的不同方面）被定罪，法院可对每一罪状判刑，并要求刑期分别执行，而不得同时执行。因此，伯纳德·马多夫（Bernard Madoff）因其证券交易欺诈行为而造成投资者175亿美元损失，对检方的11项指控认罪，最后获刑达150年。[66] 一些州对有些犯罪强制规定判处终身监禁。而联邦最高法院一直坚守特别保护年轻罪犯的判例，判定两种情形均属违宪：对于非死刑犯罪[67]，或者缺乏加重情节的死刑犯罪[68]，判处未成年人终身监禁而"不得假释"。对于这两种情形，一些州法院均已找到削弱最高法院判例效力的途径。对于非死刑犯罪不得判处终身监禁，可采用累加（连续执行）刑期的方法予以规避。[69] 对于加重情节的问题，通过调整个案中加重情节的认定和评价，也可轻易导致不受限制的刑期，甚至判处死刑。[70]

703A　　联邦通过其"三振出局法"加重对累犯的刑罚。[71] 超过20个州有类似法律。加利福尼亚州的立法于2012年发生重要变革，规定对第二次犯罪加5年刑期；对第三次犯罪，仅当第三次犯罪性质严重，或之前的犯罪涉及谋杀、非预谋杀人、性侵儿童，法院才应考虑判处无期或不限期的监禁刑。[72] 由于这次变革，终身监禁的囚犯得到了一次重新听审的机会，其中大

---

〔66〕关于本案以及类似案件，参见 www.ponzitracker.com。关于刑期的累加，另见后文第731段。

〔67〕 *Graham v. Florida*，560 U.S. 48，59（2010）.

〔68〕 *Miller v. Adam*，132 S. Ct. 2455，183 L. Ed. 2d 407（2012）. 在"蒙哥马利诉路易斯安那州案"［*Montgomery v. Louisiana*，136 S. Ct. 718（2016）］中，联邦最高法院赋予了"米勒案"（*Miller*）判例以溯及力。

〔69〕 See *Bunch v. Smith*，685 F. 3d 546，553（6th Cir. 2012）（数罪并罚，刑期89年，并未违反联邦最高法院的判例法）；*Goins v. Smith*，556 Fed. App'x 434，439 n. 5，440（6th Cir. 2014）. 与之相反，一家加利福尼亚州法院认定此类刑期如同"事实上的无期"，因此应予禁止［*People v. J. I. A.*，127 Cal Rptr. 3d 141（2011）］，撤销原判，发回重审，要求根据加利福尼亚州最高法院的"加利福尼亚诉卡巴雷罗案"判例［*People v. Caballero*，282 P. 3d 2912（Cal. 2012）］中的详尽分析，重新作出判决。See also *United States v. Walton*，Civil Action No. 09-157，SECTION I，2015 U.S. Dist. LEXIS 43716，at **12—13，2015 WL 1525702，at *3（E.D. La. Apr. 2，2015）（提到不同法院之间的观点分歧，并质疑40年刑期是否就是事实上的无期）。关于上述问题的讨论，另见 Kelly Savone，How long Is too Long：Conflicting State Responses to de Facto Life without Parole Sentences after *Graham v. Florida* and *Miller v. Alabama*，82 Fordham L. Rev. 3439（2014）.

〔70〕例如"亚利桑那州诉克雷斯平案"［*State v. Crespin*，2014 WL 7345697（Ariz. App. 2014）］和"加利福尼亚州诉帕拉法克斯案"［*People v. Palafax*，231 Cal. App. 4th 68（Cal. App. 2014）］的判决，二者均援引了"格雷厄姆案"（前注〔67〕）判决中提到的评价/平衡因素。在上诉阶段，法院仅考虑争议事实中最有利于判决的部分：*Palafax*，at 82，repeated in *People v. Nash*，No. F066160/F066278，2015 Cal. App. Unpub. LEXIS 4682，at *104，2015WL 4041718，at *35（Cal. Ct. App. July 1，2015）.

〔71〕《联邦成文法大全》第18篇第3559条第3款规定：被告人犯有重罪，而且之前在联邦法院或州法院两次被判有罪，其中一次也是重罪，则其应被判处终身监禁。该规则的通俗名称来自棒球运动规则：击球手若三次未击中投球，则必须出局。

〔72〕Cal. Penal Code § 667（2015）. 联邦最高法院曾判定：加重累犯刑罚的立法合乎宪法。*Ewing v. California*，538 U.S. 11（2003）. 另见后文第731段。

约3000名有幸获释。正如这一数据显示,加重刑罚极大增加了监狱的拥挤和费用。[73]

刑事案件的绝大部分监禁刑是由州法院经本州刑事诉讼判处。鉴于刑期的漫长和由此导致的监狱拥挤,联邦最高法院于2011年判定:加利福尼亚州的监狱条件违反了《联邦宪法》第八修正案。当时,有15600名囚犯被关押在超量一倍的监狱中。联邦最高法院认可了其下级法院的判决:加利福尼亚州必须将囚犯数量降低至监狱容量的137.5%。[74]

为了容纳大量囚犯和降低费用,联邦和州均与私营企业签订了合同,由企业经营监狱。[75] 2000年,5座私营监狱关押了2000名囚犯;到2013年,私营监狱数量暴增到200家以上,关押囚犯达85604名。最大的私营监狱运营商——GEO集团公司(在澳大利亚、英国和南非也经营监狱),业务遍布众多州,例如其在印第安纳州的纽卡斯尔,看管的囚犯就超过了3000名。这类公司与州的相应机构之间基于合同相互合作。2011年,两家最大的私营监狱公司(美国矫正公司和GEO集团公司)总收入达20亿美元。[76] 到2014年,GEO集团公司已成为世界上最大的矫正监管设施供应商,全球总收入达16.9亿美元,其中65%的收入来自监管设施。[77] 监狱运营商不同,囚犯享有的待遇自然存在差异,被关押在不同州的囚犯享有的法律救济也不相同。[78]

703B

703C

---

[73] 在2008年,联邦监狱中每名囚犯的一年费用达25000美元。参见联邦最高法院大法官史蒂文斯(Stevens)在"狄龙诉合众国案"[*Dillon v. U. S.*, 560 U. S. 817, 850, n. 9 (2010)]判决中的异议,他明确反对长期监禁刑。

[74] *Brown v. Plata*, 131 S. Ct. 1910 (2011). 2013年,位于加利福尼亚州的联邦法院准许将执行期限延长2年,参见 *Coleman v. Brown*, 952 F. Supp. 2d 901 (E. D. & N. D. Cal. 2013),但否决了中止执行的申请,134 S. Ct. 1 (2013). 加利福尼亚州第47号提案经全民公投后生效,成为《轻罪量刑对策法》(Criminal Sentences, Misdemeanor Penalties, Initiative Statute),后编入《加利福尼亚州刑法典》第1170.18条(Cal. Pen. Code § 1170.18 (2014)),旨在推动量刑复审和进一步释放囚犯。

[75] 关于国营(公立)与私营监狱的比较,参见 Volokh, Prison Accountability and Performance Measures, 63 Emory L. J. 339 (2014). 另见前文第88段注[94]—[95]。

[76] See *Aaron Cantú*, America on lockdown: Why the private prison industry is exploding, Salon (Apr. 15, 2014 12:00 PM), http://www.salon.com/2014/04/15/america_on_lockdown_why_the_private_prison_industry_is_exploding_partner/; The GEO Group, Inc., http://geogroup.com/(last visited Jan. 6, 2016); *Vicky Pelaez*, The Prison Industry in the United States: Big Business or a New Form of Slavery?, Center for Research on Globalization (Mar. 31, 2014), http://www.globalresearch.ca/the-prison-industry-in-the-United States.../8289.

[77] 参见GEO集团公司2014年年报,http://www.snl.com/irweblinkx/FinancialDocs.aspx? iid=4144170 (点击"Annual Report 2014"链接可下载PDF文件)(2016年1月6日最后访问)。

[78] 囚犯的劳动报酬经常低于同时期的最低工资数额。See *Josh Kovensky*, It's Time To Pay Prisoners The Minimum Wage, New Republic (Aug. 15, 2014), htpps://newrepublic.com/article/119083/prison-labor-equal-rights-wages-incarcerated-help-economy.
监狱恶劣对待囚犯会违反《联邦宪法》第八修正案,并构成移送的理由: *Depries v. Epps*, 2012 U. S. Dist. LEXIS 40643 (S. D. Miss. Mar. 26, 2012). 与之相反,囚犯对监狱自行雇佣的看守提出侵权请求,不得依据《联邦宪法》,而只能依据州法: *Minneci v. Pollard*, 132 S. Ct. 617, 181 L. Ed. 2d 606 (2012), applied in *Yorzinski v. Imbert*, 39 F. Supp. 3d 218 (D. Conn. 2014); *Rodriguez v. N. Y. Downtown Hosp.*, No. 14-CV-05958 (PAC) (SN), 2015 U. S. Dist. LEXIS 119331 (S. D. N. Y. July 31, 2015). See also *Delisle*, Damage Remedoies for Infringement of Human Rights in the United States, 62 Am. J. Comp. L. 457, 482 n. 66 (2014).

## 二、刑事诉讼法

**参考书目**：*Cole/Smith*，The American System of Criminal Justice，14th ed. 2009；*Israel/LaFave*，Criminal Procedure：Constitutional Limitations in a Nutshell，8th ed. 2014；*Israel/Kamisar/LaFaveKing/Primus*，Criminal Procedure and the Constitution，2014；*Kamisar/LaFave/Israel/Primus*，Basic Criminal Procedure：Cases，Comments and Questions，13th ed. 2012；*LaFave/Israel/King/Kerr*，Criminal Procedure（Hornbook Series），5th ed. 2009；*Neubauer*，America's Court and Criminal Justice System，11th ed. 2013；*Taslitz/Paris/Herbert*，Constitutional Criminal Procedure，4th ed. 2010；*Saltzburg/Capra/Davis*，Basic Criminal Procedure，6th ed. 2012；*Weaver*，*et al.*，Principles of Criminal Procedure，4hh ed. 2012.

### （一）联邦宪法保障的效力

704　　"**权利法案**"（Bill of Rights），即美国宪法的前十条修正案，它与第十四修正案中的**正当程序条款**（Due Process-Clause）对美国刑事诉讼法产生了深远的影响。在首席大法官**厄尔·沃伦**（Earl Warren，1953—1969）的引领下，联邦最高法院对于宪法保障条款适用于刑事诉讼，进行了范围广泛且深具自由主义风格的宪法解释。随后法院判决的宪法分析明辨秋毫、细致入微，以至于如今联邦宪法渗透到了现代刑事诉讼的各个方面。但是，社会和法律政策以及时代价值观念，同样影响到联邦最高法院，因此由首席大法官沃伦·E. 伯格（Warren E. Burger）（1969—1986）领导的联邦最高法院，保守法官居多，废止或严格限制了沃伦时期许多近乎革命的改革措施；由首席大法官威廉·H. 伦奎斯特（William H. Rehnquist）(1986—2005)和现任首席大法官小约翰·G. 罗伯茨（John G. Roberts Jr.）（2005—）主导的联邦最高法院，情况更是如此。[79]

---

[79] 试图走改革回头路的例证是有关所谓**米兰达权利**（下文第 713 段及以下段落）和**人身保护令程序**（下文第 735 段及以下段落）的判例。

《联邦宪法》中的前八条修正案包含了 12 项涉及刑事诉讼的保障措施。这些保障措施起初只约束联邦机构,如今通过并入第十四修正案(见附录 2)同样约束各州。因而,这些保障措施也适用于各州的刑事诉讼,而所有刑事诉讼活动的 95％发生在各州。具体而言,下列联邦宪法保障适用于州法院的刑事诉讼:不受非法搜查和扣押的宪法保护(排除非法获取的材料作为证据使用)[80],拒绝自证其罪的特权[81],禁止双重危险(double jeopardy)*的宪法保障(一事不再理,*ne bis in idem*)[82],获得律师帮助权[83],同不利于他的证人对质并对其交叉询问的权利[84],获得迅速审判的权利[85],由陪审团定罪(陪审团审判)的权利[86],以及强制证人出庭作证的权利[87]。此外,第十四修正案包含了第六修正案中获得公开审判的权利,以及获悉犯罪指控的理由和性质的权利。[88] 人们还认为:禁止缴纳"过多的保释金"这一宪法保障适用于各州。自 1884 年[89]以来,一直不适用于各州的少数几个宪法保障之一的是:对于所有的死罪或其他"不名誉罪"(infamous crimes)[90]起诉要经过大陪审团(grand jury)对公诉书(indictment)的审核。因此,如何对罪犯提起公诉,在这一问题上,各州的做法并不一致。[91]

---

[80] *Mapp v. Ohio*, 367 U. S. 643 (1961).

[81] *Malloy v. Hogan*, 378 U. S. 1 (1964).

\* 其他译法有"双重处罚"和"双重追诉"等。分别参见王兆鹏:《美国刑事诉讼法》,北京大学出版社 2005 年版,第 2 页;薛波主编:《元照英美法词典》,北京大学出版社 2013 年缩印版,第 439 页。——译者注

[82] *Benton v. Maryland*, 395 U. S. 784 (1969).

[83] *Gideon v. Wainwright*, 372 U. S. 335, 83 S. Ct. 792, 9 L. Ed. 2d 799 (1963). 要求法院指派律师的权利不仅存在于死刑案件中,而且因其如此重要而适用于任何被指控犯有重罪的案件中。准许被告人拒绝法院指派的律师而自我辩护,这样的成文法被认定合乎宪法:*Faretta v. California*, 422 U. S. 806 (1975)。但是,法院在此情况下可以指派后备律师。*McKaskle v. Wiggins*, 465 U. S. 168 (1984).

[84] *Pointer v. Texas*, 380 U. S. 400 (1965).

[85] *Klopfer v. North Carolina*, 386 U. S. 213 (1967). 1974 年的《迅速审判法》(Speedy Trial Act)对此作了具体的规定,并被编入 2003 年《联邦成文法大全》第 18 篇第 3161 条。这一权利体现为:原则上,逮捕和起诉之间的间隔期为 30 天(第 3161 条第 2 款);在被告人提出无罪答辩的情况下,从向法院提出控告书至审判开始之间的间隔期为 70 天(第 3161 条第 3 款第 1 项)。

[86] *Duncan v. Louisiana*, 391 U. S. 145 (1968).

[87] *Washington v. Texas*, 388 U. S. 14 (1967).

[88] 这些个人权利在早期的判例中就获得了认可。比如参见 *In re Oliver*, 333 U. S. 257,271—273 (1948);*Cole v. Arkansas*, 333 U. S. 196, 201 (1948)。在"甘尼特公司诉德帕斯奎尔案"[*Gannett Co. v. DePasquale*, 443 U. S. 368, 379 (1979)]中,联邦最高法院一般性地判定:第六修正案对各州有约束力。

[89] *Hurtado v. California*, 110 U. S. 516 (1884).

[90] 当今,"不名誉罪"等同于"重罪"。See also *Burnham*, Introduction 266.

[91] 有些州强令由陪审团提出公诉书(indictment),有些州规定可以选择由陪审团提出公诉书,而其他州则由本地检察官提交所称的"起诉书"(information)开始起诉。

## （二）刑事诉讼程序的展开

706　各州的诉讼规则可能差异巨大。因此，下文仅粗线条地勾勒典型的刑事审判流程。[92] 被告人只要犯有重罪，就由陪审团审判。[93] 因陪审团审判发展而来并不断适用的程序规则同样也适用于其他类型的刑事诉讼。

### 1. 刑事侦查阶段

（1）逮捕

707　刑事诉讼程序开始于逮捕犯罪嫌疑人（suspect）*。与一些大陆法系国家的制度相反，在警察侦查阶段与法院审理之间，检察部门并不讯问被指控人（accused）。[94] 达成非正式的认罪协议还是继续正式起诉和诉讼，警方和检方对此享有相当大的自由裁量权，主要的考虑因素是执法效率。[95]

708　《联邦宪法》第四修正案要求，警察应出示一份书面文件（**逮捕令**，warrant）[96]，并在对被指控人实施犯罪行为有**合理根据**（probable cause）的情况下，才能逮捕被指控人。[97] 这一要求适用于搜查处所和扣押（seizures）财产或其他证据。[98] 采取措施应当符合比例（proportionality）标准。关键证人已被传唤并被告知不作证将构成犯罪，若警方断定其

---

[92] 联邦法院的刑事诉讼适用 2014 年《联邦成文法大全》第 18 篇第 3001 条及以下条文以及《联邦刑事诉讼规则》（F. R. Crim. P.）。有关的深入评论，参见 *LaFave/Israel/King/Kerr*, Criminal Procedure §1.2 et seq.

[93] 较轻的犯罪有更低级的法院负责审理，例如：太平绅士（justices of the peace）、市长法院（mayor's courts）、治安法院（magistrates' courts）、市政法院（municipal courts）、青少年法院（juvenile courts）和交通法院（traffic courts）；在这类法院中，法官独任审理是常规。

\* 原文作者在文中区分了三个概念："suspect""accused"和"defendant"。"suspect"是指受到警方怀疑并被调查，但未受到正式犯罪指控的人；"accused"是指受到犯罪指控，但尚未进入审判阶段的人；"defendant"是指进入审判阶段的被告人。译者分别将三者译为"犯罪嫌疑人""被指控人"和"被告人"。参见〔美〕约书亚·德雷斯勒、〔美〕艾伦·C. 迈克尔斯：《美国刑事诉讼法精解（第四版）（第一卷·刑事侦查）》，吴宏耀译，北京大学出版社 2009 年版，第 532 页。——译者注

[94] *Burnham*, Introduction 276.

[95] *LaFave/Israel/King/Kerr*, Criminal Procedure §13.1 et seq. "转化"（diversion）可被用作刑事起诉的选择方案。作为转化项目的一部分，被告人可以选择接受在指定期限内照料和劝慰精神病患者、嗜毒者或酗酒者，或者其他形式的社区服务。

[96] 逮捕令应当基于第三方关于指控事实的宣誓证词，或者警察的宣誓报告书（宣誓书），而且应当标明被捕者和地点。联邦诉讼规则同样要求一份书面控告书，该文书应经过在治安法官面前起誓（宣誓）。F. R. Crim. P. 3.

[97] See *Draper v. United States*, 358 U. S. 307 (1959); *Henry v. United States*, 361 U. S. 98 (1959). 治安法官将权衡所有相关事实；*Illinois v. Gates*, 462 U. S. 213 (1983)。

[98] "扣押"是个泛称，包括逮捕以及责令某人进行血液检验、监听电话交谈或者采取指纹。

很可能不作证,则对其逮捕符合宪法。[99] 若是出于公共利益的紧急需要,联邦最高法院也允许警察无证逮捕。[100] 但是,逮捕至少要满足最重要的前提条件:存在"**合理根据**"。[101] 只要有合理根据,警察在抓捕时若面临生命危险,就可使用武力以防犯罪嫌疑人逃脱。[102]

在"加纳案"(Garner)判决中[102a],联邦最高法院留下了自由裁量权的大量余地或空白:为阻止和逮捕徒手逃犯而使用致命武器是非法的,除非警察有理由担心自己的生命或安全,那么,此类理由具体指什么情况? 在"特雷尔诉史密斯案"(*Terrell v. Smith*)中[102b],一名摩托车手已被截停,但尚未被查明身份,重新上车后驾车冲向警察。这种情况被判定,警察有正当理由感到生命威胁,有权开枪击毙摩托车手。在"路易斯诉哥伦比亚特区案"(*Louis v. District of Columbia*)中[102c],一名疑似精神病人,要被从公寓接送到精神病院,他先是将自己关在浴室数小时,接着手持一把锋利的螺丝刀走向一名警察;另一名警察在认为同伴已被刺伤的情况下,将该病人击毙。该案中使用致命武器被认定正当合理。近年来,警察执法中出现众多徒手犯罪嫌疑人死亡的情况,表明有必要界定和限制执法人员对武器的使用(各州执法人员不受联邦法规范的约束),并明确警察担心受到伤害的"合理性"边界。[102d]

708A

由于第四修正案主要保护个人的私密空间,因此法律允许在公共场所实施逮捕;相反,在没有法院签发的逮捕令时,只有在例外情况下,警察才可为实施逮捕而进入建筑物搜寻

708B

---

[99] 联邦刑事诉讼法以及大多数州的刑事诉讼法都规定了这种做法的可行性。See 18 U.S.C. §3144 (2005).

[100] *Gerstein v. Pugh*, 420 U.S. 103 (1975); *United States v. Watson*, 423 U.S. 411 (1976).

[101] See *Wong Sun v. United States*, 371 U.S. 471, 479—484 (1963). 2005年《联邦成文法大全》第18篇第3052条规定了联邦调查局特工逮捕犯有联邦法罪行者的一种情况:当实际身在犯罪现场时,他们就有"合理根据相信"发生了犯罪。

[102] 如下案情不符合这个条件:一名18岁的徒手男子在实施完入室夜盗后企图逃离,结果被警察击毙。*Tennessee v. Garner*, 471 U.S. 1 (1985).

[102a] 上注[102]。

[102b] *Terrell v. Smith*, 608 F.3d 1244 (11th Cir. 2012).

[102c] *Louis v. District of Columbia*, 59 F. Supp. 3d 135 (D.D.C. 2014).

[102d] 目前尚无被警察杀害者的联邦数据库;由于死亡人数汇报中存在问题,因此将这类数据尝试列成的表格被认为并不准确,这一项目于2014年3月宣告终止。See Tom McCarthy, The uncounted: why the US can't keep track of people killed by police, The Guardian (Mar. 18, 2015 10:19 AM), http://theguardian.com/us-news/2015/mar/18/police-killings-government-data-count. 关于统计这类死亡人数的独立尝试,参见 List of killings by law enforcement officers in the United States, Wikipedia, The Free Encyclopedia, https://en.wikipedia.org/wiki/List_of_killings_by_law_enforcement_officers_in_the_United_States (2015年1月6日最后访问)。

犯罪嫌疑人。[103] 对于性质较轻的犯罪,唯有在下列情况下才能实施无证逮捕:警察在犯罪现场[104];若非立即抓捕则无法将罪犯交付审判;被告人有可能伤害自己或他人。在类似情况下,许多州法也允许私人抓捕犯罪嫌疑人。紧急情况下,没有逮捕令而逮捕了犯罪嫌疑人,则警察有义务事后立即申请一份书面的宣誓控告书或"确认声明"。被捕者有权尽快获得治安法官的聆讯,随后治安法官将决定是否存在逮捕的合理根据。[105]

如果警察有理由相信某人具有危险性、犯罪正在发生或即将发生犯罪,那么即便没有逮捕令和合理根据,警察也有权对其截停、盘问并快速搜身以确定是否藏有武器或其他物品(**侦查截停**,investigative stop)。[106] "合理怀疑"(reasonable suspicion)也是将被截停者羁押一段时间的正当理由。[107] 在依法逮捕司机后,例行搜查车辆("财产清点搜查",inventory search)*;如果这是特定警察局遵循的常规步骤,而不是针对个案的特别做法,则此种搜查

---

[103] 参见"佩顿诉纽约州案"[*Payton v. New York*, 445 U.S. 573 (1980)]:在该案中,一部纽约州的法律允许在私人住宅中对人例行逮捕,该法被判定违宪。See also *Kirk v. Louisiana*, 536 U.S. 635 (2002). 有正当理由进入私人住宅的例外情况比如可以是:追捕逃亡的犯罪嫌疑人、扣押武器或者逮捕持枪的罪犯。See *Md. Penitentiary v. Hayden*, 387 U.S. 294 (1967);*United States v. Santana*, 427 U.S. 38 (1976)。

[104] 联邦最高法院判定:在现场的抓捕警察有合理根据相信犯罪嫌疑人已经犯了轻罪,比如违反了"安全带法";这时无令状逮捕符合第四修正案。See *Atwater v. City of Lago Vista*, 532 U.S. 318 (2001). 即便某个州未对轻罪规定监禁,这一规则也可适用。*Virginia v. Moore*, 553 U.S. 164 (2008)(同样是涉及"安全带法"的情况);对此进一步的评论:*U. S. v. Ryan*, 731 F.3d 66 (1st Cir. 2013)。

[105] 通常,48小时的期限将满足宪法的要求。在"里弗赛德县诉麦克劳克林案"[*County of Riverside v. McLaughlin*, 500 U.S. 44, 55—58 (1991)]中,联邦最高法院根据个案事实评价了其在"格斯坦案"[*Gerstein*, 420 U.S. 103 (1975)]判决中确立的"迅速"(promptly)标准:在合理的限度内尽可能快地由治安法官开始聆讯,48小时的期限是通常的标准;超过了期限,控方有责任表明为何以及何种例外情况使得超期仍然符合宪法的要求。

[106] 在联邦最高法院"特里诉俄亥俄州案"[*Terry v. Ohio*, 392 U.S. 1 (1968)]的判决后,此种截停又被称作"特里截停"。"合众国诉汉斯莱案"[*United States v. Hensley*, 469 U.S. 221 (1985)]的判决将"特里"规则扩展到犯罪发生之后。因此,为了侦破已经发生的犯罪,法律允许截停车辆,以便逮捕被警方搜寻的乘客,并取得和占有与犯罪有关的财产,上述所有行为都可基于警察的"合理怀疑"。在"合众国诉阿维荣案"[*United States v. Arvizu*, 534 U.S. 266 (2002)]中,联邦最高法院判定如下截停做法符合第四修正案的要求:警察"合理怀疑"被告人从事了犯罪活动,而其对人或车辆采取侦查截停措施基于此种怀疑;该认定标准为"合众国诉蒂鲁·普拉扎案"判决[*United States v. Tiru-Plaza*, 766 F.3d 111, 115 (1st Cir. 2014)]所遵循。See also *Maryland v. Pringle*, 540 U.S. 366 (2003), and *United States v. Delossantos*, 536 F.3d 155, 159 (2d Cir. 2008)("判定标准适时变化")。

[107] See *United States v. Montoya de Hernandez*, 473 U.S. 531 (1985)(怀疑一位妇女体内藏毒走私,将其羁押16个小时并不构成不相称的漫长;该妇女来自波哥大,在机场入境美国)。在"合众国诉莫利纳·戈麦斯案"(*United States v. Molina-Gómez*)中,法院解释道:权衡有关第四修正案中合理性要求的各种因素时,国际边境发生的案件与境内的案件有"本质不同"。

\* 其他译法有"财产登记搜查""清点搜查""财产清查"等。分别参见〔美〕约书亚·德雷斯勒、〔美〕艾伦·C. 迈克尔斯:《美国刑事诉讼法精解(第四版)(第一卷·刑事侦查)》,吴宏耀译,北京大学出版社2009年版,第653页;〔美〕罗纳尔多·V. 戴尔卡门:《美国刑事诉讼:法律和实践(第6版)》,张鸿巍等译,武汉大学出版社2006年版,第652页;薛波主编:《元照英美法词典》,北京大学出版社2013年缩印版,第728页。——译者注

合法。[108]

(2) 搜查和扣押

《联邦宪法》第四修正案禁止不合理的搜查和扣押[109],同时禁止搜查个人受宪法保护的私密空间[110]。公众可进入或可看见的区域不属于个人的私密空间("开放场所原则",open fields doctrine)*。因此,除非花园没有紧邻住宅,它们并不因设置围栏和在围栏上挂上"请勿进入"的标牌就成为私密空间。[111] "一览无余"(plain view)例外支持同样的政策目标:根据这一原则,当物品和谈话能够轻易从空中看到或无意听到,则其私密性就不受法律保护。[112] 相反,尽管没有有形的侵入,但电子监视和电话监听确实属于第四修正案的调整范围,并因此应做到:为发现证据,只有携带搜查令并具有合理根据方可采取此类措施。[113] 上

---

[108] 参见"科罗拉多州诉伯廷案"[*Colorado v. Bertine*, 479 U. S. 367, 107 S. Ct. 738, 93 L. Ed. 2d 739 (1987)]:警方通常关注保护车辆及车中财产的安全,由于财产清点搜查与此种关注相一致,因此规定此种搜查的一般警务制度可以就其本身视为合理,不需要对其相称性作进一步审查。See *United States v. Exume*, 953 F. Supp. 2d 319, 322—23 (D. Mass. 2013)。

[109] 在"理查德诉威斯康星州案"[*Richards v. Wisconsin*, 520 U. S. 385 (1997)]中,联邦最高法院判定:仅凭指控违犯毒品法,不能构成进入并搜查住宅的正当理由,而应有针对个案的搜查令。但是,在"合众国诉班克斯案"[*United States v. Banks*, 540 U. S. 31 (2003)]中,联邦最高法院认定下述情形符合第四修正案:在依照搜查令强行进入犯罪嫌疑人的公寓之前,警察敲门后只等待了15至20秒。这种做法的合理性在于警察有正当根据猜疑:一旦敲打犯罪嫌疑人的公寓门,将立刻出现诸如销毁证据之类的紧急情况。See also *Illinois v. McArthur*, 531 U. S. 326 (2001)。

[110] *Katz v. United States*, 389 U. S. 347, 360 (1967); *New York v. Class*, 475 U. S. 106 (1986)。联邦最高法院判定:未经病人同意,为获得执法证据对疑有毒瘾的怀孕妇女进行吸毒检验,这种州医院的政策构成了不合理搜查,违反了第四修正案。See *Ferguson v. City of Charleston*, 532 U. S. 67 (2001)。"林奇诉纽约市案"[*Lynch v. City of New York*, 737 F. 3d 150, 157 (2d Cir. 2013)]判决进一步探讨了"特殊需要"(special needs)原则。

* 其他译法有"开放区域原则""敞地搜查原则"等。分别参见〔美〕约书亚·德雷斯勒、〔美〕艾伦·C. 迈克尔斯:《美国刑事诉讼法精解(第四版)(第一卷·刑事侦查)》,吴宏耀译,北京大学出版社2009年版,第65、655页;薛波主编:《元照英美法词典》,北京大学出版社2013年缩印版,第1005页。——译者注

[111] *Oliver v. United States*, 466 U. S. 170, 177—180 (1984):请求将大麻种植地视为私密空间尤其不存在"正当"利益。

[112] See *California v. Ciraolo*, 476 U. S. 207, 106 S. Ct. 1809, 90 L. Ed. 2d 210 (1986):从空中查看四周设有栅栏的大麻种植地不需要搜查证。See also *Florida v. Riley*, 488 U. S. 445 (1989)。

[113] *Katz v. United States*, 389 U. S. 347, 88 S. Ct. 507, 19 L. Ed. 2d 576 (1967)。准许此类监控的诉讼程序规则应当特别明确地描述适合签发搜查令的情况,参见 *Berger v. New York*, 388 U. S. 41 (1967)。政府使用诸如热像仪之类的监控设备探查一名犯罪嫌疑人家里的每处细节,而假如没有该技术,则不借助公开进入将无法获知此类信息;此类监控构成"搜查",没有搜查令就推定其不具有合理根据。See *Kyllo v. United States*, 533 U. S. 27 (2001)。对于根据联邦法实施电话监听的可能性,参见2014年《联邦成文法大全》第18篇第2510—2522条;对于披露储存(下载)的资料,参见2014年《联邦成文法大全》第18篇第2703条。See *United States v. Shah*, No. 5:13-CR-328-FL, 2015 U. S. Dist. LEXIS 73103, 2015 WL 72118 (E. D. N. C. Jan. 6, 2015); *Huon v. Mudge*, 597 Fed. App'x 868 (7th Cir. 2015)。

文描述了正常时期该法律领域的状况,战争时期或国家紧急状态可能导致出台一些限制措施;随之激起人们再次争论:什么是公众需要的正当合理措施,什么公民自由应当受到保护?

711 在遭受2001年恐怖袭击之后,联邦立法出台,以打击国内外的恐怖主义行为。2001年《美国爱国者法》(U.S.A. Patriot Act)增加了国内安全措施,加强了执法人员可用的监控程序,设立基金对恐怖主义受害人提供援助,同时还有其他各种规定,用于增强刑法打击恐怖主义的威力。[114] 宣称依据国会的"使用武力的联合决议"[115],布什总统发布行政命令[116],授权设立军事委员会,同时剥夺联邦法院对诸多相关诉讼的管辖权。[117] 包括美国公民在内的众多个人已被政府认定为"敌方战斗人员",并因此遭到羁押。背负"敌方战斗人员"之名,他们能否获得联邦法院的审判,以及因而获得正当程序的保障,标准并不统一,似乎至少部分取决于各自被抓获的情况。[118] 政府依据"战争权"采取行动,原本以为联邦法院不会干预,但是一些法院已尝试投身其中,对于涉嫌剥夺公民宪法权利的行政行为,独

---

[114] Pub. L. No. 107-56;115 Stat. 272 (2001) (作为修订文本零散编入2014年《联邦成文法大全》第18篇的各条款中)。

[115] Pub. L. No. 107-40,115 Stat. 224 (2001) (作为修订文本编入2014年《联邦成文法大全》第50篇第1541条)。See Al-Bihani v. Obama, 590 F.3d 866, (D.C. Cir. 2010), cert. denied 563 U.S. 929 (2011); Anam v. Obama, 653 F. Supp. 2d 62 (D.D.C. 2009).

[116] 66 F.R. 57833 (2001) pursuant to the "Military Order Regarding Detention, Treatment, and Trial of Certain Non-Citizens in the War Against Terrorism, 3 C.F.R. 921 (2001), reprinted in 10 U.S.C.A §801 (2014). 但注意注[117]中的相关内容。

[117] 该法是否过分侵犯了个人的基本自由权利,对此一直存在许多争议。关于《爱国者法》对公民自由影响的全面评论,参见"美国公民自由联盟"维护的网站:http://www.aclu.org. See generally Aldykiewicz, Authority to Court-Martial Non-U.S. Military Personnel for Serious Violations of International Humanitarian Law Committed During Internal Armed Conflicts, 167 Mil. L. Rev. 74 (2001). 2001年布什总统行政令于2007年被13425号行政令[72 F.R. 7737 (2007)]所废止。See also Executive Order 13492, 74 F.R. 4897 (2009). 根据最初行政令设立的军事委员会也为"定期审查委员会"所取代,后者依据2011年13567号行政令第3条第1款[76 F.R. 13277 (2011)]设立。

[118] 例如比较"汉迪诉拉姆斯菲尔德案"[Hamdi v. Rumsfeld, 316 F.3d 450 (4th Cir. 2003)][该判决被撤销,案件被发回重审,542 U.S. 507 (2004)](该战斗人员在阿富汗武装战斗中被抓获;尽管声称自己被非法羁押,但他被拒绝给予人身保护令救济)和"帕迪利亚诉拉姆斯菲尔德案"[Padilla v. Rumsfeld, 352 F.3d 695 (4th Cir. 2003),后被推翻,542 U.S. 426 (2004)](该战斗人员最初在美国依据重要的目击证人令被羁押,并有权获得人身保护令救济,除非美国政府对其正式提出控告,该控告将独自构成对其继续羁押的正当理由;联邦最高法院在本案中对人身保护令的适当对象从管辖权视角作了狭义的解释)。联邦最高法院对后一个案件要求发回重审,是基于一个重要结论:国防部长不适合做被告。另见后注[210]。

立进行司法审查。[119]

已经有相当多的判例法允许搜查机动车辆。根据"一览无余"原则,从外面检查车辆[120]或其号码(通常贴在汽车内部的挡风玻璃上)[121],并非需要搜查令的搜查。根据所称的"汽车搜查例外"[122],只要属于下列情况,即便无证搜查车辆(以及车内的箱包容器),搜查也合法:有合理根据表明,车辆、乘客或者容器内的物品卷入了犯罪活动。[123] 此外,在紧急或危险的情况下,比如住宅起火或住宅建筑群起火,无证的搜查和扣押措施合法。[124]

(3) 米兰达权利

"米兰达权利"(Miranda-rights)源自联邦最高法院的同名判决[125],《联邦宪法》第五修正案的权利保障因此有了更具体的表现形式。除非事先被告知"米兰达权利",犯罪嫌疑人

---

[119] 有家联邦法院质疑对敌方战斗人员加以羁押的方式是否适当,关于该案,参见 *Gherebi v. Bush*,352 F. 3d 1278 (9th Cir. 2003)(判定行政部门无权不受限制地无限期囚禁任何个人、公民或其他身份者,而不为其提供获得司法审判或律师帮助的途径),后被另一判决[542 U. S. 952 (2004)]所推翻。See also *Humanitarian Law Project v. U. S. Dep't of Justice*,352 F. 3d 382 (9th Cir. 2003),再审后被推翻[393 F. 3d 902 (2004)]。联邦最高法院也认为在古巴关塔那摩监狱关押的敌方战斗人员享有正当程序权利。该院判定:对于敌方战斗人员对关押提出的质疑,美国联邦法院的确享有管辖权。*Rasul v. Bush*,542 U. S. 466 (2004).立法可部分限制敌方战斗人员的权利:*Aamer v. Obama*,742 F. 3d 1023 (D. C. Cir. 2014) (关塔那摩湾的囚犯以绝食抗议,监狱强行喂食,法院拒绝发布禁令干预监狱采取的措施)。See also *Rabbani v. Obama*,76 F. Supp. 3d 21, 25 (D. D. C. 2014). 同样,尽管13567号行政令确认了总统"尽快"关闭关塔那摩监狱的目标,但法院并未支持囚犯提出的立即释放的要求:*Al Odah v. United States*,62 F. 3d 101 (D. D. C. (2014),上诉因再审已无意义而被驳回(因犯当时已被移送到他处):No. 14-5233, 2015 U. S. App. LEXIS 1974 (D. C. Cir. 2015).同样效力的判决:*Khan v. Obama*, Civ. A. No. 08-1101 JDB, 2014 U. S. Dist. LEXIS 136543, 2014 WL 4843907 (D. D. C. Sept. 2, 2014).

[120] *Cardwell v. Lewis*,417 U. S. 583, 588—592 (1974).

[121] *New York v. Class*,475 U. S. 106, 114 (1986).

[122] *Carroll v. United States*,267 U. S. 132 (1925); *Cardwell v. Lewis*,417 U. S. 583 (1974):由于车辆作为交通工具,很难不在大庭广众之下使用,因此,它最多不过是个人"私密空间"中不重要的部分。

[123] 与"合众国诉德威克案"[*United States v. Chadwick*, 433 U. S. 1 (1977)]和"阿肯色州诉桑德斯案"[*Arkansas v. Sanders*,442 U. S. 753 (1979)]相反,联邦最高法院在"合众国诉罗斯案"[*United States v. Ross*, 456 U. S. 798 (1982)]中判定:当轿车的行李箱中可能有牵涉犯罪的物品时,警察有权无证搜查。该院在"加利福尼亚州诉阿塞维多案"[*California v. Acevedo*, 500 U. S. 565 (1991)]判决中进一步扩权,警察可对所有车内封闭容器无证搜查。近年来,该院不断扩大该特权的适用范围;参见 *Wyoming v. Houghton*, 526 U. S. 295 (1999); *Maryland v. Pringle*, 540 U. S. 366 (2003), discussed and applied in *United States v. Reed*, 443 F. 3d 600, 603 (7th Cir. 2006). See further *People v. Schmitz*, 288 P. 3d 1259 (Cal. 2012). See also LaFave/Israel/King/Kerr, Criminal Procedure § 3.7.

[124] *Michigan v. Tyler*,436 U. S. 499 (1978). See also *United States v. Infante*, 701 F. 3d 386 (1st Cir. 2012).

[125] *Miranda v. Arizona*,384 U. S. 436 (1966).对该案的全面探讨,参见 LaFave, Substantive Criminal Law, Vol. 1, §§ 2.14, 2.48.相关的大量评论,参见 *Symposium*: Miranda After Dickerson, 99 Mich. L. Rev. 879 et seq. (2001).嫌犯处于"羁押状态",才享有"米兰达规则"的保护:联邦最高法院和下级法院一直通过狭义解释何时开始羁押,限制该规则的适用:*Salinas v. Texas*, 133 S. Ct. 2174 (2013); *Howes v. Fields*, 132 S. Ct. 1181 (2012); *U. S. v. Campbell*, 741 F. 3d 256 (1st Cir. 2013).另见后注[130]中引用的判决。

在警方羁押下所作的自愿陈述或供述，不得在刑事指控中用作对其不利的证据。[126] 宪法第五修正案禁止强迫自证其罪，同时规定了拒绝作证的权利、咨询律师的权利，以及在经济困难时由政府付费指定律师的权利。[127] 该修正案还规定：被指控人有权获知最终用于指控其犯罪的所有信息。上述大量规定的宗旨明确：保护被指控人，避免在审判前的警方羁押期间被迫作出可能非自愿的陈述。[128]

联邦最高法院首席大法官沃伦的辉煌时代落幕后，第五修正案对证据使用的限制逐渐减少。例如联邦最高法院曾判定：在警方侦查中，被指控人未被告知米兰达权利而作的供述，尽管依旧不得作为直接证据使用，但是可被用于质疑其在审判中的虚假陈述。[129] 同样，如果警方误导被指控人相信警方已有证人和(或)证据，而其实并不存在，那么误导行为并不自然导致被指控人的供述是被迫的，以及因而不被法院采纳。[130] 此外，以首席大法官伦奎斯特为首的保守法官控制的联邦最高法院，曾判定：米兰达警告中涉及律师全程在场的权利，包括警方讯问期间的这一权利，即便警方的表述令人误导，但只要警告中的"实质要求"得到遵守，警方的行为也合乎宪法。[131] 司法实践中甚至一度出现对"米兰达案"判例的彻底背离，联邦第四巡回区上诉法院曾判定：即便警方根本未曾试图将米兰达权利告知

---

[126] 在"查维斯诉马丁内斯案"[*Chavez v. Martinez*, 538 U. S. 760 (2003)]中，联邦最高法院判定：除非一份供述在"刑事案件"中被用作对个人不利的证据，没有宣读米兰达权利和采取强制讯问策略不等于违反了第五修正案。对该判例的适用，参见 *Higazy v. Templeton*, 505 F. 3d 161, 171 (2d Cir. 2007), and *Nnebe v. Daus*, 2009 U. S. Dist. LEXIS 91463 (S. D. N. Y. 2009)。对该判例的分析和批判，参见 *Thompson*, A Brave New World of Interrogation Jurisprudence?, 33 Am. J. L. and Med. 341 (2007)，在第 351 页引用了"查维斯案"。限制"查维斯案"判例适用的一份判决：*Crowe v. County of San Diego*, 608 F. 3d 406 (9th Cir. 2010)。

[127] 警方无义务提供一位"待命"律师：在盘问被指控人时随时提供法律帮助。由于需要由法院决定被指控人是否有钱聘请律师，而警方或控方对被指控人的进一步质问需要等待对抗程序开始后，因此直到这时方可决定被指控人的获得律师帮助权，在其请求获得准许后他才能指定律师。在此之前，被指控人一直被羁押。结果，其实只是有钱的被指控人才可能在案件的早期(警方讯问)阶段有律师在场。

[128] *Miranda v. Arizona*, 384 U. S. 436, 467—473 (1966)。

[129] "哈里斯诉纽约州案"[*Harris v. New York*, 401 U. S. 222, 91 S. Ct. 643, 28 L. Ed. 2d 1 (1971)]："如果其可靠性达到法定标准，则可出于证据弹劾(impeachment)目的，将其用作攻击被告人庭审证言的可信度"。"合众国诉黑文斯案"[*United States v. Havens*, 446 U. S. 620, 630 (1980)]判决的"异议"重申了这一规则，并为"布莱克斯通诉拉佩尔叶案"[*Blackston v. Rapelje* 780 F. 3d 340, 349 (6th Cir. 2015)]判决所遵循。

[130] 例如参见：*Oregon v. Mathiason*, 429 U. S. 492 (1977)；*U. S. v. King*, 604 F. 3d 125, 138 (3d Cir. 2010)；*Arias v. Koehn*, 2015 U. S. Dist. LEXIS 12835 (C. D. Cal. 2015)。上述各判决均取决于判定：嫌疑人是否已被合理认定为处于"羁押状态下"。另见前注[125]。

[131] 在"达克沃思诉伊根案"[*Duckworth v. Eagan*, 492 U. S. 195 (1989)]中，联邦最高法院维持了联邦地区法院的判决，认定警方下列表述符合宪法要求："……我们无法为你指派律师，但是，若你想要，只有你接受审判，到时就会为你指派律师……"因此，被指控人承认了谋杀，尽管他后来并未享有律师帮助，但其证言可以采纳。最近对这一判例的适用，参见 *Jenkins v. Lee*, No. 11cv6806 (PAE) (DF), 2014 U. S. Dist. LEXIS 112168, *64 (S. D. N. Y. Aug. 11, 2014)。

被指控人,这种情况下被指控人所作的自愿供述,也可作为证据使用。* 但是,这一判决最终被联邦最高法院推翻。联邦最高法院认为:上诉法院所依据的《联邦成文法大全》第18篇第3501条的规定(罗列了许多决定供述是否自愿的考虑因素)无法取代米兰达先例,因为该先例是基于宪法原则;由于遵循先例原则,联邦最高法院拒绝推翻"米兰达案"判决。[132] 最近的争论集中于"米兰达"权利的域外适用,即这一权利能否适用于在域外侦查恐怖活动期间获取的,被指控人在羁押状态下所作的供述。[133]

(4) 获得律师帮助权

宪法第六修正案保障当事人获得律师帮助权,原则上,这一宪法保障不仅适用于刑事审判本身,而且适用于此前的刑事诉讼活动和程序。[134] 尤其在治安法官的预审(preliminary hearings)中,当事人有权获得律师帮助。[135] 辨认证人和与证人对质时是否需要律师,相应的规则存在差异。[136]

---

* "米兰达"权利面世后,各方争议纷纭,批评之声不绝于耳,其适用范围不断退缩。1968年美国国会通过的《综合犯罪控制和安全街道法》规定,只要供述是自愿作出的,即便没有"米兰达警告",供述也可作为证据。但该规定在30余年中长期休眠,直至1999年联邦第四巡回区上诉法院在"合众国诉迪克森案"[United States v. Dickerson, 166 F.3d 667 (4th Cir. 1999)]中适用这一立法,这相当于推翻了"米兰达"先例,宣告了"米兰达"权利的死亡。不过,这一判决随后为联邦最高法院所推翻,表明国会立法不得违背宣告当事人宪法权利的判例[Dickerson v. United States, 530 U.S. 428 (2000)]。联邦最高法院的"迪克森案"判例在"米兰达"权利的演进中具有里程碑式的意义,它遏制了该权利不断退缩甚至面临消亡的命运。参见[美]约书亚·德雷斯勒、艾伦·C.迈克尔斯:《美国刑事诉讼法精解(第四版)(第一卷·刑事侦查)》,吴宏耀译,北京大学出版社2009年版,第492—493页。——译者注

[132] United States v. Dickerson, 166 F.3d 667 (4th Cir. 1999), reversed 530 U.S. 428 (2000).

[133] 在"合众国诉本·拉登案"[United States v. Bin Laden, 132 F. Supp. 2d 168, 185—189 (S.D.N.Y. 2001)],上诉法院维持了原判[In re Terrorist Bombings of U.S. Embassies in East Africa, 552 F.3d 177 (2d Cir. 2008)],发回重审再次上诉后依然维持原判[407 Fed. Appx. 548 (2011)]中,犯罪嫌疑人在美国驻肯尼亚和坦桑尼亚大使馆爆炸案侦查阶段,主动做了供述,但由于其未被充分告知其"米兰达"权利,审理该案的联邦地区法院拒绝将该供述采纳为证据。See also Darmer, Beyond Bin Laden and Lindh: Confessions Law in an Age of Terrorism, 12 Cornell J.L. & Pub. Pol'y 319 (2003).

[134] 联邦最高法院已确认:在审判前的诉讼活动中,只要诉讼活动影响案件的进展,没有辩护律师可能影响案件的公正审判,则被指控人均有权获得律师帮助与控方进行所有的关键性对抗(critical confrontations)。See United States v. Wade, 388 U.S. 218, 223—227 (1967). But compare Perry v. New Hampshire, 132 S.Ct. 716, 726, 731, 181 L. Ed. 2d 694 (2012).

[135] Coleman v. Alabama, 399 U.S. 1 (1970); Rothgery v. Gillespie Cnty., 554 U.S. 191, 217, 225 (2008)(参见判决中的附议和异议); Peoples v. Laflar, 734 F.3d 503, 518 (6th Cir. 2013).

[136] 在递交公诉状之后(参见下文第719段),若被指控人没有机会获得律师帮助,则证人所做的证言无效。See United States v. Wade, 388 U.S. 218, 227—239 (1967); Gilbert v. California, 388 U.S. 263 (1967). 另见1968年《综合犯罪控制和安全街道法》(Omnibus Crime Control and Safe Streets Act of 1968)(2014年《联邦成文法大全》第18篇第3502条):在法院审理中,证人提供的关于被指控人在犯罪现场的证词,该法予以认可。只要案件尚未决定起诉到法院,就不存在"关键性对抗"的情况。See Kirby v. Illinois, 406 U.S. 682, 688 (1972); Rothery, supra n. 135, at 198, 214; United States v. Reed, 756 F.3d 184, 187 (2d Cir. 2014), cert. denied, 135 S.Ct. 463, 190 L. Ed. 2d 348 (2014).

### (5) 证据使用的限制和例外

通过非正当途径逮捕被指控人,他所作的供述,尤其是认罪,在庭审中并不为法院所认可。[137] 通过违宪的程序或行动取得的其他证据,原则上同样无效[138],除非最终必然将以其他方式发现该证据[139]。出于司法效率的考虑,对证据的排除也有限制和例外。众多判决将非法证据排除的情形限定于:侦查部门的严重违法行为["无害错误"(harmless error)原则*],以及缺乏善意的取证。[140] 有些州已通过修改其刑事诉讼法,引入了这些例外。[141] 1984年,联邦最高法院曾判定:当"警察的错误认识具有客观合理的依据"时,警方可以推定搜查合法。[142] 非法证据排除规则旨在限制政府机构和执法人员的行为,因此,私人非法获

---

[137] *Wong Sun v. United States*, 371 U. S. 471 (1963); *Brown v. Illinois*, 422 U. S. 590 (1975):如果逮捕或拘留是非法的,则逮捕或拘留当时,以及逮捕或拘留期间,被指控人的供认必然不为法院所采纳。即便在非法的逮捕发生之后,警方弥补了"米兰达"警告,对于最后结果也无济于事。See also *Kaupp v. Texas*, 538 U. S. 626 (2003). 严格限制这一例外规则适用的判决:*U. S. v. Boskic*, 545 F. 3d 69, 81 (1st Cir. 2008); *U. S. v. Christy*, 785 F. Supp. 2d 1004 (D. N. M. 2011)。

[138] *Wong Sun v. United States*, 371 U. S. 471 (1963). 对证据使用的这些限制(禁止非法获取证据),源自对隐私权的保护。同时,这些限制旨在确保刑事诉讼过程的正洁性(integrity),避免法院为警方的非法行为背书,并借此约束警方的行为。See *Mapp v. Ohio*, 367 U. S. 643, 656, 659 (1961). "孙旺案"(*Wong Sun v. United States*)判例的最近适用,参见:*United States v. Ramirez-Rivera*, 800 F. 3d 1 (1st Cir. 2015), appeal docketed sub nom., *Laureano-Salgado v. United States*, No. 15-7374 (U. S. Dec. 15, 2015)。

[139] 参见"尼克斯诉威廉姆斯案"(*Nix v. Williams*, 467 U. S. 431 (1984))(该案判决多次提到州法院和联邦法院对"最终必然发现"理论的认同)和"合众国诉杰克逊案"(*United States v. Jackson*, No. 3:13-CR-145-TAV-HBG-4, 2014 U. S. Dist. LEXIS 165010, 2014 WL 6674447 (E. D. Tenn. Nov. 24, 2014))。在"合众国诉哈贝尔案"(*United States v. Hubbell*, 530 U. S. 27 (2000))中,联邦最高法院判定:第五修正案赋予的禁止强迫自证其罪的特权,扩大适用于证人在证据开示回复中的证言方面,除非检方举证证明,事先已获知证据开示中的信息,并且不会将获知的信息间接用于随后起诉证据开示人。

\* 该原则通常指对于初审法院无关紧要的错误或轻微失误,上诉法院可忽略不计,不借此推翻初审判决。此处应指无关紧要的错误,不影响证据的有效性。参见 B. Garner (ed.), Black's Law Dictionary, St. Paul: Thomson Reuters, 11th ed., 2019, p. 862.——译者注

[140] 在"斯通诉鲍威尔案"(*Stone v. Powell*, 428 U. S. 465 (1976))中,怀特(White)大法官在其异议中首先提出了"善意例外"原则。在其看来,如果警察扣押证据时善意地相信其行动合法,则偏离非法证据排除规则是允许的。

[141] 例如参见 Burns Ind. Code Ann. § 35-37-4-5 (2015), applied in *Jackson v. State*, 908 N. E. 2d 1140 (Ind. 2009); Tex. Code Crim. Proc. Art. 38.23 (b) (2015), applied in *State v. Jackson*, 464 S. W. 3d 724 (Tex. Crim. App. 2015)。

[142] *Massachusetts v. Sheppard*, 468 U. S. 981 (1984):相关的表述涉及一份搜查令,该令状没有充分描述搜查和扣押的物品,因此,严格而言,搜查不合法。See also *U. S. v. Franz*, 772 F. 3d 134 (3d Cir. 2014). 善意例外原则同样保护警方的下述行为:基于信赖所依据的成文法的合宪性而采取的行动,参见 *Illinois v. Krull*, 480 U. S. 340, 349—355 (1987); *Davis v. U. S.*, 564 U. S. 229 (2011)。

取的证据原则上可被认可。[143]

2. 审前阶段

与许多大陆法系国家的做法不同,在美国,控方不能简单地将被指控人带到法院,然后寻求对其定罪判刑。确切地讲,审前阶段最多可有三步。首先,警方应尽快将被捕者带至**治安法官**(司法官员)面前,进行"初次出庭"(preliminary appearance)或"首次出庭"(initial appearance)。[144] 在这次出庭中,被指控人应当被告知其享有的权利,并在其请求下,确定预审(preliminary examination or hearing)的日期。[145] 预审程序适用于严重犯罪,而对于其他较轻的犯罪是否适用,法律并未规定;尤其在联邦刑事诉讼中,由于地区法院的法官经常在没有陪审团的情况下听审轻罪案件,更不需要预审程序。[146] 如果被指控人正式被起诉,那么治安法官还将决定他可否保释。[147] 此外,治安法官有权决定是否在审判前释放被指控人(审前释放)。在随后的预审程序中,治安法官将听取被指控人的陈述,可能还有证人证言,并将考虑其他证据。[148] 预审旨在决定是否有充分的证据可支持被指控人有罪的判定。预审的结果无非是:驳回公诉机关继续公诉的请求,或者准许其请求并向其转交案件。值得注意的是,驳回公诉申请并不具有终局效力,公诉机关因此有权再次尝试。[149]

在治安法官预审之前或之后,有时作为一种替代方式,可以由**大陪审团**(grand jury)对案件初审。这一初审旨在保护被指控人免受无根据的指控,并在法院和控方之间树立起一道隔离墙。大陪审团程序不对外公开,只有检察官在场。[150] 以联邦诉讼程序为例,一个大

---

[143] 在"伯迪诉麦克道尔案"[*Burdeau v. McDowell*, 256 U. S. 465 (1921)]中,联邦最高法院触及这个问题。See also *Coolidge v. New Hampshire*, 403 U. S. 443 (1971). 最近的表述,参见 *State v. Wright*, 114 A. 3d 340, 347 (N. J. 2015)。

[144] 这是逮捕机关——例如警方——的职责。在早期阶段是否让公诉机关介入,这属于逮捕机关的自由裁量权。但是,公诉机关如果介入,则将向治安法官提交一份控告书。不过,这份控告书不具有约束力,可以根据刑事诉讼本身的需要而修正和扩充。

[145] 由于此类程序规则旨在保护被指控人,因此他也有权放弃利用这些程序。*Burnham*, Introduction 271 et seq.

[146] 关于由联邦治安法官审理的轻罪或轻微罪案件,参见 18 U. S. C. §3401 (2014) and F. R. Crim. P. §5(b)。

[147] 相关的联邦规则,参见 2005 年《联邦成文法大全》第 18 篇第 3141 条第 1 款。关于宪法对过多保释金的禁止,参见下文。

[148] 《联邦刑事诉讼规则》第 5.1 条第 1 款允许在审前的预审程序中采用传闻证据。

[149] 这在《联邦刑事诉讼规则》第 5 条第 2 款中有明确规定。这一规则的理由在于治安法官非常有限的管辖权,他只能决定是否存在支持可能作出有罪裁决的合理根据,以及是否让被指控人保释。

[150] 如果大陪审团主动初审案件,或法官要求其初审案件,则即使检察官也可被拒绝在场。只有被指控人必须提供证言时,被指控人才可参加听审。

陪审团由16至23名成员组成,在斟酌证据之后,依据12名陪审员的多数意见作出裁决。[151];证据包括证人证言,必要时可通过法院命令强制证人出庭,并对拒绝作证者予以处罚。

719　　在利用大陪审团程序上,各州规定不一。有些州准许被控轻罪者利用大陪审团,而其他州将该权利限于被控死罪者享有。[152] 由大陪审团审核起诉书[153],一些州已对死罪案件不再强制要求。[154] 取而代之的是,检察官直接启动司法程序("通过起诉书起诉")。在审判开始前,控诉书[公诉书(indictment)、起诉书(information)或起诉呈文(presentment)*]应送达被指控人。[155] 在证据提出阶段开始之前,检察官负有"举证责任";这意味着他应当详细列明将要出示的证据,以证明具体犯罪界定和构成的所有客观和主观的因素。[156]

720　　《联邦宪法》第八修正案禁止缴纳过多的**保释金**(bail),但对保释的权利却未置一词。不过,人们认为从前者可间接推导出后者。通过并入第十四修正案,禁止过多保释金的规定同样适用于州法院的刑事诉讼。[157] 保释金若超过了确保被指控人出席庭审所需的金额,就是过多的。[158] 被指控人表明其经济困难,无力提供**任何**保释金;仅仅据此不能论断

---

　　[151]　F. R. Crim. P. 6 (a), (f).

　　[152]　在联邦刑事诉讼中,只要被指控人可能被判处死刑,大陪审团程序必须启动。如果相应的刑罚是1年或1年以上的监禁或苦役,则被指控人有权放弃大陪审团程序;其他情况,由控方自由裁量。See F. R. Crim. P. 7 (a), (b).

　　[153]　根据州法,陪审团可自行启动刑事诉讼程序(不需要公诉机关另行采取行动),其将案件移交给法院的行为称作"递交起诉呈文"(presentment)。

　　[154]　但是,通常初审的治安法官将对此把关。关于大陪审团的全面评述,参见 Simmons, Re-Examining the Grand Jury: Is There Room for Democracy in the Criminal Justice System?, 82 B. U. L. Rev. 1 (2002).

　　*　检察官提出的起诉书经大陪审团审查认可的被称为"indictment";不经陪审团审查,检察官径自提出的起诉书被称为"information";不经检察官起诉,大陪审团径自提出的控诉书被称为"presentment"。鉴于检察官提起公诉成为普遍实践,由大陪审团径行提起公诉已是过时的做法。《元照英美法词典》将这三者分别译为"大陪审团起诉书""检察官起诉书""起诉报告"。参见薛波主编:《元照英美法词典》,北京大学出版社2013年缩印版,第685页。有学者将"indictment"和"information"分别译为"起诉书"和"控告书"。参见[美]约书亚·德雷斯勒、[美]艾伦·C.迈克尔斯:《美国刑事诉讼法精解(第四版)(第一卷·刑事侦查)》,吴宏耀译,北京大学出版社2009年版,第7—8页。——译者注

　　[155]　《联邦宪法》第六修正案保障被指控人"获悉犯罪指控的性质和理由"的权利。根据联邦法,至少在审判开始3天前,应当将公诉书副本送达给被指控人及其辩护律师,公诉书后面通常附有候选陪审员和准备传唤的证人的名册。参见2005年《联邦成文法大全》第18篇第3432条。

　　[156]　基于上述原因,大陪审团程序为检验具体证据的证明价值提供了一个重要契机。

　　[157]　Schilb v. Kuebel, 404 U. S. 357 (1971)(附带意见)。此外,大多数的州宪法包含了类似规定。

　　[158]　Stack v. Boyle, 342 U. S. 1, 5 (1951); applied in U. S. v. Polouizzi, 697 F. Supp. 2d 381, 388 (E. D. N. Y. 2010)。不过,《联邦保释改革法》也允许特定情况下的羁押,即便被羁押者没有逃跑的风险,但有其他风险,例如释放被羁押者将可能导致其伤害他人。参见《联邦成文法大全》第18篇第3142条第5款和第6款。另见后注[163]。

保释金是过多的,因而也不能支持其无保释金释放的请求。[159] 大致而言,美国法假定:有必要以保释金确保被指控人出庭;但是,作为保释金的替代方式,"基于本人具结"也可释放被指控人。[160] 本人具结释放(release on personal recognizance)也可附加条件,或者同时要求缴纳保释金。[161]

若有理由担心被指控人逃离所在辖区、毁灭证据,或者再次犯罪,许多国家的法律规定对其**还押候审**(detention on remand)(在侦查阶段拒绝保释)。在美国法中,尽管有些州的成文法明确规定,在决定保释时允许考虑罪犯对公众的潜在危害性,但是整体上相对较少规定在决定保释时要考虑上述因素。哥伦比亚特区率先引入了一种普通的还押候审制度。[162] 该制度允许法官在决定是否保释时斟酌:被指控人给公众带来的危险,以及可能通过恐吓证人、陪审员和法官对司法造成的干扰。1966 年《联邦保释改革法》允许在联邦案件中采取预防性羁押(preventive detention)措施。[163]

**辩诉交易**(plea bargaining)的理念常常让外国观察家大吃一惊、百味杂陈。辩诉交易是检察官与被指控人之间达成的一种和解。[164] 为换取被指控人的"有罪答辩"(guilty plea),检察官会作出某些让步。例如,检察官可答应降低指控的犯罪种类和级别,或者允诺力争减轻处罚。此外,辩诉交易可产生"缓刑"判决,即宣判后不立即囚禁被告,或者使被告早日获释("假释",parole)的判决。涉及犯罪指控或刑罚建议的任何交易都应当告知法官,

---

[159] See *White v. United States*, 330 F. 2d 811 (8th Cir. 1964), cert. denied 379 U. S. 855;*United States v. Caester*, 319 F. Supp. 1297 (S. D. Fla. 1970). 但是,参见"泰特诉肖特案"[*Tate v. Short*, 401 U. S. 395 (1971)]:如果根据"仅规定罚金的成文法",无力缴纳罚金的罪犯将被自动改判监禁,那么无保释金则拒绝释放(等候上诉)就违反了第十四修正案中平等保护的宪法保障。对这些规则的批评,参见 *LaFave/Israel/King/Kerr*, Criminal Procedure §12.2(b);*Burnham*, Introduction 302 et seq. 在美国,允许从商业渠道获得保释,即付费购买。将刑事司法制度部分私营化,这种做法在世界上似乎独一无二。See *Liptak*, Illegal Globally, Bail for Profit Remains in the U. S., New York Times, January 29, 2008, http://nyti. ms/1SYivyO (2016 年 1 月 6 日最后访问)。但是,前文第 703C 段讨论的监狱私有化,如今也出现在世界其他地方。

[160] 18 U. S. C. §3142 (a)(1), (b) (2014).

[161] 18 U. S. C. §3142 (a)(2), (c) (2014).

[162] 参见 2015 年《哥伦比亚特区成文法大全》第 23-1321 条及以下条文,这些条文基于 1970 年首次通过的立法。

[163] 参见 2015 年《联邦成文法大全》第 18 篇第 3141—3150 条,尤其是第 3142 条第 5 款。针对违反正当程序的指控,联邦最高法院支持了第 3142 条第 5 款的规定:*United States v. Salerno*, 481 U. S. 739 (1987)。

[164] 应当立足于检察官的广泛自由裁量权去观察这一做法,如此才能理解这一做法;基于该自由裁量权,即便有大量的证据材料,也不能迫使检察官起诉被指控的犯罪。See *Burnham*, Introduction 269 et seq.;*LaFave/Israel/King/Kerr*, Criminal Procedure §13.2 (a). See also *Hessick III/Saujani*, Plea Bargaining and Convicting the Innocent:The Role of the Prosecutor, the Defense Counsel, and the Judge, 16 BYU J. Pub. L. 189 (2002).

并由法官最终批准。[165] 由于被告人在80%—90%的重罪案件中都选择有罪答辩[166]，因此通过交易进行辩诉在实践中意义重大，并引发了人们对联邦宪法和刑事政策的严重关切。比如，辩诉交易可能忽略责任减免的抗辩理由（上文第684段及以下段落）。为了获得最大限度的行动自由，检察官会禁不住在同样事实构成的数种犯罪中，挑选最严重的一种。此外，令人担忧的是，为了换取犯罪同伙站在控方一边作证，检察官可能同意对其不起诉，或以较轻的犯罪起诉。上述讨论提出一个问题：如何确保正当程序条款所要求的有罪答辩的自愿性。显然，对此不可能有统一的客观标准，法官的决定免不了带有个案色彩，尽管已有数份判决力争确保有罪答辩的自愿性。[167] 由律师代表被告人参与辩诉交易，并要求由法官批准交易，有助于确保被告人自愿选择并理解其交易的后果。在某些受限的情形下，被告人有可能撤回有罪答辩（撤销有罪答辩的动议）[168]，或者寻求上诉审查[169]。

---

[165] See also *Burnham*, Introduction 277; *LaFave/Israel/King/Kerr*, Criminal Procedure § 21.3 (e).

[166] *Burnham*, Introduction 278. 有罪答辩的比例之高并不新鲜：参见"布雷迪诉合众国案"[*Brady v. United States*, 397 U.S. 742, 752 (1970)]，该案中介绍了20世纪60年代的比率为70—90%。对于因有罪答辩而作出的判决，被告人通常不得提出上诉。See *LaFave/Israel/King/Kerr*, Criminal Procedure § 21.6 (a), 27.5 (c). 另见后注[169]。

[167] 例如，检方通过胁迫（施以身体伤害和威胁用虚假证据影响陪审团）被指控人而获取有罪答辩，有罪答辩就违反了联邦宪法。参见 *Waley v. Johnston*, 316 U.S. 101 (1942). 换言之，有罪答辩必须是既"自愿"（在自由和无胁迫的情况下）又"明智"；后者是指，被告人充分理解其行为的内容和后果。参见 *Boykin v. Alabama*, 395 U.S. 238 (1969); *Mitchell v. United States*, 526 U.S. 314 (1999); *United States v. Ruiz*, 536 U.S. 622 (2002); *U.S. v. De La Cruz*, No. 13-100220-RGS, 2014 U.S. Dist. LEXIS 54126, 2014 WL 1515410 (D. Mass. Apr. 18, 2014). 相关的评论，参见 *Cook III*, Federal Guilty Pleas Under Rule 11: The Unfulfilled Promise of the Post-Boykin Era, 77 Notre Dame L. Rev. 597 (2002). See also *LaFave/Israel/King/Kerr*, Criminal Procedure § 21.4 (b) et seq. 在数宗主要由州法院审理的案件中，法院未被说服被告的有罪答辩并非"自愿"或无法理解。例如：*Fluellen v. State*, 443 S.W. 3d 365 (Tex. App. 2014); *Friemel v. State*, 465 S.W. 3d 770 (Tex. App. 2015).

[168] 参见"明尼苏达州诉沃尔斯科案"[*State v. Wolske*, 160 N.W. 2d 146 (Minn. 1968)]；即便在量刑之后，法官也可行使自由裁量权，将判决搁置一边，而准许撤销辩诉交易。See also *Weaver*, A Change of Heart or a Change of Law? Withdrawing a Guilty Plea Under Federal Rule of Criminal Procedure 32(e), 92 J. Crim. L. & Criminology 273 (2001/2002).

[169] 18 U.S.C. § 3742 (c) (2005). See also *LaFave/Israel/King/Kerr*, Criminal Procedure § 21.5 (b). 被指控人有可能将放弃上诉权作为辩诉交易内容的一部分。关于一个州的实例，参见 *Yeary*, Appeals from Pleas of Guilty and Nolo Contendere: History and Procedural Considerations, 33 St. Mary's L.J. 405 (2002). 一个成功上诉的案例是"戴维森诉得克萨斯州案"[*Davidson v. Texas*, 405 S.W. 3d 682 (2013)]. 得克萨斯州刑事上诉法院对该案发回重审，要求初审法院补充信息，随后又允许了被告人因律师辩护不足而对有罪答辩提起的上诉，并将被告人还押候审，等待下一步的诉讼程序。参见"戴维森案"[*Ex parte Davidson*, No. WR-81, 772-01, 2014 Tex. Crim. App. Unpub. LEXIS 742, 2014 WL 5372670 (Tex. Crim. App. Aug. 20, 2014) and Nos. WR-81, 772-01 and WR-81, 772-02, 2015 Tex. Crim. App. Unpub. LEXIS 283, 2015 WL 1870296 (Tex. Crim. App. Apr. 22, 2015)].

### 3. 庭审

审判权通常由犯罪发生地的法院行使。[170] 审判程序起始于**"传讯"**(arraignment)*，被指控人在该阶段有机会表达意见，进行答辩。[171] 若被告人作"无罪"答辩，则接着进入陪审团审判。如果被告人作有罪答辩，则法院通常宣布他有罪，随后进入量刑程序。后一种程序也适用于下述情况：被告人并不对犯罪事实进行辩解（**不予争辩**，*nolo contendere*），或者倘若所适用的诉讼规则允许，作"附条件的答辩"(conditional plea)；在附条件的答辩中，对特定审前动议的上诉权将以书面形式留存。[172] 上述答辩通常由被指控人亲自作出。需要再次指出，重要的是确保被指控人自愿答辩，并理解其内容和后果。因此，州法通常要求，这一阶段中被指控人应有律师代理人。[173]

联邦法要求严重的犯罪应采用**陪审团审判**(jury trial)[174]，除非被告人经法院和检察官同意而书面放弃这一权利[175]。一旦被告人放弃该权利，案件就由独任法官或合议庭审判。如果采用了陪审团审判，则由陪审团权衡证据，并最终作出一份判定被告人有罪或无罪的裁决(verdict)。在大约 1/4 的州，而且通常只在死罪案件中，陪审团还将判处刑罚，或者以其他方式参与量刑过程（参见前注〔54〕，后文第 729 段）。但在大多数州，量刑是法官的职

723

724

---

[170] 有关联邦法院受理的案件，参见 F. R. Crim. P. §18 and 18 U. S. C. §§3231, 3235 et seq. (2015)。

\* 其他译法有："提审""出庭声明""指控答辩""问罪程序"等。分别参见〔美〕罗纳尔多·V. 戴尔卡门：《美国刑事诉讼：法律和实践（第 6 版）》，张鸿巍等译，武汉大学出版社 2006 年版，第 49 页；王兆鹏：《美国刑事诉讼法》，北京大学出版社 2005 年版，第 11 页；马跃：《美国刑事司法制度》，中国政法大学出版社 2004 年版，第 285 页；李义冠：《美国刑事审判制度》，法律出版社 1998 年版，第 64 页。——译者注

[171] 上一小节探讨的辩诉交易这时仍然可以进行（被"传讯"后所作的有罪答辩）。

[172] 与有罪答辩不同，在同一诉讼的随后进程中，或在不同的案件中，附条件的答辩不得用于对抗被指控人。See *LaFave/Israel/King/Kerr*, Criminal Procedure §21.6 (b)。

[173] 例如参见 *United States v. Leon-Delfis*, 203 F. 3d 103, 110 (1st Cir. 2000)。See also *Iowa v. Tovar*, 541 U. S. 77, 81 (2004); *LaFave/Israel/King/Kerr*, Criminal Procedure §24.9 (a)。

[174] 关于如何界定"严重的犯罪"的探讨，参见 *Duncan v. Louisiana*, 391 U. S. 145 (1967)。联邦最高法院已经表明：任何可能判处 6 个月以上监禁的犯罪，均应由陪审团审判，而不论最终判处的刑罚。See *Blanton v. City of N. Las Vegas*, 489 U. S. 538 (1989)。可判处巨额罚金的犯罪也可视为"严重的犯罪"，并因而触发第六修正案中的陪审团审判权，参见 *S. Union Co. v. United States*, 132 S. Ct. 2344, 2351—52, 183 L. Ed. 2d 318 (2012)。关于陪审团制度的全面述评，参见 *Brown et al.*, The Jury's Role in Administering Justice in the United States: An Overview of the American Criminal Jury, 21 St. Louis U. Pub. L. Rev. 99 (2002)。

[175] F. R. Crim. P. §23 (a)。对于放弃陪审团审判，各州的刑事诉讼规则之间存在较大的差异。在有些州，被告人根本无权放弃；而在另一些州，对于死罪在内的各种犯罪，被告人均可放弃权利。See also *DeCicco/Anthony*, Waiver of Jury Trial in Federal Criminal Cases: A Reassessment of the "Prosecutorial Veto", 51 Fordham L. Rev. 1091 (1983). 对于美国法中"弃权"的一般探讨，参见 *Mazzone*, The Waiver Paradox, 97 Nw. U. L. Rev. 801 (2003)。

权。检察官和辩护律师均参加陪审员的挑选,挑选应尽可能客观公正。陪审团应当由当地人的典型代表组成[176];宪法第六修正案和第十四修正案特别要求:不得存在基于种族的系统性歧视[177],或者借助其他不公正的理由排除陪审员。由于陪审员挑选中有太多权利滥用的可能,因此,许多州规定了由法院监督挑选过程,或者甚至让法官挑选陪审员。[178] 在陪审团(包括候补陪审员,在陪审员不能陪审时,候补陪审员将接替工作)组建后,法官将告知陪审事宜并作适当指示,陪审员共同宣誓就职。陪审团应当仅基于法庭上出示的证据作出裁决。有鉴于此,相应的程序规则要求陪审团免受媒体的影响。[179] 在极端的情况下,法院可在审判期间将陪审团与外界隔绝("陪审团隔离",sequester),比如将陪审团留宿在宾馆,由警察监管并由宾馆提供饮食,陪审团不得与外界有任何进一步的接触。[180]

在庭审中,检察官和被告人作为对立的双方当面较量。[180a] 但是,检方不得隐瞒可能

---

[176] See *Taylor v. Louisiana*, 419 U. S. 522, 526—531 (1975); *Berghuis v. Smith*, 559 U. S. 314 (2010). 关于陪审团公正代表性的判例,参见 *Garcia-Dorantes v. Warren*, 978 F. Supp. 2d 815 (E. D. Mich. 2013)(将合格的非裔美国人系统地排除在陪审团之外,违反了公正代表性要求;若州法院未能在 70 天内重新审理该案,则当事人的人身保护令申请将获准)。See also Ellis/*Diamond*, Battering and Bolstering Legitimacy, 78 Chi.-Kent. L. Rev. 1033 (2003); *Marder*, Juries, Justice & Multiculturalism, 75 S. Cal. L. Rev. 659 (2003).

[177] 有关大陪审团成员挑选中存在歧视行为的一份早期重要判决,参见 *Eubanks v. Louisiana*, 356 U. S. 584 (1958)。若被告人初步证明陪审员候选人由于种族原因被排除,则举证责任转到政府一方(检察官),证明情况并非如此。See *Batson v. Kentucky*, 476 U. S. 79 (1986); *Miller-El v. Cockrell*, 537 U. S. 322 (2003). 另见"加西亚·多兰提斯案"(*Garcia*-Dorantes),上注[176]。不论被指控人是否属于特定种族,种族歧视禁令均适用。参见 *Powers v. Ohio*, 499 U. S. 400 (1991). 相应地,被告人也不得利用其无因排除权歧视性地剔除陪审员候选人。参见 *Georgia v. McCollum*, 505 U. S. 42 (1992). 这种禁令同样适用于民事案件,参见 *Edmonson v. Leesville Concrete Co.*, 500 U. S. 614, 111 S. Ct. 2077, 114 L. Ed. 2d 660 (1991).

[178] 在联邦刑事诉讼中,法官自己向陪审员候选人提问,并且只在必要和适当时才允许控方和辩方提问,这属于法官的自由裁量权。F. R. Crim. P. § 24 (a).

[179] 被告人享有获得公正审判的权利,受第十四修正案的保障,因此需要抑制过分的案件报道,参见 *Estes v. Texas*, 381 U. S. 532 (1965); *Skilling v. U. S.*, 561 U. S. 358 (2010). 在"赖特诉得克萨斯州案"[*Wright v. Texas*, 374 S. W. 3d 564 (Tex. Ct. App. 2012)]中,法院指出,由于"埃斯蒂斯案"*Estes*)判决缺乏多数意见,因此其不得径为先例。该院判定:电视台对关于刑罚的听审录像,并未侵犯被告的宪法权利。在"合众国诉莫雷诺·莫拉莱斯案"[*United States v. Moreno Morales*, 815 F. 2d 725 (1st Cir. 1987), cert. denied 484 U. S. 966 (1987)]中,法院认为,当前的案件不会引起全国的注意,因此新闻媒体在场不会对庭审过程产生消极影响。纸媒,但或许不包括电视媒体,因此有可能获准进入大部分庭审现场。See also Bell/*Odysseos*, Sex, Drugs, and Court TV? How America's Increasing Interest in Trial Publicity Impacts Our Lawyers and the Legal System, 15 Geo. J. Legal Ethics 653 (2002); *Morris*, The Anonymous Accused: Protecting Defendants' Rights in High-Profile Criminal Cases, 44 B. C. L. Rev. 901 (2003).

[180] See *United States v. Shiomos*, 864 F. 2d 16 (3rd Cir. 1988). 对此的深入探讨,参见 *Strauss*, Sequestration, 24 Am. J. Crim. L. 63 (1996). See also LaFave/Israel/King/*Kerr*, Criminal Procedure § 23. 2 (g); 24.9 (a).

[180a] 参见前文第 100 段注[4]。在联邦层面,首席检察官(合众国律师)均由总统任命;在各州,地方首席检察官(地方律师)通常选举产生。参见前文第 117A 段。

对被告人有利的证据。[180b] 庭审开始于开审陈词,控方发表案情见解,并简述其准备用以证明被告人罪行的证据已达到"排除合理怀疑"的标准。随后,被告方发表辩护词。接下来进入举证阶段,证人证言是核心,理由在于,即便物证,例如作案凶器,也应借助证言引入成为证据。被告人同样有权提供证言。[181] 他若真要作证,则也要接受检察官的交叉询问。若他为了避免交叉询问而选择不作证(援引第五修正案的宪法权利),则他人不得从其拒绝作证中得出对其不利的结论。[182] 此外,被告人有权让对方证人出庭("与证人对质"),并接受被告辩护律师的询问(交叉询问)。[183] 起初,传闻证据——比如证人提供的证言是第三方的具体陈述,或第三方传递的具体信息,不得作为证据使用。[184] 但是,即便书证也必须借助证人引入才能成为证据,并且区分间接证据(传闻证据)和直接(而且合法的)证据面临诸多困难,因此《联邦证据规则》规定了许多例外情况。[185] 某些人有权拒绝作证,他们享有豁免权。这类人尤其是指配偶,以及因与被告人的关系而占有"特许保密"信息的那些人,例如医生、律师、牧师或者其他宗教咨询师、心理咨询师。作为控方证人的同案犯也可享有

---

〔180b〕 *Brady v. Maryland*, 373 U. S. 83, 87 (1963). 后来,联邦第九巡回区上诉法院对"布雷迪"(*Brady*)规则作了狭义解释:尽管检方隐瞒了主要专家证人可靠性的信息,但隐瞒的信息并非"至关重要",因此检方并未违反"布雷迪"规则,被告人的上诉主张应予驳回。参见"合众国诉奥尔森案"判决[*United States v. Olsen*, 704 F. 3d 1172 (9th Cir. 2013)]。该院拒绝了申请人提出的全体法官出庭复审的请求,对于这一拒绝决定,首席法官科津斯基进行了有力反驳:"合议庭的决定不仅错误,而且表述粗略,后果危险,对刑事司法正义影响深远……这将给检察官们发出一个明确的信号,这就是在案件调查结束后,最好把对被告人有利的证据隐藏起来。" 737 F. 3 625, 630 (9th Cir. 2013), cert. denied 2014 U. S. LEXIS 3822. "奥尔森案"判例后来为"合众国诉穆尔案"判决[*United States v. Moore*, 592 Fed. Appx. 544, 546 (9th Cir. 2014)]所遵循。

〔181〕 被告人的回忆通过催眠术获得"恢复",由此获取的证言并不被自动排除,参见 *Rock v. Arkansas*, 483 U. S. 44, 49—53 (1987). 对该判决的进一步探讨,参见 *Borawick v. Shay*, 68 F. 3d 597, 602 (2d Cir. 1995), followed by *MacDermid Printing Solutions, Inc. v. Cortron Corp.*, No. 3∶08cv1649 (MPS), 2014 U. S. Dist. LEXIS 79941, 2014 WL 2615361 (D. Conn. June 12, 2014)。

〔182〕 被告人行使免于自证其罪的权利,无论是法官还是检察官,均不得因此向陪审团发表不利于被告人的评论:*Griffin v. California*, 380 U. S. 609 (1965). 但是,有些表述与要求差别细微,比如检察官评论说,如果被告人愿意,他本可作证;发表这种评论被法院判定并未侵犯被告人的权利。*United States v. Robinson*, 485 U. S. 25 (1988); *Wright v. Pennsylvania*, Civil Action No. 11-7466, 2014 U. S. Dist. LEXIS 64180, 2014 WL 1875921 (E. D. Pa. May 9, 2014). 但是参见 *Adams v. State*, 261 P. 3d 758 (Alaska 2011)[从对被告人有利的角度限制解释"鲁宾孙案"(*Robinson*)判例], followed in *Khan v. State*, 278 P. 3d 893 (Alaska 2012)。

〔183〕 *Pointer v. Texas*, 380 U. S. 400 (1965); *Barber v. Page*, 390 U. S. 719 (1968). 同样,根据第六修正案和第十四修正案,被告人有权让本方证人出庭作证,参见 *Washington v. Texas*, 388 U. S. 14 (1967). 但这一规则在表述上后来发生了变化,参见 *United States v. Quinn*, 728 F. 3d 243, 252 (3d Cir. 2013) (修改了原来的规定方法,判定法院无权豁免辩方证人出庭作证)。

〔184〕 适用于联邦刑事诉讼的规则,参见 2015 年《联邦成文法大全》第 28 篇第 802 条。

〔185〕 See 28 U. S. C. A. Federal Rules of Evidence §§ 803 et seq. 排除传闻证据规则的例外诸如有关个人声誉的证言[§ 803 (21)]或临终者所作的陈述[§ 804 (b)(2)]。

豁免权。[186] 鉴于证人在美国刑事诉讼中的核心地位，可能需要对其采取特别保护措施，防止其遭受报复或其他潜在伤害（比如犯罪同伙作为控方证人时）。因此，1984 年《犯罪综合控制法》授权美国总检察长采取证人保护方案，可赋予证人新身份，以及必要的经济资助，使其可在国内其他地方开始新生活。[187]

726　　在控方举证完毕之后，被告人可以提请法庭驳回检方请求（"驳回动议"，motion to dismiss）。[188] 如果控方未能举出充分的证据，"排除合理怀疑"地证明被告人有罪，或未能满足举证责任要求，则法院驳回检方请求就恰如其分。[189]

727　　若检方请求未被驳回，举证结束后，控辩双方进行最后陈述，其中检方先陈述。接着，法官"指示"陪审团适用什么法律规则。但是，法官不得评议案情，也不得评议双方当事人提供的证实或推翻案件事实的证据。法官和陪审团如何适当定位，该领域目前尚有诸多疑难问题待解。由于这一原因，声称法官对陪审团的指示存在缺陷，成了最常见的上诉理由之一。[190]

728　　陪审团的评议秘密进行。由陪审团成员选出的发言人告知法官裁决结果。陪审团可能裁定被告人无罪、犯有所有指控的罪行、犯有部分指控的罪行、犯有较轻的罪行，或者因为精神病无罪。陪审团可以仅基于最初的公诉书或起诉书指控的事实作出裁决。但是，基于控方指控和庭审查明的事实，陪审团也可对所有相关的犯罪或犯罪未遂作出裁决。[191] 起初，无论是有罪裁决和宣判无罪（无罪裁决），均要求由 12 人组成的陪审团一致投票同意。[192] 如今，有的州法规定，对于死罪以外的严重犯罪，9 名或 10 名陪审员的多数就足以支持裁决成立。[193] 在这种情况下，一致投票同意仅对无罪裁决具有重要意义，它可阻止对同一行为重新起诉。如果陪审团的裁决明显缺乏证据支持，则法院有权驳回控方请求（宣

---

[186]　参见前文第 722 段。联邦法中有关这种豁免权的规定，参见 2015 年《联邦成文法大全》第 18 篇第 6001—6005 条。但判例法有所变化，参见前注[183]中的"奎因案"(United States v. Quinn)。

[187]　See Pub. L. No. 98—471, 217 (a); 98 Stat. 1837, 2017—34 (1984)（作为修订文本编入 2014 年《联邦成文法大全》第 28 篇第 991 条及以下条文）。

[188]　被告人在后面的诉讼阶段，还可提出或重复提出此种动议，比如在控方最后陈述之后。

[189]　在联邦刑事诉讼中，法院还可因缺少证据而自行驳回公诉，参见《联邦刑事诉讼规则》第 29 条第 1 款。

[190]　联邦刑事诉讼规则因此规定，法官应向陪审团下达书面指示，并事先交给双方当事人，以便他们当时提出反对意见。当事人若当时没有表示反对，则以后不得提出异议。See Wright, Federal Practice and Procedure, F. R. Crim. P. §30.

[191]　F. R. Crim. P. §31 (c); see also United States v. Miller, 471 U. S. 130 (1985); Schmuck v. United States, 489 U. S. 705 (1989); Carter v. United States, 530 U. S. 255 (2000).

[192]　在联邦法院审理违反联邦法的犯罪案件中，原则上依然遵循这一做法。See F. R. Crim. P. §31 (a).

[193]　有关如此规定的合宪性，参见 Apodaca v. Oregon, 406 U. S. 404 (1972); Johnson v. Louisiana, 406 U. S. 356 (1972). 但是，小陪审团（比如由 6 人组成的陪审团）的裁决，仍然必须一致同意作出，参见 Burch v. Louisiana, 441 U. S. 130 (1979)。

判被告人无罪),或下令重新审判。只要第一次审判未对被告人定罪或课刑,则此种重新审判并未违反禁止"双重危险"的规定。

4. 判处刑罚(量刑)

如果陪审团交回一份有罪裁决,则法官接着判处刑罚("对被告人量刑")。[194] 在有些州,陪审团也决定判处的刑罚,或者参加量刑程序。[195] 为了量刑适当,法院将听取检察官和被告人的意见;至少在联邦刑事诉讼中,法院还将听取来自监狱机构以及缓刑委员会的代表和官员的意见。[196] 缓刑机构[假释(parole)委员会]进行"量刑前调查",并将调查报告呈送给法院;该报告详细分析罪犯的社会背景、犯罪相关情况、以前的劣迹,并评估其洗心革面的可能性,提出量刑建议。[197] 如果被告人被判处**缓刑**,那么他此后若重新犯罪,或者违反判处缓刑所附带的条件,将导致撤销缓刑。撤销缓刑后,法院可延长原判缓刑的期限,或者要求罪犯按原判刑罚(监禁刑)服刑。

在大多数州,有关重罪量刑的成文法采用弹性的刑期,指明上限和下限,例如"3 年到 5 年"。这种量刑规定意味着:被判刑的被告人,可在服刑 3 年后首次申请附条件释放("假释"),但最迟应在 5 年后释放。因犯表现良好,作为额外的奖励,其最低的服刑期可以缩短;在上例中,囚犯可在 2 年 3 个月后具备假释资格。在假释期间,囚犯受假释官的监管。

并不罕见的是:法院判处累加的刑罚(比如对 3 次谋杀判处"3 个 99 年"),进而规定这些刑罚不能同时执行,而应连续执行。这种判刑旨在禁止罪犯提前假释出狱。在联邦司法

---

[194] 在联邦刑事诉讼中,法院在量刑前调查完毕并收到调查报告之后,应当及时地宣布量刑结果,"不得有无必要的迟延"。参见《联邦刑事诉讼规则》第 32 条第 1 款。有关可判处的刑罚类型和幅度,参见 2003 年《联邦成文法大全》第 18 篇第 3551 条及以下条文。

[195] 尤其在保留死刑的州,陪审团会经常面临抉择:判处死刑还是终身监禁。在陪审团参与判处刑罚的同时,还存在另一种交易的可能,不过这次是在陪审员之间的交易:为了满足定罪所需陪审员多数的要求,以轻罪换取轻罚,或者以轻罚换取轻罪。对此的全面探讨,参见 Iontcheva, Jury Sentencing as Democratic Practice, 89 Va. L. Rev. 311 (2003). 对于这一话题的讨论,比较前文第 722 段所探讨的辩诉交易。

[196] See 18 U.S.C. § 3552 (2003); F. R. Crim. P. 32 (c). 对于重罪的量刑,许多州制定了所谓的"三振出局法",为了公共安全要求对犯罪 3 次的罪犯加重刑罚。联邦最高法院判定:对累犯判处无限期的终身监禁,并未违反第八修正案中禁止残忍而异常刑罚的规定。See Ewing v. California, 538 U.S. 11 (2003). 但是未成年人犯罪是特殊情况,参见"格雷厄姆案"(Graham v. Florida), 前文第 702 段和 703A 段。

[197] 对调查报告内容的规定,参见 18 U.S.C. § § 3552 (b), 3553 (a) (2015); F. R. Crim. P. 32 (b)(4). 从 1983 年起,报告中应增加一部分——"对被害人影响之陈述"(参见上文第 702A 段)。参见 F. R. Crim. P. 32 (b)(4)(D). 辩护律师负有道义上的义务进行独立调查,发现可减轻刑罚的证据,而不能完全依赖官方的量刑前调查报告。联邦最高法院判定:若辩护律师未独立调查,并提交有关被告人过往的证据,而此种证据本可有助于评估被告人道德罪责并减轻处罚,那么该失误相当于侵权,侵犯了被告人依据宪法第六修正案所享有的获得律师帮助权。参见 Wiggins v. Smith, 539 U.S. 510 (2003).

实践中,《量刑指南》(Sentencing Guidelines)旨在确保联邦法院之间的判刑具有一定的统一性。[198] 但是,若不同法院采用不同的标准准许假释,则判刑统一的目标难免受挫。因此,传统形式的假释制度在 1984 年走向消亡[199],而代之以一种约束更多的"评分"(credit)制度[200]。如果量刑错误(比如违反《量刑指南》),那么上诉法院会把案件发回初审法院改正量刑。[201] 此外,若判刑后情势改变,尤其是当初定罪量刑依据的证据情况发生变化,政府(控方)据此在判刑 1 年内提出减刑动议,那么法院可基于该动议减刑。[202]

5. 上诉

732　英国普通法最初仅针对少数的有罪判决准许上诉。早期的美国法反映了这种取向,19 世纪后期的联邦最高法院一份判决曾宣布:各州无义务为有罪判决提供上诉机会。[203] 若联邦最高法院如今还坚守此类判决,则适用第十四修正案发展而来的判例法,是对此提出质疑的充分依据。但是,由于如今各州均准许上诉,因此这一问题对司法实践几无意义。[204] 上诉审大多是书面审;若有口头辩论,则其也仅涉及法律问题。

733　上诉人通常声称原审违法。常见的理由是程序错误,例如:采纳了应予排除的证据、参加审判的陪审员不适格、对陪审团的指示错误、不适当地运用了《量刑指南》,或者支持裁决的证据不充分。上诉法院审查初审法院的法律适用,但对初审法院依法行使自由裁量权不

---

[198]　关于联邦"指南"的全面探讨,参见 Hofer/Allenbaugh, The Reason Behind the Rules: Finding and Using the Philosophy of the Federal Sentencing Guidelines, 40 Am. Crim. L. Rev. 19 (2003)。此外,与普通法规则相反,1982 年《受害人和证人保护法》(Victim and Witness Protection Act)允许将判给受害人损害赔偿作为刑事诉讼的一部分,参见 2015 年《联邦成文法大全》第 18 篇第 3556 条。关于"恢复原状的命令",参见该法律大全第 18 篇第 3663 条和 3663A 条。

[199]　See Wright, Federal Practice and Procedure, Vol. 3, Rule 32, §536. 量刑指南与"行为能力降低"的抗辩理由(前文第 377 段),对于二者关系的探讨,参见 Subotnik, Past Violence, Future Danger?: Rethinking Diminished Capacity Departures Under Federal Sentencing Guidelines Section 5K2.13, 102 Colum. L. Rev. 1340 (2002)。

[200]　"评分"制度还包括,因犯表现良好,将获得一定的天数折抵刑期。参见 2015 年《联邦成文法大全》第 18 篇第 3624 条第 2 款以及上文第 730 段。关于联邦量刑制度的概览,参见 Osler, Must Have Got Lost: Traditional Sentencing Goals, the False Trail of Uniformity and Process, and the Way Back Home, 54 S. C. L. Rev. 649 (2003)。

[201]　F. R. Crim. P. 35 (a). 该规则同样支持下述主张:联邦地区法院在上诉申请提交之前,有权主动调整量刑。See Wright, Federal Practice and Procedure §582.

[202]　F. R. Crim. P. 35 (b).

[203]　McKane v. Durston, 153 U. S. 684, 687—688 (1894); confirmed in Griffin v. Illinois, 351 U. S. 12, 18 (1956); invoked in D'Angelo v. N. H. Sup. Ct., No. 12-cv-411-SM, 2012 U. S. Dist. LEXIS 180178, 2012 WL 6647807 (D. N. H. Dec. 20, 2012).

[204]　在联邦刑事诉讼中,法院应告知被定罪的被告人享有上诉权;如果被告人为贫民,则应按照对待贫民的方式,告知其有权不需考虑诉讼费用行使上诉权。参见 18 U. S. C. §3742 (2003); F. R. Crim. P. 32 (c) (5)。

予审查。因此，上诉法院改变量刑的情况并不常见。控方对无罪判决提起上诉，这属于例外情况，需要有成文法依据。[205] 若被告人在初审中作了有罪答辩，则其上诉需要证明有罪答辩存在缺陷。被告人的经济贫困不应妨碍他行使上诉权。[206] 因此，贫穷的被告人有权指定公费律师，至少在法定的首次（或唯一的）上诉中享有该权利。[207]

### （三）判决后的救济途径

与民事诉讼法不同，美国的刑事诉讼法并未严格界定判决的既判力(res judicata)。结果，在直接上诉之外，被告人还可诉诸其他方式挑战（定罪）判决的效力。这些方式称为判决后的救济途径(post-conviction remedies)。若是这些途径也不奏效，则被判有罪的被告人还可寻求总统特赦（违犯联邦法的犯罪），或者州长特赦（违犯州法的犯罪）。

### 1. 人身保护令的宪法保障

《联邦宪法》第一修正案保障人民获得人身保护令(habeas corpus)的权利。[208] 它承继了英国《大宪章》确立的传统，即对于剥夺自由的判决，囚犯有权要求审查其合法性。*[209] 若

---

[205] See F. R. App. P. 4 (b).

[206] *Griffin v. Illinois*, 351 U.S. 12, 18—19 (1956). 该案涉及对获得审理记录副本的经济资助；没有这份副本，"全面的上诉审查"将无从谈起。

[207] *Douglas v. California*, 372 U.S. 353 (1963). 另见"史密斯诉鲁宾孙案"[*Smith v. Robinson*, 528 U.S. 259, 120 S. Ct. 746, 145 L. Ed. 2d 756 (2000)]，该判决讨论了一对权利义务之间的相互影响：刑事被告人在上诉中获得律师帮助的权利，与律师避免发表无聊观点的道德义务。See also *Baynard v. United States*, No. 11-cv-301-SM, 2012 U.S. Dist. LEXIS 14519, 2012 WL 395165 (D. N.H. Feb. 7, 2012), appeal docketed, No. 12-1256 (1st Cir. Feb. 29, 2012).

[208] 第一修正案中"……以及向国家机构请愿申冤的权利"的表述，包含了公民获得人身保护令的权利。在查理二世统治下的 1679 年，英国通过了《人身保护令修正法》(Habeas Corpus Amendment Act)；从此，作为一种由成文法界定的快速救济途径，获得人身保护令的权利一直绵延至今。英国的人身保护令立法基于自《大宪章》时就有的普通法规则，即除非被合法定罪，公民享有人身自由。See *Holdsworth*, History of English Law, ix, 104—125 (1984). 对于美国法中该救济途径的历史演进，解释不一，参见 *Forsythe*, The Historical Origins of Broad Federal Habeas Review Reconsidered, 70 Notre Dame L. Rev. 1079 (1995).

* 联邦最高法院将人身保护令程序的性质确定为民事诉讼程序。申请人无请求陪审团审判的权利、无获得律师帮助的权利等。申请人通常以其宪法权利受侵犯为由提出申请，并在举证责任方面负有以优势证据说服法官的责任。参见王兆鹏：《美国刑事诉讼法》，北京大学出版社 2014 年版，第 713 页；〔美〕爱伦·豪切斯泰勒·斯黛丽、南希·弗兰克：《美国刑事法院诉讼程序》，陈卫东、徐美君译，中国人民大学出版社 2002 年版，第 613 页。

[209] 特别是在正常的上诉中无法提出的违法指控，人身保护令的程序提供了一种救济途径，参见 *Waley v. Johnston*, 316 U.S. 101 (1942). 如同诸多其他途径，这种判决后的救济途径属于间接攻击原判决。囚犯声称获得的律师帮助无效，违反了第六修正案；这类情形，参见 *Massaro v. United States*, 538 U.S. 500 (2003)（法院准许了人身保护令的诉请并判定：没有在直接上诉中提出律师帮助无效，不管该请求能否在直接上诉中提出，均不妨碍在随后的间接复审程序中提出）。

无法院判决而予以羁押，这种救济途径也可用于审查羁押本身以及羁押过程的合法性。后者的一个实例是：位于美国关塔那摩湾战俘营的"敌方战斗人员"，已提出多起诉讼，请求审查羁押的合法性。[210] 普通法上的人身保护令救济如今成为联邦刑事诉讼立法的一部分，可见于《联邦成文法大全》第 28 篇第 2241 条及以下条文中，尤其是第 2254 和 2255 条。[211]

只要被告声称其宪法权利遭受侵犯，法院就可启动人身保护令程序审查判决。例如：判决的基础是被告人非自愿的供述[212]，法院以该供述作为认定被告人犯罪的证据。[213] 除了判例法已明确的程序性宪法保障，其他还有哪些可作为法院给予人身保护令的依据，这仍需进一步探讨。[214] 无论如何，对于已定罪的被告人，刑事诉讼法的新发展若对其有利，

---

[210] 联邦最高法院判定：依据 2005 年《被羁押者待遇法》(Detainees Treatment Act) 成立军事委员会，既违反《统一军法典》，也违反《日内瓦公约》，这种特别军事法庭不得替代普通法院。See *Hamdan v. Rumsfeld*, 548 U. S. 557 (2006). 面对联邦最高法院的反对，联邦国会曾试图以立法取代该判决，《军事委员会法》(120 Stat. 2600) 规定，在《联邦成文法大全》第 28 篇第 2241 条插入第 5 款，明确剥夺普通法院对所有这类人身保护令案件的管辖权。面对国会的阻挠，联邦最高法院在"博姆迪恩诉布什总统案"[*Boumediene v. Bush*, 553 U. S. 723, 771 (2008)] 中判定：根据《联邦宪法》第 1 条第 9 款第 2 项的明确表述（"人身保护令中止条款"），国会没有权力中止人身保护令。

[211] 这两条的内容可简要归纳如下：第 2254 条规定的人身保护令申请程序，旨在挑战各州的法院定罪之后的囚禁，申请人用尽了州法中所有上诉救济途径后，向联邦法院诉称州法院的有罪判决违反了联邦宪法、联邦成文法或者美国签订的条约。第 2255 条规定的人身保护令救济，旨在审查依联邦法院判决，申请人被囚禁于联邦监狱的合法性，申请人声称判决违犯了联邦宪法或成文法，具体指法院缺乏管辖权，或者超越了《量刑指南》所允许的限度。申请人可针对原判法院提出"撤销、驳回或改正判决的动议"。

[212] 参见"佩恩诉阿肯色州案"[*Payne v. Arkansas*, 356 U. S. 560 (1958)] 判决：不顾被告律师的反对，以胁迫方式获取被告人的认罪供述，法院认可这种供述违反了第十四修正案中的正当程序条款。相比以前的判决，"亚利桑那州诉富尔梅南特案"[*Arizona v. Fulminante*, 499 U. S. 279 (1991)] 的判决出现倒退，它判定：以胁迫方式获取的有罪供述，并非一概无效。

[213] 在联邦法院，针对何种违宪行为被告可诉请启动人身保护令程序？对该问题的回答，参见 *Stone v. Powell*, 428 U. S. 465 (1976). 除了以胁迫获得被告人供述，其他侵权情形还包括侵犯被告人不得自证其罪的权利，以及侵犯被告人质疑对方证据的权利。另见下注 [214]。

[214] 根据"无害错误原则"，无关紧要的程序性错误并不导致判决被撤销。See *Chapman v. California*, 386 U. S. 18 (1967) [依据"合理的可能性"(reasonable possibility)，法院基于被质疑的证据对被告人定罪，这种错误就是实质性的]；*Arizona v. Fulminante*, 499 U. S. 279 (1991). 根据"富尔米南特案"(*Fulminante*) 判例，实质性错误应为"结构性"缺陷，影响到刑事审判程序的整体公正性。See *United States v. Bonomolo*, 566 Fed. Appx. 71, 75 (2d Cir. 2014). 被告人以程序性错误为由申请人身保护令，在绝大部分案件中，程序性错误被认定为无害错误，被告人的申请被驳回。准许人身保护令救济的两份判决，参见"史蒂文森诉华莱士案"(No. 4：10CV02055 AGF, 2014 U. S. Dist. LEXIS 154011, E. D. Mo. Oct. 30, 2014)（在案件审理和判决后的救济中，律师代理未发挥应有的作用）；"马克斯韦尔诉罗案"[*Maxwell v. Roe*, 628 F. 3d 486 (9th Cir. 2010)]（州法院基于错误的实质性证据定罪）。

至少在一定范围内有可能追溯适用。[215] 起初，借助简单的技巧，诸如"保留"用于下次挑战判决的理由，申请人可连续提起两次甚至更多次的人身保护令程序。但如今，为遏制滥用程序，立法要求：申请人在首次提出申诉时，应将获知的所有违犯联邦法的理由一并提出。[216] 相应地，除非事后发现异常情况，不限次数地申诉已无可能。

2. 联邦人身保护令法改革

作为《反恐和有效死刑法》（Antiterrorism and Effective Death Penalty Act）[217]的一部分，有关人身保护令的联邦法在1996年发生了重大变革。重大的修改包括：根据《联邦成文法大全》第2255条在联邦地区法院提起人身保护令的申请，适用1年的诉讼时效，同时缩短了上诉的诉讼时效。[218] 此外，联邦最高法院在"蒂格诉莱恩案"

---

[215] 刑事诉讼法的一次修订，使被告人的证明责任发生变更，被告人的辩护律师在上诉之时不可能获悉这一法律修订，但申请人身保护令时援引了修订后的新法，于是申请人依据《联邦成文法大全》第28篇第2254—2255条申请人身保护令获得了成功。就这样，1975年修订的法律得以——"溯及既往地"——适用到1969年的判决。参见 Reed v. Ross, 468 U.S. 1 (1984). 法律是否具有溯及力应由法院宣示。See Lanier v. United States, 220 F. 3d 833 (7th Cir. 2000).

[216] "客观理由加实质妨害标准"（cause and prejudice test）要求：在之前的诉讼阶段，被告人之所以既未寻求州法提供的救济途径，也未提出违宪的诉请，是由于其无法控制的客观因素，而且被告人无法采取措施导致了法院对其定罪。参见 Wainwright v. Sykes, 433 U.S. 72, 90—91 (1977). 在"默里诉卡里尔案"［Murray v. Carrier, 477 U.S. 478, 492—497 (1986)］和"史密斯诉默里案"［Smith v. Murray, 477 U.S. 527 (1986)］中，联邦最高法院重申：原则上，该标准是一种适用和实用的处理方式，借此可评判法院授予人身保护令的自由裁量权。不过，该院同时认为：只要判决违反宪法会导致剥夺其实无罪者的自由，没有重要的理由法院也可签发人身保护令。关于"其实无罪"（actual innocence）的标准，另见"索耶诉惠特利案"［Sawyer v. Whitley, 505 U.S. 333 (1992)］判决，该判决采用了更加严格的标准；后者转而被"施拉普诉德洛案"［Schlup v. Delo, 513 U.S. 298 (1995)］推翻，后者重申"默里案"判决采用的标准。一般而言，只要被定罪者能够证明，否定人身保护令将导致"根本性的司法不公"，则法院偏离"客观理由加实质妨害标准"就并无不妥。参见 McCleskey v. Zant, 499 U.S. 467, 489—497 (1991); Keeney v. Tamayo-Reyes, 504 U.S. 1 (1992). 上述系列判决已经被《反恐和有效死刑法》（下注［217］）部分修正，因此《联邦成文法大全》第28篇第2254条第2款第1项如今要求：申请人在求助于联邦法院之前，应首先用尽州法院提供的救济措施（包括提出联邦法上的请求）。

[217] Pub. L. 104—132, Apr. 24, 1996, Sec. 101—107（作为修订文本编入2003年《联邦成文法大全》第28篇第2244—2266条）. 该法适用于所有在1996年4月24日或之后"启动"的案件,这被解释为要求申请人已开始真正在争取一份判决。若是申请人只是提出了动议，旨在指定联邦人身保护令律师，或暂缓执行判决，则此时案件尚未"启动"。See Woodford v. Garceau, 538 U.S. 202 (2003). 2003年《联邦成文法大全》第28篇第2254条规定的诉讼程序作出了相应修改，对此的评论，参见 Bryant, Retroactive Application of "New Rules" and the Antiterrorism and Effective Death Penalty Act, 70 Geo. Wash. L. Rev. 1 (2002). （本脚注对应的正文根据原著作者给译者的回信作了修改。——译者注）

[218] 参见2015年《联邦成文法大全》第28篇第2244条第4款，涉及第2254条和第2255条的适用："有罪判决成为终局判决"，从这天起1年的期限开始计算；对于死刑判决，期限只有180天，参见2015年《联邦成文法大全》第28篇第2263条第1款。这些限制性规定出于实践目的，以成文法引入了刑事判决的既判力制度；既判力制度增强了判决的确定性，并试图减轻法院的负担。在人身保护令程序中，上诉的理由仅有两个，其中之一是发现了新证据；基于该新证据，任何一位理智的初审法官都将不会维持有罪裁决。这意味着，基于新证据申请人身保护令，相当于否定了原审判决缺乏"明确可信的证据"。另一种上诉理由是有关联邦宪法的判例法出现了新变化，而且联邦最高法院已经宣告其溯及既往。参见前注［215］。

(*Teague v. Lane*)[219]中判定：人身保护令程序应当基于已确立的宪法原则，而不得依据个案中的考虑因素。[220] 另一方面，联邦最高法院在意义重大的 2008 年"博姆迪恩案"(*Boumediene*)中判定：只要羁押是因美国行使主权或管辖权所致，法院就可以基于人身保护令请求审查羁押的合法性；该案涉及：在关塔那摩湾军事监狱的被羁押人员是否享有寻求此种审查的权利（政府一方对此持有异议）。[221]

---

[219] 489 U. S. 288 (1989).

[220] See 28 U.S.C. § 2254 (d)(1) (2015). 因此，人身保护令程序不可能像以往那样促进该领域的宪法发展：110 Harvard L. Rev. 1868，1870—1871 (1997). See also *Williams*，Guilty Until Proven Innocent：The Tragedy of Habeas Capital Appeals，18 J. L. & Politics 773 (2002). 回想一下：根据《联邦宪法》第 6 条，除了联邦成文法、普通法以及联邦宪法本身，"在合众国的权限内所有已经签订或将来签订的条约是本土的最高法律"。严格说来，至少在理论上，恰如违犯国内法将使被告人获得人身保护令救济，违反国际条约同样可为获得救济的依据。联邦最高法院不顾公开反对，拒绝给予人身保护令，这样的实例可参见 *Torres v. Mullin*，540 U. S. 1035 (2003). 过去曾有许多死囚，基于美国违反了国际条约的规定而寻求人身保护令救济，此类条约旨在保障在美国被捕的外国人有权会见其本国代表，而这些死囚却未能享有该权利。在 2000 年至 2004 年期间，在违反领事条约的情况下，美国处决了 3 名墨西哥公民；随后，墨西哥到国际法院(ICJ)起诉美国，控告美国违反条约义务，将 50 多名墨西哥公民定罪和判处死刑。2004 年 3 月，国际法院判决：美国违反了《维也纳公约》，美国法院应当复审和重新考虑所有存在争议的定罪和量刑。*Case Concerning Avena and Other Mexican Nationals*，2004 I. C. J. 12 (Mar. 31). 过去，美国拒绝等待国际法院的审理而暂缓执行处决死囚，也拒绝承认国际法院判决的拘束力。但"托里斯案"(*Torres*)(见上文)是个例外：俄克拉荷马州的总检察长考虑到"国际礼让"，不顾上文所述联邦最高法院的做法，而要求州上诉法院暂缓处决托里斯，等待国际法院的判决结果。在国际法院对"阿维纳案"(*Avena*)判决后，2005 年 2 月布什总统指示美国法院执行国际法院的命令。然而到了 2005 年 3 月，美国就宣布撤回其任择议定书(optional protocol)，不再授权国际法院管辖在美国法院受审的外国国民提出的请求。得克萨斯州认为国际法院和美国总统均无权命令重新审判，坚持判处何塞•麦德林死刑。在上诉审中，联邦最高法院判定：无论存在争议的条约还是国际法院的判决，在美国都不具有自执行性，总统的声明并未使其改变性质。*Medellin v. Texas*，552 U. S. 491 (2008). 麦德林在 2008 年 8 月被执行死刑。2009 年初，国际法院判定：对麦德林执行死刑违反了美国应承担的国际义务。2011 年，又一名墨西哥人因谋杀罪被判处死刑后，向联邦最高法院请求人身保护令救济，理由与当年麦德林提出的理由实质相同。联邦最高法院指出，自从"麦德林案"判决作出后，国会本有 4 年时间制定法律，却并未立法。该院考虑到之前的"麦德林案"判决，尽管面对强烈的反对意见，但还是于 2011 年 7 月 7 日拒绝了这名墨西哥人的诉请。*Garcia v. Texas*，131 S.Ct. 2866 (2011). 该名墨西哥人于判决的当日被处决。随后在得克萨斯州和佛罗里达州审理的案件中，当事人的人身保护令申请也被拒绝。参见 *Tamayo v. Thaler*，No. 11-70005，2011 U. S. App. LEXIS 26665 (5th Cir. Dec. 21, 2011); and 2011 U. S. App. LEXIS 26671(5th Cir. Jan. 21, 2011); *Valle v. State*，70 So. 3d 530 (Fla. 2011). 未及时通知墨西哥领事，使被告人没能在审判中获得领事的协助，对于由此造成的负面效应，内华达州最高法院曾下令举办了一场证据听证会，其实适用了"无害错误"原则(前注[214])。参见 *Gutierrez v. State*，No. 53506，2012 Nev. Unpub. LEXIS 1317，2012 WL 4355518 (Nev. Sep. 19, 2012).

[221] *Boumediene v. Bush*，553 U. S. 723 (2008). 参见前注[210]。对此的探讨，另见 *Dasgupta*，*Boumediene v. Bush* and Extraterritorial Habeas Corpus in Wartime，36 Hastings Const. L. Q. 429 (2009).

## 3. 州法中的复审机制

许多州在成文法中规定了判决后的救济途径,以取代或补充传统的人身保护令。被定罪者可以在州法院援用这种救济。联邦最高法院尚未有时机判定:是否联邦宪法要求各州提供这种救济。不过,如上文所述,按照州法被定罪者,在用尽州一级的救济途径后,还可寻求联邦法院的人身保护令救济。[222]

---

[222] 28 U.S.C. § 2254 (2015). 州法院的判决违背或不合理地适用了明确无疑的联邦法,仅当此时,联邦法院才可针对州法院裁决过的诉请,给予来自该州的申请人以人身保护令救济。联邦法院不得仅仅因为州法院持有的观点与其不同,或者表面上看似不当或错误,就推翻后者作出的判决。See *Mitchell v. Esparza*, 540 U.S. 12 (2003). 联邦最高法院判定:联邦上诉法院通过审查一个州的"三振出局法"量刑指南(前文第703A段),而给予人身保护令救济是不适当的,州法院的判决对当时联邦法的适用,虽然有错或不当,但尚不构成"明显不合理"。See *Lockyer v. Andrade*, 538 U.S. 63 (2003). 另见前注[214]中"无害错误"原则。

# 附录一　判例法示例和评论

下文照录的一份早期判决,由纽约州上诉法院(Court of Appeals of New York)(纽约州的最高法院)作出,旨在举例说明如何通过司法判决(判例法)发展法律。卡多佐(*Cardozo*)是著名的纽约州法官,后来成为联邦最高法院的大法官。该判决由卡多佐法官撰写,特别适合阐明事实背景对于法律问题的重要性,也非常适合表明,法官在破旧立新时,如何权衡之前的判例法。在本案中,卡多佐援引了许多英国判例,但是现代判决只是偶尔援引英国法。对于研究者如何先找到类似"麦克弗森案"的判决,然后判断其是否继续有效,有关的探讨,请读者参见前文第 25 段及其后续段落。

### 麦克弗森诉别克汽车公司
(*MacPherson v. Buick Motor Co.*)
纽约州上诉法院
217 N. Y. 382,111 N. E. 1050 (1916)

本上诉案件来自"最高法院"第三区上诉分院(Supreme Court, Appellate Division, Third Department)\*。

唐纳德·C. 麦克弗森起诉别克汽车公司。上诉分院的判决(160 App. Div. 55,145 N. Y. Supp. 462)维持了"最高法院"宣布原告胜诉的判决,被告上诉。本院维持上诉分院的判决。

卡多佐法官。被告别克汽车公司是一家汽车生产商,曾将一辆汽车销售给一家零售商,该零售商又

---

\*　纽约州的"supreme court"虽然冠以"最高法院"之名,但并非负责案件终审的最高法院。它下设初审分院与上诉分院,上诉分院按区(department)分为 4 个,为中级上诉法院。真正的最高法院是纽约州上诉法院,享有案件的终审权。为了与真正的最高法院相区分,译者特意将"supreme court"的译名"最高法院"加引号。参见 http://www. courts. state. ny. us/courts/appellatedivisions. shtml,2018 年 9 月 25 日最后访问。——译者注

将其卖给原告。当原告坐在车内时,汽车突然坍塌,他被摔出车外并受伤。该车的一个车轮用了有缺陷的木材,轮辐破裂成碎片。车轮并非被告制造,而是被告从另一家生产商处购得。有证据显示,被告原本可以通过合理的检测发现车轮的缺陷,但该检测被忽略了。原告的起诉并非基于被告事先明知缺陷而故意隐瞒。换言之,该案并非依据"库灵诉精益制造公司案"[Kuelling v. Lean Mfg Co., 183 N. Y. 78, 75 N. E. 1098, 2 L. R. A. (N. S.) 303, 111 Am. St. Rep. 691, 5 Ann. Cas. 124]判例的规则提起诉讼。指控针对的不是欺诈,而是过失。需判定的问题是:被告是否对直接买方以外的第三人负有谨慎和勤勉义务。

至少就本州而言,卖方对第三人义务的基石是由"托马斯诉温切斯特案"(Thomas v. Winchester, 6 N. Y. 397, 57 Am. Dec. 455)判例奠定。在该案中,一种毒药被误贴标签,卖给了药剂师,药剂师继而卖给一位顾客。该顾客从贴错标签的卖方那里获得了损害赔偿。判决书认定:"被告的过失将人的生命置于迫在眉睫的险境",因为误贴标签的毒药可能伤害任何持有者。由于危险是可预见的,因此产生一种避免伤害的义务。在该案作为例证援引的判例中,不管生产商与销售商之间的合同如何约定,生产商均不对第三人负有任何义务。该案对先前判例所作的案里区分是:在先前的判例中,生产商的行为尽管存在过失,但不可能伤害到购买者以外的第三人。我们没有必要回答伤害的概率是否总得像这种区分所认为得如此微小。用以例证的有些判例今天可能会被推翻。就解决当前在审的案件而言,区分原则非常重要。"托马斯诉温切斯特案"很快成为法律发展中的一个里程碑。在适用该判例时,法院可能有时摇摆不定,或者甚至犯错。但本州从未有人质疑或者否定该判例本身。主要的判例众所周知,回顾其中的一些会有所帮助。"鲁普诉利奇菲尔德案"(Loop v. Litchfield, 42 N. Y. 351, 1 Am. Rep. 513)是最早的一个。该案涉及圆锯上的一个小摆轮的缺陷。生产商向买方指出了这一缺陷,而后者希望买便宜货,并甘愿承受风险。该风险几乎算不上迫在眉睫,因为这一摆轮用了5年后才损坏。同时,买方将该设备租给了他人。法院判定:生产商不对承租人承担责任。该判例为"洛斯诉克鲁特案"(Losee v. Clute, 51 N. Y. 494, 10 Am. Rep. 638)所遵循,在后一案件中,蒸汽锅炉发生爆炸。虽然该案判决备受批评[Thompson on Negligence, 233; Shearman & Redfield on Negligence (6th Ed.)117],但该判决应限定适用于特殊案情。该判决的依据是伤害风险太小。在该案中,买方不仅接受了锅炉,而且曾检测过。生产商知道自己的检测并非最终检测。在生产者对购买者之外的人承担勤勉义务这一问题上,检测的最终性对判断标准具有影响[Beven, Negligence (3d Ed.) pp. 50, 51, 54; Wharton, Negligence (2d Ed.) § 134]。

早期的判例主张对规则进行狭义解释。但是,后来的判例呈现的风格更加自由宽松。最重要的是"德夫林诉史密斯案"(Devlin v. Smith 89 N. Y. 470, 42 Am. Rep. 311)。被告是一名承包商,为一名油漆匠搭建一个脚手架,油漆匠的雇工受伤;承包商被判承担责任。他知道,脚手架若搭建不当,则会成为极其危险的陷阱。他知道脚手架将供工人们所用,因为他搭建脚手架就是为了这一目的。既然脚手架为雇工们所用,尽管承包商是与其雇主签订的合同,他也依然对雇工们承担谨慎搭建的义务。

从"德夫林诉史密斯案"起,我们跳过中间的判例,而转向本院遵循"托马斯诉温切斯特案"所作的最新判例。该判例即"斯塔特勒诉雷伊制造公司案"(Statler v. Ray Mfg. Co., 195 N. Y. 478, 480, 88 N. E. 1063)。被告制造了一个大咖啡壶,安装在一个餐馆里。在加热时,咖啡壶爆炸,伤害了原告。本院判定生产商承担责任。这样判决的理由是本院认定:咖啡壶"具有的本质特性,使其在用于其设计目的时,如果制造疏忽和不当,就会随时对许多人构成重大威胁"。

"德夫林诉史密斯案"和"斯塔特勒诉雷伊制造公司案"或许已经扩大适用"托马斯诉温切斯特案"的规则。如果是这样,那么本院将继续扩大适用该规则。被告辩解说,对生命构成紧急危险的产品是毒药、炸药和致命武器之类的用品,其正常功能就是伤害或破坏。但是,不管"托马斯诉温切斯特案"中的规则过去含义如何,它现在的含义都已不再局限于此。脚手架(上述"德夫林诉史密斯案")并非本身具有破坏性的工具,而是只有当存在制造缺陷时,它才具有破坏性;只有制造时存在过失,大咖啡壶(上述"斯塔特勒诉雷伊制造公司案")才可能本身带有危险性,但是没人会认为该器具的正常功能是造成破坏。对咖啡壶适用的结论同样适用于汽水瓶[*Torgesen v. Schultz*, 192 N.Y. 156, 84 N.E. 956, 18 L.R.A.(N.S.) 726, 127 Am. St. Rep. 894.]。此处我们只是提到了本院的判例。然而,在本州中级上诉法院,该规则同样已经扩大适用。在"伯克诉艾尔兰案"(*Burke v. Ireland*, 26 App. Div. 487, 50 N.Y. Supp. 369)中,按照卡伦(Cullen)法官的意见,该规则适用于一位建造了有缺陷建筑的建筑商;在"卡纳诉奥的斯电梯公司案"(*Kahner v. Otis Elevator Co.*, 96 App. Div. 169, 89 N.Y. Supp. 185)中,该规则适用于电梯生产商;在"戴维斯诉佩勒姆·霍德升降装备公司案"(*Davies v. Pelham Hod Elevating Co.*, 65 Hun, 573, 20 N.Y. Supp. 523)中,该规则适用于一位承包商,他在明知绳索使用目的的情况下提供了一根有缺陷的绳索,本院毫无异议地维持了该判决(146 N.Y. 363, 41 N.E. 88)。我们并无必要在本案中赞同或反对此类案件中对既有规则的适用,但它们已足以让我们看到司法思潮的趋势了。

"德夫林诉史密斯案"的判决时间是 1882 年。一年后,英国上诉法院审理了一桩非常相似的案件(*Heaven v. Pender*, 11 Q.B.D. 503)。我们发现:布雷特法官[Brett, M.R.,即后来的伊舍勋爵(Lord Esher)]在其意见中,未考虑当事人之间是否存在合同,而是直接依据法律本身对生产商课以同样的谨慎义务:

> 任何人为他人使用之目的而提供货物、机械或类似产品时,只要任何心智正常的人稍微思考即会想到:除非他对提供的产品或者其供应方式尽到了通常的谨慎和技能义务,产品就可能有对目标用户的人身或财产产生伤害的风险。那么,关于此类产品或其提供方式,提供者就要承担一种义务,即采用通常的谨慎和技能。

他接着指出:忽视此种通常的谨慎或技能会导致损害发生,对此的适当救济方式是过失之诉。追究生产商责任的权利不应限定在直接买方,而是应扩展到产品的使用者或某类使用者。其适用的要件为:产品"在有合理的机会发现任何潜在缺陷之前……很可能被立即投入使用",并且该产品,"如果对其状况或提供方式忽视通常的谨慎或技能,将可能对目标用户产生人身或财产方面的危险"。另一方面,他排除了如下情况:"提供产品的情况特殊,即产品偶然被某人使用,或产品是否被使用具有偶然性,或在发现产品缺陷的可用手段出现之之前,产品被投入使用不确定",或者"即使缺乏对其状况或提供方式的谨慎或技能也不会产生对人身或财产的伤害危险"。伊舍勋爵的意见并未赢得其同事的一致赞同。其观点曾被批评为"要求人人采取积极防范措施保护其近邻而不伤害他们"[Bohlen, Affirmative Obligations in the Law of Torts, 44 Am. Law. Reg.(N.S.)341]。上述内容可能不是对英国法的一种准确阐释。甚至在我们本州,该领域的法律或许也需要明确界定。就像对规则进行全面界定的大多数尝试,这种表述可能会有归纳和排除上的失误。但是,无论根据适用的不同情况可能需要进行何种具体界定,上述英国法基本原则的判定标准就是我们法律的判定标准。

[1—4]总之,我们认为:"托马斯诉温切斯特案"的原理并不局限适用于毒药、爆炸物和类似性质的产品,这类产品的正常功能就是作为杀伤工具使用。如果一件产品的本质只是要制造上存在过失,就可合理预见该产品有危及人的生命健康的危险,那么它就是一件具有危险性的产品,其本质警示了可以预见的结局。对于危险性,如果事先知道购买者以外的人将使用该产品,而且使用时不会再次检测,那么,不管有无合同关系,此种危险性产品的生产商都负有谨慎生产的义务。这就是本案判决所需要的结论。生产商必须明知存在危险,损害不只是有可能(possible),而是很可能(probable)。如果产品存在缺陷,那么几乎总有一种使用方式可能具有危险性。因此,只是指称生产商负有合同之外的义务是不够的。一件特定产品是否具有危险性,可能有时由法院判定,有时由陪审团判定。生产商还应该预见到,在事件的通常过程中,是购买者以外的人面对危险。此种可预见性经常可以从交易种类中推导出来。但是,有时即使生产商预见到危险和使用情况,可能还是不需要承担责任。近因、远因或者因果关系也是要考虑的因素。我们现在正解决的是最终产品生产商的责任问题,他将产品投入市场,供客户在不需检测的情况下使用。如果他可以预见到其疏忽大意将导致危险发生,那么他就承担责任。

[5]此时,我们没必要宣称下述做法合理:追溯产品的源头生产者,让零部件的生产商承担责任。要把他们的过失作为紧急危险的原因,经常需要一种单独原因的介入,即最终产品的生产商必须同时未履行检测义务。在这种情况下,在前的连环责任人的过失行为有可能相距太远,以致无法对最终用户构成一种可诉的不法行为[Beven on Negligence (3d Ed.) 50, 51, 54;Wharton on Negligence (2d Ed.) 5 134; Leeds v. N.Y. Tel. Co., 178 N.Y. 118, 70 N.E. 219; Sweet v. Perkins, 196 N.Y. 482, 90 N.E. 50; Hayes v. Hyde Park, 153 Mass. 514, 516, 27 N.E. 522, 12 L.R.A. 249]。我们暂且搁置该问题。等将来出现时我们再来处理它。这一问题的麻烦在本案中尚未出现。此处因果关系的链条没有中断。在此情况下,与已知用途相伴而生的已知危险导致了一种谨慎义务。当过失的结果可预见时,我们抛弃了下述观念:保护生命健康的义务来自合同而非其他。我们已经探究了生产商义务的本来出处。我们已经从法律中找到其源头。

[6,7]从上述对判例的概述中,我们界定了生产商的义务,这使我们得以判定本案被告的责任。毫无疑问,汽车的特性预示了其制造缺陷可能带来的危险。这辆汽车的设计时速为每小时50英里。除非其车轮正常和坚固,伤害几乎无法避免。其危险性不亚于铁路上的火车头。被告明知此种危险。他也明知汽车将由买方以外的人使用。从车的大小可以明显看出这一点;车上配有三个座位。这一点从下述事实观察同样显而易见:买方是从事汽车交易的零售商,他买车的目的是再出售。该车的生产商提供汽车是供汽车零售商的客户使用,其显而易见就像"德夫林诉史密斯案"中的承包商提供脚手架,是供脚手架所有人的雇工使用。几乎可以肯定地说,零售商不是该车的使用人。然而被告却想让我们判定零售商才是其负有法律义务保护的人。不过,法律不允许我们得出如此自相矛盾的结论。在靠驿站马车旅行的时代确立的先例,并不适合如今依赖汽车旅行的社会现实。危险必须迫近的原则没有变化,但该原则约束的对象的确发生了变化。在一个发展中的文明世界里,法律约束的对象随社会生活的需要而改变。

在得出上述结论时,我们也注意到其他司法辖区里存在的相反裁决。在"卡迪拉克公司诉约翰逊案"(*Cadillac Co. v. Johnson*, 221 Fed. 801, 137 C. C. A. 279, L. R. A. 1915 E, 287)中,法院判定该案中的汽车不受"托马斯诉温切斯特案"中规则的约束。但是,该案中持有异议的法官对此作了鞭辟入里的批驳。与该判决大相径庭的是肯塔基州上诉法院的一份判决[*Olds Motor Works v. Shaffer*, 145 Ky. 616, 140 S. W 1047, 37 L. R. A. (N.S.) 560, Ann. Cas. 1913 B, 689]。在"胡塞特诉 J. I. 凯斯脱粒机公司案"(*Huset v. J. I. Case Threshing Machine Co.*, 120 Fed. 865, 57 C.D. A. 237, 61 L. R. A. 303)中,桑伯恩(Sanborn)法官总结了以前的判例。其中的有些判例初看与我们的结论不相一致,但基于下述理由可以使其协调一致:过失不是近因以及其他原因介入。然而,即便它们之间无法协调一致,其中的分歧也是法律原则适用上的差异,而不是在法律原则本身方面的差异。例如,桑伯恩法官谈到,建造大桥的承包商或者制造汽车的生产商,通常无法预见对所有者之外的人很可能造成伤害(120 Fed. 865, at page 867, 57 C. C. A. 237, at page 239, 61 L. R. A. 303)。我们与其观点不同。我们认为可以预见的是,对他人的伤害不仅可能发生,而且几乎是一种无法避免的结果[参见波伦(Bohlen)在上引文第 351 页中对此的尖锐批评]。的确,桑伯恩法官承认其观点与我们在上述"德夫林诉史密斯案"中的判决意见不相一致。该判决包含的原理如今已成为本州确立的法律,我们无意与之相左。

在英国,该规则的界限尚不明朗。"温特博特姆诉赖特案"(*Winterbottom v. Wright*, 10 M. & W 109)常被引用。被告提供了一辆用来运送邮包的马车。这辆马车由于制造方面的潜在缺陷而在路上抛锚。但是,被告不是生产商,结果法院判定他不对乘坐者的受伤负责。该案基于被告对起诉书的法律抗辩作出判决。伊舍勋爵在上文提到的"希文诉彭德案"判决的第 513 页指出:"温特博特姆案"起诉书的架构应受批评。它未适当地表明,在原告主要依据的特定合同之外,存在一种谨慎义务(参见波伦在上引文第 281、283 页中对"温特博特姆诉赖特案"的批评)。不管怎样,在上文提到的"希文诉彭德案"中,被告作为码头所有者,在船舶外面搭建一个临时工作台,被判定对船东的雇工承担责任。在"埃利奥特诉霍尔案"(*Elliot v. Hall*, 15 Q. B. D. 315)中,被告派出了一辆存在缺陷的敞篷货车,车上满载他售出的货物。买方的雇工卸货,并因为货车的缺陷而受伤。法院判定:被告负有义务"在车况方面不犯疏忽大意的错误"。在"厄尔诉卢伯克案"[*Earl v. Lubbock*, (1905) 1 K. B. 253]中,法院看似重新回到了"温特博特姆诉赖特案"的原理上。但是,在该案中,就像早期案件中的情况,被告不是生产商。他仅签订了一份保养厢式货车的合同。后来的一个案件[*White v. Steadman*, (1913) 3 K. B. 340, 348]强调了被告对第三人的谨慎义务问题。一位马房的管理员因派发出一匹凶马,而被判定不仅对客户而且对马车上的另一名乘客承担责任;该案引用并遵从了"托马斯诉温切斯特案"(*White v. Steadman*, supra, at pages 348, 349)判例。该案又被"多米涅天然气公司诉柯林斯案"[*Dominion Natural Gas Co. v. Collins* (1909) A.C. 640, 646]判决所引用和遵循。从上述案件中,很难提炼出前后一致的法律原则。但是,英国法院在下述方面与我们观点一致:让人使用器具者必须承担合理谨慎的义务[*Caledonian Ry. Co. v. Mulholland*, (1898) A.C. 216, 277; *Inderman v. Dames*, L. R. (1 C. P.) 274]。这其实就是"德夫林诉史密斯案"采用的潜在法律原则。搭建脚手架的承包商邀请雇主的工人使用脚手架。向零售商销售汽车的生产商邀请零售商的顾客使用汽车。在其中一个案件中,邀请的对象是特定的人;而在另一个案件中,邀请的对象是一个模糊的群体。但是,在每个案件中,邀请的行为同样显而易见;在每个案件中,邀请的后果应当毫无差别。

下述规则合乎常理:与乙签约的甲,对丙和丁以及其他人承担义务,具体情况根据他知悉或未知合同标的物意欲何为来决定;我们可以在确定房东责任的法律中找到类似规定。假设甲出租给乙一所破败不堪的房屋,如果没有欺诈,乙的客人进入房屋并受伤,那么甲并不对其承担责任。这是因为乙此时承担维修房屋的义务,出租人有权利推断乙会履行其义务,并且如果他疏忽了义务的履行,则其客人应当指望从他这里获得赔偿(参见波伦上引文第276页)。但是,如果甲将一栋建筑物出租给承租人,供其立即使用,则规则随之改变。在此建筑物内对他人造成的伤害,类似于在公共娱乐场所内发生的伤害,承租人以外的人遭受伤害应当在房东的预见范围之内,结果的可预见性与义务的承担相伴而生[ "琼科曼诉蒂尔尤房地产公司案"(*Junkermann v. Tilyou R. Co.*, 213 N.Y. 404, 108 N.E. 190, L.R.A. 1915 F, 700)以及该案引用的判例]。

[8] 从这一角度看被告的责任,它与判决该案所依据的责任理论并无矛盾之处。初审法院确实告诉过陪审团:"汽车并非本身具有危险性的交通工具"。但是,具体语境才使这句话的含义显而易见。其含义是:只有对于精心制造的汽车,人们才不用担心其安全。法官将下述问题留给了陪审团表态,即如果在汽车制造上存在过失,那么被告是否应当预见到该车将变得"紧急危险"(imminently dangerous)。被告微妙地区分了本身危险(inherently dangerous)的产品和紧急危险的产品,但是该案并不取决于这些措辞上的细微差别。只要能合理地确定危险可能发生,则存在一种谨慎义务,不管称其为本身危险还是紧急危险都是如此。这一思想被以各种方式告知陪审团。我们不是说,初审法院原本没有正当理由将汽车是危险品作为法律问题作出裁决。如果原判决有错误,既然本院判定被告承担责任,那也不是什么被告可能抱怨的错误。

[9,10] 本院认为,被告不能因为它从知名生产商处购买车轮就免除检测义务。它不仅仅是汽车销售者,而且还是一家汽车生产商,它对最终产品负责。对零部件不作通常的简单检测就将最终产品投入市场,这不是生产商的自由(*Richmond & Danville R.R. Co. v. Elliott*, 149 U.S. 266, 272, 13 Sup. Ct. 837, 37 L. Ed. 728);相反,对零部件检测是生产商的法定义务。检测的义务应当根据需检测产品的性质而定。危险发生的概率越高,对谨慎检测的要求也越高。

本案与"卡尔森诉凤凰桥公司案"(*Carlson v. Phoenix Bridge Co.*, 132 N.Y. 273, 30 N.E. 750)之间几乎无类似之处;后一案件中的被告购买了一件供雇工使用的工具。由于制造这类工具不是雇主从事的业务,因此依赖工具生产商的技能不仅适当,而且几乎无法避免。但这不是本案被告的处境。无论是根据它与产品的关系,还是根据其业务的性质,本案被告都应承担更严格的责任。

其他被诉请的裁决均已被考虑过,但未发现其中存在任何错误。

维持原判,包括诉讼费用。

威拉德·巴利特(Willard Bartlett)首席法官(持异议)。原告由于一辆汽车的车轮塌陷而受伤;该汽车由被告公司生产,然后出售给位于斯卡奈塔第(Schenectady)的汽车零售商,后者转而将其出售给原告。该车轮是由别克汽车公司购买的成品,卖方是密歇根州弗林特市帝国车轮公司(Imperial Wheel Company of Flint, Mich.);这是一家声名卓著的汽车车轮生产商,已经向被告提供过8万个车轮,在本案中的事故发生之前，没有一个车轮被证明由存在缺陷的木材制成。对于车轮所使用材料的强度，被告依赖车轮生产商进行所有必要的检测，而自己不再做此种检测。本案之诉是过失之诉，由汽车的二次买家（subvendee）对作为初次卖家的生产商提起。塌陷的车轮在汽车出厂时即存在缺陷，陪审团的这一裁决由证据证实。在事故发生时，原告在谨慎驾驶汽车，当时的时速只有每小时 8 英里。原告未宣称或证明被告事先实际明知车轮存在缺陷，或主张被告在销售中存在欺诈、蒙蔽或虚假陈述的任何成分。

博学的主审法官在将案件提交陪审团裁断时依据的理论是：尽管汽车不是本身危险的交通工具，但它装有易坏的车轮时可以成为危险物；在投入市场销售时，如果所涉及的汽车因为装有易坏的车轮而本身变得危险，只要可以通过合理检查和运用合理测试方法发现这一缺陷，被告就有责任知道该缺陷。法官进一步认定，主张被告承担责任的人不限于最初的买家，而且扩及像原告这样的二次买家，即不是最初买卖合同的一方当事人。

我认为，这些裁定虽已获得上诉分院的核准，但却将制成品卖方的责任扩大到超出经本院认可的任何判例。迄今为止，本州法院一直判定：制成品卖方因产品缺陷的过失而承担责任，并未扩大适用于因此种缺陷而受害的第三人，而是限于直接买方。在纽约州，至今已获认可的这个一般规则的例外情况是：在正常使用中，出售的产品本身对生命或健康具有危险性；换言之，出售的产品本身危险。如上所述，博学的主审法官向陪审团指示过：汽车不是本身危险的交通工具。

已故的密歇根州首席大法官库利（Cooley），是学识最为渊博和精湛的美国法学者之一，他将有关生产商责任的一般规则表述如下：

> 对于建造、制造或销售中的过失，一般规则是物品的承包商、制造商、卖方或供应商不对与其无合同关系的第三人承担责任。[2 Cooley on Torts (3d Ed.), 1486]

最权威的英国判例，即"温特博特姆诉赖特案"（10 Meeson & Welsby, 109），支持这一规则，该判例为这一领域的各后续判例所援引；这是邮车的马车夫对承包商提起的一起诉讼，该承包商与邮政大臣达成协议，为在指定道路上运送皇家邮件提供马车并负责保养。马车在路上抛锚并颠覆，使马车夫受伤，马车夫基于马车的制造缺陷寻求向承包商获得赔偿。财税法院（The Court of Exchequer）拒绝给予其任何求偿权，理由是当事人之间不存在合同关系，协议只是与邮政大臣签订的。

阿宾杰（Abinger）勋爵这位财税法院首席法官谈道："若原告有权诉请，则因马车颠覆而受伤的每位乘客或路人都可以提起类似的诉讼。除非我们将此类有关合同的纠纷限定在合同当事人，否则最为荒诞不经和无法容忍的大量诉讼将接踵而至，而且在我看来没有止境。"

该判决的原理为本州的法律所认可，首要的纽约州判例是"托马斯诉温切斯特案"（6 N. Y. 397, 408, 57 Am. Dec. 455），但是该判例涉及的是一般规则的例外情况。该案的被告是一家药品销售商，他向药剂师出售了大量的颠茄制剂——一种致命毒药，却疏忽大意地将其标注为蒲公英提取物。处方要求用无毒的蒲公英提取物，药剂师在按照处方配药时善意地使用了上述毒药，作为处方上的病人的原告因颠茄制剂中毒。本院判定：最初的卖方对病人受到的伤害承担责任。首席法官拉格尔斯（Ruggles）代表本院发表了判决意见，区分了对他人生命造成紧急危险的过失行为和其他行为。他谈道：

如果甲制造了一辆四轮马车出售给乙,乙将其出售给丙,丙将其租给丁;由于甲在马车制造中的重大过失,丁被掀翻在地并受伤,丁不得从制造商甲处获得赔偿。甲用心制造马车的义务只是出自他与乙之间的合同。民众与其毫无关系……由此类推,如果铁匠钉的马掌有问题,从主人处租马的人由于铁匠钉马掌的过失而从马上摔下并受伤,则铁匠不对这种伤害承担责任。

在"托格森诉舒尔茨案"[*Torgesen v. Schultz*, 192 N. Y. 156, 159, 84 N. E. 956, 18 L. R. A.(N.S.)726, 127 Am. St. Rep. 894]中,被告是汽水瓶的销售商;此种水瓶在高压下灌装,在面临温度剧烈变化时,除非谨慎操作,否则有可能爆炸。原告是汽水瓶买方的雇工,因其中的一瓶爆炸而受伤。有证据倾向于证明汽水瓶未被适当检测,而检测的目的是确保使用者免遭此类事故。我们判定:尽管被告公司和原告之间不存在合同关系,但是被告承担责任,"依据是上述'托马斯诉温切斯特案'以及类似判例中的原理,这些判例基于产品卖方的下述义务:如果产品本身危险,或者在卖方预期的通常使用过程中有可能变得危险,则卖方应当或者尽适当谨慎职责警示使用者,或者采取合理谨慎措施,以防止售出的产品仅在正常使用中就成为危险品。"

只有当制造和售出的物品本身危险,制造商和销售商才对第三人承担责任;与这一观点相反的,是作为权威判例被援引的"德夫林诉史密斯案"(89 N. Y. 470, 42 Am. Rep. 311)。在该案中,建造商搭建一个90 英尺高的脚手架,目的是让油漆匠站在上面;建造商被判定向一名油漆匠的女遗产管理人承担赔偿责任,这名油漆匠从脚手架上坠落死亡,当时他正受雇于要求搭建脚手架的一方。该判例被表述为:正确搭建的脚手架并非本身危险,但是仅仅由于疏忽大意地搭建而使其成为危险物。无论这种见解在逻辑上多么有力,从撰写判决意见的拉巴洛(Rapallo)法官的措辞中,下述结论在我看来显而易见:脚手架被认为是一种本身危险的构造物,法院那样判决是因为法院持有这一观点。否则,他就几乎不会谈到他的如下表述:案情看起来使该案公正地适用"托马斯诉温切斯特案"的法律原则。

普通马车的最初卖方对直接买方以外的人不承担任何过失责任,这是本院以及类似级别的法院已经确立的通常表述;如果不推翻上述结论,我想象不出我们怎么能支持本案中的判决。在上述英国判例"温特博特姆诉赖特案"中,判决的关键点其实就是不存在对第三人的责任;上文引用的拉格尔斯法官在"托马斯诉温切斯特案"判决意见中的示例,假定了这一领域的法律如此简单明了,以致理所当然地接受上述结论。在当前的案件中,汽车上有缺陷的车轮时速只有 8 英里,相对于以同样速度由马拉的四轮车上存在同样缺陷的车轮,汽车车轮对于车内乘坐者的危险性并不高于马车车轮对于车上乘坐者的危险性;而在马拉四轮车的情况下,除非对于该问题各法院全都错了,否则不存在生产商对最初销售人以外的第三人的责任。

在我看来,裁决本案所依据的规则以及获得认可的相关例外,已经由联邦第八巡回区上诉法院的桑伯恩巡回法官在"胡塞特诉 J. I. 凯斯脱粒机公司案"(120 Fed. 865, 57 C. C. A. 237, 61 L. R. A. 303)的判决意见中探讨过了;该判决意见回顾了在该领域迄至判决时(1903 年)所有最重要的美国和英国判决。我已经探讨过最重要的纽约州的判例,但对于其余的判例,无论是判决意见的学识渊博还是其推理的雄辩有力,我都感到毋庸赘述。我已经分析过桑伯恩法官所援引的判例,但是如果我对其详细探讨,那我也只能对其表述换个说法,原因是对其所援引权威判例的研究使我得出了同样的结论;重复已表述得如此精彩的内容对法官、律师或者本案当事人都纯属多此一举。然而值得注意的是在桑伯恩法官的意见作出之后又判决的几个案件。在"厄尔诉卢伯克案"[(1905) L. R. 1 K. B. Div. 253]中,上诉法院在1904年斟酌和认可了财税法院在上述"温特博特姆诉赖特案"中确立的法律见解,宣称该案中的判决从1842年起经受住了反复探讨的考验。上诉法院的院长认可了阿宾杰勋爵确立的法律原则,认为其基于合乎逻辑的推理;上诉法院的所有法官一致同意阿宾杰勋爵的判决是必须遵循的权威判例。如我在上文中所述,联邦法院依然遵守一般规则,这体现在第二巡回区上诉法院于1915年3月对"卡迪拉克公司诉约翰逊案"(221 Fed. 801, 137 C. C. A. 279, L. R. A. 1915 E, 287)作出的判决中。该案与本院正审理的案件类似,是由二次买家对汽车生产商提起的诉讼,指称被告疏忽大意,没有发现其中的一个车轮存在缺陷;法院判定不支持此种诉讼。确实在该案中存在一种异议,但它主要基于如下见解:适用于驿站马车的规则在用于汽车时早已陈旧过时,并且如果法律不对合同的第三人提供救济,则应修改法律。即使这一见解正确,也应由立法机关而不是由法院修改法律。研读该案和"胡塞特案"的判决意见后人们会发现:本国各地的法院是多么整齐划一地一直在遵从一般规则,他们是多么始终如一地一直拒绝扩大例外的适用范围。我认为我们应在本案中恪守一般规则,因而我主张撤销现在的判决。

希斯科克(Hiscock)、蔡斯(Chase)、卡迪柏克(Cuddeback)三位法官赞同卡多佐法官的意见,霍根(Hogan)法官赞同判决结果。威拉德·巴利特首席大法官宣读了异议。庞德(Pound)法官未投票。

维持原判。

## 评 论

巴利特首席大法官在其异议中正确地写道,早期纽约州的判例法遵循如下原则:对于售出的产品因制造过失导致的损害,销售商只对直接买方承担责任,并因而不对第三人负有责任。第三人享有求偿权的唯一例外限于下述情形:售出的产品在正常使用中对人的生命健康构成威胁。这就是"托马斯诉温切斯特案"判决中的情况,该案构成先例。因而,法院面临的问题是:是遵循先例、推翻先例,还是在解决当前案件中走出一条中庸之道。

卡多佐法官首先分析:"托马斯诉温切斯特案"判例的适用范围是一直被严格遵循,还是在随后的判决中被扩大了。为此,他集中分析了"德夫林诉史密斯案"和"斯塔特勒诉雷伊制造公司案"的判决。卡多佐得出的结论是:"德夫林案"中的脚手架和"斯塔特勒案"中的咖啡机并不是"本身危险"(不像"托马斯诉温切斯特案"中的毒药),而只是由于制造上的缺陷或使用不正确,才使其对人们"构成巨大威胁"。根据这一分析,他总结道:"不管'托马斯诉温切斯特案'中的规则过去含义如何,它现在的含义都已不再局限于此。"然后他回顾了英国判例法的发展,但这一回顾同样没有给出一个明确的答案;接着,他得出结论,并以此作为判决的第一个依据(法律原则):"总之,我们认为'托马斯诉温切斯特案'的原理并不局限适用于毒药、爆炸物和类似性质的产品,这类产品的正常功能就是作为杀伤工具使用。"准确地说,"只要制造上存在过失,就可合理确定一件产品危及人的生命健康;如果该产品的本性如此,那么它就是一件具有危险性的产品。"因此,"托马斯诉温切斯特案"既没有被遵循,也没有被推翻,而是"危险性"的含义被扩充,"危险性"被特意视作与产品的制造方式有关联,而制造方式与预期的使用相关。

需要裁决的第二点和最后一点,分别是关于被告的谨慎义务和与之相伴的被告的潜在责任。此处,卡多佐法官集中分析了产品预期由谁使用,以及对第三人损害的可预见性。在本案中,预期的使用不是最初购买人(经销商)对汽车的使用,而是作为个人的第二次购买人(消费者)的使用。

因此,可以预见的是,由于汽车制造上的疏忽大意,消费者可能受到伤害。同样可以预见的是,汽车可能危及其他更多的当事人,这可以从如下事实得到证实:汽车配有三个座位。因而,汽车生产商(卖方)的确对第三人负有谨慎义务。因此,只要没有履行这一义务,生产商就要承担责任。

还应该简要提及一些其他的要点。一份判决总是集中分析在审案件的事实和供比较的先例的事实。在判决中可能谈到的任何其他问题都是无约束力的附带意见。因而,对未来可能出现的案件没有给予过多考虑。在本案中,卡多佐法官就此作了明确的例证:汽车零部件(车轮)的生产商,最初将这一零部件出售给汽车生产商(作为卖方的被告),是否应当同样承担责任,对此他明确拒绝作出裁断。他写道:"我们暂且搁置该问题。等将来出现时我们再来处理它。"在纽约州,这个问题其实一直搁置了 57 年。

尽管该判决援引了英国判例法和美国其他州的判例法,但其他法域的这些判决对纽约州的法院却没有约束力。此种考察的目的只是探求是否其他法域在这一领域法律的发展已经推进到如下地步:在纽约州,人们也能轻易地接受并采用它;尤其是基于卡多佐法官必须努力找到一种解决方案,使它能为他的尽可能多的同事所接受。援引不动产(租赁)法上的实例服务于类似的目的:"琼科曼诉蒂尔尤房地产公司案"的判决对于侵权案件不是有约束力的先例,但其推理可以产生说服力。

总之,该判决是个合适的示例,展示了法院如何一举两得:一方面通过归纳方法,审查当前案件的事实和可能适用的先例的事实而得出一份判决,另一方面争取尽可能不推翻先例,而是扩大其适用范围,调适为切合现代社会情况。"在靠驿站马车旅行的时代确立的先例,并不适合如今依赖汽车旅行的社会现实。危险必须紧急的原则没有变化,但该原则约束的对象的确发生了变化。在一个发展中的文明世界里,法律约束的对象随社会生活的需要而改变。"

# 附录二 合众国宪法[*]

孙新强[**] 校

## 序　言

我们合众国人民,为了组建一个更加完善的联邦,树立正义,确保国内安宁,应对共同防务,促进公众福祉,使我们自己和我们子孙得享自由的幸福,特为美利坚合众国授权和制定本宪法。

## 第一条

**第一款**　本宪法所授予的全部立法权,属于由参议院和众议院组成的合众国国会。

---

[*] 译者在翻译中主要参考了刘瑞祥等人合译一书中的译文和毛国权所译一书中的相关解释和译文。分别参见〔美〕杰罗姆·巴伦、托马斯·迪恩斯:《美国宪法概论》,刘瑞祥等译,中国社会科学出版社 1995 年版,第 313—335 页;〔美〕约瑟夫·斯托里:《美国宪法评注》,毛国权译,上海三联书店 2006 年版。本译文同时适当参照了下列书中的译文:〔美〕汉密尔顿、杰伊、麦迪逊:《联邦党人文集》,程逢如、在汉、舒逊译,商务印书馆 1980 年版,第 452—472 页;王希:《原则与妥协:美国宪法的精神与实践(修订本)》,北京大学出版社 2000 年版,第 486—502 页;陆润康:《美国联邦宪法概论》,书海出版社 2003 年版,第 375—394 页;李昌道:《美国宪法纵横论》,复旦大学出版社 1994 年版,第 176—187 页;〔美〕马克斯·法仑德:《设计宪法》,董成美译,上海三联书店 2006 年版,第 206—220 页;〔美〕布莱斯特等:《宪法决策的过程:案例与材料(第四版·上册)》,张千帆等译,中国政法大学出版社 2002 年版,"目录"前第 1—14 页;张千帆:《西方宪政体系(上册:美国宪法)》,中国政法大学出版社 2004 年版,第 723—728 页;〔美〕亚历山大·汉密尔顿、詹姆斯·麦迪孙、约翰·杰伊:《联邦论:美国宪法述评》,尹宣译,译林出版社 2016 年版,第 617—644 页。——译者注(本附录脚注均为"译者注",后续脚注中不再一一标明,所有脚注连续编号)

[**] 北京航空航天大学法学院教授,法学博士。

**第二款** 众议院由各州人民每 2 年选举产生的议员组成,每州选民应具有选举本州议会人数最多之一院议员的选民所需之资格。

年龄未满 25 岁,成为合众国公民未满 7 年,且当选时非为当选所在州的居民者,不得成为众议员。

众议员人数和直接税税额应按照各州的人口数,在组成本联邦的各州之间分配;各州的人口数应根据自由民总数加上所有其他人口数的 3/5 计算确定,自由民包括那些有义务服一定年限劳役之人,但不包括未纳税的印第安人。[1] 实际的人口统计应在合众国国会第一次会议之后的 3 年内以及随后的每 10 年,按照法律规定的方式进行。众议员的人数,不得超过每 3 万人中选出 1 名,但每州应至少有 1 名众议员;在进行上述人口统计之前,新罕布什尔州应有权选出 3 名众议员,马萨诸塞州 8 名,罗得岛和普罗维登斯种植园 1 名,康涅狄格州 5 名,纽约州 6 名,新泽西州 4 名,宾夕法尼亚州 8 名,特拉华州 1 名,马里兰州 6 名,弗吉尼亚州 10 名,北卡罗来纳州 5 名,南卡罗来纳州 5 名,以及佐治亚州 3 名。

当代表任何一州的众议员席位出现空缺时,该州行政机关应为填补此空缺发布选举令。

众议院应选出本院议长和其他官员,并独自享有提出弹劾之权。

**第三款** 合众国参议院由各州议会选派的 2 名参议员组成,任期 6 年;每名参议员有 1 票表决权。[2]

参议员在第一次选举之后集会时,应立即分成人数尽可能相等的 3 组。第一组参议员的席位应于第二年年终时空出,第二组参议员的席位应于第四年年终时空出,第三组参议员席位应于第六年年终时空出,以使 1/3 的参议员每 2 年得以改选;在任何一州的议会休会期间,如果因为参议员辞职或其他原因而出现席位空缺时,则该州的行政机关有权临时任命参议员,其任期至州议会在下次会议时正式填补空缺为止。[3]

未满 30 岁,成为合众国公民未满 9 年,且当选时非为当选所在州的居民者,不得成为参议员。

合众国副总统为参议院议长,但无投票权,当赞成票和反对票相等时不在此限。

参议院应选出该院其他官员,并在副总统缺位或其行使合众国总统职权时,选出临时议长。

参议院独自享有审判所有弹劾案的权力。在为此目的而开庭时,参议员应宣誓或作代誓声明。在合众国总统受审时,联邦最高法院的首席大法官应当主持审判。未经出席参议员 2/3 多数的同意,任何人不得被定罪。

弹劾案的判决,应当以下述处罚为限:免职和不再具有担任和享有合众国内任何伴以荣耀、信赖或收益之公职的资格;但是,被定罪者仍有义务接受对其依法进行的起诉、审判、判决和刑罚。

**第四款** 选举参议员和众议员的时间、地点和方式,应由各州议会作出规定;但除了选出参议员的地点,国会有权随时依法制定或改变此类规定。

---

[1] 下划线部分中,关于众议员人数分配方式之规定已由第十四修正案第二款修正,而关于直接税之规定已由第十六修正案修正。下划线为译者所加,表示此部分宪法正文已被修正。下同。但下面的"译者注"将省略"下划线部分"的表述。

[2] 已由第十七修正案修正。

[3] 已由第十七修正案修正。

国会应当每年至少开会1次;除非国会依法另定日期,此类会议应于<u>十二月的第一个星期一</u>[4]举行。

**第五款** 每院应自行裁断本院议员的选举、选举结果报告和当选资格事宜,过半数议员出席即达到议事的法定人数;但不足法定人数时可以将会议逐日延期,并有权以每院得以规定的方式和罚则,迫使本院缺席议员出席会议。

每院有权决定其议事规则,处罚扰乱秩序的议员,并经2/3多数议员的同意,将议员开除。

每院应保存一份议事录,除本院判定需要保密的部分外,应适时对外公布;每院议员对于任何问题的赞同和反对意见,经1/5与会议员的要求,即应载入议事录。

在国会开会期间,任何一院均不得未经另一院同意而休会3天以上,也不得将会议移至两院应开会地点之外的地方。

**第六款** 法律应保障参议员和众议员获得工作报酬,此笔开支应从合众国国库支付。在参加各自议院的会议期间,以及在往返会议途中,除非犯有叛国罪、重罪和破坏治安罪,他们在任何情况下都享有免于逮捕的特权;对于在各自议院的任何发言或辩论,他们在任何其他地方均不受讯问。

在当选任期内,任何参议员或众议员均不得被委派至在此期间新设或加薪的任何合众国治下的文职;在合众国治下的任何公职人员,均不得在其任职期间成为任何一院的议员。

**第七款** 所有征税法案均应由众议院提出,但参议院有权以处理其他法案的方式,附以修正案,提出建议或表示同意。

众议院和参议院通过的每项法案,在成为法律之前,应送交合众国总统。他如果批准,则应签署法案;如果不批准,则应将法案连同反对理由送还提出法案的议院。该院应将上述反对理由详细载入其议事录,并继续复议法案。如果在此复议后,该院2/3多数的议员同意通过该法案,则该院应将法案连同总统的反对理由送交另一议院;另一议院同样对其复议,如果该院2/3多数的议员通过该法案,则该法案将成为法律。但在所有此种情况下,两院的表决结果将由赞成票和反对票决定,而且对法案投赞成票和反对票的议员姓名应载入每院各自的议事录。如果任何法案在送交总统后的10日内(星期日除外)未被退回,则该法案将如同总统签署一样成为法律;如果国会因其休会而使法案无法退回,则在此情况下,法案不得成为法律。

需经参议院和众议院同意的每项命令、决议或表决(休会的问题除外),均应送交合众国总统;经总统批准后,或者在总统否决时,经参议院和众议院根据针对法案所定的规则和限制,以2/3多数重新通过后,该命令、决议或表决生效。

**第八款** 国会享有下列权力:

---

[4] 已由第二十修正案第二款修正。

设定和征收税款、关税、进口税和消费税[5]，用于偿付国债以及合众国共同防务和公共福利之开支，但所有关税、进口税和消费税，在合众国全境应统一标准；

以合众国的信用借款；

规制与外国之间、各州之间和与印第安人各部落之间的商业活动；

制订通行于合众国境内的统一归化规则和统一破产法；

铸造货币，规制本国货币和外国货币的价值，并确定度量衡标准；

规定对伪造合众国证券和通货的处罚；

设立邮局和建设邮路；

保护作者和发明人对其各自作品和发明享有一定期限的专有权，借此促进科学和实用艺术的进步；

设立联邦最高法院的下级法院；

界定并处罚公海上发生的海盗罪和重罪，以及违反国际法的行为；

宣战，授予报复许可证，并制定有关陆地和水上捕获行为的规则；

组建并供养陆军，但为此用途而拨款的期限不得超过2年；

建立并维持一支海军；

为管理和规制陆海军队而制定规则；

规定民兵的召集，以执行联邦法律、镇压叛乱和抵御侵略；

规定民兵的组织、装备和训练，但对于为合众国服役民兵的管理权，由各州保留，由其任命军官和根据国会规定的纪律训练民兵；

对于经特定州让与并经国会接受可以作为合众国国家机构所在地的特区（不超过10平方英里），在所有事项中均行使专有立法权；为建造军事要塞、军火库、兵工厂、船厂和其他所需建筑物，经州议会同意而购买的所有地区，对于此类地区也行使同样的权力；

为行使上述权力，以及本宪法所赋予联邦国家机构或其任何部门或官员的所有其他权力，制定一切必要和适当的法律。

**第九款** 对于现有任何一州所认为适合入境之人的迁入或输入，国会在1808年之前不得禁止，但对

---

[5] 原文为"lay and collect taxes, duties, imposts and excises"，这是令人费解的表述。国内其他译法有："赋课和征收直接税、间接税、关税与国产税""赋课并征收直接税、间接税、输入税与国产税""规定和征收直接税、进口税、捐税和其他税""规定并征收税金、捐税、关税和其他赋税""规定和征收税款、关税、进口税与货物税""制订并征收国民税、关税、进口税和货物税"。分别参见：〔美〕杰罗姆·巴伦、托马斯·迪恩斯：《美国宪法概论》，刘瑞祥等译，中国社会科学出版社1995年版，第316页；陆润康：《美国联邦宪法概论》，书海出版社2003年版，第378页；王希：《原则与妥协：美国宪法的精神与实践（修订本）》，北京大学出版社2000年版，第489页；李昌道：《美国宪法纵横论》，复旦大学出版社1994年版，第167页；〔美〕约瑟夫·斯托里：《美国宪法评注》，毛国权译，上海三联书店2006年版，第291页；张千帆：《西方宪政体系（上册：美国宪法）》，中国政法大学出版社2004年版，第724页。本译文主要依据了本脚注中斯托里一书中的相关说明和《元照英美法词典》中对"duties, imposts and excises"的解释。参见薛波主编：《元照英美法词典》，北京大学出版社2013年缩印版，第452页。本书作者在发给译者的解释中谈到，当时的立宪者有意采用意义相近或概念相互涵盖的措辞，以使表述更加严谨。

此种人员的输入有权征收每人不超过 10 美元的税收或关税。

不得中止人身保护令的特权,但在出现国内叛乱或外敌入侵时,公共安全要求中止的不在此限。

不得通过个案处罚法案或追溯既往的法律。

除非根据本宪法前文规定所作的人口普查或统计之结果的比例,不得征收人头税或其他直接税。[6]

对于从任何一州出口的货物,不得征收税款或关税。

不得通过规制商业或税收给予一州港口以优于他州港口的待遇,也不得强迫驶往或驶出一州的船舶在另一州入境、出境或缴纳关税。

除依法拨款外,不得从国库支取任何款项;所有公款收支的定期报表和账目,应适时对外公布。

合众国不得授予任何贵族爵位;未经国会同意,在合众国治下拥有任何伴以收益或信赖之公职者,不得从任何君主、国王或外国收取任何类型的礼品、报酬、官职或头衔。

**第十款** 任何州不得采取如下行为:加入任何条约、同盟或邦联;颁发捕获敌船许可状;铸造货币;发行信用券;使金币银币以外之物成为偿付债务的通货;通过任何个案处罚法案、溯及既往的法律或破坏合同之债的法律;或授予任何贵族爵位。

未经国会同意,任何州不得对进口或出口货物征收任何税款或税收,但为执行其检验法所绝对必须之情形不在此限;任何州对进口或出口货物所征收的全部关税和税款之净收益,应充作合众国国库之用;国会有权修改和管控此类检验法。

未经国会同意,任何一州不得征收任何船舶吨税,不得在和平时期保有军队或军舰,不得与他州或外国缔结任何条约或协定,也不得对外开战,但实际遭受入侵或遇到刻不容缓的紧迫危险的情况不在此限。

## 第二条

**第一款** 行政权属于美利坚合众国总统。总统任期 4 年,选出的副总统之任期与其相同,他们一并通过下列程序选举产生:

各州应以本州议会得以规定的方式,选派若干名选举人,其数额等于本州在国会中所应有参议员和众议员人数的总和;但任何参议员和众议员,或者在合众国治下拥有伴以信赖或收益之公职者,不得被选派为选举人。

选举人应在其本州会合,投票选出 2 人,其中至少 1 人不得为其本州居民。选举人应列出名单,写明所有被选人以及每人所得票数,并签名作证,随后将名单封印传送至合众国国家机构所在地,交参议院议长。参议院议长应在参议院和众议院全体议员面前,打开所有选票证明书并清点选票。得票最多者将当选为总统,但票数应超过所有选派的选举人总数的半数;如果获得多数选票者不只 1 人,而且票数相同,则众议院应立即投票选出其中 1 人为总统;如无人获得多数选票,则该院应以同样的方式从名单中得票最多的 5 人中选出 1 人为总统。但在选举总统时,应以州为单位计票,每州全体代表拥有 1 票;为此目的,2/3 州各有 1 名或多名议员出席即构成法定人数,当选总统必须获得所有州的过半数选票。在上述任

---

[6] 已由第十六修正案修正。

一情形下,选出总统后,获得选举人票数最多者将当选为副总统。但如果仍有 2 人或多人选票相同,则参议院将通过投票从中选出 1 人为副总统。[7]

国会有权决定选出选举人的时间和他们投票的日期,该日期应该全国同一。

凡非合众国自然出生的公民,或在本宪法通过时不是合众国公民者,不具备参选总统之职的资格;凡年龄未满 35 岁,成为合众国居民不足 14 年者,同样不具备参选资格。

遇有总统被免职、去世、辞职,或者丧失履行总统职权和职责之能力,总统之位将移交给副总统;国会有权立法规定,在总统和副总统均被免职、去世、辞职或丧失履职能力之时,宣布哪位官员代理总统;该官员将据此履职至总统恢复任职能力或选出新总统时为止。[8]

总统应在规定时间内获得工作报酬,该报酬在其任期内不得增加或减少,但他不得在任期内从合众国或任何一州获得任何其他薪俸。

在开始履行总统职务之前,他应作如下宣誓或代誓声明:"我谨庄严宣誓(或郑重声明),我将忠诚履行合众国总统之职,尽我所能坚守、保护和捍卫合众国宪法。"

**第二款** 总统为合众国陆海军和被征召为合众国服现役的各州民兵的总司令;他可以要求各行政部门的首要官员就与其各自职责有关的任何事项提出书面意见,他有权对于危害合众国的犯罪行为准予缓刑和赦免,但弹劾案除外。

依据并遵照参议院的意见和准许,总统有权缔结条约,但须经出席参议员中 2/3 多数的同意;他有权提名,并依据和遵照参议院的意见和准许,任命大使、其他高级外交使节和领事、联邦最高法院的法官,以及本宪法尚未规定委任但将来由法律规定委任的合众国所有其他官员;但是国会得以其认为适当的方式,依据法律将此类低级官员的任命权赋予总统个人、各级法院或各部部长。

在参议院休会期间,总统有权颁发委任状临时委任官员以填补所有出现的职务空缺;此类委任于参议院下届会议结束时失效。

**第三款** 总统应适时向国会提交联邦咨文[9],提议他所认定必要而合宜的措施供其讨论;遇有非常情势时,总统有权召集国会两院或其中一院开会;在国会两院对于休会时间出现分歧时,总统有权将两院休会至他认为适当的时间;总统接受[10]大使和其他高级外交使节;总统应谨使法律得到严格实施,并向所有合众国的官员签发委任状。

**第四款** 总统、副总统和合众国所有文官,因叛国罪、贿赂罪或者其他重罪和轻罪而遭弹劾并被定罪者,应予免职。

---

[7] 已由第十二修正案修正。

[8] 已由第二十五修正案修正。

[9] 原文为"information of the state of the union",另一种译法为"国情咨文"。参见〔美〕汉密尔顿、杰伊、麦迪逊:《联邦党人文集》,程逢如、在汉、舒逊译,商务印书馆 1980 年版,第 460 页。

[10] 原文为"receive",不少译文将其译为"接见"。但根据斯托里的解释,"接受"一国的大使有时意味着对一国的承认。显然,这只不是"接见"的通常含义。参见〔美〕约瑟夫·斯托里:《美国宪法评注》,毛国权译,上海三联书店 2006 年版,第 474—475 页。

## 第三条

**第一款** 合众国司法权,属于联邦最高法院和国会适时设立的下级法院。联邦最高法院和下级法院的法官如行为端正,将终身任职,并于规定的期间获得工作报酬,任职期间的报酬不得减少。

**第二款** 司法权所及之范围如下:基于本宪法、合众国法律和依合众国权力已缔结或将来缔结之条约,所产生的全部法律案件和衡平案件;涉及大使、其他高级外交使节和领事的所有案件;属于海事和海商管辖范围的所有案件;合众国作为一方当事人的争议;两州或多州之间的争议;<u>一州与他州公民之间的争议</u>[11];不同州的公民之间的争议;同州的公民,对不同的州所授予的土地主张请求,由此所产生的争议;一州或其公民与外国或其公民、臣民之间的争议。

对于涉及大使、其他高级外交使节和领事的所有案件,以及一州为当事人的案件,联邦最高法院拥有初审管辖权。对前项中提及的所有其他案件,联邦最高法院拥有关于法律和事实问题的上诉管辖权,但须遵守国会所定的例外和规则。

除弹劾案外,所有犯罪案件应由陪审团审判;此种审判应在该犯罪发生地的州内进行;但如果犯罪未发生在任何一州境内,则审判应在国会以法律指定的一地或几地进行。

**第三款** 针对合众国的叛国罪只限于对合众国发动战争,或者投靠敌人、给予敌人援助和方便的行为。非经2名证人对同一公然行为的证词或被告在公开审理中的供认,任何人不得被判有叛国罪。

国会有权宣布对叛国罪的处罚,但叛国罪所致褫夺公民权,在叛国者去世后,不得波及叛国者亲属之继承权[12],亦不得没收叛国者之财产。

## 第四条

**第一款** 每州应对其他各州的涉众成文法[13]、档案和司法程序给予充分信任与尊重。国会有权制定一般法规定此类成文法、档案和程序的证明方式及其法律效力。

**第二款** 每州的公民均有权享有各州公民的一切特权和豁免权。

在任何一州被指控犯有叛国罪、重罪或其他犯罪者,脱逃于该州的审判而在他州被捕获时,他州经他逃出之州的行政当局之要求,应将其交出,以便递解回对该犯罪有管辖权的州。

<u>依据一州法律须服劳役或苦役之人,逃往他州后,不得因他州任何法律或规则之规定而免除此种劳役或苦役,而应根据有权得到该劳役或苦役之当事人的请求,将其移交给逃出之州。</u>[14]

---

[11] 已由第十一修正案修正。

[12] 原文为"corruption of blood",直译为"血统玷污",指因被剥夺公民权或宣告民事死亡而丧失继承或传承遗产的权利。参见〔美〕汉密尔顿、杰伊、麦迪逊:《联邦党人文集》,程逢如、在汉、舒逊译,商务印书馆1980年版,第461页;B. Garner (ed.), Black's Law Dictionary, St. Paul: Thomson Reuters, 11th ed., 2019, p.435。

[13] 原文为"public acts",现多译为"公共法令"。但是,《布莱克法律词典》将其解释为"影响到公众的成文法"(a statute affecting the general public)。参见 B. Garner (ed.), Black's Law Dictionary, St. Paul: Thomson Reuters, 11th ed., 2019, pp.1483, 1486。本译文依据了后者的解释。

[14] 已由第十三修正案修正。

**第三款** 经国会允许,新州可以加入本联邦;但不得在其他州境内组建或创立新州;未经相关州之议会和国会的同意,也不得通过两州或数州或数州之一部分的合并而组建新州。

对于为合众国所有的领土或其他财产,国会有权处分和制定所有必要的规则和条例;对本宪法任何部分的解释不得有损于合众国或任何特定州的权利主张。

**第四款** 合众国保证本联邦内的各州实行共和政体,保护各州免遭入侵;经州议会或州政府(在州议会无法召集会议时)的请求,得平定内乱。

## 第五条

两院2/3的参议员认为必要时,国会应提出本宪法的修正案,或经各州2/3州议会的请求,国会应召集修宪会议以提出修正案;不论采用何种提出方式,经各州3/4州议会的批准,或3/4修宪会议的批准,修正案将实际成为本宪法的一部分而生效;采用何种批准模式,国会有权提出建议;但在1808年以前制定的修正案不得以任何方式影响第一条第九款第一项和第四项的效力;任何一州,未经其同意,不得被剥夺其在参议院中的平等表决权。

## 第六条

在本宪法通过之前所有约定的债务和达成的协定,根据本宪法将对合众国继续有效,一如邦联之时。

本宪法和根据本宪法制定的所有合众国法律,以及依合众国的权力已缔结或将来缔结的条约,应为全国之最高法律;即使任何州之宪法或法律中的任何规定与之相违背,各州法官亦应受其约束。

前述参议员和众议员、各州议会的议员,以及合众国和各州的所有行政官员与司法官员,均有义务宣誓或作代誓声明拥护本宪法;但是宗教信仰不得成为合众国治下任何职务或公务的资格要求。

## 第七条

获得9个州的制宪会议批准,即足以使本宪法在批准的各州之间生效。

## 第一修正案

国会不得制定有关下述内容的法律:确立国教或禁止宗教信仰自由;剥夺言论自由或出版自由;剥夺人民和平集会的权利以及向国家机构请愿申冤[15]的权利。

## 第二修正案

管理良好的民兵组织,对于一个自由州的安全必不可少;因此,人民拥有和携带武器的权利不受

---

[15] 原文为"petition the government for a redress of grievances",许多译文将此处译为"向政府请愿申冤"。根据康奈尔大学法学院网站上的宪法注解,此处的"government"不仅指行政部门,而且包含国会和法院;此处的"grievances"不仅指个人冤情,而且包含任何个人或团体的政治诉求。参见 https://www.law.cornell.edu/constitution-conan/amendment-1/rights-of-assembly-and-petition,2018年9月26日访问。

侵犯。

## 第三修正案

在和平时期,任何士兵未经房主同意不得驻扎在任何民宅中;在战争时期,除非按照法律规定的方式,亦是如此。

## 第四修正案

公民的人身、住宅、文件和财产之安全的权利,不受不合理搜查和扣押的侵犯;除非存在合理根据,有宣誓或代誓声明的保证,并且特别指明搜查的地点和扣押的人或物,不得签发搜查令和扣押令。

## 第五修正案

非依大陪审团的起诉呈文或经大陪审团认可的公诉书,任何人不得被判处死罪或其他不名誉罪,但在陆军、海军中或者遭遇战争或公共危险时于服现役的民兵中发生的案件不在此限;任何人不得因同一犯罪而两次遭受生命或身体的危险;任何人不得在任何刑事案件中被迫自证其罪,也不得非经正当法律程序而被剥夺生命、自由或财产;私有财产,非经公正补偿,不得被征为公用。

## 第六修正案

在一切刑事诉讼中,被指控人享有下述权利:由犯罪发生地的州和司法区的公正陪审团迅速和公开地审判,该司法区应由法律事先确定;获悉犯罪指控的性质和理由;与不利于自己的证人对质;利用强制程序让有利于自己的证人出庭,并获得律师帮助为其辩护。

## 第七修正案

在争议金额超过20美元的普通法诉讼中,由陪审团审判的权利应受保护;由陪审团裁决的事实,除非依据普通法规则,不得在合众国的任何法院另受复审。

## 第八修正案

不得要求过多的保释金,不得处以过重的罚金,也不得判处残忍而异常的刑罚。

## 第九修正案

本宪法对特定权利的列举,不得被解释为否定或贬损人民保留的其他权利。

## 第十修正案

本宪法既未授予合众国也未禁止各州行使的权力,由各州各自保留,或者由人民保留。

## 第十一修正案

合众国的司法权不得被解释为及于任何下述法律诉讼或衡平诉讼:由另一州的公民或者外国的公民或臣民,对合众国的一州提起或进行的诉讼。

## 第十二修正案

选举人应在其本州会合,投票选出总统和副总统,其中至少 1 人不得为其本州居民。各选举人应在一张选票上写明被选作总统者的姓名,在另一张选票上写明被选作副总统者的姓名;然后分别列出所有被选作总统者和被选作副总统者的名单,以及每人所得票数,并签名作证,随后将名单封印传送至合众国国家机构所在地,交参议院议长。参议院议长应在参议院和众议院全体议员面前,打开所有选票证明书并清点选票。获得总统选票最多者将当选为总统,但选票数应超过所有选派的选举人总数的半数;如无人获得过半数票,则众议院,应从选作总统者名单中得票最多者但不超过 3 人之中,立即投票选出 1 人为总统。但在选出总统时,应以州为单位计票,每州全体代表拥有 1 票;为此目的,2/3 州各有 1 名或多名议员出席即构成法定人数,当选总统必须获得所有州的过半数选票。<u>在选举总统的权力移交给众议院期间,如果该院在次年 3 月 4 日前未选出总统,则由副总统代理总统,一如总统去世或其他丧失宪法规定的履职能力的情形。</u>[16] 获得副总统选票最多者当选为副总统,但选票数应超过所有选派的选举人总数的半数;如无人获得过半数票,则参议院,应从名单中得票最多的 2 人中,选出 1 人为副总统;为此目的,所有参议员人数的 2/3 即构成法定人数,当选副总统必须获得所有参议员的过半数选票。但依宪法无资格担任总统之职者,也无资格担任合众国副总统之职。

## 第十三修正案

**第一款** 奴隶制和强制性劳役,除非作为对被依法定罪者犯罪的一种刑罚,不得在合众国境内或受合众国管辖的任何地方存在。

**第二款** 国会有权通过适当的立法实施本条修正案。

## 第十四修正案

**第一款** 凡出生或归化于合众国并受其管辖者,均为合众国和他们居住的州的公民。任何州均不得制定或执行剥夺合众国公民特权或豁免权的任何法律;任何州均不得未经正当法律程序剥夺任何人的生命、自由或财产,也不得对其境内的任何人拒绝给予平等法律保护。

**第二款** 众议员名额应按照各州的人口在各州分配,各州的人口统计包括全部人口减去不纳税的印第安人。但是,在选举合众国总统和副总统的选举人、国会众议员、州的行政和司法官员或州议会议员的

---

[16] 已由第二十修正案第三款修正。

任何选举中,一州年满 21 岁[17]且为合众国公民的一州男性居民,被拒绝给予投票权,或者,除了参加叛乱或其他犯罪之外,以另外的方式被剥夺投票权;在此情况下,该州代表的基数应按上述男性公民的数量占该州年满 21 岁男性公民总数的比例削减。

**第三款** 任何人,先前作为国会议员、合众国官员、任何州议会的议员、任何州的行政或司法官员曾宣誓拥护合众国宪法,而后参加了反对合众国的谋反或叛乱,或者援助或鼓励过合众国的敌人,均不得成为国会的参议员或众议员、总统和副总统的选举人,也不得担任合众国或任何州治下的任何文职或军职。但国会有权通过两院各 2/3 的投票排除此种资格限制。

**第四款** 依法批准的合众国公共债务,包括为平定谋反或叛乱的服役而支付退休金和奖金所产生的债务,其有效性不得被质疑。但是,无论合众国还是任何一州均不得承担或支付因援助反对合众国的谋反或叛乱而产生的任何债务或义务,或者因丧失或解放任何奴隶而提出的任何赔偿请求;所有此类债务、义务和赔偿请求一概被认定违法和无效。

**第五款** 国会有权通过适当的立法实施本条规定。

## 第十五修正案

**第一款** 合众国公民的投票权,不得因种族、肤色或以前曾被奴役而被合众国或任何一州拒绝或限制。

**第二款** 国会有权通过适当的立法实施本条修正案。

## 第十六修正案

国会有权对任何来源的收入设定和征收所得税,而无须在各州之间进行分摊,也无须考虑任何人口普查或统计数据。

## 第十七修正案

合众国参议院由各州人民选举产生的 2 名参议员组成,任期 6 年;每名参议员有 1 票表决权。各州选民应具有本州议会人数最多之一院的选民所需资格。

在参议院中任何一州的席位出现空缺时,该州的行政当局应发布选举令以填补空缺。任何一州的议会可以授权该州政府临时任命参议员,其任期至人民依议会的指示通过选举正式填补空缺为止。

本修正案不得被解释为影响在本修正案作为宪法一部分生效之前当选的任一参议员的选举或任期。

## 第十八修正案

**第一款** 自本条修正案获得批准 1 年后,禁止在合众国及其管辖的所有领土内制造、销售或运输用作饮料的致醉酒类,其输入或输出合众国及其管辖的所有领土亦受禁止。

---

[17] 已由第二十六修正案修正。

第二款　国会和各州均有权通过适当的立法实施本条修正案。

第三款　本条修正案,除非自国会将其提交各州批准之日起7年内由各州议会依本宪法的规定批准为宪法修正案,不得发生效力。[18]

## 第十九修正案

合众国公民的投票权,不得因性别而被合众国或任何一州拒绝或限制。

国会有权通过适当的立法实施本条修正案。

## 第二十修正案

第一款　总统和副总统的任期至本条未获批准前原定任期届满之年的1月20日正午结束,参议员和众议员的任期至本条未获批准前原定任期届满之年的1月3日正午结束,其继任者的任期同时开始。

第二款　国会应当每年至少开会1次;除非国会依法另定日期,此类会议应于1月3日正午开始。

第三款　如果在确定的总统任期开始之时当选总统死亡,则当选的副总统成为总统。如果在确定的总统任期开始之时总统尚未选出,或者当选总统无能力履职,则副总统代理总统,直至总统具备履职能力;国会有权依法对下述情况作出规定:在当选的总统和副总统均无能力履职时,宣布谁将代理总统或者代理总统者的选出方式,此人将任职至总统或副总统具备履职能力时为止。

第四款　国会有权通过法律对下述情况作出规定:在选举总统的权利移交到众议院时,可被该院选作总统者之中任何一人死亡;在选举副总统的权利移交给参议院时,可被该院选作副总统者之中任何一人死亡。

第五款　第一款和第二款应于本条修正案获得批准后的10月15日生效。

第六款　本条修正案,除非自其被提交批准之日起7年内被3/4的州议会批准为宪法修正案,不得发生效力。

## 第二十一修正案

第一款　特此废止合众国宪法第十八修正案。

第二款　特此禁止下述行为:向合众国的任何一州、准州或属地运输或进口致醉酒类,以便在当地交付或使用,触犯了当地法律。

第三款　本条修正案,除非自国会将其提交各州批准之日起7年内由各州修宪会议依本宪法的规定批准为宪法修正案,不得发生效力。

## 第二十二修正案

第一款　任何人当选担任总统不得超过2次;在他人当选总统的任期内继任总统或代理总统超过2

---

[18]　已由第二十一修正案废止。

年的任何人,不得当选担任总统超过1次。但是,本条修正案不适用于当国会提出本条时正在担任总统的任何人,也不妨碍在本条生效时的一届任期内正在担任总统或代理总统的任何人在其任期届满前继续担任总统或代理总统。

**第二款** 本条修正案,除非自国会将其提交各州批准之日起7年内被各州中3/4的州议会批准为宪法修正案,不得发生效力。

## 第二十三修正案

**第一款** 作为合众国国家机构所在地的特区,应依国会规定的方式选派:

一定数量的总统和副总统的选举人,其数量等同于该特区若有权作为一州在国会中拥有参议员和众议员的总数,但绝不得超过人口最少州的选举人人数;他们是各州选派的选举人之外增加的人,但为选举总统和副总统之目的,应被视为一州选派的选举人;他们应在特区会合,并依第十二修正案的规定履行职责。

**第二款** 国会有权通过适当的立法实施本条修正案。

## 第二十四修正案

**第一款** 在总统和副总统、总统或副总统的选举人、国会参议员或众议员的任何预选或其他选举中,合众国公民的投票权不得因为未缴纳任何人头税或其他税款而被合众国或任何一州拒绝或限制。

**第二款** 国会有权通过适当的立法实施本条修正案。

## 第二十五修正案

**第一款** 如遇总统被免职、死亡或辞职,副总统应成为总统。

**第二款** 一旦副总统职位出现空缺,总统应提名1位副总统,其经国会两院都以过半数票批准后就职。

**第三款** 一旦总统向参议院临时议长和众议院议长递交其书面声明,称他无能力履行其职权和职责,则一直到他向上述两院议长递交一份内容相反的书面声明,其职权和职责将由副总统作为代理总统履行。

**第四款** 一旦副总统和政府各部或国会可以依法规定的其他机构之过半数的首要官员,向参议院临时议长和众议院议长递交其书面声明,称总统无能力履行其职权和职责,则该职权和职责将由副总统作为代理总统立即承担。

此后,总统向参议院临时议长和众议院议长递交其书面声明,称已具备履职能力,这时他将继续履行其总统的职权和职责,但下述情况为例外:副总统和政府部门或国会通过法律规定的其他机构之过半数的首要官员,在4天内向众议院临时议长和参议院议长递交其书面声明,称总统无能力履行其职权和职责。在此例外情况下,国会应对该问题作出裁断;如果正在休会,则国会应在48小时内为此目的召集会议。如果国会,在收到后一种书面声明的21天之内,或者当国会休会时在国会被要求召集开会后的21

天之内，以两院各 2/3 多数票裁定总统无能力履行其职权和职责，则该职权和职责将由副总统继续作为代理总统履行；否则，总统将继续履行其职权和职责。

## 第二十六修正案

**第一款** 年届18岁或18岁以上的合众国公民的投票权，不得因年龄而被合众国或任何一州拒绝或限制。

**第二款** 国会有权通过适当的立法实施本条修正案。

## 第二十七修正案

改变参议员和众议员工作报酬的任何法律，在众议员选举之前均不得生效。

# 附录三　美国的法学教育与法律职业

## 一、法学教育

在现代美国法学院诞生之前,学徒制(apprenticeships)是美国的法学教育途径。学法之人通过判例和教科书"攻读法律",律师作为导师和顾问领着观摩学习。固定的学习课程不在要求之列。[1] 19世纪初,法学院诞生,从事法律职业开始要求正规研究生毕业;现如今,学生毕业后可获得**法律博士**(juris doctor,J. D.)学位。为确保各法学院的课程在一定程度上保持一致,**美国律师协会**(American Bar Association,ABA)作为非官方的全国律师团体,对法学院进行评估,并设定合格标准,考虑的因素包括:课程要求达标情况、师资水平、学生团体的水准,以及学生毕业后通过书面考试(律师资格考试,bar examination)——获得法律执业证书必须通过此类考试——的比例。

与大学的其他院系一样,法学院收取学费。州立("公立")法学院收费区分本州居民与非居民,而私

---

[1] See *Suzanne Valdez Carey*, An Essay on the Evolution of Clinical Legal Education and its Impact on Student Trial Practice, 51 U. Kan. L. Rev. 509, 510 (2003).

立法学院(不享受州政府补贴)对所有学生同等对待。[2] 学生可以获得奖学金,而通过各种贷款项目获得的资助尤其重要。[3]

事先完成本科("学院",college)*学业是进入法学院学习的前提条件,本科学制 4 年,最后获得文学士或理学士学位,专业可以是诸多学习领域中的任何一种。法学院不要求,甚至也不期待,报考法学院的学生在本科阶段正式学习法学知识:法学教育属于研究生学院的课程内容。

此外,申请人应当参加(全国统一且标准化的)法学院入学考试(Law School Admissions Test,LSAT),[4] 它旨在考核学生的阅读能力和语言推理能力,此等能力对顺利完成法学院的学业至关重要。[5] 决定录取的依据包括申请人的本科学业成绩、法学院入学考试分数,以及可能需要的推荐信和个人面试。

法律博士的学制为 3 年。在许多大学,法律博士学位可以结合另一种研究生学位,例如工商管理硕士(M. B. A.)、公共政策硕士(M. P. P.)、神学或宗教学硕士(M. Div. /M. Th.)、公共卫生硕士(M. P. H.)

---

[2] 例如在 2018 年,公立法学院的学费从大约 17,000 美元(比较佐治亚大学法学院和密歇根大学法学院对本州居民学生的学费:前者是每年 17,430 美元,而后者是每年 59,762 美元)到 60,000 多美元(比较佐治亚大学法学院和密歇根大学法学院对非本州居民学生的学费:前者是每年 35,868 美元,而后者是每年 62,762 美元)不等。See Tuition & Expenses, Univ. Ga. Law, http://www.law.uga.edu/tuition-expenses (last visited Apr. 15, 2019); Law School Tuition Rates, Mich. Law, http://www.law.umich.edu/financialaid/Pages/tuitionrates.aspx (2019 年 4 月 15 日最后访问)。私立法学院的学费更高(例如哥伦比亚法学院每年的学费是 67,532 美元)。See Tuition, Fees, and Living Expenses Budget, Columbia Law Sch., http://web.law.columbia.edu/admissions/graduate-legal-studies/tuition-fees-and-financial-aid (2019 年 4 月 15 日最后访问)。除了学费,法学院还收取行政费用和健康保险费(例如哥伦比亚法学院将此类收费评定为 2,384 美元到 5,699 美元之间)。信息来源同上。

[3] 大部分学生通过贷款筹集其法学院学费和生活费。在 2008 年,公立大学和私立大学法学院毕业生的平均负债额分别为 59,324 美元和 91,506 美元。U. S. Gov't Accountability Office, GAO-10-20, Higher Education: Issues Related to Law School Cost and Access (2009). 到 2012 年,两数额分别上升至 84,600 美元和 122,158 美元。See Average Amount Borrowed: 2001—2012, Am. Bar Ass'n, http://www.americanbar.org/content/dam/aba/administrative/legal_education_and_admissions_to_the_bar/statistics/avg_amnt_brwd.authcheckdam.pdf (2015 年 9 月 9 日最后访问)。关于法学院经济资助的信息,参见 Financial Aid: An Overview, Law Sch. Admission Council, http://www.lsac.org/jd/financing-law-school/financial-aid-overview (2015 年 9 月 9 日最后访问)。关于资助研究生教育的联邦贷款和私营贷款的一般讯息,参见 Mark Kantrowitz, Compare Graduate School Loan Options, Edvisors, http://www.gradloans.com/ (2015 年 9 月 9 日最后访问)。

* "college"既可指仅有本科教育的高等学校,也可指大学(University)中的本科部。——译者注

[4] 法学院入学考试的举办地,参见 Published Test Centers, Law Sch. Admission Council, http://www.lsac.org/jd/lsat/testing-locations (2015 年 9 月 9 日最后访问)。

[5] 法学院入学考试由法学院招生委员会(Law School Admissions Council)掌管,这是一家非营利公司,成员包括 200 多所美国、加拿大和澳大利亚的法学院。更多的信息,参见 Law Sch. Admission Council, http://www.lsac.org/ (2015 年 9 月 9 日最后访问)。该考试不产生"通过"或"未通过"的成绩,而是给出申请者在可比时段内与其他考生相比的排名,各法学院自己决定录取的最低分数线。例如,通过美国律师协会认证的法学院录取的学生,其平均入学考试分数不低于 142 分(法学院入学考试分数从 120 分到 180 分不等),本科平均成绩绩点(GPA)不低于 2.7(B-)。See George B. Shepard, Defending the Aristocracy: ABA Accreditation and the Filtering of Political Leaders, 12 Cornell J. L. & Pub. Pol'y 637, 643—44 (2003). See also Data from 2013 Annual Questionnaire: ABA-Approved Law School 1L Entering Class Data: Fall 2013, Law Sch. Admission Council, http://www.americanbar.org/content/dam/aba/administrative/legal_education_and_admissions_to_the_bar/statistics/2013_fall_aba_approved_law_school_entering_class_information.authcheckdam.pdf (2015 年 9 月 9 日最后访问)。关于少数种族考生享有的优惠待遇,参见前文第 668 段脚注[236]。

或者哲学博士(Ph. D.)。[6] 大部分法学院只有全日制课程,但数量渐增的少数法学院如今允许学生在晚上业余学习法律。许多法学院授予其他学位,比如法律硕士(L. L. M.)[7]和法学博士(S. J. D.)[8]。

法学院的典型师资包括终身(tenured)教授、非终身教授,以及兼职的(adjunct)法律实务界人士。想要获得"终身"教职者,应展示其教学才华,乐于服务师生和致力于学术。[9] 除了作为教师的正式职责,许多教师面向私人提供其专业领域的法律咨询服务。作为兼职教授的实务界人士,通常在其专业领域内讲授一门课程。

法学院学生第一学年的课程是必修课。在美国,民事诉讼法、侵权法、合同法和财产法之类的课程在第一学年开设,几乎是每所法学院的典型安排。此后,除了少量必修课,学生可自行决定其他选修课;不过,毕业后的资格考试(律师资格考试)会显著影响(或限制)学生的选课。[10]

由哈佛法学院前院长克里斯托弗·哥伦布·兰德尔(Christopher Columbus Langdell)在19世纪倡导的**"判例教学法"**(case method),依然是美国法学教育的特色。学生研读精选的上诉法院的判例,不仅学习法律本身,而且训练得出具体结论所运用的推理技巧。在课堂上,主要的教学模式是**"苏格拉底教学法"**(Socratic Method),教授随意挑选学生,让其阐释判例的推理,并通过将其置于假设情形来探究判例的

---

[6] 由于这类双学位项目的课程可能重叠,因此获得两种学位的总时长经常短于分别获得两种学位的时间。例如,攻读法律博士学位需要3年的研究生学习,工商管理硕士学位需要2年。但一位学生若同时攻读,则可在4年内获得这两种学位。

[7] 在美国律师协会认证的所有法学院中,半数可授予法律博士之后的学位,许多法学院可授予一种以上的法律硕士或其他研究生学位。See Michael Ariens, *Law School Branding and the Future of Legal Education*, 34 St. Mary's L. J. 301, 350—51 (2003). 法律硕士项目要求在校学习9个月,通常对之前已获得外国法学学位的学生非常有吸引力。有些法学院提供"通选"(general)法律硕士项目,学生可以在法学院提供的高级课程中自由选择学习课程。例如埃默里大学的法律硕士项目:http://law. emory. edu/academics/llm-degree-program/index. html(2015年9月9日最后访问); The Basic Features of the LLM Program, *The University of Chicago*, http://www. law. uchicago. edu/prospective/llm/features (2015年9月9日最后访问)。但是,有些法学院只设有"限选"(specialized)法律硕士项目,所修课程是预定的。例如斯坦福大学的法律硕士项目:https://law. stanford. edu/education/degrees/advanced-degree-programs/(2015年9月9日最后访问)(提供三种法律硕士项目:公司治理和实务、环境法律和政策、法律和科技)。

[8] 法学博士为学术型博士学位,学制3至5年,博士候选人应撰写博士论文并答辩。See Working Glossary, *Nat'l Ass'n for Law Placement*, http://www. nalp. org/workingglossary (2015年9月9日最后访问)。

[9] "终身教职"(无限期职位的简称),有别于有任期的教职[如初级或中级的"助理"(assistant)教授或"副"(associate)教授]。在决定是否授予终身教职时,发表的成果通常比其他因素分量更重。一般而言,新教师应在非终身职位任职第7年年底前,获得晋升成为终身教授(否则将被免职)。获得终身教职者以后到另一所法学院任职,通常也被授予终身教职。See Ariens, supra n. 6, at 351 (2003). "终身教职"毕生享有。参见后注[44]。

[10] 有些法学院允许学生在法律博士学位要求的90个学分内,自由决定某一具体法律领域的10学分到30学分的课程,从而为其专业化提供机会。提供此种选择的法学院将授予学生一个特定专业的证书,并可在学生的毕业证上注明该专业。这些机会对于那些希望在理想的法律职场上求职的学生特别有利,此类具体法律领域,例如有税法或者知识产权法实务。See Victor Fleischer, *The Shift Toward Law School Specialization*, N. Y. Times Deal Book, Oct. 25, 2012, http://dealbook. nytimes. com/2012/10/25/the-shift-toward-law-school-specialization/ (2015年9月9日最后访问)。See generally Andrew Mikell, The Case for Attorney Specialization, 33-SPG Vt. B. J. 21 (Spring 2007)(律师职业定向的背景和历史)。

适用范围。这种方法旨在鼓励学生"像律师那样思考"。[11]

除了传统的课堂教育,现在许多法学院提供老师指导下的法律实践机会。法律诊所,通常关注穷困客户或者无人代理的群体,如今在大多数法学院已经与传统法学课程并肩而立。诊所式法律教育追求五大目标:(1) 将理论与实践有机结合;(2) 将实体法和程序法融会贯通;(3) 培养学生服务客户(以及其他案件当事人)的理念;(4) 让学生亲身体验辩护人角色;以及(5) 培养学生以问题为起点的思维方式,而非像判例教学法,倾向从结论反向思考问题。[12]

## 二、律师执业资格

律师执业资格不仅需要学术背景(学位),而且需要通过律师资格考试并获得执业证书。各州管理本州境内的律师执业;在发放执业证的要求上,各州做法不一。美国律师协会不具有独立的权力,因而无法直接影响各州如何管理律师执业;尽管如此,由它发布的推荐性的资格标准,对于各州如何设计其各自的许可制度,一直具有显著的影响力。[13] 例如,有些州要求:只有从美国律师协会认证的法学院毕业的学

---

[11] 苏格拉底教学法的倡导者视法律为科学。从 20 世纪 20 年代起,一些人开始质疑这种见解,并主张将法律视为艺术。在 20 世纪 30 年代开始兴起的**法律现实主义运动**(Legal Realist movement),批判兰德尔教学法过于呆滞,无法容纳法律的进步和变革。法律现实主义者坚信:法学教育不应聚焦过去,而应传授基本的法律规则和原理(而非原理的发展史),让学生运用这种知识担当起社会角色和责任。See *Wizner*, What Does it Mean to Practice Law "in the Interests of Justice" in the Twenty-First Century?: The Law School Clinic: Legal Education in the Interests of Justice, 70 Fordham L. Rev. 1929 (2002)。二战后出现了法律现实主义运动的一个分支,称作"新法律现实主义",它与《统一商法典》的主要起草人——卡尔·卢埃林(Karl Llewellyn)之名密不可分。这场运动的支持者同样批判兰德尔模式,坚信法科生应被培养成为政策顾问和政府官员。至 20 世纪 60 年代,这些不同的模式融合在一起,导致法学院课程中增加了诊所式法学教育(clinical legal education)。参见前注[1]中凯里(*Carey*)的论文,第 511—513 页。

[12] 参见前注[1]中凯里(*Carey*)的论文,第 513—514 页[citing *John S. Bradway*, Some Distinctive Features of a Legal Aid Clinic Course, 1 U. Chi. L. Rev. 469, 469—72 (1933)]。

[13] 成为美国律师协会的会员不是获得律师资格的必要条件,不过,大约半数的美国律师是该协会的会员。See *Gerald J. Clark*, American Lawyers in the Year 2000: An Introduction, 33 Suffolk U. L. Rev. 293, 312 (2000)。

生,才能参加律师资格考试。[14] 律师资格考试的具体细节各州不尽相同,但存在一些共同特征。律师资格考试通常持续 2 天到 3 天,考试内容涵盖通行(全国性)的法律和考试所在州的法律。除了路易斯安那州[15],其他各州均采用了**律师资格联考**(Multi-State Bar Examination,MBE);考试共 200 道题[16],选择题的内容涵盖全国性法律的 6 个实体法领域[17]。律考总分由律师资格联考的分数与州考的分数相加而成,并与参加同一州考试的考生一起排名。州考通常为法律写作,内容可能是州法,也可能是全国性的法律。[18] 此外,半数以上的州采用了**律师实务联考**(Multi-State Performance Test,MPT),它旨在测验学生的实践能力:发现争点,并将法律适用于具体的案情。[19] 大多数州还要求律师资格申请人通过**律师职业道德联考**(Multi-State Professionalism Exam,MPRE)[20],50 道选择题,涉及美国律师面临的诸多道德问题。

尽管通过特定州的律师资格考试能使律师在该州执业,但该州不会向其颁发通行美国的律师执业证;律师想要在哪个州执业,就必须单独满足该州的要求。[21] 有些州采用"申

---

〔14〕 不到一半的州要求,参加律师资格考试必须先从美国律师协会认可的法学院获得法律博士或法律硕士学位。一些州(包括加利福尼亚州和纽约州)允许获得外国法学学位的学生参加本州的律师资格考试。See *Nat'l Conference of Bar Exam'rs*, Comprehensive Guide to Bar Admission Requirements 2015 8—9 (2015), available at http://ncbex.org/publications/bar-admissions-guide/ (2015 年 9 月 9 日最后访问) [hereinafter Requirements].

〔15〕 波多黎各共和国同样未采用律师资格联考。See Requirements, supra note 14, at 25.

〔16〕 在 200 道题中,190 题计分;另 10 题为不计分的"实验题",这些新出的试题混入其他试题中,测试其考试效果,以备将来律师资格联考之用。See *Nat'l Conference of Bar Exam'rs*, Preparing for the MBE: Test Format and Subject Matter, http://www.ncbex.org/exams/mbe/preparing/ (2015 年 9 月 9 日最后访问) [hereinafter Preparing].(从 2017 年 2 月起,"实验题"的比重增加:在 200 道题中,仅 175 题计分,25 题为"实验题"。——译者注)

〔17〕 在律师资格联考的 190 道计分题中,合同法部分 28 题,其他法律领域各有 27 题:民事诉讼法、宪法、刑法和刑事诉讼法、证据法、不动产法和侵权法。See Preparing, supra note 16.(从 2017 年 2 月起,6 个法律领域各有 25 道题。——译者注)

〔18〕 注意:美国没有"全国性"的私法,无论是统一的立法,还是统一实施的法律。参见前文第 17 段及以下段落。当前语境下,"全国性法律"意指,在全国遵守和各州共同采用的法律原则。对于法律写作,一些州采用法律写作联考(Multi-State Essay Exam, MEE),内容共 6 到 7 个问题,涵盖 9 个实体法领域。考试时长 3 小时,测试多数州采用的法律规则和少数州遵循的例外规则(majority and minority legal rules),而非聚焦于特定州的法律。See Requirements, supra n. 14, at 25—28. 对于律师资格考试要求的批评,以及如何使考试测验出法律执业水平,参见 Andrea A. Curcio, A Better Bar: Why and How the Existing Bar Exam Should Change, 81 Neb. L. Rev. 363 (2002).

〔19〕 律师实务联考旨在测验考生的基本律师执业技能,完成律师应该能完成的任务。考生必须阅读一份由各种事实材料组成的"案卷",比如案情、客户谈话记录、成文法和其他材料,然后在 90 分钟内起草辩论摘要、客户法律意见书、最后陈述、和解方案或者类似文件。See *Curcio*, Ibid., at 380.

〔20〕 截至 2015 年 8 月 18 日,在马里兰州、威斯康星州和波多黎各共和国,不要求律师执业申请人参加律师职业道德联考。See Preparing, supra note 16.

〔21〕 近年来,一些州采用了一种标准化的律师资格考试,称为**统一律师资格考试**(UBE),由律师资格联考、法律写作联考(MEE)和律师实务联考三部分组成。截至 2015 年 8 月 28 日,17 个州采用了这种统一考试。See *Nat'l Conference of Bar Exam'rs*, Jurisdictions That Have Adopted the UBE, http://www.ncbex.org/exams/ube/ (2015 年 9 月 9 日最后访问)。

请许可"(admission on motion);对在他州律师界拥有良好声誉的律师授予永久性的律师执业证,不需要参加为授予本州的许可证而举行的律师资格考试。此外,通常在一定期限内,有些州允许律师将其以前获得的律师资格联考分数转到本州,而仅参加律师资格考试中本州出题的部分,考试通过后就可获得该州的律师执业证。最后,还有一种途径是获得"临时许可"(pro hac vice admission),一州为外地律师办理特定案件或一系列案件授予临时执业许可证。是否授予"临时许可",完全由各州自由裁量;在这种程序性制度下,获得执业许可并非外地律师的权利。

## 三、 法律职业[22]

### (一) 私人执业

在私人行业,法学毕业生有许多职业可以选择:律师可以个人执业,也可以加入已成立的地方性、全国性或国际性律师事务所,与其他同行一起执业,还可以担任公司内部的法律顾问。最为常见的是,律师们组建合伙律师事务所开展执业活动。[23] 只要任何合伙业务涉及提供法律服务,律师职业道德准则就禁止无律师身份的人参加合伙。[24]

---

[22] 法学院为学生提供各方面的就业咨询和指导服务,帮助学生最终就业。许多法学院可帮助学生准备简历、提供面试培训,成立咨询小组,帮助规划未来职业生涯。更重要的是,法学院下设就业服务部,经常为毕业生安排见面会,方便公私行业的雇主会见和录用学生。许多雇主招用暑期实习生(私人行业的所谓"暑期助理"),实习后若双方满意,则学生有望毕业后被永久聘用。

[23] 一些现代律师事务所采用有限责任合伙企业(LLP)或有限责任公司(LLC)的形式组建,但合伙制律师事务所依然是律师之间合作最常见的形式(参见第六章)。See Martha Neil, Brave, New World of Partnership, A. B. A. J., January 2004, at 32, available at http://www.abajournal.com/magazine/article/brave_new_world_of_partnership (2015 年 9 月 9 日最后访问)。

[24] "如果任何合伙业务包含律师执业,则律师不得与无律师身份的人组建合伙制律师事务所。"Model Code of Professional Conduct, Rule 5.4 (b) (2002).但是参见后注[49],提到了当今偏离这种传统模式的一种做法。

在入门阶段,律师以**受雇律师**(associate)身份加入律师事务所。[25] 受雇律师通常作为通才起步。但是,受雇律师在职业生涯早期就走向专业化成为一种现代潮流[26],这在大型的全国律师事务所或跨国律师事务所更是如此。在主要涉足商法的大律师事务所,传统模式要求受雇律师仅在"公司业务"和"诉讼业务"这种宽泛类型中进行选择。如今,专门组建具有严格业务专长的律师团队成为普遍做法,比如专门从事"企业并购""跨境交易""产品责任诉讼"或者"白领犯罪"。

大多数律师事务所要求受雇律师提供一定数量的"收费小时"(billable hours),或者将其作为一种明确的政策,或者将其作为一种默示的期望(每年大约 2000 小时)。一个"收费小时"是律师使用的时间单位,用以表示律师向客户提供并收费的工作量。这种要求可以换算成每周用于向客户提供服务的时间大约 40 小时,而且不包括同时期望律师承担的日常行政和组织职责。此外,许多律师事务所要求受雇律师参与提供**公益**(pro bono)服务[27],并参加社区活动,具体方式可以是成为律师协会的会员或者是其他途径。投身于此类活动的一定数量的时间(例如 100 小时),通常记入所要求的 2000 收费小时之内。

经过 7 到 10 年,表现卓越的受雇律师会被邀请加入合伙。要成为合伙人,律师就应购

---

〔25〕 2014 年,律师事务所中受雇律师的起步年薪平均为 8 万美元。但是,接近平均数的起步年薪非常罕见;少数起步年薪远高于平均数,大部分的起步年薪略低些。所谓薪水双峰曲线的发展史,参见 *Judith N. Collins*, Salaries for New Lawyers:An Update on Where We Are and How We Got Here, NALP Bulletin, August 2012, available at http://www.nalp.org/uploads/0812Research.pdf(2015 年 9 月 9 日最后访问)。美国私人行业的薪水概况,参见 *Nat'l Ass'n for Law Placement*, Private Sector Salaries, http://www.nalp.org/privatesectorsalaries(2015 年 9 月 9 日最后访问)。

〔26〕 一些观察家认为,律师在不同律师事务所之间更频繁地流动,导致了相伴而生的专业化提升(在一家律师事务所度过全部职业生涯,这曾是普遍现象,而现在已今非昔比)。之所以提升专业化,据说是因为现代律师潜在的受欢迎程度——以及相应的流动性——很可能取决于他提供独特而明确的系列服务技能的才华。对此现象的探讨以及更突出专业化的一般趋势,参见 *Timothy Hia*, Que Sera, Sera? The Future Specialization in Large Law Firms, 2002 Colum. Bus. L. Rev. 541 (2002). See also *Henderson* and *Bierman*, An empirical Analysis of Lateral Lawyer Trends From 2000 to 2007:The Emerging Equilibrium for Corporate Law Firms, 22 Geo. J. Legal Ethics 1395 (2009).但是,始于 2007 年末的经济衰退可能极大地阻碍了律师事务所和律师的专业化进程,而业务多元化和能够开展反经济周期业务的律师事务所的情况可能好些。See *David M. Barnard*, Surviving the Recession—It's Not Only About Where You Came From;It's About Where You Are Going, 1787 PLI/Corp 71 (2010).

〔27〕 公益法律服务是律师"为公益"奉献时间和服务而不收取报酬。大多数州鼓励执业律师每年奉献特定数量的时间,用于提供公益法律服务。为许多州所采用的《律师执业行为示范规则》规定:"律师每年应努力提供至少 50 小时的公益法律服务。"Model Rules of Professional Conduct, Rule 6.1 (2009), available at http://www.americanbar.org/groups/professional_responsibility/publications/model_rules_of_professional_conduct/rule_6_1_voluntary_pro_bono_publico_service.html(2015 年 9 月 9 日最后访问)。

买事务所的股份,并因此对合伙债务承担个人责任,同时有权分享合伙利润。按照传统的**"报酬同步制度"**(lockstep system),在特定律师事务所于特定年份成为合伙人的每位律师有权获得同样的利润份额。[28] 报酬同步方法已经逐渐为另一种制度所取代,即合伙人的利润份额与其对律师事务所收益的贡献挂钩,通常的衡量标准是特定的合伙人能够为律师事务所带来多少业务。[29]

在受雇律师与合伙人等级梯队之间创设第三等级,成为律师事务所发展的另一种现代潮流。这些所谓的"无股份合伙人"(non-equity partners)依然是领薪水的雇员,在一定期限内不持有合伙所的股份,时间通常持续两年。在此期间,评价无股份合伙人的标准是其带来新业务的能力,以此作为其对律师事务所整体发展和盈利贡献的证明方式。[30] 如此一来,通向律师事务所合伙人的道路变得更不确定和更加复杂。[31]

作为加入律师事务所的一种替代方式,律师可以选择受雇于一家公司,成为公司的内部法律顾问。尽管公司传统上习惯于向独立的律师事务所获取法律咨询服务,但是最新的潮流是设立大量的公司法务部,以处理现代公司面临的日常法律问题。留给外部律师的业务,通常是日常法律业务之外的复杂交易或诉讼。[32] 如今,一些大公司下设的内部法务部门,雇佣的全职律师员工超过了100名。[33]

---

〔28〕 See *Milton C. Regan, Jr.*, Corporate Norms and Contemporary Law Firm Practice,70 Geo. Wash. L. Rev. 931,932 (2002)。

〔29〕 See generally *Joel A. Rose*, Hallmarks of a Well-Conceived Partner Compensation System, 09-12 Compensation & Benefits for L. Off. 1 (Dec. 2009)。2014 年,位列"美国律师事务所100强"的律师事务所,其合伙人平均年收入(包括股份收入和非股份收入)从36.5万美元到500万美元不等。See *Russell Miskiewicz*,Special Report——The Am Law 100:2014 Compensation—All Partners, The American Lawyer,May 2015,at 161。

〔30〕 与股份合伙人相比,无股份合伙人的收入低。对无股份合伙人的探讨,参见 *Neil*,supra n. 23;*Regan, Jr.*,supra n. 28,at 935。

〔31〕 与传统的发展模式形成鲜明对比的是,许多新进的受雇律师如今既不打算也不渴望成为合伙人。其实,在加入5年后,差不多一半的受雇律师离开毕业后加入的律师事务所,并转到另一家律师事务所、公务部门、法学教育或非律师行业。See *Neil*,supra n. 23,at 32。

〔32〕 过去,公司和其外部法律顾问之间在公司法律服务的要求和质量方面信息不对称,而今这种不对称由于公司内部律师的数量和重要性的增长而减少了。但是与之相伴而生的是,公司内部法务部门的扩充导致获取公司客户的律师之间竞争加剧。甚于以往的是,美国的律师和律师事务所是市场导向,因而必须竞争得到那些看来获利最丰的客户。See *Hia*,supra n. 26,at 545;*Regan, Jr.*,supra n. 28,at 932。

〔33〕 2015年,进入收入前100名的公司首席法律顾问的平均年薪为706,453美元。此外,他们中的一些律师还能获得超过其基本薪水的奖金和股份收入。See *Rebekah Mintzer*, The 2015 GC Compensation Survey, Corporate Counsel,Aug. 2015,at 58。

## （二）公共服务

### 1. 行政机关

尽管大部分美国律师私人执业，但是公务机关提供了可供选择的重要工作机会。[34] 联邦国家机关雇用的律师超过了 25,000 名，主要分布在行政机关。[35] 此外还有一些只有律师才胜任的委任执法职位，包括联邦检察官（United States Attorney）[36]、检察总长（Attorney General）[37]、首席联邦政府律师（Solicitor General）[38]、地方检察官（District Attorney）[39]和法官（参见下文）。一般而言，政府职位提供的薪水低于私人行业的收入。[40] 除了预算约束，对此有两种解释：与私人执业的同行比，政府雇员的工作时间通常较短；在公务机关，包括退休安排和健康保险在内的额外福利往往非常优厚。[41]

---

〔34〕 在 2000 年，美国律师中约 72% 的律师从事私人执业，10% 的律师受雇于国家机关，10% 的律师作为公司内部法律顾问，其余的成为法官、法学教授或者从事法律行业之外的职业。See *Clark*, supra n. 10.

〔35〕 雇用律师人数最多的联邦机关是司法部。See *Clark*, supra n. 13, at 299.

〔36〕 联邦检察官由总统任命，其职责是按照联邦检察总长的指示，代表联邦政府参加民事诉讼和刑事诉讼。经参议院建议和同意，总统为每一个联邦司法区任命一位任期 4 年的联邦检察官。See 28 U. S. C. §541 (2003).

〔37〕 检察总长是州或联邦的首席法务官，负责向政府提供咨询，并代表政府参加诉讼。州和联邦的这一职位具有类似性，担当此任的个人负责其所在政府卷入的审判事务。

〔38〕 首席联邦政府律师办公室在联邦最高法院代表联邦政府，其职责包括：关注下级法院作出的对政府不利的案件，并决定是否上诉；判定政府在法院审理中采取的立场，并决定是否以"法庭之友"的身份出庭。See The United States Department of Justice, Office of the Solicitor General, http://www.justice.gov/osg（2015 年 9 月 9 日最后访问）。

〔39〕 在州的刑事司法舞台上，地方检察官（D. A.）提起和进行公诉，他们是州政府的法务官（也称作首席检察官、公诉律师、州检察官，这取决于特定州的命名）。州法决定这类官员的数量（在 2007 年全国有 2,330 名），以及此类官员是选举还是任命产生（只有阿拉斯加州、康涅狄格州、新泽西州和哥伦比亚特区，此类职位经任命填补）。每名检察官负责公诉的地区显著小于联邦地区法院管辖的"司法区"。2007 年，74% 的地方检察官负责的地区人口少于 10 万人。See *Steven W. Perry*, Bureau of Justice Statistics, Prosecutors in State Courts, 2005, http://www.bjs.gov/content/pub/pdf/psc05.pdf（2015 年 9 月 9 日最后访问）；*Steven W. Perry and Duren Banks*, Bureau of Justice Statistics, Prosecutors in State Courts, 2007—Statistical Tables, http://www.bjs.gov/content/pub/pdf/psc07st.pdf（2015 年 9 月 9 日最后访问）。

为调查指控的刑事犯罪，地方检察官通常与相关的地方执法机关密切合作。由于 80% 以上的被指控罪犯没有经济能力聘请律师（换言之，他们是穷人），因此政府付费为被告人提供公费律师。这样，整个刑事诉讼在很大程度上与私人律师执业无缘；在特定的刑事诉讼中，经常看到双方都是政府的角色。See *Clark*, supra n. 13, at 299.

〔40〕 政府律师的年薪中位数从 44,600 美元到 51,100 美元不等。U. S. Dep't of Labor, *Bureau of Labor Statistics*, Occupational Outlook Handbook, Lawyers, http://www.bls.gov/ooh/legal/lawyers.htm#tab-5（2015 年 9 月 9 日最后访问）。比较这一数据与私人行业的年薪，参见前注〔25〕（受雇律师）、前注〔29〕（合伙人）和前注〔33〕（公司内部法律顾问），以及法官的收入，后注〔42〕。

〔41〕 大部分当选官员具有法律背景。在 2002 年，尽管律师占美国人口的比例不到 1%，但 39% 的众议员和 55% 的参议员曾是律师。此外，律师占了州议员的 25% 到 40%。2/3 的美国总统曾是律师。See *Shepard*, supra n. 5, at 653.

## 2. 司法机关

被任命或选举为法官,是对律师高度评价的职业路径。[42] 联邦法院的法官由美国总统经参议院建议和同意后任命。[43] 总统通常接受参议员提出的关于法官任命的建议。[44] 在各州的司法体系中,29 个州采纳任命制度,这与联邦法官的任命制颇为相似。[45] 但在 21 个州,选民选举有一定任期的法官,而且法官必须经受再次选举的确认。[46] 因此,在各州的制度中,挑选法官的方法有所不同;州法院的法官职位适用州法,各州法律中的正式要求存在差异。

---

[42] 在 2012 年 5 月,法官、治安法官(magistrate judges)和基层司法官(magistrates)的年薪中位数为 115,760 美元。U. S. Dep't of Labor, Bureau of Labor Statistics, Occupational Outlook Handbook, Judges and Hearing Officers, http://www.bls.gov/ooh/legal/judges-and-hearing-officers.htm/tab-5 (2015 年 9 月 9 日最后访问)。

[43] 回顾如下内容:除了根据联邦宪法第三条设立的法院,还存在几种宪法第一条("立法机关设立的")法院(前文第 106 段)。参见《联邦宪法》第 1 条和第 3 条。

[44] 在大陆法系国家,法官和私人执业的律师是泾渭分明的职业生涯;与此种不同,在美国这两种职业相互交汇。See Clark, supra n. 13, at 306. 在联邦司法系统,有 842 个地区法院法官和巡回区上诉法院法官的职位。28 U. S. C. A. §133 (West 2008)(663 名地区法院的法官);28 U. S. C. A. 44 (West 2009)(179 名巡回区上诉法院的法官)。如前文所述(前文第 670 段),在美国,无论对私人行业的员工,还是对公务机关的雇员,包括教授和法官,都不实行强制退休。但是,所谓的"80 年规则"允许联邦法官在其年龄和担任法官的年数相加达到 80 年时,可以带着全薪和福利退休。See 28 U. S. C. §371(c) (2006). 此外,国会允许适合退休的法官选择"资深职位"以代替彻底退休。资深职位允许联邦法官保留其办公室和职员,获得的薪水减少的同时办案工作量也减少。大多数州确实对法官有强制退休安排,这些州大部分规定的退休年龄是 70 岁。See Nat'l Ctr. for State Courts, Judicial Retirements, http://www.ncsc.org/microsites/judicial-salaries-data-tool/home/special-reports/retirement-map-and-states/map.aspx (2015 年 9 月 9 日最后访问);Ballotpedia, Mandatory Retirement, http://ballotpedia.org/Mandatory_Retirement (2015 年 9 月 9 日最后访问)。

[45] 3 个州通过立法机关的选拔或选举任命法官。在法官职位受任命制影响的其余 26 个州,州长通常根据贤能制(merit-based system)从提名委员会推荐的人选中挑选法官。最为常见的是,州长从一个中立的专家小组提供的名单中任命法官。在此之后的"留任"选举中,法官通常毫无阻力地竞选下一届任期。See Lenore L. Prather, Judicial Selection—What is Right for Mississippi?, 21 Miss. C. L. Rev. 199, 199—201 (2002). 密苏里州是第一个采用贤能制的州;术语"密苏里方案"(Missouri Plan)通常用以描述这种任命程序的变体。Id., at 205. 对所谓的"密苏里方案"的进一步探讨,参见 Malia Reddick, Merit Selection: A Review of the Social Scientific Literature, 106 Dick. L. Rev. 729 (2002);Thomas R. Phillips, The Merits of Merit Selection, 32 Harv. J. L. & Pub. Pol'y 67 (2009).

[46] 其中的 6 个州,法官通过有政治倾向的投票选举产生。在其余的 15 个州,法官经由中立的投票选举产生。法官任期从 6 年(例如佐治亚州)到 14 年(例如纽约州)不等。See Prather, supra n. 45, at 200. 这种选举制一直受到严厉批评,但不胜枚举的改革运动均告失败。See also Nuno Garoupa and Tom Ginsburg, The Comparative Law and Economics of Judicial Councils, 27 Berkeley J. Int'l L. 53 (2009);David E. Pozen, The Irony of Judicial Elections, 108 Colum. L. Rev. 265 (2008);Mark A. Behrens and Cary Silverman, The Case for Adopting Appointive Judicial Selection Systems for State Court Judges, 11 Cornell J. L. & Pub. Pol'y 273 (2002). 参见前文第 117A 段。

### (三) 社会角色

律师业是一种职业还是一种商业，当代社会中对此争议纷纭。[47] 公司内部法律顾问的增多，以及律师在复杂商业交易中作用的加大，使得传统上对二者的区分逐渐模糊。此外，律师的流动性日渐增长，他们不仅在私人行业的律师事务所之间流动，而且从私人行业流向国家机关，或者可能流向学术界，以及在法官职位和上述任一行业之间互相流动；与过去几十年的状况相比，这种趋势使得律师业更非铁板一块。尽管这种演变意味着可能更加难以准确界定美国法律职业的构成，但它同时意味着当代律师面临的机遇比过去更加丰富多样。

尽管在美国按人口平均的注册律师数量胜过任何其他国家的律师，但这一统计数据多少令人误解。[48] 由于法律专业人才在不同国家发挥的作用差距甚大，因此难以比较不同法律制度下法律人才的数量。在评价涉及美国律师数量的数据时，你必须认识到这一事实：在美国由律师承担的一些工作，在其他国家是由若干不同类型的专业人士来完成的。

伴随法律职业的演变，公众对规制律师的道德规范和有关律师的监管规范的认识也在发生变化。传统规则禁止与非律师人士利润分成，同时禁止外行在从事法律实务的商业团体中拥有所有权，而许多州的最高法院正在重新考虑此类规则。[49] 此外，伴随律师业务范围的日益全国化或全球化，已涌现出的难题涉及州的执业许可标准是否应减少限制，以允许在一地获得执业许可的律师可在另一地执业。[50]

---

[47] See Hia, supra n. 26, at 541.

[48] 截至 2014 年 12 月 31 日，美国共有 1,281,432 名活跃的律师。See Am. Bar Ass'n, Legal Profession Statistics (follow "National Lawyer Population by State—2015" hyperlink), http://www.americanbar.org/resources_for_lawyers/profession_statistics.html (2015 年 9 月 9 日最后访问)。与之对比，日本在 2015 年有约 30,518 名律师。Japan Fed'n of Bar Ass'ns, What is the JFBA?, at § 6, http://www.nichibenren.or.jp/en/about/us/profile.html (2015 年 9 月 9 日最后访问)。中国在 2015 年有 27 万名律师。Andrew Jacobs and Chris Buckley, China Targeting Rights Lawyers in a Crackdown, N.Y Times, July 22, 2015, at A1, para. 19, available at http://nyti.ms/1VuMUY9 (2015 年 9 月 9 日最后访问)。

[49] 例如参见 2015 年《哥伦比亚特区律师协会手册》中"规则 5.4"，可见于 http://www.dcbar.org/bar-resources/legal-ethics/amended-rules/rule5-04.cfm (2015 年 9 月 9 日最后访问)(允许非律师人士在仅从事提供法律服务业务的合伙律师事务所中，分享财产收益或行使管理权)。

[50] 更全面的探讨，参见 Ronald A. Brand, Uni-State Lawyers and Multinational Practice：Dealing with International, Transnational, and Foreign Law, 34 Vand. J. Transnat'l L. 1135 (2001)；Sara J. Lewis, Note, Charting the "Middle" Way：Liberalizing Multijurisdictional Practice Rules for Lawyers Representing Sophisticated Clients, 22 Geo. J. Legal Ethics 631 (2009)；Susan Poser, Multijurisdictional Practice for a Multijurisdictional Profession, 81 Neb. L. Rev. 1379 (2003)。

# 附录五 判例总表

判例后的索引码指页边段落码,适当时在括号内标注了具体脚注的序号。

# 索 引*

（条目后的索引码指页边段落码）

Abuse of process　滥用诉讼程序 406
Acceptance，in contract formation　合同成立中的承诺 295—299
Act-of-State Doctrine　国家行为理论 649
Actus reus　犯罪行为 683
Additur　增加赔偿金命令 419
Administration of estates　遗产管理 533，549—553
Administrative law　行政法
　　Adjudication，in Administrative Law　行政法上的裁决 89—93
　　Administrative agencies　行政机构 83—88
　　Administrative law judge　行政法官 93
　　Chevron Deference　"切夫龙"式的遵从 96
　　Generally　相关的段落 80—96
　　Hearing　听证 91—93
　　Judicial proceedings relating to　相关的司法程序 94—96
　　Procedure　行政程序 89—93
　　Regulatory agencies　监管机构 55，58，84
　　Rulemaking　法规制定 89—91
Adoption　收养 274，529—530
ADR，参见 Alternative Dispute resolution
Adverse possession　时效占有 467
Age Discrimination in Employment Act　《反就业年龄歧视法》670
Agency　代理
　　Authority of agent　代理人的代理权 569
　　Creation of agency relationship　代理关系的成立 567—569
　　Generally　相关的段落 567—572
　　Ratification　追认 569
Alien Tort Claims Act《外国人侵权请求法》139
Alternative Dispute Resolution（ADR）　替代性争端解决方式
　　Arbitration　仲裁 224—225
　　Generally　相关的段落 99，222—228，504

---

\* 根据原著作者与译者的通信，本"索引"作了少量变动。——译者注

Mediation　　调解 228
Negotiated settlements　　协商和解 227
Online dispute resolution　纠纷在线解决机制 228A
Rent a judge　　租借法官 227
Amendments, to the Federal Constitution　联邦宪法修正案 37, 40, 47, 65—69
American Law Reports Annotated　　美国判例法注解 31
Anticipatory repudiation　　预期违约 329, 335
Anti-suit injunction　　禁诉令 148
Antitrust law　　反托拉斯法
　　Act-of-State doctrine　　国家行为理论 649
　　Banana-Doctrine　　香蕉案原则 645—648
　　Clayton Act　　《克莱顿法》632—634, 640—644
　　Extraterritorial application of　　域外适用 645—652
　　Federal Trade Commission Act　　《联邦贸易委员会法》635, 642
　　Rule of reason　　合理原则 630
　　Sherman Act《谢尔曼法》,参见 also competition law　630—631, 640—644
Arbitration　　仲裁 224—225
Arraignment　　传讯 723
Arrest　　逮捕 707—709
Articles of incorporation　　注册文书 588
Assault　　恐吓 356
Assignment of rights　　权利转让 343—344
Associations, in company law　　商业组织法中的企业 573—607
Assumption of risk　　自担风险 389
Attachment　　财产扣押 193
Attorneys' fees, American rule of　　律师费方面的"美国规则" 154

Bail　　保释金 717, 720—721
Bailment　　寄托 476—478
Banana-Doctrine　　香蕉案原理 645—648

Bankruptcy Reform Act《破产程序改革法》622
Bankruptcy　　破产
　　Chapter 7 Bankruptcy　　第 7 章规定的破产 622—623
　　Chapter 11 Bankruptcy　　第 11 章规定的破产 624—625
　　Chapter 13 Bankruptcy　　第 13 章规定的破产 626
　　Chapter 15 Bankruptcy 第 15 章规定的破产 626A
　　Estate in bankruptcy　　破产财团 622
　　Generally　　相关的段落 618—626
　　Referee in bankruptcy　　破产管理人 106
　　Rights of creditors　　债权人的权利 620—626
　　Trustee in bankruptcy law　　破产法上的管理人 623
Battery　　非法接触 355
Battle of the forms　　"格式之战" 293, 299A
Better-Law approach　　"较好法"方法 241, 260
Bill of Rights　权利法案 37, 40, 65—69
Blocking statutes　拦截法 144A, 244A—244C
Board of Directors　　董事会 592—599
Bona fide acquisition　　善意取得 473, 479
Brain death, role in criminal law　　脑死亡,在刑法中的地位 689
Breach of contract　　违反合同 335—340
Breach of warranty, in product liability　违反担保义务,产品责任 394
Bulge rule, in civil procedure 民事诉讼法中的"膨胀规则" 122 n. 31
Burglary　　入室夜盗罪 699
Business trust　　商业信托 604

Campaign contributions, federal regulation of　　联邦对竞选捐款的规制 46B
Capacity, legal requirement of　　缔约能力的法定要求 308
Capital surplus　　资本盈余 590
Case law methodology　　判例法方法

Generally　相关的段落 19—24

　　Holding　法律原则 22

　　Obiter dicta　附带意见 22

Case or controversy, jurisdictional requirement　"案件或争议",对管辖权的要求 114

Caveat emptor, doctrine of　买者当心原则 454, 456

Chapter 7, in Bankruptcy law　《破产法》的第 7 章 622—623

Chapter 11, in Bankruptcy law　《破产法》的第 11 章 624—625

Chapter 13, in Bankruptcy law　《破产法》的第 13 章 626

Chapter 15, in Bankruptcy law　《破产法》的第 15 章 626A

Characterization, in Conflict of Laws　冲突法上的识别 248—249

Checks and Balances, Constitutional requirement of　"制衡"的宪法要求 37, 42, 86

Chicago school, in competition law　竞争法方面的"芝加哥学派" 628

Choice of law clauses　法律选择条款 126—127, 255—258

Citizenship, loss of　丧失公民资格 78

Civil Procedure　民事诉讼法

　　"American" rule of attorneys' fees　律师费方面的"美国规则" 154

　　Bulge rule　膨胀规则 121 n. 31

　　Claim, definition of　诉讼请求的界定 150—151, 203—205

　　Claim joinder　请求的合并 159—162

　　Claim preclusion　请求排除 202—206

　　Claim, definition of 诉讼请求的界定 151, 203

　　Class action　集团诉讼 179—183B, 398 n. 222

　　Consolidation　合并 123, 264

　　Contingent fee arrangements　胜诉取酬约定 155

　　Counterclaim　反请求 163—165

　　Crossclaim　交叉请求 168—169

　　Discovery　证据开示 184—189A

　　Discovery, foreign　国外的证据开示 189B

　　Discovery, Electronically stored information　电子信息的证据开示 189A

　　*Erie* doctrine　伊利原则 113, 209, 235—237

　　Fact pleading　事实诉答 10

　　Federal Rules of Appellate Procedure　《联邦上诉程序规则》103, 211

　　Federal Rules of Civil Procedure　《联邦民事诉讼规则》9, 101, 149, 156—186

　　Federal Rules of Evidence　《联邦证据规则》103, 196, 686, 725

　　General jurisdiction　一般管辖权 130—133

　　In rem jurisdiction　对物管辖权 129

　　Interpleader　互争财产权诉讼 176—178

　　Issue preclusion　争点排除 201, 207—208

　　Joinder　合并 159—162, 166—167

　　Notice, requirement of　通知要求 157

　　Party joinder　当事人合并 166—167

　　Personal jurisdiction　对人管辖权 130—139A

　　Remittitur　减少赔偿金命令 418

　　Res Judicata　既判力/一事不再理 201—208

　　Specific jurisdiction　特别管辖权 134—138

　　Supplemental jurisdiction　补充管辖权 161, 167, 175

　　Venue, see also Courts　"审判地",另见"法院" 140—141

Civil Rights Act　《民权法》49 n. 18, 517C, n. 438, 667

Civil union　"公民结合",参见 Domestic partnership

Civil War Amendments, to the federal Constitution 联邦宪法的"内战修正案" 67—68

Claim joinder　请求的合并 159—162

Claim preclusion, res judicata effect of　请求排除,既判力 201—206

Claim, definition of in procedural law　民事诉讼法

上界定的诉讼请求 151，203
Class action　集团诉讼 179—183B，398 n. 222
Class Action Fairness Act《集团诉讼公平法》179，n. 102，183B
Clayton Act　《克莱顿法》632—634，640—644
Close corporations　封闭公司 601—602
Collective bargaining　集体谈判 673
Common law　普通法 1—16，25—28
Common law marriage　普通法婚姻 272C，488—489
Common law property　普通法财产制 497—498，501
Community property of spouses　夫妻共同财产制 499—501
Company law, see Corporations　"商事组织法"，参见"公司"
Comparative negligence　比例过失 388
Compensatory damages　补偿性赔偿 152，416，418—420
Competition law　竞争法，参见 law, Unfair trade
　Chicago school　"芝加哥学派" 628
　Generally　相关的段落 627—656
　Traditional school　"传统学派"，参见 also Harvard school 629
Complicity　共同犯罪 687
Compulsory counterclaim　强制性反请求 163—165
Compulsory joinder　强制性合并 166
Conditions　条件
　Contract law, relationship to　合同法上成立合同关系的条件 322—323
　Property law, relationship to　财产法上成立财产关系的条件 442—444，449—450
Conflict of Laws　冲突法
　Better law approach　"较好法"方法 241，260
　Characterization　识别 248—249
　Choice of law clauses　法律选择条款 126—127，255—258

Company law　公司法 279—281
Contract law　合同法 255—258
Dépeçage　分割方法 250—251
Domicile, for choice of law and jurisdiction　"住所"，针对"法律选择和管辖权选择" 245—247
Erie doctrine　伊利原则 235—237
Family law　家庭法 269—274
Inheritance law　继承法 275—277
Interest analysis　法律适用意愿分析 240，256
Neumeier rules　纽美尔规则 262
Ordre public　公共秩序 254
Oregon Codification 俄勒冈州冲突法立法 241 n. 16，255 n. 32，263
Preclusion, relationship to　排除与冲突法的关系 209
Property law　财产法 265—268
Public policy exception　公共政策例外 254
Qualification　定性，参见 Characterization
Renvoi　反致 252—253
Tort law　侵权法 32 n. 39，259—264
Trust law　信托法 278
Congress, composition of　国会的组成 43—46
Consideration, doctrine of　对价原则 291，300—304
Constitution, federal　联邦宪法 37—40，App'x 2
Constructive eviction　推定驱逐 455
Constructive trust　推定信托 560
Contingent fee arrangements　胜诉取酬约定 155
Contracts　合同法
　Acceptance　承诺 295—299
　Assignment　转让 343—344
　Autonomy of parties　当事人意思自治 255
　Breach　违约 335—340
　Capacity　缔约能力 308
　Choice of court (forum selection) clauses　选择法院（选择法院地）条款 126—127

Choice of law clauses 法律选择条款 126—127, 257—258
Conditions 合同终止的条件 322—323
Consideration, doctrine of 对价原则 300—304
Delegation of duties 义务委托 345
Equitable considerations 衡平法上的考虑因素 291, 304, 312
Form 合同形式, 参见 Statute of Frauds
Fraud and duress 欺诈和胁迫 310
Frustration of purpose 目的落空 334
Good faith requirement 善意的要求 302, 313, 321—322, 334—335
Illegality 非法 309
Illusory 虚幻的 300
Impossibility 履行不能 333
Leases, relation to 租赁的相关内容 453—459
Mailbox rule 投邮规则 297—299
Mistake of fact 事实认知错误 311
Offer 要约 287—294
Parol Evidence Rule 口头证据规则 314
past consideration 过去的对价 302
Quasi-contracts (also contracts implied in law) "准合同"(也称"法律上的默示合同") 282, 347, 513
Revocation, of an offer 要约的撤销 290—292
Rolling contracts 展延成立合同 314A
Statute of Frauds 《防止欺诈法》305—307
Substantial performance 实质履行 324
Third-party beneficiary contracts 第三方受益人合同 341—342
Tort law, relationship to 与"侵权法"之间的关系 346—348
Uniform Commercial Code (UCC), provisions relating to 与《统一商法典》有关的条款 288, 315- 321, 325—329
Vienna Convention on the International Sale of Goods (CISG) 《维也纳国际货物买卖合同公约》(CISG) 244D, 244E
Void and voidable contracts 合同的无效和可撤销 308—312
Contributory negligence 原告促成过失 387
Conventions on Establishment "商事组织公约" 233
Conversion 侵占 360—362
Corporations 公司
  "Seat" theory in Europe 欧洲的"本座"理论 132
  Board of Directors 董事会 592—599
  Business trust 商业信托 604
  Capital surplus 资本盈余 590
  Domicile 住所 110 n.10, 132—133
  Formation 公司的设立 588
  Forward-looking statements 前瞻性陈述 614—615
  Insider trading 内幕交易 617
  Internal affairs rule 内部事务规则 600
  Liability, generally 与"责任"有关的内容 576, 580, 583, 608, 614
  Pseudo-foreign corporations "虚假外州(国)公司", 参见 also Conflict of Laws 281, 609—611
  Recognition abroad 外国对美国公司的承认 607A
Corpus Juris Secundum 《法律大全续编》27
Counterclaim 反请求 163—165
Courts of Appeal, federal court system 上诉法院, 联邦法院系统 107—108
Courts 法院
  Appellate courts 上诉法院 107—108
  En banc review 法官全体出庭复审案件 108
  Erie doctrine 伊利原则 113, 209, 235—237
  Federal court system, generally 联邦法院系统概述 57
Covenants, in property law 财产法上的允诺 466
Covenant marriage 协议婚姻 490

Criminal Law 刑法
    Actus reus 犯罪行为 683
    Felony 重罪 682
    Incomplete offenses 不完整犯罪 687
    Insanity 精神病 685—686
    Mens rea 犯罪心态 683
    Misdemeanor 轻罪 682
    Murder 谋杀 690—691
    Offenses defined 对几种犯罪的界定 689—700
    Rape 强奸 696
    Vicarious liability 替代责任 688
Criminal Procedure 刑事诉讼法
    Appeals 上诉 732—733
    Arrest 逮捕 707—709
    Bail 保释金 717, 720—721
    Constitutional guarantees 宪法保障 71—73, 704—705, 708—720
    Death penalty 死刑 72 n. 62, 701—703
    Dismissal 驳回案件 726—727
    Federal Rules of Criminal Procedure 《联邦刑事程序规则》706 n. 92
    Habeas Corpus 人身保护令 71, 735—738
    Jury, role of 陪审团的作用 198—199, 706, 724, 728—729
    Miranda rights 米兰达权利 713—714
    Right to counsel 获得律师帮助权 715
    Self-incrimination, protection against 拒绝强迫自证其罪 705, 713
    Sentences and Sentencing Guidelines 刑罚和《量刑指南》701, 722—724, 729—731
Crossclaims 交叉请求 168—169
Cruel and unusual punishment, prohibition against 禁止残忍而异常的刑罚 72 n. 62, 701—703, 720—721
Curtesy 鳏夫地产权 441, 535
Custody of children 对子女的监护 523—526
Cy pres, doctrine of 近似原则 558 n. 518

Damages 赔偿
    Compensatory damages 补偿性赔偿 152, 416, 418—420
    General purpose 一般目的 152, 335—340, 416—424A
    Liquidated damages 约定的违约金 338
    Nominal damages 名义上的损害赔偿 335, 417
    Punitive damages 惩罚性赔偿 153, 421—424A
    Restitutionary damages 恢复原状的赔偿 346—351
    Special damages 特别赔偿 420
    Substitutional relief, under the UCC 《统一商法典》中的替代性的救济方法 336
De novo review 重新审查 96, 117
Death penalty 死刑 72 n. 62, 701—703
Death with dignity, statutory right to 尊严死,成文法上的权利 694 n. 30
Declaratory judgments 宣告性判决 114 n. 18
Deeds 契据 471—472
Defamation 诽谤 399—404
Defense of Marriage Act（DOMA）《婚姻保护法》272A, 516
Delaware effect 特拉华州公司法的效应 607
Delegation of duties 义务委托 345
Department of Homeland Security 国土安全部 74A
Dépeçage 分割法 250—251
Deportation 驱逐出境 79
Design defects, in products liability 有关产品责任的设计缺陷 396
Detention on remand 还押候审 721
Discovery 证据开示 184—189A
Discrimination, prohibitions against 禁止歧视 47, 67 n. 55, 667—670
District Courts, federal 联邦地区法院 57, 106
Diversity of citizenship jurisdiction 异籍管辖权 103, 110, 111

Divorce 离婚
 Conflict of laws issues 冲突法问题 270—272
 Divisible divorce, concept of "可分割的离婚"的概念 508
 Ex parte divorce 单方出庭离婚 507—508
 Generally 相关的段落 505—512
 Inter partes divorce 双方出庭离婚 509
 Necessities, doctrine of 生活必需品原则 496
 Recognition of foreign divorce 对州外离婚的承认 507—508
 Support issues relating to 扶养的相关问题 495—504, 511—512
Domestic partnership 家庭伴侣 513—517
Domicile 住所
 Conflict of laws issues relating to 相关的冲突法问题 245—247
 Corporations, principal place of business 公司, 主要营业地 110 n. 10, 132—133
 Divorce, relationship to 与离婚的关系 507—511
 General purpose 通常目的 130—133
 Marriage, relationship to 与结婚的关系 486, 501
 Natural persons 自然人 133
Dower 遗孀地产权 441, 535
Due Process 正当程序
 Administrative law, relationship to 与行政法的关系 87, 92
 Class action, relationship to 与集团诉讼的关系 181
 Constitutional guarantee, generally 泛泛而论的宪法保障 67, 102
 Criminal procedure, relationship to 与刑事诉讼法的关系 702A, 704—705, 711 以及后续段落
 Judicial jurisdiction limited by 对司法管辖权的限制 130—138, 157

Duty of care, in tort law 侵权法上的谨慎义务
 Generally 相关的段落 372—376
 Invitees, duty owed to 对被邀请人所负的义务 376
 Landowners, duty required of 土地所有人的义务 373—376
 Licensees, duty owed to 对被许可人所负的义务 375
 Trespassers, duty owed to 对侵入者所负的义务 374
Duty to mitigate 减少损失的义务 335, 572
Duty to retreat 退让义务 365

E-discovery 电子证据开示 189A
Easements 便利役权 460—463
Elections 选举
 Congressional 国会选举 44—46
 Presidential 总统选举 52—53
 State 州级选举 58
Elective share 可选份额 545—547
Email solicitation, regulation of 对电子邮件广告的管理 638
Embezzlement 侵占罪 700
Employer-employee liability 雇主为雇员承担责任 408—411
Employment benefits 工作福利 515, 674—680
Enemy combatant 敌方战斗人员 50A n. 27, 711, 735
Engagement 婚约 485
Entry and sojourn, in immigration law 入境和旅居, 移民法 74—76
Equal Protection Clause 平等待遇条款 49, 67, 73, 102
Equal Rights Amendment 男女平等权利修正案 47 n. 16
Equitable servitude 衡平法役权 466
Equity, nature and origin of 衡平法的本质和起源

6—12, 191

*Erie* Doctrine　伊利原则 113, 209, 235—237

Estates, concept in　在以下法律领域的"Estates"概念
 Bankruptcy law　破产法上的"破产财团" 622
 Inheritance law　继承法上的"遗产" 276, 532—533, 549—553
 Matrimonial property law　婚姻财产法上的"遗产" 497—504
 Property law　财产法上的"地产权" 436—447

Estoppel, equitable doctrine of　衡平法上的禁反言原则 183, 291, 304

Eviction　驱逐 455

Excuse defenses　责任减免的辩护理由 684—686

Executive officers, in company law　公司法上的"执行官" 593—594

Executor, of an estate　遗产执行人 533

Executory interest　转归权益 450—452

Ex parte divorce　单方出庭离婚 507—508

Export-Import Bank　进出口银行 56 n. 36

Export Trading Company Act　《出口贸易公司法》650

Extraterritorial jurisdiction, presumption against　反对域外管辖权的推定 139A

Fact pleading, as a substitute for the writ system　"事实诉答",作为令状制度的替代者 10

Fair Labor Standards Act　《公平劳动标准法》658, 671

False imprisonment　非法拘禁 357

False pretenses　诈骗罪 700

Family and Medical Leave Act　《家事与病假法》671

Federal Bail Reform Act　《联邦保释改革法》721

Federal courts　联邦法院
 Appellate courts　上诉法院 107—109, App'x 4
 District courts　地区法院 106, App'x 4
 Diversity-of-citizenship jurisdiction　异籍管辖权 103, 110—111
 *Erie* doctrine　伊利原则 113, 209, 235—237
 Federal question jurisdiction　联邦问题管辖权 103, 110—113, 121
 General jurisdiction　一般管辖权 130—133
 Jurisdictional issues related to　有关联邦法院的管辖权问题 102—103
 Multidistrict consolidation　多个地区诉讼的合并 123, 264
 Personal jurisdiction　对人管辖权 130—139
 Specific jurisdiction　特别管辖权 134—138
 Supplemental jurisdiction　补充管辖权 161, 167, 175
 Transfer　案件移送 123, 143, 145—146

Federal Deposit Insurance Company　联邦存款保险公司 56 n. 37

Federal question jurisdiction　联邦问题管辖权 103, 110—113, 121

Federal Reserve Bank　联邦储备银行 56 n. 39

Federal Rules of Appellate Procedure　《联邦上诉程序规则》103, 211

Federal Rules of Civil Procedure　《联邦民事诉讼规则》9, 101, 149, 156—186

Federal Rules of Criminal Procedure　《联邦刑事诉讼规则》706 n. 92

Federal Rules of Evidence　《联邦证据规则》103, 196, 686, 725

Federal Telephone Consumer Protection Act　《联邦电话消费者保护法》637

Federal Tort Claims Act　《联邦侵权赔偿法》412

Federal Trade Commission Act　《联邦贸易委员会法》629, 635

Fee simple absolute　绝对地产权 439

Fee tail　限嗣地产权 440

Felony　重罪 682

Felony-murder rule　重罪谋杀规则 690

Fiduciary duty: Partnership law, relationship to 合伙企业法中有关信义义务的规定 575
Fiduciary duty: Trustees in inheritance law 继承法上受托人的信义义务 556
Food stamps 食品券 679
Foreclosure 终止赎回权 475, 480, 483
Foreign (out-of-state) companies 外州(国)公司 609—611
Foreign corporation 外州(国)公司 609
Foreign Intelligence Surveillance Court (FISC) 涉外情报监控法院 110A
Foreign law, use and proof of 适用和证明外国法 200
Forum non conveniens 不方便法院 124, 142—144A, 181 n. 106
Forum selection clause 选择法院地条款, 参见 Jurisdiction of courts
Forward-looking statements 前瞻性陈述 614—615
Freehold estates 自由保有地产权 439—443
Frustration of purpose 目的落空 332, 334
Full Faith and Credit Clause 充分信任与尊重条款 102, 147, 202, 209, 215—217, 224, 508, 526, 528, 530, 552
Future interests 未来权益 448—452

General agent 一般代理人 566
General jurisdiction 一般管辖权 130—133
Geneva Convention 《日内瓦公约》50A n. 27
Gerrymandering 不公正划分选区 45 n. 10
Gift causa mortis 死因遗赠 553
Good faith requirement 善意的要求 302, 313, 321—322, 334—335
Governing law clause 准据法条款, 参见 Choice of law clause
Government, federal 联邦国家机关
　Congress, composition of 国会的组成 43—46
　Elections 选举 44—46, 52—53

　Generally 相关的段落 41—56
　House of Representatives 众议院 43—45
　Independent Agencies 独立行政机构 55, 84
　Judiciary 司法机关 57
　President and Vice President 总统和副总统 50—54
Grand jury 大陪审团 718—719
Guantanamo Bay 关塔那摩湾 711, n. 119, 735

Habeas Corpus 人身保护令 71, 735—738
Hague Conventions 海牙公约
　Agency 《海牙代理公约》566
　Choice of Court《海牙选择法院公约》126 n. 39a
　Civil Aspects of International Child Abduction 《关于国际诱拐儿童民事事项公约》232 n. 4, 526
　Intercountry Adoptions 《海牙跨国收养公约》530 n. 470
　Jurisdiction and the Recognition of Judgments 《民事和商事案件管辖权以及外国判决的承认与执行公约》232 n. 4
　Service Abroad of Documents 《关于向国外送达民事或商事司法文书和司法外文书公约》232 n. 4
　Taking Evidence Abroad 《关于从国外调取民事或商事证据公约》232 n. 4
Harmless error doctrine 无害错误原则 716
Harvard school, in competition law 竞争法中的"哈佛学派" 627—628
Hate crimes 憎恨罪 698
Head of State, president as 总统作为国家元首 50
Health insurance 健康保险 675
Helms-Burton Act 《赫尔姆斯—伯顿法》654—655
Holding, in a judicial decision 司法判决中的法律原则 22
Homicide 杀人 689

House of Representatives  众议院 43—46
Housing and Urban Development Act  《住房和城市发展法》679

Illegality of contracts  合同的非法 309
Illegitimacy  私生 518—520
Immigration  移民
    Deportation  驱逐出境 79
    Entry and sojourn  入境和旅居 74—76
    Generally  相关的段落 74—79
    Naturalization  归化 77
Immunity  豁免
    Charitable organizations, immunity of  慈善组织的豁免 413
    Children, immunity of  儿童的豁免 414
    Generally  相关的段落 412—415
    Government, immunity of  政府的豁免 412
    Mentally handicapped, immunity of  智力残障者的豁免 415
Impeachment of the president  弹劾总统 50, 53
Impleader, in federal procedural law  联邦民事诉讼法中的追诉第三方 170—171
Implied contracts  默示合同 286, 347, 513
Implied covenant of quiet enjoyment  安宁享用的默示允诺 455
Implied warranties, in contract law  合同法上的默示担保 317—320
Implied warranty of habitability  默示宜居保证 457
Impossibility, in contract law  合同法上的履行不能 332
Impracticability, in contract law  合同法上的不可行 332
In rem jurisdiction  对物管辖权 129
In vitro fertilization  体外授精 521—522
Inadequate warnings, in products liability  有关产品责任的警示不足 396
Incomplete offense  不完整犯罪 687

Incorporated associations  公司型企业 584—606
Incorporation, generally  公司注册的概况 588
Independent agencies  独立行政机构 55
Indian reservations  印第安人保留区 18, 63
Individual retirement account (IRA)  个人退休金账户 676A
Infliction of mental distress  精神折磨 358
Informed consent, doctrine of  知情同意原则 364
Inheritance law  继承法
    Administrator, role and appointment of  遗产管理人的作用和指定 533
    Capacity to make a will  立遗嘱的能力 538, 542—544
    Conflict of laws issues  冲突法问题 275—277
    Probate, generally  遗嘱认证,相关的段落 532, 549—553
    Rule against perpetuities  禁止未来权益永久待定规则 561
    Statutory share  特留份 545—547
Injunction  强制令 191
Insanity Defense Reform Act《精神病抗辩改革法》686
Insanity, as a defense in criminal law  精神病,作为刑法上的一种辩护理由 685—686
Insider trading  内幕交易 617
Insolvency proceedings  破产程序 618—626
Intentional torts  故意侵权 354—370
Interest analysis  法律适用意愿分析 240
Internal affairs rule  内部事务规则 600
International Emergency Economic Powers Act《国际紧急状态经济权力法》655
Internet and personal jurisdiction  互联网和对人管辖权 129 n. 45, 133 n. 53
Interpleader  互争财产权诉讼 176—178
Interspousal immunity  夫妻间豁免 494
Interstate Commerce Clause  州际商业条款 49, 610, 627, 659

Intervention, in federal procedural law 联邦民事诉讼法上的第三人参加诉讼 172—175
Invasion of privacy (tort) 侵犯隐私（侵权）405
Investigative stop, in criminal procedure 刑事诉讼法上的侦查截停 709
Invitees, duty of care owed to 对"被邀请人"负有的谨慎义务 376
Involuntary manslaughter 非故意的非预谋杀人 692
Iran and Libya Sanctions Act 《对伊朗和利比亚制裁法》655
Issue preclusion, res judicata effect of 体现既判力的争点排除 207—208

Joinder 诉讼请求的合并 159—162，166—167
Joint and several liability 连带责任 407
Joint custody 共同监护权 524—525
Joint stock company 合股公司 606
Joint tenancy 统一保有 431，553
Joint venture 合作经营企业 582
Judge 法官
　　Appointment during recess of Congress 国会闭会期间的任命 46 n.13
　　Criminal law, role 在刑法执行中的作用 717，722—724
　　Election of state court judges 州法院法官的选举 117A, App'x 3
　　Federal 联邦法院的法官 106—109
　　General role 一般作用 198—199
Judgments, recognition of (see also Res judicata) "对判决的承认"（另见"既判力"）
　　Appellate proceedings, relationship to 与上诉程序的关系 210—212
　　Declaratory judgments 宣告性判决 114 n.18
　　Divorce, relationship to 与离婚的关系 505—512
　　Full Faith and Credit Clause 充分信任与尊重条款 102，147，202，209，215—217，224，508，526，528，530，552
　　Generally 相关的段落 213—221
　　Public policy issues 公共政策问题 254
　　Uniform Enforcement of Foreign Judgments Act 《统一执行州外判决法》217
　　Uniform Foreign Money-Judgments Act 《统一承认外国金钱判决法》220
Judiciary, federal 联邦司法机关 57
Jurisdiction of courts 法院的管辖权
　　Choice of court (forum selection) clauses 选择法院（选择法院地）条款 126—127
　　Domicile 住所 132
　　General jurisdiction 一般管辖权 130—133
　　Long-arm statutes 《长臂管辖权法》136，280，651
　　Merger of claims 诉讼请求的并入 150，202—203，213
　　Personal jurisdiction 对人管辖权 130—139A
　　Specific jurisdiction 特别管辖权 134—138
　　State courts 州法院 117—120
　　Submission 默示同意 128
　　Venue 审判地 140—141
Jury 陪审团
　　Constitutional constraints on selection 陪审员挑选的宪法限制 198 n.131
　　Constitutional requirement 宪法要求 11，724
　　Reexamination of a jury verdict 对陪审团裁定的重新审查 423
　　Role and duties 作用和职责 198—199，705—706，724，727—729
　　Selection process 挑选程序 198，724
　　Sequestration 隔离 724
Justification defenses, in criminal law 刑法中的行为正当的辩护理由
　　Criminal law, relationship to 与刑法的关系 684
　　Tort law, relationship to 与侵权法的关系

365—366

Labor law　劳动法
　　Discrimination, relationship to labor　有关工人的歧视行为 667—670
　　Federal statutory regulation of　联邦成文法规制 657—665
　　Origins of　起源 658—660
　　Taft-Hartley Act　《塔夫脱—哈特利法》661—662
　　Whistleblowers　举报者 672
Labor Management Relations Act (also Taft-Hartley Act)　《劳资关系法》(又称《塔夫脱—哈特利法》) 661—662
Labor Management Reporting and Disclosure Act　《劳资关系报告和披露法》663
Landlord and tenant relations　房东和房客的关系
　　Caveat-emptor, doctrine of　买者当心原则 454, 456
　　Covenant of quiet enjoyment　安宁享用的允诺 455
　　Generally　相关的段落 453—459
　　Implied warranty of habitability　默示宜居保证 457
　　Sublease　分租 459
　　Warranties　保证 455—457
Landrum-Griffin Act　参见《兰德勒姆—格里芬法》
　　Labor Management Reporting and Disclosure Act 663
Lanham Act　《拉纳姆法》653
Larceny　偷盗罪 700
Learned Hand Formula　勒尼德·汉德公式 378
Leases　租赁 453—459
Legal education　法学教育
　　Generally　App'x 3 "概况" 见"附录三"
　　Law journals and law reviews　法律期刊和法律评论 33

Research tools　研究工具 27, 31—36
Lex fori, relationship to the Conflict of Laws　法院地法, 与冲突法的关系 240, 244C, 249, 253, 255A, 270, 281, 506, 510, 529—530
LEXIS legal database　LEXIS 法律数据库 34—36
Liability　法律责任
　　Alternative liability　必有其一责任 384
　　Comparative negligence　比例过失 388
　　Contributory negligence　原告促成过失 387
　　Duties of care　谨慎义务 372—381
　　Joint and several liability　连带责任 407
　　Market share liability　市场份额责任 384
　　Partnerships, relationship to　与合伙企业的关系 576
　　Strict liability　严格责任 392—393, 395
　　Vicarious liability　替代责任 408—411
Libel　书面诽谤 401—404
License, in property law　财产法上的获准利用权 464
Licensees, duty of care owed to　对被许可人所负的义务 375
Lien theory, of mortgages　关于抵押的财产担保理论 474
Life estate　终身地产权 441
Lilly Ledbetter Fair Pay Act《莉莉·莱德贝特公平薪酬法》670A
Limited liability company　有限责任公司 608
Limited partnerships　有限合伙企业 578—581
Liquidated damages　约定违约金 338
Lis pendens　未决诉讼 147—148
Living will　自然死亡意愿书 695
Long-arm statutes　《长臂管辖权法》136, 280, 651
Longshore and Harbor Workers' Compensation Act　《码头和港口工人赔偿法》680

M'Naghten test　"姆纳顿"标准 685

Mailbox rule　投邮规则 297—299
Malice aforethought　预谋恶意 690，692
Malicious prosecution　恶意诉讼 406
Manslaughter　非预谋杀人罪 692
Manufacturing defects, in products liability　有关产品责任的制造缺陷 396
Marital property　婚姻财产 497—504
Market share liability　市场份额责任 384
Marriage　婚姻
　　Common law marriage　普通法婚姻 488—489
　　Conclusion of　缔结 269
　　Covenant marriage　协议婚姻 490
　　Defense of Marriage Act（DOMA）　《婚姻保护法》272A，272B，516
　　Dissolution of　解除 272，497，505—512
　　Engagement　婚约 485
　　Equitable considerations in relation to　衡平法上的相关考虑因素 492
　　Generally　相关的段落 485—504
　　Impediments to　障碍 491
　　Interstate practice relating to　相关的州际实践 269—274，485—504
　　License requirement　许可证要求 486
　　Matrimonial property　婚姻财产 497—504
　　Necessities, doctrine of　生活必需品原则 496
　　Prerequisites for　先决条件 486—487
　　Putative spouse doctrine　推定婚姻成立原则 492
　　Same-sex relationships　同性关系 272A，513—517
McGuire Act　《麦克奎尔法》639
Mediation　调解 228
Medical malpractice　医疗失职 364
Medicare and Medicaid　医疗保险制度和医疗援助制度 676
Megan's Law　《梅甘法》697
Mens rea　犯罪心理 683
Merger of judgments　并入判决 150，202—203，213

Minimum wage　最低小时工资 658，671
Minority　未成年
　　Adoption of minors　对未成年人的收养 529
　　Beneficiary under a will, relationship to　未成年人作为遗嘱受益人 538
　　Capacity, in relation to contract　有关合同的缔约能力 308
　　Criminal law, relevance to death penalty　有关死刑的刑法规定 702C
　　Marriage law, relationship to　有关的婚姻法 491
　　Support, guarantee of　抚养费的保障 527—528
　　Tort law, relationship to　有关的侵权法 377
Miranda rights　米兰达权利 713—714
Mirror image rule　镜像规则 293
Misdemeanor　轻罪 682
Misdemeanor-manslaughter rule　轻罪非预谋杀人罪规则 692
Mistake of fact　事实认知错误 311
Model Penal Code　《模范刑法典》681
Mortgages　抵押权 474—475
Mortmain statute　《没收法》543 n. 499
Movable property　动产 477—480
Murder　谋杀
　　Degrees of murder　谋杀的级别 691
　　Generally　相关的段落 690—691

National Labor Relations Act　《全国劳资关系法》660
National School Lunch Act　《全国学校午餐法》679
National Securities Markets Improvement Act　《全国证券市场促进法》613
Naturalization　归化 77
Necessary and Proper Clause　必要和适当条款 49
Necessity, defense of　紧急避险的抗辩理由 368—369

Negligence 过失
　　Comparative negligence 比例过失 388
　　Contributory negligence 原告促成过失 387
　　Generally 相关的段落 371—389
　　Res ipsa loquitur, doctrine of 事实自证其身原则 381
No-fault statutes 无过错责任保险法 427
Non-freehold estates 非自由保有地产权 444—447
Norris-LaGuardia Act 《诺里斯—拉瓜迪亚法》660
Notary 公证人 539 n. 489
Notice, requirement of 通知被告的要求 157
Novation, in contract law 合同法上的合同更新 331, 345, 459
Nuisance, in tort law 侵权法上的妨害 390—391

Obiter dicta, in a judicial decision 司法判决中的附带意见 22
Occupational Safety and Health Act 《职业安全和卫生法》680
Offer, in contract formation 有关合同成立的要约 287—294
Older Worker Benefit Protection Act 《高龄员工福利保护法》670
Online dispute resolution 纠纷在线解决机制 228A
Open fields doctrine 开放场所原理 710
Opening statements 开审陈词 196
Ordre public, see also Judgments "公共秩序"，另见"判决" 254

Pardon power, presidential 总统的赦免权 50
Parental Kidnapping Prevention Act 《防止父母劫持子女法》484 n. 363, 526 n. 452
Parol Evidence Rule 口头证据规则 314
Parole 假释 722, 730
Partnerships 合伙企业
　　Creation of 成立 575
　　Generally 相关的段落 573—581
　　Liability 责任 576
　　Limited partnerships 有限合伙企业 578—579
　　Liquidation of 清算 577
Party joinder 当事人合并 166—167
Passage of risk, under the UCC 《统一商法典》规定的风险转移 316
Paternity 生父身份 519—520
Patriot Act 《爱国者法》75, 711
Peremptory challenge 无因排除 198
Perfect tender rule, under the UCC 《统一商法典》中的无瑕疵履行规则 325—326
Perfection, of security interests 担保权益的完善 482
Periodic tenancy 按期续租 445
Permissive joinder 任意性合并 166
Personal jurisdiction 对人管辖权
　　Based on Internet activity 基于互联网活动的对人管辖权 129 n. 45, 133 n. 53
　　Generally 相关的段落 130—139
Physician-assisted suicide 医生帮助自杀 694
Piercing the corporate veil 揭开公司面纱 601 n. 52
Plain view doctrine 一览无余原则 710, 712
Plea bargaining 辩诉交易 722
Pocket veto 口袋否决权 46 n. 13
Political parties 政党 46A, 52 n. 29
Political questions, in federal procedure 联邦诉讼中的政治问题 115
Possessory interests 占有权益 442—443
Precedent in a case law system 判例法制度中的先例 20 n. 25, 21—22
Pre-existing duty rule 先前义务规则 302
Preferred shares 优先股 589
Premarital agreements 婚前协议 502—504
President and Vice President 总统和副总统 50—56
Presidential democracy, system of 总统民主制 50

n. 20
Principal place of business　主要营业地 132
Private Securities Litigation Reform Act　《私人证券诉讼改革法》614
Privileges, in tort law　侵权法中的特权 363—369
Privity in　相对性
　　Contract law　合同法上的相对性 341—342
　　Property law　财产法上的相对性 459, 467 n. 337
　　Tort law　侵权法上的相对性 394
Probable cause　合理根据 708
Probate　遗嘱认证 532, 549—553
Products liability　产品责任 264, 394—398
Professional corporation　专业服务公司 605
Profit, in property law　财产法上的获益役权 465
Promissory estoppel　允诺禁反言 291, 304
Property law　财产法
　　Adverse possession　时效占有 467
　　Bailment　寄托 476—478
　　Bona fide acquisition　善意取得 473, 479
　　Easements　便利役权 460—463
　　Estates, concept of　地产权概念 437—447
　　Executory interest　转归权益 443, 451
　　Fee tail　限嗣地产权 440
　　Freehold estates　自由保有地产权 439—443
　　Future interests　未来权益 448—452
　　Intangible property　无形财产 428
　　Leases, relation to　有关财产法的租赁 453—459
　　Life estate　终身地产权 441
　　Non-freehold estates　非自由保有地产权 444—447
　　Personal property　动产 428
　　Public policy　公共政策, 参见 Conflict of Laws, Judgment
　　Real property　不动产 428—429
　　Recording　登记 472—473

Remainder　剩余权 450
Reversion　回收权 449
Rule against perpetuities　禁止未来权益永久待定规则 452
Security interests　担保权益 480—483
Statute of Frauds　《防止欺诈法》305, 444, 464, 468
Tangible property　有形财产 428
Trusts, concept of　信托的概念 554—563
Public assistance　政府援助 676
Public corporations　公众公司 587—600
Punitive damages　惩罚性赔偿 153, 335, 421—424A
Punitive damages: Recognition of punitive damages abroad　惩罚性赔偿:惩罚性赔偿在国外的承认 424A, n. 282a
Putative spouse doctrine　推定婚姻成立原则 492

Quasi contracts (also contracts implied in law)　准合同(又称"法律上的默示合同") 286, 347

Rape　强奸罪 696
Rape shield statutes　强奸受害人保护法 696
Ratification, in agency relationships　代理关系中的追认 569
Reasonableness standard in products liability　有关产品责任的合理标准 398
Recording, in property law　财产法中的登记 472—473
Regulatory agencies　监管机构 55, 58, 84
Rejection of delivery, in contract law　合同法中的拒绝接收货物 326
Relief (also public assistance)　社会救济(又称"政府援助") 676
Remainder, in property law　财产法中的剩余权 450
Remedies　法律救济, 参见 Damages, Declaratory

judgment, Specific performance
Remittitur 减少赔偿金命令 418
Renvoi 反致 252—253
Res ipsa loquitur, doctrine of 事实自证其身原则 381
Res judicata 既判力/既决事项/一事不再理
 Claim preclusion 请求排除 202—206
 Criminal law, relationship to 刑法中的相关内容 734
 Generally "民事诉讼法"部分中的相关段落 201—208
 Issue preclusion 争点排除 207—208
 Merger doctrine 并入原则 150, 202—203, 213
Restatements of the law, generally 关于"法律重述"的概述 31—32
Restitution 恢复原状 351
Restraining orders 限制令 192
Resulting trust 归复信托 560
Reversion 回收权 449
Revised Model Business Corporation Act 《商业公司示范法修订本》588
Revocation, of an offer to contract 合同要约的撤销 289—292
Right to bear arms 携带武器的权利 69 n. 60
Right to counsel 获得律师帮助权 71, 715
Right to die 自杀的权利 694—695
Rolling contracts 展延成立合同 314A
Rule against perpetuities 禁止未来权益永久待定规则 452, 561
Rule interpleader 依法院规则的互争财产权诉讼 177
Sale of Goods, see Uniform Commercial Code, Vienna Convention on the International Sale of Goods "货物买卖",参见《统一商法典》、《维也纳国际货物买卖合同公约》
Same-sex relationships 同性关系

Adoption of children 收养子女 529
Generally 272A, 272B, 513—517
Legal recognition 法律认可 513—514
Adoption of children 子女监护 526 N. 461
Same-sex marriages abroad 域外缔结的同性婚姻 51A—517B
Sarbanes-Oxley Act 《萨班斯—奥克斯利法》616
Search and seizure 搜查和扣押 710—712
Seat theory, European notion of 本座理论,关于公司住所的欧洲观念 132, 607A
Securities Exchange Commission (SEC) 证券交易委员会 55, 613
Securities Litigation Uniform Standards Act 《证券诉讼统一标准法》613
Security interests 担保权益 480—483
Self-defense 自我防卫 365
Senate 参议院 43—46
Sentencing, in criminal trials 刑事审判中的量刑 729—731
Separate property of spouses 夫妻个人财产 497—501
Separation of powers, Constitutional principle of 权力分立的宪法原则 37, 43 n. 6, 57A, 85, 115
Servitudes 役权 460, 466
Settlor, in trust law 信托法上的委托人 554—563
Sexual Harassment 性骚扰 411, 669
Shareholders 股东 589—599
Shepard's Citator 《谢泼德法律引用索引》27—30, 36
Sherman Act 《谢尔曼法》630—631, 640—644
Slander 口头诽谤 401—404
Social Security Act 《社会保障法》676
Social Security, generally 关于社会保障的概述 676 n. 259
Sole custody 单独监护权 524—525
Sole proprietorship 独资企业 603
Special agent 特别代理人 566

Special damages 特别赔偿 420
Specific intent 特殊故意 683
Specific jurisdiction 特别管辖权 134—138
Specific performance 实际履行 152，339—340
Standing, requirement of 起诉资格的要求 95
Stare decisis 遵循先例 20
State law, relationship to federal law 州法，与联邦法的关系 18
Statute of Frauds 《防止欺诈法》305—307，444，464，468
Statutory interpleader 依国会立法的互争财产权诉讼 177
Statutory share 特留份 277，498，545—547
Stream-of-commerce jurisdiction 商业流通管辖权 137
Strict liability 严格责任 392—393，395
Subagent 复代理人 566，571—572
Sublease 分租 459
Succession（see also Inheritance law） "继承"（另见"继承法"）
　　Statutory provisions with respect to 相关的成文法规定 535—536，545—547
　　Wills, generally "遗嘱"的相关段落 537—544
Suicide 自杀
　　Generally 概述 693
　　Physician-assisted 医生帮助的自杀 694
Summary judgment 即时判决 194
Supplemental jurisdiction 补充管辖权 161，167，175
Supplemental Security Income Program 《补充性社会保障收入方案》678
Support 扶养
　　Children, responsibility for 对子女的责任 527—528
　　Divorce, relationship to 与离婚的关系 495—496，511—512
Supremacy Clause 至上条款 18，41

Supreme Court of the United States 联邦最高法院
　　Appointment of Justices 法官的任命 57
　　Constitutional basis of 宪法基础 57
Surrogate motherhood 代孕母亲 521—522
Survival statutes "诉讼延续法" 425

Taft-Hartley Act 《塔夫脱—哈特利法》661—662
Taxation, government power of 政府的征税权 48，60—61
Telecommunications Act 《电信法》637
Tenancies, in property law 财产法上的保有
　　Joint tenancy 统一保有 431
　　Periodic tenancy 按期续租 445
　　Tenancy at sufferance 超期租赁 447
　　Tenancy at will 任意租赁 446
　　Tenancy by the entirety 夫妻一体保有 432
　　Tenancy for years 定期租赁 444
　　Tenancy in common 按份保有 433
Territoriality 属地性 130
Territories, of the United States 美国的领地 62
Terrorism 恐怖主义 75，711，737
Testamentary trust 遗嘱信托 558—559
Third-party beneficiaries, in contract law 合同法上的第三方受益人 341—342，571
Title, in property law 财产法上的产权 437—438，469
Title theory, of mortgages 关于抵押的产权转让理论 474
Tort law 侵权法
　　Abnormally dangerous activities 超常危险行为 393
　　Alternative liability 必有其一责任 384
　　Assault 威吓 356
　　Battery 非法接触 355
　　Contract law, relationship to 与合同法的关系 346—348
　　Conversion 侵占 361—362

Defamation　诽谤 399—404
Defenses　抗辩理由 365—369
Duties of care　谨慎义务 372—376
False imprisonment　非法拘禁 357
Infliction of mental distress　精神折磨 358
Intentional torts　故意侵权 354—370
Invasion of privacy　侵犯隐私 405
Learned Hand formula　勒尼德·汉德公式 378
Medical malpractice　医疗失职 364
Necessity, doctrine of　紧急避险原则 368
Negligence　过失 371—389
Privileges, generally　"特权"的相关段落 363—369
Products liability　产品责任 264, 394—398
Res ipsa loquitur, doctrine of　事实自证其身原则 381
Self-defense　自我防卫 363
Strict liability　严格责任 392—393, 395
Thin-skull rule　蛋壳脑袋规则 370 n.158, 386
Transferred liability　转移的责任 408—411
Trespass　侵害 359—360
Wild animals, liability of owners　野生动物主人的责任 392
Transfer, in federal procedural law　联邦诉讼法中的案件移送 123, 143, 145—146
Transferred intent　转移故意 683
Treaties　条约 18 n.20, 231—233
Trespass　侵害 359—360
Trespassers, duty of care owed to　对侵入者所负的谨慎义务 374
Trustee　受托人 554
Trusts, generally　与"信托"相关的段落 278, 554—563

Unconscionability　显失公平 12, 183A
Undisclosed agent　本人身份不公开的代理人 566
Unfair trade　不公平贸易 653

Uniform Commercial Code（UCC）《统一商法典》18, 255, 266—268, 288, 315—321, 325—329, 336—337
Uniform laws　统一法
　Generally　相关段落 18
　Revised Uniform Partnership Act　《统一合伙企业法修订本》573—580
　Uniform Child Custody Jurisdiction Act (UCCJA)《统一子女监护管辖权法》526 n.456
　Uniform Child Custody Jurisdiction and Enforcement Act (UCCJEA)《统一子女监护管辖权和判决执行法》18, 484 n.363, 526
　Uniform Commercial Code　《统一商法典》255, 266—268, 288, 315—321, 325—329, 336—337
　Uniform Conflict of Laws Limitations Act　《统一冲突法时效法》249
　Uniform Determination of Death Act　《统一死亡判定法》689
　Uniform Enforcement of Foreign Judgments Act　《统一执行州外判决法》217
　Uniform Foreign Money-Judgments Act　《统一承认外国金钱判决法》220
　Uniform Interstate Family Support Act　《统一州际家庭扶养判决执行法》484 n.363, 512, 528
　Uniform Marital Property Act　《统一婚姻财产法》499
　Uniform Marriage and Divorce Act　《统一结婚和离婚法》484 n.363
　Uniform Parentage Act　《统一父母身份法》518 n.441, 521
　Uniform Partnership Act　《统一合伙企业法》573—580
　Uniform Premarital Agreement Act　《统一婚前协议法》502

Uniform Probate Code 《统一遗嘱认证法》531—533

Uniform Reciprocal Enforcement of Support Act 《统一相互执行扶养费法》512

Uniform Vendor and Purchaser Risk Act 《统一不动产卖方买方风险转移法》469

Universal agent 全权代理人 566

Unjust enrichment 不当得利 347—351

Venue 审判地 140—141, 162

Veto power, presidential 总统的否决权 46C

Vicarious liability: Criminal law, relationship to 刑法中的替代责任 688

Vicarious liability: Tort law, relationship to 侵权法中的替代责任 408—411

Vienna Convention on the International Sale of Goods (CISG) 《维也纳国际货物买卖合同公约》230, 285, 314B

Void and voidable contracts 无效的和可撤销的合同 308—312

Voluntary manslaughter 故意的非预谋杀人罪 692

Wagner Act, see National Labor Relations Act 《瓦格纳法》, 参见"《全国劳资关系法》"

Warrant, in criminal law 刑法中的逮捕令 708—709

Warranties, under the UCC 《统一商法典》中的担保 317—321

Webb-Pomerence Act 《韦布—帕墨伦斯法》650

WESTLAW legal database WESTLAW 法律数据库 34—36

Wills 遗嘱 537—547

Worker Adjustment and Retraining Notification Act 《工人调整与再培训通知法》664

Workers' compensation 工人赔偿 426, 680

Writ system, in English common law 英国普通法中的令状制度 4

Wrongful death statutes "非法致死法" 425

# 译后记

又是一年桂花飘香的时节，《美国法概论》(第四版)的译稿终告杀青。回眸此番翻译历程，顿感其中的艰辛并不亚于旧版的初译。新版翻译历时近三年，长于旧版翻译所耗时日。之所以用时如此之久，一个重要原因是对于原著未修订部分，我并未原封不动地照搬之前的译文，而是借机对旧文重新字斟句酌地打磨，力求译文更加准确和流畅。旧文受限于本人当时的翻译水准，过于拘泥于直译，表达方式整体上略显"西式"，一些读者对此也委婉地提出过批评。经过多年对美国法的进一步研究和反思，我自信对原著内容的理解有所提高，在此基础上新版的翻译更加侧重意译，注重读者的阅读体验。翻译方式的转变对我是一个不小的挑战，准确而又形象地表达原意，对于法学著作的翻译绝非易事。有时为了一句话或一个词的适当翻译，我甚至踟蹰数日。

耗时漫长的另一个重要原因是，相较于原著第三版，新版有了大幅度的变化。所有的"参考书目"均已更新，数百个脚注俱已增改，正文内容变化也颇为显著。经粗略统计，新增或有重大改写的段落近七十个。除了第一章"历史概况、法律渊源、美国法的本质和法律方法"和第六章"商法和经济管理法"变动较小，其余章节新增或有重大改写的段落均在十个以上。其中，第三章"司法制度：法院和民事诉讼法"和第五章"私法"的变化尤其显著，而第七章"刑法和刑事诉讼法"虽然变动的段落数量不及上述两章，但其注释的修订比例大于任何一章。

众多章节的重大变化体现了该书的与时俱进。美国是判例法国家，个案公平推动判例法不断随社会变革而调适，成文法则将累积的判例法变化形诸条文。尤其是近些年来，由于国内外诸多因素的影响,美国的政治、经济和社会面貌正发生剧烈甚至某些重大的变革,进而折射到法律的诸多领域。政坛上风云激荡,共和党和民主党之间的斗争加剧,移民问题严峻。相应地,联邦法院法官任命制度、企业和工会对竞选活动捐赠的判例法,以及移民制度等均发生了明显变化(第二章"公法")。商业交易网络化,证据电子化,引发了民事诉讼法和合同法的革新,例如电子证据开示制度、纠纷在线解决机制(ODR)或"虚拟审理"(virtual hearings),以及新型的展延成立合同(rolling contract)制度(第三章"司法制度:法院和民事诉讼法"和第五章"私法")。面对伊斯兰文明的冲击,美国多州通过立法排斥伊斯兰法的适用,或者依据正当程序原则拒绝承认伊斯兰教下的离婚(第四章"冲突法")。同性婚姻是晚近美国社会各界广泛争议的话题,联邦最高法院于2015年在"奥伯格费尔等诉霍奇斯等案"中对此一锤定音,同性婚姻和家庭伴侣关系因而合法化,由此引发婚姻法和冲突法的重大变化(第四章"冲突法"和第五章"私法")。贫富分化加剧是美国社会长期挥之不去的阴影,"奥巴马医改"和福利法的修订在尝试解决这一社会顽疾(第六章"商法和经济管理法")。枪支泛滥,社会治安不佳,推动着刑法重刑化(例如对性犯罪者分三级管理、通过"三振出局法"加重对累犯的刑罚),以及刑事诉讼法逐渐偏向维护警察执法权(第七章"刑法和刑事诉讼法")。在对外关系方面,美国一方面有所克制,压缩管辖权以避免与他国管辖权的积极冲突,例如限制商业流通管辖权的行使、反对域外管辖权或普遍管辖权的推定,另一方面又对外国的"拦截法"表现出咄咄逼人之态(第三章"司法制度:法院和民事诉讼法")。

  在此次翻译中,我不断想起一位朋友曾当面提出的尖锐质疑:翻译本书到底何用。他态度真诚,理由简单:当今法律人,尤其是美国法的爱好者,普遍英文水平较高,可轻松阅读原文。他的疑问令我一时惊愕,我原本以为自己的翻译可以广惠中文读者,使其成为了解美国法的必备资料。记得一阵尴尬沉默之后,我仓促作答:并非人人可获得原著和轻松阅读。但我当时对自己的判断并无十足的底气。后经查询,原著售价数百元,绝非普通读者所能轻松承受;即便通过借阅或复印获得原著,轻松读懂也绝非易事。许多美国法专业知识和术语需要查阅大量资料方能理解。例如,原著中反复引用的 United States Code (U. S. C.),中文论著中普遍将其译为《美国法典》,让人误以为该法典包罗万象,查阅该法典即可获知各种美国法。其实,此处 Code 与中文语境中通常所指欧陆国家的"法典"大相径庭,它只是各种法律的简单汇编,而且编入其中的法律限于联邦国会的立法。因此,我将其译为《联邦成文法大全》。再如,书中多处出现的 conflict of laws,不熟悉美国冲突法的读者很容易从字面上将其理解为"法律冲突",但在多数情况下它其实是 the law of the conflict of laws 的简写,意指"冲突法"。诸如此类法律术语和表述,我尽可能查阅多种资料知晓原意,并对照不同中文翻译,斟酌而定译文,令普通读者易懂。读者由此可省却大量的资料查阅时间甚至费力思考,可借助本书通达理解美国法的更高境界。当然,本书也限于译者自己的理解,是译者眼中的美国法。有条件的读者也可以参照原著阅读本书,说不定会有更妙的理解和收获,但本书至少可为一种理解上的参照。此外,以汉语为母语的读者,阅读中文著作可以一目十行、酣畅淋漓,这种感受,通常罕见于外文著作的阅读。不过,我还是要感谢朋友的善意质疑,它促使我不断在翻译中提醒自己,要注意读者的感受和实用。

本书虽系于我一人名下,但其实是众人智慧和心血的结晶。感谢上海政法学院的刘晓红校长。她不仅欣然为本书作序,使读者可从另一个视角高屋建瓴地了解本书的价值,而且在我调到上海政法学院后,帮助我解决了诸多工作和生活难题,使我能够安心完成翻译。期待在刘校长领导下,我能开启学术新征程,进入国际私法研究新境界。感谢山东大学的冯俊伟副教授和上海政法学院的彭文华教授。在所有章节中,我对第七章"刑法和刑事诉讼法"最没底气。因此,我特别邀请两位教授把关。冯教授认真细致地审校了第七章的全部译文,彭教授则重点审校了刑法部分,两位均提出了诸多宝贵的修改建议。同时,我的博士生陈雨、李欣同和硕士生孙加荣也对个别章节的译文提出了很好的修改建议。感谢北京航空航天大学法学院的孙新强教授。孙教授在美国求学多年,并数十年孜孜不倦地深研美国文化和制度,对美国法有精到的体验和心得。他不仅审校了附录二"合众国宪法",而且在新版翻译中帮助我解决了许多难题。我对原著作者彼得·海教授的崇敬和感激自不待言。他是我在美国埃默里(Emory)大学访学时的导师,多年来我们数次相聚面谈,已成为无话不谈的知己。在本书翻译中,他不厌其烦地解答我的各种疑问,并在原著出版后还不断更新正文和注释。最新的内容更新至 2018 年 10 月,例如联邦最高法院大法官布雷特·卡瓦诺(Brett Kavanaugh)的任命。因此,与原著相比,本书一些内容更为新颖,是中文读者的幸运。这也算译著的"后发优势"了吧。今年先生已届 83 岁高龄,可依然保持旺盛的研究热情和能力。多年来,他通常每年都有论文发表,并不断更新多部权威著作。每年他都在欧美多国之间奔波,可我每次发邮件,他向来快速回复。老先生的学术智慧和热情是我追求学术进步的强大动力。最后,但特别重要的是,感谢本书的编辑王晶女士。她的宽容和鼓励使我在翻译的艰辛中备感温暖,她的敬业和专业让我对北大出版社一直心怀敬意。需要强调的是,尽管众人的帮助让本书增色良多,但书中所有错误和缺陷均由我一人承担。

出于对美国法研究的需要,多年来我一直密切关注国内学界有关美国法的译著和研究成果。在翻译中,我愈发感受到原著的特色和价值。彼得·海教授年轻时受教于美国和德国的一流法学院,数十年奔走于英美法系和大陆法系国家之间讲学,对两大法系均有精深而独到的研究。他深谙大陆法系读者之需,从宏阔的视野提炼复杂如迷宫般的美国法,去繁举要,荟萃精义。美国法的历史脉络和现行规则,热点问题和发展趋势,联邦法与州法、州法之间以及欧美制度的差异及其缘由,斑斓纷呈的多个方面被高超地熔为一体。借助本书的妥适引导,读者可以快速把握一个法律领域的制度架构。作者还善于扬己之长并关注商业法律实务之需,侧重于私法和民事诉讼法,同时也未忽略必要的公法和刑法等。这一特色可使本书与坊间侧重公法的美国法著作相得益彰。

  当年在珞珈山下,枫叶正红,上一版译文最终画上句号,那已是8年之前,令人不禁感叹时光飞逝,世事变迁。如今,我已别离山大,身在佘山脚下的美丽校园,开启一段新的学术和人生历程。无论境遇如何变幻,我对国际私法和美国法研究的痴心未改。躬身反思,在当前的科研体制之下,尚能翻译本书,我心中满怀感恩。但我明白,尽管倾情奉献,由于本人学识有限,书中舛误定有不少。敬请学界高人,提出本书改进的任何良善意见和建议,发至我的电子信箱 xuqingkun@shupl.edu.cn。

2018 年 10 月 26 日<br>
于佘山北麓